westermann

Autoren: Andreas Blank, Stefan Eilts, Michael Howe, Helge Meyer, Pia Möntenich, Horst Neuhaus

Herausgeber: Andreas Blank, Helge Meyer

Volkswirtschaftslehre für Berufliche Gymnasien

im Fachbereich Wirtschaft und Verwaltung – Wirtschaftsgymnasium
Ausgabe Nordrhein-Westfalen

6. Auflage

Bestellnummer 32466

Die in diesem Produkt gemachten Angaben zu Unternehmen (Namen, Internet- und E-Mail-Adressen, Handelsregistereintragungen, Bankverbindungen, Steuer-, Telefon- und Faxnummern und alle weiteren Angaben) sind i. d. R. fiktiv, d. h., sie stehen in keinem Zusammenhang mit einem real existierenden Unternehmen in der dargestellten oder einer ähnlichen Form. Dies gilt auch für alle Kunden, Lieferanten und sonstigen Geschäftspartner der Unternehmen wie z. B. Kreditinstitute, Versicherungsunternehmen und andere Dienstleistungsunternehmen. Ausschließlich zum Zwecke der Authentizität werden die Namen real existierender Unternehmen und z. B. im Fall von Kreditinstituten auch deren IBANs und BICs verwendet.

Die in diesem Werk aufgeführten Internetadressen sind auf dem Stand zum Zeitpunkt der Drucklegung. Die ständige Aktualität der Adressen kann vonseiten des Verlages nicht gewährleistet werden. Darüber hinaus übernimmt der Verlag keine Verantwortung für die Inhalte dieser Seiten.

Legende der verwendeten Verweis-Symbole

Betriebswirtschaftslehre	BWL
Wirtschaftsinformatik	INFO
Politik/Geschichte	POL
Mathematik	MATH
Fremdsprachen	SPRA

service@westermann.de
www.westermann.de

Bildungsverlag EINS GmbH
Ettore-Bugatti-Straße 6-14, 51149 Köln

ISBN 978-3-427-**32466**-9

westermann GRUPPE

© Copyright 2020: Bildungsverlag EINS GmbH, Köln

Das Werk und seine Teile sind urheberrechtlich geschützt. Jede Nutzung in anderen als den gesetzlich zugelassenen Fällen bedarf der vorherigen schriftlichen Einwilligung des Verlages.

Vorwort

Das Lehrbuch „**Volkswirtschaftslehre für Berufliche Gymnasien**" ist für den Unterricht an Beruflichen Gymnasien im Fachbereich Wirtschaft und Verwaltung – Wirtschaftsgymnasium – konzipiert. Inhalt, Struktur und Intention des Werks folgen dabei den Anforderungen des Lehrplans für das Berufliche Gymnasium in Nordrhein-Westfalen, der Titel ist aber auch in anderen Bundesländern sinnvoll einsetzbar. Das Lehrbuch beinhaltet folgende Kursthemen:

- Die Strukturen und Prozesse einer Volkswirtschaft
- Das Entscheidungsverhalten der Wirtschaftssubjekte am Markt
- Die Rolle des Staates in gesamtwirtschaftlicher Perspektive
- Stabilisierungsaufgaben und Stabilisierungspolitik
- Von der Volkswirtschaft zur Weltwirtschaft

Alle Themenbereiche orientieren sich an den Praxisabläufen innerhalb eines **Modellunternehmens, der Bürodesign GmbH**, und innerhalb von **zwei Modellhaushalten**, den Familien Stein und Land. Dies unterstützt die Anschauung und bietet einen Fundus an konkreten betrieblichen, volkswirtschaftlichen und privaten Situationen und Handlungsfeldern, mit denen sich die Schülerinnen und Schüler identifizieren können. Die **Konzeption**

motiviert zur selbstständigen handlungs- und entscheidungsorientierten Bearbeitung volkswirtschaftlicher Situationen und Handlungsfelder.

Jedes Kapitel wird mit einer für die Volkswirtschaft typischen **Handlungssituation** eingeleitet. Über abschließende **Arbeitsaufträge** werden die Schülerinnen und Schüler zu eigenständigen Lösungen aufgefordert. Mit der verständlichen und illustrierten Darstellung und Erläuterung der **Sachinhalte** an Beispielen werden Hilfen zur Entwicklung von eigenen Lösungsvorschlägen und damit zu einer identifizierenden Handlungsorientierung angeboten. Die Darstellung der Sachinhalte ist auf die Vermittlung von Grundstrukturen des Faches in starker Einbindung in volkswirtschaftliche und private Zusammenhänge gerichtet.

Jeder Themenbereich schließt mit einer **Zusammenfassung** der Lernstruktur und einem umfangreichen **Aufgabenteil** zur Wiederholung, Vertiefung und Anwendung des Gelernten. Insbesondere werden Aufgaben angeboten, die geeignet sind, die im Lehrplan geforderte Fach-, Methoden-, Sozial- und Humankompetenz zu fördern, indem Referate, Materialsammlungen, kleine Projekte, Rollenspiele, kritische Reflexionen, Präsentationen u. a. gefordert werden.

Aspekte der beruflichen Bildung in der digitalen Welt werden in Handlungssituation, Sachinhalt und Aufgaben durchgängig berücksichtigt.

Ein ausführliches **Sachwortverzeichnis** erleichtert ein selbstständiges wissenschaftliches Arbeiten mit dem Lehrbuch.

Die Verfasser

Zu diesem Lehrwerk sind ergänzende digitale Unterrichtsmaterialien als BiBox erhältlich. In unserem Webshop unter www.westermann.de finden Sie hierzu unter der Bestellnummer des vorliegenden Schülerbuchs weiterführende Informationen.

Inhaltsverzeichnis

Kurshalbjahr 11.1
Kursthema: Die Strukturen und Prozesse einer Volkswirtschaft

1	**Die Volkswirtschaftslehre und ihre Arbeitsweise**	22
1.1	Einordnung von Betriebswirtschaftslehre (BWL) und Volkswirtschaftslehre (VWL)	22
1.2	Arbeiten mit Modellen am Beispiel des einfachen Wirschaftskreislaufs	27
2	**Das Problem der Knappheit: Ursachen und Lösungen**	32
3	**Die effiziente Kombination der Produktionsfaktoren**	46
3.1	Die Produktionsfaktoren	46
3.2	Produktionsfaktor Arbeit	48
3.3	Produktionsfaktor Boden	52
3.4	Produktionsfaktor Kapital	57
3.5	Kombination der Produktionsfaktoren	62
4	**Die Arbeitsteilung als Organisationsprinzip des Wirtschaftens**	65
5	**Das Bruttoinlandsprodukt (BIP) als Kennzahl der gesamtwirtschaftlichen Tätigkeit**	70
5.1	Erweiterter Wirtschaftskreislauf: Wirtschaftskreislauf mit Sparen und Investieren	70
5.2	Erweiterter Wirtschaftskreislauf: Wirtschaftskreislauf mit staatlicher Aktivität	79
5.3	Erweiterter Wirtschaftskreislauf: Wirtschaftskreislauf mit Außenwirtschaftsbeziehungen	93
5.4	Ermittlung des Bruttoinlandsproduktes (BIP)	103
5.5	Kritik am Modell des Bruttoinlandsproduktes (BIP) als Wohlstandsindikator	115
5.6	Wohlstandsmessung mit sozialen Indikatoren und Indikatoren zur Nachhaltigkeit	123
5.7	Die Grenzen des Wachstums	130

Kurshalbjahr 11.2
Kursthema: Das Entscheidungsverhalten der Wirtschaftssubjekte am Markt

1	**Die Bedeutung des Marktes für eine Volkswirtschaft**	140
1.1	Marktarten	140
1.2	Marktformen	142
1.3	Funktionsweise des Marktmechanismus: Preisbildung im Oligopol	145
1.4	Funktionsweise des Marktmechanismus: Preisbildung im Monopol	147
1.5	Funktionsweise des Marktmechanismus: Preisbildung im Polypol	153
2	**Das Entscheidungsverhalten der privaten Haushalte als Nachfrager**	163
2.1	Das Nutzenkonzept: Nutzentheorien und Nutzenmaximierung	163
2.2	Bestimmungsgrößen der Nachfrage	167
2.3	Nachfrageelastizitäten	172
3	**Das Entscheidungsverhalten der Unternehmen als Anbieter**	177
3.1	Angebot und Markt vor dem Hintergrund von Produktions- und Kostentheorien	177
3.2	Gewinnermittlung und Gewinnmaximierung	185

4	**Das Entscheidungsverhalten des Staates**	190
4.1	Der Staat als Anbieter und Nachfrager	190
4.2	Der Staat als Regulierungsinstanz	194

Kurshalbjahr 12.1
Kursthema: Die Rolle des Staates in gesamtwirtschaftlicher Perspektive

1	**Die Wirtschaftsordnung als Regelungssystem**	203
1.1	Notwendigkeit und Gestaltung eines Ordnungsrahmens	203
1.2	Individualismus versus Kollektivismus	208
1.3	Marktwirtschaft versus Zentralverwaltungswirtschaft	213
1.4	Ausprägungen realer Wirtschaftsordnungen	218
2	**Die Rahmenbedingungen der sozialen Marktwirtschaft**	222
3	**Die Wettbewerbspolitik**	232
4	**Die wirtschaftspolitischen Ziele der sozialen Marktwirtschaft**	245

Kurshalbjahr 12.2
Kursthema: Stabilisierungsaufgaben und Stabilisierungspolitik

1	**Das gesamtwirtschaftliche Gleichgewicht und mögliche Störungen**	251
1.1	Typische Konjunkturverläufe und -zyklen und die Ursachen von Konjunkturschwankungen	251
1.2	Konjunkturindikatoren und Kennziffern zur Konjunkturmessung	260
2	**Die Volkswirtschaftliche Gesamtrechnung (VGR) als Datenbasis für wirtschaftspolitische Entscheidungen**	267
3	**Die wirtschaftspolitischen Grundkonzeptionen**	278
3.1	Nachfrageorientierte Wirtschaftspolitik	278
3.2	Angebotsorientierte Wirtschaftspolitik	283
4	**Die Geldpolitik**	290
4.1	Der Geldbegriff	290
4.2	Geldschöpfungsmöglichkeiten	295
4.3	Binnenwert des Geldes	299
4.4	Außenwert des Geldes	309
4.5	Geldpolitik der Europäischen Zentralbank (EZB)	316
5	**Die Fiskalpolitik**	331
6	**Die Arbeitsmarktpolitik**	345
6.1	Das Phänomen Arbeitslosigkeit	345
6.2	Theorien der Arbeitslosigkeit	353
6.3	Grundlagen der Arbeitsmarktpolitik	356
6.4	Maßnahmen der Arbeitsmarktpolitik	361
6.5	Lohnfindung	367
6.6	Wirkungen und Probleme der Arbeitsmarktpolitik	373

7 Die Außenwirtschaftspolitik ... 377
7.1 Notwendigkeit des Außenhandels ... 377
7.2 Bedeutung des Außenhandels ... 380
7.3 Monetäre Einflüsse: Aufbau der Zahlungsbilanz ... 383
7.4 Monetäre Einflüsse: Gründe für Ungleichgewicht in der Zahlungsbilanz ... 387
7.5 Monetäre Einflüsse: Maßnahmen bei Ungleichgewicht in der Zahlungsbilanz ... 392
7.6 Kritische Betrachtung des Außenhandels ... 396

8 Die Konjunktur- und Wachstumspolitik als Kombination verschiedener wirtschaftspolitischer Einzelmaßnahmen ... 405

Kurshalbjahr 13.1
Kursthema: Von der Volkswirtschaft zur Weltwirtschaft

1 Die Europäische Union – von der nationalen zur europäischen Volkswirtschaft ... 418
1.1 Der europäische Binnenmarkt innerhalb der Europäischen Wirtschafts- und Währungsunion (EWWU) ... 418
1.2 Konsequenzen der Europäisierung für die Wirtschaftssubjekte ... 427

2 Die Globalisierung – von der europäischen zur Weltwirtschaft ... 431
2.1 Merkmale und Ursachen der Globalisierung ... 431
2.2 Die Rolle multinationaler Unternehmen im Globalisierungsprozess ... 436
2.3 Auswirkungen der Globalisierung ... 442

3 Stabilisierungsaufgaben und Stabilisierungspolitik im globalen Kontext ... 447

Bildquellenverzeichnis ... 452

Sachwortverzeichnis ... 454

Einleitung

Ein Unternehmen und zwei Haushalte stellen sich vor

Die **Volkswirtschaftslehre** untersucht die Gesamtheit der gesellschaftlichen Wirtschaft (der Volkswirtschaft) sowie die Beziehungen zwischen den Volkswirtschaften verschiedener Länder. In Volkswirtschaften vollzieht sich das gesamtwirtschaftliche Geschehen in bestimmten, durch Weltanschauungen und Politik geprägten Formen der Ordnung. Die Wirtschaftsordnung, die eng mit der Staatsführung eines Landes verflochten ist, gibt den Rahmen für die wechselseitigen Beziehungen zwischen Produzenten und Verbrauchern ab.

Damit Sie die vielfältigen Probleme und Methoden der Volkswirtschaftslehre leichter kennenlernen, haben wir in diesem Buch für Sie einen mittelständischen Büromöbelhersteller als Modellunternehmen gewählt, **die Bürodesign GmbH,** und zwei Haushalte als Modellhaushalte, **die Familien Land und Stein.** An typischen Situationen dieses Unternehmens und der beiden Haushalte lernen Sie die wesentlichen Themen kennen, mit denen sich die Volkswirtschaftslehre beschäftigt. Sie erfahren, wie betriebs- und volkswirtschaftliche Entscheidungen zustande kommen und welche Methoden eingesetzt werden, damit ein Unternehmen und auch ein Haushalt Erfolg haben.

Betrachten Sie die Bürodesign GmbH als „Ihren Ausbildungsbetrieb" und die Modellhaushalte als „Ihren Haushalt", um volkswirtschaftliches Denken und Handeln nachzuvollziehen. Hierzu wollen Sie sicher einige Details über dieses Unternehmen und die Modellhaushalte erfahren.

Auf den nächsten Seiten erfahren Sie, wo die **Bürodesign GmbH** ihren Sitz hat, wie das Unternehmen aufgebaut ist, welche Abteilungen vorhanden sind und welche Menschen in diesem Unternehmen arbeiten. Den Mitarbeitern werden Sie in diesem Buch häufig begegnen. Sie beobachten sie in typischen betrieblichen Situationen. Sie finden auch einen Auszug aus dem Katalog der Produkte, die von der Bürodesign GmbH hergestellt und vertrieben werden, sowie einen Auszug aus der Kunden- und Liefererdatei. Außerdem wird der Gesellschaftsvertrag der Bürodesign GmbH vorgestellt. Schließlich erfahren Sie, in welchen Verbänden die Bürodesign GmbH Mitglied ist.

Im Anschluss daran lernen Sie die Mitglieder der Familien **Land** und **Stein** und ihre jeweiligen Einnahmen und Ausgaben kennen.

Auf diese Informationen werden Sie bei Ihrer Arbeit sicher häufiger zurückgreifen müssen. Deshalb haben wir sie zusammengefasst und vor den ersten Themenbereich gesetzt.

▲ Die Bürodesign GmbH als Modellunternehmen

▲ Unternehmensgeschichte

In der Mitte des Rheinlands gründete der Tischlermeister Christian Stein 1947 in Köln die **Sitzmöbelfabrik Christian Stein,** die Stühle im gutbürgerlichen Geschmack und von hoher handwerklicher Qualität produzierte. Im Jahre 1952 trat der Tischlermeister Bernd Friedrich in das bestehende Unternehmen als Mitgesellschafter ein, wobei das Unternehmen seitdem als Sitzmöbelfabrik Stein **OHG** firmierte. 1983 wandelten die beiden Nachfahren Dipl.-Kfm. Klaus Stein und Dipl-Ing. Helma Friedrich das Unternehmen in die **Bürodesign GmbH** um. Damit begann der eigentliche Aufstieg des Unternehmens zu einem der führenden Hersteller von Büromöbeln in Deutschland. Das Unternehmen hat den Ruf eines Pioniers der zeitgemäßen Büromöbelgestaltung erlangt.

Wesentliche **Grundmaximen** des Unternehmens sind die **Forderung nach hoher Dauerhaftigkeit der Produkte und die Absage an verschwenderischen Überfluss.** In einer Zeit also, in der „ex und hopp" als erstrebenswertes Konsumverhalten galt, erkannten Designer dessen Fragwürdigkeit und zogen gemeinsam mit einer Handvoll fortschrittlicher Unternehmen, zu denen auch die Bürodesign GmbH zählt, daraus die Konsequenz. Daraus entstand in der Bürodesign GmbH der Begriff **„Wahrhaftigkeit der Produkte"** als verpflichtende Maxime.

Ohne um die ökologischen Zusammenhänge zu wissen, produzierte die Bürodesign GmbH vor über zwei Jahrzehnten Büromöbel, die ein **wesentliches ökologisches Grunderfordernis** erfüllen – **hohe Gebrauchsdauer bei reduziertem Materialaufwand.** Zu den Forderungen nach Form und Funktion ist vor einigen Jahren die **Umweltverträglichkeit** als dritte Vorgabe für die Designer und Konstrukteure hinzugekommen.

Mit der Produktphilosophie bildete sich bei der Bürodesign GmbH auch ein **neues Verständnis für das soziale Verhalten** im Unternehmen aus, das auf gegenseitigem Vertrauen begründet ist. Der **Führungsstil** ist kooperativ und durch die Regel „keine Anweisung ohne Begründung" charakterisiert. Seit dem 1. Januar 1974 sind die Mitarbeiterinnen und Mitarbeiter mit 50 % am Betriebsergebnis (nach Steuern) vermögensbildend beteiligt und halten heute als **stille Gesellschafter** 28 % des Kapitals. Mit der geplanten Umwandlung der Unternehmung in eine **Aktiengesellschaft** werden die Mitarbeiteranteile in Vorzugsaktien umgewandelt werden.

Es war naheliegend, dass ein Unternehmen, das in der Produktentwicklung ebenso wie in seiner Haltung als Arbeitgeber neue Wege geht, sich in seiner Umweltverantwortung nicht abwartend verhält, sondern bestrebt ist, die Entwicklung aktiv mit voranzutreiben. Ziel ist es bei der Bürodesign GmbH, ein umfassendes **Öko-Controlling** zu implementieren, um durch alternative Werkstoffe, wirtschaftlichen Einsatz von Energien und die Optimierung der Herstellerverfahren sowohl die Produkte als auch die Produktion kontinuierlich umweltverträglicher zu gestalten. Hierbei wird die folgende Unternehmensphilosophie zugrunde gelegt:

„In diesem Jahrtausend werden nur die Unternehmen überleben, die zwei Voraussetzungen haben: ökologische Produkte und die Zustimmung der Menschen."

▲ Der Standort

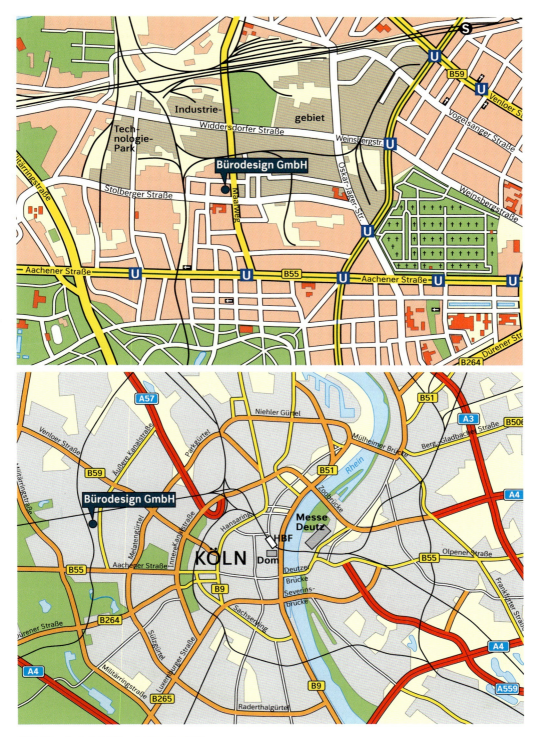

● = Standort der Bürodesign GmbH

Produktionsstätte und Büroräume der Bürodesign GmbH liegen in **50933 Köln, Stolberger Straße 188** (vgl. S. 9). Hier hat das Unternehmen Werkstätten für die Fertigung angemietet. Die Büroräume befinden sich in einem Nebengebäude, das Eigentum der Bürodesign GmbH ist. Die Bürodesign GmbH unterhält ebenfalls in ihrem Verwaltungsgebäude ein Verkaufsstudio, in dem Letztverbraucher ihre Einkäufe tätigen können. Über die Aachener Straße ist das Autobahnkreuz Köln-West mit den Autobahnen A1 und A4 in wenigen Minuten zu erreichen. Der Güterbahnhof Köln-Gereon befindet sich ebenfalls in unmittelbarer Nähe

Arbeitnehmerinnen und Arbeitnehmer können mit den Straßenbahnlinien 7, 8 und 20 bis fast vor die Werkstore fahren. Die Bürodesign GmbH unterhält Zweigniederlassungen in 26607 Aurich, Dieselstraße 10, und in 04347 Leipzig, Brahestraße 30–32. Eine weitere Vertriebsniederlassung soll in zwei Jahren in München oder Umgebung eröffnet werden. Mit einem italienischen Büromöbelhersteller aus Bozen ist ein Kooperationsvertrag abgeschlossen worden. Hierbei sollen die Produkte des jeweils anderen Unternehmens den Kunden als Produktalternativen angeboten werden.

▲ Die Abteilungen

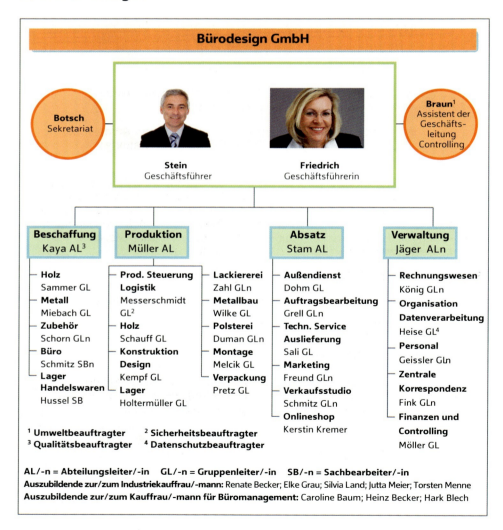

▲ Die Produkte

Auszug aus dem Katalog der Bürodesign GmbH:

Die Stärke eines Unternehmens liegt im Rückgrat seiner Mitarbeiter!

Deshalb ist unser Ziel:

Ihre Mitarbeiter sollen gut sitzen, damit sie ein besseres Stehvermögen haben!

Alle unsere Büromöbel sind miteinander kombinierbar und geben Ihren Arbeitsplätzen ein modernes und funktionelles Flair. Ihre Mitarbeiter sollen sich wohlfühlen.

Ein wichtiges Anliegen ist uns die Ergonomie am Arbeitsplatz.

Büromöbel sollen sich den Bedürfnissen Ihrer Mitarbeiter anpassen und nicht umgekehrt!

Hierzu berücksichtigen wir stets die neuesten Erkenntnisse der Arbeitsmedizin und die Vorschriften der Berufsgenossenschaften für die Gestaltung von Büroarbeitsplätzen.

Ein weiteres Prinzip unseres Unternehmens ist die ökologische Produktion von umweltverträglichen Büromöbeln. Wir verwenden ausschließlich Materialien, die frei von Schadstoffen und recycelbar sind. Deshalb erhalten Sie zu jedem Produkt eine Aufstellung der verwendeten Materialien. Zusätzlich sind die verwendeten Stoffe auf unseren Produkten besonders gekennzeichnet. Übrigens, es versteht sich von selbst, dass wir keine Tropenhölzer verwenden!

Sie sehen, uns liegt die Umwelt am Herzen, genau wie Ihnen!

Die Palette unserer Erzeugnisse umfasst folgende Produktgruppen:
- **Arbeiten am Schreibtisch**
- **Warten und Empfang**
- **Konferenzen und Schulungen**

Unser Katalog gibt Ihnen nur einen kleinen Überblick über unser Angebot. Bei Bedarf stehen Ihnen unsere qualifizierten Einrichtungsberater zur Verfügung. Rufen Sie uns einfach an, wir vereinbaren gerne einen Besuchstermin.

Stolberger Straße 188 · 50933 Köln · Tel.: 0221 6683550 · Fax: 0221 668357
Internet: http://www.bueurodesign-online.de

▲ Das Produktionsprogramm (Auszug)

Produktgruppe „Arbeiten am Schreibtisch"

Produkt	Beschreibung	Maße in cm	Material, Farbe
– Chef 2000	Schreibtisch mit Winkelkombination, Oberfläche versiegelt, auf Wunsch mit Glas, Sicherheitsschlösser	Standard: 120 x 80 Höhe: regulierbar von 68–75 Sondermaße auf Wunsch	Eiche, Birke, Esche (furniert)
– Stardesign	Schreibtisch Stahlrohrrahmen mit wahlweise Glas-, Holz- oder Kunststoffplatte	Standard: 180 x 95 Höhe: regulierbar von 68–76 Sondermaße auf Wunsch	Rahmen in Chrom, Platte nach Wunsch
– Container-Serie Volumen	Unterbau mit Rollen für alle Modelle, mit Schubladen, Hängeregistratur, Aktenablage, Sicherheitsschlösser	135 x 42 x 164	passend zu Schreibtischen
– Integra	Stellwände zur Gestaltung von Bürolandschaften	80 x 80 x 122	passend zu Schreibtischen
– Ergo-design-natur	Arbeitssessel, höhen- und neigungsverstellbar, mit Rollen		Leder, Textil (nach Farbmuster)
– Xama 2000	Bürotisch	Standard: 150 x 70 Höhe: regulierbar von 68–75 Sondermaße auf Wunsch	Esche, Birke, Kiefer (furniert)
– Modulo	Kombinationsschreibtisch, erweiterbar zu Arbeitsinseln, Ergänzungsmodul	160 x 80 x 68–75 120 x 80 x 68–75	Eiche, Birke, Esche (furniert)

Stardesign

Xama 2000

Ergo-design-natur

Einleitung

Produktgruppe „Konferenzen und Schulung"

Produkt	Beschreibung	Maße in cm	Material, Farbe
– Logo	Konferenztisch kombinierbar mit Eckstücken Rahmen aus Holz oder Stahlrohr	180 x 95 x 68–75	Eiche, Birke, Esche (furniert)
– Stapler	Stapelstühle klappbar		Kunststoff auf Stahlrohr
– Konzentra	Konferenzstühle mit Armlehnen		Leder, Textil (nach Farbmuster)
– Wikinger	Regalsystem	180 x 90 x 30	Eiche, Birke, Esche (furniert), Kiefer (massiv)

Konzentra *Stapler*

Logo *Wikinger*

Produktgruppe „Warten und Empfang"

Produkt	Beschreibung	Maße in cm	Material, Farbe
– INTRO	Empfangstheke kombinierbar mit Eckteilen	160 x 80 x 220 Thekenbreite 35	Eiche, Birke Esche
– Waiter	Sessel für den Warteraum, kombinierbar zu Sofa		Leder, Textil, (nach Farbmuster)
– Stand	Ablagetisch für Warteraum, Stahlrohr mit Glasplatte	80 x 80 x 50	Rahmen in Chrom, Platte aus Glas

Einleitung

Intro

Waiter und Stand

Vento

▲ Die Hauptkunden

Auszug aus der Kundendatei der Bürodesign GmbH

Kunden/ Debitoren-Nr.	Name	Anschrift	Tel./Fax E-Mail Internet	Kreditinstitut IBAN/BIC	Umsatz lfd. Jahr	Offene Posten	Mahnungen
L-5681 D24002	Bürobedarfsgroßhandel Schneider & Co. OHG	Laarstr. 19 58636 Iserlohn	02371 342311 02371 342315 info@buerobedarf-schneider.de www.buerobedarf-schneider.de	Commerzbank Hagen DE08450400420045623468 COBADEFF450	160 000,00	1	0
L-5677 D24001	Klassik 2000 GmbH	Hagenstr. 130 59075 Hamm	02381 98546 02381 98541 info@klassik-2000.de www.klassik-2000.de	Postbank Dortmund DE98440100460000342176 PBNKDEFF440	320 000,00	2	1
L-5621 D24005	Bodo Lukas KG Fachgeschäft für Büroeinrichtungen	Ohmstr. 16 76229 Karlsruhe	0721 451122 0721 451128 info@bueroeinrichtung-lukas.de www.bueroeinrichtung-lukas.de	Postbank Ludwigshafen DE27545100670091723146 PBNKDEFF545	185 000,00	1	2
L-5641 D24008	Büromöbel GmbH Europa	Lahnstr. 168 28199 Bremen	0421 886635 0421 886640 info@bueromoebel-europa.de www.bueromoebel-europa.de	Sparkasse Bremen DE78290501010554436278 SBREDE22XXX	95 000,00	0	0
L-5610 D24009	Klaus Oswald e. K. Büromöbelgroßhandel	Magazinstr. 98 01099 Dresden	0351 763400 0351 763434 info@bueromoebel-oswald.de www.bueromoebel-oswald.de	Deutsche Bank Dresden DE69870700000097683214 DEUTDE8CXXX	70 000,00	0	0

Die Hauptlieferer

Auszug aus der Liefererdatei der Bürodesign GmbH

Lieferer/ Kredito- ren-Nr.	Name	Anschrift	Tel./Fax E-Mail Internet	Kreditinstitut IBAN/BIC	Produkte	Lieferbe- dingungen	Zahlungs- bedingungen	Umsatz lfd. Jahr
H-0082 K70010	Vereinigte Span- platten AG	Ulmer Str. 12 86154 Augsburg	0821 34785 0821 34679 info@vereinigte- spanplatten.de www.vereinigte- spanplatten.de	Commerzbank Augsburg DE15720400460000127890 COBADEFF720	Spanplatten Sperrholz Furnierholz Kunststoffplatten alle Sondermaße	ab Werk zzgl. Fracht	40 Tage netto 12 Tage 3 % Skonto	862000,00
H-0345 K70020	Furnier- werk GmbH	Grenzstr. 16 41515 Grevenbroich	02181 56781 02181 56788 info@furnier- werk.de www.furnier- werk.de	Raiffeisenbank Grevenbroich DE72370693060047162896 GENODED1GRB	Furniere Umleimer Kantenschoner	Selbstabholung mögl. ab Werk	40 Tage netto 10 Tage 2 % Skonto	126000,00
M-0126 K70030	Stammes Stahl- rohr GmbH	Neptunstr. 46 45277 Essen	0201 89451 0201 75689 info@stammes- stahlrohr.de www.stammes- stahlrohr.de	SEB Essen DE41422600010000758493 GENODEM1GBU	Stahlrohre roh, verzinkt, verchromt alle Maße, beliebiger Querschnitt	frei vereinbar bisher frachtfrei	30 Tage netto 10 Tage 3 % Skonto Min- dest- bestellwert 15 000,00 €	476850,00
Z-0012 K70040	Abels, Wirtz & Co. KG	Industriestr. 124 42653 Solingen	0212 72114 0212 72119 info@abels-wirtz.de www.abels-wirtz.de	Stadtsparkasse Solingen DE80342500000123452234 SOLSDE33XXX	Schlösser Schlüssel Schließanlagen Beschläge	Selbstabholung Post, UPS unfrei	10 Tage 2 % Skonto oder in 30 Tagen netto Kasse	168900,00
B-00126 K70050	Hanckel & Cie GmbH	Augustastr. 8 40477 Düsseldorf	0211 345234 0211 345100 info@hanckel.de www.hanckel.de	Commerzbank Düsseldorf DE91300400000001340000 COBADEDDXXX	Klebstoffe, Leime, Lasu- ren, Lacke, Farben, Beize, Polsterstoffe	ab Lager	10 Tage netto	287560,00
B-44008 K70008	Wollux GmbH Peter Findeisen	Zinckestr. 19 39122 Magdeburg	0391 334231 0391 334232 info@wollux- findeisen.de www.wollux- findeisen.de	Commerzbank Magdeburg DE54810400000674563870 COBADEFF810	Bezugs- und Polsterma- terialien und Zubehör für Möbel	frei Haus	Ziel: 30 Tage Skonto: 10 Tage/3 %	800000,00

▲ Die Bankverbindungen

Die Bürodesign GmbH unterhält Konten bei folgenden Kreditinstituten:

Kreditinstitut	IBAN	BIC
Deutsche Bank Köln	DE33 3707 0060 0025 2034 88	DEUTDEDKXXX
Sparkasse KölnBonn	DE11 3705 0198 0085 3139 48	COLSDE33XXX
Postbank Köln	DE13 3701 0050 0324 0665 06	PBNKDEFF370

▲ Telefon, Telefax, E-Mail, Internet und Steuernummer

Telefon: 0221 6683550
Telefax: 0221 668357
E-Mail: info@buerodesign-online.de

Homepage: http://www.buerodesign-online.de
USt-ID-Nr.: DE439556530
Steuernummer: 223/8425/8844

▲ Der Gesellschaftsvertrag (Auszug)

Gesellschaftsvertrag der Bürodesign GmbH

durch die Gesellschafterversammlung am 1. April .. in 50933 Köln, Stolberger Straße 188, festgelegt:

§ 1 Die Firma der Gesellschaft lautet Bürodesign GmbH.

§ 2 Der Geschäftssitz der Gesellschaft ist in 50933 Köln.

§ 3 Die Gesellschaft betreibt die Herstellung und den Vertrieb von Büromöbeln. Nach Möglichkeit sollen umweltverträgliche Materialien und Produktionsverfahren berücksichtigt werden.

§ 4 Das Produktionsprogramm kann um ergänzende Produkte erweitert werden. Hierzu ist der einstimmige Beschluss der Geschäftsführer erforderlich. Änderungen des Betriebszweckes sind nur mit einer 3/4-Mehrheit der Gesellschafter möglich.

§ 5 Das Stammkapital der Gesellschaft beträgt 600 000,00 €.

§ 6 Das Stammkapital wird aufgebracht:

1. Gesellschafterin Dipl.-Ing. Helma Friedrich mit einem Nennbetrag der Geschäftsanteile von 300 000,00 €.
2. Gesellschafter Dipl.-Kfm. Klaus Stein mit einem Nennbetrag der Geschäftsanteile von 300 000,00 €.

Die Nennbeträge der Geschäftsanteile sind in bar oder in Sachwerten zu leisten.

§ 7 Der Mindestnennbetrag der Geschäftsanteile muss 1 000,00 € betragen. Jeder andere Geschäftsanteil muss durch 100,00 € teilbar sein.

§ 8 Die Gesellschafterversammlung beruft einstimmig die Geschäftsführung.

§ 9 Die Gesellschaft hat einen oder mehrere Geschäftsführer. Sie wird von der Geschäftsführung geleitet und gerichtlich und außergerichtlich vertreten. Die Geschäftsführung hat das Recht der unbeschränkten Einzelvertretung und ist vom Selbstkontrahierungsverbot des § 181 BGB befreit. Sie kann nur aus wichtigem Grund durch die Gesellschafterversammlung aus ihrem Amt entlassen werden.

§ 10 Die Gesellschafter treten jährlich einmal zu einer ordentlichen Versammlung zusammen. Die Geschäftsführer laden mit einwöchiger Frist unter Angabe von Tagungsort, Tagungszeit und Tagesordnung ein. Die Gesellschafterversammlung findet regelmäßig am Gesellschaftssitz statt.

§ 16 Bekanntmachungen der Gesellschaft nach den gesetzlichen Bestimmungen erfolgen ausschließlich im Unternehmensregister.

§ 17 Zuständiges Gericht für alle Streitigkeiten aus diesem Vertrag ist das Gericht am Sitz der Gesellschaft.

§ 20 Außerhalb des Gesellschaftsvertrages wurde folgender Beschluss gefasst:

Als Geschäftsführer gemäß § 9 des Gesellschaftsvertrages werden bestimmt:

1. Frau Dipl.-Ing. Helma Friedrich   2. Herr Dipl.-Kfm. Klaus Stein

§ 21 Vorstehendes Protokoll wurde den Gesellschaftern vom Notar vorgelesen, von ihnen genehmigt und eigenhändig wie folgt gegengezeichnet:

zu 1. _Helma Friedrich_   zu 2. _Klaus Stein_   Köln, 1. April ..

▲ Die Verbände

Gemäß § 1 IHK-Gesetz ist die Bürodesign GmbH Mitglied in der **Industrie- und Handelskammer.** Als Handwerksbetrieb ist sie ebenfalls Mitglied in der **Handwerkskammer.** Frau Friedrich und der Tischlermeister Schauff sind Mitglieder in Prüfungsausschüssen der IHK und der Handwerkskammer. Das Unternehmen ist im **Landesverband Holzindustrie und Kunststoffverarbeitung Nordrhein e.V.** organisiert, die organisierten Arbeitnehmer sind Mitglieder in der Gewerkschaft **IG-Metall.**

▲ Der Betriebsrat und die Jugend- und Auszubildendenvertretung

Vorsitzender des Betriebsrates der Bürodesign GmbH ist **Frank Messerschmidt,** seine Stellvertreterin Sabine Schmitz. Darüber hinaus gehören dem Betriebsrat die Mitarbeiterinnen Regina Lehmann, Vera Botsch und Kirsten Schorn an. Jugend- und Auszubildendenvertreterin ist **Silvia Land,** Stellvertreterin ist Elke Grau.

▲ Die Modellfamilie Land

Die **Familie Land** wohnt zur Miete in Köln-Nippes. Vater Otto ist gewerblicher Arbeitnehmer bei einem Automobilhersteller in Köln. Mutter Antje arbeitet an vier Tagen in der Woche als Verkäuferin halbtags in einem Supermarkt in Nippes. Die Familie Land hat zwei Kinder: Silvia Land, 18 Jahre, Auszubildende zur Kauffrau für Büromanagement bei der Bürodesign GmbH, und Jörn Land, Schüler der Realschule in Köln-Nippes, Klasse 10. Die Familie Land will in drei Jahren im Bergischen Land ein Einfamilienhaus bauen.

▲ Vater Otto Land

- 43 Jahre alt
- Karosseriebauer
- Das Bruttoeinkommen von Herrn Land beträgt 2 796,00 €. Ihm verbleiben davon 1 932,00 € netto. Dazu kommt das Kindergeld in Höhe von 408,00 € (2 x 204,00 €).
- In seiner Freizeit arbeitet Herr Land in seinem gepachteten Schrebergarten in Köln-Nippes, zudem spielt er noch Fußball in der Altherrenmannschaft von Viktoria Köln.

▲ Mutter Antje Land

- 40 Jahre alt
- gelernte Kauffrau im Einzelhandel
- Das Bruttoeinkommen von Frau Land beträgt 800,00 €. Ihr verbleiben davon 640,00 €.
- In ihrer Freizeit spielt Frau Land in einer Mixed-Mannschaft Volleyball.

▲ Sohn Jörn Land

- 16 Jahre alt
- Jörn wohnt noch zu Hause.
- Jörn jobbt am Wochenende in der Eishalle und verdient damit 320,00 € im Monat, davon gibt er 120,00 € an seine Eltern.
- Jörn besucht die Gesamtschule Klasse 10 in Köln-Nippes und macht im Sommer seinen Abschluss. Danach will er eine weiterführende Schule besuchen, möglicherweise ein Berufliches Gymnasium für Technik, um dort sein Abitur zu machen.
- Jörn spielt gerne am Computer nächtelang diverse Computerspiele mit Freunden und besucht sogenannte „LAN-Partys".

▲ Tochter Silvia Land

- 18 Jahre alt
- Silvia befindet sich im ersten Jahr ihrer Ausbildung zur Kauffrau für Büromanagement bei der Bürodesign GmbH.
- Silvia wohnt noch zu Hause.
- Ihre Ausbildungsvergütung beträgt 710,00 €. Ihr verbleiben davon 627,53 €. 200,00 € gibt sie an ihre Eltern ab.
- In ihrer Freizeit joggt Silvia dreimal wöchentlich, sie will demnächst ihren ersten Marathonlauf in Köln bestreiten. Ferner geht sie gerne einkaufen und surft im Internet. Den Computer muss sie sich mit ihrem Bruder teilen, was manchmal zu Konflikten führt.

▲ Einnahmen- und Ausgabensituation der Familie Land

Einnahmen in €		Haushaltskonto	Ausgaben €
– Einkommen Otto Land	1 932,00	– Nahrungsmittel und alkoholfreie Getränke	392,00
– Einkommen Antje Land	640,00	– Alkoholische Getränke und Tabakwaren	120,00
– Kindergeld für Silvia und Jörn	408,00	– Bekleidung und Schuhe	294,00
– Anteil der Auszubildendenvergütung von Silvia Land	200,00	– Miete	690,00
– Job von Jörn Land	120,00	– Strom, Wasser und Gas	190,00
		– Hausrat und laufende Instandhaltung	240,00
		– Körperpflege	150,00
		– Verkehr	270,00
		– Telefon, Internet	100,00
		– Freizeit, Kultur	184,00
		– Bildung	50,00
		– Restaurant, Café	90,00
		– Sonst. Dienstleistungen	160,00
		– Sparen Otto u. Antje	370,00
Summe	**3 300,00**	**Summe**	**3 300,00**

▲ Die Modellfamilie Stein

Die **Familie Stein** wohnt in einem eigenen Haus in Köln-Müngersdorf. Vater Klaus ist Geschäftsführer der Bürodesign GmbH. Waltraud Stein ist Hausfrau und Mutter der Kinder Thomas und Caroline. Thomas ist 20 Jahre alt und studiert in Köln Betriebswirtschaftslehre; seine Schwester Caroline ist 17 Jahre alt und besucht ein Wirtschaftsgymnasium in Köln.

▲ Vater Klaus Stein

- 50 Jahre alt
- Diplom-Kaufmann
- Geschäftsführer und Gesellschafter der Bürodesign GmbH
- Das Bruttoeinkommen von Herrn Stein beträgt 8 000,00 €. Ihm verbleiben 4 722,00 € netto. Dazu kommt das Kindergeld von 408,00 € (2 x 204,00 €).
- Etwaige Gewinnausschüttungen als Gesellschafter der Bürodesign GmbH nutzt Herr Stein in voller Höhe zur Tilgung der Kredite seines Einfamilienhauses.
- In der knappen Freizeit spielt Herr Stein Tennis.

▲ Mutter Waltraud Stein

- 45 Jahre alt
- Diplom-Betriebswirtin, hat den Beruf seit der Geburt der Kinder nur in Teilzeit ausgeübt. Sie möchte aber wieder in ihren alten Beruf einsteigen.
- In ihrer Freizeit engagiert sich Frau Stein als Übungsleiterin im Schwimmverein ihres Sohnes.

▲ Sohn Thomas Stein

- 20 Jahre alt
- Thomas studiert im dritten Semester Volkswirtschaftslehre an der Universität zu Köln.
- Thomas hat eine kleine Wohnung in der Nähe der Universität. Er wird von seinen Eltern mit monatlich 600,00 € unterstützt. Ein Job in einer Studentenkneipe am Wochenende bringt ihm durchschnittlich weitere 350,00 € im Monat.
- In seiner Freizeit schwimmt Thomas in der Jugendmannschaft des ASV in Köln. Im letzten Jahr war er Vizemeister im Rheinland.

▲ Tochter Caroline Stein

- 17 Jahre alt
- Caroline besucht die Klasse 11 eines Wirtschaftsgymnasiums in Köln. Ihre Lieblingsfächer sind Volkswirtschaftslehre und Französisch.
- Caroline wohnt bei ihren Eltern. Sie erhält ein Taschengeld in Höhe von 50,00 € im Monat. Obwohl ihre Eltern der Meinung sind, Caroline solle sich auf die Schule konzentrieren, jobbt sie in einem Supermarkt und verdient im Durchschnitt 150,00 € im Monat. Das Geld darf Caroline behalten.
- In der Freizeit hört sie Musik, spielt Klavier und nimmt Ballettunterricht.

▲ Einnahmen- und Ausgabensituation der Familie Stein

Einnahmen in €		Haushaltskonto	Ausgaben €
– Einkommen Klaus Stein	4 722,00	– Nahrungsmittel und alkoholfreie Getränke	850,00
– Kindergeld für Caroline und Thomas	408,00	– Alkoholische Getränke	100,00
		– Bekleidung und Schuhe	300,00
		– Zinsen und Tilgung des Hauskredites	1 300,00
		– Strom, Wasser und Gas	200,00
		– Hausrat und laufende Instandhaltung	150,00
		– Körperpflege	150,00
		– Verkehr	250,00
		– Telefon, Internet	100,00
		– Freizeit, Kultur	150,00
		– Bildung	50,00
		– Restaurant, Cafe	150,00
		– Sonst. Dienstleistungen	160,00
		– Sparen	570,00
		– Taschengeld Caroline	50,00
		– Studium Thomas	600,00
Summe	**5 130,00**	**Summe**	**5 130,00**

Kursthema: Die Strukturen und Prozesse einer Volkswirtschaft

11.1

1 Die Volkswirtschaftslehre und ihre Arbeitsweise
2 Das Problem der Knappheit: Ursachen und Lösungen
3 Die effiziente Kombination der Produktionsfaktoren
4 Die Arbeitsteilung als Organisationsprinzip des Wirtschaftens
5 Das Bruttoinlandsprodukt (BIP) als Kennzahl der gesamtwirtschaftlichen Tätigkeit

1 Die Volkswirtschaftslehre und ihre Arbeitsweise

1.1 Einordnung von Betriebswirtschaftslehre (BWL) und Volkswirtschaftslehre (VWL)

Jörn Land steht vor der Entscheidung, welche weiterführende Schule er nach dem Abschluss der 10. Klasse besucht. Zur Auswahl steht auch die gymnasiale Oberstufe an einem Wirtschaftsgymnasium. Um eine erste Vorstellung von wirtschaftlichen Themen zu gewinnen, liest er seit einigen Wochen regelmäßig Wirtschaftsnachrichten in Printmedien und in digitalen Medien. Dabei sind ihm folgende Übersichten aufgefallen.

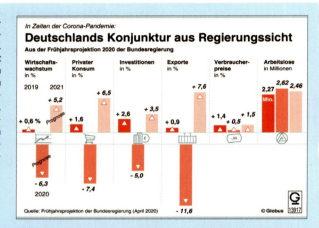

Wichtige Kennzahlen Daimler-Konzern			
€-Werte in Million	Q2 2019	Q2 2018	Veränd. in %
Umsatz	42.650	40.756	+5[1]
Europa	17.237	17.293	−0
davon Deutschland	6.708	6.194	+8
NAFTA	13.217	11.482	+15
davon USA	11.364	9.727	+17
Asien	9.690	9.505	+2
davon China	4.659	4.482	+4
Übrige Märkte	2.506	2.476	+1
Sachinvestitionen	1.751	1.550	+13
Forschungs- und Entwicklungsleistungen	2.357	2.290	+3
davon aktivierte Entwicklungskosten	788	670	+18
Free Cash Flow des Industriegeschäfts	−1.302	−18	−
EBIT	−1.555	2.640	−
Konzernergebnis	−1.242	1.825	−
Ergebnis je Aktie (in €)	−1,24	1,61	−
Beschäftigte	304.065	298.683[2]	+2

[1] Bereinigt um Wechselkurseffekte Umsatzanstieg um 3 %.
[2] Stand 31.12.2018.

(Quelle: Daimler AG: Zwischenbericht Q2 2019, 24.07.2019, S. 4. In: https://www.daimler.com/dokumente/investoren/berichte/zwischenberichte/q2/daimler-ir-zwischenbericht-q2-2019.pdf [14.01.2020].)

■ Erklären Sie z. B. mithilfe des Internets folgende Fachbegriffe der Grafik „Konjunktur-Ausblick für Deutschland": Wirtschaftswachstum, Exporte, Arbeitslosenquote.

- Verschaffen Sie sich z. B. mithilfe des Internets weitere Informationen über den Daimler-Konzern. Fassen Sie Ihre Informationen in einem Kurzbericht zusammen.
- Die Grafik und die Tabelle veranschaulichen wirtschaftliche Größen. Unabhängig von dieser Gemeinsamkeit unterscheiden sich beide Darstellungen hinsichtlich ihres Inhaltes jedoch grundsätzlich. Nehmen Sie die folgenden Informationen zur Kenntnis und bestimmen Sie mit diesem Wissen diesen grundsätzlichen Unterschied.

▲ Der Gegenstand der Volkswirtschaftslehre

Alle Akteure (Privatpersonen, Unternehmungen, staatliche Stellen, sonstige Einrichtungen u. a.) in einem Wirtschaftsraum (Staat oder Staatenverbund) bilden mit ihren gesamten wirtschaftlichen Handlungen die Volkswirtschaft dieses Wirtschaftsraumes. Eine Volkswirtschaft ist Gegenstand der Volkswirtschaftslehre. Diese Wissenschaft untersucht die wirtschaftlich relevanten Vorgänge, insbesondere auch ihre gegenseitigen Abhängigkeiten. Wichtige volkswirtschaftliche Fragestellungen sind z. B.:

- Welche Leistung erbringt die gesamte Volkswirtschaft?
- Wie wird das in der Produktion entstehende Einkommen auf bestimmte Gruppen innerhalb des Wirtschaftsraumes verteilt?
- In welchem Ausmaß finden Menschen in diesem Wirtschaftsraum keine Arbeit? Welche Ursachen sind dafür verantwortlich?
- Welche Geldmenge muss im Wirtschaftsraum verfügbar sein, damit auf den Märkten gehandelt werden kann?
- Wie entwickeln sich in der Gesamttendenz die Preise?
- In welchem Ausmaß findet ein wirtschaftlicher Austausch mit anderen Wirtschaftsräumen statt?

Mit der Beantwortung dieser Fragen sollen allgemeingültige Gesetzmäßigkeiten von gesamtwirtschaftlichen Abläufen erkannt werden. Ziel ist es, auf der Basis dieser Erkenntnisse der Wirtschaftspolitik Handlungsempfehlungen zu geben. Gesamtwirtschaftliche Abläufe und Zusammenhänge sollen durch wirtschaftspolitische Eingriffe optimiert werden.

Die Volkswirtschaftslehre trennt sich in die Mikro- und Makroökonomie.

▲ Mikroökonomie: Der Blick mit der Lupe

Die Mikroökonomie betrachtet einzelne Wirtschaftssubjekte (z. B. private Haushalte, Unternehmen) mit ihren wechselseitigen wirtschaftlichen Beziehungen. Zentrale Fragen sind u. a.:

- Von welchen Faktoren wird die Nachfrage eines Haushaltes beeinflusst?
- Welche Faktoren bestimmen das Angebot eines Unternehmens?
- Wie bildet sich der Marktpreis für ein Gut in Abhängigkeit von Nachfrage und Angebot?

▲ Makroökonomie: Der Blick aus der Ferne

Die Makroökonomie fasst gleichartige wirtschaftliche Aktivitäten zu Gesamtgrößen zusammen und untersucht die Zusammenhänge zwischen diesen gesamtwirtschaftlichen Einheiten. Zentrale Fragen sind z. B.:

- Wie hoch ist das gesamte Einkommen in einer Volkswirtschaft?

- Wie hat sich die gesamte Geldmenge entwickelt? Ist die Geldmenge zu groß und gefährdet somit den Wert des Geldes?
- Wie hoch ist der Gesamtwert aller Importe und Exporte zwischen der inländischen Volkswirtschaft und dem Ausland?

Beispiel Silvia Land hat sich im Wirtschaftslehreunterricht in der Berufsschule bereits mit volkswirtschaftlichen Fragen beschäftigt. Sie erklärt ihrem Bruder anschaulich die Abgrenzung zwischen Mikro- und Makroökonomie. Die Mikroökonomie untersucht z. B., warum sich auf dem Markt für Smartphones zu einem bestimmten Zeitpunkt ein bestimmter Preis bildet. Die Makroökonomie stellt dagegen die Frage, warum sich durch die Gesamtnachfrage aller Haushalte auf den Gütermärkten das durchschnittliche Preisniveau aller Güter erhöht.

Um die obigen und weitere Fragen zu beantworten und um Zusammenhänge zu verstehen, werden Modelle eingesetzt. Sie vereinfachen die komplexe Wirklichkeit und erschließen damit die Einsicht in grundlegende Gesetzmäßigkeiten.[1]

▲ Der Gegenstand der Betriebswirtschaftslehre

Die Betriebswirtschaftslehre ist die „Schwesterdisziplin" der Volkswirtschaftslehre. Sie nimmt die Perspektive von einzelnen Unternehmen ein. Ziel ist es, im einzelnen Betrieb Abläufe zu beschreiben, zu erklären und zu optimieren. Beispielhafte betriebswirtschaftliche Fragestellungen sind u. a.:

---

[1] vgl. Kapitel 1.2

- Welche Bezugsquellen stehen für den Einkauf der Rohstoffe und sonstiger Materialien zur Verfügung?
- Wie läuft der Produktionsprozess ab? Wie kann er optimiert werden?
- Welche Kosten entstehen bei der Produktion? Welche Möglichkeiten zur Kostensenkung gibt es?
- Welche Maßnahmen werden zu Förderung des Verkaufs eingesetzt? Durch welche Maßnahmen kann der Absatz der Produkte gesteigert werden?
- Wie kann die Anschaffung einer neuen Maschine finanziert werden? Ist diese Investition rentabel?
- Wie können die Mitarbeiter besser motiviert werden?

Die Betriebswirtschaftslehre unterscheidet sich in der allgemeinen und der speziellen Betriebswirtschaftslehre.

▲ Allgemeine Betriebswirtschaftslehre

Die allgemeine Betriebswirtschaftslehre beschreibt und erklärt betriebliche Abläufe, die gleichartig in allen Betrieben vorzufinden sind. Sie ist damit branchenübergreifend ausgerichtet und legt Zusammenhänge dar, die allgemein für alle Unternehmen gelten.

▲ Spezielle Betriebswirtschaftslehre

Die spezielle Betriebswirtschaftslehre konzentriert sich auf Fragen, die nur für bestimmte Branchen oder nur für bestimmte Funktionsbereiche bzw. Prozesse (Abteilungen bzw. Arbeitsabläufe) in Betrieben relevant sind. Beispiele sind:

Branchen	Funktionsbereiche/Prozesse
– Bankbetriebslehre – Industriebetriebslehre – Handelsbetriebslehre – Betriebswirtschaftslehre des Gesundheitswesens	– Materialwirtschaft/logistische Prozesse – Leistungserstellung/produktionswirtschaftliche Prozesse – Verkauf/absatzwirtschaftliche Prozesse – Peronal/personalbezogene Prozesse – Rechnungswesen/Steuerung und Kontrolle

Beispiel Silvia Land erklärt ihrem Bruder den Unterschied zwischen den verschiedenen Betriebswirtschaftslehren am Beispiel des Berufskollegs, das sie besucht. Als angehende Kauffrau für Büromanagement hat sie Unterricht in Büroprozessen. Damit unterscheidet sich ihr Stundenplan wesentlich von anderen Auszubildenden. Die zukünftigen Steuerfachangestellten werden in der speziellen Betriebswirtschaftslehre Steuerlehre unterrichtet, die Kaufleute für Spedition und Logistikdienstleistung dagegen in speditionellen und logistischen Geschäftsprozessen. Branchenübergreifend haben die Auszubildenden aller Berufe wiederum Unterricht im/in Rechnungswesen/Steuerung und Kontrolle, einem wichtigen Funktionsbereich in den Unternehmen aller Branchen.

1. Nehmen Sie die Wirtschaftsnachrichten einer Zeitung Ihrer Wahl (Printausgabe oder digitale Ausgabe) regelmäßig zur Kenntnis. Werten Sie diesen Teil über den Zeitraum einer Woche aus und ordnen Sie die Nachrichten/Berichte/Themen der Volkswirtschaftslehre oder der Betriebswirtschaftslehre tabellarisch zu. Begründen Sie Ihre jeweilige Entscheidung. Berücksichtigen Sie dabei auch die Möglichkeit, dass sich volks- und betriebswirtschaftliche Fragestellungen oft wechselseitig beeinflussen.

Volkswirtschaftslehre	Betriebswirtschaftslehre	Begründung
05.04.2020: Konjunkturhilfen zur Bewältigung der Coronafolgen		Bericht über staatliche Maßnahmen zur Förderung der allgemeinen wirtschaftlichen Situation
	30.04.2020: SAP trotzt der Coronakrise	Bericht über die Zukunftsperspektiven einer Unternehmung

2. Erläutern Sie in einem Fachbericht: Mikroökonomie, Makroökonomie, allgemeine Betriebswirtschaftslehre, spezielle Betriebswirtschaftslehre.

3. Erläutern Sie die Abbildung „Was ist die Inflationsrate?" auf Seite 24.

1.2 Arbeiten mit Modellen am Beispiel des einfachen Wirschaftskreislaufs

Neben ihrer Ausbildung zur Kauffrau für Büromanagement bei der Bürodesign GmbH hat Silvia Land eine Fahrschule besucht und ihren Führerschein erworben. Jetzt möchte sie auch über ein eigenes Auto verfügen. Im Internet hat sie ein interessantes Angebot gefunden: gebrauchter Kleinwagen, 1. Hand, 45 000 km gefahren, 9 000,00 €. Ihr Vater ist jedoch dagegen: „Für einen Zweitwagen haben wir in der Familie kein Geld." Um seine Tochter zu überzeugen, stellt Otto Land mit ihr die monatlichen Einnahmen und Ausgaben der Familie in einem Konto zusammen.

Einnahmen	Haushaltskonto der Familie Land		Ausgaben
Einkommen Otto Land	1 932,00	Nahrungsmittel/Getränke	392,00
Einkommen Antje Land	640,00	Alkoholische Getränke u. a.	120,00
Kindergeld	408,00	Bekleidung/Schuhe	294,00
...	...	...	...

- Informieren Sie sich noch einmal über die wirtschaftlichen Verhältnisse der Familie Land (vgl. S. 17 f.). Prüfen Sie, ob die Anschaffung eines Zweitwagens möglich ist.
- Informieren Sie sich über das Modell des einfachen Wirtschaftskreislaufs. Erläutern Sie, inwiefern sich dieses Modell bei der Familie Land widerspiegelt.
- Erläutern Sie, welche wirtschaftlichen Vorgänge und Sachverhalte bei der Familie Land zwar festzustellen sind, aber in dem Modell nicht berücksichtigt werden.

▲ Wirtschaftssubjekte als abgegrenzte Einheiten im Wirtschaftsprozess

Durch die Arbeitsteilung wird die ursprüngliche Einheit von Produktion und Verwendung der Güter innerhalb einer häuslichen Gemeinschaft aufgehoben. Vielfältige Tauschbeziehungen zwischen den Wirtschaftenden werden erforderlich. Diese am arbeitsteiligen Wirtschaftsprozess beteiligten, in sich geschlossenen Wirtschaftseinheiten bezeichnet man in der Wirtschaftswissenschaft als Wirtschaftssubjekte. In jeder Volkswirtschaft führen heute Millionen von Wirtschaftssubjekten tagtäglich eine unübersehbare Vielzahl von wirtschaftlichen Aktivitäten aus, z. B. indem sie kaufen, verkaufen, arbeiten, sparen, produzieren, mieten und vermieten, Arbeitskräfte einstellen und entlassen usw.

Ein Wirtschaftssubjekt ist z. B.

- jedes Mitglied eines privaten Haushalts,
- jedes Unternehmen,
- jeder öffentliche Haushalt und
- jedes ausländische Unternehmen

Beispiel Otto Land arbeitet seit vielen Jahren bei einem großen Automobilhersteller, seine Frau Antje stellt ihre Arbeitskraft als Verkäuferin einem Supermarkt zur Verfügung. In diesem Markt kauft Antje Land regelmäßig die Lebensmittel für die Familie. Frisches Gemüse produziert Otto Land aber auch in seinem Schrebergarten, den er gepachtet hat. Ihre Wohnung mietet Familie Land von einer Wohnungsgenossenschaft. In naher Zukunft soll jedoch ein Einfamilienhaus gebaut werden. Zu diesem Zweck spart die Familie monatlich einen Teil ihres Einkommens.

▲ Modellbildung als Methode der Volkswirtschaftslehre

Die Volkswirtschaftslehre will dieses vielfältige wirtschaftliche Geschehen erfassen, beschreiben sowie die Ursachen für bestimmte wirtschaftliche Verhaltensweisen erklären. Auf der Basis dieser Erkenntnisse soll der Ablauf des Wirtschaftsgeschehens prognostiziert werden. Im Rahmen der

Politikberatung sollen letztlich Möglichkeiten aufgezeigt werden, wie gesamtwirtschaftliche Entwicklungen beeinflusst und gesteuert werden können.

Aufgrund der unübersehbaren Vielfalt wirtschaftlicher Handlungen, Entscheidungen und Abläufe wird eine Volkswirtschaft zu einem äußerst komplexen Gebilde. Das Zusammenwirken vielfältigster wirtschaftlicher Faktoren ist kaum noch zu überblicken. Deshalb werden in der Volkswirtschaftslehre Denkmodelle entwickelt.

Ein **Modell** erfasst nicht alle Wesensmerkmale des Originals, sondern beschränkt sich auf solche Tatbestände, die wesentlich sind.

Beispiel Als erfahrener Industriemechaniker arbeitet Otto Land bei seinem Arbeitgeber, den Automobilwerken, an der Entwicklung einer neuen Karosserie mit. Es soll herausgefunden werden, ob und wie die Karosserie aerodynamisch noch verbessert werden kann. Dazu muss kein vollständig ausgerüstetes Fahrzeug mehrere tausend Kilometer im Straßenversuch getestet werden. Es reicht aus, ein entsprechendes Modell in den Windkanal zu stellen. Die Ergebnisse des Modellversuchs lassen sich mit hinreichender Genauigkeit auf die Wirklichkeit übertragen.

In volkswirtschaftlichen Denkmodellen wird die komplexe wirtschaftliche Realität auf eine überschaubare Anzahl von ökonomischen Faktoren und Zusammenhängen reduziert. Entsprechend dem jeweiligen Erkenntnisziel werden nur die Elemente berücksichtigt, die erforderlich sind, um bestimmte Abläufe und Zusammenhänge durchschaubar zu machen. Die in diesen Vereinfachungen gewonnenen Erkenntnisse über Ursachen und Zusammenwirken ökonomischer Abläufe sind dann in der Realität zu überprüfen. Das heißt, es ist die Frage zu stellen, ob sich die in der Modellbetrachtung gewonnenen Ergebnisse in der Wirklichkeit bestätigen.

Wie das im Folgenden beschriebene Modell des einfachen Wirtschaftskreislaufs zeigt, basiert die wirtschaftswissenschaftliche Modellbildung im Wesentlichen auf zwei Prinzipien: auf der **Aggregation** und auf der **Isolierung**.

▲ Modell des einfachen Wirtschaftskreislaufs

▲ Aggregation der Sektoren Haushalte und Unternehmen

Im Denkmodell des einfachen Wirtschaftskreislaufs wird die millionenfache Vielfalt wirtschaftlicher Aktivität in einer Volkswirtschaft durch **Aggregation (Zusammenfassung/Anhäufung)** gleichartiger Elemente zu einer Gesamtgröße reduziert und dadurch überschaubar. Wirtschaftssubjekte mit vergleichbarer wirtschaftlicher Aktivität werden zu Sektoren zusammengefasst. Dies führt zu den **Sektoren** der **Haushalte** und der **Unternehmen**.

Beispiele Genauso wie Millionen anderer stellen auch Antje und Otto Land ihre Arbeitskraft als Produktionsfaktor zur Verfügung und erhalten dafür ein Einkommen in Form von Arbeitslohn. Andere Personen können Naturgüter (z. B. Boden) oder Kapital überlassen und beziehen Pachten, Mieten, Zinsen und Gewinnanteile als Einkommen. Wegen dieser grundsätzlichen Gemeinsamkeit (Überlassung von Produktionsfaktoren und Einkommenserzielung) wird die Familie Land mit den Millionen anderen privaten Haushalten zum Sektor Haushalte zusammengefasst.

Die Automobilwerke, der Supermarkt und die Bürodesign GmbH als Arbeitgeber bzw. Ausbildender von Otto, Antje und Silvia Land weisen eine andersartige Gemeinsamkeit auf. Sie setzen die Arbeitskraft der Familie Land ein. Von anderen Haushalten nutzen sie weitere Produktionsfaktoren (Arbeit, Natur, Kapital) in ihrem Produktionsprozess. Wegen dieser gleichartigen wirtschaftlichen Aktivität (Beschaffung und Kombination von Produktionsfaktoren zur Güterherstellung) bilden die drei Unternehmungen zusammen mit den Hunderttausenden anderen Produzenten den Sektor Unternehmen.

▲ Aggregation der monetären und realen Ströme

Gleichartige wirtschaftliche Handlungen von Wirtschaftssubjekten bzw. gleichartige Vorgänge zwischen Sektoren werden zu Strömen zusammengefasst. Ergebnis sind **reale Ströme** (Güter- und

Faktorströme) und **monetäre Ströme** (Geldströme). Dabei gilt, dass es zu jedem Güterstrom einen entgegengesetzten Geldstrom gibt.

Beispiele
- Antje und Otto Land stellen einem Supermarkt bzw. einem Automobilwerk und damit dem Sektor Unternehmen ihre Arbeitskraft zur Verfügung. Millionen anderer Haushalte tun Ähnliches und überlassen ihre Produktionsfaktoren. Als **Produktionsfaktorstrom** können all diese Vorgänge zu einem realen Strom gebündelt werden. Er fließt vom Sektor Haushalte zum Sektor Unternehmen.

- Antje und Otto Land erhalten für ihre Arbeit Lohn. Andere Haushalte beziehen für andere Produktionsfaktoren Löhne, Mieten, Pachten, Zinsen und Gewinne. Allen diesen Zahlungen ist gemeinsam, dass sie als Entgelt für das Bereitstellen von Produktionsfaktoren fließen. Als **Einkommen** können sie deshalb zu einem monetären Strom gebündelt werden. Er fließt entgegengesetzt zum Produktionsfaktorstrom vom Sektor Unternehmen zum Sektor Haushalte.
- Das erzielte Einkommen verbleibt nicht bei der Familie Land. Zur Befriedigung ihrer Bedürfnisse benötigen alle Mitglieder der Familie Land Güter. Ihr Einkommen setzen sie für den Erwerb dieser Güter ein. In ähnlicher Weise verwenden auch alle anderen Haushalte der Volkswirtschaft ihr jeweiliges Einkommen. Als **Konsumausgaben** können all diese Transaktionen zu einem monetären Strom zusammengefasst werden. Er fließt vom Sektor Haushalte zum Sektor Unternehmen.
- Otto Land besorgt in einem Baumarkt einen neuen Spaten für seinen Schrebergarten. Antje Land genießt nach einem Volleyballspiel im Vereinslokal ein kühles Kölsch. Silvia Land beschafft sich für ihren ersten Köln-Marathon neue Laufschuhe. Jörn Land liest am Abend nach Erledigung der Hausaufgaben die neue Ausgabe einer Computer-Zeitschrift. Die genannten Güter (Spaten, Kölsch, Laufschuhe, Computer-Zeitschrift) sind von Unternehmen produziert worden und gelangen von dort in den Haushalt der Familie Land. Tagtäglich kommt es zu einem millionenfachen Abfluss von Konsumgütern vom Sektor Unternehmen zum Sektor Haushalte. Dieser **Konsumgüterstrom** fließt entgegengesetzt zum Geldstrom der Konsumausgaben.

▲ Grafische Darstellung der Aggregation

Die Zusammenfassung von Wirtschaftssubjekten mit vergleichbarer wirtschaftlicher Betätigung zu Sektoren und die Zusammenfassung von gleichartigen wirtschaftlichen Vorgängen zu Strömen lassen sich grafisch veranschaulichen.

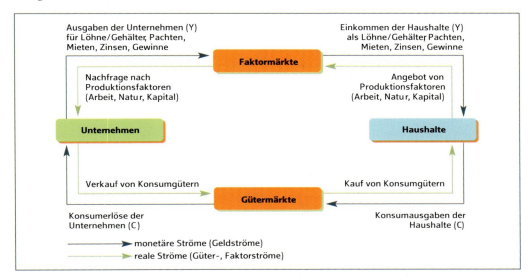

▲ Isolierung von Sektoren und Strömen

Die obige Grafik macht deutlich, dass das Modell des einfachen Wirtschaftskreislaufs bei Weitem nicht alle Aspekte der ökonomischen Wirklichkeit erfasst. Die komplexe wirtschaftliche Realität wird vielmehr auf eine überschaubare Anzahl von Elementen und Zusammenhängen reduziert. Diese isolierte Betrachtung ausgewählter Faktoren führt dazu, dass die in der Modellbetrachtung gewonnenen Erkenntnisse nur unter bestimmten **Prämissen** (Voraussetzungen) zutreffen. Dem Modell des einfachen Wirtschaftskreislaufs liegen folgende Prämissen zugrunde:

- Es gibt nur die Sektoren Haushalte und Unternehmen.
- Der Staat greift nicht in den Wirtschaftsprozess ein.
- Die Volkswirtschaft hat keine wirtschaftlichen Beziehungen zum Ausland.
- Die Haushalte konsumieren ihr Einkommen in voller Höhe, d. h., es wird nicht gespart.
- Die Unternehmen produzieren nur Konsumgüter für die Bedürfnisbefriedigung in den Haushalten.
- Es werden keine Investitionsgüter produziert. Folglich sind die vorhandenen Investitionsgüter dauerhaft nutzbar und müssen nicht ersetzt werden. Der vorhandene Bestand an Investitionsgütern wird außerdem auch nicht ausgeweitet.
- Zwischen den Wirtschaftssubjekten innerhalb eines Sektors finden keine wirtschaftlichen Transaktionen statt.

▲ Erkenntnisse aus dem Modell des einfachen Wirtschaftskreislaufs

Aus diesem Denkmodell lassen sich folgende **Aussagen über eine Volkswirtschaft** ableiten:

- Eine Volkswirtschaft ist ein Gebilde geschlossener Geld- und Güterströme. Das heißt, zwischen Haushalten und Unternehmen findet kreislaufartig eine ständige Wiederholung von Produktion und Konsum statt.
- Der Geldstrom besteht aus den Einkommen der Haushalte und ihren Ausgaben für Konsumgüter.
- Der Güterstrom setzt sich aus den von den Haushalten bereitgestellten Produktionsfaktoren und den von den Unternehmen produzierten Konsumgütern zusammen.
- Jedem Güterstrom fließt ein Geldstrom im selben Wert entgegen, d. h., Güter- und Geldkreislauf sind wertmäßig gleich.
- Das Einkommen der Haushalte entsteht in der Güterproduktion: Nur das, was an Güterwerten produziert wurde, kann als Einkommen fließen.
- Haushalte verwenden ihr Einkommen für Konsumausgaben: Nur das, was an Einkommen erzielt wurde, kann an Güterwerten konsumiert werden.
- Bezeichnet man das Einkommen mit Y (für engl. yield) und den Konsumgüterwert mit C (für engl. consumptions), dann gilt:

$$Y = C$$

- Wenn alle produzierten Güter von den Haushalten konsumiert werden, kann sich eine Volkswirtschaft nicht entwickeln. Das Produktionsergebnis jeder Folgeperiode muss mit dem vorangegangenen im Gesamtwert identisch sein, da sich die Ausstattung mit Produktionsfaktoren nicht verändert hat. Eine solche Volkswirtschaft wird als **stationäre Wirtschaft** bezeichnet.
- In der Realität wird das Produktionsergebnis in Zeitverlauf zurückgehen. Wegen des Verschleißes am Kapitalstock der Volkswirtschaft (Abnutzung von Ausrüstungen, Maschinen, Fahrzeugen u. a.) verringert sich das Gesamtpotenzial an Produktionsfaktoren (**schrumpfende Wirtschaft**).

Diese grundlegenden Erkenntnisse über eine Volkswirtschaft, die sich in der Realität bestätigen, werden erst mithilfe des Modells deutlich.

Arbeiten mit Modellen am Beispiel des einfachen Wirschaftskreislaufs

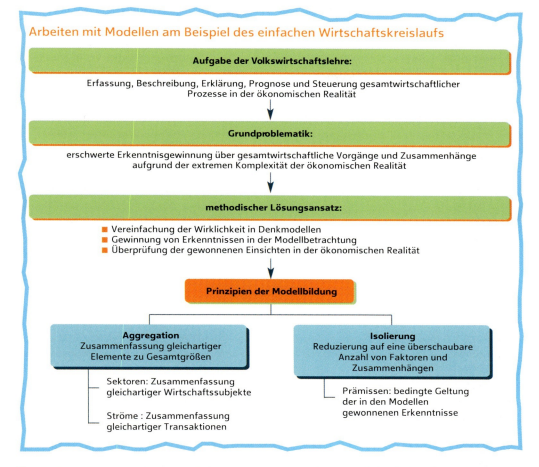

1 Erklären Sie, warum in einer Volkswirtschaft eine Vielzahl von wirtschaftlichen Transaktionen zwischen den Sektoren stattfindet.

2 Erläutern Sie die Notwendigkeit volkswirtschaftlicher Modellbetrachtung. Beschreiben Sie am Beispiel des Modells des einfachen Wirtschaftskreislaufs die grundsätzliche Vorgehensweise bei der Bildung von volkswirtschaftlichen Denkmodellen.

3 Erklären Sie, was unter einer stationären Wirtschaft zu verstehen ist. Begründen Sie, warum eine stationäre Wirtschaft im Zeitverlauf zu einer schrumpfenden Wirtschaft wird.

4 Begründen Sie, warum in einer stationären Wirtschaft die Gleichung $Y = C$ gilt.

5 In einer stationären Wirtschaft beträgt der Gesamtwert der produzierten Güter 4 000 000 Geldeinheiten (GE). Die Unternehmen zahlen an Arbeitnehmerhaushalte 3 600 000 GE Löhne und 100 000 GE Mieten, Pachten und Zinsen. Die Haushalte der Unternehmer erhalten den Gewinn als Einkommen. Ermitteln Sie
a) das Einkommen der Arbeitnehmerhaushalte,
b) das Einkommen der Unternehmerhaushalte,
c) die Umsatzerlöse der Unternehmen.
d) Stellen Sie die Geld- und Güterströme mit den entsprechenden Wertangaben in einem Kreislaufschema grafisch dar.

6 Erklären Sie nach Ihrer Wahl drei Prämissen des Denkmodells des einfachen Wirtschaftskreislaufs.

7 Nennen Sie je zwei Beispiele für Transaktionen innerhalb der Sektoren Haushalte und Unternehmen, die im Modell des einfachen Wirtschaftskreislaufs nicht erfasst werden.

8 Eine wesentliche Erkenntnis aus der Betrachtung des Modells des einfachen Wirtschaftskreislaufs ist die Einsicht, dass das Gesamteinkommen der Haushalte mit dem Gesamtwert der produzierten Güter übereinstimmen muss, d. h., es gilt die Gleichung Y = C. Analysieren Sie vor diesem Hintergrund den folgenden Kommentar:

> 80,7 MILLIARDEN EURO: STEUEREINNAHMEN SPRUDELN IM JUNI
>
> **Die Steuereinnahmen in Deutschland sind im Juni gestiegen. Insgesamt verlief das erste Halbjahr 2019 allerdings nicht besonders positiv für Finanzminister Scholz.**
>
> Die Steuereinnahmen in Deutschland sind im Juni gestiegen. Der Zuwachs von Bund und Ländern betrug 6,8 Prozent, insgesamt wurden 80,7 Milliarden Euro eingenommen. Besonders deutlich waren die Steigerungsraten bei der Umsatz- und Lohnsteuer. Beides dürfte auf den florierenden Arbeitsmarkt zurückgehen.
>
> Insgesamt verlief das erste Halbjahr 2019 allerdings nicht besonders positiv für Finanzminister Olaf Scholz. Ohne die Gemeindesteuern nahmen Bund und Länder gut 360 Milliarden Euro ein, drei Prozent mehr als im Vorjahreszeitraum [...]. Dabei gab es vor allem bei ausschließlich den Ländern zustehenden Steuern ein deutliches Plus von über fünf Prozent. Insgesamt hat die Konjunkturabkühlung aber Spuren hinterlassen. In den Vorjahren waren die Steuereinnahmen oft noch deutlich kräftiger gewachsen.
>
> Für das zweite Quartal, für das noch keine Daten zum Bruttoinlandsprodukt vorliegen, rechnet das Finanzministerium mit einer schwächeren Dynamik. Hauptgrund: Die Industrie wird wegen des von US-Präsident Donald Trump angezettelten Handelsstreits mit China und Europa ausgebremst. Der Konsum bleibt dagegen die Stütze der deutschen Wirtschaft. [...]

(Quelle: Reuters: 80,7 Milliarden Euro. Steuereinnahmen sprudeln im Juni, 22.07.2019. In: https://www.handelsblatt.com/politik/deutschland/bund-und-laender-80-7-milliarden-euro-steuereinnahmen-sprudeln-im-juni/24685382.html [25.07.2019].)

Begründen Sie vor dem Hintergrund der Gleichheit von Y (Volkseinkommen) und C (Gesamtwert der produzierten Güter)
a) inwiefern Wirtschaftswachstum zu Wohlstand führt,
b) inwiefern eine „Konjunkturabkühlung" zu Steuerausfällen im Staatshaushalt und zu sinkenden Beitragseinnahmen bei den Sozialversicherungen führt.
c) Erklären Sie den Zusammenhang zwischen dem „Konsum" und der gesamtwirtschaftlichen Entwicklung.

9 Erläutern Sie nach Ihrer Wahl drei weitere Erkenntnisse, die sich aus dem Modell des einfachen Wirtschaftskreislaufs ableiten lassen.

2 Das Problem der Knappheit: Ursachen und Lösungen

Der diesjährige Hochsommer in Köln beschert der Region fast tropische Temperaturen. Die Quecksilbersäule steigt in den Mittagsstunden über die Marke von 35 Grad Celsius. In einigen Abteilungen der Bürodesign GmbH gibt es bereits Überhitzungsprobleme mit den dort eingesetzten Computern. Auf einer Abteilungsleiterkonferenz plädiert deshalb die Einkaufsabteilung für den Kauf portabler Klimageräte. Ein Blick in den Winterkatalog eines Großhändlers zeigt eine Preisspanne von 600,00 bis 1 300,00 € für solche Geräte. Herr Stein bittet Herrn Kaya vom Einkauf, sich ein Angebot des Lieferanten einzuholen. Am nächsten Tag erhält Herr Kaya ein Fax des Händlers. Infolge der großen Nachfrage sind die Preise für Kleinklimageräte durchschnittlich um 30 % gegenüber dem Preis aus dem Katalog gestiegen.

Das Problem der Knappheit: Ursachen und Lösungen

- Erläutern Sie, welche Möglichkeiten eine Volkswirtschaft bei der Lösung des Knappheitsproblems hat.
- Beurteilen Sie eine staatlich verfügte Zuteilung von knappen Gütern an die Verbraucher in einem marktwirtschaftlichen System.

▲ Knappheit der Güter

Adam und Eva – die biblische Beschreibung eines Urzustandes – lebten im Paradies. Sie kannten keine Knappheit, keinen Mangel, keine Not (= **freie Güter**). Sie genossen im Überfluss, bis sie die Früchte des verbotenen Apfelbaumes gegessen hatten.

Die menschliche Erfahrung jedoch lehrt, dass wir vom Zustand eines Paradieses weit entfernt sind: Bevor uns „gebratene Tauben" in den Mund fliegen, müssen diese gefangen bzw. gezüchtet, geschlachtet, verpackt, transportiert und von uns bezahlt und zubereitet werden, bis sie genussfertig auf dem Teller liegen. Wir müssen, bevor wir unseren Bedarf an Konsumgütern decken können, die Güter zunächst in einem Produktionsprozess verfügbar oder genießbar machen. Dazu sind die **Produktionsfaktoren** Boden, Kapital und Arbeit notwendig. Da diese Produktionsfaktoren jedoch endlich (also begrenzt = **knappe Güter**) sind, ist die **Knappheit** ein allgemeines und grundlegendes Phänomen menschlicher Existenz.

Beispiel Silvia Land hat bemerkt, dass sie sich von ihrer Ausbildungsvergütung nicht alle Wünsche erfüllen kann. Ihre finanziellen Mittel sind begrenzt. Silvia muss folglich mit den knappen Mitteln wirtschaftlich umgehen.

Die Knappheit eines Gutes kann in modernen Volkswirtschaften durch den **absoluten Preis** des Gutes ausgedrückt werden (1 kg Butter = 2,00 €; 1 kg Mehl = 1,00 €). Darüber hinaus sind Verhältniszahlen anwendbar, die den Wert eines Gutes als **relativen Preis** ausdrücken (1 kg Mehl = 0,5 kg Butter). Folglich ist der Preis eines Gutes ein **Knappheitsindikator:** Steigende Preise signalisieren eine zunehmende Verknappung, sinkende Güterpreise hingegen weisen auf eine abnehmende Knappheit hin. **Freie Güter** hingegen sind im Überfluss vorhanden und haben folglich auch keinen Preis.

Die Bedürfnisse des Menschen sind i. d. R. unbegrenzt und damit größer als die zur Verfügung stehenden Produktionsmöglichkeiten. Unter **Bedürfnis** versteht man einen Wunsch, der durch ein subjektives Mangelempfinden entsteht. Wenn das Wirtschaftssubjekt dieses Bedürfnis mit der notwendigen Kaufkraft unterlegen kann, spricht man vom **Bedarf**. Der Bedarf stellt folglich den mit Kaufkraft ausgestatteten Teil der Bedürfnisse dar.

Beispiel Silvia Land kann monatlich nur über ihre Ausbildungsvergütung verfügen. Alle Wünsche, die sich daraus nicht finanzieren lassen, bleiben Bedürfnisse, denen keine Kaufkraft gegenübersteht. Es entsteht folglich keine Nachfrage.

▲ Bedürfnis

Nach der Dringlichkeit der Bedürfnisbefriedigung kann man in Existenz-, Kultur- und Luxusbedürfnisse unterscheiden.

- **Existenzbedürfnisse** sind lebensnotwendige Bedürfnisse. Sie müssen i. d. R. kurzfristig befriedigt werden, um das Leben der Menschen nicht zu gefährden.
  Beispiele Wunsch nach Grundnahrungsmitteln, Kleidung, Wohnung
- **Kulturbedürfnisse** werden durch die Umwelt oder Kultur geprägt. Sie müssen weitgehend befriedigt werden, wenn der Mensch in seiner sozialen Umwelt anerkannt werden will.
  Beispiele Wunsch nach Bildung, modischer Kleidung, Hobbys
- **Luxusbedürfnisse** sind übersteigerte Ansprüche. Sie können vom Großteil der Bevölkerung nicht befriedigt werden.
  Beispiele Wunsch nach Modellkleidern, Champagner, einer eigenen Yacht

Eine genaue Abgrenzung zwischen den Bedürfnissen ist nicht immer möglich. Sie ist von der persönlichen Situation des Einzelnen abhängig und **verändert sich im Laufe der Zeit**. So ist eine ausreichende und abwechslungsreiche Ernährung für uns ein Existenzbedürfnis, für weite Teile der Dritten Welt hingegen ein Luxusbedürfnis. Und der Wunsch nach Erholung in der Sonne, der für unsere Eltern noch ein Luxusbedürfnis war, ist heute für viele ein Kulturbedürfnis.

Nach der Möglichkeit der Bedürfnisbefriedigung kann unterschieden werden in:

- **Individualbedürfnisse,** die von einem einzelnen Menschen, dem Individuum, ausgehen
  Beispiel Wunsch nach einem Auto
- **Kollektivbedürfnisse,** die aus dem Zusammenleben der Menschen entstehen und nur in der Gemeinschaft befriedigt werden können
  Beispiel ein gut ausgebautes Straßennetz

Nach dem Gegenstand der Bedürfnisse kann man in materielle und immaterielle Bedürfnisse unterscheiden.

- **Materielle** Bedürfnisse richten sich auf sachliche Güter.
  Beispiele modische Kleidung, Auto, Möbel
- **Immaterielle** Bedürfnisse, d.h. nicht greifbare Bedürfnisse, richten sich auf Dienstleistungen oder geistige Belange.
  Beispiele Haarschnitt, Kinobesuch, Freundschaft, Anerkennung, Geborgenheit

Nach dem Grad der Bewusstheit unterscheidet man akute und latente Bedürfnisse.

- **Akute** (offene) Bedürfnisse: Sie sind den Menschen bewusst und verlangen nach Befriedigung.
  Beispiel Wunsch nach einer Reise in den Süden
- **Latente** (schlummernde) Bedürfnisse sind den Menschen nicht bewusst. Sie können durch die Werbung geweckt werden.
  Beispiele Die Marketingabteilung der Bürodesign GmbH stellt im Rahmen der Marktforschung fest, dass das Bedürfnis nach Sicherheit eine immer größere Rolle spielt. Die Geschäftsleitung diskutiert, ob der Bereich der Sicherheitstechnik im Büro in das Produktprogramm aufgenommen werden soll.

▲ Bedarf

Der Teil der Bedürfnisse, der sich mit Mitteln der Wirtschaft befriedigen lässt und der mit entsprechender **Kaufkraft** ausgestattet ist, wird **Bedarf** genannt.

Beispiele Silvia Land hat von ihrer Ausbildungsvergütung 300,00 € gespart, um sich ein Smartphone zu kaufen.

▲ Nachfrage

Wird der Bedarf am Markt wirksam, d.h., wird für ein bestimmtes Gut tatsächlich Geld ausgegeben, so wird er zur **Nachfrage**.

Beispiel Silvia geht in ein Fachgeschäft und kauft das ausgesuchte Smartphone.

Ziel jedes Unternehmers ist es, aus den allgemeinen Bedürfnissen seiner möglichen **(potenziellen) Kunden** eine konkrete Nachfrage nach den Leistungen seines Unternehmens zu machen. Um dies zu erreichen, versucht er im Rahmen der Marktforschung, die Bedürfnisse seiner Kunden zu ermitteln, sein Absatzprogramm darauf abzustellen und den Bedarf der Kunden durch die Kommunikationspolitik zu wecken.

Beispiel Die Marketingabteilung der Bürodesign GmbH hat im Rahmen der Marktforschung festgestellt, dass das Bedürfnis nach Anerkennung und Sicherheit bei den potenziellen Kunden zunimmt. Aus diesem Grund wird die Produktgruppe „Arbeiten am Schreibtisch" um ein repräsentatives Modell erweitert und es werden Wandtresore in das Absatzprogramm aufgenommen. Eine groß angelegte Werbekampagne macht die Kunden mit den neuen Produkten vertraut.

Die genaue Kenntnis der Bedürfnisse seiner Kunden gibt dem Unternehmer die Möglichkeit, unbewusst vorhandene **(latente) Bedürfnisse in offene Bedürfnisse umzuwandeln.** Mithilfe der **Werbung** wird der Kunde angeregt, Produkte zu kaufen, die ihm bisher nicht notwendig erschienen oder die er nicht kannte.

▲ Wirtschaftsobjekte

Wirtschaftsobjekte sind Gegenstand wirtschaftlicher Entscheidungen der Wirtschaftssubjekte. In der Volkswirtschaftslehre werden die Wirtschaftsobjekte in **Produktionsfaktoren** (vgl. Kap. 3, S. 46) **und Güter** unterteilt.

▲ Güter

Die Mittel, mit denen die menschlichen Bedürfnisse befriedigt werden können, nennt man **Güter**. Indem sie das Bedürfnis des Verwenders befriedigen, stiften sie einen **Nutzen**. Jeder Mensch wird sich für das Gut entscheiden, das ihm den größten Nutzen stiftet.

Beispiel Bei großer Hitze im Sommer trinkt Jörn Land statt der von ihm ansonsten favorisierten Cola lieber Apfelsaftschorle, weil diese den Durst besser löscht als Cola.

Freie Güter sind im Überfluss vorhanden und ihre Bereitstellung verursacht keine Kosten. Beispiele für freie Güter sind Luft, Sonne und Wind. **Knappe (wirtschaftliche) Güter** sind nur begrenzt vorhanden. Ihre Bereitstellung verursacht Kosten, sie sind begehrt, deshalb haben sie einen Preis.

Beispiele Der Maschinenpark der Bürodesign GmbH, Holz für die Produktion aber auch Eintrittskarten für ein Rockkonzert sind knappe Güter und haben deshalb einen Preis. Im Laufe der Zeit sind immer mehr freie Güter zu knappen Gütern geworden. So ist z. B. sauberes Wasser in vielen Gegenden nur noch unter großem Kostenaufwand zu erhalten.

Beispiel Die Bürodesign GmbH hat in der Lackiererei eine Filteranlage zum Preis von 140 000,00 € installiert. Dadurch gelangen keine Schadstoffe mehr in die Luft. Die Bürodesign GmbH berücksichtigt die anteiligen Kosten in ihren Verkaufspreisen, die Produkte werden infolgedessen teurer.

Bei vielen Gütern wird deutlich, dass die für die Herstellung erforderlichen Rohstoffe nur noch für wenige Jahre reichen. Die Konsequenz muss der sparsame Umgang mit diesen Stoffen und ihre Wiederverwertung **(Recycling)** sein.

Güter sind Waren oder Dienstleistungen, welche in verschiedener Weise verwendet werden können. Sie werden entweder in privaten Haushalten ge- bzw. verbraucht **(= Konsumgüter)** oder im Produktionsprozess von Unternehmen verwendet **(= Investitionsgüter)**.

Beispiel Der Geschäftsführer Klaus Stein der Bürodesign GmbH nutzt sein Handy ausschließlich für geschäftliche Zwecke, um z. B. Termine mit Kunden oder Mitarbeitern abzusprechen. Hier dient das Handy als Investitionsgut im Produktionsprozess der Bürodesign GmbH. Demgegenüber ist das Handy seiner Tochter Caroline Stein vor allem dazu da, mit ihren Freundinnen zu reden. Es dient hier konsumtiven Zwecken und ist somit ein Konsumgut.

Weitere Differenzierungen der Güter können nach der Nutzung erfolgen. Dabei unterscheidet man **private** und **öffentliche Güter**. Wenn die Nutzung des Gutes durch ein Wirtschaftssubjekt die Nutzungsmöglichkeit durch ein anderes Wirtschaftssubjekt ausschließt, spricht man von privaten Gütern. Wenn ein Wirtschaftssubjekt von den Nutzungsmöglichkeiten des Gutes nicht ausgeschlossen werden kann, handelt es sich um ein öffentliches Gut.

Beispiel Herr Land benutzt für die Fahrt zur Arbeit seinen privaten Pkw. Das Auto gehört ihm, folglich legt er fest, wer es benutzen darf.

Sein Sohn Jörn besucht ein Rockkonzert. Im Eintrittspreis ist eine Fahrkarte für den öffentlichen Personennahverkehr enthalten. Obwohl nach Beendigung des Konzerts am Stadion eine große Menschenmenge auf die Busse wartet, kann keiner von der Nutzung des Busses ausgeschlossen werden, sofern er über einen gültigen Fahrschein verfügt.

Das Problem der Knappheit: Ursachen und Lösungen

Nach dem Gegenstand lassen sich Güter in **materielle** und **immaterielle Güter**, Rechte und Informationen unterscheiden.

- **Materielle** (fassbare) **Güter** sind **Sachgüter**.

   Beispiele DVD-Player, Kombinationsschreibtisch „Modulo" der Bürodesign GmbH

- **Immaterielle** (nicht fassbare) **Güter** sind **Dienstleistungen, Rechte und Informationen**. Dienstleistungen sind Arbeitsleistungen, durch die ein Wert oder Nutzen entsteht.

   Beispiele Beratung eines Rechtsanwalts; die Planung einer Büroeinrichtung für eine Bank durch die Techniker der Bürodesign GmbH

- **Rechte** sind Ansprüche oder Befugnisse.

   Beispiel Das Recht, ein Patent zu nutzen: Die Bürodesign GmbH stellt Stuhlrollen nach dem Patent eines Erfinders her. Sie hat mit ihm einen Vertrag geschlossen und das Recht erworben, die von ihm entwickelte Rolle zu produzieren.

- **Informationen** sind Voraussetzung jeder Art von Entscheidungsfindung.

   Beispiel Die Bürodesign GmbH ist Mitglied in einem Verband der Möbelhersteller. Aus der Mitgliedschaft entsteht das Recht, auf das Wissen in Datenbanken des Verbandes zuzugreifen.

▲ Ökonomisches Prinzip

Wirtschaftssubjekte lösen das Problem der Knappheit bzw. der Unbegrenztheit menschlicher Bedürfnisse, indem sie mit den Gütern sparsam, d. h. wirtschaftlich umgehen. Dieses planvolle Handeln nennt man das **ökonomische (wirtschaftliche) Prinzip**. Es zeigt sich in zwei Erscheinungsformen:

Maximalprinzip	Minimalprinzip
Beim Maximalprinzip wird versucht, mit einem **vorgegebenen Mitteleinsatz** einen **größtmöglichen** (maximalen) **Erfolg** (Nutzen) zu erreichen. Dieses Prinzip wird i. d. R. von privaten Haushalten angewandt.	Beim Minimalprinzip wird versucht, ein **vorgegebenes Ziel** mit möglichst **wenig** (minimalen) **Mitteln** zu erreichen. Dieses Prinzip wird i. d. R. von Unternehmen angewandt.
Beispiele – Caroline Stein versucht, sich mit ihrem Taschengeld so viele Wünsche wie möglich zu erfüllen. – Die Geschäftsführung der Bürodesign GmbH beauftragt Herrn Kaya aus der Einkaufsabteilung mit dem Kauf eines PC. Dazu stehen 1 000,00 € zur Verfügung. Herr Kaya versucht, den leistungsfähigsten Rechner für die zur Verfügung stehende Summe zu erwerben.	**Beispiele** – Herr Kaya, Abteilungsleiter Beschaffung der Bürodesign GmbH, versucht, Holz für die Produktion von Regalen so preiswert wie möglich einzukaufen. – Silvia Land macht ihren Führerschein. Ihr Ziel ist es dabei, möglichst wenige Fahrstunden zu nehmen.

Wenn Wirtschaften bedeutet, Entscheidungen über knappe Güter zu treffen, setzt dies voraus, dass das Wirtschaftssubjekt alternative Verwendungsmöglichkeiten von Wirtschaftsobjekten erkennen und hinsichtlich ihres Nutzens rational bewerten kann. Dieser **rationale Wirtschaftsprozess** vollzieht sich in vier Schritten:

1. Alternativen erkennen
2. Nutzenbewertung der Alternativen, d. h. Aufstellung einer Rangskala des Bedarfs
3. Entscheidung treffen und
4. Konsequenzen (Alternativ- oder Opportunitätskosten) erkennen

Die **Alternativ- oder Opportunitätskosten** entsprechen dabei dem Verzicht auf die zweitbeste Alternative.

Beispiel Klaus Stein plant den Sommerurlaub für sich und sein Familie. Für die dazu notwendigen 4 000,00 € könnte er sich auch eine neue PC-Anlage für das heimische Arbeitszimmer oder ein hochwertiges Rennrad kaufen, um sportlich fit zu bleiben. Wenn sich die hier gewählte Reihenfolge mit der Rangskala seines Bedarfs deckt, so hat dies zur Folge, dass er auf den PC und das Rennrad verzichten muss.

Gesamtwirtschaftlich lässt sich das Opportunitätskostenprinzip in allgemeiner Form als Wahlmodell einer Volkswirtschaft zwischen der Produktion von „Konsumgütern" und „Investitionsgütern" darstellen. Dabei gelten folgende **Prämissen:**

- Die Produktionskapazitäten der Volkswirtschaft sind begrenzt.
- Es können lediglich die Güterarten Konsumgüter und Investitionsgüter hergestellt werden.

Grafisch lassen sich die verschiedenen Produktionsmöglichkeiten in einem Koordinatensystem darstellen:

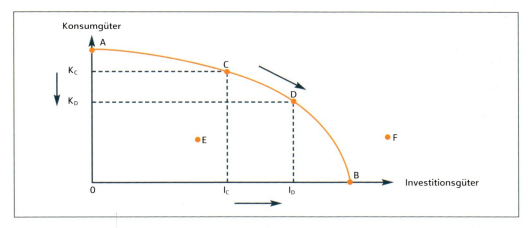

Die Kurve AB ist der Ort aller Kombinationen von Konsum- und Investitionsgütermengen, die unter der Prämisse der Vollauslastung der vorhandenen Produktionskapazitäten alternativ hergestellt werden können. Diese Kurve nennt man auch **Transformationskurve.** Im Punkt A nutzt die Volkswirtschaft folglich alle vorhandenen Kapazitäten für die Herstellung von Konsumgütern. Dabei muss sie jedoch hinnehmen, dass auf Investitionsgüter vollständig verzichtet werden muss.

Der Punkt B der Kurve ist dadurch gekennzeichnet, dass die Volkswirtschaft eine hohe Menge (B) an Investitionsgütern produziert, während keine (0) Konsumgüter produziert werden können, da die gesamte Ausstattung an Produktionsfaktoren für die Erstellung von Investitionsgütern benötigt wird.

Auch der Punkt C liegt auf der Transformationskurve und ist durch die Mengenkombination von K_C an Konsumgütern und I_C an Investitionsgütern gekennzeichnet. Entscheidet diese Volkswirtschaft, dass die Menge von Investitionsgütern von I_C auf I_D erhöht werden soll, muss sie zwangsläufig in Kauf nehmen, dass nicht mehr so viele Konsumgüter produziert werden können. Im Punkt D ist die Menge an Konsumgütern auf K_D gesunken. Dieses Prinzip wird als **Opportunitätskosten**- oder **Alternativkostenprinzip** bezeichnet. Die Ausweitung der produzierten Menge an Investitionsgütern (von I_C auf I_D) bedeutet einen Verzicht bei der produzierten Menge an Konsumgütern (von K_C auf K_D).

Beispiel Der Student Thomas Stein wird von einer Freundin an einem Samstag auf eine Party eingeladen. Zur gleichen Zeit könnte er auch in seiner Gastwirtschaft arbeiten. Wenn er die Einladung zur Party annimmt, entstehen ihm Opportunitätskosten in Höhe des entgangenen Verdienstes in der Kneipe.

Der Punkt E liegt unterhalb der Transformationskurve. Er zeigt eine Unterauslastung der Volkswirtschaft. Kennzeichen dieser Nichtauslastung sind z.B. Arbeitslosigkeit und nicht genutzte Produktionskapazitäten.

Demgegenüber zeigt der Punkt F eine Nachfrage nach Investitions- und Konsumgütern, welche die Transformationskurve übersteigt. Alle Punkte, die jenseits der Kapazitätsgrenze liegen, sind mit der aktuellen Ausstattung der Volkswirtschaft an Produktionsfaktoren nicht zu realisieren.

▲ Rationierung

Übersteigt der Bedarf an Konsum- oder Investitionsgütern die Produktionsmöglichkeiten einer Volkswirtschaft, kann der Bedarf rationiert werden.

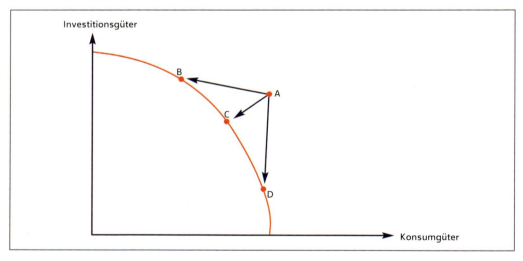

In Punkt B werden weniger Konsumgüter produziert als im Punkt A. In Punkt D erstellt die Volkswirtschaft weniger Investitionsgüter als in Punkt A, während in Punkt C ein Verzicht auf beide Güterarten realisiert werden muss. Jede Volkswirtschaft muss einen Mechanismus entwickeln, mittels dessen sie rationiert.

Rationierung kann z.B. durch die Ausgabe von Bezugsscheinen gestaltet werden. Der Inhaber eines solchen Bezugsscheins wartet dann so lange, bis er eine Zuteilung für das von ihm gewünschte Gut erhält. In der ehemaligen DDR mussten Bürger beispielsweise bis zu 10 Jahre auf die Zuteilung eines von ihnen bestellten Pkw warten. In einer Marktwirtschaft erfolgt Rationierung mittelbar durch Preissteigerungen für die nachgefragten Güter: Steigen wegen der zu hohen Nachfrage die Preise für Güter, dann sinkt die Kaufkraft in dieser Volkswirtschaft. Als Folge wird die Güternachfrage auf die tatsächlich mögliche Produktionsmenge zurückgeführt.

Rationierung durch Inflation

Jahr	reales Brutto-national-einkommen (in Preisen von 1995)	nomineller Nettolohn (€/Monat)	Preisindex (Prozent)	realer Nettolohn (€/Monat)	realer Bruttolohn (€/Monat)
1960	534	216	100	216	256
2016	1 968,5	1 370	339	422	828
Zuwachs (in %)	+ 269	+ 534	+ 239	+ 95	+ 223

Die Tabelle zeigt, dass die nominellen Nettolöhne der Arbeitnehmer im Zeitraum von 1960 bis 2016 um 534% gestiegen sind. Die reale Kaufkraft jedoch ist im gleichen Zeitraum lediglich um 95% gestiegen, weil gleichzeitig die Preise um 239% gestiegen sind. Darüber hinaus mussten die Arbeitnehmer in diesem Zeitraum eine stark gestiegene Abgabenlast (Steuern und Sozialabgaben) hinnehmen, was an den im Verhältnis zu den realen Bruttolöhnen sehr viel weniger gestiegenen Nettolöhnen ablesbar ist.

▲ Rationalisierung

Die Rationalisierung führt zu einem effizienteren Einsatz der vorhandenen Produktionsmittel. Dadurch wird die Leistungsfähigkeit der Produktionsfaktoren erhöht. Die Produktionsmöglichkeiten der Volkswirtschaft werden vergrößert und die Transformationskurve verschiebt sich nach rechts außen.

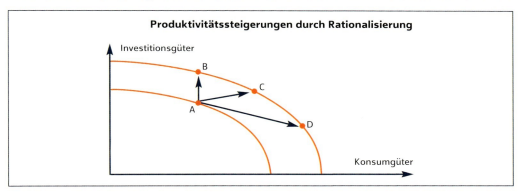

Produktivitätssteigerungen durch Rationalisierung

Diese Rationalisierung kann durch drei Prinzipien erreicht werden (**Spezialisierung, Investierung** und **Ökonomisierung**), wobei die Prinzipien nicht unabhängig voneinander betrachtet werden können. Vielmehr bedingen sie sich gegenseitig.

▲ Spezialisierung

Eine moderne Volkswirtschaft ist ohne **Arbeitsteilung** (vgl. S. 66) gar nicht denkbar, denn heute ist es nicht mehr möglich, dass sich ein Mensch vollständig allein versorgen kann, wie es in dem berühmten Roman „Robinson Crusoe" von Daniel Dafoe beschrieben wird. Im Laufe der Geschichte haben sich vielmehr spezielle Berufe entwickelt. Der Arbeitsprozess zur Herstellung von Gütern und Dienstleistungen wurde in Teilaktivitäten aufgeteilt und die Menschen haben sich auf Teilaspekte eines Produktionsprozesses spezialisiert.

Beispiel In der Bürodesign GmbH sind mehrere Tischler beschäftigt. Hier wird nach dem Prinzip der Spezialisierung gearbeitet, denn keiner von den Tischlern plant und baut ein vollständiges Endprodukt, z. B. einen Schreibtisch. Ein Mitarbeiter baut beispielsweise die Schubladen, während ein anderer die

Beine fertigt. Ein dritter schraubt diese an die Tischplatte usw. Daneben existieren jedoch handwerklich orientierte Tischlereien, welche Tische nach speziellen Kundenwünschen als individuelle Einzelstücke fertigen. Dabei plant und fertigt ein Mitarbeiter einen kompletten Tisch.

Durch Spezialisierung ist es möglich, dass ein Mitarbeiter innerhalb der ihm zur Verfügung stehenden Arbeitszeit mehr leistet, weil seine **Arbeitsproduktivität** steigt, indem er bestimmte gleichartige Produktionsaufgaben häufiger bewältigt.

$$\text{Produktivität} = \frac{\text{Ertrag in Mengeneinheiten}}{\text{Faktoraufwand in Mengeneinheiten}}$$

Die Gefahr bei einer solchen Arbeitsteilung besteht darin, dass die Arbeitsteilung die Herstellung eines Produktes **in immer kleinere und anspruchslosere Teilschritte** zergliedert: Ein Mitarbeiter, der eine solche Tätigkeit ausübt, braucht dazu keine anspruchsvolle Ausbildung, die zu verrichtende Arbeit ist monoton und belastet den Mitarbeiter einseitig, sodass dieser eventuell häufiger krankheitsbedingt ausfällt.

Eine arbeitsteilig organisierte Volkswirtschaft erzielt durch die Arbeitsteilung einen höheren gesamtwirtschaftlichen Output. Der Preis, den die Volkswirtschaft dafür jedoch bezahlt, besteht in einer wachsenden Abhängigkeit. Wenn sich ein Wirtschaftssubjekt spezialisiert, kann der Gesamterfolg nur mithilfe anderer Wirtschaftssubjekte erreicht werden. Durch die Arbeitsteilung entsteht ein Grundwiderspruch zwischen einer spezialisierten Produktion und einem universellen Anspruch auf die Befriedigung der menschlichen Bedürfnisse. Deutlich wird diese gegenseitige Abhängigkeit, wenn man bedenkt, dass die Produzenten von Gütern und Dienstleistungen ein **Absatzproblem** der eigenen Leistungen haben und für Konsumenten und Produzenten ein **Beschaffungsproblem** besteht. Zudem gibt es ein **Existenzproblem** für den Fall, dass das Individuum z. B. durch Erwerbsunfähigkeit seine Fähigkeit einbüßt, am arbeitsteiligen Wirtschaftsprozess teilzunehmen.

Diese Risiken betreffen zwar immer Einzelpersonen. Kennzeichnend ist jedoch, dass sie alle Wirtschaftssubjekte gleichermaßen betreffen können. Folglich ergibt sich ein Zwang zur Solidarität innerhalb einer Gesellschaft, denn durch die gegenseitige Abhängigkeit werden die Wirtschaftssubjekte zu einem Bestandteil der Gesellschaft. Wirtschaften in einer modernen arbeitsteiligen Volkswirtschaft ist demnach ein gesellschaftlicher Vorgang, welcher rational und sozial gestaltet werden muss. Die moderne Volkswirtschaft kann deshalb auch als **Sozialökonomie** bezeichnet werden.

Die Verknüpfung individueller Schicksale und Verhaltensweisen mit denen einer Gesamtgesellschaft darf jedoch nicht dazu führen, individuelle Verhaltensnormen auf die Gesamtwirtschaft zu übertragen **(Trugschluss der Verallgemeinerung)**. Das Verhalten, welches für den Einzelnen sinnvoll erscheint, kann auf gesamtwirtschaftlicher Ebene volkswirtschaftliche Krisen hervorrufen.

Beispiel Wenn alle Konsumenten in größerem Umfang sparen und weniger Güter nachfragen, wird die Unsicherheit verstärkt, Nachfrage und Produktion nehmen ab. Letztlich stürzt die Volkswirtschaft in eine Rezession.

▲ Ökonomisierung

Eine arbeitsteilige Volkswirtschaft ist die Voraussetzung für die **Steigerung der Rentabilität der Produktionsfaktoren**. Denn erst durch die Spezialisierung wird es möglich, kostspielige Investitionen durchzuführen, deren Verwendung z. B. bei der Anschaffung einer Maschine nur dann sinnvoll erscheint, wenn diese durch eine hohe Stückzahl zu produzierender Güter ausgelastet wird.

Beispiel In der Bürodesign GmbH wird über die Anschaffung einer Maschine nachgedacht, mit der man Furniere herstellen kann. Die Leistungsfähigkeit der am Markt verfügbaren Maschinen ist sehr viel höher als der Bedarf der Bürodesign GmbH an Furnieren. Die Investition lohnt sich nur deshalb, weil die Bürodesign GmbH einen Vertrag mit mehreren anderen Möbelproduzenten abgeschlossen hat, welche ihre Furniere zukünftig über die Bürodesign GmbH beziehen werden.

Investitionen ermöglichen zudem ein Wirtschaftswachstum und eine Wohlstandssteigerung, weil durch die Ideen von Spezialisten innovative Produktionsverfahren mit neuen und besseren Produkten möglich werden.

Ökonomisch rational erfolgt eine arbeitsteilige, auf Spezialisierung begründete Produktion dann, wenn durch das investierte Kapital das ökonomische Prinzip beachtet wird. Dieses Prinzip basiert auf der Idee, dass entweder ein gegebenes Ziel (Output) mit dem geringsten Einsatz an Produktionsfaktoren erzielt **(Minimalprinzip)** oder aus einem gegebenen Mitteleinsatz der größtmögliche Output erreicht werden soll **(Maximalprinzip,** vgl. S. 36).

Ökonomisch rationales Verhalten lässt mit den Kennziffern **Produktivität Wirtschaftlichkeit** und **Rentabilität** beurteilen:

$$\text{Produktivität} = \frac{\text{Ertrag in Geldeinheiten}}{\text{Aufwand in Geldeinheiten}}$$

$$\text{Rentabilität} = \frac{\text{Gewinn}}{\text{Kapitaleinsatz}}$$

Beispiel Bei der Familie Land muss das Wohnzimmer renoviert werden. Tapezieren und Streichen sind Arbeiten, die Vater Otto Land eigentlich gar nicht gerne erledigt. Ein professioneller Maler kann die Arbeiten zwar sehr viel produktiver erledigen, weil er aufgrund seiner beruflichen Erfahrungen weniger als die Hälfte der Zeit benötigt. Es ist für Herrn Land jedoch nicht wirtschaftlich, das Zimmer von einem Maler renovieren zu lassen, weil Herr Land seine eigene Arbeitszeit sehr gering bewertet.

▲ Das ökologische Prinzip

Lange Zeit stand die **Umwelt für jedermann kostenlos** zur Verfügung. Luft und Wasser waren als freie Güter (vgl. S. 35) im Überfluss vorhanden, die Vorräte an **Rohstoffen (Ressourcen) schienen unendlich.**

Die zunehmende Industrialisierung und das ungebremste Bevölkerungswachstum belasten das ökologische System inzwischen so stark, dass die **Selbstreinigungskräfte der Natur nicht mehr ausreichen,** um das ökologische Gleichgewicht zu erhalten. Darüber hinaus weiß man, dass die natürlichen Ressourcen der Erde nur noch für begrenzte Zeit ausreichen.

Mit den Beziehungen der Menschen zu ihrer Umwelt befasst sich die **Ökologie,** deren Ziel es ist, die Belastungen der Umwelt zu mindern oder gänzlich zu vermeiden.

Wenn private Haushalte wie Unternehmen bei allen wirtschaftlichen Tätigkeiten so handeln, dass die Umwelt so wenig wie möglich belastet wird, handeln sie nach dem **ökologischen Prinzip.**

Beim Handeln nach dem ökologischen Prinzip sind **folgende Möglichkeiten** denkbar:
- sparsamer Verbrauch von Rohstoffen und Energie

  Beispiel Frau Friedrich, Geschäftsführerin der Bürodesign GmbH, denkt über die Anschaffung einer Windenergieanlage nach. Sie weiß aus dem Jahresbericht der Industrie- und Handelskammer für Ostfriesland und Papenburg, dass im Kammerbezirk 172 Windenergieanlagen in Betrieb sind. Diese erzeugen ohne Verbrauch von Rohstoffen etwa 50 Megawatt, das ist der Jahresbedarf von 20 500 Einfamilienhäusern.

- Aufarbeitung gebrauchter Rohstoffe (Recycling)

  Beispiel Die Bürodesign GmbH gibt eine Rücknahmegarantie für von ihr gelieferte Verpackungen. Die so zurückgewonnenen Rohstoffe werden bei der Herstellung neuer Verpackungen verwendet.

- Herstellung umweltfreundlicher Produkte

  Beispiel Die Bürodesign GmbH bietet mit dem Arbeitssessel „Ergo-design-natur" einen Bürostuhl an, der ausschließlich aus umweltverträglichen Rohstoffen gefertigt ist.

- Anwendung umweltfreundlicher Produktionstechniken

  Beispiel Die Lackiererei der Bürodesign GmbH wurde auf wasserlösliche Lacke umgestellt, die keine umweltschädlichen Lösungsmittel enthalten.

▲ Das soziale Prinzip

Zu den sozialen Kriterien zählen u. a. **faire Produktions- und Arbeitsbedingungen**. Insbesondere in wirtschaftlich schwachen Ländern nutzen Konzerne die niedrigen Lohnkosten, um kostengünstig Produkte herzustellen. Dabei vernachlässigen diese Unternehmen häufig faire Arbeitsbedingungen für die Arbeitnehmer. Zudem erhalten die Arbeitnehmer oft nur eine geringe Entlohnung.

▲ Das Spannungsverhältnis zwischen Ökonomie und Ökologie

Zwischen Ökonomie und Ökologie kann es zu Zielkonflikten kommen. Dies ist immer dann der Fall, wenn ökologisch sinnvolle Entscheidungen mit **höheren Kosten** für das einzelne Unternehmen oder den privaten Haushalt verbunden sind.

Beispiel Frau Friedrich erfährt vom Energieberater des Energieversorgers RWE, dass der Gestehungspreis pro Kilowatt Windenergie-Strom rund 0,10 € beträgt. Der Durchschnittspreis für Tarifkunden der RWE beträgt rund 0,30 € je kW/h.

Da Unternehmen und Haushalte sich oft am kurzfristigen Erfolg wirtschaftlichen Handelns orientieren, greift hier der **Staat** regelnd ein. Dabei sind folgende staatliche Maßnahmen im Sinne der **Umweltpolitik** denkbar:

- Beeinflussung der öffentlichen Meinung durch Aufklärung und Erziehung

  Beispiele
  - Die Stadt Köln schafft ein Schadstoffmobil an, das kostenlos Sondermüll der privaten Haushalte abholt.
  - Der Bundesumweltminister gibt eine Broschüre zum Thema „Windenergie" heraus.

- Gewährung von Subventionen für ökologisch sinnvolle Maßnahmen

  Beispiele
  - Frau Friedrich erfährt, dass der Bund im Rahmen des Windenergie-Förderprogramms den Bau von Windenergieanlagen subventioniert.
  - Das Land NRW zahlt beim Einbau isolierverglaster Fenster einen Zuschuss.

- Erhebung von Steuern und Abgaben für die Verursacher von Umweltbelastungen

  Beispiele
  - Die Kfz-Steuer steigt mit der Höhe der Immissionen. Elektrofahrzeuge sind für fünf Jahre von der Kfz-Steuer befreit.
  - Einige Gemeinden erheben eine Steuer auf Einweggeschirr.

- Gesetze und Verordnungen zum Umweltschutz

  Beispiel

  > **§ 1 Bundes-Immissionsschutzgesetz:**
  > Zweck dieses Gesetzes ist es, Menschen, Tiere und Pflanzen, den Boden, das Wasser, die Atmosphäre sowie Kultur- und sonstige Sachgüter vor schädlichen Umwelteinwirkungen und, soweit es sich um genehmigungsbedürftige Anlagen handelt, auch vor Gefahren, erheblichen Nachteilen und erheblichen Belästigungen, die auf andere Weise herbeigeführt werden, zu schützen und dem Entstehen schädlicher Umwelteinwirkungen vorzubeugen.

Das Problem der Knappheit: Ursachen und Lösungen

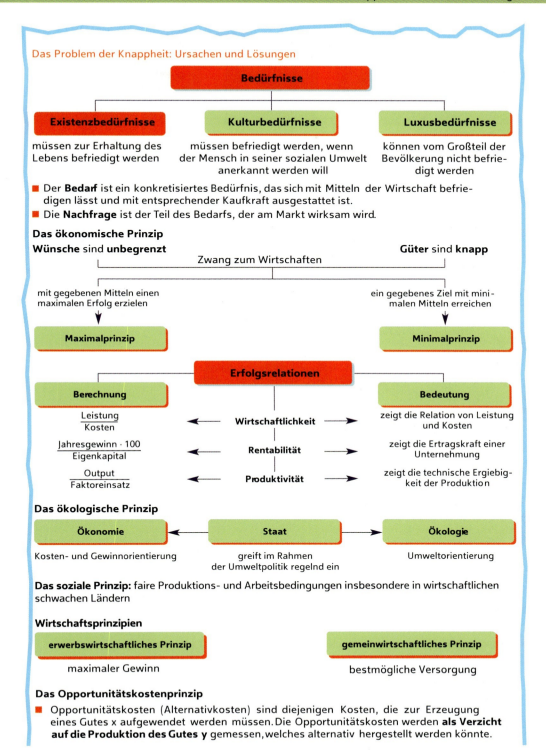

44 Das Problem der Knappheit: Ursachen und Lösungen

1. Der Ausbilder von Silvia Land behauptet: „Die Opportunitätskosten einer Überstunde entsprechen dem Verzicht auf eine Stunde Freizeit." Erläutern Sie diesen Zusammenhang.

2. In einer Volkswirtschaft können unter der Prämisse der Vollauslastung des Produktionspotenzials entweder 4 000 Einheiten Investitionsgüter oder 40 000 Einheiten Konsumgüter hergestellt werden.
   a) Stellen Sie das Entscheidungsproblem dieser Volkswirtschaft mithilfe einer Transformationskurve grafisch dar.
   b) Erläutern Sie verbal, welche Aussage über die Punkte auf der Transformationskurve gemacht werden kann.
   c) Treffen Sie Aussagen über Punkte, die ober- bzw. unterhalb der Transformationskurve liegen. Illustrieren Sie Ihre Argumentationen jeweils durch eine Zeichnung.
   d) Stellen Sie dar, welche Wirkungen von der Rationierung und der Rationalisierung auf die Transformationskurve ausgehen.
   e) Stellen Sie die verschiedenen Strategien der Rationalisierung bezüglich ihrer Auswirkungen auf den wirtschaftlichen Fortschritt dar. Diskutieren Sie in einem zweiten Schritt kritisch die Gefahren und Grenzen wirtschaftlichen Wachstums.

3. Erläutern Sie den Begriff der Opportunitätskosten und begründen Sie seine Relevanz für die Entscheidungsfindung privater Haushalte an einem selbst gewählten Beispiel.

4. a) Nennen Sie je drei Beispiele für
      – Existenzbedürfnisse,
      – Kulturbedürfnisse,
      – Luxusbedürfnisse.
   b) Stellen Sie den Bedürfnissen den entsprechenden Bedarf gegenüber.

5. Erläutern Sie, wie es zu erklären ist, dass ein Luxusbedürfnis zu einem Existenzbedürfnis wird.

6. Mithilfe der Werbung werden latente Bedürfnisse der potenziellen Kunden in Nachfrage nach Leistungen eines Unternehmens umgewandelt.
   a) Diskutieren Sie die Rolle der Werbung in unserer Gesellschaft.
   b) Werten Sie Anzeigen in Illustrierten oder im Internet aus und stellen Sie fest, wo in erster Linie latente Bedürfnisse angesprochen werden.

7. Erläutern Sie, wie die Bürodesign GmbH das zunehmende Bedürfnis nach einer sauberen Umwelt und Gesundheit nutzen könnte.

8. Stellen Sie fest, nach welchen Grundsätzen in den folgenden Fällen gehandelt wird:
   a) Die wirtschaftlichen Entscheidungen im Haushalt werden so getroffen, dass der größtmögliche Nutzen für die Familie erreicht wird.
   b) Ein festgelegtes Produktionsziel soll mit möglichst geringem Materialeinsatz erreicht werden.
   c) Ein Schüler versucht, eine bestimmte DVD so günstig wie möglich zu kaufen.
   d) Eine Hausfrau versucht, durch Preisvergleich den Lebensmittelbedarf der Familie so preiswert wie möglich zu decken.
   e) Ein Unternehmer versucht, das festgelegte Umsatzziel mit minimalen Gesamtkosten zu verwirklichen.
   f) Ein Schüler versucht, mit möglichst geringem Einsatz die Versetzung zu erreichen.
   g) Ein Unternehmer möchte mit dem vorhandenen Personal den größtmöglichen Umsatz erzielen.

Das Problem der Knappheit: Ursachen und Lösungen

9 Silvia Land möchte am Wochenende mit dem Auto in die Niederlande fahren.
   a) Erläutern Sie anhand der Kriterien Kilometerleistung und Benzinverbrauch das Maximal- und das Minimalprinzip.
   b) Diskutieren Sie, wie Silvia sich verhalten sollte, wenn sie nach dem ökologischen Prinzip handeln will.

10 Ermitteln Sie die Preise für Güter des täglichen Bedarfs. Stellen Sie in einer Liste die Preise für das preiswerteste und das ökologisch sinnvollste Gut gegenüber.
   a) Überprüfen Sie, wo es zu Zielkonflikten zwischen Ökologie und Ökonomie kommt.
   b) Stellen Sie für sich persönlich fest, in welchen Fällen Sie trotz höherer Preise das ökologisch sinnvollste Gut wählen würden.

11 Beschreiben Sie einen Fall, in dem Wasser und Luft zu wirtschaftlichen Gütern werden.

12 Haushalte und Unternehmen können gemeinsam dazu beitragen, dass nicht noch mehr freie Güter zu wirtschaftlichen Gütern werden.
   a) Erläutern Sie diese Bemühungen anhand von drei Beispielen aus Ihrem Haushalt.
   b) Stellen Sie drei Beispiele aus der Bürodesign GmbH dar.

13 Welche der nachfolgenden Verwendungsarten treffen auf unten stehende Sachverhalte zu? Verwendungsarten wirtschaftlicher Güter:

   1. Produktionsgut als Gebrauchsgut
   2. Produktionsgut als Verbrauchsgut
   3. Dienstleistung als Produktionsgut
   4. Dienstleistung als Konsumgut
   5. Recht als Produktionsgut
   6. Recht als Konsumgut
   7. Konsumgut als Gebrauchsgut

   a) Ein Kaufmann lässt sich in geschäftlicher Angelegenheit durch einen Rechtsanwalt vertreten.
   b) Überlassung von Geschäftsräumen gegen Entgelt
   c) Verwendung eines Taschenrechners in der Buchhaltung des Kaufmanns
   d) Verwendung eines Taschenrechners durch den Auszubildenden in der Schule
   e) Verwendung von Heizöl zur Beheizung eines Bürohauses

14 Diskutieren Sie auf der Grundlage der Grafik, inwieweit eine vierköpfige Familie mit einem 3- und einem 7-jährigen Kind, die Leistungen nach den Hartz-IV-Regelungen erhält, ihre Bedürfnisse befriedigen kann.

3 Die effiziente Kombination der Produktionsfaktoren

3.1 Die Produktionsfaktoren

> Am Wochenende ist Thomas Stein zu Besuch bei seinen Eltern. Immer wenn ihm in seiner Studentenbude die Decke auf den Kopf fällt, freut er sich darauf, das Wochenende zu Hause zu verbringen. Beim gemeinsamen Abendessen kommen die Pläne von Thomas für die Zeit nach dem Studium zur Sprache. „Und? Hast du deine Ideen schon weiterentwickelt?", will sein Vater von ihm wissen. „Habe ich. Und wenn ich ehrlich bin, möchte ich es gerne so machen wie du." „Was meinst du?" „Na, du hast dich als junger Mann selbstständig gemacht. Und heute führst du ein erfolgreiches Unternehmen, bist unabhängig und kannst expandieren. Und schlecht geht es uns ja auch nicht gerade." Vater Klaus lächelt. „Das freut mich. Und mit deinem VWL-Studium hast du ja eigentlich schon die richtigen Weichen dafür gestellt." Thomas nickt. „Das finde ich auch. Das Know-how habe ich nach dem Studium ja schon." „Aber dafür fehlt es noch an vielen anderen Dingen." Thomas stutzt. „Wie meinst du das denn?" „Na, meinst du, es reicht aus, wenn man nur Köpfchen hat?" „Nein, nein, aber was genau meinst du denn ...?" „Na, ein wenig Kleingeld braucht man wohl schon. Und einen Standort, und einen Gewerbebetrieb und Personal und Fahrzeuge, Maschinen, Bürogeräte, Räumlichkeiten, Materialien, Ausstattung, ..." „Es reicht, es reicht. Ich hab ja schon verstanden." Vater Klaus nickt. „Unser Lebensstandard kommt eben nicht von allein. Dafür muss man nicht nur hart arbeiten, sondern man muss eben auch viel mitbringen. Und außerdem muss eben Vieles vorhanden sein. Mit einem Betrieb ist es so wie mit einem ganzen Land. Schau dir unser Land an: Wir haben viel, wir bringen Vieles mit. Und die Voraussetzungen dafür sind glücklicherweise auch nicht schlecht."
>
> - Erstellen Sie eine digitale Liste mit Dingen, die Ihrer Meinung nach für die Gründung eines Gewerbebetriebs nötig sind.
> - Schätzen Sie ein, welche materiellen und immateriellen Voraussetzungen ein Land wie Deutschland in Zukunft weiterentwickeln muss, wenn es sein wirtschaftliches Niveau entsprechend hoch halten will.

▲ Faktorkombination

Wer Güter herstellen möchte, muss die erforderlichen Mittel (**Produktionsfaktoren**) in einem Produktionsprozess kombinieren, damit durch ihr Zusammenwirken neue Güter hergestellt werden können. Diesen Kombinationsprozess nennt man **Faktorkombination**.

Beispiel Will man bei der Bürodesign GmbH Tische herstellen, so benötigt man dazu die verschiedensten Dinge, angefangen vom Gebäude, in welchem die Herstellung erfolgen soll, über die Geräte und Maschinen bis hin zu Arbeitskräften, die die Herstellung vollziehen. Letztlich müssen all die dazu erforderlichen Geräte und Maschinen wie auch Werkstoffe über Kapitalmittel gekauft und bezahlt werden. Man unterscheidet hierbei zwischen den Dingen, die benötigt werden (**Input**), dem Produktionsprozess (**Throughput**) und dem Erzeugnis selbst (**Output**).

Je nachdem, ob sich die Volkswirtschaftslehre oder die Betriebswirtschaftslehre mit den Produktionsfaktoren beschäftigt, wird zwischen **volkswirtschaftlichen Produktionsfaktoren** und **betriebswirtschaftlichen Produktionsfaktoren** unterschieden.

▲ Die volkswirtschaftlichen Produktionsfaktoren

Nur ein kleiner Teil der Güter wird den Menschen von der Natur konsumreif zur Verfügung gestellt. In der Regel müssen Güter produziert werden. Zur Produktion zählt dabei nicht nur **die Herstellung von Gütern,** sondern auch die **Bereitstellung von Dienstleistungen.**

Alle an der Produktion beteiligten Menschen und die eingesetzten Güter kann man auf drei grundlegende Faktoren zurückführen, die man als **volkswirtschaftliche Produktionsfaktoren** bezeichnet:

▲ Die betriebswirtschaftlichen Produktionsfaktoren

Auf den einzelnen Betrieb übertragen unterscheidet man die volkswirtschaftlichen Produktionsfaktoren Arbeit, Boden und Kapital in

▲ Originäre und derivative Produktionsfaktoren

Sowohl bei den volkswirtschaftlichen als auch bei den betriebswirtschaftlichen Produktionsfaktoren kann man zwischen ursprünglich vorhandenen, natürlichen (**originären**) und den daraus abgeleiteten (**derivativen**) Produktionsfaktoren unterscheiden.

	Volkswirtschaftliche Sicht	**Betriebswirtschaftliche Sicht**
Originäre Produktionsfaktoren	▪ Arbeit ▪ Boden	▪ Arbeitskräfte ▪ Betriebsmittel ▪ Werkstoffe ▪ Geschäftsleitung
Derivative Produktionsfaktoren	▪ Kapital	▪ Planung, Kontrolle und Organisation

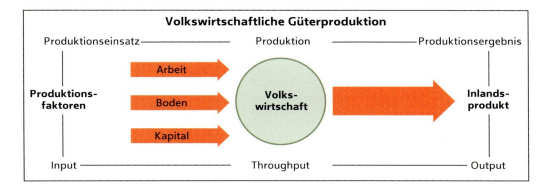

1. Erläutern Sie an einem selbst gewählten Produktbeispiel den Prozess vom Input zum Output.
2. Erklären Sie, warum der volkswirtschaftliche Produktionsfaktor Kapital als derivativer Produktionsfaktor bezeichnet wird.
3. Entwickeln Sie in Anlehnung zum Schaubild „Volkswirtschaftliche Güterproduktion" (siehe oben) ein entsprechendes Schaubild zur betriebswirtschaftlichen Güterproduktion. Nutzen Sie dazu eine Präsentationssoftware.
4. Beschreiben Sie an einem selbstgewählten Beispiel die Bedeutungsverschiebung der volkswirtschaftlichen Produktionsfaktoren von den Zeiten handwerklicher Produktion bis zur industriellen Massenfertigung. Recherchieren Sie dazu auch im Internet.

3.2 Produktionsfaktor Arbeit

Große Aufregung in der Geschäftsleitung der Bürodesign GmbH! Zwei Herren der Unternehmensberatung Kienapfel sind im Haus. Als die Auszubildende Silvia Land im Büro von Frau Friedrich Kaffee serviert, hört sie folgenden Dialog:

Unternehmensberater: „Sie können rechnen, wie Sie wollen, Frau Friedrich, die Personalkosten Ihres Betriebes sind einfach zu hoch!"

Helma Friedrich: „Im Augenblick trifft das sicher zu, aber denken Sie an die Überstunden nach der Messe!"

Unternehmensberater: „Das gebe ich ja zu, trotzdem müssen wir die Personalproduktivität steigern. Und das geht nur, wenn wir den Produktionsfaktor Arbeit gegen Kapital substituieren …"

Als Silvia das Büro verlassen hat, ist sie nachdenklich. „Arbeit gegen Kapital substituieren." Silvia versteht nicht, was das bedeutet, aber sie hat das Gefühl, dass das etwas mit ihr zu tun haben könnte.

- Stellen Sie fest, was sich hinter der Formulierung „Arbeit gegen Kapital substituieren" verbirgt.
- Erläutern Sie die Substitution anhand möglicher Beispiele aus Ihrem Umfeld.

In volkswirtschaftlichem Sinne ist der Begriff „Arbeit" untrennbar mit der Erzielung von Einkommen verknüpft. Man versteht darunter jede **geistige oder körperliche Tätigkeit, die darauf abzielt, ein Einkommen aus dieser Tätigkeit zu erzielen.** Insofern ist „Arbeit" stets „Erwerbsarbeit". Das bedeutet jedoch auch, dass jede Tätigkeit, für die man kein Einkommen erzielt, in engerem volkswirtschaftlichem Sinne keine „Arbeit" ist.

Der **Produktionsfaktor Arbeit** kann nach verschiedenen Gesichtspunkten unterteilt werden:

- Nach der Weisungsgebundenheit:
  - **leitende (dispositive) Arbeit**
    Beispiel Die Geschäftsführer der Bürodesign GmbH, Frau Friedrich und Herr Stein
  - **ausführende Arbeit**
    Beispiel Die Mitarbeiterin im Marketing der Bürodesign GmbH, Frau Freund
- Nach der Ausbildung:
  - **gelernte Arbeit** (Voraussetzung ist eine abgeschlossene Berufsausbildung)
    Beispiel Kaufmann/Kauffrau für Büromanagement, Industriekaufmann/-kauffrau
  - **angelernte Arbeit** (Voraussetzung ist eine kurze Anlernzeit)
    Beispiel Aushilfe auf der Messe „Orgatec"
  - **ungelernte Arbeit**
    Beispiel Reinigungskraft

- Nach den **Anforderungen:**
  - **geistige Arbeit**
    Beispiel Die Gruppenleiterin Rechnungswesen der Bürodesign GmbH, Frau Karin König
  - **körperliche Arbeit**
    Beispiel Die Lagerarbeiter der Bürodesign GmbH

- Nach der **Selbstständigkeit**:
  - **selbstständige Arbeit**
    Beispiel Der Steuerberater der Bürodesign GmbH, Herr Degen
  - **nicht selbstständige Arbeit**
    Beispiel Alle Arbeitnehmer der Bürodesign GmbH

Für eine Volkswirtschaft ist es wichtig, dass es eine große Menge an Beschäftigungsverhältnissen gibt, aus denen Erwerbstätige ein Einkommen erzielen. Nicht ohne Grund ist der **hohe Beschäftigungsstand** ein wichtiges wirtschaftspolitisches Ziel, das laut **Stabilitätsgesetz** (vgl. S. 246 ff.) anzustreben ist.

Doch nicht nur aus volkswirtschaftlicher Sicht ist „Arbeit" ein wichtiges Thema. Zahlreiche Menschen definieren ihr Selbstwertgefühl über ihre Arbeit und geraten oft in persönliche Ausnahmesituationen, wenn sie beispielsweise ihre Arbeitsstelle aufgrund von Entlassungen verlieren.

Die **Beschäftigungssituation auf dem Arbeitsmarkt** wird im Allgemeinen mit folgenden Begriffen gekennzeichnet:

- Von **Vollbeschäftigung** spricht man, wenn die Arbeitslosenquote zwischen 1% und 3% liegt. In diesem Fall sind alle erwerbswilligen Personen auch erwerbstätig und es herrscht Gleichgewicht auf dem Arbeitsmarkt.
- Es liegt **Unterbeschäftigung** bei einer Arbeitslosenquote von mehr als 3% und **Überbeschäftigung** bei unter 1% vor.

Ganz lässt sich Unterbeschäftigung also nicht verhindern, weil es immer Personen geben wird, die dem Arbeitsmarkt dauerhaft nicht zur Verfügung stehen können/werden. So ist es in manchen Fällen schwierig bis gar unmöglich, jemanden, der über einen langen Zeitraum erwerbslos war, wieder in den Arbeitsmarkt zu integrieren. Ferner gibt es Menschen, die – zumindest vorübergehend – freiwillig arbeitslos sind (z. B. weil sie noch nicht die „richtige" Stelle für sich gefunden haben).

Die **Arbeitslosenquote** ist der Maßstab, der notwendig ist, um in der Wirtschaftsstatistik den **Beschäftigungsgrad** feststellen zu können. Sie wird von der Bundesagentur für Arbeit (BA) als Anteil der Arbeitslosen an der Zahl der zivilen Erwerbstätigen ermittelt.

$$\text{Arbeitslosenquote (in Prozent)} = \frac{\text{Arbeitslose}}{\text{Erwerbspersonen}} \cdot 100$$

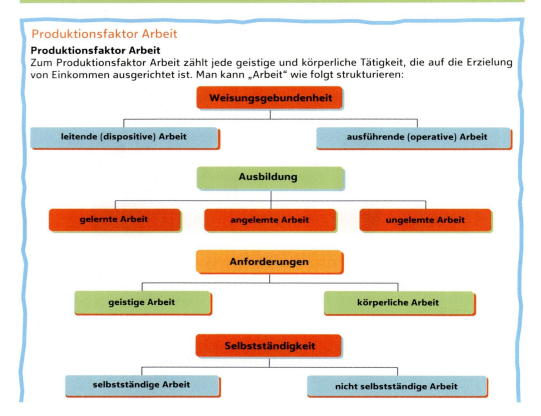

Produktionsfaktor Arbeit

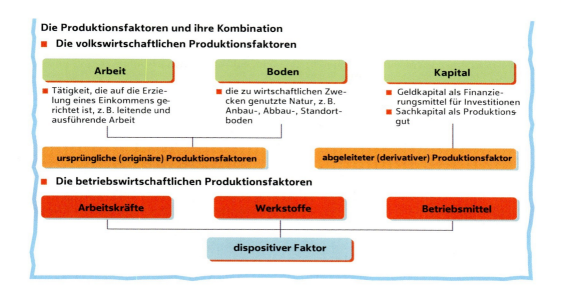

1 Von Auszubildenden erwarten Personalverantwortliche eine Fülle von Fähigkeiten, die sie für den Einstieg in das Berufsleben mitbringen sollen. Erstellen Sie eine digitale Liste von Anforderungen, die Sie an die dispositive Arbeit eines Geschäftsführers stellen, und ordnen Sie die von Ihnen genannten Anforderungen in ihrer Bedeutung.

2 Entwerfen Sie eine Stellenbeschreibung, wie sie für die Geschäftsführerin der Bürodesign GmbH, Frau Friedrich, lauten könnte. Beschreiben Sie in diesem Zusammenhang den möglichen Inhalt ihrer Tätigkeit sowie die fachlichen und persönlichen Anforderungen an eine dispositive Tätigkeit. Präsentieren Sie das Ergebnis softwaregestützt.

3 Erläutern Sie, welche Konsequenzen es hätte, wenn die Bürodesign GmbH ihr Personal für ausführende Tätigkeiten nicht durch eigene Berufsausbildung, sondern ausschließlich durch Einstellungen auswärtiger Mitarbeitergewinnen würde.

4 Entwickeln Sie einen Katalog von Argumenten, die für mehr Ausbildung bei der Bürodesign GmbH sprechen.

5 Um die Qualität ausführender Arbeit im Unternehmen zu steigern, bieten zahlreiche Unternehmen Fortbildungsmaßnahmen an. Recherchieren Sie im Internet, welche Möglichkeiten für eine Fortbildung ausgelernter Arbeitnehmer am Arbeitsplatz / im Unternehmen selbst (Training on the Job) oder außerhalb des Arbeitsplatzes (Training off the Job) angeboten werden.

6 Beschreiben Sie, wie die oft gegensätzlichen Standpunkte und Erwartungen leitender Mitarbeiter und ausführender Mitarbeiter im Unternehmen zu Konflikten führen können.

7 Auf der Grundlage des Gutachtens der Unternehmensberatung Kienapfel sollen bei der Bürodesign GmbH vier Facharbeiter in der Arbeitsvorbereitung entlassen werden. An ihrer Stelle soll eine computergesteuerte Zuschnittanlage im Wert von 150 000,00 € angeschafft werden. Frau Friedrich und Herr Stein wollen diese Maßnahme mit dem Betriebsrat diskutieren.
  a) Stellen Sie die Argumente der Geschäftsleitung zusammen, die für die Anschaffung der Anlage sprechen.
  b) Stellen Sie Argumente des Betriebsrates zusammen, die gegen die Entlassung der Mitarbeiter sprechen.
  c) Führen Sie das Gespräch in Form eines Rollenspiels durch.
  d) Nehmen Sie den Verlauf des Gesprächs auf Video auf und werten Sie das Gespräch aus.

Die effiziente Kombination der Produktionsfaktoren

3.3 Produktionsfaktor Boden

Die Geschäftsleitung der Bürodesign GmbH hat Unternehmensberater des Unternehmens Kienapfel beauftragt, alle Abläufe in der Bürodesign GmbH auf Verbesserungsmöglichkeiten zu überprüfen. Frau Friedrich ist überrascht. „Unser Standort soll ein Problem darstellen?" Der Unternehmensberater bleibt hartnäckig. „Ja, Ihre Probleme haben etwas mit Ihrem Standort zu tun." Frau Friedrich ist empört. „Aber wir haben unseren Unternehmenssitz doch schon seit ewigen Zeiten hier. Warum soll das plötzlich falsch sein?" Unternehmensberater: „Aber Frau Friedrich, Sie dürfen Ihren Standort heutzutage nicht unter dem Gesichtspunkt der Tradition betrachten." Frau Friedrich ist da ganz anderer Meinung: „So? Wonach sollten wir uns denn richten? Dieser Standort war immer gut, und ich weiß nicht, warum das in Zukunft anders sein soll." Unternehmensberater: „Na, überlegen Sie doch mal, wo die meisten Ihrer Lieferanten ihren Unternehmenssitz haben." „Das kann man ja nachsehen, aber jedenfalls haben sie ihren Sitz nicht hier." Unternehmensberater: „Und das macht Sie nicht stutzig?" Frau Friedrich reagiert erstaunt. Unternehmensberater: „Oder haben Sie sich eigentlich schon mal gefragt, wo Ihre Kunden Ihren Unternehmenssitz haben?" Frau Friedrich reagiert kleinlaut. „Na, etliche unserer Kunden befinden sich im süddeutschen Raum ..." Unternehmensberater: „... und die Bürodesign GmbH hat ihren Sitz am Rande von Köln. Ach, wie weit ist es eigentlich zur Autobahn?" Frau Friedrich: „Vier Kilometer geradeaus, dann sind Sie schon da. Aber ich weiß ehrlich gesagt nicht, was Ihre Fragen mit unserem Unternehmenssitz zu tun haben. Ich dachte, wir wollten über den Standort reden ..."

- Schätzen Sie ein, welcher Zusammenhang zwischen den Fragen des Unternehmensberaters und der Qualität des Standorts der Bürodesign GmbH besteht.
- Entwickeln Sie Vorschläge, welche Faktoren für die Auswahl eines geeigneten Standorts wichtig sein könnten, und begründen Sie Ihre Auffassung.
- Stellen Sie eine Liste mit konkreten Auswahlgesichtspunkten für den Standort eines Industriebetriebes softwaregestützt zusammen und bewerten Sie individuell die ausgewählten Gesichtspunkte nach ihrer Bedeutung aufsteigend (z. B. unbedeutend – weniger bedeutend – mittelmäßig bedeutend – bedeutend – sehr bedeutend).

▲ Boden als Produktionsfaktor

Unter dem Produktionsfaktor Boden versteht man sämtliche **Quellen und Vorräte, die die Natur** (zunächst kostenlos) **bereithält**. Allerdings ist der Produktionsfaktor Boden nicht allein auf die Erdoberfläche beschränkt, die zu landwirtschaftlichen Zwecken bestellt wird oder von anderen gewerblichen Unternehmen als Grundstück verwendet wird. Von wachsender Bedeutung ist beim Produktionsfaktor Boden auch die Gesamtheit aller **Bodenschätze**, das **Klima** oder die **Sonnenenergie**. Gerade in Zeiten wachsenden Energiebedarfs wächst die Bedeutung von Bodenschätzen für **wirtschaftliche Interessen**.

Man erkennt somit, dass der Produktionsfaktor Boden
- knapp ist
- und an einen bestimmten Ort gebunden ist.

Seine Knappheit macht den zunächst kostenlos zur Verfügung stehenden Boden zu einem wirtschaftlichen Gut. Eigentlich handelt es sich beim Produktionsfaktor Boden um einen **ursprünglichen (originären) Produktionsfaktor,** wenn er nicht durch den Produktionsprozess verändert wurde. Unbearbeiteter Boden ist also originär. Allerdings gibt es Boden in seiner unbearbeiteten, unveränderten Form heutzutage kaum noch bzw. überhaupt nicht mehr. Nahezu alle Böden der Erde wurden in der Zwischenzeit (z. B. durch Ackerbau oder Ansiedlung von Wohn- und Gewerbeflächen) in ihrer ursprünglichen Form verändert.

Der Produktionsfaktor Boden wird nach seiner Nutzung wie folgt unterteilt:

| Anbauboden | Abbauboden | Standortboden |

▲ Anbauboden

Anbauboden ist nicht unbegrenzt vorhanden. Gerade in hoch industrialisierten Ländern mit einer hohen Bevölkerungsdichte (wie z. B. Deutschland) ist Anbauboden ein knappes Gut. Für die heimische Landwirtschaft erwächst daraus die Notwendigkeit, den knapp vorhandenen Boden **immer intensiver zu bewirtschaften,** um den Bodenertrag zu steigern. Um dies zu erreichen, setzt man zunehmend auf den Einsatz chemischer Pflanzenschutz- und Düngemittel. Die daraus resultierenden gesundheitlichen Gefahren sind offenkundig. Aus diesem Grund gewinnt der ökologisch unbedenkliche Ackerbau immer weiter an Bedeutung. Hatte der ökologische Ackerbau mit der daraus resultierenden Bio-Wirtschaft lange Zeit nur eine Randbedeutung, so konsumieren heute immer mehr Bürger Bio-Produkte.

▲ Abbauboden

Überwiegend als Energieträger und Träger industriell verwertbarer Rohstoffe wird Boden betrachtet, wenn man ihn als **Abbauboden** versteht. Weil zum Zwecke der Energiegewinnung und zur Weiterverarbeitung in der Industrie schon immer Böden abgebaut wurden, taucht bei immer intensiverer Nachfrage nach industriellen Gütern und Energie das Problem der Knappheit auf. Seit Jahrzehnten weiß man beispielsweise, dass die **fossilen Brennstoffe** (z. B. Rohölvorkommen) **nur noch begrenzt vorhanden** sind. Dennoch ist die Nachfrage nach derartigen Energieträgern ungebremst. Auch Kohle wurde und wird in der Geschichte der Menschheit immer wieder als Energieträger abgebaut, mit bis heute drastischen Folgen bei Eingriffen in das natürliche Gleichgewicht von Landschaften.

Rohstoffe und Energieträger sind **nicht erneuerbar.** Folglich sind sie nach einmaliger Nutzung unwiederbringlich verloren für weitere wirtschaftliche Zwecke. Wüsste man sie wiederholt zu nutzen, könnten zahlreiche ökologische Probleme gelöst werden. Um diese Probleme zu verringern, wächst heutzutage die Bedeutung des **Recycling.**

Beispiel Familie Stein unternimmt einen Sonntagsausflug in die Eifel. Auf der Autobahn in Richtung Aachen erblicken sie die riesigen Schaufelbagger des Braunkohle-Tagebaus. „Mein Gott, wie scheußlich", stöhnt Frau Stein beim Anblick der Maschinen. „Du hast ja recht", sagt Herr Stein, „aber denk auch mal daran, dass wir sie brauchen. Sie schaffen Arbeitsplätze und fördern Rohstoffe zur Energiegewinnung." Frau Stein reagiert energisch. „So kann man nur reden, wenn man nicht von hier kommt. Weißt du denn nicht, wie es hier früher aussah? All die kleinen Städtchen und Dörfer? Das ist nun alles weg, weil der Braunkohle-Tagebau die Landschaft vernichtet." „Aber dass du deinen Strom auch von hier beziehst, daran denkst du wohl überhaupt nicht, was?", meint Herr Stein. „Als ob es da nicht andere Möglichkeiten gäbe ...", reagiert Frau Stein empfindlich.

Da man um die Bedenklichkeit der Verbrennung von Kohle zwecks Energiegewinnung weiß, hat die Bundesregierung den **Ausstieg aus der Energiegewinnung aus der Kohle** bis zum Jahr 2038 festgeschrieben.

▲ Standortboden

Der baulich genutzte Boden wird **Standortboden** genannt. Ein Unternehmen gründet einen Geschäftsbetrieb und betreibt von dort aus sein Gewerbe. Dabei überlegt die Unternehmensleitung, welcher Unternehmenssitz unter Beachtung verschiedenster Gesichtspunkte optimal ist. So wird in der Regel auf eine gute Verkehrsanbindung wie auch auf Nähe zu Kunden und Lieferanten geachtet. Allerdings ist die Auswahl eines aus Unternehmenssicht optimalen Standortes nicht beliebig. So gibt es Standorte, die aus rein rechtlicher Sicht verboten sind. Außerdem gibt es in einer Kommune Pläne, wo sich welche Gewerbebetriebe ansiedeln müssen, um nicht andere Interessen der Allgemeinheit (z. B. Denkmalschutz, reines Wohngebiet u. Ä.) zu behindern. Wie ein Grundstück im Interesse der Gemeinde genutzt werden muss, regelt in Deutschland die **Baunutzungsverordnung**. Sie legt beispielsweise fest, dass Bauflächen in

- Kleinsiedlungsgebiete,
- reine Wohngebiete,
- allgemeine Wohngebiete,
- besondere Wohngebiete,
- Dorfgebiete,
- Mischgebiete,
- Kerngebiete,
- Gewerbebetriebe,
- Industriegebiete und
- Sondergebiete

eingeteilt werden. Aus dieser Einteilung entstehen **unterschiedliche Möglichkeiten für eine gewerbliche Nutzung**. So wird beispielsweise geregelt, dass ein Industriebetrieb, der Schadstoffe ausstößt, nicht in einem Dorfgebiet angesiedelt werden darf. Oder es wird geregelt, dass ein Handwerksbetrieb, der bei normalem Geschäftsbetrieb Lärm verursacht, nicht in einem reinen Wohngebiet angesiedelt werden darf.

▲ Grenzen der Bodenbelastung

Durch zunehmend intensive Nutzung des Produktionsfaktors Boden für wirtschaftliche Zwecke sind die natürlichen Lebensgrundlagen für Menschen, Tiere und Pflanzen gefährdet. Weil der Mensch durch seine Wirtschafts- und Lebensweise bisweilen rücksichtslose Formen der Ausbeutung natürlicher Ressourcen zeigt, zerstört er die Möglichkeiten aller Lebewesen, sich frei und unbeschadet entfalten zu können. Dies

Hongkong (Skyline)

zeigt sich insbesondere durch zunehmende **Verstädterung.** War es vor hundert Jahren nur eine relativ kleine Anzahl von Städten, die als Millionenstädte bezeichnet werden konnten (z. B. London, New York), so gibt es zu Beginn des 21. Jahrhunderts auf allen Kontinenten städtische Ballungsräume, die das Ausmaß älterer Millionenstädte bei Weitem übertreffen (z. B. Kairo, Mexico City, Peking, Delhi usw.). Die Belastung des Bodens durch eine immer größere Dichte von Menschen auf engstem Raum erscheint selbstverständlich. Dass es unter diesen Umständen zu Umweltproblemen kommt, ist eine selbstverständliche Folge. Flüsse, die für den Abwassertransport genutzt werden, können nur eine begrenzte Schadstoffmenge im Wasser auf natürliche Weise verarbeiten. Wenn Schadstoffe nicht abgebaut werden können, kann es passieren, dass das Wasser von Flüssen **umkippt** und die Fische sterben.

Aber auch in ländlichen Regionen schreitet die Bodenbelastung weiter fort. **Landwirtschaftlich genutzte Böden leiden zunehmend unter**

- Wachstum des Anbaubodens und Verlust von Feuchtgebieten,
- Verdichtung des Bodens durch Befahrung von Ackerböden mit schweren Maschinen,
- Überdüngung des Bodens bei zu intensiver Nutzung der Anbaufläche,
- Schadstoffbelastung durch Überdüngung sowie
- Verwendung chemischer Schädlingsbekämpfungsmittel.

Produktionsfaktor Boden
- Der Produktionsfaktor Boden ist **knapp** und an einen bestimmten Ort gebunden.
- Eigentlich ist der Produktionsfaktor Boden ein **originärer** (ursprünglicher) **Produktionsfaktor.**
- Heutzutage gibt es jedoch kaum noch unbearbeiteten, ursprünglichen Boden.

Die effiziente Kombination der Produktionsfaktoren

- **Anbauboden** ist meistens land- und forstwirtschaftlich genutzter Boden. Problematisch ist bei immer intensiverer Nutzung des vorhandenen Anbaubodens die Verwendung von Pflanzenschutzmitteln und künstlichen Düngemitteln, um den Ertrag zu steigern, weil dadurch die Bodenbelastung zunimmt und die Umwelt Schaden nimmt.

- **Abbauboden** wird i. d. R. als Quelle für Rohstoffe verstanden, die als Energieträger genutzt werden (z. B. Rohöl, Steinkohle). Problematisch ist hier, dass bei wachsender Nachfrage nach Energie die Rohstoffe allmählich knapp werden, weil sie nicht erneuerbar und somit bei Verwendung unwiederbringlich verloren sind. Fortschreitende Ausbeutung von Rohstoffvorräten vergrößert jedoch nicht nur deren Knappheit, sondern verändert auch Landschaften.

- **Standortboden** ist der Boden, den der Unternehmer sich aussucht, um darauf sein Unternehmen zu gründen (z. B. Boden für Verwaltungs- und Fabrikgebäude). Er sucht diesen Boden nach Gesichtspunkten aus, die für ihn günstig sind.

- Zunehmende Verstädterung, immer intensivere landwirtschaftliche Nutzung des Bodens und der ungezügelte Flächenverbrauch **zerstören allmählich das ökologische Gleichgewicht** im Lebensraum von Menschen, Tieren und Pflanzen, sodass die natürlichen Lebensgrundlagen stark beeinträchtigt werden.

1 Nachdem die Geschäftsführung der Bürodesign GmbH mit den Grundstücksangeboten des Immobilienmaklers für ein neues Lager mit integrierter Verkaufsstelle für Büroartikel und Büroeinrichtungsgegenstände nicht zufrieden ist, lässt sie sich weitere Angebote unterbreiten. Dabei trägt der Immobilienmakler folgende Informationen zusammen. Stellen Sie die Standorte softwaregestützt gegenüber und treffen Sie eine sorgfältig begründete Auswahl für einen geeigneten Standort.

Standort 1
Neubau-Wohnsiedlung, Arbeitnehmerhaushalte mit niedrigem Einkommensniveau, Wohnstraßen, wenig Parkplätze, Ladenmiete 5,00 €/m^2; Mitbewerber: ein alteingesessenes Bürofachgeschäft (ca. 2 km entfernt) mit hohem Preisniveau, Schreibwaren-Angebot in verschiedenen benachbarten Supermärkten.

Standort 2
Innenstadt, Haupteinkaufsstraße, Fußgängerzone, großes Parkhaus in der Nähe, reger Kundenverkehr, Ladenmiete 65,00 €/m^2; Mitbewerber: verschiedene Bürofachmärkte, wie z. B. Papier-Max, Office-Park, Büro-World; zahlreiche Fachgeschäfte aller Art in unmittelbarer Nähe, z. B. Boutique, Herrenausstatter, Antiquitätengeschäft (Möbel, Porzellan), Buchhandlung, zahlreiche Büros (Anwälte) und Arztpraxen in unmittelbarer Nähe.

Standort 3
Innenstadt, in der Nähe der Haupteinkaufsstraße, gute Verkehrsanbindung, eigener kostenlos nutzbarer Kundenparkplatz, Ladenmiete 15,00 €/m^2, mäßiger bis guter Kundenverkehr; Mitbewerber: Schreibwaren-Fachgeschäft, Büro-Einrichtungen Erna Schmuck & Co. (alteingesessene Fachgeschäfte mit festem Kundenstamm).

Standort 4
Gewerbegebiet am Stadtrand, sehr gute Verkehrsanbindung für Autofahrer, keine Laufkundschaft, großes kostenloses Parkplatzangebot, Ladenmiete 4,00 €/m^2, keine Mitbewerber, lediglich einige Lager- und Transportunternehmen in der Nähe.

2 Begründen Sie, warum die Intensivierung der Nutzung landwirtschaftlichen Anbaubodens zu einem Umweltproblem werden kann, und entwickeln Sie Vorschläge für eine Lösung des Problems.

3 Bei einer Sitzung des Stadtrates einer Gemeinde, die sich in einem Braunkohle-Tagebaugebiet befindet, kommt es zu einem Eklat: ein Vertreter der Grünen beschuldigt den Betreiber des Tagebaus, auf Kosten der Natur nur an seinen Profit zu denken. Der Betreiber wehrt sich mit dem Argument, es gehe ihm lediglich um die Aufrechterhaltung der Stromversorgung und die Sicherung der Arbeitsplätze, und da müsse man Einbußen bei der Umweltqualität eben in Kauf nehmen. Diskutieren Sie die beiden Standpunkte. Zeichnen Sie die Diskussion auf Video auf und werten Sie sie aus.

4 Schätzen Sie ein, wie sich die Flächennutzung in Deutschland (vgl. Grafik S. 56) in den nächsten Jahren und Jahrzehnten entwickeln könnte, und leiten Sie mögliche Konsequenzen für die wirtschaftliche Nutzung daraus ab.

5 Erläutern Sie die Probleme, die mit der Nutzung des Bodens als Abbauboden verbunden sind. Nutzen Sie zur Beantwortung dieser Aufgabe das Internet als Informationsquelle.

3.4 Produktionsfaktor Kapital

Die Unternehmensberater von Kienapfel sitzen mit der Geschäftsführung der Bürodesign GmbH in einer Konferenz. Mit den Zahlen, die sie bei der Prüfung der Bilanzunterlagen entdeckt haben, sind sie alles andere als zufrieden. Der Unternehmensberater fragt: „Haben Sie sich eigentlich mal Ihre Bilanz ganz genau angesehen?" Herr Stein: „Aber selbstverständlich. Unser Steuerberater hat gesagt, alles sei in Ordnung." Unternehmensberater: „Das meine ich auch nicht. An der Ordnung Ihrer Bilanz ist nichts auszusetzen." Herr Stein: „Ich höre da ein ‚aber'…" Unternehmensberater: „Die Sache ist die: Auf der Passivseite Ihrer Bilanz haben Sie ein solides Eigenkapital ausgewiesen, und auch das Fremdkapital steht in einem vernünftigen Verhältnis zum Eigenkapital." Frau Friedrich reagiert mit Unverständnis. „Aber dann ist doch alles in Ordnung. Unsere Eigenkapitalausstattung ist gut, unsere Verschuldung ist gering." Unternehmensberater: „Schon richtig. Mich stört auch nicht die Passivseite Ihrer Bilanz. Vielmehr ist es Ihre Aktivseite, die mir Sorgen bereitet." Frau Friedrich und Herr Stein blicken sich fragend an. „Aber wieso denn das?" „Sehen Sie denn nicht, dass Sie einen viel zu großen Kontostand auf Ihrem Bankkonto haben?" „Aaach, das meinen Sie." Herr Stein winkt ab. „Nein, nein, das ist schon in Ordnung so. Man kann gar nicht liquide genug sein." Der Unternehmensberater ist erstaunt. „Aber Sie sind doch Unternehmer. Soweit ich informiert bin, sind Sie doch Fabrikant von Büromöbeln, oder nicht?" Herr Stein: „Ja, und?" Der Unternehmensberater zuckt mit den Schultern. „Na, also. Es ist doch nicht Ihre Aufgabe, das Geld auf dem Bankkonto zu parken, Ihr Geld muss arbeiten. Fehlt nur noch, dass Sie das Geld der Bürodesign GmbH vom Bankkonto abheben und unter Ihr Kopfkissen legen."

- Beurteilen Sie die Aussage des Unternehmensberaters: „Geld muss arbeiten."
- Begründen Sie, warum es nicht nur aus Sicht des Unternehmensberaters falsch wäre, das Geld „unter Ihr Kopfkissen" zu legen.
- Entwickeln Sie Vorschläge für eine sinnvolle Aufteilung von 100 000,00 € Geldkapital für Zwecke der Ausstattung eines Büroartikelfachgeschäfts mit Anlagevermögen und Umlaufvermögen. Berücksichtigen Sie die Notwendigkeit von Investitionen.

▲ Verwendung von Geldkapital

Üblicherweise wird Einkommen für Konsumzwecke und Sparzwecke verwendet. Indem man auf einen Teil seines Konsums verzichtet, verfügt man über Mittel, die für Sparzwecke eingesetzt werden können. Jemand, der ein Unternehmen gründet, muss also zuvor gespart haben, um über die erforderlichen Geldmittel zu verfügen. Bringt er seine Ersparnisse in das Unternehmen ein, so verfolgt er damit produktive Zwecke. Das eingebrachte Geld wird auf diese Weise zu **Geldkapital.** Weil der Unternehmer es aus eigenen Mitteln aufgebracht hat, nennt man es **Eigenkapital.** Üblicherweise reichen die Eigenmittel jedoch nicht vollständig aus, um die gewünschten unternehmerischen Ziele zu erreichen. Also benötigt der Unternehmer weitere Geldmittel, die er in der Regel über einen Bankkredit erhält. Weil er auf diese Weise fremde Geldmittel ins Unternehmen einbringt, spricht man von **Fremdkapital. Eigenkapital** und **Fremdkapital** stellen das **Gesamtkapital** einer Unternehmung dar.

Selbstverständlich muss das ins Unternehmen eingebrachte Kapital sinnvoll eingesetzt werden. Weil Unternehmer üblicherweise das Ziel verfolgen, ihr Unternehmen zu vergrößern und Gewinne zu erzielen, müssen sie das eingebrachte Kapital in Produktionsmitteln anlegen. Auf diese Weise investieren sie ihr Kapital in Gegenstände des Anlage- und Umlaufvermögens. Dabei bringt es dem Unternehmer nichts, wenn er sein Geld nicht produktiv nutzt. Wenn er das Geld auf einem Bankkonto „parkt", so steht es zwar nach wie vor dem Wirtschaftskreislauf zur Verfügung, doch könnte man mit dem Geld deutlich mehr erreichen. Noch schlimmer wäre es, wenn das Geld in einen **„Sparstrumpf"** gelegt würde. Dann hätte es keinen wirtschaftlichen Nutzen mehr, es wäre dem Wirtschaftskreislauf entzogen. Derartiges Verhalten ist für eine Volkswirtschaft schädlich, weil ihr die Geldmittel fehlen, um weiter wachsen zu können. Man nennt dieses Verhalten auch **„Horten"**.

Beispiel Die Bürodesign GmbH erzielte im vorigen Geschäftsjahr einen Überschuss von 150 000,00 €. Laut Gesellschaftsvertrag wird der Jahresüberschuss jedoch nicht vollständig ausgeschüttet. 100 000,00 € gehen anteilig an die Gesellschafter Frau Friedrich und Herrn Stein, 50 000,00 € verbleiben für Investitionen im Unternehmen.

Dynamische Entwicklung des Produktionfaktors Kapital:

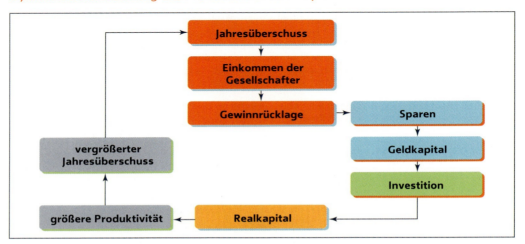

Aber nicht nur privatwirtschaftliche Unternehmen investieren Geldkapital. Auch der Staat tätigt umfangreiche Investitionen und will auf diese Weise den Lebensstandard der Bevölkerung durch bessere öffentliche Versorgung erhöhen.

Beispiele
- Investitionen in Kindergärten, Schulen, Universitäten oder Krankenhäuser
- Investitionen in Verkehrswege, Infrastruktur, Sportplätze oder Schwimmbäder

▲ Investitionen (vgl. S. 72 ff.)

Ziel der Kapitalbildung ist immer, Realkapital zu schaffen, d. h. zu investieren. Das ist allerdings nur möglich, wenn zuvor die erforderliche Menge an Geldkapital durch Sparen zur Verfügung gestellt wird. Man erkennt, welch wichtige Rolle den Kreditinstituten in diesem Prozess zukommt. Nur Kreditinstitute verfügen in der Regel über die erforderliche Menge an Geldkapital, um gewünschte Investitionsvorhaben finanzieren zu können. Somit haben Kreditinstitute eine Schlüsselrolle bei der Modernisierung von Betrieben.

Alle Investitionen, die innerhalb einer Wirtschaftsperiode getätigt werden, fasst man unter dem Begriff der Bruttoinvestitionen zusammen. **Bruttoinvestitionen** werden in **Anlage- und Vorratsinvestitionen unterschieden.**

Anlageinvestitionen können in **Ersatzinvestitionen** und **Neuinvestitionen unterschieden werden.** Ersatzinvestitionen werden getätigt, wenn ein Betrieb technisch veraltete oder defekte Maschinen ersetzen muss. In diesem Fall spricht man von Ersatz- oder **Reinvestitionen,** weil sie lediglich den bereits vorhandenen technischen Stand erhalten. Wenn Investitionen jedoch den Zweck haben, den Betrieb zu modernisieren und damit die Produktivität zu vergrößern, so spricht man von Neuinvestitionen oder **Nettoinvestitionen**. Nur der Begriff Nettoinvestition bringt zum Ausdruck, wie stark sich eine Volkswirtschaft tatsächlich durch Investitionen vergrößert hat, weil nur sie Wachstumsimpulse auslösen. Von Investitionen spricht man jedoch auch, wenn ein Unternehmer Geldkapital in Roh-, Hilfs- und Betriebsstoffe investiert. Auch sie stellen somit eine produktive Geldanlage dar und werden als **Vorratsinvestitionen** bezeichnet.

Beispiel Bei der Geschäftsführer-Sitzung der Bürodesign GmbH schlägt Frau Friedrich vor, sämtliche zur Verfügung stehenden Rücklagen in neue Maschinen zu investieren. „Wir müssen schließlich in Zukunft für den Markt gerüstet sein." Herr Stein pflichtet ihr bei, gibt jedoch etwas zu bedenken: „Wir dürfen aber nicht vergessen, dass wir nicht vollständig auf unsere alten Produktionsverfahren verzichten können. Wir brauchen also nicht nur neue Technologien, sondern wir müssen einfach einige der älteren Geräte ersetzen."

Das Berechnungsschema zur Ermittlung der einzelnen Arten von Investitionen sieht wir folgt aus:

Berechnungsschema zur Ermittlung von Investitionen

	Nettoanlageinvestition (auch: Erweiterungsinvestition)
+	Ersatzinvestition (auch: Reinvestition; Abschreibungen)
=	Bruttoanlageinvestition (auch: Anlageinvestition)
+/−	Vorratsinvestition (auch: Vorratsänderungen)
=	Bruttoinvestition

	Bruttoinvestition
−	Abschreibungen
=	Nettoinvestition

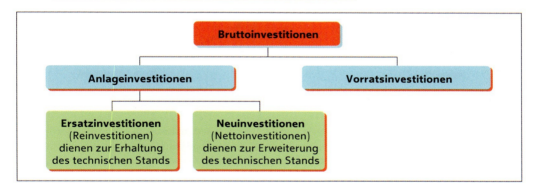

Eine zentrale Rolle bei der Kapitalbildung hat der **Zins**. Zunächst ist es aus geldwirtschaftlicher Sicht erforderlich, dass auf einen Teil des Konsums verzichtet wird, um zu sparen. Der Zins als **Entgelt für die zeitweise Überlassung von Geld** stellt den Anreiz zum Sparen dar. Wenn die gesparten Einkommensteile zur Bank gebracht werden, erhöht sich das Angebot an Spargeldern. Dadurch wiederum sinkt der Zins, wodurch es auch für Unternehmer günstiger wird, Kredite aufzunehmen. Auf diese Weise werden sie angeregt, zu investieren.

Beispiel Herr Stein ist optimistisch. „Die Zinsen sind niedrig. Das kann man an der Zinsentwicklung ablesen. Wir sollten investieren." Frau Friedrich ist sich nicht ganz sicher. „Meinen Sie, die Entwicklung hält auch tatsächlich an?" „Na, das weiß ich auch nicht. Ich kann schließlich nicht in die Zukunft blicken. Aber jetzt wäre es günstig, Kredite aufzunehmen." Frau Friedrich: „Wie haben wir es denn in der Vergangenheit gemacht?" „Ich weiß, dass wir Ende der 1990er-Jahre schon einmal recht günstige Zinsbedingungen hatten." Frau Friedrich: „Und? Haben wir da auch so viel investiert, wie Sie es sich vorstellen?" Herr Stein: „Ich weiß nur noch, dass wir damals mit der Zeit gegangen sind."

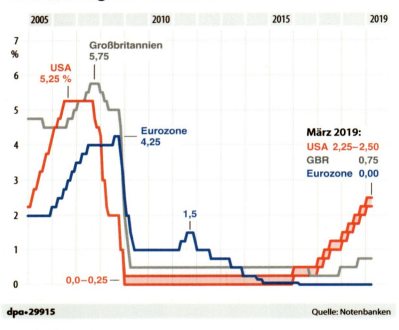

▲ Ersparnisse und Zins

Der Zins hat also die Aufgabe, das Sparen (S) und das Investieren (I) so auszugleichen, dass der Spartätigkeit der Haushalte ein möglichst gleich großer Investitionsakt gegenübersteht. In diesem Fall spräche man von **„gesamtwirtschaftlichem Gleichgewicht"** (S = I bzw. IS-Gleichgewicht). Allerdings steht dieser eher theoretischen Annahme ein großer Unterschied zur volkswirtschaftlichen Realität gegenüber. Besonders in Zeiten wirtschaftlicher Krisen zeigt es sich, dass längst kein Gleichgewicht von „Sparen" und „Investieren" herrscht.

Menschen mit **pessimistischer Zukunftseinschätzung** sparen, selbst wenn das Zinsniveau in der Krise niedrig ist. Nun fragt man sich natürlich, warum die Menschen trotz niedriger Zinsen sparen. Zum einen bietet ihnen die Geldanlage auf einem Sparkonto Schutz vor noch größerem Wertverlust durch Inflation, zum anderen halten sie das Geld für unvorhergesehene Zwecke in einer Art **„Vorsichtskasse"**. Eigentlich stünden nun also genügend Geldmittel für Investitionskredite zur Verfügung. Unternehmen halten sich jedoch – trotz ausreichender Möglichkeit für Kreditangebote – in solchen Situationen mit Investitionen zurück, weil ihre Unsicherheit über die Zukunft groß ist. In dieser Lage droht einer Volkswirtschaft ein hohes Maß an Arbeitslosigkeit, weil die Wirtschaft sich aufgrund fehlender Investitionen auf einem niedrigeren Niveau einpendeln könnte. Verstärkt wird dieser Prozess durch den Umstand, dass Verbraucher in Zeiten wirtschaftlicher Krisen nicht nur ihre Ersparnisse erhöhen, sondern gleichzeitig ihren Konsum drosseln. Auf diese Weise fehlt dem Einzelhandel Umsatz. Die Volkswirtschaft droht in eine Abwärtsspirale zu geraten.

Produktionsfaktor Kapital

- Der Teil des Einkommens, der nicht für Konsumzwecke verwendet wird, steht für Ersparnisse zur Verfügung. Werden **Ersparnisse** für produktive Zwecke eingesetzt, so werden sie zu **Geldkapital**.
- Die Verwendung von Geldkapital zur Schaffung von Realkapital nennt man **„Investition"**.
- Unternehmer investieren in Anlage- und Umlaufvermögen.
- Wird Geldkapital hingegen nicht für produktive Zwecke verwendet, sondern **„gehortet"**, so steht es dem Wirtschaftskreislauf nicht mehr zur Verfügung.
- Auch der Staat investiert in eine **öffentliche Ausstattung** (z. B. Krankenhäuser, Verkehrswege usw.), um den Lebensstandard zu erhöhen.

```
                    Bruttoinvestitionen
                    /              \
        Anlageinvestitionen    Vorratsinvestitionen
           /         \
Ersatzinvestitionen   Neuinvestitionen
(Reinvestitionen)     (Nettoinvestitionen)
dienen zur Erhaltung  dienen zur Erweiterung
des technischen Stands des technischen Stands
```

- Der **Zins** hat die Aufgabe, das Sparen und Investieren auszugleichen. Ersparnisse und Investitionsmenge sollen in etwa gleich sein.
- Die **Höhe des Zinses** beeinflusst sowohl das Sparverhalten als auch das Investitionsverhalten.
- Bei **niedrigem Zins** wird tendenziell weniger gespart, andererseits steigt die Bereitschaft, Kredite für Investitionszwecke nachzufragen.
- Bei **hohem Zins** wird mehr gespart, aber die Nachfrage nach Krediten für Investitionszwecke geht zurück.
- Bei **pessimistischer Zukunftserwartung** (z. B. in Wirtschaftskrisen) wird trotz niedriger Zinsen viel gespart und wenig investiert. Dieses Geld fehlt dem Wirtschaftskreislauf.

1 Beschreiben Sie den Vorgang der Kapitalbildung.

2 Begründen Sie, warum „Horten" für die wirtschaftliche Entwicklung schädlich ist.

3 Errechnen Sie die fehlenden Größen. Nutzen Sie dabei auch eine Tabellenkalkulationssoftware.

Kapitalstock Jahresanfang	Bruttoanlage-investitionen	Wertminderung (Abschreibung)	Nettoanlage-investitionen	Kapitalstock Jahresende
13 500	620	?	480	?
12 800	?	130	?	12 920
24 250	700	900	?	?

Kapitalstock = alle Vermögensgüter einer Volkswirtschaft, die in der Produktion eingesetzt werden

4 Beschreiben Sie die Rolle von Kreditinstituten für Investitionen im unternehmerischen Bereich.

5 Begründen Sie, wie pessimistische Zukunftserwartungen in der Wirtschaft dazu führen können, dass sich das Verhältnis von Sparen und Investieren nicht im Gleichgewicht befindet.

6 Schätzen Sie ein, warum trotz niedriger Zinsen oft nicht mehr investiert wird und welche Entwicklung auf dem Arbeitsmarkt zu erwarten ist.

3.5 Kombination der Produktionsfaktoren

> Silvia Land geht das Gespräch zwischen dem Unternehmensberater und den Geschäftsführern der Bürodesign GmbH zum Thema Substitution von Arbeit gegen Kapital nicht aus dem Kopf, das sie mitgehört hatte. Sie fragt sich, ob es so einfach möglich ist, Produktionsfaktoren gegeneinander auszutauschen.
>
> - Erläutern Sie die Unterschiede der Einsatzmöglichkeiten der Produktionsfaktoren.
> - Stellen Sie fest, unter welchen Bedingungen man Produktionsfaktoren gegeneinander austauschen (substituieren) kann.

Im Produktionsprozess werden Produktionsfaktoren so eingesetzt, dass sie unter ökonomischen Erwartungen einen gewünschten Ertrag erzielen. Dabei stehen die Produktionsfaktoren in einem **funktionalen Zusammenhang.** Damit ist gemeint, dass die Frage, welche Menge man von dem einen Produktionsfaktor benötigt, auch darüber entscheidet, welche Menge man von einem anderen – ebenfalls benötigten – Produktionsfaktor einsetzen muss, um das Ergebnis herstellen zu können. Bei den eingesetzten Produktionsfaktoren unterscheidet man zwischen

- substitutionalen Produktionsfaktoren und
- limitationalen Produktionsfaktoren.

▲ Substitutionale Produktionsfaktoren

Sind bei einem Produktionsprozess die Produktionsfaktoren gegeneinander austauschbar, kann z. B. der Produktionsfaktor Arbeit gegen den Produktionsfaktor Kapital ausgetauscht werden, handelt es sich um **substitutionale** Produktionsfaktoren (substituieren = ersetzen). Hier bestimmen die Kosten der Produktionsfaktoren die Wahl der Faktorkombination. Gewählt wird die Faktorkombination mit den niedrigsten Gesamtkosten, die **Minimalkostenkombination.**

Beispiel Im Rahmen der Arbeitsvorbereitung sollen in der Bürodesign GmbH Hölzer zugeschnitten werden. Der Produktionsertrag lässt sich durch folgende Faktorkombinationen erzielen:

	Arbeit (Angestellte)	Kapital (Maschinen)
Kombination 1	1	8
Kombination 2	2	4
Kombination 3	4	2
Kombination 4	8	1

Beispiel Der Preis für den Faktor Arbeit beträgt 1 250,00 € je Einheit. Der Preis für den Faktor Kapital beträgt 2 500,00 € je Einheit. Es entstehen folgende Gesamtkosten:

	Arbeit	Arbeitskosten in €	Kapital in €	Kapitalkosten	Gesamtkosten in €
Kombination 1	1	1 250,00	8	20 000,00	21 250,00
Kombination 2	2	2 500,00	4	10 000,00	12 500,00
Kombination 3	4	5 000,00	2	5 000,00	10 000,00
Kombination 4	8	10 000,00	1	2 500,00	12 500,00

Vollständige Substitution kann im Extremfall bedeuten, dass beispielsweise durch den weiter steigenden Einsatz von Maschinen vollständig auf den Einsatz von Arbeitskräften verzichtet wird. In der Industrie ist dieser bisweilen vollständige Austausch von Arbeitskräften durch Maschinen üblich und trägt in Form von **Rationalisierung** zur Ertragssteigerung bei. Für den „Produktionsfaktor" Mensch ist dies – bei aller ökonomischen Notwendigkeit – jedoch häufig mit schwerwiegenden Konsequenzen verbunden, weil man durch die Substitution seinen Arbeitsplatz verliert.

▲ Limitationale Produktionsfaktoren

Bei vielen Produktionsprozessen ist das Einsatzverhältnis der Produktionsfaktoren vorgegeben, d. h., sie können nicht gegeneinander ausgetauscht werden. Ist dies der Fall, handelt es sich um **limitationale Produktionsfaktoren** (limitational = begrenzt). Hier stellt sich das Problem der Minimalkostenkombination nicht, da das Einsatzverhältnis der Produktionsfaktoren technisch bedingt ist.

Beispiel Ein Lkw der Bürodesign GmbH kann maximal 24 Stunden täglich eingesetzt werden. Ist dies der Fall, benötigt man bei einer Arbeitszeit von acht Stunden drei Fahrer. Der zusätzliche Einsatz eines Fahrers erhöht lediglich die Kosten der Produktion. Wird ein Fahrer weniger eingesetzt, verringert sich der Produktionsertrag, da der Lkw nicht ausgelastet ist.

Daraus folgt, dass eine Steigerung des Produktionsergebnisses (Output) nur dadurch erfolgen kann, dass von allen eingesetzten Produktionsfaktoren in gleichem Verhältnis zueinander mehr eingesetzt werden muss.

Beispiel Eine Spedition beschäftigt zwei Lkw-Fahrer. Ein Lkw-Fahrer schafft während seiner fest vorgegebenen Arbeitszeit täglich eine Fahrleistung von 800 Kilometern. Somit erreicht die Spedition bei zwei Fahrern täglich eine Fahrleistung von 1 600 Kilometern. Will der Spediteur die Kilometerleistung erhöhen, so muss er zwangsläufig weitere Lkw-Fahrer einstellen.

1 Fahrer	–	1 Lkw	–	800 Kilometer Fahrleistung
2 Fahrer	–	2 Lkw	–	1 600 Kilometer Fahrleistung
3 Fahrer	–	3 Lkw	–	2 400 Kilometer Fahrleistung
usw.				

▲ Globalisierter Wettbewerb

Globalisierung (vgl. S. 432 ff.) der Wirtschaft bedeutet, dass der Wettbewerb globaler und intensiver wird. Ländergrenzen spielen bei der Entwicklung von großen Unternehmen keine Rolle mehr. Großkonzerne sind heutzutage in zahlreichen Ländern tätig.

Beispiel Daimler, Bayer, VW, Siemens

Die effiziente Kombination der Produktionsfaktoren

> **Kombination der Produktionsfaktoren**
>
> - Um ein Produktionsergebnis zu erzielen, werden Produktionsfaktoren **in bestimmten Verhältnissen** in einem Produktionsprozess eingesetzt. Der Einsatz des einen Produktionsfaktors bedingt den Einsatz eines anderen Produktionsfaktors (funktionaler Zusammenhang).
> - **Substitutionale Produktionsfaktoren**
>   Produktionsfaktoren werden gegeneinander ausgetauscht. Der vermehrte Einsatz des einen führt zum verminderten Einsatz des anderen Produktionsfaktors. Am Ende wählt man die kostengünstigste Kombination der Produktionsfaktoren (**Minimalkostenkombination**).
> - **Limitationale Produktionsfaktoren**
>   Das Verhältnis des Produktionsfaktoreinsatzes ist technologisch vorgegeben. Die Produktionsfaktoren können nicht gegeneinander ausgetauscht werden.
> - Informationen haben im Rahmen der Globalisierung eine zunehmende Bedeutung. Sie sollten folgende Anforderungen erfüllen:
>   - Aktualität
>   - Verfügbarkeit
>   - Zuverlässigkeit
>   - Wirtschaftlichkeit

1 Auf der Grundlage des Gutachtens der Unternehmensberatung Kienapfel sollen bei der Bürodesign GmbH vier Facharbeiter in der Arbeitsvorbereitung entlassen werden. An ihrer Stelle soll eine computergesteuerte Zuschnittanlage im Wert von 150 000,00 € angeschafft werden. Frau Friedrich und Herr Stein wollen diese Maßnahme mit dem Betriebsrat diskutieren.
 a) Stellen Sie die Argumente der Geschäftsleitung zusammen, die für die Anschaffung der Anlage sprechen.
 b) Stellen Sie Argumente des Betriebsrates zusammen, die gegen die Entlassung der Mitarbeiter sprechen.
 c) Führen Sie das Gespräch in Form eines Rollenspiels durch.
 d) Nehmen Sie die Diskussion auf Video auf und werten Sie sie aus.

2 Beschreiben Sie anhand von zehn Gütern Ihrer Wahl, wie die Produktionsfaktoren Arbeit, Boden und Kapital bei ihrer Herstellung zusammenwirken. Präsentieren Sie Ihr Ergebnis softwaregestützt.

3 „In der modernen Industriegesellschaft wird der Faktor Arbeit zunehmend durch den Faktor Betriebsmittel ersetzt. Computer und Roboter übernehmen einen Großteil der Arbeit. Die menschliche Arbeit ist in Zukunft ersetzbar, der Mensch am Arbeitsplatz oft überflüssig. Maschinen erledigen die Arbeit schneller, sie benötigen keine Pausen, kennen keine Arbeitszeiten, keinen Feierabend, werden nicht krank und beanspruchen keinen Urlaub. Zudem sind sie kostengünstiger. Bereits jetzt ist diese Entwicklung spürbar. Die Zahl der Arbeitslosen nimmt zu."
 a) Nehmen Sie kritisch Stellung zu diesen Aussagen.
 b) Erläutern Sie, welche Produktionsfaktoren sich völlig durch einen anderen ersetzen lassen.
 c) Stellen Sie dar, in welcher Weise die Kostenkalkulation eines Betriebes durch die unterschiedlichen Kombinationsmöglichkeiten der Produktionsfaktoren beeinflusst wird.
 d) Erläutern Sie, welche Möglichkeiten Sie sehen, um den fortschreitenden Substitutionsprozess (Ersetzen menschlicher Arbeit durch maschinelle Arbeit) aufzuhalten.

4 Bewerten und beurteilen Sie die Auswirkungen folgender Entwicklungen auf die Kombination betrieblicher Produktionsfaktoren aus Arbeitgeber- und Arbeitnehmersicht:
 a) Nach Aussage eines Onlinemagazins werden die Lohnkosten in diesem Jahr um 5 % steigen. Die Zinsen auf dem Kapitalmarkt hingegen werden um 2 % sinken.
 b) In den Nachrichten sagt ein führender Vertreter der Wirtschaftsverbände: „Durch die gestiegenen Kosten in unserem Land und den verstärkten internationalen Wettbewerb sind wir gezwungen, kostengünstiger zu produzieren. Einige unserer Mitgliedsbetriebe machen dies, indem sie stärker automatisieren. Andere können nur existieren, wenn sie die Produktion ins Ausland verlagern."

4 Die Arbeitsteilung als Organisationsprinzip des Wirtschaftens

> Silvia Land und ihre Freundin Helga, beide Auszubildende zur Kauffrau für Büromanagement, unterhalten sich in der Berufsschule über ihre Arbeit.
>
> Helga: „Mir macht es Spaß, in einem kleinen Betrieb zu arbeiten. Wir sind im Büro nur zu viert und alle machen alles. Ich hole die Post, schreibe Rechnungen, helfe bei der Personalabrechnung, der Buchführung und bei der Kalkulation von Angeboten."
>
> Silvia: „Für mich wäre das nichts. In der Bürodesign GmbH haben wir für jeden Bereich entsprechende Spezialisten. Zurzeit bin ich in der Personalabteilung eingesetzt, da beschäftigen wir uns ausschließlich mit Auswahl und Einsatz von Mitarbeitern und berechnen Löhne und Gehälter."
>
> - Erläutern Sie anhand der unterschiedlichen Formen der Arbeitsteilung, worin sich die Tätigkeiten von Helga und Silvia unterscheiden.
> - Erläutern Sie das Zusammenwirken von Zulieferbetrieben im Rahmen der internationalen Arbeitsteilung an einem Beispiel Ihrer Wahl.

Im Modell des Wirtschaftskreislaufs wurden die Unternehmen zu einem einheitlichen Sektor zusammengefasst, der alle in der Volkswirtschaft benötigten Güter herstellt. In der Realität wird diese Tätigkeit von einer **Vielzahl von Unternehmen** ausgeführt, die sich jeweils auf bestimmte Tätigkeiten spezialisiert und die Arbeit untereinander aufgeteilt haben.

▲ Berufliche Arbeitsteilung

Der Ursprung der **beruflichen Arbeitsteilung** geht weit zurück in die Zeit, als die Menschen noch in geschlossenen Hauswirtschaften lebten und es keinen Austausch von Gütern und Leistungen gab. Mit der Zeit entwickelten einzelne Menschen ein besonderes Geschick für bestimmte Tätigkeiten. Da sie in ihrem Spezialgebiet mehr produzieren konnten als ihre Mitmenschen, widmeten sie sich nur noch dieser Tätigkeit und tauschten die Überschüsse. Die **Berufsbildung** hatte stattgefunden. Die Grundberufe wie der des Schmieds, des Landwirts oder des Fischers waren entstanden.

Als Folge der Berufsbildung war man darauf angewiesen, die Güter auszutauschen. Der Schmied musste seine Werkzeuge gegen Getreide und der Bauer sein Getreide gegen Fisch eintauschen. Als Mittler zwischen den Tauschpartnern entstand der Beruf des **Kaufmanns**.

Im Laufe der Zeit spezialisierten sich die in den Berufen Tätigen auf einzelne Teilbereiche. Ein Kaufmann beschaffte z.B. nur noch Waren aus dem Ausland, ein anderer belieferte nur Großabnehmer und ein dritter spezialisierte sich auf die Arbeit im Büro. Diese Aufgliederung von Arbeitsfeldern in kleinere Arbeitsgebiete bezeichnet man als **Berufsspaltung**.

Beispiele Kaufmann/Kauffrau für Groß- und Außenhandelsmanagement, Kaufmann/Kauffrau für Büromanagement, Bankkaufmann/-kauffrau

Berufliche Arbeitsteilung

Vorteil	Nachteil
Spezielle Begabungen und Geschicklichkeiten können besser gefördert werden.	Mitarbeiter mit hoher Spezialisierung sind weniger mobil.

▲ Betriebliche Arbeitsteilung

Die **betriebliche Arbeitsteilung** findet in der Organisationsstruktur der Unternehmen ihren Niederschlag. Hier werden anhand der unterschiedlichen Aufgaben Abteilungen gebildet (**Abteilungsbildung**) und Arbeitsabläufe in Teilverrichtungen zerlegt (**Arbeitszerlegung**), die jeweils getrennt ausgeführt werden. Die Abteilungsbildung wird im **Organisationsplan** (vgl. S. 10) eines Unternehmens dargestellt.

Betriebliche Arbeitsteilung

Vorteile	Nachteile
– Die Effektivität der Arbeit wird gesteigert. – Die Qualität der Güter steigt.	– Einseitige körperliche und geistige Belastung führt zu gesundheitlichen Schäden. – Die Einsicht in den Sinn der Arbeit und die Arbeitsfreude gehen verloren.

▲ Volkswirtschaftliche Arbeitsteilung

Mit der Entstehung der Berufe entwickelten sich die ersten Unternehmen (Werkstätten, Manufakturen, Fabriken), die sich drei großen Wirtschaftsbereichen oder Produktionsstufen (**Sektoren**) zuordnen lassen. Die Einteilung der Wirtschaft anhand der unterschiedlichen Wirtschaftsstufen bezeichnet man als **volkswirtschaftliche Arbeitsteilung**.

- Dem **primären Sektor** werden die Unternehmen der Urerzeugung zugeordnet. Sie beschäftigen sich mit dem landwirtschaftlichen Anbau und dem Abbau der Bodenschätze und sorgen damit für die Voraussetzung der Produktion.
  Beispiele Betriebe der Landwirtschaft, der Forstwirtschaft, der Fischerei, des Bergbaus und der Öl- und Gasgewinnung

- Zum **sekundären Sektor** gehören die Unternehmen der Weiterverarbeitung. Hierbei kann es sich um Handwerksbetriebe oder Industriebetriebe handeln. Der Bereich der Industrie wird in die Grundstoff-, die Investitionsgüter- und die Konsumgüterindustrie gegliedert.
  Beispiele Metallgießerei, Maschinenbaubetrieb, Molkerei, Büromöbelhersteller

- Dem **tertiären Sektor** lassen sich die Dienstleistungsbetriebe zuordnen.
  Beispiele Großhandel, Einzelhandel, Kreditinstitute, Versicherungen, Verkehrsbetriebe, Transportunternehmen

Beispiel sekundärer Sektor

Der Anteil der Beschäftigten in den drei Wirtschaftsstufen kennzeichnet die **Erwerbsstruktur** einer Volkswirtschaft. In der Wirtschaft der Bundesrepublik Deutschland vollzieht sich ein stetiger **Strukturwandel** vom primären zum tertiären Sektor. Immer weniger Menschen arbeiten in den Bereichen Urerzeugung und Weiterverarbeitung und immer mehr Menschen sind im Bereich von Handel und Dienstleistungen beschäftigt.

Volkswirtschaftliche Arbeitsteilung

Vorteil	Nachteil
Die Arbeitsproduktivität wird gesteigert.	Durch den Strukturwandel der Wirtschaft kann es zu Krisen ganzer Branchen kommen.

Die Arbeitsteilung als Organisationsprinzip des Wirtschaftens

67

▲ **Internationale Arbeitsteilung**

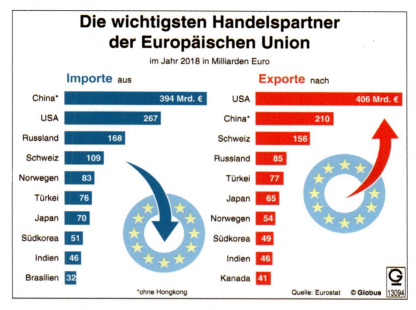

Bei der Betrachtung der Volkswirtschaft im Modell (vgl. S. 22 f.) kann man feststellen, dass die Volkswirtschaft der Bundesrepublik Deutschland in ein System vielfältiger **internationaler Arbeitsteilung** (vgl. S. 431) eingebettet ist. Folgende Gründe sind für die Beteiligung am internationalen Handel ausschlaggebend:

- Bestimmte Rohstoffe müssen importiert werden, da sie im Inland nicht oder nicht in ausreichender Menge vorhanden sind.

  Beispiele Mineralöl, Erdgas, Erz, Uran

- Klimatische Unterschiede ermöglichen den Anbau landwirtschaftlicher Produkte nur in bestimmten Regionen.

  Beispiele Kaffee in Brasilien, Bananen in Mittelamerika, Baumwolle in den USA

- Jedes Land wird sich auf die Produktion der Güter konzentrieren, deren Herstellungskosten niedriger sind als in anderen Ländern, und die Überschüsse gegen Güter tauschen, deren Herstellung im eigenen Land höhere Kosten verursacht.

  Beispiele Die Bundesrepublik Deutschland importiert Textilien aus Singapur und exportiert hochwertige Maschinen

- Spezielle berufliche Fachkenntnisse in einzelnen Volkswirtschaften.

  Beispiele Maschinenbau in der Bundesrepublik Deutschland, Computerindustrie in Japan und den USA

Vorteile	Nachteile
■ Da sich jede Volkswirtschaft auf die Produktion der Güter konzentriert, die sie am günstigsten herstellen kann, wird die bestmögliche Versorgung der Weltbevölkerung gesichert. ■ Die Staaten der Weltgemeinschaft wachsen wirtschaftlich und in der Folge auch politisch und kulturell zusammen.	■ Arbeitsplätze im Inland sind gefährdet, wenn die Produktion z. B. aus Kostengründen ins Ausland abwandert. ■ Die Beschäftigten der Exportindustrie sind direkt von der Höhe der Auslandsaufträge abhängig.

▲ Globalisierung

Das System internationaler Arbeitsteilung wird auch als **Globalisierung** bezeichnet. Globalisierung (vgl. S. 431 ff.) der Wirtschaft bedeutet, dass sich der **Wettbewerb zunehmend über Ländergrenzen hinweg** erstreckt und damit globaler und intensiver wird. Ländergrenzen spielen bei der Entwicklung von großen Unternehmen keine Rolle mehr. Großkonzerne sind heutzutage in zahlreichen Ländern tätig.

Beispiele Daimler, Bayer, VW, Siemens

An **Informationen** müssen bestimmte **Anforderungen** gestellt werden:

- **Aktualität:** Die Informationen müssen stets auf den **neuesten Stand** gebracht werden.

  Beispiel In der Bürodesign GmbH sind alle wichtigen Kundeninformationen in einer zentralen Datenbank gespeichert. Heute erfuhr der für den Kunden Klassik 2000 GmbH zuständige Außendienstmitarbeiter, dass der Kunde seinen letzten Auftrag über 12 500,00 € kurzfristig stornieren musste. Diese Information wird sofort an die betroffenen Bereiche Verkauf, Beschaffung und Finanzbuchhaltung weitergeleitet, damit die dort bereits eingeleiteten Aktivitäten eingestellt werden können.

- **Verfügbarkeit:** Die Informationen müssen für alle betroffenen Mitarbeiter **jederzeit** und an **jedem** Arbeitsplatz abrufbar sein.

  Beispiel Damit jeder Mitarbeiter der Bürodesign GmbH jederzeit mit allen erforderlichen Informationen versorgt werden kann, wurden die einzelnen PC-Arbeitsplätze untereinander und mit dem Zentralrechner vernetzt. Auf diesem Zentralrechner ist auch die Datenbank gespeichert. Durch die Vernetzung hat jeder Mitarbeiter jederzeit Zugriff auf die benötigten Informationen aus der Datenbank. Darüber hinaus, können wichtige Nachrichten auch direkt auf den Bildschirm des anderen Mitarbeiters geschickt werden (Mailing).

- **Zuverlässigkeit:** Sowohl die Informationsquelle als auch der Inhalt der Information müssen vertrauenswürdig und glaubwürdig sein. Ebenso gilt dies für Informationen, die innerhalb des Betriebes oder vom Betrieb an Dritte weitergegeben werden. Daher dürfen keine Informationen ungeprüft weitergegeben oder verarbeitet werden.

  Beispiel In der Abteilung Verkauf der Bürodesign GmbH geht der Anruf eines Außendienstmitarbeiters ein. Dieser teilt mit, er habe gerade durch Zufall erfahren, dass der Kunde Büromöbel GmbH Europa ein Insolvenzverfahren angemeldet habe. Deshalb solle man sofort den letzten Auftrag über 8 000,00 € stornieren. Nach Beendigung des Gespräches bittet Herr Stam, der Abteilungsleiter Absatz, Frau König, die Gruppenleiterin Rechnungswesen, die Bonität des Kunden Büromöbel GmbH Europa zu überprüfen und hierzu weitere Informationen einzuholen. Es stellt sich heraus, dass es sich bei der „Information"

  lediglich um ein Gerücht gehandelt hat. Glücklicherweise wurde der Auftrag nicht storniert.

- **Wirtschaftlichkeit:** Hier geht es um die Frage, wie die Informationsbeschaffung und -verarbeitung möglichst kostengünstig bewältigt werden können. Informationen können intern oder extern beschafft werden, die Verarbeitung kann manuell oder durch moderne Kommunikationslösungen erfolgen.

Welche dieser Möglichkeiten jeweils gewählt wird, richtet sich nach dem verfolgten Ziel, der zur Verfügung stehenden Zeit, der gewünschten Zuverlässigkeit der Informationen und den Kosten.

Beispiel Der Bürodesign GmbH liegt die Bestellung des Kunden Klaus Arnold e. K., Sortimentseinzelhandel, über 12 000,00 € vor. Mit diesem Kunden wurden bisher nur drei Bestellungen im Gesamtwert von 35 000,00 € abgewickelt. Bevor dieser Auftrag angenommen wird, soll die Bonität des Kunden nochmals überprüft werden. Der Außendienst wird angewiesen, nähere Erkundigungen einzuziehen, und bei der SCHUFA wird eine Bankauskunft über den Kunden Klaus Arnold angefordert. Beide Informationen sind durchweg positiv und der Auftrag wird angenommen.

Die Arbeitsteilung als Organisationsprinzip des Wirtschaftens

- **berufliche Arbeitsteilung:** Spezialisierung auf bestimmte Berufe und Arbeitsgebiete
  - Berufsbildung
  - Berufsspaltung
- **betriebliche Arbeitsteilung:** Organisationsstruktur eines Unternehmens
  - Abteilungsbildung
  - Arbeitszerlegung
- **volkswirtschaftliche Arbeitsteilung:** Einteilung der Wirtschaft in Wirtschaftsstufen
  - primärer Sektor (Urerzeugung)
  - sekundärer Sektor (Industrie und Handwerk)
  - tertiärer Sektor (Handel und Dienstleistungsbetriebe)
- **internationale Arbeitsteilung**
  - Im- und Export von Waren und Dienstleistungen
- **Globalisierung**
  - Globalisierung bedeutet, dass sich wirtschaftliche und politische Beziehungen zwischen Staaten, aber auch die persönlichen Verbindungen zwischen den Menschen über Ländergrenzen hinweg entwickeln.

1 Erläutern Sie die Entwicklung der Berufsbildung und der Berufsspaltung anhand eines Beispiels.

2 Beschreiben Sie die Herstellung von je zwei Konsum- und Produktionsgütern durch alle drei Sektoren der Volkswirtschaft. Präsentieren Sie Ihr Ergebnis softwaregestützt.

3 Recherchieren Sie im Internet und erstellen Sie eine Liste der Unternehmen, aus Ihrer Umgebung. Ordnen Sie diese den Sektoren der Volkswirtschaft zu.

4 Erläutern Sie die Abteilungsbildung und Arbeitszerlegung anhand eines Beispiels.

5 Die Wirtschaftsstruktur der Bundesrepublik Deutschland wandelt sich. Erörtern Sie anhand der Abbildung „Wandel in der Arbeitswelt", welche Folgen dies für die Nachfrage nach einzelnen Berufen hat.

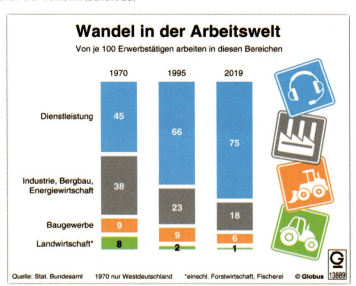

5 Das Bruttoinlandsprodukt (BIP) als Kennzahl der gesamtwirtschaftlichen Tätigkeit

5.1 Erweiterter Wirtschaftskreislauf: Wirtschaftskreislauf mit Sparen und Investieren

Im Berufsschulunterricht beschäftigt sich Silvia Land mit der volkswirtschaftlichen Bedeutung des Sparens. Ihre Lehrerin weist in diesem Zusammenhang darauf hin, dass Sparen und Horten zwei unterschiedliche Sachverhalte seien. Sie stellt ihren Schülerinnen und Schülern das folgende Material zur Bearbeitung zur Verfügung.

Sicher ist sicher

Immer mehr Deutsche wollen ihr Vermögen horten. Bei vielen Banken werden die Schließfächer bereits knapp. Dahinter steckt vor allem die Angst vor Einbrüchen, aber auch die Furcht vor Strafzinsen.

Einbrecherbanden aus Osteuropa, die in Deutschland reiche Beute machen, mobile Täter, die die offenen Grenzen nutzen, schwache Aufklärungsquoten von 15 %: Es sind solche Schlagzeilen, die vielen Deutschen den Angstschweiß auf die Stirn treiben. Deshalb greifen die Sparer immer öfter zu einem Mittel, mit dem schon Comic-Milliardär Dagobert Duck seine Taler vor der Bande der Panzerknacker schützen wollte: Tresore und Schließfächer. [...]

Auch die chronischen Minizinsen und die Angst, dass die deutschen Banken schon bald auch von Privatkunden eine Parkgebühr für das Guthaben auf ihren Konten fordern könnten, spielen beim Run auf die Tresore eine Rolle [...]

In ganz Deutschland stieg die ohnehin schon hohe Nachfrage 2016 weiter an. [...]

(Quelle: Hoppmann, Eike Hagen: Sicher ist sicher. In: Handelsblatt Nr. 005, 06.01.2017, S. 22.)

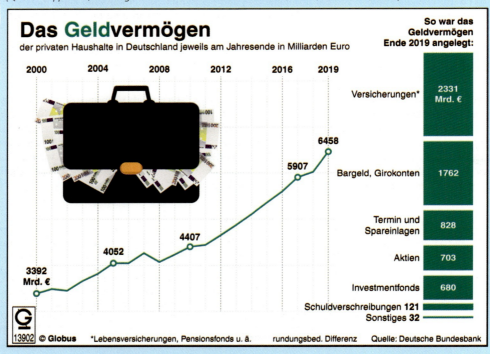

- Verfassen Sie einen kurzen Bericht über die Informationen, die in der obigen Grafik veranschaulicht werden.
- Recherchieren Sie im Internet, warum Banken zunehmend „Strafzinsen" für Guthaben auf Konten erheben. Erklären Sie vor diesem Hintergrund den Unterschied zwischen Horten und Sparen.
- Informieren Sie sich über den evolutorischen Wirtschaftskreislauf. Erläutern Sie mit diesem Wissen die Bedeutung des Sparens der Haushalte für die Volkswirtschaft. Erklären Sie, inwiefern die obige Grafik dokumentiert, dass die Haushalte in Deutschland nicht in einem problematischen Ausmaß horten.

▲ Evolutorischer Wirtschaftskreislauf

Eine Prämisse des Modells des einfachen Wirtschaftskreislaufs ist: Die Haushalte konsumieren ihr gesamtes Einkommen und die Unternehmen produzieren nur Konsumgüter.[1] Unter diesen Voraussetzungen kann sich die Volkswirtschaft nicht entwickeln. Reale Volkswirtschaften sind aber nicht stationär. Sie entwickeln sich durch Sparen und Investieren. Das Denkmodell des einfachen Wirtschaftskreislaufs muss deshalb um diese beiden Aspekte zu einem evolutorischen (sich entwickelnden) Kreislauf erweitert werden.

▲ Wirtschaftswachstum durch Sparen und Investieren

In Wirklichkeit geben viele Haushalte nur einen Teil ihres Einkommens für den Erwerb von Konsumgütern aus, den Rest sparen sie. **Sparen** liegt aber nur dann vor, wenn die Haushalte die Geldmittel bei Kapitalsammelstellen (Banken, Sparkassen, Versicherungen, Fonds) anlegen. Vom Sparen ist das **Horten** zu unterscheiden. Beim Horten werden die Mittel bei den Haushalten (d.h. in heimischen Tresoren/Verstecken oder in Schließfächern bei Banken) aufbewahrt und damit dem Wirtschaftskreislauf entzogen.

Unternehmen stellen in der Realität nicht nur Konsumgüter, sondern auch Produktionsgüter her. Das Geldkapital zur Finanzierung dieser Investitionsgüterproduktion erhalten die Unternehmen von den Kapitalsammelstellen (Kredite für Investitionen).

Die neu produzierten Produktionsmittel ersetzen abgenutztes Sachkapital **(Ersatz- oder Reinvestitionen)** und erhalten damit den Kapitalstock der Volkswirtschaft. Im Rechnungswesen der Unternehmen wird dieser Verschleiß als Abschreibungen erfasst. Eine darüber hinausgehende Herstellung von Produktionsgütern erweitert oder verbessert den vorhandenen Produktionsapparat und steigert das Produktionspotenzial **(Erweiterungsinvestitionen oder Rationalisierungsinvestitionen)**. Die gesamtwirtschaftliche Produktion und damit das Einkommen können in der Folgeperiode gesteigert werden, die Volkswirtschaft wächst. Es liegt eine **evolutorische Wirtschaft** vor.

Beispiele
– Die Familie Land will in drei Jahren im Bergischen Land ein Einfamilienhaus bauen. Mit dieser Zielsetzung spart sie seit längerer Zeit jeden Monat 370,00 €. Sie hat mit einer Bausparkasse einen Bausparvertrag abgeschlossen und zahlt monatlich 250,00 € in den Vertrag ein. Die von allen Bausparern gesammelten Mittel vergibt die Bausparkasse als Kredite. Die Kreditnehmer finanzieren damit den Bau von Gebäuden zu Wohn- oder Gewerbezwecken. Für die Errichtung dieser Immobilien setzen die beauftragten Bauunternehmen Produktionsfaktoren (z. B. Arbeit der beschäftigten Bauarbeiter) ein und zahlen in Höhe der geschaffenen Immobilienwerte Einkommen an die Haushalte. Weitere 120,00 € überweist Familie Land an einen Investmentfond. Die Fondsgesellschaft erwirbt mit den eingezahlten Mitteln Beteiligungen an zukunftsorientierten Unternehmungen aus dem Euro-Raum. Diese nutzen die Gelder für die Entwicklung und Herstellung innovativer Konsum-

[1] vgl. Kapitel 1.2, S. 27 ff.

und Investitionsgüter. Auch in der Produktion dieser Güter entsteht wieder Einkommen, das an die entsprechenden Haushalte fließt.
- Fünf Fahrzeuge aus dem Fuhrpark der Bürodesign GmbH sind am Ende ihrer betriebsgewöhnlichen Nutzungsdauer voll abgeschrieben. Sie werden durch die Neuanschaffung der entsprechenden Nachfolgemodelle ersetzt (Ersatzinvestition). Aufgrund neuer Arbeitssicherheitsvorschriften für die Gestaltung von Büroarbeitsplätzen ist die Nachfrage nach dem ergonomischen „Arbeitssessel Ergodesign-natur" sprunghaft gestiegen. Zur Ausweitung der Kapazität investiert die Bürodesign GmbH in eine neue Fertigungsstraße für dieses Erzeugnis (Erweiterungsinvestition).

▲ Arten von Investitionen

Erweiterungs- und Ersatzinvestitionen ergeben zusammen die **Anlageinvestitionen.** Dabei kann es sich im Einzelnen um folgende Arten von Investitionen handeln:

- **Anlageinvestitionen** (bewegliche Investitionsgüter)
  - *Beispiele*   Maschinen, Geräte, Fahrzeuge, Betriebs- und Geschäftsausstattung
- **Bauinvestitionen**
  - *Beispiele*   Fabrikbauten, Verwaltungs- und Wohngebäude, Verkehrswege, Schulen, Krankenhäuser
- **Rationalisierungsinvestitionen**
  - *Beispiele*   Modernisierung von Ausrüstungen zwecks Kostensenkung

Von diesen Investitionen in dauerhafte Produktionsmittel zu unterscheiden sind die **Lagerinvestitionen.** Darunter ist die Anlage von Geldmitteln in Roh-, Hilfs- und Betriebsstoffe oder in noch nicht verkaufte eigene Erzeugnisse zu verstehen. Diese Bestände können sich wertmäßig erhöhen (positive Lagerinvestition) oder verringern (negative Lagerinvestition, Desinvestition).

Die Gesamtheit aller Investitionen wird als **Bruttoinvestitionen** bezeichnet. Nach Abzug der Ersatz- oder Reinvestitionen ergeben sich die **Nettoinvestitionen.**

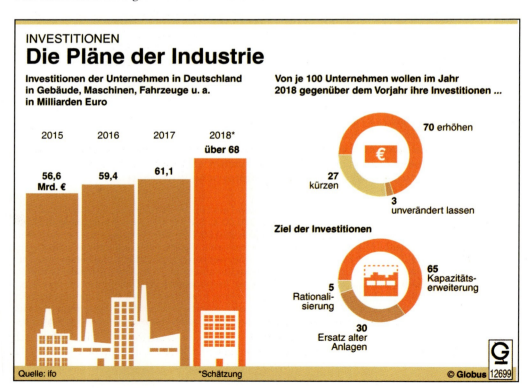

▲ Darstellung des evolutorischen Wirtschaftskreislaufs in Kontenform

Eine Möglichkeit der veranschaulichenden Darstellung des evolutorischen Wirtschaftskreislaufs ist die Kontenform. Dabei werden nur die Geldströme berücksichtigt. Für jeden Sektor wird ein Konto eingerichtet, das die zu- und abfließenden Geldströme erfasst. Unter Berücksichtigung von Sparen und Investieren können die Ströme in einer evolutorischen Wirtschaft wie folgt kontenmäßig erfasst werden.

Beispiel In einer Volkswirtschaft zahlen die Unternehmen 10 000 Geldeinheiten (GE) Einkommen an die Haushalte. In Höhe dieses Wertes sind mit den zur Verfügung gestellten Produktionsfaktoren Güter geschaffen worden. Die Haushalte konsumieren aber nur Güter im Wert von 8 000 GE, 2 000 GE sparen sie bei Kapitalsammelstellen. Da die Haushalte nicht den gesamten produzierbaren Güterwert konsumieren wollen, können die Unternehmen einen Teil der Produktionsfaktoren auch für die Herstellung von Investitionsgütern im Gesamtwert von 2 000 GE einsetzen. Die Geldmittel zur Finanzierung der Produktionsfaktoren für diese Investitionsgüterproduktion werden den Unternehmen von den Kapitalsammelstellen zur Verfügung gestellt (Kredite für Investitionen).

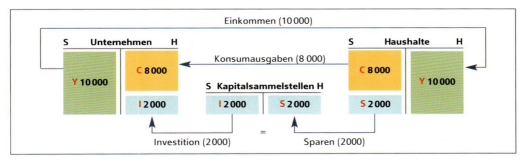

▲ Erkenntnisse aus dem Modell des evolutorischen Wirtschaftskreislaufs

- Das Konto für den Sektor Unternehmen zeigt die **Einkommensentstehung** in einer Volkswirtschaft. Einkommen entsteht durch die Produktion von Gütern. Nur in Höhe des Wertes der Güterproduktion fließt den Haushalten Einkommen zu. Die produzierten Güter können Konsum- oder Investitionsgüter sein.

> **Einkommensentstehungsgleichung**
> Y (Einkommen) =
> C (Wert der produzierten Konsumgüter) + I (Wert der produzierten Investitionsgüter)

- Das Konto für den Sektor Haushalte zeigt die **Einkommensverwendung** in einer Volkswirtschaft. Haushalte können Einkommen für Konsumausgaben oder für Sparen verwenden.

> **Einkommensverwendungsgleichung**
> Y (Einkommen) = C (Konsumausgaben) + S (Sparen)

- Aus den Gleichungen für die Einkommensentstehung und für die Einkommensverwendung ergibt sich die **Wertgleichheit von Investitionen und Sparen**.

> Y = C + I
> Y = C + S
> **Das bedeutet:** C + I = C + S
> **Daraus ergibt sich:** I = S

- Den Zusammenhang von Kapitalbildung (Sparen) und Kapitalverwendung (Investieren) dokumentiert auch das Konto für den Sektor Kapitalsammelstellen. Dieses Konto registriert rein rechnerisch die Vermögensbildung und -verwendung der beiden anderen volkswirtschaftlichen Sektoren. Es wird deshalb auch als **Vermögensänderungskonto** bezeichnet.

- Investitionsgüterproduktion setzt den **Konsumverzicht** der Haushalte voraus. Nur in Höhe des Sparens können Investitionsgüter geschaffen werden. Das heißt, die Haushalte dürfen nicht den Anspruch haben, dass alle Güter, die mit dem Produktionsfaktorpotenzial der Volkswirtschaft produziert werden können, auch konsumiert werden sollen. Nur so können Produktionsfaktoren und Geldmittel für die Investitionsgüterproduktion zur Verfügung stehen.
- **Wirtschaftswachstum** bedeutet eine Steigerung des Gesamtwertes der produzierten Güter. Voraussetzung für Wachstum ist die Schaffung zusätzlicher volkswirtschaftlicher Produktionskapazitäten. Dies wird durch ein Investitionsvolumen erreicht, das über die erforderlichen Ersatzinvestitionen hinausgeht.
- Einkommen, das nicht für Konsum ausgegeben wird, muss bei **Kapitalsammelstellen** gespart werden. Nur dann können die Geldmittel als Kredite den Unternehmen zur Finanzierung der Investitionsgüterproduktion zufließen.

Beispiel Bei einem Horten der Mittel würden dem Kreislauf im obigen Beispiel 2 000 GE entzogen und im Haushaltssektor stillgelegt. An die Unternehmen flössen durch die Erlöse aufgrund der Konsumausgaben nur 8 000 GE zurück. In der Folgeperiode könnten sie nur noch eine Güterproduktion im Gesamtwert von 8 000 GE finanzieren. Nicht mehr alle verfügbaren Produktionsfaktoren könnten beschäftigt werden (unausgelastete Maschinenkapazitäten, Arbeitslosigkeit). Mit dem niedrigeren Produktionsergebnis sänke auch das gezahlte Einkommen. Die Wirtschaft geriete in einen Schrumpfungsprozess (Rezession).

▲ Marktanpassungsprozesse in einer evolutorischen Wirtschaft

Die Gleichheit von Sparen und Investieren in einer Gesamtwirtschaft ergibt sich am Ende einer Wirtschaftsperiode (= **ex post**). Das bedeutet aber nicht, dass von vornherein (= **ex ante**) die Produktionspläne aller Unternehmen mit den Konsumplänen aller Haushalte übereinstimmen. Im Gegenteil, es ist in der Regel von einer Ungleichheit der Planungen auszugehen.

Der Wirtschaftsprozess erfordert im Verlauf der Periode oft Korrekturen der einzelwirtschaftlichen Pläne bei Unternehmen und Haushalten. Diese Anpassungsprozesse können in Abhängigkeit von den Marktkräften auf unterschiedliche Weise ablaufen.

▲ $S_{geplant} > I_{geplant}$: Ausgleich über ungeplante Lagerinvestitionen

$S_{geplant} > I_{geplant}$ bedeutet, dass die Haushalte planen, mehr zu sparen, als die Unternehmen investieren wollen. Die Unternehmen können dann bei stabilen Preisen einen Teil ihrer produzierten Konsumgüter nicht absetzen. Sie müssen ungewollt nicht verkaufbare Konsumgüter auf Lager nehmen. Es kommt zu einer ungeplanten **Lagerinvestition**.

Beispiel Durch die Produktion von Gütern fließt den Haushalten ein Einkommen von 10 000 GE zu. Aufgrund der Planungen der Unternehmen handelt es sich bei den produzierten Gütern um Konsumgüter im Wert von 9 000 GE und um Investitionsgüter im Wert von 1 000 GE. Das heißt, die Unternehmen gehen bei ihren Planungen zu Periodenbeginn (ex ante) davon aus, dass die Haushalte Güter im Wert von 9 000 GE konsumieren wollen. Dagegen planen die Haushalte aber nur einen Konsum von 8 000 GE. Die Haushaltsnachfrage bleibt damit kleiner als das Unternehmensangebot. Zur geplanten Anlageinvestition von 1 000 GE kommt am Periodenende eine ungeplante Lagerinvestition von 1 000 GE hinzu (auf Lager genommene, nicht verkaufte Konsumgüter). Dadurch sind ex post Sparen und Investieren wieder ausgeglichen.

Erweiterter Wirtschaftskreislauf: Wirtschaftskreislauf mit Sparen und Investieren

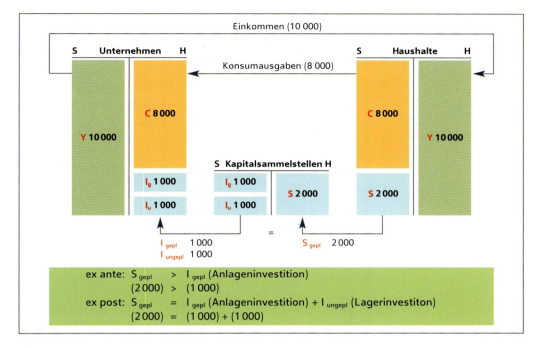

Beispiel Der „Arbeitssessel Ergo-design-natur" wird von der Stiftung Warentest mit der Gesamtnote „sehr gut" getestet. Die Abteilung Marketing der Bürodesign GmbH erwartet daraufhin eine Steigerung des Quartalsumsatzes auf ca. 5 000 000,00 €. Aufgrund negativer Konjunkturprognosen geht die Konsumneigung jedoch unerwartet stark zurück. Auch die Bürodesign GmbH kann statt der erwarteten 10 000 Arbeitssessel nur 5 000 Stück absetzen. Die restliche Produktion muss auf Lager genommen werden. Da ein Arbeitssessel 250,00 € Herstellungskosten verursacht, erhöhen sich die Lagerbestände um 5 000 · 250,00 € = 1 250 000,00 €. In Höhe dieses Betrages hat die Bürodesign GmbH im betrachteten Quartal zusätzliches Kapital in Form von Sachwerten (Arbeitssessel) gebunden, d. h., sie hat in dieser Höhe ins Lager investiert.

▲ $I_{geplant} > S_{geplant}$: Ausgleich über ungeplanten Konsumverzicht

$I_{geplant} > S_{geplant}$ bedeutet, dass die Unternehmen planen, mehr zu investieren, als die Haushalte sparen wollen. Die Haushalte müssen dann bei stabilen Preisen auf einen Teil ihres gewünschten Konsums verzichten. Denn die Unternehmen produzieren mehr Investitionsgüter und damit weniger Konsumgüter. Die Haushalte sind gezwungen, ungewollt zu sparen. Man spricht deshalb auch vom **Zwangssparen**.

Beispiel Durch die Produktion von Gütern fließt den Haushalten ein Einkommen von 10 000 GE zu. Aufgrund der Planungen der Unternehmen handelt es sich bei den produzierten Gütern um Konsumgüter im Wert von 8 000 GE und um Investitionsgüter im Wert von 2 000 GE. Das heißt, die Unternehmen gehen bei ihren Planungen zu Periodenbeginn (ex ante) davon aus, dass die Haushalte Güter im Wert von 8 000 GE konsumieren wollen. Dagegen planen die Haushalte aber einen Konsum von 9 000 GE. Das Unternehmensangebot ist damit kleiner als die Haushaltsnachfrage. Zum geplanten Sparen von 1 000 GE kommt am Periodenende ein ungeplantes Zwangssparen von 1 000 GE hinzu. Dadurch sind ex post Sparen und Investieren wieder ausgeglichen.

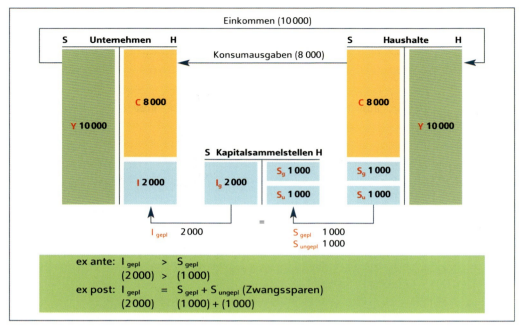

Beispiel Jörn Land jobbt am Wochenende in einer Eishalle. Von seinem Verdienst hat er zwischen September und November einen Teil zurückgelegt. Von den angesammelten 450,00 € will er das neue Smartphone „Opid X 10" kaufen. Die Nachfrage übersteigt aber gerade im Vorweihnachtsgeschäft das Angebot. Das Gerät ist erst wieder ab März des neuen Jahres lieferbar. Da Jörn nur an einem Smartphone mit modernster Technik interessiert ist, kommt für ihn ein Ersatzgerät nicht infrage. Enttäuscht zahlt er die 450,00 € auf sein Sparkonto ein, um das Gerät im neuen Jahr kaufen zu können.

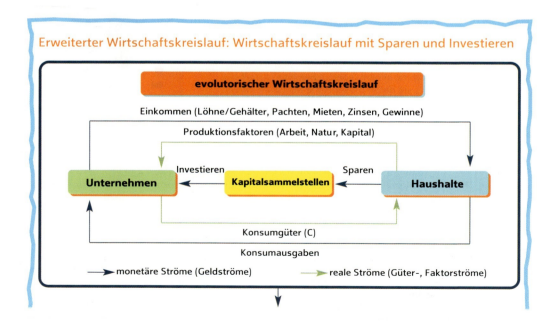

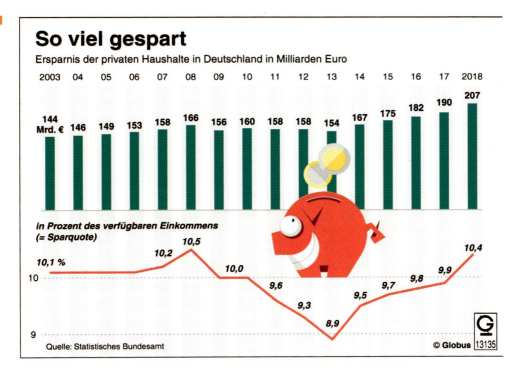

a) Erläutern Sie in einem Bericht die in der obigen Grafik dargestellten Informationen.
b) Erklären Sie, was im Gegensatz zum Sparen unter Horten zu verstehen ist. Gehen Sie auch darauf ein, inwiefern es für eine Volkswirtschaft problematisch ist, wenn die Haushalte in einem erheblichen Ausmaß horten.
c) Erläutern Sie die Bedeutung des Sparens für die Entwicklung einer Volkswirtschaft.

Das Bruttoinlandsprodukt (BIP) als Kennzahl der gesamtwirtschaftlichen Tätigkeit

2 Ermitteln Sie für die Perioden 1 bis 4 die jeweils fehlende Investitionsgröße.

Periode	Ersatz-investition	Erweiterungs-investition	Anlage-investition	Lager-investition	Brutto-investition	Netto-investition
1	320	?	720	20	740	420
2	360	440	800	16	?	456
3	400	500	900	24	924	?
4	440	400	840	?	844	404

3 In einer Volkswirtschaft werden Konsumgüter im Wert von 150 000 Geldeinheiten (GE) hergestellt und verkauft. Von ihrem Gesamteinkommen sparen die Haushalte 20 %.
a) Ermitteln Sie das Einkommen und das Sparen in GE.
b) Zeichnen Sie den Kreislauf in Kontenform und tragen Sie die Geldströme ein.
c) Erstellen Sie die Einkommensentstehungsgleichung und die Einkommensverwendungsgleichung.

4 In einer evolutorischen Wirtschaft planen die Unternehmungen die Produktion von Konsumgütern im Wert von 5 000 GE und von Investitionsgütern im Wert von 2 000 GE. Die Haushalte konsumieren von ihrem Einkommen 60 %, den Rest sparen sie.
a) Zeichnen Sie den Kreislauf dieser Wirtschaft in Kontenform und tragen Sie die Geldströme Y, C, S und I ein. Kennzeichen Sie die Ströme S und I bei Bedarf mit den Indizes „geplant" oder „ungeplant".
b) Erläutern Sie an diesem Beispiel, was unter der Ex-ante-Betrachtung und unter der Ex-post-Betrachtung zu verstehen ist.
c) Stellen Sie für den obigen Fall die Einkommensentstehungsgleichung und die Einkommensverwendungsgleichung auf. Erläutern Sie die jeweilige allgemeine Aussage dieser beiden Gleichungen.

5 Die Haushalte beziehen von den Unternehmen Einkommen von 8 000 GE. Sie planen eine Sparquote von 10 %. Die Unternehmen wollen jedoch aufgrund ihrer Investitionsplanungen Anlageinvestitionen von 1 200 GE durchführen.
a) Zeichnen Sie den Kreislauf in Kontenform und tragen Sie die erforderlichen monetären Ströme ein.
b) Erklären Sie mithilfe einer Gleichung, wie in diesem Fall die Übereinstimmung von I und S herbeigeführt wird.

6 Die Ex-ante-Ungleichheit zwischen Sparen und Investieren kann in der Realität auch durch Preisänderungen auf den Märkten ausgeglichen werden.

In der Ex-ante-Situation $S_{geplant} > I_{geplant}$ fehlt es in der Volkswirtschaft an Güternachfrage. Die Haushalte kaufen relativ wenig Konsumgüter und sparen dafür mehr, d. h., das geplante Sparen ist relativ hoch. Parallel dazu ist die geplante Investition relativ gering, d. h., auch die Unternehmen fragen wenig Investitionsgüter nach. Zur Finanzierung dieser Investitionen benötigen die Unternehmen nicht alle Mittel, die die Haushalte sparen wollen.

Auf dem Kapitalmarkt kommt es damit zu einem Überangebot an Geldkapital. Dies bedingt, dass der Preis (Zins) für die Überlassung von Geldkapital (Kredit) sinkt, was wiederum Verhaltensänderungen bei den Unternehmen und Haushalten bewirkt.
a) Beschreiben Sie, wie sich das niedrigere Zinsniveau in der Folge auf das Konsum- und Sparverhalten der Haushalte und auf die Investitionsplanungen der Unternehmen auswirkt. Erläutern Sie, wie es durch diese Veränderungen in der Folge zu einer Angleichung von I und S kommt.
b) Beschreiben Sie im Vergleich dazu, wie über ein steigendes Zinsniveau die Ex-ante-Situation $S_{geplant} < I_{geplant}$ zum Ende der Periode (ex post) ausgeglichen werden kann.

5.2 Erweiterter Wirtschaftskreislauf: Wirtschaftskreislauf mit staatlicher Aktivität

Jörn Land, Schüler der 10. Klasse einer Realschule in Köln, interessiert sich auch für die Unterrichtsthemen seiner Schwester Silvia in der kaufmännischen Berufsschule. Dies hat seinen Grund: Jörn hat sich für die gymnasiale Oberstufe an einem Wirtschaftsgymnasium beworben und weiß, dass er sich in Zukunft auch mit wirtschaftlichen Sachverhalten auseinandersetzen wird. Als er in den Unterlagen seiner Schwester eine Darstellung des evolutorischen Wirtschaftskreislaufs sieht, stellt er spontan fest: „Das sieht ja alles sehr übersichtlich aus, hat aber mit der Wirklichkeit nichts zu tun." Er begründet seine Behauptung mit einer grafischen Darstellung, die er vor kurzer Zeit im Internet entdeckt hat. Er ist der Auffassung, dass sich z. B. die in der Grafik dargestellten Sachverhalte in den Modellen seiner Schwester nicht wiederfinden.

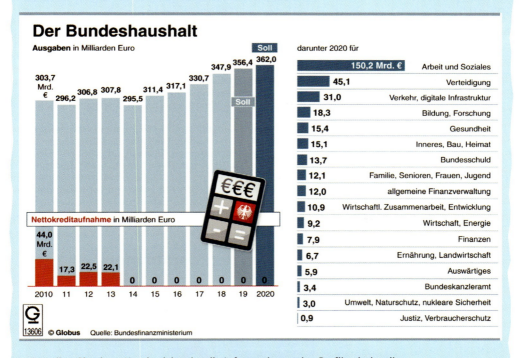

- Erstellen Sie einen Kurzbericht, der die Informationen der Grafik wiedergibt.
- Begründen Sie, warum diese Sachverhalte im Modell des einfachen Wirtschaftskreislaufs keine Berücksichtigung finden.
- Erweitern Sie dieses Modell und beziehen Sie die wirtschaftliche Aktivität des Staates mit in die Modellbetrachtung ein. Lesen Sie dazu bei Bedarf den folgenden Sachinhalt.

Das Bruttoinlandsprodukt (BIP) als Kennzahl der gesamtwirtschaftlichen Tätigkeit

▲ Der Staat im Wirtschaftskreislauf

Eine Prämisse des einfachen Wirtschaftskreislaufs ist, dass der Staat nicht in den Wirtschaftsprozess eingreift.[1] Diese Annahme stimmt mit der Wirklichkeit nicht überein. Ein realistischeres Bild einer Volkswirtschaft kann das Kreislaufmodell daher nur dann vermitteln, wenn es um den Sektor Staat erweitert wird.

Zum Sektor Staat zählen die **Gebietskörperschaften (Bund, Länder, Gemeinden)** und die **Träger der Sozialversicherung** (gesetzliche Kranken-, Pflege-, Unfall-, Arbeitslosen- und Rentenversicherung). Diesen staatlichen Einrichtungen kommen im Wesentlichen zwei Aufgaben zu:

▲ Staatsaufgabe: Produktion von öffentlichen Gütern

Der Staat produziert Güter, die der Allgemeinheit zur Verfügung stehen. Bei diesen sogenannten **öffentlichen Gütern** kann es sich um Sachgüter und Dienstleistungen handeln.

Beispiele
- Familie Land beabsichtigt, in naher Zukunft ein Einfamilienhaus zu bauen. In diesem Zusammenhang fällt Antje Land in der Immobilienbeilage der Samstagsausgabe des „Kölner Stadt-Anzeiger" eine Anzeige auf: In der Stadt Rösrath, vor den Toren Kölns gelegen, werden in einem neu erschlossenen Baugebiet Reiheneigenheime für Familien errichtet. Im Rahmen eines Wochenendausflugs besichtigen die Mitglieder der Familie Land dieses interessante Projekt. Die Arbeiten haben bereits begonnen. Die Gemeinde Rösrath hat eine Straße gebaut, die die Baugrundstücke und späteren Eigenheime erschließt.
- Jörn Land nimmt an diesem „Familienausflug" gut gelaunt teil. Am Tag zuvor hat er von einem Kölner Berufskolleg die Zusage für das Wirtschaftsgymnasium erhalten. Die Bewerbung bei dieser Schule hatte für Jörn erste Priorität. So ist die Schule in einem modernen Gebäude untergebracht, das die Stadt Köln erst vor kurzer Zeit errichtet hat. Auch bei der Ausstattung hat die Stadt nicht gespart: Den Schülerinnen und Schülern stehen ein Selbstlernzentrum und ansprechende Unterrichtsräume zur Verfügung, alle ausgestattet mit modernster Technik. Von Freunden hat Jörn außerdem die Information erhalten, dass die Lehrerinnen und Lehrer, die das Land Nordrhein-Westfalen in dieser Schule einsetzt, sehr engagiert sind. Sie eröffnen ihren Schülerinnen und Schülern vielfältige Möglichkeiten, sich zukunftsrelevante Kompetenzen anzueignen.

---

[1] vgl. Kapitel 1.2, S. 30

▲ Staatsaufgabe: Korrektur von Marktergebnissen

In einer marktwirtschaftlichen Ordnung wird das wirtschaftliche Geschehen in erster Linie durch die Marktkräfte gesteuert. Angebot und Nachfrage führen aber nicht immer zu Ergebnissen, die gesamtgesellschaftlich befriedigend sind. In einer **sozialen Marktwirtschaft** hat der Staat dann die Aufgabe, korrigierend einzugreifen. Er tut dies, indem er in der Güterproduktion entstandenes Einkommen umverteilt.

Beispiele Antje und Otto Land sind froh, dass sie als qualifizierte Arbeitnehmer auf dem Arbeitsmarkt ihre Arbeitskraft anbieten können und in Unternehmen eine Beschäftigung gefunden haben. Ihr am Markt erzielter Arbeitslohn stellt für die Familie das **primäre Einkommen** dar. Aber allen Familienmitgliedern ist auch bewusst, dass vor allem die Erziehung und die Ausbildung der Kinder hohe finanzielle Belastungen mit sich bringen. Beide Eltern empfinden es deshalb nur als gerecht, dass der Staat ihnen als **sekundäres Einkommen** je Kind 204,00 € Kindergeld zahlt.

Als verheirateter Arbeitnehmer mit mittlerem Einkommen muss Otto Land auch nur relativ wenig Steuern zahlen. Seine Abteilungsleiterin, eine alleinstehende Ingenieurin für Verfahrenstechnik mit höherem Einkommen, beklagt sich dagegen bei jeder Gelegenheit über ihre hohe Steuerlast. Sie hat leider nur wenig Verständnis für diese staatliche **Einkommensumverteilung** mit dem Ziel eines „Lastenausgleichs" zwischen den Bürgern eines Staates.

Antje und Otto Land ist dagegen bewusst, dass es viele Personen gibt, die in schwierigeren Verhältnissen leben müssen als sie selbst. Aufgrund von Alter, Krankheit, mangelnder Qualifikation oder aus anderen Gründen können diese Menschen am Markt kein ausreichendes Einkommen zu ihrer Existenzsicherung erwirtschaften. Sie sind gänzlich auf staatliche Unterstützungszahlungen angewiesen. Natürlich klagen auch die Lands darüber, dass ihnen vom Bruttolohn so viel an Steuern und Sozialabgaben abgezogen wird. Dennoch ist es für sie akzeptabel, dass diese Teile ihres Arbeitseinkommens durch den Staat an hilfebedürftige Mitbürger umverteilt werden.

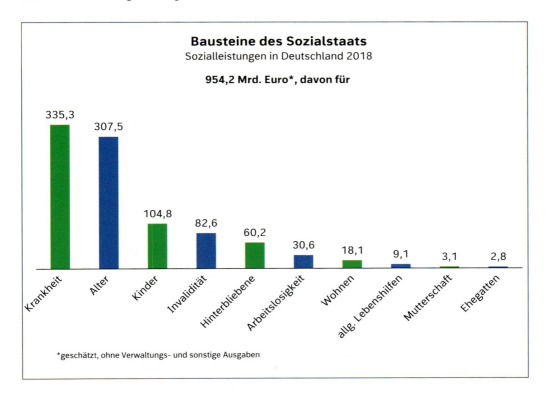

Bausteine des Sozialstaats
Sozialleistungen in Deutschland 2018
954,2 Mrd. Euro*, davon für

- Krankheit: 335,3
- Alter: 307,5
- Kinder: 104,8
- Invalidität: 82,6
- Hinterbliebene: 60,2
- Arbeitslosigkeit: 30,6
- Wohnen: 18,1
- allg. Lebenshilfen: 9,1
- Mutterschaft: 3,1
- Ehegatten: 2,8

*geschätzt, ohne Verwaltungs- und sonstige Ausgaben

▲ Zentrale Geldströme durch wirtschaftliche Aktivität des Staates

Der Staat, ob als Bund, Land, Gemeinde oder Sozialversicherungsträger, unterhält aufgrund seiner Aufgaben vielfältige wirtschaftliche Beziehungen zu den anderen Sektoren.

▲ Zahlungsstrom Transformationszahlungen (Staatskonsum und staatliche Einkommenszahlungen)

Staatskonsum

Für die Produktion seiner öffentlichen Güter muss er bei Unternehmen andere Güter beziehen. Diese Ausgaben des Staates für den Erwerb von Gütern bezeichnet man als **Staatskonsum**. Dieser Geldstrom fließt vom Sektor Staat zum Sektor Unternehmen.

Beispiel Die Geschäftsführung der Bürodesign GmbH kann sich über einen Großauftrag freuen. Für die Ausstattung eines neuen Berufskollegs hat die Stadt Köln die Einrichtung der Schule mit den erforderlichen Schulmöbeln europaweit ausgeschrieben. Von allen eingegangen Angeboten war das der Bürodesign GmbH das günstigste. Das Amt für Schulentwicklung der Stadt Köln hat daraufhin der Bürodesign GmbH den Auftrag erteilt.

Staatliche Einkommenszahlungen

Zudem benötigt der Staat Arbeitskräfte, um seine öffentlichen Leistungen zu produzieren. Viele Haushalte erhalten durch die Beschäftigung im öffentlichen Dienst **Einkommenszahlungen.** Dies führt zu einem entsprechenden Geldstrom vom Staat zu den Haushalten.

Beispiel Die Erstellung der öffentlichen Dienstleistung „Bildung" erfordert nicht nur Sachkapital in Form von gut ausgestatteten Schulgebäuden. Ein wichtiger Produktionsfaktor ist gerade bei diesem öffentlichen Gut der Faktor Arbeit. Für die Erledigung der Verwaltungsarbeiten in ihrem neuen Berufskolleg stellt die Stadt Köln vier Sekretärinnen und zwei Hausmeister ein. Für die Unterrichtserteilung sind die Lehrerinnen und Lehrer verantwortlich. Sie sind Beschäftigte des Landes Nordrhein-Westfalen. Alle Mitarbeiter der Schule erhalten von ihrem jeweiligen staatlichen Arbeitgeber am Monatsende das Entgelt für ihre Arbeitsleistung.

Transaktionen dieser Art (Konsumausgaben und Einkommenszahlungen) sind auch in der Beziehung zwischen Haushalten und Unternehmen feststellbar. Andere staatliche Aktivitäten weisen jedoch Besonderheiten auf.

▲ Zahlungsstrom Steuern, Beiträge, Gebühren

So sind die Leistungen an den Staat oft nicht freiwillig. Im Rahmen der Rechtsordnung ist der Staat den Unternehmen und Haushalten übergeordnet. Diese hoheitliche Stellung berechtigt ihn, andere Wirtschaftssubjekte zu bestimmten Leistungen zu verpflichten, z. B. Verpflichtung zur Zahlung von **Steuern** und von **Beiträgen zur gesetzlichen Sozialversicherung**. Dies bedingt entsprechende Geldströme, die von den Unternehmen und den Haushalten zum Staatssektor fließen.

Beispiel Weder Antje Land noch Otto Land wird am Monatsende das tarifvertraglich vereinbarte Arbeitsentgelt durch ihre Arbeitgeber überwiesen. Der Überweisungsbetrag ergibt sich erst nach Abzug der Steuern und der Beiträge zur gesetzlichen Sozialversicherung. Aufgrund gesetzlicher Vorschriften sind der Supermarkt und die Automobilwerke verpflichtet, vom Bruttoentgelt ihrer Arbeitnehmer diese Abzüge einzubehalten und an die jeweiligen staatlichen Stellen abzuführen. Bezüglich der Sozialversicherungsbeiträge müssen die Arbeitnehmer nur ca. die Hälfte tragen. Der Staat verpflichtet die Arbeitgeber, die andere Hälfte für die Arbeitnehmer zu zahlen.

Indirekte und direkte Steuern der Unternehmen

Viele Steuern, die der Staat den Unternehmen auferlegt, stellen für die Unternehmen Kosten dar. Wie alle Kosten werden sie im Rahmen der Kalkulation in die Verkaufspreise der jeweiligen Erzeugnisse eingerechnet. Sind die kalkulierten Preise am Markt durchsetzbar, zahlen die Käufer der Erzeugnisse mit dem Preis die Steuern an die Unternehmung zurück. Den Unternehmen gelingt damit eine Abwälzung der Steuerlast auf ihre Kunden. Die Unternehmen sind damit zwar Steuerzahler, aber nicht Träger der Steuerlast (Steuerträger). Alle Steuern, bei denen Steuerzahler und Steuerträger nicht identisch sind, werden als **indirekte Steuern** bezeichnet. Beispiele für indirekte Steuern sind die Umsatzsteuer, die Grundsteuer für Betriebsgrundstücke, die Kraftfahrzeugsteuer für betrieblich genutzte Kraftfahrzeuge und alle Verbrauchsteuern wie Mineralölsteuer, Tabaksteuer und Branntweinsteuer.

Beispiel Die Bürodesign GmbH führt im Sortiment ihres Verkaufsstudios verschiedene Handelswaren, z. B. das Regalsystem „Danebro", die Schreibtischlampe „Luna" und den Papierkorb „Sonja". Das Verkaufsstudio ist in erster Linie für den Verkauf von Waren an den Endverbraucher eingerichtet worden. Die Schreibtischlampe „Luna" bezieht die Bürodesign GmbH von einem italienischen Hersteller. Sie ist mit einem Verkaufspreis von 98,00 € ausgezeichnet. Dieser Peis ergibt sich aufgrund folgender Kalkulation:

	Listeneinkaufspreis laut Preisliste des italienischen Herstellers	40,00
−	Rabatt (Mengenrabatt) 10 %	4,00
=	Zieleinkaufspreis	36,00
+	Bezugskosten (Transport, Verpackung, Versicherung)	5,00
=	Bezugs-Einstandspreis	41,00
+	Handlungskosten (Personalkosten, Raumkosten, Energiekosten, Verwaltungskosten, **Kosten für Betriebssteuern**)	21,00
=	Selbstkostenpreis	62,00
+	Gewinn	20,00
=	Nettoverkaufspreis	82,00
+	19 % **Umsatzsteuer**	15,58
=	Bruttoverkaufspreis	97,58

Zwar führt die Bürodesign GmbH die betrieblichen Steuern und die Umsatzsteuer an die staatlichen Finanzbehörden ab. Jeder Kunde, der z. B. die Schreibtischlampe kauft, zahlt mit dem Preis aber diese Steuern an die Bürodesign GmbH zurück.

Nicht alle Steuern sind für die Unternehmen Kostensteuern und können in die Verkaufspreise der Erzeugnisse kalkuliert und damit übertragen werden. Unternehmen zahlen auch von ihrem Gewinn Steuern (Körperschaftsteuer). Und die Steuerlast durch diese Gewinnsteuer müssen die Unternehmen auch tragen. Es liegt damit eine **direkte Steuer** vor.

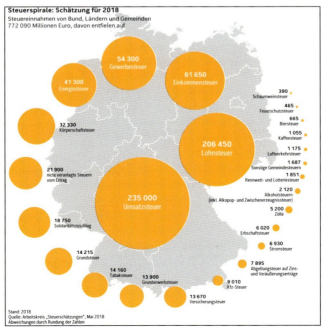

Direkte Steuern der Haushalte

Steuern, die der Staat den privaten Haushalten auferlegt, sind dagegen immer direkte Steuern. Bei dieser Steuerart stimmen Steuerzahler und Steuerträger überein. Denn die privaten Haushalte haben nicht die Möglichkeit, die Steuerlast an andere weiterzugeben. Zu den direkten Steuern zählen u. a. die Einkommensteuer mit der Lohnsteuer und die Kraftfahrzeugsteuer für privat genutzte Kraftfahrzeuge.

Beispiel Die Mitglieder der Familie Land sind von dem geplanten Eigenheimprojekt in Rösrath begeistert. Die Lage ist einfach phantastisch. Allerdings sind die Grundstückspreise auch entsprechend. Und Antje und Otto Land wissen, dass neben dem reinen Grundstückspreis noch erhebliche Anschaffungsnebenkosten zu berücksichtigen sind. So sind z. B. in Nordrhein-Westfalen 6,5 % Grunderwerbsteuer fällig, die die Familie Land zu tragen hat.

Gebühren und Beiträge

Nicht alle vom Staat produzierten Güter werden über den Markt gehandelt und haben damit einen Marktpreis. Zahlreiche staatliche Dienstleistungen werden ohne unmittelbares Entgelt angeboten und abgegeben, z. B. Bildung, innere und äußere Sicherheit, Rechtsprechung, Bereitstellung von Verkehrswegen.

Für andere Güter wiederum verlangt der Staat einen Preis. Dies können **Gebühren** oder **Beiträge** sein. Gebühren sind das Entgelt für eine unmittelbar folgende staatliche Gegenleistung.

Beispiele Gebühr für das Recht, auf staatlichem Grund und Boden ein Fahrzeug zeitweilig abstellen zu dürfen (Parkgebühr) oder Gebühr für die Ausstellung eines Reisepasses.

Beiträge sind im Gegensatz dazu Zahlungen für eine nicht unmittelbar erfolgende staatliche Gegenleistung. Zum Beispiel erhält eine Person für ihre Sozialversicherungsbeiträge erst dann eine Gegenleistung, wenn der Versicherungsfall eintritt.

▲ **Zahlungsstrom Transferzahlungen (Sozialleistungen und Subventionen)**

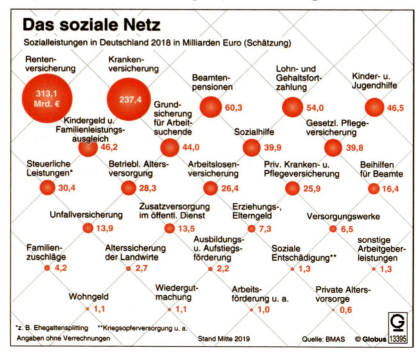

Sozialleistungen

Andererseits steht auch vielen staatlichen Leistungen keine unmittelbare Gegenleistung der Leistungsempfänger gegenüber. Erfolgen solche **Transferzahlungen an Haushalte**, spricht man von **Sozialleistungen**. Die Abbildung (vgl. S. 84) informiert über die Leistungen des sogenannten „sozialen Netzes".

Subventionen

Sind dagegen Unternehmen Empfänger der staatlichen Unterstützung, liegen Subventionen vor.

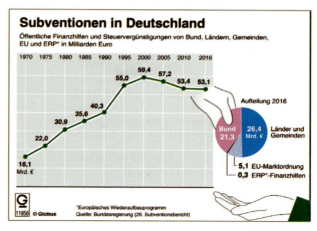

Beispiele Steuerbegünstigungen, zinsgünstige Kredite, Beihilfen

Subventionen ermöglichen es den betreffenden Unternehmen, ihre Produkte zu einem niedrigeren Preis am Markt anzubieten. Ohne Subvention müsste ein höherer Preis verlangt werden, um die Kosten zu decken. Wenn dieser höhere Preis am Markt nicht durchsetzbar ist, werden diese Unternehmen vom Markt verdrängt. Negative Auswirkungen auf den Arbeitsmarkt können die Folge sein.

▲ Zahlungsstrom Kreditaufnahme des Staates

Nettokreditaufnahme wegen Haushaltsdefizit

Vergleichbar mit den privaten Haushalten führen Bund, Länder, Gemeinden und die Träger der gesetzlichen Sozialversicherung jeweils einen eigenen Haushalt. Auch in diesen **öffentlichen Haushalten** stehen sich wie bei den privaten Haushalten Einnahmen und Ausgaben gegenüber.

Genauso wie private Haushaltskassen sollten auch öffentliche Haushalte grundsätzlich ausgeglichen sein. Das heißt, die Ausgaben eines Zeitraumes (z. B. eines Jahres) dürfen nicht höher als die Einnahmen in dieser Periode sein. Der Bundeshaushalt erfüllt seit 2014 diese Bedingung („schwarze Null").

Verantwortlich für den Bundeshaushalt ist der Bundesminister für Finanzen. Auf Länderebene sind die Finanzminister der jeweiligen Landesregierung zuständig. Und oberste Haushälter der Kommunen sind die sogenannten Kämmerer.

Sind die Ausgaben eines öffentlichen Haushaltes größer als die Einnahmen, so spricht man von einem **Haushaltsdefizit**. Dieses Defizit kann nur durch die Aufnahme neuer Kredite gedeckt werden. Diese Neuverschuldung wird als **Nettokreditaufnahme** oder **Nettoneuverschuldung** bezeichnet. Im Kreislaufschema schlägt sie sich in einem Zahlungsstrom von den Kapitalsammelstellen zum Sektor Staat nieder. Im Gegensatz zum Bundeshaushalt sind die Haushalte zahlreicher Bundesländer und Kommunen defizitär.

Bruttokreditaufnahme wegen Ablösung von Altschulden

Von der Nettokreditaufnahme zu unterscheiden ist die **Bruttokreditaufnahme.** Auch in zurückliegenden Jahren haben die öffentlichen Haushalte bereits Kredite aufgenommen. Am Ende der vereinbarten Kreditlaufzeit sind diese Altkredite zu tilgen. Da in einem defizitären Haushalt die laufenden Einnahmen des aktuellen Jahres schon nicht reichen, um die laufenden Ausgaben zu decken, kann die Rückzahlung fälliger Altschulden nur durch Umschuldung erfolgen. Das heißt, die für die Tilgung notwendigen Mittel werden durch neu aufgenommene Kredite aufgebracht. Diese Kreditaufnahme zur Schuldentilgung erhöht nicht den Gesamtschuldenstand des öffentlichen Haushaltes. Ein neuer Kredit löst nur einen alten fälligen Kredit ab. Es gilt damit folgender Zusammenhang:

> Bruttokreditaufnahme (gesamte Kreditaufnahme in einer Periode)
> − Kreditaufnahme zur Schuldentilgung
> = Nettokreditaufnahme (Kreditaufnahme zur Finanzierung eines Ausgabenüberschuss)

Für den jeweiligen Staatshaushalt relevant ist das aktuelle Zinsniveau am Kapitalmarkt zum Zeitpunkt der Umschuldung. Können die Ablösekredite zu günstigeren Zinsen beschafft werden als die Altkredite, sinkt die Zinsbelastung für die Staatskasse. In Zeiten eines hohen Zinsniveaus verschärft sich dagegen die Zinsproblematik.

Schuldenbremse des Grundgesetzes

Grundsätzlich ist die Aufnahme von Krediten nichts Negatives. Es kommt entscheidend auf die Mittelverwendung an. Dies trifft gleichermaßen für private und öffentliche Haushalte zu.

Beispiele
- Familie Land plant in naher Zukunft den Bau eines Eigenheimes. In der Stadt Rösrath hat sie sich bereits ein interessantes Neubaugebiet angeschaut. Die Gesamtkosten dieses Projektes betragen 400 000,00 €. Die Mitglieder der Familie sind stolz, dass sie durch jahrelanges Sparen für das eigene Haus 150 000,00 € Eigenkapital angesammelt haben. Die fehlenden 250 000,00 € können natürlich nicht aus den laufenden Einnahmen der Familie aufgebracht werden. Diese Ausgaben für den Hausbau müssen durch eine Kreditaufnahme beschafft werden. Antje und Otto Land brauchen wegen ihrer zukünftigen Verschuldung von 250 000,00 € aber keine „schlaflosen Nächte" zu haben.
Denn als Ausgleich für ihre Schulden verfügen sie mit ihrem Eigenheim über ein wertbeständiges Vermögen von 400 000,00 €.
- Ihren ersten Jahresurlaub als Auszubildende bei der Bürodesign GmbH möchte Silvia Land mit Freundinnen auf der Ferieninsel Mallorca verbringen. Sie ist der Auffassung, dass sie sich dieses Vergnügen nach dem anstrengenden Ausbildungsjahr redlich verdient hat. Im Internet hat sie auch ein preisgünstiges Angebot eines Reiseveranstalters gefunden. Einschließlich Taschengeld kosten die 14 Tage Urlaub in einer Ferienanlage 800,00 €. Von den rund 487,53 € Ausbildungsvergütung, über die sie monatlich frei verfügen kann, hat sie aber keine Sparrücklagen bilden können. Deshalb will Silvia für die Urlaubsfinanzierung einen Bankkredit aufnehmen, indem sie ihr Girokonto überzieht. Ihr Vater rät ihr dringend ab und stellt fest: „In den 14 Tagen wirst du sicherlich viel Spaß haben, Sonne, gutes Essen, gute Stimmung und guten Service genießen. Aber am Ende der Urlaubszeit ist das vorbei, nur die Schulden werden immer noch da sein."
- Ihr neues Berufskolleg kann die Stadt Köln natürlich auch nicht aus ihren laufenden Einnahmen in Form von Steuern, Gebühren und Beiträgen finanzieren. Selbst nach Abzug einer Finanzhilfe durch das Land Nordrhein-Westfalen bleibt noch eine Finanzierungslücke von 18 Mio. €. Diesen Betrag hat die Stadt Köln am Kapitalmarkt langfristig aufgenommen. Aber diesen neuen Schulden der Bürger der Stadt Köln steht mit der modernen Schule ein entsprechender Sachwert gegenüber.

Dementsprechend galt bis zum Jahr 2010 die sogenannte **Goldene Regel der Finanzpolitik** (Artikel 115 Grundgesetz). Bund, Länder und Gemeinden durften **neue Kredite** grundsätzlich **in Höhe ihrer Investitionsausgaben** aufnehmen. Damit sollte sichergestellt werden, dass den zusätzlichen Staatsschulden auch neue beständige Sachwerte gegenüberstehen.

Erweiterter Wirtschaftskreislauf: Wirtschaftskreislauf mit staatlicher Aktivität

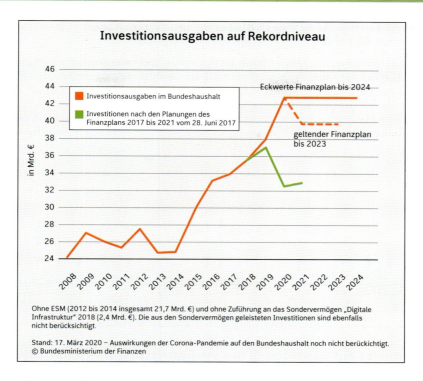

Durch die Goldene Regel legitimiert, haben die öffentlichen Haushalte über Jahrzehnte mehr ausgegeben, als sie eingenommen haben. Diese ständige jährliche Neuverschuldung über Jahrzehnte hat sich zu einem beachtlichen Schuldenberg addiert. Die Weltwirtschaftskrise 2008 verschärfte die Schuldenproblematik zusätzlich. Diese **gesamte Staatsverschuldung** ist von dem **jährlichen Haushaltsdefizit** zu unterscheiden. Sie beeinträchtigt die Handlungsfähigkeit des Staates und belastet zukünftige Generationen. Deshalb gilt seit 2010 die neue **Schuldenbremse** des Grundgesetzes. Sie verbietet z. B. ab 2020 den Bundesländern ein Haushaltsdefizit. Bedingt durch die Coronakrise steigen die Staatsschulden jedoch wieder stark an.

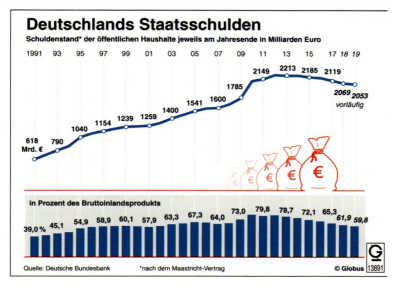

▲ Grafische Darstellung des evolutorischen Wirtschaftskreislaufs mit staatlicher Aktivität

Das Kreislaufmodell ist um den Sektor Staat mit den oben erläuterten Strömen zu ergänzen. Im folgenden Kreislaufschema werden allerdings nur noch die Geldströme dargestellt.

▲ Erkenntnisse aus dem Modell des evolutorischen Wirtschaftskreislaufs mit staatlicher Aktivität

Das Kreislaufschema veranschaulicht die zentrale Bedeutung des Staatssektors für die Volkswirtschaft. Im Einzelnen werden durch das Modell folgende Sachverhalte und Zusammenhänge deutlich:

- Aufgrund seiner Transformationszahlungen (Staatskonsum und Einkommenszahlungen) ist der **Staat** ein bedeutender **Auftraggeber** bzw. **Arbeitgeber** und trägt entscheidend zur gesamtwirtschaftlichen Produktion und damit zur Einkommensentstehung bei.
- Durch seine Transferzahlungen (Sozialleistungen und Subventionen) **berichtigt er unerwünschte Ergebnisse des Marktes.**
- Andererseits wird aber auch deutlich, dass staatliche Nachfrage fast immer private Nachfrage verdrängt **(Crowding-out).**

Jeder Euro, der den privaten Haushalten und Unternehmen durch Steuern, Beiträge und Gebühren entzogen wird, kann nicht für die Nachfrage nach Konsum- und Investitionsgütern verwendet werden.

Besonders deutlich wird der Verdrängungseffekt beim Sektor Kapitalsammelstellen im Falle von staatlichen Haushaltsdefiziten. Staat und private Investoren konkurrieren um das durch Sparen aufgebrachte Kapitalangebot. Mit steigender Nachfrage nach Kapital steigt der Preis für die zeitweilige Überlassung von Kapital, d. h. für Kredite. Mit anderen Worten, die staatliche Kapitalnachfrage löst Zinssteigerungen aus. Im Endergebnis verdrängt die staatliche Kreditnachfrage die der privaten Unternehmen. Ab einem gewissen Zinssatz unterbleiben private Investitionen aufgrund mangelnder Rentabilität. Dagegen können staatliche Stellen jeden Zins zahlen, da die öffentlichen Haushalte die Zinsbelastungen aus Steuern der Allgemeinheit finanzieren.

Prinzipiell kommt es nur zu einer Verlagerung. Statt der privaten Investition wird eine staatliche Investition mit dem gesparten Geldkapital realisiert. Gesamtwirtschaftlich betrachtet ist dies unbedenklich, wenn die staatlichen Investitionen die gleichen Wachstums- und Beschäftigungseffekte auslösen wie private Investitionen. Dies muss aber nicht immer zwingend sein.

Erweiterter Wirtschaftskreislauf: Wirtschaftskreislauf mit staatlicher Aktivität

- Jeder Euro, der den Unternehmen an Steuern, Beiträgen und Gebühren auferlegt wird, erhöht die Kosten und in der Folge die kalkulierten Preise für die Güter. Dies **beeinträchtigt** zum einen die **internationale Wettbewerbsfähigkeit** der inländischen Unternehmen. Zum anderen erhöht der staatliche Kostendruck die **Inflationsgefahren.**

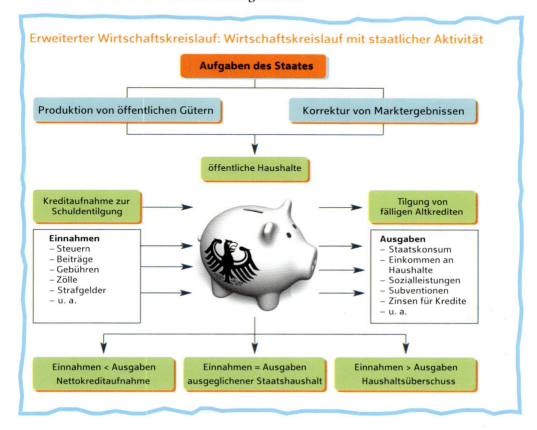

1 Nennen Sie die staatlichen Körperschaften, die im Modell des Wirtschaftskreislaufs zum Sektor Staat zusammengefasst werden.

2 Erläutern Sie zwei grundsätzliche Aufgaben des Staates in unserer Wirtschaftsordnung.

3 Aufgrund der staatlichen Einkommensumverteilung in einer sozialen Marktwirtschaft sind die primäre und sekundäre Einkommensverteilung zu unterscheiden. Erläutern Sie diese beiden Arten von Einkommensverteilung.

4 Erläutern Sie die Erkenntnisse aus dem Modell des erweiterten Wirtschaftskreislaufs mit staatlicher Aktivität in einem Referat. Nutzen Sie hierzu geeignete Visualisierungsmöglichkeiten.

5

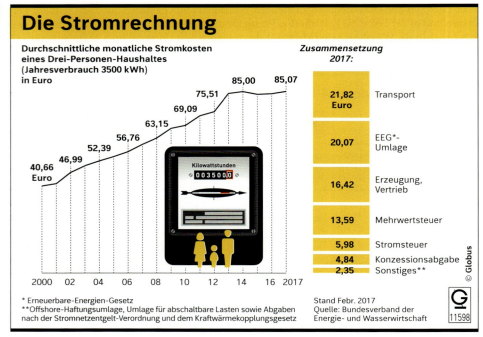

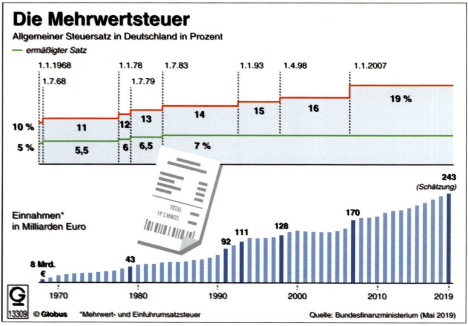

a) Verfassen Sie nach Ihrer Wahl für eine der beiden Grafiken einen Bericht, der die jeweils veranschaulichten Sachverhalte wiedergibt.
b) Erklären Sie am Beispiel der Stromsteuer (sogenannte Ökosteuer) oder der Mehrwertsteuer das Wesen einer indirekten Steuer.
c) Nehmen Sie Stellung zu folgender Behauptung: „Unternehmen zahlen nur indirekte Steuern."

6 a) Fassen Sie die in der nebenstehenden Grafik dargestellten Sachverhalte in einem Bericht zusammen. Gehen Sie dabei auch auf die grundsätzliche Problematik ein, die in dieser Darstellung zum Ausdruck kommt.
b) Erklären Sie den Begriff Transferzahlungen. Gehen Sie dabei auch darauf ein, inwiefern Transferleistungen ein zentrales Wesenselement einer sozialen Marktwirtschaft darstellen.
c) Informieren Sie sich z. B. im Internet über aktuelle politische Bemühungen, die grundsätzlichen Probleme des sozialen Sicherungssystems in der Bundesrepublik Deutschland zu lösen.

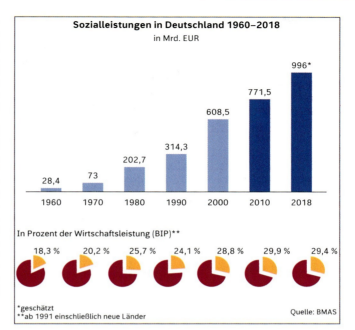

7

Trotz der Coronakrise sind Staatshilfen keine Dauerlösung

Die Hilfspakete waren wichtig und richtig. Jetzt muss die Politik stärker die mittelfristigen Folgen in den Blick nehmen. Es braucht ein Ausstiegsszenario.

Die deutsche Politik hat in der Krise bisher vieles richtig gemacht und bewiesen, dass sie entschlossen handelt. [...] Mit den wirtschaftlichen Hilfspaketen haben Bund und Länder weitreichende Entscheidungen getroffen, um die Coronafolgen abzufedern. [...]

[...]

Wie Krisen zu bewältigen sind, lehrt die Erfahrung. Deutschland gilt als Musterbeispiel dafür, wie ein Land 2008/09 aus der Weltwirtschaftskrise herausfand. Zur Überwindung der Krise legten seinerzeit Bundesregierung und Bundestag mit Unterstützung der Ministerpräsidenten ein Wachstumsbeschleunigungsgesetz auf. Diesen Weg sollte die Politik auch dieses Mal beschreiten. [...]

[...]

Viele Akteure in der Bundesregierung haben dies erkannt. Bundeswirtschaftsminister Peter Altmaier bereitet weitere wirtschaftspolitische Maßnahmen vor. Im Vordergrund sollten nicht Konjunkturprogramme stehen, deren Wirkung schnell verpufft. Wirkungsvoller sind Anreize für Beschäftigte und Unternehmen. Das ist auch deshalb notwendig, weil die Mittel begrenzt sind und in der Krise Grenzen schnell verschwimmen.

[...]

Seit der Finanzkrise hat der Einfluss des Staates auf die Wirtschaft zugenommen. Abzulesen ist dies an der gestiegenen Staatsquote: [R]und 45 Prozent der deutschen Wirtschaftsleistung entfallen auf den Staat – mit steigender Tendenz. Die Staatsquote übertrifft heute den Stand der Zeit vor der Finanzkrise 2008/09. Auch wenn der Staat in der akuten Krise als Wirtschaftsakteur stärker in Erscheinung tritt, sollte ein schnellstmögliches Ausstiegsszenario Teil der Lösung sein.

[...]

(Quelle: Kirchdörfer, Rainer: Trotz der Coronakrise sind Staatshilfen keine Dauerlösung, 02.04.2020. In: https://www.handelsblatt.com/meinung/gastbeitraege/gastkommentar-trotz-der-coronakrise-sind-staatshilfen-keine-dauerloesung/25702880.html [16.05.2020].)

a) Nehmen Sie zu der Aussage „Staatshilfen sind keine Dauerlösung" Stellung.
b) Erklären Sie, was unter der „Staatsquote" zu verstehen ist.
c) Informieren Sie sich z. B. mithilfe des Internets über die wirtschaftspolitischen Maßnahmen zur Überwindung der Coronakrise.

Das Bruttoinlandsprodukt (BIP) als Kennzahl der gesamtwirtschaftlichen Tätigkeit

8 Die asiatische „Simsem-Group plc" ist ein global agierender IT-Konzern. Angesichts der Gefahr von „Handelskriegen" recherchiert eine Stabsstelle der Konzernzentrale relevante volkswirtschaftliche Daten auf den wichtigsten Absatzmärkten in Europa. Für Deutschland liegen folgende Daten im Rahmen der EU-Haushaltsüberwachung vor.

Jahr	Schuldenstand (Mrd. €)	Finanzierungssaldo (Mrd. €)	Zinslast (Mrd. €)	BIP (Mrd. €)	Steuereinnahmen (Mrd. €)
2014	2 043,92	+ 15,51	56,86	2 932,47	668,66
2015	2 020,70	+ 25,43	50,51	3 043,65	698,01
2016	2 009,31	+ 31,86	46,81	3 144,05	731,95
2017	1 967,18	+ 38,20	41,25	3 263,35	765,90

(Quelle: © Statistisches Bundesamt (Destatis), 2019)

a) Erklären Sie, inwiefern Neuverschuldung des Staates (Staatsdefizit) und die Staatsschulden zwei unterschiedliche Sachverhalte sind.
b) Der EU-Stabilitätspakt begrenzt die Verschuldung der öffentlichen Haushalte auf eine Defizitquote von maximal 3 % und auf eine Schuldenstandsquote von maximal 60 %. Überprüfen Sie, ob die öffentlichen Haushalte in Deutschland in den oben genannten Jahren diese Kriterien erfüllt haben.
c) Bis zum Jahr 2013 wies der öffentliche Gesamthaushalt ein Finanzierungsdefizit auf. Erläutern Sie wesentliche Ursachen für die Konsolierung des Staatshaushalts in den letzten Jahren.
d) Analysieren Sie negative Auswirkungen, die sich aus einer steigenden Staatsverschuldung ergeben. Gehen Sie dabei auf ökonomische, gesellschaftliche und rechtliche Aspekte ein.
e) Ermitteln Sie, welche Auswirkungen die Bewältigung der Coronakrise auf die Staatsschulden in Deutschland hat.

9 Die Mitgliedsstaaten der Europäischen Wirtschafts- und Währungsunion, der Internationale Währungsfond und die Europäische Zentralbank bemühen sich seit 2010 um eine Konsolidierung der Staatsfinanzen, insbesondere der hoch verschuldeten Euroländer. Sogenannte „Rettungsschirme", z. B. der Europäische Stabilitätsmechanismus (ESM), sollen die Zahlungsfähigkeit der verschuldeten Staaten sicherstellen und für eine Beruhigung der Kreditgeber sorgen. Parallel haben Banken und andere Gläubiger zum Teil auf ihre Forderungen verzichtet. Dennoch sind die Gefahren nicht gebannt.

Staatsverschuldung

	Italien	Griechenland	Deutschland
Staatverschuldung in % des BIP im Jahr 2010	115,4	146,2	80,9
Staatverschuldung in % des BIP im Jahr 2017	131,8	178,6	64,1
Neuverschuldung in % des BIP im Jahr 2010	– 4,2	– 11,8	– 4,2
Neuverschuldung in % des BIP im Jahr 2017	– 2,3	0,8	1,3

(Quelle: vgl. http://ec.europa.eu/eurostat/de/web/government-finance-statistics/data/main-tables; abgerufen am 03.08.2018)

a) Erläutern Sie die wesentlichen Informationen, die aus den obigen Daten abgeleitet werden können. Erklären Sie zwei mögliche Ursachen der Verschuldungssituation.
b) Diskutieren Sie zwei Maßnahmen der Fiskalpolitik zur Stabilisierung des Eurowährungsraums. Erörtern Sie, welche Konsequenzen daraus für die privaten Haushalte, Unternehmen/Banken und den Staat abzuleiten sind.
c) Für den Finanzminister eines Euro-Landes ist das Ziel eines ausgeglichenen Staatshaushalts von elementarer Bedeutung. Erörtern Sie drei mögliche Folgen einer wachsenden Staatsverschuldung, die diese Haltung des Ministers untermauern.

10 Die unten stehende Übersicht informiert über die Eckwerte für den Bundeshalt 2019 und die Finanzplanung bis zum Jahr 2023.
a) Erklären Sie folgende Sachverhalte. Informieren Sie sich bei Bedarf mithilfe des Internets.
   – Schuldenbremse des Grundgesetzes
   – Nettokreditaufnahme (NKA)
   – strukturelles Defizit
   – Finanzplanung des Bundes
b) Erklären Sie, was unter Anschlussfinanzierung zu verstehen ist. Warum hängt die Zinsbelastung zukünftiger Bundeshaushalte von den jeweils aktuellen Konditionen am Kapitalmarkt ab?
c) Ein wichtiger Ausgabenposten im Bundeshaushalt ist die Bundesschuld. Erklären Sie diesen Begriff. Ermitteln Sie die Höhe der Bundesschuld im aktuellen Haushaltsplan. Begründen Sie, warum es problematisch ist, wenn die Bundesschuld in aufeinander folgenden Haushaltsjahren kontinuierlich ansteigt.

Eckwerte im Überblick
in Mrd. Euro

	Soll 2020	Eckwert 2021	Eckwerte Finanzplan 2022	2023	2024
Ausgaben	362,0	370,3	376,5	381,1	387,0
davon: Investitionen	42,9	42,9	42,9	42,9	42,9
Einnahmen	362,0	370,3	376,5	381,1	387,0
davon: Steuereinnahmen	325,0	324,2	335,5	350,4	358,2
Neuverschuldung	-	-	-	-	-

Stand: 17. März 2020 – Auswirkungen der Corona-Pandemie auf den Bundeshaushalt noch nicht berücksichtigt.
© Bundesministerium der Finanzen

5.3 Erweiterter Wirtschaftskreislauf: Wirtschaftskreislauf mit Außenwirtschaftsbeziehungen

Seitdem Silvia Land eine Ausbildung zur Kauffrau für Büromanagement absolviert und Jörn Land eine Zusage für das Wirtschaftsgymnasium erhalten hat, „drehen" sich die Gespräche beim Abendessen der Familie Land immer wieder auch um wirtschaftliche Themen.

Antje Land: „Unsere Marktleiterin ist heute mit schlechten Nachrichten von der Regionalkonferenz zurückgekommen. Nachdem die Umsätze im 1. Quartal leicht angestiegen sind, ist das 2. Vierteljahr wieder enttäuschend gewesen. Selbst beim Lebensmitteleinkauf scheinen sich die Leute wieder auf das Wichtigste zu beschränken."

Otto Land: „Kein Wunder, die hohen Abgaben, die Einschnitte bei den Sozialleistungen und die hohen Ausgaben für Mieten führen doch dazu, dass die Konsumenten immer weniger Geld in der Tasche haben. Und wem es etwas besser geht, der weiß nicht, ob das morgen noch der Fall ist. Angesichts dieser ungewissen Zukunft ist es doch vernünftig, zu sparen und einen Notgroschen anzulegen. Wir in der Autoindustrie machen uns große Sorgen um die zukünftige wirtschaftliche Entwicklung angesichts des Brexits, drohender Handelskriege und der Corona-Pandemie.

Jörn Land: „So ganz kann das doch nicht stimmen. Wenn die Leute immer weniger kaufen, müsste doch auch weniger produziert werden. Das ist in den letzten Jahren aber nie der Fall gewesen. Unser Bruttoinlandsprodukt ist von Jahr zu Jahr gestiegen, wenn die Zuwächse auch nicht so groß waren."

Silvia Land: „Du Schlauberger, da sieht man wieder einmal, wie wenig Ahnung du vom Leben hast. Von der Konjunkturlokomotive Export hast du wohl noch nichts gehört."

Jörn Land: „Jetzt gib nicht so an. Es ist ja noch nicht lange her, da hast du auch keine Ahnung von Wirtschaft gehabt."

Silvia Land: „Schon gut, kleiner Bruder, du hast ja recht. Aber zufällig haben wir heute in der Berufsschule über die Verflechtung unserer Volkswirtschaft mit der Weltwirtschaft gesprochen. Ausgangspunkt ist eine interessante Grafik gewesen. Wenn du willst, kann ich sie dir nach dem Essen einmal zeigen."

Jörn Land: „Immer."

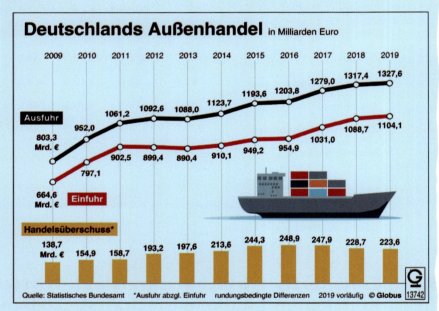

- Erläutern Sie, inwiefern die obige Grafik aus dem Berufsschulunterricht von Silvia Land erklärt, dass eine Volkswirtschaft trotz sehr schwacher Binnennachfrage einen Anstieg des Bruttoinlandsprodukts aufweisen kann.
- Analysieren Sie den Wirtschaftsteil einer Tageszeitung (Print- oder Online-Ausgabe). Sammeln Sie alle Artikel, die Hinweise auf internationale Beziehungen der deutschen Volkswirtschaft beinhalten.
- Eine sogenannte offene Volkswirtschaft ist durch Zahlungsströme zwischen inländischen Sektoren und dem Sektor Ausland gekennzeichnet. Ordnen Sie die außenwirtschaftlichen Beziehungen in den von Ihnen ausgewählten Zeitungsartikeln den Strömen im Modell einer offenen Volkswirtschaft zu.

▲ Das Ausland im Wirtschaftskreislauf

Zunehmende weltweite Handelsbeziehungen, internationale Arbeitsteilung, die Öffnung von Grenzen, Massentourismus u. a. bedingen eine Vielzahl von Wirtschaftsbeziehungen zwischen den inländischen Sektoren und dem Ausland.

In dem Sektor Ausland sind alle ausländischen Haushalte und Unternehmen sowie alle ausländischen staatlichen Stellen zusammengefasst. Zu beachten ist, dass für die Einordnung eines Wirtschaftssubjektes als Inländer oder Ausländer nicht staatsrechtliche, sondern wirtschaftliche Kriterien ausschlaggebend sind.

Beispiel Mehmet Okcuoglu, Kollege von Otto Land, lebt mit seiner Familie seit 20 Jahren in Köln und arbeitet seit dieser Zeit bei den Automobilwerken. Alle Mitglieder der Familie Okcuoglu haben keinen deutschen Pass, weil sie ihre türkische Staatsbürgerschaft nicht aufgeben wollen. Dennoch gehört die Familie Okcuoglu im Kreislaufmodell zum Sektor der inländischen Haushalte. Unabhängig von der Staatsbürgerschaft hat sie ihren wirtschaftlichen Schwerpunkt im Inland, d. h., im Inland hat die Familie ihren ständigen Wohnsitz, hier arbeiten die Familienmitglieder und verwenden den größten Teil ihres Einkommens.

Die wichtigsten Beziehungen einer sogenannten offenen Wirtschaft zum Ausland sollen im Folgenden als Zahlungsströme beschrieben werden.

▲ Zahlungsstrom aus Exporterlösen

Gerade deutsche Unternehmen bieten ihre Produkte in großem Ausmaß auf den Weltmärkten an. Durch diesen Verkauf an das Ausland fließen Exporterlöse aus dem Ausland zu den inländischen Unternehmen.

Beispiel Die Bürodesign GmbH, Ausbildungsbetrieb von Silvia Land, hat mit einem italienischen Büromöbelhersteller in Bozen einen Kooperationsvertrag abgeschlossen. Beide Unternehmen ergänzen ihr Sortiment mit ausgewählten Produkten des anderen Vertragspartners. Erzeugnisse „made in Germany" genießen gerade in Südtirol ein hohes Ansehen. Deshalb hat sich der Absatz von Büromöbeln der Bürodesign GmbH nach Italien in den letzten zwei Jahren sehr positiv entwickelt. Insgesamt erzielt die Bürodesign GmbH bereits 10 % ihrer Umsatzerlöse in europäischen Nachbarstaaten.

▲ Zahlungsstrom aus Importausgaben

Die Bundesrepublik Deutschland ist ein relativ rohstoff- und energiearmes Land. Viele Unternehmen müssen Rohstoffe und Energie aus dem Ausland einführen, damit die Produktion im Inland durchgeführt werden kann. Gerade im industriellen Bereich hat in der jüngeren Vergangenheit auch die Modularisierung der Fertigung stark zugenommen. Die Endprodukte werden zunehmend aus komplexen Bauteilen zusammengesetzt. Aus Kostengründen beziehen immer mehr Industrieunternehmen diese Baugruppen aus dem Ausland. Auch viele Konsumgüter werden importiert, weil sie im Ausland kostengünstiger zu produzieren sind. Zahlreiche landwirtschaftliche Produkte sind aufgrund klimatischer Gegebenheiten überhaupt nur im Ausland anbaubar. Außerdem sind die Bundesbürger „Reiseweltmeister": Jedes Jahr kaufen Millionen von Haushalten während ihres Urlaubs im Ausland Dienstleistungen (z. B. Übernachtungen in Hotels) und Sachgüter (z. B. Speisen und Getränke). Durch all diese Einkäufe im Ausland fließen Importausgaben von den inländischen Unternehmen an das Ausland.[1]

Beispiel Otto Land erinnert sich noch mit Schrecken an die Zeit vor zwei Jahren. Bei den Automobilwerken musste Kurzarbeit eingeführt werden. Die für die Produktion erforderlichen Bleche kommen von einem Walzwerk in Spanien. Wegen eines Streiks der Beschäftigten der französischen Bahn kam es zur Unterbrechung der Lieferungen. Da die Automobilwerke aus Kostengründen nur einen geringen Vorrat an Blechen lagern, musste die Produktion eingestellt werden. Im Rahmen von Kurzarbeit konnten die Mitarbeiter in der Produktion nur mit Wartungs- und Reparaturarbeiten beschäftigt werden. Entsprechende Verdienstausfälle waren für die betroffenen Arbeitnehmer die Folge.

▲ Zahlungsströme aus Kapitalexporten und Kapitalimporten

Den Exporterlösen und Importausgaben entsprechen gegenläufige Ströme von Sachgütern und Dienstleistungen. Davon zu unterscheiden ist der reine **Kapitalexport** bzw. -import. Beim **Kapitalexport** fließt Geldkapital aus dem Inland ins Ausland. Inländische Wirtschaftssubjekte legen ihre Ersparnisse im Ausland an oder verwenden ihr Geldkapital für die Errichtung von Produktionsstätten im Ausland (**Direktinvestitionen**). Beim **Kapitalimport** stärkt das Ausland den inländischen Kapitalmarkt. Geldkapital aus dem Ausland wird im Inland angelegt.

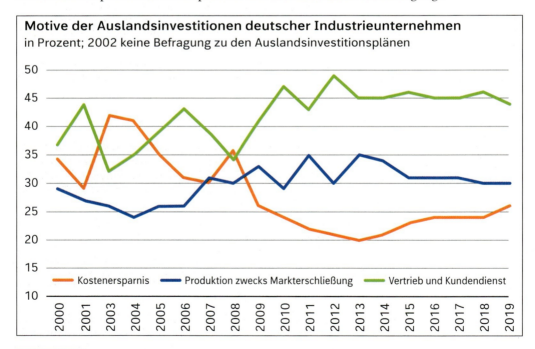

---

[1] Da die Zahlungen der privaten Haushalte für Tourismus als Zahlungen für Importe zu interpretieren sind, werden sie in der Statistik über den Sektor Unternehmen erfasst.

Beispiel Unter den Mitarbeitern der Automobilwerke in Köln herrscht Alarmstimmung. Einige Mitglieder des Betriebsrates fordern sogar spontane Arbeitsniederlegungen. Grund der Empörung ist eine Entscheidung des Vorstands. Das Nachfolgemodell der Mittelklasse soll nicht mehr im Kölner Werk produziert werden. Das Unternehmen beabsichtigt, in einem osteuropäischen Land eine neue Automobilfabrik zu errichten. Insbesondere aufgrund wesentlich niedrigerer Lohnkosten ist die Produktion im Ausland deutlich kostengünstiger. Hinzu kommt, dass mit dem neuen Modell auch der osteuropäische Markt erschlossen werden soll. Dies fällt leichter, wenn auch die Produktion schon vor Ort im Ausland erfolgt. Die Kölner Werksarbeiter befürchten jedoch, dass diese Direktinvestition in Osteuropa die Arbeitsplätze in Köln gefährdet.

▲ Zahlungsströme aus Einkommenszahlungen

Sowohl beim Kapitalexport als auch beim Kapitalimport wird grenzüberschreitend der Produktionsfaktor Kapital zur Verfügung gestellt. Als Gegenleistung für ihren Produktionsfaktor erhalten die jeweiligen Kapitalgeber **Einkommen in Form von Zinsen und Gewinnanteilen.**

Wesentlich weniger mobil als der Faktor Kapital ist der Faktor Arbeit. Dennoch kommt es vor, dass inländische Haushalte ihre Arbeitskraft einem ausländischen Unternehmen zur Verfügung stellen. Umgekehrt arbeiten auch Mitglieder ausländischer Haushalte bei inländischen Unternehmen.

Beispiel Toni Neumann, der Bruder von Antje Land, lebt mit seiner Familie in der Nähe von Aachen. Als gelernter Maurer verlor er in den letzten Jahren wegen der Krise in der deutschen Bauindustrie immer wieder seinen Arbeitsplatz. Drei Bauunternehmen, bei denen er beschäftigt war, mussten Insolvenz anmelden. Ganz anders stellt sich die Situation im Nachbarland Niederlande dar. Die Bauwirtschaft hat volle Auftragsbücher und sucht qualifizierte Facharbeiter. Und seitdem es keine Grenzkontrollen mehr gibt, ist es für Toni Neumann kein Problem, in die Niederlande zu fahren. Sprachprobleme gibt es nicht, da in der Grenzregion ohnehin viele Niederländer auch deutsch sprechen. So ist Herr Neumann seit 12 Monaten bei einem niederländischen Bauunternehmen beschäftigt. Tagsüber arbeitet er zwar im Ausland, nach Feierabend und an den Wochenenden ist er aber bei seiner Familie in Deutschland. Die Entfernungen sind kein Problem. Im Gegenteil, viele Baustellen in den Niederlanden liegen näher zu seinem Wohnort in Grenznähe als andere Baustellen in Deutschland, zu denen er in der Vergangenheit fahren musste.

Aufgrund dieser grenzüberschreitenden Faktorströme kommt es zu jeweils entgegengesetzten Einkommensströmen zwischen dem Ausland und den inländischen Sektoren Haushalte und Unternehmen.

▲ Zahlungsstrom aus Übertragungen

Grenzüberschreitende Einkommenszahlungen sind Gegenleistungen für Produktionsfaktoren, die grenzüberschreitend zur Verfügung gestellt wurden. Dies unterscheidet diese Zahlungsströme von den sogenannten Übertragungen. **Übertragungen sind Zahlungsströme** zwischen inländischen Sektoren und dem Auslandssektor, **ohne dass eine Gegenleistung zugrunde liegt.** Übertragungen werden in erster Linie von privaten Haushalten und vom Staat vorgenommen.

Beispiel Mehmet Okcuoglu, Kollege von Otto Land bei den Automobilwerken, gehört mit seiner Frau und seinen Kindern zum Sektor der inländischen privaten Haushalte. Die Familie hat trotz der türkischen Staatsangehörigkeit aller Familienmitglieder ihren wirtschaftlichen Schwerpunkt im Inland. Natürlich hat die Familie Okcuoglu noch intensive Kontakte in die Türkei. Viele Mitglieder der Großfamilie leben dort. Aufgrund der wirtschaftlichen Verhältnisse in einigen Regionen der Türkei ist der Lebensstandard dort wesentlich niedriger. Mehmet Okcuoglu unterstützt deshalb seine Eltern und Schwiegereltern in der Türkei finanziell. Jeden Monat überweist er ihnen 200,00 €.

Mit ähnlicher Motivation unterstützt die Bundesrepublik Deutschland ausländische Staaten. Sie zahlt **Entwicklungshilfe** und unterstützt durch Zahlungen ebenso die Entwicklung in Mitgliedsländern der EU, die noch nicht den allgemeinen wirtschaftlichen Standard erreicht haben oder aus anderen Gründen gefördert werden.

▲ Grafische Darstellung des evolutorischen Wirtschaftskreislaufs einer offenen Volkswirtschaft mit staatlicher Aktivität

Unter Berücksichtigung der erläuterten außenwirtschaftlichen Ströme ist das Kreislaufmodell einer offenen Volkswirtschaft zu ergänzen.

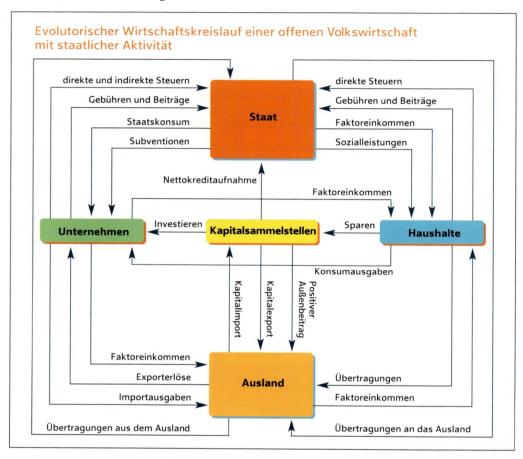

▲ Erkenntnisse aus dem Modell des offenen Wirtschaftskreislaufs

Im Kreislaufschema (vgl. S. 98) einer offenen Volkswirtschaft werden nur Geldströme erfasst. Jedem monetären Strom entspricht in der Regel ein realer Strom in Gegenrichtung. So fließt zu den Exporterlösen ein Strom von Exportgütern an das Ausland. Hinter den Importausgaben verbergen sich andererseits Importgüter, die ins Inland kommen. Stimmen die Exporterlöse mit den Importausgaben überein, werden wertmäßig genauso viele Güter exportiert wie importiert: Zwei Volkswirtschaften tauschen Güter im selben Gesamtwert gegeneinander aus.

Beispiel Wie die gesamte Branche leiden auch die Automobilwerke in Köln seit einigen Jahren unter einer Absatzkrise. Otto Land bedrückt es sehr, dass die von ihm mit produzierten Fahrzeuge zunächst einmal auf Halde stehen. Insofern kann er nachvollziehen, dass die Geschäftsleitung zu einem Kompensationsgeschäft mit einem Unternehmen aus Fernost bereit ist. Die Automobilwerke liefern 250 Transporter an den Vertragspartner in Südkorea. Als Gegenleistung rüstet das südkoreanische Unternehmen die Verwaltung des Autobauers mit neuester IT-Hardware aus.

Die wertmäßige Übereinstimmung von Export und Import einer Volkswirtschaft ist jedoch eher die Ausnahme. Die Differenz zwischen Exportwert und Importwert einer Periode wird als **Außenbeitrag** bezeichnet.

▲ Positiver Außenbeitrag: Exportwert > Importwert

Die inländische Volkswirtschaft liefert wertmäßig mehr Güter an das Ausland, als sie im Gegenzug vom Ausland erhält, d.h., es kommt zu einem Nettoabfluss von Gütern an das Ausland. In Höhe der wertmäßigen Differenz bedingt dies einen Kapitalexport an das Ausland. Das Ausland bezahlt diese Differenz ja nicht in Form einer Gegenlieferung in Gütern. Mit anderen Worten, **dem Ausland wird in Höhe dieses Exportüberschusses Kredit gewährt.**

Die deutsche Volkswirtschaft weist seit Jahrzehnten einen Exportüberschuss aus. Dies ist allein schon dadurch bedingt, dass überwiegend Rohstoffe und Vorprodukte importiert und Fertigerzeugnisse exportiert werden. Wegen der zusätzlichen Wertschöpfung muss der Wert von Fertigerzeugnissen den der Rohstoffe und Vorleistungen übersteigen.

▲ Negativer Außenbeitrag: Exportwert < Importwert

Die inländische Volkswirtschaft liefert wertmäßig weniger Güter an das Ausland, als sie im Gegenzug vom Ausland erhält, d.h., es kommt zu einem Nettozufluss von Gütern an das Inland. In Höhe der wertmäßigen Differenz bedingt dies einen Kapitalimport aus dem Ausland. Das Inland bezahlt diese Differenz ja nicht in Form einer Gegenlieferung von Gütern. Mit anderen Worten, **dem Inland wird in Höhe dieses Importüberschusses Kredit gewährt.**

Exportwert, Importwert und Außenbeitrag beziehen sich ausschließlich auf den grenzüberschreitenden Austausch von Sachgütern und Dienstleistungen. Internationale Einkommenszahlungen, Kapitaltransfer und Übertragungen werden in anderen Teilbilanzen der Zahlungsbilanz erfasst.

Erweiterter Wirtschaftskreislauf: Wirtschaftskreislauf mit Außenwirtschaftsbeziehungen

zentrale Zahlungsströme einer offenen Volkswirtschaft

- Faktoreinkommen aus dem Ausland
- Faktoreinkommen an das Ausland
- Exporterlöse für Dienstleistungen
- Importausgaben für Dienstleistungen
- Exporterlöse für Sachgüter
- Importausgaben für Sachgüter
- Kapitalexport
- Kapitalimport
- Übertragungen an das Ausland
- Übertragungen aus dem Ausland

Außenbeitrag = Exporterlöse − Importausgaben

- positiver Außenbeitrag: Exportwert > Importwert (Forderung an das Ausland)
- negativer Außenbeitrag: Exportwert < Importwert (Verbindlichkeit an das Ausland)

1 Erläutern Sie, inwiefern die Volkswirtschaft der Bundesrepublik Deutschland auf Außenhandel angewiesen ist. Gehen Sie dabei auf zwei unterschiedliche Aspekte ein.

2 Nennen Sie fünf unterschiedliche Arten von außenwirtschaftlichen Transaktionen.

3

Teurer Standort Deutschland
Motive für den Aufbau von Produktionsstätten im Ausland, Angaben in Prozent

Motiv	Prozent
Kosten der Produktionsfaktoren	65
Markterschließung	60
Nähe zu Großkunden	34
Steuern, Abgaben, Subventionen	21
Verfügbarkeit von qualifiziertem Personal	17
Kommunikations- u. Transportkosten	16
Präsenz der Konkurrenz	16
Local-Content-Auflagen	15
Kapazitätsengpässe	12
Infrastruktur	9
Technologieerschließung	8
Währungsvergleich	6

Quelle: Fraunhofer-Institut für System- und Innovationsforschung ISI, Karlsruhe, 2006

a) Erläutern Sie nach Ihrer Wahl vier Motive für Direktinvestitionen deutscher Unternehmen im Ausland.
b) Erklären Sie, z. B. mithilfe des Internets, was unter „Local-Content-Auflagen" zu verstehen ist.

4 Erläutern Sie, inwiefern
 a) Unterschiede im Zinsniveau
 b) politische Einflussfaktoren

den Kapitaltransfer (Kapitalexport und -import zwischen zwei Ländern) beeinflussen können.

5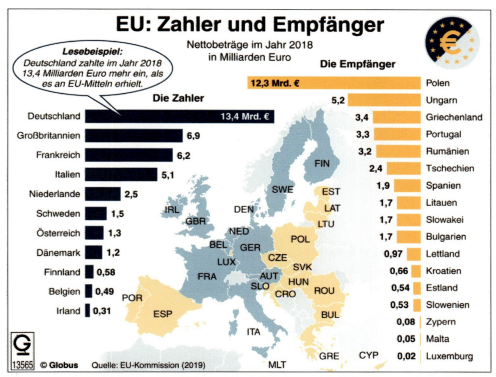

a) Erklären Sie die Informationen, welche die obige Grafik veranschaulicht.
b) Erläutern Sie, wie sich die für Deutschland und Polen angegebenen Daten im Wirtschaftskreislauf dieser beiden Volkswirtschaften niederschlagen.

6 Für eine Volkswirtschaft liegen folgende Daten vor:

Zahlungsströme	Geldeinheiten (GE)
Faktoreinkommen der privaten Haushalte aus inländischen Unternehmungen	200 000
Gewinne der Unternehmen (an Haushalte ausgeschüttet)	35 000
Transferzahlungen des Staates an inländische Haushalte	20 000
Konsumausgaben der privaten Haushalte	150 000
Steuerzahlungen der privaten Haushalte	36 000
Subventionszahlungen des Staates	4 000
Konsum des Staates	32 000
Steuerzahlungen der Unternehmungen	24 000
Exportwert	18 000
Importwert	14 000

Das Einkommen, das die Haushalte nicht für Konsumausgaben und Steuerzahlungen verwenden, sparen sie.
a) Fertigen Sie eine Skizze des erweiterten Wirtschaftskreislaufs an und tragen Sie auf den Stromlinien die Werte der zugehörigen Geldströme ein.
b) Ermitteln Sie folgende Größen:
 – verfügbares Einkommen der privaten Haushalte – Verschuldung/Sparen des Staates
 – Bruttoinvestitionen – Außenbeitrag

7 a) Informieren Sie sich, z. B. mithilfe des Internets, über den tagesaktuellen Rohölpreis.
b) Erläutern Sie Gründe für den deutlichen Rückgang des Rohölpreises seit dem Jahr 2014.
c) Nennen Sie Möglichkeiten, wie Sie als Verbraucher einen Beitrag zur Energieeinsparung leisten können.

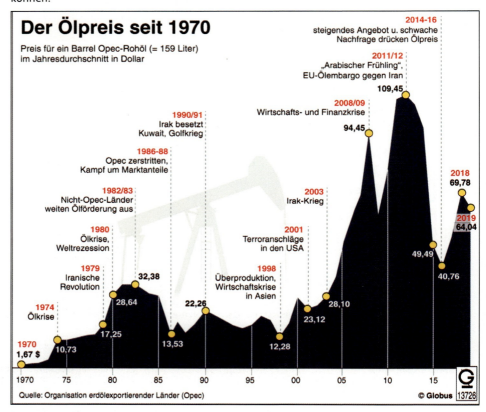

5.4 Ermittlung des Bruttoinlandsproduktes (BIP)

Im Wirtschaftslehreunterricht der Berufsschule beschäftigt sich Silvia Land mit den volkswirtschaftlichen Gesamtrechnungen. Ihre Fachlehrerin stellt ihr und den Mitschülerinnen und Mitschülern folgende Grafik zur Auswertung zur Verfügung.

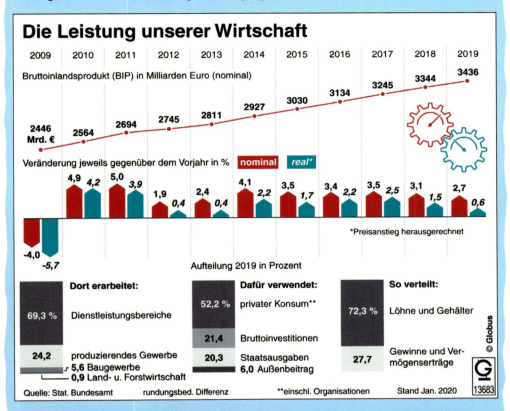

- Erklären Sie die Werte 3 436 und +2,7, die für das Jahr 2019 angegeben werden. Weisen Sie nach, dass der Wert von +2,7 rechnerisch zutreffend ist. Stellen Sie dazu mit anderen Größen der Grafik den erforderlichen Dreisatz auf.
- Die Angaben in der Rubrik „Dort erarbeitet" lassen einen Rückschluss auf die Struktur unserer Volkswirtschaft zu. Erläutern Sie diese Grundstruktur.
- Erklären Sie, was unter dem Außenbeitrag einer Volkswirtschaft zu verstehen ist. Erläutern Sie vor diesem Hintergrund den Wert 6,0, der in diesem Zusammenhang in der Grafik angegeben wird.
- In der Produktion von Gütern, d. h. in der Wertschöpfung, entsteht Einkommen. Erklären Sie, welche weiter gehenden Informationen zum Einkommen der Grafik entnommen werden können.
- Rufen Sie die Internetseite des Statistischen Bundesamtes auf (http://www.destatis.de). Verschaffen Sie sich einen Überblick über die Informationen, die bezüglich der Inlandsproduktberechnungen zur Verfügung gestellt werden.

Aufgabe des Statistischen Bundesamtes in Wiesbaden ist es, die Ströme des Wirtschaftskreislaufs statistisch zu erfassen. Im Mittelpunkt dieser volkswirtschaftlichen Buchführung (vgl. S. 267 ff.) steht die Ermittlung der gesamten Leistung der Volkswirtschaft (Bruttoinlandsprodukt). Diese Ermittlung kann von drei Perspektiven aus vorgenommen werden.

▲ Betrachtungsweisen der gesamtwirtschaftlichen Leistung

Jede Wirtschaftsleistung ist durch drei Aspekte gekennzeichnet:
- Durch die Kombination von Produktionsfaktoren (Input) entstehen Sachgüter und Dienstleistungen (Output).
- Diese geschaffenen Güter fließen in bestimmte Verwendungsbereiche.
- In der Güterproduktion entsteht Einkommen, d.h., die Wirtschaftssubjekte erhalten für ihre Produktionsfaktoren der jeweiligen Leistung entsprechend Einkommen.

Dementsprechend wird auch die gesamte Wirtschaftsleistung der Volkswirtschaft aus drei Perspektiven betrachtet:
- **Entstehungsrechnung:** Welche Wirtschaftsleistung (Wertschöpfung) ist in den verschiedenen Wirtschaftsbereichen des Inlands erzielt worden?
- **Verwendungsrechnung:** Wie sind die im Inland erstellten Güter verwendet worden?
- **Verteilungsrechnung:** In welcher Höhe sind durch die Leistungserstellung Einkommen bei Inländern entstanden?

Entstehungs-, Verwendungs- und Verteilungsrechnung bilden den Kernbereich der Inlandsproduktberechnungen im Rahmen der volkswirtschaftlichen Gesamtrechnungen.

▲ Entstehungsrechnung

Die Entstehungsrechnung zeigt den Beitrag verschiedener Bereiche der Volkswirtschaft zur gesamten Wertschöpfung. Zentrale Größe der Entstehungsrechnung ist die Bruttowertschöpfung (BWS), d.h. die Differenz zwischen Bruttoproduktionswert und Vorleistungen.

Das Bruttoinlandsprodukt zu Marktpreisen (BIP) ergibt sich, wenn zur BWS aller Wirtschaftsbereiche die Gütersteuern addiert und die Gütersubventionen subtrahiert werden (vgl. S. 270).

Beispiel Im Berufsschulunterricht analysiert Silvia Land die folgende Tabelle. Diese Aufstellung zeigt, wie verschiedene Wirtschaftsbereiche zur gesamten Wertschöpfung in der Bundesrepublik Deutschland beitragen.

Bruttowertschöpfung in jeweiligen Preisen (nach Wirtschaftsbereichen, in Mrd. €)	2017	2018	2019
Land- und Forstwirtschaft, Fischerei	26,980	25,706	27,311
+ Produzierendes Gewerbe	752,738	765,589	749,075
+ Baugewerbe	137,757	152,833	171,732
+ Handel, Verkehr, Gastgewerbe	467,159	483,694	501,994
+ Information und Kommunikation	133,997	137,999	143,956
+ Finanz- und Versicherungsdienstleister	117,851	117,967	119,480
+ Grundstücks- und Wohnungswesen	308,574	315,893	326,698
+ Unternehmensdienstleister	334,870	346,356	326,698
+ Öffentliche Dienstleister, Erziehung, Gesundheit	531,431	553,137	581,443
+ Sonstige Dienstleister	110,971	113,136	116,852
= **Bruttowertschöpfung insgesamt**	**2 922,328**	**3 012,310**	**3 092,984**
+ Gütersteuern	329,821	339,573	350,834
− Gütersubventionen	7,159	7,513	8,058
= **Bruttoinlandsprodukt**	**3 244,990**	**3 344,370**	**3 435,760**

(Quelle: Statistisches Bundesamt (Destatis): Volkswirtschaftliche Gesamtrechnungen, Fachserie 18, Reihe 1.2, 25.02.2020, S. 17f.)

Die in der Tabelle aufgelisteten Wirtschaftsbereiche können den drei grundsätzlichen **Sektoren einer Volkswirtschaft** zugeordnet werden:

Ermittlung des Bruttoinlandsproduktes (BIP)

1. primärer Sektor (Urproduktion)	– Land- und Forstwirtschaft, Fischerei – Bergbau und Gewinnung von Steinen und Erden
2. sekundärer Sektor (Verarbeitung)	– Verarbeitendes Gewerbe – Baugewerbe – Energie- und Wasserversorgung
3. tertiärer Sektor (Dienstleistungen)	– Handel, Gastgewerbe und Verkehr – Finanzierung, Vermietung und Unternehmensdienstleister – Öffentliche und private Dienstleister
	– Alle Wirtschaftsbereiche

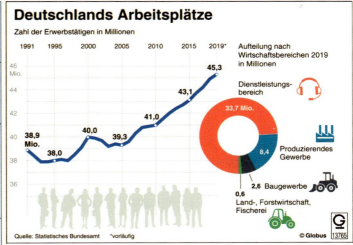

Durch den Vergleich mit der Wirtschaftsstruktur früherer Jahre kann man den **Strukturwandel** feststellen und wichtige Erkenntnisse über die Entwicklung der Volkswirtschaft – auch im internationalen Vergleich – feststellen. Gerade die deutsche Volkswirtschaft hat sich in den letzten Jahrzehnten zu einer Dienstleistungsgesellschaft entwickelt. Immer mehr Menschen sind im tertiären Sektor beschäftigt und nahezu 70 % der Bruttowertschöpfung entsteht in Dienstleistungsbereichen.

▲ Verwendungsrechnung

Die Verwendungsrechnung zeigt, für welche Zwecke die produzierten Güter verwendet worden sind. Sie beantwortet die Frage, wer die geschaffenen Güter „gekauft" hat. Insofern gibt die Verwendungsrechnung Aufschluss über die Zusammensetzung der gesamtwirtschaftlichen Nachfrage.

Beispiel Im Wirtschaftslehreunterricht beschäftigt sich Silvia Land auch mit der Verwendung des Bruttoinlandsprodukts in der Bundesrepublik Deutschland.

Konsumausgaben, Investitionen und Außenbeitrag			
Verwendungsgrößen	2017	2018	2019
in jeweiligen Preisen, Milliarden Euro			
Konsumausgaben	2 341,306	2 409,282	2 493,386
– Private Konsumausgaben	1 696,964	1 743,685	1 793,981
– Konsumausgaben des Staates	644,342	665,597	699,405
Bruttoanlageinvestitionen	665,889	707,719	746,874
– Bauten	320,730	344,300	373,324
– Ausrüstungen	224,194	235,280	239,817
– Sonstige Anlagen	120,965	128,139	133,733
– Vorratsveränderungen und Nettozugang an Wertsachen	7,353	21,310	–12,192
Inländische Verwendung	3 014,548	3 138,311	3 228,068
Außenbeitrag (Exporte minus Importe)	230,442	206,059	207,692
– Exporte	1 538,042	1 585,770	1 612,057
– Importe	1 307,600	1 379,711	1 404,365
Bruttoinlandsprodukt	3 244,990	3 344,370	3 435,760

(Quelle: Statistisches Bundesamt (Destatis): Konsumausgaben, Investitionen und Außenbeitrag, 2020. In: https://www.destatis.de/DE/Themen/Wirtschaft/Volkswirtschaftliche-Gesamtrechnungen-Inlandsprodukt/Tabellen/inlandsprodukt-verwendung-bip.html [02.05.2020].)

Die **Konsumausgaben der privaten Haushalte** umfassen den Wert von Sachgütern und Dienstleistungen, die inländische private Haushalte für ihre Nutzung kaufen, z. B. Käufe von Möbeln, Kraftfahrzeugen, Lebensmitteln, Kosmetika.

Die **Konsumausgaben der privaten Organisationen ohne Erwerbszweck** (politische Parteien, Gewerkschaften, Kirchen, Wohlfahrtverbände, Vereine u. a.) umfassen die von diesen Organisationen unentgeltlich zur Verfügung gestellten Dienstleistungen.

Bei den **Konsumausgaben des Staates** handelt es sich um den Wert der vom Staat der Allgemeinheit ohne spezielles Entgelt zur Verfügung gestellten Dienstleistungen, z. B. öffentliche Verwaltung, innere und äußere Sicherheit, Erziehung und Unterricht.

Ausrüstungsinvestitionen sind bewegliche Investitionsgüter, z. B. Maschinen, Geräte, Fahrzeuge, Betriebs- und Geschäftsausstattung. Die **Bauinvestitionen** umfassen Bauleistungen an Gebäuden, Straßen, Brücken usw. Darin enthalten sind die mit Bauten fest verbundenen Einrichtungen, z. B. Aufzüge, Heizungs-, Lüftungs- und Klimaanlagen, sowie die mit der Herstellung und dem Kauf von Bauwerken verbundenen Nebenkosten, z. B. Kosten für den Notar und die Grundbuchänderung. Zu den sonstigen Anlagen zählen z. B. Computersoftware, Urheberrechte und Nutzvieh. **Vorratsveränderungen** (Lagerinvestitionen) sind die Veränderung der Vorräte (unfertige und fertige Erzeugnisse, Roh-, Hilfs- und Betriebsstoffe u. a.) am Ende der Periode verglichen mit denen am Periodenanfang. Die Bewertung erfolgt dabei zu Durchschnittspreisen der Periode.

▲ Verteilungsrechnung

Die Verteilungsrechnung dokumentiert, wie die in der Produktionsleistung der Inländer erwirtschafteten Einkommen verteilt werden.

Güterproduktion und Einkommensentstehung sind untrennbar miteinander verbunden. Denn Güter können nur durch den Einsatz von Produktionsfaktoren erstellt werden, die für ihre Leistung Einkommen erhalten. Dem Wert der Gesamtproduktion der Inländer müssen also entsprechende Einkommen gegenüberstehen (vgl. S. 30).

Beispiel Silvia Land informiert sich mithilfe von Unterrichtsmaterial über das Volkseinkommen in der Bundesrepublik Deutschland.

Nationaleinkommen und Volkseinkommen in Mrd. €	2017	2018	2019
Bruttoinlandsprodukt	3 244,99	3 344,37	3 435,76
+ Primäreinkommen aus der übrigen Welt	211,55	216,65	225,76
– Primäreinkommen an die übrige Welt	128,52	123,11	126,14
= Bruttonationaleinkommen	3 328,03	3 437,91	3 535,37
– Abschreibungen	580,36	608,73	637,00
= Nettonationaleinkommen (Primäreinkommen)	2 747,67	2 829,18	2 898,37
– Produktions- und Importabgaben abzgl. Subventionen	317,14	326,10	336,82
= Volkseinkommen	2 430,53	2 503,08	2 561,55
Arbeitnehmerentgelt (Inländer)	1 694,69	1 771,28	1 849,12
Unternehmens- und Vermögenseinkommen	735,84	731,80	712,43

(Quelle: Statistische Bundesamt (Destatis): Volkswirtschaftliche Gesamtrechnungen 2019, Fachserie 18, Reihe 1.5, 2019, S. 15, 18.)

Ermittlung des Bruttoinlandsproduktes (BIP)

Das Bruttoinlandsprodukt entspricht wertmäßig nicht dem in der Produktion entstandenen Einkommen der Inländer (Volkseinkommen). Zunächst müssen Einkommen, die Inländer im Ausland erzielt haben, addiert werden. Der Beitrag von ausländischen Produktionsfaktoren zum Bruttoinlandsprodukt führt nicht zu Einkommen bei Inländern. Er ist deshalb zu subtrahieren.

Danach sind die **Abschreibungen** zu berücksichtigen. Ein Teil der Güter des Bruttoinlandsprodukts wird benötigt, um den verursachten Verschleiß von Produktionsanlagen auszugleichen. Dieses Gütervolumen steht damit nicht zur Verteilung zur Verfügung und fließt folglich auch nicht als Einkommen an die Produktionsfaktoren.

Letztlich ist zu beachten, dass das Bruttoinlandsprodukt zu Marktpreisen bewertet ist. In dem Gesamtwert sind also Abgaben enthalten, mit denen der Staat die Produktion der Güter belegt hat (z. B. indirekte Steuern, Zölle). Dieser Teilwert fließt nicht als Einkommen an die Produktionsfaktoren, sondern an den Staat. Folglich sind diese Produktions- und Importabgaben zu subtrahieren. Vom Staat geleistete Subventionen wirken entgegengesetzt und sind zu addieren.

Das **Arbeitnehmerentgelt** umfasst alle Zahlungen von Arbeitgebern an Arbeitnehmer für die Bereitstellung des Produktionsfaktors Arbeit. Dazu gehören die Bruttoentgelte, die Arbeitgeberbeiträge zur Sozialversicherung und sonstige soziale Leistungen. Die **Unternehmens- und Vermögenseinkommen** werden als Rest nach Abzug des Arbeitnehmerentgelts vom Volkseinkommen berechnet.

Funktionale Einkommensverteilung

Die funktionale Einkommensverteilung stellt dar, wie sich das Volkseinkommen auf die einzelnen Produktionsfaktoren entsprechend ihrem Beitrag zur gesamtwirtschaftlichen Leistung verteilt.

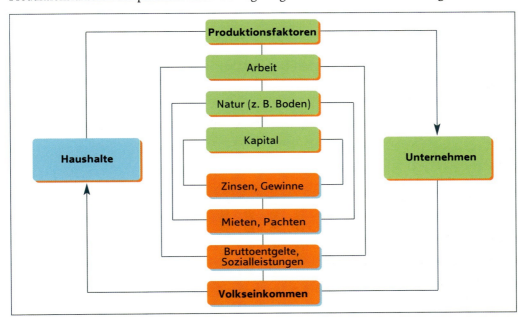

Ein Beispiel für die funktionale Einkommensverteilung ist die Aufschlüsselung des Volkseinkommens in „Arbeitnehmerentgelt" und „Einkommen aus Unternehmertätigkeit und Vermögen".

Beispiel

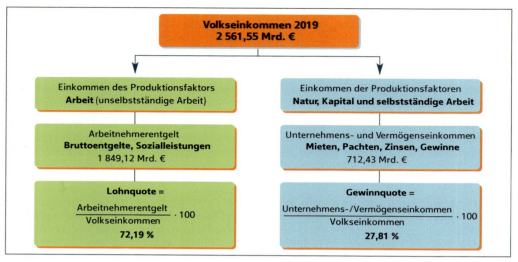

Lohnquote (prozentualer Anteil des Arbeitnehmerentgelts am Volkseinkommen) und **Gewinnquote** (prozentualer Anteil des Unternehmens- und Vermögenseinkommens am Volkseinkommen) spielen in der gesellschaftspolitischen Auseinandersetzung um die Verteilung des Volkseinkommens eine zentrale Rolle. So begründen in Tarifverhandlungen die Gewerkschaften als Vertreter der Arbeitnehmer ihre Lohnforderungen nicht selten mit einer zu geringen oder einer zurückgehenden Lohnquote. Die Arbeitgeberorganisationen halten dem entgegen, dass die beiden Quoten wenig über die Verteilung des Volkseinkommens auf Arbeitnehmerhaushalte und Unternehmerhaushalte aussagen. Zum Beispiel beziehen zahlreiche Arbeitnehmerhaushalte neben ihrem Arbeitslohn auch Einkommen in Form von Mieten, Pachten, Zinsen und Gewinnanteilen (Dividenden).

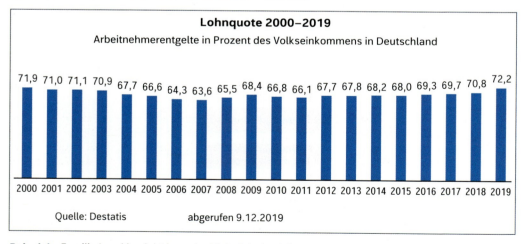

Beispiel Familie Land bezieht in erster Linie Arbeitseinkommen. Seit einigen Jahren spart die Familie für die Anschaffung eines Eigenheims. Einen Teil der Ersparnisse haben Antje und Otto Land am Kapitalmarkt angelegt. Sie beziehen dafür Einkommen in Form von Zinsen und Dividenden.

Personelle Einkommensverteilung

Die personelle Einkommensverteilung dokumentiert die Verteilung des Volkseinkommens auf einzelne Personen, auf einzelne Haushalte oder auf Haushaltstypen (z. B. Paare mit oder ohne Kinder, Singles, Alleinerziehende oder Haushaltstypen nach sozialer Stellung). Dabei wird berücksichtigt, dass mehrere Produktionsfaktoren Quellen der Einkommenserzielung eines Haushaltes sein können.

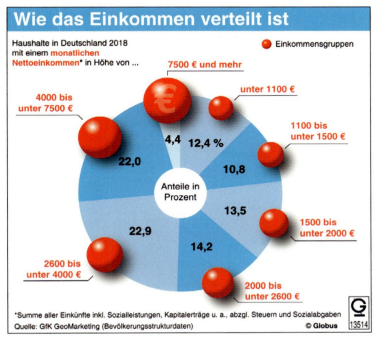

Mittels der Daten der personellen Einkommensverteilung können Aussagen zur Einkommenssituation einzelner Haushalte bzw. sozialer Gruppen getroffen werden.

Primäre und sekundäre Einkommensverteilung

Einkommen entsteht in der Produktion von Gütern. Für die zur Verfügung gestellten Produktionsfaktoren erhalten die Haushalte Einkommen. Die Verteilung, die sich aufgrund der gezahlten Faktorentgelte ergibt, wird als **primäre Einkommensverteilung** bezeichnet.

Es gibt jedoch Haushalte, deren Mitglieder sich nicht oder nur unzureichend mit Faktoren am Produktionsprozess beteiligen können, z. B. infolge von Alter, Gesundheitszustand, familiären Umständen oder Vermögensverhältnissen. Diesen Haushalten fließt daher im Rahmen der Primärverteilung kein ausreichendes **Faktoreinkommen** zu. Mit dem Ziel einer gerechteren Verteilung des Einkommens greift der Staat deshalb regulierend ein (vgl. S. 81).

Haushalte mit hohem Faktoreinkommen werden überproportional mit Steuern und Sozialabgaben belastet. Mit den vereinnahmten Mitteln unterstützen die staatlichen Stellen bedürftige Haushalte ohne ausreichendes Primäreinkommen. Diese staatliche Einkommensumverteilung wird als **sekundäre Einkommensverteilung** bezeichnet.

▲ Nominale und reale Größen der Inlandsproduktberechnung

Die Daten der Entstehungs- und Verwendungsrechnung werden sowohl in **jeweiligen Preisen (nominale Größen)** als auch **preisbereinigt (reale Größen)** ermittelt und veröffentlicht.

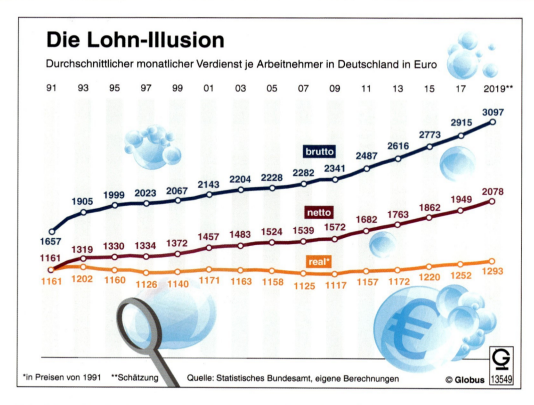

Beispiel Im Berufsschulunterricht konfrontiert die Fachlehrerin von Silvia Land ihre Schülerinnen und Schüler mit folgender Problematik:

In einer Volkswirtschaft ohne Auslandskontakte wird nur ein Universalgut hergestellt. Es kann für sämtliche Verwendungszwecke genutzt werden und wird seit Jahren unverändert produziert (Modellsituation). Die statistische Behörde dieser Volkswirtschaft ermittelt im Rahmen der volkswirtschaftlichen Gesamtrechnungen folgende Daten:

Jahr	Produktionsmenge (Stück)	Marktpreis je Stück (Geldeinheiten)	Bruttoinlandsprodukt zu Marktpreisen (Geldeinheiten)	Veränderung BIP (Prozent)
2020	100 000	10	1 000 000	
2021	100 000	11	1 100 000	10
2022	110 000	12	1 320 000	20

Der Wirtschaftsminister dieser Volkswirtschaft kommentiert diese Zahlen wie folgt: „Aufgrund der erfolgreichen Wirtschaftspolitik der Regierung konnte das Bruttoinlandsprodukt kontinuierlich gesteigert werden. Durch das beachtliche Wirtschaftswachstum von 10 % bzw. 20 % in den letzten zwei Jahren ist die Versorgung der Bevölkerung unseres Landes entsprechend verbessert worden."

Gemeinsam mit den anderen Mitgliedern ihrer Arbeitsgruppe erarbeitet Silvia Land, dass die Aussage des Ministers nicht zutrifft. Das Wirtschaftswachstum von 10 % im Jahr 2021 ist ausschließlich auf einen gestiegenen Marktpreis zurückzuführen. In Wirklichkeit stehen wie im Vorjahr nur 100 000 Stück des Gutes zur Verfügung. Im folgenden Jahr 2022 ist die Güterproduktion tatsächlich nur um 10 % und nicht um 20 % gestiegen. Auch in diesem Zeitraum ist ein Teil der Wachstumsrate auf Preissteigerungen zurückzuführen.

Ermittlung des Bruttoinlandsproduktes (BIP)

Die zu Marktpreisen ermittelten Größen (z.B. das Bruttoinlandsprodukt zu Marktpreisen) müssen um die in den Marktpreisen enthaltenen Preissteigerungen bereinigt werden. Nur dann wird die reale Entwicklung der Volkswirtschaft ausgewiesen.

Diese sogenannte **Deflationierung** (Herausrechnung der Inflation) wird seit dem Jahr 2005 mit der Methode der **Vorjahrespreisbasis** durchgeführt. Diese Methode lässt sich in folgende Schritte zerlegen:

- Die Werte eines Jahres werden mit Preisindizes deflationiert, die sich immer auf den Jahresdurchschnitt des Vorjahres beziehen.
- Durch diese Berechnung in Vorjahrespreisen erhält man eine Folge von Jahresergebnissen in konstanten Preisen des jeweiligen Vorjahres, für die Messzahlen (Veränderungsraten) abgeleitet werden können.
- Durch die Verkettung dieser Messzahlen (Chaining) wird dann eine vergleichbare Zeitreihe ermittelt.
- Letztlich werden die Kettenindizes mit den Werten eines Referenzjahres (Jahr 2015) verknüpft.

Beispiel Silvia Land erhält von ihrer Lehrerin zur Information über die reale Entwicklung der Wertschöpfung in der Bundesrepublik Deutschland folgende Tabelle.

Jahr	insgesamt	Land- und Forstwirtschaft, Fischerei	Produzierendes Gewerbe ohne Baugewerbe		Baugewerbe	Handel, Verkehr, Gastgewerbe	Information und Kommunikation	Finanz- und Versicherungsdienstleister	Grundstücks- und Wohnungswesen	Unternehmensdienstleister	Öffentliche Dienstleister, Erziehung, Gesundheit	Sonstige Dienstleister
			zusammen	Darunter Verarbeitendes Gewerbe								
	1	2	3	4	5	6	7	8	9	10	11	12
2015	100,00	100,00	100,00	100,00	100,00	100,00	100,00	100,00	100,00	100,00	100,00	100,00
2016	102,24	98,31	104,26	104,15	101,97	101,41	102,83	96,45	99,95	101,86	104,15	98,04
2017	104,83	95,65	107,60	107,41	101,39	104,39	106,42	100,16	99,00	105,67	107,70	98,85
2018	106,39	94,39	108,98	109,01	104,83	106,23	109,69	100,10	100,06	107,99	109,00	98,96
2019	106,87	94,75	105,01	105,14	109,04	108,76	112,91	103,00	101,46	108,67	110,72	99,88

(Quelle: Statistisches Bundesamt (Destatis): Volkswirtschaftliche Gesamtrechnungen 2019, Fachserie 18, Reihe 1.1, 2019, S. 19.)

Aus dieser Tabelle kann Silvia Land die reale Veränderung der Wertschöpfung ableiten. Sie erkennt z. B., dass die Wertschöpfung aller Wirtschaftsbereiche im Jahre 2019 real um 6,87 % höher ist als im Referenzjahr 2015. Mithilfe eines einfachen Dreisatzes kann Silvia Land auch die reale Veränderungsrate im Vorjahresvergleich ermitteln:

106,39 (Index von 2018) = 100 %
106,87 (Index von 2019) = x %

$$x = \frac{106{,}87}{106{,}39} \cdot 100$$
$$x = \underline{100{,}45}$$

Silvia Land weist im Unterrichtsgespräch darauf hin, dass im Jahr 2019 real nur 0,45 % mehr Güterwerte geschaffen worden sind als im Jahr 2018. Die schwache Weltkonjunktur 2019 und die unsicheren Zukunftsperspektiven (internationale Handelskonflikte, Brexit) haben auch die Entwicklung der deutschen Volkswirtschaft beeinträchtigt.

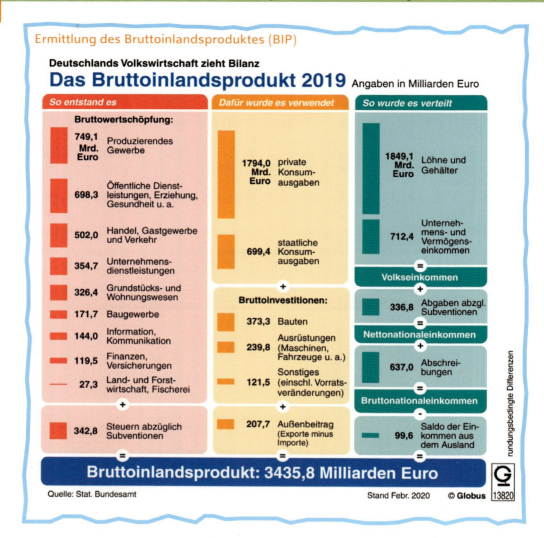

1 Erläutern Sie allgemein, welche grundsätzlichen Informationen jeweils der Entstehungs-, Verwendungs- und Verteilungsrechnung entnommen werden können.

2 a) Listen Sie die Wirtschaftsbereiche auf, die in der Entstehungsrechnung des Statistischen Bundesamtes unterschieden werden.
b) Ermitteln Sie, z. B. mithilfe des Internetportals des Statistischen Bundesamtes (http://www.destatis.de), die aktuellen Daten zur Wertschöpfung in diesen Bereichen. Stellen Sie in einem Kreisdiagramm den prozentualen Anteil dieser Wirtschaftsbereiche an der gesamten Wertschöpfung dar.
c) Die übergeordneten Wirtschaftsbereiche werden zur genaueren Analyse der Wertschöpfung weiter differenziert. Ermitteln Sie die Wertschöpfung in den differenzierten Bereichen des verarbeitenden Gewerbes. Nutzen Sie dazu das Informationsangebot, das das Statistische Bundesamt im Internet zur Verfügung stellt (http://www.destatis.de).

Ermittlung des Bruttoinlandsproduktes (BIP)

3 Im Rahmen der volkswirtschaftlichen Gesamtrechnung werden für eine Volkswirtschaft folgende Daten ermittelt:

Konsumausgaben, Investitionen und Außenbeitrag	
Gegenstand der Nachweisung	Jahr 20..
in jeweiligen Preisen, Mrd. €	
Konsumausgaben	3 400
Ausrüstungen	350
Bauten	410
Sonstige Anlagen	50
Vorratsveränderungen u. Nettozugang an Wertsachen	– 4
Exporte	1 600
Importe	1 400

a) Erklären Sie, auf welchen Bereich der Inlandsproduktberechnung sich die obigen Daten beziehen.
b) Ermitteln Sie in Mrd. €
 – den Außenbeitrag,
 – die Bruttoinvestitionen,
 – das Bruttoinlandsprodukt,
 – die Bruttoanlageinvestitionen,
 – die inländische Verwendung von Gütern,
c) Nennen Sie je zwei Beispiele für Ausrüstungen, Bauten und sonstige Anlagen.
d) Erklären Sie, was unter einer negativen Vorratsveränderung (Lagerinvestition) zu verstehen ist.

4 Die folgende Grafik bezieht sich auf die personelle Einkommensverteilung.
a) Erklären Sie am Beispiel dieser Darstellung das Wesen der personellen Einkommensverteilung.
b) Erklären Sie allgemein, was unter der funktionalen sowie unter der primären und der sekundären Einkommensverteilung zu verstehen ist.

Das Bruttoinlandsprodukt (BIP) als Kennzahl der gesamtwirtschaftlichen Tätigkeit

5 Zentrale Größen der funktionalen Einkommensverteilung sind die Lohn- und die Gewinnquote.
   a) Erklären Sie, wie diese beiden Quoten berechnet werden.
   b) Ermitteln Sie anhand der Informationen aus der folgenden Tabelle für das 4. Quartal 2019 die Lohn- und Gewinnquote.

		Bruttonationaleinkommen und Volkseinkommen in Mrd. € Deutschland				
		Bruttonational-einkommen	Nettonational-einkommen	Volks-einkommen	Arbeitnehmer-entgelt	Unternehmens- und Vermögens-einkommen
2019	4.	917,471	756,484	673,177	505,934	167,243

(Quelle: Statistisches Bundesamt (Destatis): Volkswirtschaftliche Gesamtrechnungen, 4. Vierteljahr 2019, Fachserie 18, Reihe 1.2, 2020, S. 5 f.)

   c) Erläutern Sie, inwiefern Lohn- und Gewinnquote nur bedingt geeignet sind, um die Einkommensverteilung zwischen Arbeitnehmern und Unternehmern zu beurteilen.

6 a) Begründen Sie, inwiefern es notwendig ist, die Daten der Inlandsproduktberechnung nicht nur in jeweiligen Preisen (nominale Größen), sondern auch preisbereinigt (reale Größen) zu ermitteln.
   b) Erklären Sie die Methode der Vorjahrespreisbasis zur Deflationierung statistischer Daten.

7 Die folgende Tabelle enthält u. a. preisbereinigte Daten zum Bruttoinlandsprodukt.

Wichtige gesamtwirtschaftliche Größen				
gesamtwirtschaftliche Größen[1]	Einheit	2017	2018	2019
Bruttowertschöpfung	Mrd. €	2 922,328	3 012,310	3 092,271
Bruttoinlandsprodukt	Mrd. €	3 244,990	3 344,370	3 435,990
Konsumausgaben	Mrd. €	2 341,306	2 409,282	2 492,742
Bruttonationaleinkommen	Mrd. €	3 328,026	3 437,908	3 536,398
Volkseinkommen	Mrd. €	2 430,531	2 503,079	2 561,554
Arbeitnehmerentgelt	Mrd. €	1 694,689	1 771,278	1 851,340
Unternehmens-/Vermögenseinkommen	Mrd. €	735,842	731,801	710,214
Bruttoinlandsprodukt (BIP)				
preisbereinigt	2015 = 100	104,75	106,35	106,96
Veränderungsrate BIP, preisbereinigt	%	2,5	1,5	0,6
[1] In jeweiligen Preisen				

(Quelle: Statistisches Bundesamt (Destatis): Volkswirtschaftliche Gesamtrechnungen 2019, Fachserie 18, Reihe 1.1, 2020, S. 5, 6, 7, 17, 38.)

   a) Erklären Sie die Werte 106,96 und 0,6, die u. a. für das Jahr 2019 angegeben werden.
   b) Erklären Sie, wie der Wert 0,6 mithilfe anderer Größen der Tabelle ermittelt wird. Stellen Sie dazu den erforderlichen Dreisatz auf.
   c) Ermitteln Sie die nominale Wachstumsrate des Bruttoinlandsprodukts für 2019 (Vorjahresvergleich).
   d) Erläutern Sie, welche Erkenntnisse aus den preisbereinigten Veränderungsraten des BIP für den Zeitraum 2017 bis 2019 im Hinblick auf die Volkswirtschaft der Bundesrepublik Deutschland gewonnen werden können.

8 Die Volkswirtschaft der Bundesrepublik Deutschland ist eine Dienstleistungsgesellschaft.
   a) Erklären Sie, was in diesem Zusammenhang unter einem Strukturwandel zu verstehen ist.
   b) Ermitteln Sie die aktuellen Werte der Bruttowertschöpfung in den Wirtschaftsbereichen der Entstehungsrechnung (http://www.destatis.de).

5.5 Kritik am Modell des Bruttoinlandsproduktes (BIP) als Wohlstandsindikator

Silvia Land hat im Wirtschaftslehreunterricht ein Referat zum Thema „Inlandsprodukt und Nationaleinkommen als Leistungs- und Wohlstandsmaßstab" übernommen. In der Einleitung konfrontiert sie ihre Mitschülerinnen und Mitschüler mit einem Zitat und mit einer Grafik.

> **„Wohlstand und Lebensqualität"**
>
> Zwei Autos fahren auf der Landstraße friedlich aneinander vorbei, nichts passiert, und sie tragen beide nur minimal zum Bruttosozialprodukt bei. Aber dann passiert es, der Lenker des einen Autos passt nicht auf, gerät auf die Gegenfahrbahn und verursacht mit einem inzwischen anrollenden dritten Auto einen schweren Verkehrsunfall. Da freut sich das Bruttosozialprodukt und klettert sprunghaft nach oben: Rettungshubschrauber, Ärzte, Krankenschwestern, Abschleppdienst, Autoreparatur oder Neukauf, Rechtsstreit, Verwandtenbesuche zu den Unfallopfern, Ausfallgeld, Versicherungsagenten, Zeitungsberichte, Alleebaumsanierung, all das sind beruflich erfasste Tätigkeiten, die bezahlt werden müssen. Und Wert hat in der gängigen Wirtschaft nur, was bezahlt wird. Auch wenn kein Beteiligter einen Gewinn an Lebensqualität und einige einen großen Verlust haben, so steigt doch der Wert unseres „Wohlstandes", den das Bruttosozialprodukt angibt [...]
>
> (Quelle: Weizsäcker, Ernst Ulrich von: Erdpolitik, 3. Aufl., Darmstadt: Wissenschaftliche Buchgesellschaft 1992, S. 247 (verändert).)

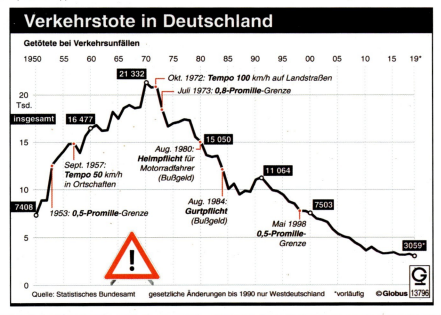

- Erläutern Sie, inwiefern die Einleitung zu Silvia Lands Referat deutlich macht, dass ein hohes Inlandsprodukt bzw. ein hohes Nationaleinkommen nicht zwingend zu einer hohen Lebensqualität der Bevölkerung führen müssen.
- Suchen Sie andere Beispiele für wirtschaftliche Vorgänge, die zwar Inlandsprodukt und Nationaleinkommen erhöhen, gleichzeitig den Wohlstand der Menschen jedoch beeinträchtigen.

▲ Kritische Beurteilung von Inlandsprodukt und Nationaleinkommen als Indikator für Leistungsfähigkeit und Wohlstand

Im Inlandsprodukt wird der Wert der gesamten wirtschaftlichen Leistung eines Landes erfasst. Demzufolge dient das **Bruttoinlandsprodukt** oft als Maßstab für die **Leistungsfähigkeit einer Volkswirtschaft**.

Im Nationaleinkommen zeigt sich das Einkommen aller Inländer, das diese in der Güterproduktion erzielt haben. Das **Bruttonationaleinkommen** wird deshalb häufig als Maßstab für den **Wohlstand der Bevölkerung** einer Volkswirtschaft herangezogen.

Allerdings ist die Eignung von Inlandsprodukt und Nationaleinkommen als Leistungs- und Wohlstandsmaßstab einzuschränken.

▲ Notwendigkeit der Relativierung absoluter statistischer Daten

Eine einzelne (absolute) Größe ist grundsätzlich wenig aussagekräftig. Erst im Vergleich (in Relation) mit einer zweiten sinnvollen Größe gewinnen wirtschaftliche Einzeldaten an Aussagekraft. Insofern sind auch das Inlandsprodukt und das Nationaleinkommen zu relativieren.

Bruttoinlandsprodukt pro Kopf

Die absolute Höhe des Inlandsprodukts sagt nur etwas über die wirtschaftliche Größe eines Landes aus. Je größer ein Land ist, desto höher ist in der Regel sein Inlandsprodukt. Größe allein ist aber noch kein Indiz für Leistungsfähigkeit. Sie wird erst deutlich, wenn das Bruttoinlandsprodukt der Einwohnerzahl gegenübergestellt wird.

$$\text{Bruttoinlandsprodukt pro Kopf} = \frac{\text{Bruttoinlandsprodukt}}{\text{Einwohnerzahl}}$$

Beispiel Im Rahmen ihres Referates weist Silvia Land auf die Leistungskraft kleiner Volkswirtschaften wie Luxemburg, Norwegen und Schweiz hin. Absolut betrachtet, weisen diese Volkswirtschaften, z. B. im Vergleich mit den Vereinigten Staaten oder mit Deutschland, nur ein geringes Bruttoinlandsprodukt aus. In Relation zur Einwohnerzahl führen sie die Rangliste der Volkswirtschaften jedoch an.

Bruttoinlandsprodukt in Mill. US-Dollar (2018)	
Vereinigte Staaten	20 494 050
China	13 407 400
Japan	4 971 930
Deutschland	4 000 390
Vereinigtes Königreich	2 828 640
Frankreich	2 775 250
Indien	2 716 750
Italien	2 072 200
Brasilien	1 868 180
Kanada	1 711 390
Russische Förderation	1 630 660
Schweiz	703 750
Norwegen	434 937
Irland	372 695
Luxemburg	68 770
Island	25 882

Bruttoinlandsprodukt je Einwohner in US-Dollar (2018)	
Luxemburg	114 234
Schweiz	82 950
Norwegen	81 695
Irland	76 099
Island	74 278
Vereinigte Staaten	62 606
Deutschland	48 264
Kanada	46 261
Frankreich	42 878
Vereinigtes Königreich	42 558
Japan	39 306
Italien	34 260
Russische Föderation	11 327
China	9 608
Indien	2 036

(Quelle: Statistisches Bundesamt (Destatis): Statistisches Jahrbuch 2019, 2019, S. 674 f.)

Bruttonationaleinkommen pro Kopf

Auch die absolute Höhe des Nationaleinkommens hängt mit der Größe eines Landes zusammen und lässt nur eingeschränkt Aussagen über den Wohlstand im Land zu. Auch das oft ermittelte **Pro-Kopf-Einkommen** stellt nur einen statistischen Mittelwert dar. Es sagt nichts über die Verteilung des Einkommens aus. Ein hohes Pro-Kopf-Einkommen schließt nicht aus, dass der größte Teil der Bevölkerung in Armut lebt und sich der Reichtum auf wenige konzentriert.

Beispiel   Silvia Land macht ihren Mitschülerinnen und Mitschülern diese Verteilungsproblematik mithilfe der folgenden Grafik eindrucksvoll bewusst. Die tatsächliche Situation ist in vielen Armutsländern noch dramatischer, als es in einem ohnehin niedrigen Pro-Kopf-Einkommen zum Ausdruck kommt. Der Mehrheit der Bevölkerung steht oft ein noch geringeres Pro-Kopf-Einkommen zur Verfügung, da der größte Teil des Volkseinkommens einer kleinen Minderheit zufließt.

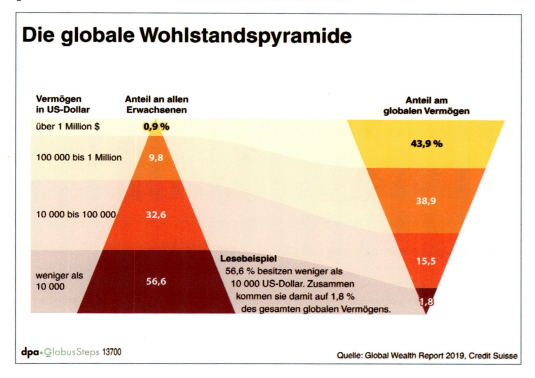

▲ Mängel in der statistischen Erfassung

Unvollständigkeit der Erfassung wirtschaftlicher Leistungen

Die Statistik kann nur wirtschaftliche Vorgänge erfassen, die erkennbar sind und in Geldeinheiten bewertet werden. Leistungen, die nicht offiziell über den Markt abgewickelt werden, gehen in keine Statistik ein. Beispiele für die Güterproduktion dieser sogenannten **Schattenwirtschaft** sind

- Eigenarbeit in den Haushalten,
- Nachbarschaftshilfe,
- Schwarzarbeit,
- sonstige illegale Tätigkeiten wie Schmuggel, Drogenhandel, Prostitution, illegale Beschäftigung, Produktpiraterie.

Insofern gibt das Inlandsprodukt die tatsächlich erbrachte wirtschaftliche Leistung nur unvollständig wieder. Über den Umfang der Schattenwirtschaft lassen sich nur Vermutungen anstellen.

Beispiel Silvia Land präsentiert im Rahmen ihres Vortrags eine Grafik zum geschätzten Ausmaß der Schwarzarbeit in der Bundesrepublik Deutschland.

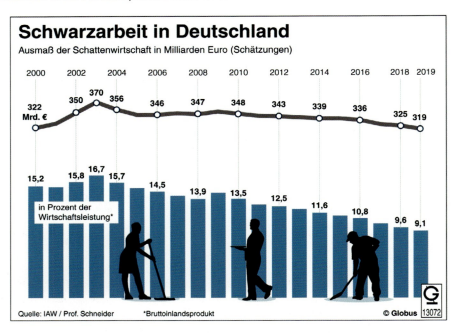

Mangelnde Berücksichtigung der Güterqualität

In der Inlandsproduktberechnung wird jede offizielle Güterproduktion erfasst. Die Qualität der produzierten Güter sowie ihre Bedeutung für den Wohlstand werden nicht thematisiert.

Beispiel Silvia Land macht deutlich, dass eine steigende Rüstungsproduktion, die massenhafte Herstellung von minderwertigen „Wegwerfartikeln" und klimaschädlichen Gütern oder die erhöhte Produktion von Tabak und Alkohol zu einem Anstieg des Bruttoinlandsprodukts führen. Zu Recht stellt sie infrage, ob diese Art von Wertschöpfung zum Wohlstand der Bevölkerung beiträgt.

Nichterfassung von Wohlstandsverlusten

Nur der Werteverzehr am Produktionsfaktor Kapital findet in der Inlandsproduktberechnung Berücksichtigung. In den Abschreibungen werden die Wertminderungen an Ausrüstungen, Bauten und sonstigen Anlagen vom Bruttoinlandsprodukt abgezogen.

Der produktionsbedingte **Verschleiß des Produktionsfaktors Natur** wird dagegen nicht erfasst. Er äußert sich z. B. in einem Abbau nicht erneuerbarer Rohstoffe, in der Verbauung der Landschaft und in der Luft- und Wasserverschmutzung. Diese Minderungen des Wertes der Umwelt müssten eigentlich als Umweltabschreibungen erfasst und ebenso vom Bruttoinlandsprodukt abgezogen werden.

Ähnliches gilt für den Produktionsfaktor Arbeit. Auch sein „Verschleiß", erkennbar etwa in **produktionsbedingten Gesundheitsschäden,** geht nicht in die Berechnung ein.

Umwelt- und Gesundheitsschäden mindern unbestritten den Wohlstand in einer Volkswirtschaft. Diese Wohlstandsverluste werden bei der Ermittlung des Inlandsproduktes aber nicht berücksichtigt.

Beispiel Silvia Land verdeutlicht diese nicht erfassten Wohlstandsverluste beispielhaft am drohenden Klimawandel. Wirtschaftlich bedingte Umweltverschmutzung ist unbestritten die Hauptursache für diese Umweltproblematik.

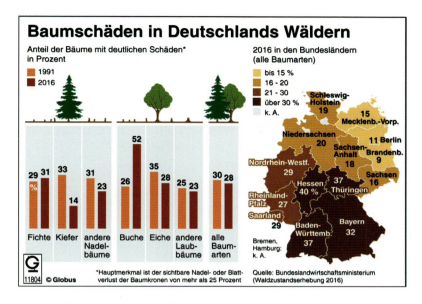

Erhöhung des Inlandsprodukts durch Beseitigung von Gesundheits- und Umweltschäden

Es ist schon problematisch, dass Umwelt- und Gesundheitsschäden nicht als Wohlstandsverluste abgezogen werden. Verstärkt wird diese Problematik noch dadurch, dass wirtschaftliche Aktivitäten zur Minderung oder zur Reparatur dieser Schäden das Inlandsprodukt erhöhen. Damit wird paradoxerweise eine Leistungs- und Wohlstandssteigerung signalisiert.

Beispiel Silvia Land erläutert in ihrem Referat, dass der Einsatz des Produktionsfaktors Arbeit bei vielen Arbeitnehmern Berufskrankheiten verursacht. Das Wohlbefinden dieser Menschen ist stark beeinträchtigt. Dieser Verlust an Lebensqualität wird jedoch im Inlandsprodukt nicht erfasst. Zur Wiederherstellung der Gesundheit entstehen der Volkswirtschaft Kosten in Milliardenhöhe, die das Inlandsprodukt erhöhen.

▲ Index of SustainableEconomicWelfare – Alternativkonzept zur Bewertung des Wohlstands eines Landes

Ein steigendes Bruttoinlandsprodukt, das mit Einkommensungleichheit und Umweltzerstörung verbunden ist, ist kein geeigneter Indikator für die Zunahme des Wohlstands in dieser Volkswirtschaft. Als alternative Kennziffer zeigt der **Index of SustainableEconomicWelfare (ISEW)** die tatsächliche Wohlstandslage zutreffender an.

Ausgangspunkt des ISEW ist der private Konsum in einer Volkswirtschaft, allerdings gewichtet mit einem Index, der die gerechte oder ungleiche Einkommensverteilung in dem Land erfasst. Der so gewichtete private Konsum wird dann durch positive und negative Anpassungen korrigiert.

Einzelkomponenten des NWI		
Nr.	+/–	Komponente
1.		Index der Einkommensverteilung
2.	+	Gewichteter privater Konsum
3.	+	Wert der Hausarbeit
4.	+	Wert der ehrenamtlichen Arbeit
5.	+	Öffentliche Ausgaben für Gesundheits- und Bildungswesen
6.	+/–	Kosten und Nutzen dauerhafter Konsumgüter
7.	–	Kosten für Fahrten zwischen Wohnung und Arbeitsstätte
8.	–	Kosten durch Verkehrsunfälle
9.	–	Kosten durch Kriminalität
10.	–	Kosten des Alkohol-, Tabak- und Drogenkonsums
11.	–	Gesellschaftl. Ausgaben zur Kompensation von Umweltbelastungen
12.	–	Kosten durch Wasserbelastungen
13.	–	Kosten durch Bodenbelastungen
14.	–	Schäden durch Luftverschmutzung
15.	–	Schäden durch Lärm
16.	+/–	Verlust bzw. Gewinn durch Biotopflächenänderungen
17.	+/–	Verlust bzw. Gewinn durch Änderung landwirtschaftlicher Fläche
18.	–	Ersatzkosten durch Verbrauch nicht erneuerbarer Energieträger
19.	–	Schäden durch Treibhausgase
20.	–	Kosten der Atomenergienutzung

> Privater Konsum (gewichtet)
> + Leistungen ohne Marktpreis (z. B. unbezahlte Hausarbeit)
> – soziale Kosten (z. B. Kosten der globalen Erwärmung)

Auf der Basis dieses Grundkonzepts ermittelt z. B. das Umweltbundesamt für Deutschland den **Nationalen Wohlfahrtsindex (NWI)**.

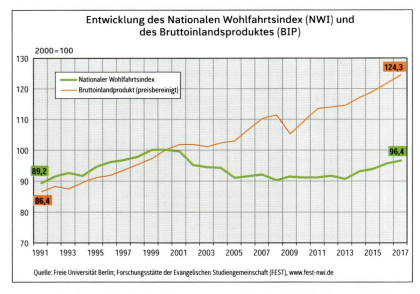

(Umweltbundesamt: Nationaler Wohlfahrtsindex. „https://www.umweltbundesamt.de/indikator-nationaler-wohlfahrtsindex "https://www.umweltbundesamt.de/indikator-nationaler-wohlfahrtsindex#textpart-1 [02.05.2020])

Kritik am Modell des Bruttoinlandsproduktes (BIP) als Wohlstandsindikator

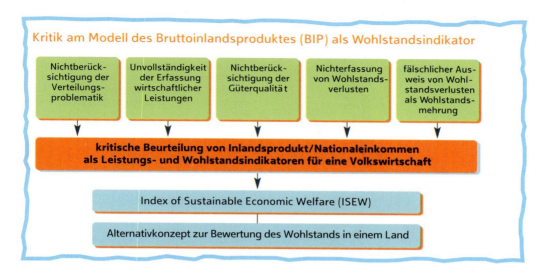

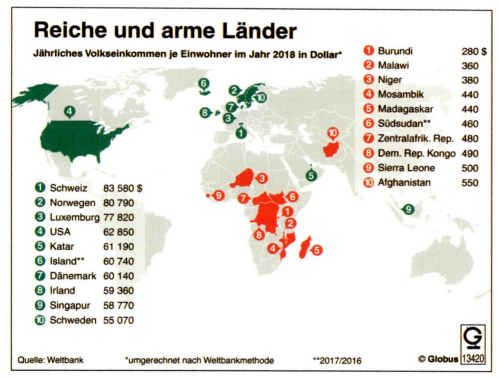

a) Fassen Sie in einem Kurzbericht die Informationen zusammen, die in der obigen Grafik veranschaulicht werden.
b) Erläutern Sie mit Bezug auf die obige Grafik, inwiefern das Pro-Kopf-Einkommen eine problematische Größe zur Beurteilung der Einkommensverhältnisse in einem Land ist.

2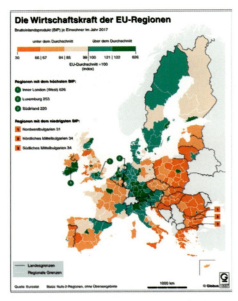

a) Fassen Sie in einem Kurzbericht die in der Grafik dargestellten Informationen zusammen.
b) Erklären Sie die Bedeutung des Wertes 626, der für Inner London (West) angegeben wird.
c) Erklären Sie am Beispiel der Grafik, dass wirtschaftliche Größen in der Regel erst dann an Aussagekraft gewinnen, wenn sie mit einer zweiten Größe in Beziehung gesetzt werden.

3 Erläutern Sie, inwiefern im Inlandsprodukt die wirtschaftlichen Aktivitäten in einer Volkswirtschaft nur unvollständig erfasst werden können.

4

a) Erläutern Sie am Beispiel der Daten aus der Grafik, inwiefern das Bruttoinlandsprodukt nicht selten nur ein zweifelhafter Indikator für den Wohlstand der Bevölkerung ist.
b) Nennen Sie weitere Beispiele für die unter a) erläuterte Problematik.

5 Ein Landwirt stellt seinen Betrieb auf alternativen Landbau um. Er ersetzt z. B. seinen Mineraldüngereinsatz durch Gründüngung und seinen Pestizideinsatz durch biologische Schädlingsbekämpfung. Statt einer intensiven Bearbeitung seiner Nutzfläche mit Monokultur praktiziert er eine extensive Landwirtschaft mit häufigem Fruchtwechsel. In der Folge erwirtschaftet er entsprechende Mindererträge, schützt aber andererseits das Grundwasser, den Boden, Flora und Fauna.
a) Erläutern Sie die Auswirkungen dieser Umstellung auf das Bruttoinlandsprodukt.
b) Erklären Sie, welche positiven Effekte auf die Lebensqualität der Allgemeinheit ausgelöst werden, ohne dass sich diese Auswirkungen im Inlandsprodukt und im Nationaleinkommen niederschlagen.

5.6 Wohlstandsmessung mit sozialen Indikatoren und Indikatoren zur Nachhaltigkeit

Eine Mitschülerin von Silvia Land setzt sich in einem Referat mit Alternativkonzepten zur Messung des Wohlstands einer Gesellschaft auseinander. Als Einstiegsfolie zu ihrer Präsentation setzt sie die folgende Grafik ein.

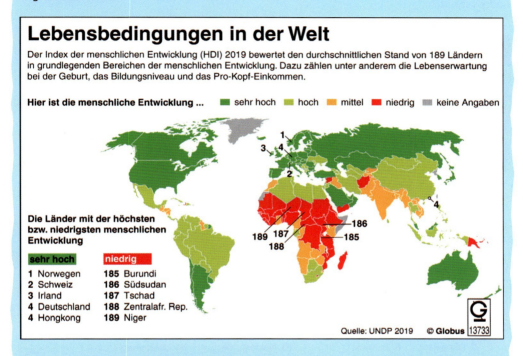

- Informieren Sie sich, z. B. mithilfe des Internets, über den Human Development Index (HDI). Ermitteln Sie für folgende Länder den jeweiligen HDI: Deutschland, Russland, China, Mosambik.
- Informieren Sie sich mithilfe des Internetportals des Statistischen Bundesamts (http://www.destatis.de) über die umweltökonomischen Gesamtrechnungen (UGR) dieser Behörde.
- Verschaffen Sie sich einen Überblick über die Schrift „Nachhaltige Entwicklung in Deutschland" des Statistischen Bundesamts (http://www.destatis.de). Listen Sie zehn Indikatoren auf, die in dieser Broschüre thematisiert werden.

▲ System sozialer Indikatoren der OECD

Lebensqualität ist mehr als ein hohes Einkommen. Die unzureichende Eignung von Inlandsprodukt und Nationaleinkommen als Wohlstandsindikatoren hat zur Entwicklung von sozialen Indikatoren geführt.

Sozialindikatoren sind Messinstrumente, mit denen die Lebensqualität sowie der Gesamtzustand einer Gesellschaft quantitativ ermittelt und mit anderen Gesellschaften verglichen werden.

Beispiele Lebenserwartung, Säuglingssterblichkeit, Analphabetenquote, Armutsquote, Eigenheimquote.

Diese Indikatoren (messbare Größen) sollen ein differenziertes Bild über die objektiven Lebensbedingungen und über die subjektive Zufriedenheit sowie über die Versorgung der Bevölkerung eines Landes vermitteln.

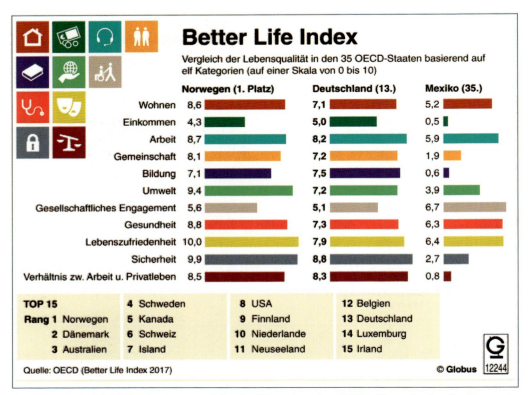

Ein erstes Beispiel ist das **System sozialer Indikatoren** der **OECD** (Organization for Economic Cooperation and Development).

Auf einer 1. Stufe werden in diesem System zunächst acht sogenannte Hauptzielbereiche festgelegt. Bei diesen Bereichen handelt es sich um Sachverhalte, die für das Wohlergehen der Menschen eine zentrale Bedeutung haben.

1. Gesundheit
2. Persönlichkeitsentwicklung durch Lernen
3. Arbeit und Qualität des Arbeitslebens
4. Zeitbudget und Freizeit
5. Verfügung über Sachgüter und Dienstleistungen
6. physische Umwelt
7. persönliche Freiheitsrechte und Rechtswesen
8. Qualität des Lebens in der Gemeinde

Mit dem Ziel einer messbaren Erfassung werden für diese Hauptzielbereiche Haupt- und Unterziele sowie konkrete Messgrößen (Indikatoren) entwickelt.

Beispiel Silvias Mitschülerin geht in ihrem Referat kurz auf das Indikatorsystem der OECD ein. Sie bezieht sich dabei auf den Hauptzielbereich „physische Umwelt". Ein Hauptziel dieses Bereichs ist die „Verbesserung der Wohnverhältnisse". Dieses Hauptziel wird in folgenden konkreten Unterzielen weiter aufgeschlüsselt: „Kosten und Verfügbarkeit von angemessenen Wohnungen", „Größe und Versorgungseinrichtungen der Wohnungen", „Nähe zu Geschäften, Dienstleistungsbetrieben und Arbeitsplätzen", „angemessene Nachbarschaft und Umgebung". In einem letzten Schritt wird für jedes Unterziel ein Indikator in Form einer messbaren Größe festgelegt. Für das Unterziel „Kosten und Verfügbarkeit von Wohnungen" ist dies z. B. die „durchschnittliche Mietbelastung".

Natürlich unterliegen Sozialindikatoren einem ständigen Entwicklungsprozess. So nimmt die jüngste Publikation der OECD „Die OECD in Zahlen und Fakten 2015 – 2016: Wirtschaft, Umwelt, Gesellschaft" z. B. auch die Indikatoren „Rauchen", „Alkoholkonsum", „Übergewicht und Fettleibigkeit" in den Blick.

▲ Human Development Index (HDI)

Der **Human Development Index (HDI)** wird seit 1990 jährlich im Weltentwicklungsbericht (Human Development Report) der Vereinten Nationen (UN) veröffentlicht.

Der HDI ist ein Durchschnittswert der Indikatoren „Lebenserwartung bei Geburt", „Schulbesuchsdauer" und „Einkommen" (Bruttonationaleinkommen pro Kopf).

Mithilfe des jeweiligen HDI-Wertes werden die Länder in vier Entwicklungskategorien eingeteilt:
- $0{,}800 \leq$ HDI: Länder mit sehr hoher menschlicher Entwicklung
- $0{,}700 \leq$ HDI $< 0{,}800$: Länder mit hoher menschlicher Entwicklung
- $0{,}550 \leq$ HDI $< 0{,}700$: Länder mit mittlerer menschlicher Entwicklung
- $0 \leq$ HDI $< 0{,}549$: Länder mit geringer menschlicher Entwicklung

Beispiel Silvias Mitschülerin präsentiert im Schlussteil ihres Referats die kürzlich von den Vereinten Nationen veröffentlichte HDI-Weltkarte. Diese Karte konkretisiert die Angaben der Grafik, mit der das Referat eingeleitet worden ist.

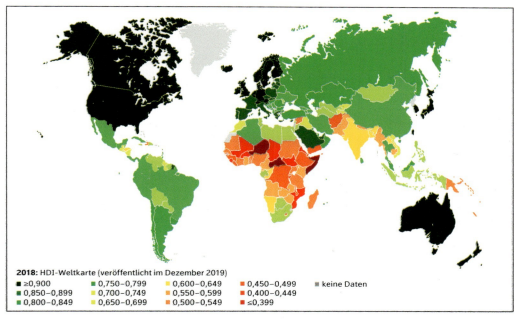

2018: HDI-Weltkarte (veröffentlicht im Dezember 2019)

▲ UN-Agenda 2030 für nachhaltige Entwicklung

Als Wirtschaftssubjekt nutzt der Mensch die Natur. Er gestaltet sie, aber bei der Produktion und beim Konsum verbraucht er sie auch. Flächen werden bebaut, Rohstoffe abgebaut, Wasser und Luft genutzt und verschmutzt. Der drohende **Klimawandel** ist eine entscheidende Herausforderung unserer Zeit. Deshalb stellt sich die Frage nach der **Nachhaltigkeit** des menschlichen Handelns. Verbraucht der Mensch die Natur so, dass für seine Nachkommen noch etwas übrig bleibt?

Im Jahr 2015 hat die UN-Generalversammlung die **Agenda 2030 für nachhaltige Entwicklung** verabschiedet. Die insgesamt **17 Nachhaltigkeitsziele** (SDGs) der Agenda beschreiben grundlegende Verbesserungen der aktuellen und zukünftigen Lebensverhältnisse aller Menschen sowie den Schutz des Planeten Erde. Zur Messung der Zielerreichung sind 232 Indikatoren entwickelt worden. Die Bundesregierung hat sich zur Umsetzung der Ziele der Agenda 2030 auf nationaler Ebene verpflichtet. Mittels einer digitalen Berichtsplattform und eines jährlichen Indikatorenberichts stellt das Statistische Bundesamt nationale Daten zu den Indikatoren der UN-Nachhaltigkeitsziele zur Verfügung.

Zu u. a. folgenden umweltökonomischen Fragen wird **statistisches Material** bereitgestellt:

- In welchem Ausmaß wird die Umwelt durch die Entnahme von Rohstoffen, z. B. von Energieträgern (Kohle, Erdöl, Erdgas u. a.), von Wasser und von sonstigen Rohstoffen, belastet?
- In welchem Umfang wird die Umwelt durch die Abgabe nicht verwertbarer Reste, z. B. durch Luftemissionen (CO_2, NO_X, SO_2 u. a.), durch Abfälle und durch Abwasser, in Anspruch genommen?
- Wie intensiv sind die Eingriffe in die Natur durch die Inanspruchnahme von Boden als Siedlungs- und Verkehrsfläche?
- Nimmt die Nutzung von Umweltgütern im Zeitverlauf zu oder ab?
- Wie verändert sich der Umweltzustand im Zeitverlauf?
- Wie unterschiedlich ist die Umweltnutzung durch die verschiedenen Sektoren der Volkswirtschaft?
- Wie effizient ist der Einsatz von Umweltressourcen für wirtschaftliche Zwecke?
- Was geben Staat und Wirtschaft für den Umweltschutz aus?

Beispiel Ein wichtiger Aspekt nachhaltigen Wirtschaftens ist die erhöhte Effizienz der Nutzung von Umweltgütern. Die Mitschülerin von Silvia Land setzt sich in ihrem Vortrag auch mit diesem Aspekt auseinander.

Sie erläutert zunächst das Grundprinzip einer Effizienzsteigerung. Eine verbesserte, effizientere Umweltnutzung ist gegeben, wenn bei der Herstellung konstanter Gütermengen weniger Ressourcen eingesetzt werden. Die Kennziffer, die sich durch den mengenmäßigen Vergleich von Output und Input ergibt, wird als **Produktivität** bezeichnet. Silvias Mitschülerin bezieht diese Zusammenhänge auf die Nutzung des Umweltgutes Wasser und definiert die Wasserproduktivität.

$$\text{Wasserproduktivität} = \frac{\text{reales Bruttoinlandsprodukt (Output)}}{\text{Wasserentnahme aus der Natur (Input)}}$$

Mit diesen Grundkenntnissen wertet die Mitschülerin eine Grafik der Umweltökonomischen Gesamtrechnungen hinsichtlich der Wasserproduktivität aus.

In ihrer Ergebnispräsentation stellt sie fest, dass im Zeitraum 2005 bis 2016 trotz gestiegener wirtschaftlicher Leistung die Wasserentnahme gesenkt werden konnte. Sie weist darauf hin, dass das Bruttoinlandsprodukt um 18 % gestiegen ist. Gleichzeitig verringert sich die Wasserentnahme um 29 % im Zeitraum 2004 bis 2016. Das bedeutet eine Steigerung der Wasserproduktivität. Die Umweltressource Wasser wird effizienter genutzt, es wird nachhaltiger gewirtschaftet.

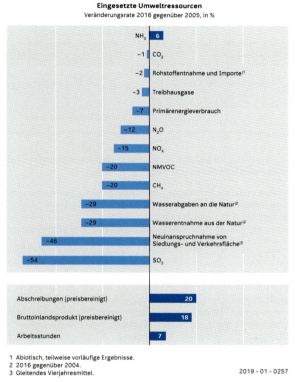

(Quelle: Statistisches Bundesamt (Destatis): Statistisches Jahrbuch 2019, 2019, S. 471.)

Mit seinen umweltstatistischen Erhebungen nimmt das Statistische Bundesamt die Auswirkungen der gesamtwirtschaftlichen Aktivitäten auf die Umwelt in den Blick. Ziel ist es, die Wechselwirkungen zwischen der Volkswirtschaft und der Umwelt hinsichtlich Umweltbelastungen, Umweltzustand und Umweltschutz zu erfassen und zu beschreiben. Die Statistiker ergänzen damit ihre Darstellungen zu den Produktionsfaktoren Arbeit und Kapital um eine fundierte Analyse des Faktors Natur.

Diese Analyse der Natur im Rahmen des volkswirtschaftlichen Rechnungswesens entspricht den sogenannten Ökobilanzen im betrieblichen Rechungswesen. Unter einer **Ökobilanz** ist eine systematische Analyse der Umweltwirkungen von Produkten während ihres gesamten „Lebensweges" zu verstehen. Das heißt, es werden sämtliche Umweltwirkungen während der Produktion, der Nutzungsphase und der Entsorgung des Produktes erfasst, einschließlich der damit verbundenen vor- und nachgelagerten Prozesse (z. B. Herstellung der Roh-, Hilfs- und Betriebsstoffe). Zu den Umweltwirkungen zählt man sämtliche umweltrelevanten Entnahmen aus der Umwelt (z. B. Rohstoffentnahmen) sowie die produktions- und nutzungsbedingten Emissionen in die Umwelt (z. B. Abfälle, Schadstoffemissionen). Ziel ist es, das betriebliche Geschehen auf mögliche ökologische Risiken und Schwachstellen systematisch zu überprüfen und Optimierungspotenziale aufzuzeigen.

Das Bruttoinlandsprodukt (BIP) als Kennzahl der gesamtwirtschaftlichen Tätigkeit

1 Geben Sie den Inhalt der Grafik auf Seite 125 in einer Beschreibung wieder. Gehen Sie in Ihrem Text auch auf den HDI der Vereinten Nationen ein.

2 Die OECD hat zur messbaren Erfassung und Beurteilung der Lebensqualität in einem Land ein System sozialer Indikatoren entwickelt.
a) Erklären Sie dieses Indikatorensystem.
b) Ein Hauptzielbereich dieses Indikatorsystems ist u. a. der Aspekt „Gesundheit". Nennen Sie für diesen Zielbereich geeignete Indikatoren.

3 Zunehmendes Umweltbewusstsein hat in Verbindung mit der völlig unzureichenden Berücksichtigung des Produktionsfaktors Natur in den volkswirtschaftlichen Gesamtrechnungen zum Aufbau einer eigenständigen Umweltstatistik geführt. Gesetzliche Grundlage ist das **Gesetz über Umweltstatistiken (UStatG)**. Zum Zwecke der Umweltpolitik führt das Statistische Bundesamt umweltstatistische Erhebungen durch. Informieren Sie sich mithilfe des Informationsangebotes im Internet (http://www.destatis.de) über diese umweltstatistischen Erhebungen. Listen Sie die Sachverhalte auf, zu denen statistische Daten erhoben werden.

4 Eine wichtige Datenbasis für eine nachhaltige Wirtschaftspolitik sind die Erhebungen zum Bereich Umwelt des Statistischen Bundesamtes.

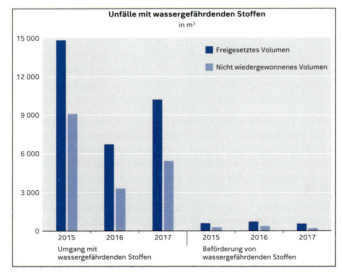

(Quelle: Statistisches Bundesamt, Statistisches Jahrbuch, 2019, S. 457)

Wohlstandsmessung mit sozialen Indikatoren und Indikatoren zur Nachhaltigkeit

Primärenergieverbrauch 2016 in %

- 27 Private Haushalte
- 73 Alle Produktionsbereiche

13 814 Petajoule (PJ)

Aufteilung der Produktionsbereiche:
- 7 Sonstige Dienstleistungen
- 4 Handel- und Gastgewerbe
- 6 Metallerzeugung und -bearbeitung
- 9 Verkehrs- und Nachrichtenübermittlung
- 10 Chemische und pharmazeutische Erzeugnisse
- 38 Landwirtschaftliche Produkte, übriges Produzierendes Gewerbe und Bauarbeiten

Vorläufige Ergebnisse. – Umwandlungen werden den (End-)Abnehmern zugerechnet. 2019 - 01 - 0258
Statistisches Bundesamt, Statistisches Jahrbuch 2019

(Quelle: Statistisches Bundesamt, Statistisches Jahrbuch 2019, 2019, S. 473)

a) Beschreiben Sie in einem Kurzbericht die in den Grafiken veranschaulichten Sachverhalte.
b) Erläutern Sie, welche Rückschlüsse die Grafiken auf die Umweltpolitik zulassen.

5 a) Informieren Sie sich, z. B. mithilfe des Internets, über sogenannte nachwachsende Rohstoffe. Fassen Sie die Ergebnisse Ihrer Recherche in einem Kurzbericht zusammen. Beziehen Sie dabei auch die Informationen der folgenden Grafik mit ein.
b) Begründen Sie, inwiefern die Erschließung erneuerbarer Energien ein Beitrag zu einem nachhaltigen Wirtschaftswachstum ist.

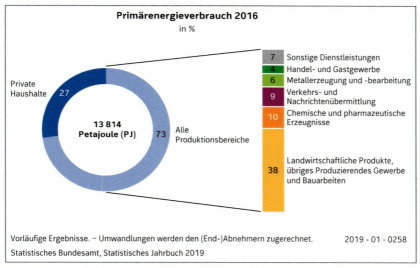

Alternativen zu Benzin und Diesel

Alternative Kraftstoffe können helfen, den Ausstoß von Kohlendioxid (CO_2) zu verringern.

	Alternative zu	Was ist es?	Kosten für Um- bzw. Nachrüstung	Tankstellen-Netz
AUTOGAS	BENZIN	unter Druck verflüssigtes Gemisch aus Propan und Butan	1 800 bis 3 500 Euro	ausreichend
ERDGAS	BENZIN	organischer Rohstoff	2 500 bis 4 500 Euro	noch nicht flächendeckend
BIOGAS	BENZIN	entsteht bei der Vergärung von Gülle, Lebensmittelabfällen, Stroh, Gras u. a.	2 500 bis 4 500 Euro	noch nicht flächendeckend
BIOETHANOL (Ethylalkohol, in Reinform: E100 oder als Mischkraftstoff z. B. E85)	BENZIN	gewonnen durch Destillation nach alkoholischer Gärung von Weizen, Roggen und Zuckerrüben	Nachrüstung wird nicht empfohlen: Motor-Schäden möglich; nur wenige Autohersteller bieten Ethanol-taugliche Modelle an, Mehrpreis gegenüber Benzin-Versionen: bis zu 1 500 Euro	dünn (nur ca. 350 Tankstellen mit E85)
BIODIESEL (RME)	DIESEL	Öl der Raps-Saat mit ca. 10 % Methanol in Rapsölfettsäure-Methyl-Ester (RME) umgewandelt	nicht für jedes Auto geeignet (z. B. werden Buntmetalle im Kraftstoffsystem direkt angegriffen) – Herstellerfreigabe erfragen	nur noch vereinzelt Tankstellen vorhanden
PFLANZENÖL vorwiegend Rapsöl	DIESEL	gewonnen aus dem Saatgut der Pflanzen	1 500 bis 5 000 Euro	nur vereinzelt angeboten, Einrichtung einer eigenen kleinen Tankstelle zuhause möglich

Stand Februar 2013
Quelle: ADAC
© Globus 5531

5.7 Die Grenzen des Wachstums

Zum Abschluss der Unterrichtsreihe über die Volkswirtschaftlichen Gesamtrechnungen verteilt Silvia Lands Fachlehrerin ein Informationsblatt mit folgenden Grafiken.

- Fassen Sie in einem Kurzbericht die Informationen zusammen, die die zwei Abbildungen veranschaulichen.
- Mit ihrem Informationsblatt will Silvia Lands Fachlehrerin ihre Schülerinnen und Schüler für eine grundsätzliche Problematik sensibilisieren. Benennen Sie diese Problematik.
- Informieren Sie sich, z. B. mithilfe des Internets, über das Kyoto-Protokoll und den sogenannten „Post-Kyoto-Prozess". Verfassen Sie zu dieser Thematik einen Fachbericht.

▲ Der Beginn des Umdenkens in der Wirtschaftspolitik

Auf Initiative des italienischen Industriellen Aurelio Peccei gründet sich 1968 der **Club of Rome.** Es handelt sich dabei um einen informellen Zusammenschluss von Persönlichkeiten aus Wissenschaft und Wirtschaft. Im Kreis von Gleichgesinnten wollen die Mitglieder vorausschauend über die Herausforderungen nachdenken, die für die Existenz der Menschheit entscheidend sind. Seine „Botschaften" vermittelt der **Club of Rome** in erster Linie im Rahmen von Konferenzen und durch Studien, die er in Auftrag gibt.

Mit der ersten Studie wurde 1970 ein Team von sieben jungen Wissenschaftlern am Massachusetts Institute of Technology (MIT) unter der Leitung von **Dennis L. Meadows** beauftragt. Die zentralen Fragen der Studie lauteten:
- Können die bisherigen wirtschaftlichen Wachstumsraten von unserer Erde verkraftet werden?
- Wie viele Menschen können auf der Erde leben, bei welchem Grad des Wohlstands und für wie lange?

In Computersimulationen rechneten die Wissenschaftler auf der Basis der bisherigen Entwicklung der Weltwirtschaft das Bevölkerungswachstum, die Nahrungsmittelproduktion, die Industrieproduktion, die Umweltverschmutzung und den Verbrauch endlicher Rohstoffvorräte hoch.

Schon der erste Computerdurchlauf offenbarte ein erschreckendes Ergebnis. Weil die Rohstoffvorräte zur Neige gehen, muss die industrielle Produktion schrumpfen. Weil Wasservorräte und Ackerland knapp werden, muss die Menschheit Hunger leiden. Mit anderen Worten, wenn das Wachstum der Weltwirtschaft im bisherigen Umfang anhalten würde, würden die Wachstumsgrenzen innerhalb der nächsten hundert Jahre erreicht.

Die **Konsequenzen,** die die Wissenschaftler zogen, sind unmissverständlich:
- Das Wachstum der Weltbevölkerung muss gestoppt werden. Die Geburtenrate ist der Sterberate anzupassen.
- Die Industrieproduktion ist auf dem Stand von 1975 einzufrieren.
- Rohstoffverbrauch und Umweltverschmutzung müssen gesenkt werden.

Beispiel Silvia Lands Fachlehrerin macht ihren Schülerinnen und Schüler die Problematik u. a. mit folgender Grafik bewusst.

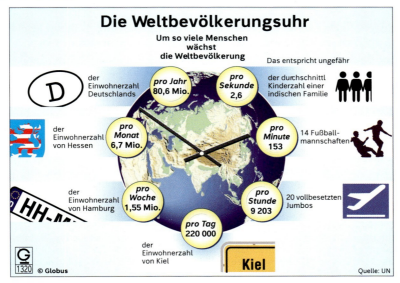

In einem Buch mit dem Titel **„Die Grenzen des Wachstums"** fassten Meadows und sein Team 1972 den eigentlichen **Bericht an den Club of Rome** in einfacher und allgemein verständlicher Sprache zusammen. Dieses Buch machte Meadows und den Club of Rome weltberühmt. In 29 Sprachen übersetzt und millionenfach gedruckt, wird es zum Standardwerk der einsetzenden Umweltbewegung.

Dagegen ist die traditionelle Wirtschaftswissenschaft zunächst schockiert und aufgebracht – stellt doch die Studie eine bis dahin unangefochtene Selbstverständlichkeit infrage: Grenzenloses wirtschaftliches Wachstum schafft Wohlstand für alle.

Heute ist unbestritten, dass das Team um Meadows das Bewusstsein für die Grenzen wirtschaftlichen Wachstums und für die Notwendigkeit umweltpolitischer Korrekturen geweckt hat. In der Folge hat sich auch in der Wirtschaftswissenschaft eine neue Sicht des Produktionsfaktors Natur durchgesetzt. Umweltgüter wie Luft, Wasser und Atmosphäre gelten nicht mehr als sogenannte freie Güter, die unbegrenzt zur Verfügung stehen. Zahlreiche umweltpolitische Instrumente sind entwickelt worden, die einen wirtschaftlichen (sparsamen) Umgang mit den knappen natürlichen Ressourcen sicherstellen sollen.

▲ Nachhaltigkeit als Leitbild einer verantwortungsvollen Entwicklungs- und Umweltpolitik

1983 gründen die Vereinten Nationen die **Weltkommission für Umwelt und Entwicklung (World Commission on Environment and Development – WCED)**. Mitglieder dieser unabhängigen Sachverständigenkommission sind 19 Bevollmächtigte aus 18 Staaten. Zur Vorsitzenden wird die damalige norwegische Ministerpräsidentin **Gro Harlem Brundtland** gewählt. Die Kommission veröffentlicht 1987 ihren Abschlussbericht „Unsere gemeinsame Zukunft" („Our Common Future"). Dieser sogenannte **Brundtland-Report** beeinflusst maßgeblich die internationale Debatte über Entwicklungs- und Umweltpolitik, weil in ihm das Leitbild einer „nachhaltigen Entwicklung" (**„Sustainable Development"**) entworfen wird. Er knüpft damit an den ersten Bericht vom Club of Rome an.

> Nachhaltig ist für die Kommission eine Entwicklung, „die den Bedürfnissen der heutigen Generation entspricht, ohne die Möglichkeiten künftiger Generationen zu gefährden, ihre eigenen Bedürfnisse zu befriedigen und ihren Lebensstil zu wählen".

Aus wirtschaftlicher Sicht bedeutet dies, dass die **Substanzerhaltung** nicht nur beim Produktionsfaktor Kapital, sondern auch beim Faktor Natur gewährleistet werden muss:

- Erneuerbare Ressourcen dürfen nur im Ausmaß ihrer Regenerationsfähigkeit genutzt werden. Es darf nur so viel abgebaut werden, wie wieder nachwächst.
- Die Nutzung endlicher Ressourcen soll möglichst wirtschaftlich erfolgen. Ihr Abbau ist außerdem nur zulässig, wenn zu erwarten ist, dass nachfolgenden Generationen Alternativen zur Verfügung stehen.
- Neue Techniken zur Nutzung alternativer (regenerierbarer) Energien und Rohstoffe sowie für eine effizientere Nutzung natürlicher Ressourcen sind zu entwickeln.
- Die Emissionen von Schadstoffen in Luft, Wasser, Boden sowie die Deponierung von Abfällen dürfen die Aufnahmekapazität der Natur nicht überfordern.

Beispiel Silvia Lands Fachlehrerin gelingt es, ihren Schülerinnen und Schülern das Prinzip der Nachhaltigkeit anschaulich zu verdeutlichen. Dazu führt sie aus:

„Heute sind die Hügel im Mittelmeerraum weitgehend kahl. Von der Antike bis ins 19. Jahrhundert wurde ein ungezügelter Holzeinschlag praktiziert. Das Holz wurde z. B. für die unzähligen Kriegs- und Handelsflotten, zum Bau von Häusern und zum Heizen gebraucht. Einmal kahl geschlagen, konnte der Boden sich dem Wind, der Sonne und dem Regen gegenüber nicht mehr wehren. Der fruchtbare Wald-

Die Grenzen des Wachstums

boden wurde weggeschwemmt. Zurück blieb unfruchtbarer Fels, auf dem kein Wald mehr wachsen konnte. Erst in jüngerer Zeit wird mühsam versucht, die Waldbestände vereinzelt wieder aufzuforsten. Das Prinzip der Nachhaltigkeit wurde in der Waldwirtschaft der Mittelmeerregion sträflich missachtet. Der Begriff der Nachhaltigkeit entstammt der Forstwirtschaft des 18. Jahrhunderts. Gemeint ist folgender Grundsatz: Schlage nur so viel Holz ein, wie der Wald verkraften kann, d. h., wie nachwachsen kann. Lebe von den ‚Zinsen' des Kapitals ‚Wald' und verzehre nicht das Kapital selbst."

▲ Post-Kyoto-Prozess: Rettung des Weltklimas?

Mit ihrer Güterproduktion und ihrem Güterkonsum belastet die Menschheit den Faktor Natur mit Schadstoffen. Durch die Verbrennung fossiler Energieträger zur Energieerzeugung, durch Kühlanlagen, Verkehr, Brandrodungen sowie durch die Landwirtschaft werden sogenannte **Treibhausgase** in der Erdatmosphäre angereichert. In der Folge kann weniger Wärmestrahlung von der Erdoberfläche in das Weltall abgestrahlt werden. Dieser **Treibhauseffekt** führt zum Anstieg der Durchschnittstemperatur der erdnahen Atmosphäre und der Meere. Die Folgen für das Weltklima können dramatisch sein.

Nationale und internationale Klimapolitik will diesen **Klimawandel** verhindern. Besondere Bedeutung hat in diesem Zusammenhang der **Weltklimagipfel 1997 in Kyoto (Japan)**. Im Protokoll dieser Konferenz verpflichten sich die Teilnehmerstaaten, ihre Treibhausgasemissionen zu reduzieren.

Im **Kyoto-Protokoll** ist auch ein wichtiges Instrument der Umweltpolitik verankert: der Handel mit **Emissionszertifikaten**. Er soll gewährleisten, dass Umweltschutzmaßnahmen dort vorgenommen werden, wo sie am kostengünstigsten zu realisieren sind.

Ein Emissionszertifikat ist das Recht, eine Tonne CO_2 ausstoßen zu dürfen. Die Rechte werden energieintensiven Anlagebetreibern (Kraftwerke, Stahlwerke, Papierfabriken, Mineralölraffinerien, Kokereien, Zementwerke, Glas- und Keramikwerke u. a.) von einer staatlichen Behörde zugeteilt. Stößt ein Unternehmen mehr Emissionen aus, als es Rechte hat, muss es zusätzliche Zertifikate von anderen Unternehmen erwerben oder eine Strafzahlung entrichten. Unternehmen, die z. B. durch Umweltschutzinvestitionen unterhalb ihrer Grenze liegen, können ihre Zertifikate europaweit verkaufen und zusätzlich Einnahmen erzielen. Jedes Unternehmen kann selbst entscheiden, ob es günstiger ist, Anlagen zu modernisieren oder „Verschmutzungsrechte" einzukaufen. Kann ein Unternehmen seine Emissionen nur mit hohen Kosten reduzieren, wird es auf teure Umweltschutzmaßnahmen verzichten und eher Emissionszertifikate erwerben. Ein Unternehmen mit niedrigen Vermeidungskosten wird dagegen die Umweltschutzmaßnahmen durchführen und seine Verschmutzungsrechte verkaufen. Der Handel mit Emissionsrechten ist am 1. März 2005 aufgenommen worden. Der Preis für die Zertifikate bestimmt sich nach Angebot und Nachfrage.

Als **Post-Kyoto-Prozess** bezeichnet man die internationalen Verhandlungen im Anschluss an die Konferenz von 1997 in Kyoto. Vor allem die jährlich stattfindenden **UN-Klimakonferenzen** haben das Ziel, langfristige verbindliche Regelungen zur **Reduktion von Treibhausgasen** zu erreichen. Doch erst 2015 in Paris kam es zur Vereinbarung eines Nachfolgevertrags mit verbindlichen Klimazielen. Die Erwärmung der Welt soll auf weniger als 2 °C begrenzt werden. Die weltweiten Treibhausgasemissionen sollen hierzu im erforderlichen Ausmaß reduziert werden.

Der Austritt der USA aus dem Pariser Klimaabkommen unter US-Präsident Donald Trump ist allerdings ein herber Rückschlag für den weltweiten Klimaschutz. Aber auch unabhängig davon gefährdet die Menschheit durch Produktion und Konsum weiterhin ihre natürliche Lebensgrundlage, wenn die Treibhausgasemissionen und der Anstieg der Erderwärmung nicht deutlich verringert werden.

▲ Europäische und deutsche Zielsetzungen zum Klimaschutz

Die Verpflichtungen aus dem Kyoto-Prozess werden auf europäischer Ebene mit aufeinander folgenden Programmen zum Klimaschutz umgesetzt. So legen die beiden aktuellen **EU-Klima- und Energiepakete 2020 und 2030** verbindliche Prozentwerte für die Verringerung von Treibhausgasemissionen und für die Erhöhung des Anteils erneuerbarer Energiequellen sowie zur Steigerung der Energieeffizienz fest.

Das **Emissionshandelssystem (EHS)** ist dabei das wichtigste Instrument der EU zur Senkung der Treibhausgasemissionen von Großkraftwerken und großen Industrieanlagen sowie im Luftverkehr.

In den anderen Wirtschaftsbereichen ohne Emissionshandel verpflichten sich die einzelnen EU-Länder zu unterschiedlichen Verringerungen der Emissionen. Die zu erreichenden Reduktionsziele unterscheiden sich nach dem Wohlstand der Länder (**Lastenteilungsvereinbarung**).

Mit ihrem **Strategiepapier „Ein sauberer Planet für alle"** (2018) legt die Europäische Kommission eine Vision für eine wohlhabende, moderne, wettbewerbsfähige und vor allem **klimaneutrale Wirtschaft** für den Zeithorizont **2050** vor.

Vor dem Hintergrund der EU-Zielvorgaben legt die Bundesregierung im **Energiekonzept 2020** und im **Klimaschutzplan 2050** nationale Reduktionziele für die Emission von Treibhausgasen (im Vergleich zum Jahr 1990) fest:

2020	2030	2040	2050
– 40 %	– 55 %	– 70 %	– 80 % bis – 95 %

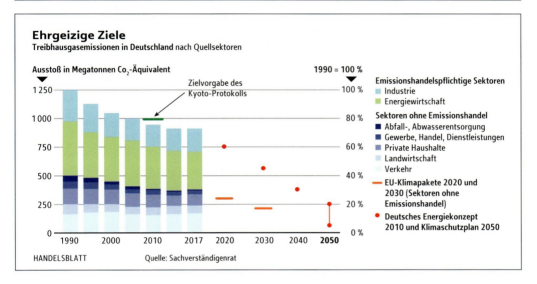

▲ EU Green Deal

Im Dezember 2019 stellt die EU-Kommissionspräsidentin von der Leyen den „EU Green Deal" vor. Dabei handelt es sich um ein Maßnahmenpaket für einen stärkeren Klimaschutz und einen weitreichenden Umbau der Wirtschaft in Europa. Im Mittelpunkt des Green Deal stehen zwei große Ziele.

1. Die EU soll bis **2050 klimaneutral** werden. Das bedeutet, dass alle Treibhausgase vermieden oder gespeichert werden, sei es in Wäldern oder unter der Erde.
2. Auf dem Weg zur Klimaneutralität will die EU bis 2030 ihre Klimagase um 50 bis 55 Prozent unter den Wert von 1990 verringern. Bisher geplant war ein Minus von nur 40 Prozent.

Um diese Ziele zu erreichen, sind weitreichende Veränderungen in Industrie, Energieversorgung, Verkehr und Landwirtschaft erforderlich. Geplante Maßnahmen im EU Green Deal sind:

- Realisierung einer neuen Industriestrategie,
- Importhürden für klimaschädlich produzierte Waren,
- neue Emissionsgrenzwerte für Kraftfahrzeuge,
- Handel mit Verschmutzungsrechten im Schiffsverkehr,
- Verteuerung der Verschmutzungsrechte für Fluggesellschaften,
- schneller Ausbau der Ökoenergie,
- Einführung neuer Standards für saubere Luft und sauberes Wasser,
- eine auf Umwelt und Klima ausgerichtete Agrarreform,
- drastische Reduzierung von Pestiziden und Düngemitteln,
- Aufforstung und Erhalt von Wäldern.

All diese Maßnahme sollen aus einem milliardenschweren Fonds finanziert werden. Insgesamt will die EU im Green Deal grüne Investitionen für eine Billion Euro initiieren.

▲ Quantitatives versus qualitatives Wirtschaftswachstum

Andererseits sind die positiven Wirkungen von Wirtschaftswachstum für eine Volkswirtschaft offensichtlich:

- Sicherung und Steigerung der Beschäftigung, vor allem des Produktionsfaktors Arbeit
- Erhöhung des Lebensstandards durch eine verbesserte Güterversorgung
- verbesserte Möglichkeiten des Staates zur Erfüllung seiner Aufgaben durch Erhöhung der Staatseinnahmen (Kopplung von Steuern und Abgaben am steigenden Nationaleinkommen)

Insofern ist das Streben der Wirtschaftspolitik nach hohen Wachstumsraten verständlich.

Spätestens mit den aktuellen Anzeichen für einen drohenden Klimawandel ist aber deutlich geworden, dass ein ungebremstes und unreflektiertes Wirtschaftswachstum keine zukunftsorientierte Lösung für die Menschheit ist. Die Konzeption eines rein quantitativen Wirtschaftswachstums ist abzulösen durch die Zielsetzung eines **qualitativen Wachstums.** Qualitatives Wachstum strebt eine Steigerung von Inlandsprodukt und Nationaleinkommen unter Berücksichtigung folgender Effekte an:

- Produktion von Gütern mit unbestreitbarem Wohlstandseffekt
- Produktion höherwertiger Erzeugnisse (z. B. längere Haltbarkeit, bessere Umweltverträglichkeit)
- Entwicklung und Einsatz von ressourcenschonenden Techniken und Produktionsverfahren
- Produktion von Gütern zum Umweltschutz
- Ersatz fossiler Energieträger durch erneuerbare Energiequellen

1. Erläutern Sie die Kernaussagen des ersten Berichts an den Club of Rome, der auch unter dem Titel „Die Grenzen des Wachstums" veröffentlicht worden ist.

2. Erläutern Sie das umweltpolitische Leitbild der Nachhaltigkeit, wie es im Brundtland-Report entwickelt worden ist.

3. Aufgrund staatlicher Umweltschutzauflagen muss jede der folgenden Industrieanlagen ihre CO_2-Emissionen um 20 % reduzieren.

Anlage	Ausgangslage CO_2-Emissionen	Vermeidungskosten je Tonne
A	12 000 t	1 000,00 €
B	8 000 t	2 000,00 €

   a) Erklären Sie an diesem Beispiel, was unter Emissionsgrenzwerten zu verstehen ist.
   b) Welche Gründe sind für die unterschiedlichen Vermeidungskosten denkbar?
   c) Ermitteln Sie die Gesamtkosten, wenn beide Anlagen getrennt voneinander die Umweltschutzauflage umsetzen.
   d) Ermitteln Sie die Gesamtkosten, wenn die beiden Anlagenbetreiber im Rahmen einer Kompensationslösung abgestimmt vorgehen und Emissionsrechte untereinander handeln.

4. Erläutern Sie allgemein die Kennzeichen eines qualitativen Wirtschaftswachstums. Nennen Sie fünf Beispiele für qualitatives Wachstum. Nehmen Sie Stellung zu der Frage, ob auch ein qualitatives Wirtschaftswachstum die Beschäftigung sichern und einen Beitrag zur Verbesserung des Lebensstandards der Bevölkerung leisten kann.

5. Die Volkswirtschaften vieler Industrieländer entwickeln sich in den letzten Jahrzehnten immer mehr zu Dienstleistungsgesellschaften.

a) Erklären Sie, was unter dem Strukturwandel zur Dienstleistungsgesellschaft zu verstehen ist.
b) Nehmen Sie Stellung zu folgender Behauptung: „Die Produktion von immateriellen Dienstleistungen ist grundsätzlich weniger umweltbelastend als die Erzeugung von Sachgütern. Insofern begünstigt die Verlagerung der Beschäftigung vom produzierenden Gewerbe zum Dienstleistungsbereich ein qualitatives Wirtschaftswachstum."
c) Ein bedeutender Bereich des Dienstleistungssektors ist die sogenannte Freizeitindustrie. Immer mehr Menschen finden Beschäftigung in diesem Sektor. Von dieser Entwicklung können aber auch neue Umweltgefahren ausgehen. Begründen Sie diese Befürchtung.

6 Nach Einschätzung von Wissenschaftlern ist der Klimawandel infolge einer globalen Erwärmung der Atmosphäre die zentrale Umweltproblematik. Auslöser dieser Erwärmung sind die sogenannten Treibhausgase. Sie entstehen durch das Verbrennen fossiler Brennstoffe, wie z. B. Erdöl.

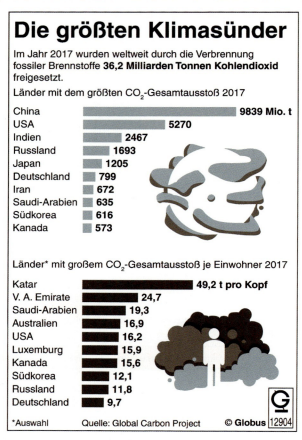

a) Fassen Sie die Informationen der obigen Grafik in einem Bericht zusammen.
b) Informieren Sie sich, z. B. mithilfe des Internets, über das Kyoto-Protokoll. Berücksichtigen Sie dabei insbesondere folgende Aspekte: Emissionshandel, kritische Einwände gegen das Kyoto-Protokoll. Ergänzen Sie mit diesen Zusatzinformationen Ihren Kurzbericht.
c) Bestimmen Sie die drei Umweltprobleme, die nach Ihrer Meinung am schwerwiegendsten sind. Begründen Sie jeweils Ihre Entscheidung.
d) Nehmen Sie Stellung zu der Auffassung, dass sich Meadows und sein Team geirrt haben: Durch Entwicklung neuer Technologien, durch Erschließung neuer Rohstoffquellen u. a. werden die Grenzen des Wachstums nicht erreicht. Diskutieren Sie Ihren Standpunkt mit anderen Personen aus Ihrer Lerngruppe, die eine gegenteilige Auffassung vertreten.
e) Informieren Sie sich, z. B. mithilfe des Internets, über die UN-Klimakonferenz in Paris 2015. Fassen Sie die zentralen Beschlüsse dieser Konferenz in einem Kurzbericht zusammen.

Kursthema: Das Entscheidungsverhalten der Wirtschaftssubjekte am Markt

11.2

1 Die Bedeutung des Marktes für eine Volkswirtschaft
2 Das Entscheidungsverhalten der privaten Haushalte als Nachfrager
3 Das Entscheidungsverhalten der Unternehmen als Anbieter
4 Das Entscheidungsverhalten des Staates

1 Die Bedeutung des Marktes für eine Volkswirtschaft

1.1 Marktarten

Herr Stein sitzt zu Hause am Schreibtisch und ordnet seine Post. In diesem Zusammenhang öffnet er einen Brief seines Telefonanbieters. Normalerweise heftet er solche Rechnungen einfach ab, der Rechnungsgegenwert wird seinem Konto stets abgebucht. Als er den Ordner mit den alten Telefonrechnungen aus dem Regal nimmt, bemerkt er, dass dieser fast voll ist. Folglich beschließt er, die alten Rechnungen, welche bis in die Neunzigerjahre zurückreichen, wegzuwerfen, um für die aktuellen Rechnungen wieder mehr Platz zu schaffen. Eine Rechnung aus dem Jahr 1999 landet dabei neben dem Papierkorb. Er hebt sie auf und sein Blick fällt auf den Rechnungsbetrag: „123,65 DM". Er vergleicht die alte Rechnung mit der aktuellen und stellt fest, dass diese nur über 45,25 € lautet, obwohl die Anzahl der Telefongespräche vergleichbar ist – folglich muss das Telefonieren seit den Neunzigerjahren erheblich preiswerter geworden sein. Beim gemeinsamen Abendbrot zeigt Herr Stein die beiden Rechnungen seiner Familie. Es wird darüber diskutiert, warum viele Waren und Dienstleistungen preiswerter werden, während bei anderen die Preise fortwährend steigen.

- Finden Sie eine Erklärung für die erheblich gesunkenen Telefonkosten der Familie Stein.
- Beschreiben Sie Situationen, in denen es sinnvoll erscheint, dass der Staat in die Preisbildung eingreift.

▲ Märkte

Märkte werden definiert als ökonomische Orte des Tausches. Auf diesen Märkten treffen sich das Angebot und die Nachfrage nach Waren bzw. Dienstleistungen, woraufhin sich Marktpreise bilden, an denen die Unternehmen ihr zukünftiges Angebotsverhalten und die privaten Haushalte ihr zukünftiges Nachfrageverhalten ausrichten.

Beispiel Herr Stein investiert regelmäßig einen Teil seines Einkommens in Wertpapiere, um damit seine private Altersvorsorge aufzubauen. Die Wertpapiere kauft er an der Wertpapierbörse in Frankfurt/M. Diese Wertpapierbörse organisiert täglich einen Markt, auf welchem Aktien und sonstige Wertpapiere gekauft bzw. verkauft werden können. Ein Makler sammelt dabei alle Kauf- und Verkaufsaufträge, um zu einem bestimmten Zeitpunkt aus den vorliegenden Aufträgen den Marktpreis für ein bestimmtes Wertpapier zu ermitteln.

▲ Marktarten

Die Volkswirtschaft unterscheidet Märkte nach vielen verschiedenen Kriterien. Eine Möglichkeit besteht darin, die auf den Märkten gehandelten Objekte zu betrachten. Man unterscheidet dann die Faktormärkte und die Gütermärkte:

Faktormärkte	
Marktart	Merkmale
Immobilienmarkt (Boden)	Handel mit Grundstücken und Gebäuden
Arbeitsmarkt (Arbeit)	Handel von Arbeitsleistungen gegen Entgelt
Geld- und Kapitalmarkt (Kapital)	Handel und Vermittlung von Krediten

Beispiel Die Bürodesign GmbH plant die Erneuerung des Produktionsbereichs, um den neuen Emissionsvorschriften entsprechen zu können. Die Investitionssumme beläuft sich auf 200 000,00 €. Das benötigte Geld soll als Kredit mit einer Laufzeit von acht Jahren bei der Hausbank finanziert werden.

Gütermärkte	
Marktart	**Merkmale**
Investitionsgütermärkte	Handel mit Konsumgütern
Konsumgütermärkte	Handel mit Investitionsgütern

Beispiel Otto Land benötigt ein neues Paar Fußballschuhe. Bei Sport & Fun in der Kölner Innenstadt probiert er verschiedene Modelle und entscheidet sich für ein Paar der Marke Nike. Für ihn ist dieses Paar Fußballschuhe ein Konsumgut.

Die Märkte, auf denen Güter oder Faktoren gehandelt werden, können auch daran unterschieden werden, wie der Marktzutritt gestaltet ist. Viele Märkte verfügen über einen **freien Marktzutritt**. Das bedeutet, dass sich die Marktteilnehmer auf der Angebots- und/oder Nachfrageseite **offen**, d.h. ohne Zulassungsbeschränkungen, auf diesen Märkten bewegen dürfen. **Regulierte Märkte** hingegen zeichnen sich dadurch aus, dass staatliche Institutionen oder gesetzliche Regulierungen verhindern sollen, dass jeder Marktteilnehmer einen freien Zutritt zu diesem Markt hat. Sinnvoll kann diese Zutrittsbeschränkung aus ganz verschiedenen Motiven sein:

- Staatliche Regulationen ergeben sich dann, wenn die dort gehandelten Güter oder Faktoren besonderen Bedingungen unterliegen. In diesem Zusammenhang spricht man auch von sogenannten **geschlossenen Märkten.**

  Beispiel Der Handel mit Gefahrenstoffen (z.B. Sprengstoff) unterliegt strengen staatlichen Kontrollen, weil Sprengstoffe nicht von jedermann gekauft und benutzt werden sollen. Daher müssen Käufer und Verkäufer besondere Sachkundenachweise und Verwendungsabsichten offenlegen, wenn sie Sprengstoffe kaufen bzw. verkaufen wollen.

- Um Anbieter oder Nachfrager zu schützen, kann der Staat in die freie Preisbildung auf Märkten eingreifen. Solche **regulierte Märkte** schützen dann einen der beiden Marktteilnehmer.

  Beispiele Die Europäische Union zahlt Landwirten für die Produktion landwirtschaftlicher Erzeugnisse Subventionen, um diese vor der preiswerter produzierenden ausländischen Konkurrenz zu schützen. Denkbar wäre auch ein Schutz der Konsumenten vor zu hohen Marktpreisen: Wenn Wohnraum in Ballungsgebieten knapp wird, kann eine Kommune den Vermietern von Wohnraum Höchstpreise auferlegen, um den Wohnraum für die Bezieher niedriger Einkommen erschwinglich zu halten.

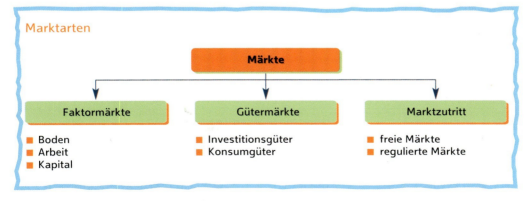

1 Erläutern Sie, warum in einem Gemeinwesen wie der Bundesrepublik Deutschland die Schulausbildung nicht über einen freien Markt organisiert wird.

2 Ordnen Sie die folgenden Güter und Faktoren den angegebenen Marktarten zu.

Marktarten:
1. Immobilien
2. Arbeit
3. Kapital
4. Investitionsgüter
5. Konsumgüter
6. freier Markt
7. regulierter Markt

Güter/Faktoren:
a) Ein freier Handelsvertreter kauft einen Pkw für seine Tätigkeit.
b) Der Bruder von Otto Land sucht einen neuen Arbeitsplatz.
c) Das Ferienhaus der Familie Stein wird verkauft.
d) Die Bürodesign GmbH kauft eine Fräsmaschine.
e) Jörn Land braucht einen neuen Rucksack für die Schule.
f) Die Bundesdruckerei kauft Papier, um Geldscheine zu produzieren.

3 Über regulierte Märkte greift der Staat in die freie Preisbildung ein. Informieren Sie sich über die Subventionierung der EU-Landwirtschaft und stellen Sie wesentliche Vor- und Nachteile dieser Subventionierung einander gegenüber.

1.2 Marktformen

„Ach, das waren noch Zeiten", seufzt Herr Stein bei einem Gespräch mit Frau Friedrich, „als wir noch weitgehend allein den Markt bedient haben." „Aber das ist doch schon wirklich lange her", entgegnet Frau Friedrich. „Heutzutage tummeln sich doch zahllose Anbieter auf dem Büromöbel-Markt und machen uns das Leben schwer." „Allerdings, Frau Friedrich. Früher konnten wir selbstständig entscheiden, heute müssen wir uns immer mehr an den anderen Anbietern orientieren. Wer soll da noch einen Überblick behalten?" Es ist zum Verzweifeln: Immer zahlreichere Hersteller sind derzeit im Büromöbel-Segment aktiv, während andererseits auch die Zahl der Nachfrager stetig steigt. „Unsere Kundschaft kann bei der Vielfalt des Angebots doch gar nicht mehr überblicken, wer gute Ware herstellt und wer nicht." Frau Friedrich stimmt ihm zu: „Und als ob es nicht schon reichen würde, dass die Kunden den Überblick über Preise und Produkte verlieren, es werden auch noch immer unterschiedlichere Produkte für unterschiedlichste Verwendungszwecke hergestellt." Es stimmt tatsächlich. Die Produktvielfalt nimmt zu. Andererseits werden dadurch wieder neue Märkte geschaffen. „So schwierig es auch sein mag, irgendwie leben wir ja auch davon, dass es immer wieder solche Unterschiede gibt und dass der Kunde nicht immer alle Preise kennt", meint Frau Friedrich.

- Erläutern Sie, wie die Aussage von Frau Friedrich zu verstehen ist. Beschreiben Sie, wie sich die Marktsituation für die Bürodesign GmbH im Laufe der Zeit geändert hat.
- Stellen Sie dar, warum die Bedingungen des vollkommenen Marktes in der Realität nur selten existieren.

Märkte werden nach **quantitativen** und qualitativen **Merkmalen** unterschieden:

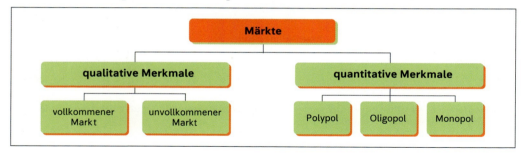

▲ Qualitative Merkmale von Märkten

Eine typische Vorgehensweise bei der Untersuchung volkswirtschaftlicher Zusammenhänge ist die **Abstraktion**. Dabei blendet der Volkswirt bestimmte Phänomene der Realität bewusst aus bzw. idealisiert andere Voraussetzungen, um so zu Aussagen für volkswirtschaftliche Wirkungszusammenhänge zu gelangen. Eine solche Abstraktion von der Realität stellt der **vollkommene Markt** dar. Der englische Ökonom **William Stanley Jevons** (1835–1882) hat diesen Begriff geprägt. Danach hat der vollkommene Markt folgende fünf Eigenschaften:

- Die gehandelten Güter sind **homogen**, also gleichartig. Folglich kann der Nachfrager bzw. Verbraucher die gehandelten Güter und Dienstleistungen beliebig gegeneinander austauschen, weil sie sich in ihren Eigenschaften nicht voneinander unterscheiden.
- Weder die Verbraucher noch die Anbieter haben **persönliche Präferenzen.** Den Verbrauchern ist es also egal, wo sie ihre Waren und Dienstleistungen erwerben.
- Der Markt ist ein **Punktmarkt,** d.h., es bestehen keine räumlichen Differenzen zwischen den Marktteilnehmern.
- Zudem gibt es **keine zeitlichen Differenzen** zwischen den Marktteilnehmern, die Reaktionsgeschwindigkeit aller Beteiligten ist unendlich hoch.
- Alle Marktteilnehmer kennen alle Bedingungen des jeweiligen Marktes – es herrscht folglich **vollständige Markttransparenz,** z. B. kennen die Nachfrager ständig alle Preise und Qualitäten.

Liest man die obigen Bedingungen eines vollkommenen Marktes, wird deutlich, dass es sich um ein theoretisches Modell handelt, um ein Modell also, das in der Realität so gut wie gar nicht existiert. Fehlt nur eines der o. g. Kriterien, spricht man von einem **unvollkommenen Markt.** Alle Märkte für Konsumgüter (Güter des täglichen Bedarfs) sind solche unvollkommenen Märkte, denn die Anbieter versuchen durch verschiedenste Maßnahmen, wie Design, Verpackung und unterschiedliche Qualität, die Aufmerksamkeit der Verbraucher auf ihre Produkte zu lenken. Präferenzen für bestimmte Hersteller und/oder Produkte werden durch Beratung, Service, Preisvorteile etc. erzeugt. Dadurch sinkt gleichzeitig die Markttransparenz der Verbraucher.

Beispiel Der Markt für Wertpapiere kommt den fünf Bedingungen des vollkommenen Marktes sehr nahe. Herr Stein weiß, dass alle gehandelten Wertpapiere identisch sind; die Reaktionsgeschwindigkeit auf dem Markt ist, insbesondere durch die Nutzung der modernen EDV, sehr hoch; Präferenzen bestehen auch nicht, weil die Handelsbedingungen an jeder der deutschen Wertpapierbörsen (Punktmärkte) nahezu identisch sind. Auch ist die Markttransparenz im Wertpapierhandel sehr hoch, weil nach jedem ausgeführten Wertpapiergeschäft ein neuer Kurs veröffentlicht wird, welcher durch die Nutzung moderner EDV sofort weltweit abrufbar ist.

▲ Quantitative Merkmale von Märkten

Heinrich von Stackelberg (1905–1946) ist es gelungen, ein Klassifikationsschema für unterschiedliche Märkte zu entwickeln. Die Unterscheidungskriterien für von Stackelberg waren dabei die **Anzahl der Marktteilnehmer** sowie deren **relative Größe (= Marktmacht)**:

Anbieter Nachfrager	viele kleine	wenige mittlere	ein großer
viele kleine	Polypol	Angebotsoligopol	Angebotsmonopol
wenige mittlere	Nachfrageoligopol (Oligopson)	bilaterales Oligopol	beschränktes Monopol
ein großer	Nachfragemonopol (Monopson)	beschränktes Monopson	bilaterales Monopol

Die Bedeutung des Marktes für eine Volkswirtschaft

Aus der Anzahl der Marktteilnehmer auf der Angebots- bzw. Nachfrageseite kann man leicht ableiten, wie stark der Einfluss von Anbietern bzw. Nachfragern auf den Markt und damit auf die Preisbildung an diesem Markt ist. Ein Angebotsmonopolist hat als Einziger auf einem Markt natürlich einen größeren Einfluss auf den Marktpreis als ein mittelgroßer Anbieter auf einem polypolistisch strukturierten Markt.

Zunächst sollen einige Beispiele die verschiedenen Marktformen näher erläutern:

Marktformen	Beispiele
Polypol	Der Wertpapierhandel mit Aktien an einer Wertpapierbörse zeigt die wesentlichen Merkmale eines Polypols.
Angebotsoligopol	Der Markt für neue Kraftfahrzeuge. Wenige Hersteller produzieren ihre Kfz für sehr viele Nachfrager.
Angebotsmonopol	Die kommunale Müllabfuhr hat viele Kunden in einer Gemeinde.
Oligopson	Viele Landwirte bieten ihre Zuckerrüben einer kleinen Zahl von Zuckerraffinerien an, welche die Rüben zu Zucker verarbeiten.
bilaterales Oligopol	Wenige Werften bauen Schiffe für eine kleine Zahl von Reedereien, die mit den Schiffen Waren transportieren.
beschränktes Monopol	Ein Hersteller medizinischer Spezialgeräte bietet seine Produkte für einige Kliniken an.
Monopson	Der Staat als Bauherr schreibt den Bau einer Brücke öffentlich aus, worauf sich viele Bauunternehmen bewerben.
beschränktes Monopson	Der Staat vergibt Aufträge zum Druck von Ausweispapieren.
bilaterales Monopol	Ein Hersteller für Pkw-Zubehör ist spezialisiert auf die Herstellung eines bestimmten Ersatzteils, welches nur von einem Pkw-Hersteller nachgefragt wird.

Das **Polypol,** das B und das **Monopol** bilden die drei Grundformen eines Marktes und unterscheiden sich grundsätzlich in ihren Wettbewerbsbedingungen. Daneben existieren zahlreiche Mischformen (z. B. zweiseitiges Monopol, zweiseitiges Oligopol etc.).

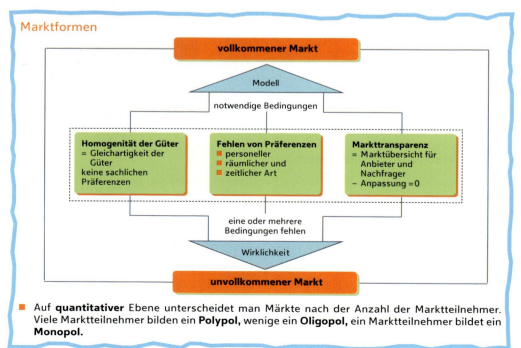

- Auf **quantitativer** Ebene unterscheidet man Märkte nach der Anzahl der Marktteilnehmer. Viele Marktteilnehmer bilden ein **Polypol,** wenige ein **Oligopol,** ein Marktteilnehmer bildet ein **Monopol.**

1. Erläutern Sie, warum in der Realität die meisten Märkte unvollkommen sind.
2. Schätzen Sie ab, welche Vor- und welche Nachteile für den Verbraucher aus der Tatsache abzuleiten sind, dass die meisten Märkte unvollkommen sind.
3. Ordnen Sie den folgenden Marktformen die unten stehenden Beispiele zu:
   a) Polypol
   b) Oligopol
   c) Monopol
   d) beschränktes Angebotsmonopol
   e) zweiseitiges Oligopol
   f) Nachfragemonopol

   Beispiele
   (1) In einer Galerie bieten einige Künstler der Stadt dem interessierten Publikum ihre Gemälde zum Kauf an. Nur wenige kunstinteressierte Käufer finden sich jedoch ein.
   (2) Der Lebensmitteleinzelhandel wird von wenigen großen Unternehmen dominiert.
   (3) Das Telefonnetz des Landes wird von einem Unternehmen überwacht und gesteuert.
   (4) In der Innenstadt bieten zahlreiche Bäckereien ihre Waren zum Verkauf an.
   (5) Die Studenten einer Großstadt-Universität suchen bei der Wohnungsvermittlung nach Zimmern, die von einer großen Zahl von Privatvermietern angeboten werden.
   (6) Der einzige Hersteller großer Tunnelbohrmaschinen bietet seine Produkte einer kleinen Zahl von Spezialtiefbauunternehmen an.
   (7) Eine Molkerei wird von zahlreichen Landwirten der Umgebung mit Milch beliefert.

1.3 Funktionsweise des Marktmechanismus: Preisbildung im Oligopol

In der Frühstückspause diskutieren einige Mitarbeiter der Bürodesign GmbH die Entwicklung der Benzinpreise. Herr Kaya, Qualitätsbeauftragter in der Bürodesign GmbH: „Ich werde mein Auto auf den Betrieb mit Autogas umrüsten lassen. Ein Liter Gas kostet zurzeit 0,60 €. Das ist weniger als die Hälfte vom Literpreis beim Benzin." Frau Jäger, Gruppenleiterin in der Verwaltung: „Die Preise für Benzin liegen doch nur deshalb so hoch, weil die Erdölkonzerne sich bei der Preisgestaltung absprechen ...".

- Erläutern Sie, woran sich Anbieter in einem Oligopol orientieren, wenn sie Preispolitik betreiben.
- Untersuchen Sie, welche Preisstrategie die Erdölkonzerne in einem oligopolistischen Markt verfolgen können.

▲ Kennzeichen des Oligopols

Ein **Oligopol** ist gekennzeichnet durch wenige Anbieter und eine Vielzahl von Nachfragern. Typische Oligopole sind die Automobilindustrie, die Pharmaindustrie, die Hersteller von Zigaretten etc. Verglichen mit dem Polypol können Oligopolisten durch ihr eigenes (Preis-)Verhalten das Verhalten der anderen Anbieter direkt beeinflussen. Oligopolisten verfügen also innerhalb eines gewissen Rahmens über Marktmacht.

Beispiel Die Bürodesign GmbH tritt auf dem Markt für die Produktgruppe „Warten und Empfang" nur mit wenigen Herstellern in direkte Konkurrenz. Wenn die Bürodesign GmbH in neue, automatisierte Produktionsanlagen investiert und damit ihren Output erhöht, so wird sich der Marktpreis für Produkte im Segment „Warten und Empfang" spürbar verringern. Die Bürodesign GmbH wird bei den Konkurrenten darüber Kunden abwerben. Bei den Konkurrenzunternehmen führt das in der Konsequenz zu Gewinneinbrüchen in diesem Segment.

In einem Oligopol haben also die Verhaltensweisen eines Mitbewerbers Auswirkungen auf die Konkurrenz. Die Konkurrenten sind daher gezwungen, auf Preissenkungen der anderen Anbieter zu reagieren. Man spricht in diesem Zusammenhang auch von einer **Aktions-Reaktions-Verbundenheit** der oligopolistischen Anbieter.

Beispiel Die Bürodesign GmbH muss im Rahmen ihrer Investitions- und der daraus abgeleiteten Preispolitik stets bedenken, wie die Konkurrenz auf ihr Verhalten reagiert. „Wir dürfen die Preise für diese Produktgruppe nur moderat senken", argumentiert Herr Stein in einer Abteilungsleiterbesprechung. „Wenn wir zu offensiv werden, steht zu befürchten, dass die Konkurrenz nachzieht und dann hat sich unsere Investition nicht gelohnt."

In einem Oligopol stehen den Mitbewerbern in der Preispolitik verschiedene Optionen zur Verfügung.

▲ Preisstrategien im Oligopol

Die Unternehmen können versuchen, die **Preisführerschaft** in ihrem Markt zu übernehmen. Dabei geht das Unternehmen davon aus, dass sich durch von ihm initiierte Preissenkungen die Marktnachfrage auf das eigene Unternehmen konzentriert **(Marktverdrängung der Konkurrenz)**. Die Konkurrenz wird dadurch gezwungen, ihre Preise ebenfalls zu senken, wenn sie verhindern will, dass die Nachfrage ausbleibt. Der dadurch entstehende Preiswettbewerb endet kostenrechnerisch erst dann, wenn der Preis das Grenzkostenniveau erreicht hat. Diese Verhaltensweise geht auf den englischen Ökonom **J. Bertrand** (1822–1900) zurück und wird **Bertrand-Wettbewerb** genannt. Ist der Preiswettbewerb erfolgreich, werden mehr und mehr Anbieter vom Markt verdrängt. Das hat mittelfristig eine monopolartige Wettbewerbssituation zur Folge.

Eine weitere Verhaltensmaßnahme in einem oligopolistischen Markt bildet das sogenannte **Parallelverhalten.** Dabei übernimmt ein Marktteilnehmer die Rolle des „Preisführers", an den sich die anderen Anbieter anschließen. Dadurch wird der Wettbewerb auf dem Markt eingeschränkt; die Marktteilnehmer versuchen nicht mehr, sich gegenseitig zu verdrängen. Vielmehr sichern sie sich durch ihr Verhalten gegenseitig eine (friedliche) Koexistenz, solange die Nachfrage sich nicht grundsätzlich verändert. Durch dieses Anbieterverhalten wird zudem die Ausschaltungsfunktion der Preisbildung eingeschränkt, sodass auf diesem Markt wenig Konkurrenz herrscht.

Beispiel Ein Beispiel für diese Art des Wettbewerbsverhaltens ist die Mineralölbranche. Hier kann man regelmäßig beobachten, dass einer der großen Mineralölkonzerne eine Preiserhöhung bzw. -senkung ankündigt, woraufhin die Mitbewerber regelmäßig und unmittelbar das gleiche Preisverhalten zeigen. In der Vergangenheit haben die Ölkonzerne die Erfahrung gemacht, dass sie ihren Marktanteil durch Preissenkungen nicht nennenswert erhöhen können.

Eine weitere Stufe dieses Verhaltens ist die explizite Absprache zwischen den Anbietern. Diese stimmen hierbei ihr Angebotsverhalten miteinander ab. Dieses Verhalten bezeichnet man als **Kartelllösung,** in welcher kein Wettbewerb mehr stattfindet. Häufig wird den Mineralölkonzernen ein solches abgestimmtes Verhalten unterstellt. Durch Abspachen könnten die Konzerne mittels Preisveränderungen dafür sorgen, dass kein Wettbewerber in den Markt eindringen kann. Ein solches abgestimmtes Verhalten wird von den Aufsichtsbehörden (Bundeskartellamt) ständig beobachtet und – wenn nachweisbar – unterbunden bzw. sanktioniert.

> Funktionsweise des Marktmechanismus: Preisbildung im Oligopol
> - In einem (Angebots-)Oligopol trifft eine **Vielzahl von Nachfragern** auf eine **begrenzte Anzahl von Anbietern.**
> - Im Oligopol hat das Verhalten einzelner Anbieter Auswirkungen auf die Preisbildung (Aktions-Reaktionsverbundenheit).
> - Folgende **Verhaltensalternativen im Oligopol** sind denkbar:
>   - Anstreben der Preisführerschaft und Versuch der Verdrängung der Konkurrenz
>   - Parallelverhalten mit dem Ziel einer friedlichen Koexistenz
>   - kartellartige Preisabsprachen zwischen den Anbietern

1 Beobachten Sie über einen Zeitraum von 14 Tagen die Preisentwicklung für Benzin an zwei Tankstellen in Ihrer Nachbarschaft und beschreiben Sie deren Preisverhalten.

2 Beschreiben Sie mögliche Folgen, wenn Oligopolisten sich nach einem Wettbewerbsvorstoß eines Konkurrenten auf einen Preiskampf einlassen.

3 Erläutern Sie, wie es dazu kommt, dass in oligopolistischen Märkten (z. B. Lebensmitteldiscounter) sehr häufig die Tendenz zu gleichen bzw. ähnlichen Preisen existiert.

4 Begründen Sie, warum Oligopolisten trotz ihrer relativen Marktmacht in der Preisgestaltung nicht frei sind und sich an ihren Konkurrenten orientieren müssen.

1.4 Funktionsweise des Marktmechanismus: Preisbildung im Monopol

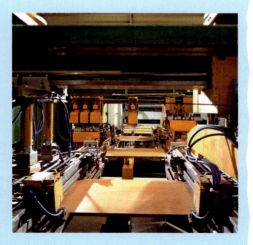

Bei der allwöchentlich stattfindenden Abteilungsleiterkonferenz der Bürodesign GmbH trägt der Abteilungsleiter des Einkaufs, Herr Kaya, die besondere Problematik beim Kauf einer neuartigen Holzbearbeitungsmaschine vor, deren Prospekt er in der morgendlichen Post gefunden hat: „Das Gerät erledigt mehrere Arbeitsschritte beim Zuschnitt und der Kantenbearbeitung gleichzeitig. Dadurch lassen sich in der Regalproduktion mehrere Minuten pro Brett einsparen. Das senkt die Produktionskosten und damit könnte unsere Konkurrenzfähigkeit steigen." Der Geschäftsführer, Herr Stein, stimmt ihm zu: „Das ist doch für unser Unternehmen sehr gut – die Maschine sollten wir uns genauer ansehen. Wo könnten Ihrer Meinung nach Probleme liegen?" Herr Kaya meint: „Tja, der Produzent hat erst kürzlich ein Patent auf diese Maschine angemeldet und sie dann am Markt eingeführt. Er ist also der einzige Anbieter, und das lässt er sich bezahlen. Der Preis der Maschine liegt dreimal so hoch wie die Summe, die sich ergibt, wenn man die herkömmlichen Einzelgeräte kauft." „Das ist ja Wucher", entgegnet Frau Jäger aus der Verwaltungsabteilung. „Können und wollen wir uns diese Maschine denn leisten?", fragt Herr Stam aus der Absatzabteilung.

„Meine Damen und Herren, das ist doch eine Kosten- und Nutzenabwägung", leitet Herr Stein die abschließende Beratung ein, „es geht um die Frage, ob wir durch den Einsatz der neuartigen Maschine so viel Geld sparen, dass sich die Investition lohnt. Die Herren Kaya und Müller rechnen das bitte bis zur nächsten Woche durch."

- Analysieren Sie die Marktsituation des Geräteherstellers.
- Überlegen Sie, warum der Anbieter der Holzbearbeitungsmaschine den Preis nicht noch höher angesetzt hat.

▲ Preisbildung im vollkommenen Monopol

Das **Angebotsmonopol** ist dadurch gekennzeichnet, dass nur ein einziger Anbieter ein bestimmtes Produkt bzw. eine bestimmte Dienstleistung anbietet. Anders als im Polypol oder auch im Oligopol verfügt dieser Anbieter über eine erhebliche Marktmacht im Verhältnis zu den Nachfragern. Der Monopolist ist in der Lage, den Marktpreis eigenmächtig festzulegen. Trotzdem darf er die Nachfrage bei seiner Preispolitik nicht außer Acht lassen, denn er kann die Nachfrager nicht dazu zwingen, seine Produkte bzw. Dienstleistungen zu kaufen. Er kann also den Preis nicht beliebig hoch ansetzen.

Der Monopolist kann entweder den Preis festzulegen – dann muss er akzeptieren, dass die Nachfrage um eine bestimmte Menge abnimmt – oder die abzusetzende Menge zu planen – dann muss er aber den Preis akzeptieren, welchen die Nachfrager zu zahlen bereit sind. Bevor ein Monopolist die Preise für die von ihm angebotenen Güter festlegt, muss er also Marktforschung betreiben. Er verfügt dann im Idealfall über Erfahrungen, welche ihm zeigen, wie sich die Nachfrage bei veränderten Preisen verhält. Das Ergebnis von Marktforschungen sind die verschiedenen realisierbaren **Preis-Mengen-Kombinationen.** Diese werden zur sogenannten **Preis-Absatz-Funktion** zusammengefasst.

In der folgenden Darstellung wird dieser Zusammenhang deutlich.

Menge (x)	Preis (p)
Stück	€
0	20,00
10	18,00
20	16,00
30	14,00
40	12,00
50	10,00
60	8,00
70	6,00
80	4,00
90	2,00
100	0,00

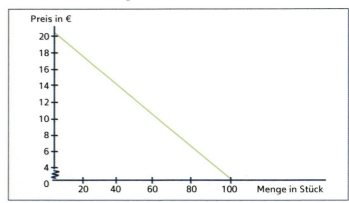

Die Tabelle im Beispiel zeigt dem Monopolisten, dass er z. B. den Preis um 2,00 € senken müsste, wenn er den Absatz von 10 auf 20 Stück anheben will usw. Die daraus abgeleitete **Preis-Absatz-Funktion** lautet also:

$$p = -0{,}2x + 20$$

Damit weiß der Monopolist jedoch noch nicht, welche Preis-Mengen-Kombination für ihn die wirtschaftlich sinnvollste ist. Er wird sicherlich einen Preis anstreben, bei dem er einen maximalen Gewinn erzielt. Zu diesem Zweck muss man also die erzielbaren Erlöse betrachten. Der **Erlös** ist definiert als:

$$E = p \cdot x$$

Erweitert man die **Erlösfunktion** um die Preis-Absatz-Funktion, so erhält man:

$$E = (-0{,}2x + 20)x \quad \text{oder} \quad E = -0{,}2x^2 + 20x$$

Setzt man in die obige quadratische Gleichung für x die verschiedenen möglichen Absatzmengen ein, so erhält man folgende Erlöse:

Menge (x)	Preis (p)
Stück	€
0	20,00
10	180,00
20	320,00
30	420,00
40	480,00
50	**500,00**
60	480,00
70	420,00
80	320,00
90	180,00
100	0,00

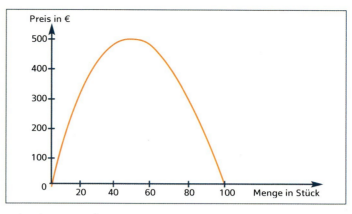

Der Verlauf der Erlösfunktion zeigt, dass bei steigenden Absatzmengen der Erlös zunächst auf ein Maximum von 500,00 € wächst und anschließend sogar bis auf 0,00 € abfällt. Um nun den Preis ermitteln zu können, bei dem auch sein Gewinn maximal ist, muss der Monopolist auch den Verlauf der Kosten beachten. Für das vorliegende Beispiel soll ein linearer Gesamtkostenverlauf angenommen werden, für den die fixen Gesamtkosten (K_f) = 140,00 € betragen und die variablen Stückkosten (k_v) sich auf 4,00 € belaufen.

Die **Kostenfunktion** ist definiert als:

$$K = k_v \cdot x + K_f$$

Die **Gewinnfunktion** hingegen ist definiert als:

$$G = E - K$$

Beispiel Setzt man nun in die Kostenfunktion für x die Mengen ein, so erhält man:

Menge (x)	Preis (P)	Erlöse (E)	Kosten (K)	Gewinn (G)
Stück	€	€	€	€
0	20,00	0,00	140,00	–140,00
10	18,00	180,00	180,00	0,00
20	16,00	320,00	220,00	100,00
30	14,00	420,00	260,00	160,00
40	12,00	480,00	300,00	180,00
50	10,00	500,00	340,00	160,00
60	8,00	480,00	380,00	100,00
70	6,00	420,00	420,00	0,00
80	4,00	320,00	460,00	–140,00
90	2,00	180,00	500,00	–320,00
100	0,00	0,00	540,00	–540,00

Man erkennt, dass der Monopolist bei einer Absatzmenge von 0 bis 10 Stück Verlust macht. Erst ab einem Absatz von 10 Stück erzielt er einen Gewinn, da die Erlöse genau die Kosten decken. Bei Erlösen zwischen 10 und 70 Stück sind die Erlöse größer als die Kosten, wobei das Gewinnmaximum bei einer Absatzmenge von 40 Stück liegt. Betreibt der Monopolist Gewinnmaximierung, wird er folglich eine Menge von 40 Stück zum einem Preis von 12,00 € anbieten, weil zu diesem Preis der höchste Gewinn zu erwarten ist.

Dieser Zusammenhang kann auch grafisch dargestellt werden. Zu diesem Zweck trägt man die Preis-Absatz-Funktion, die Erlösfunktion und die Kostenkurve in das Koordinatensystem ein. Anschließend verschiebt man die Kostenkurve parallel nach oben, bis sie die Erlösfunktion berührt. An diesem Punkt ist die Differenz zwischen Erlös und Kosten am größten. Bildet man diesen Punkt nun auf die Preis-Absatz-Funktion ab, so erhält man die **gewinnmaximale Menge** und den **gewinnmaximalen Preis.** Man bezeichnet diese Stelle auch als **Cournot'schen Punkt,** der nach dem französischen Nationalökonom Antoine Augustin Cournot (1801–1877) benannt wurde.

Beispiel

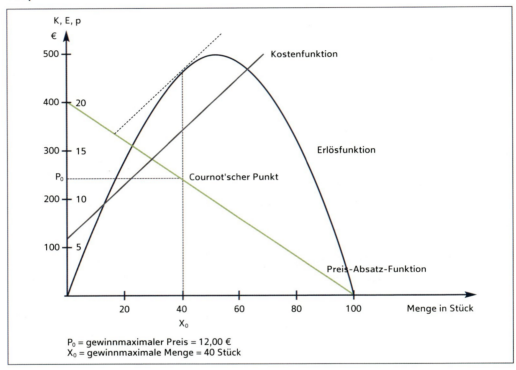

P_0 = gewinnmaximaler Preis = 12,00 €
X_0 = gewinnmaximale Menge = 40 Stück

▲ Preisbildung im unvollkommenen Monopol

Bislang wurde bei der Bestimmung des gewinnmaximalen Preises im Monopol von den Bedingungen eines **vollkommenen Marktes** ausgegangen: Es handelte sich um ein gleichartiges Gut, das nur zu einem einheitlichen Preis abgesetzt werden konnte, es wurden keine persönlichen oder räumlichen Präferenzen eingeräumt und der Markt war für alle Marktteilnehmer transparent. In der Realität existiert jedoch auch dieser Markttyp des vollkommenen Monopols nur sehr selten, weil Nachfrager eben doch nicht über eine vollständige Markttransparenz verfügen oder weil sie sich bei ihren Einkäufen immer wieder von persönlichen Präferenzen leiten lassen.

Aus diesen Gründen versucht der Monopolist, den Gesamtmarkt in Teilmärkte aufzuspalten (**Marktsegmentierung**). Er bildet Gruppen von Nachfragern, die ein ähnliches Nachfrageverhalten an den Tag legen, und bietet auf diesen Teilmärkten die gleiche Ware zu unterschiedlichen Preisen an. Diese

Art der Aufteilung in Marktsegmente nennt man Preisdifferenzierung. Für den Monopolisten ist die **Preisdifferenzierung** durchaus lohnend, weil er die produzierte Menge nicht mehr nur zu einem einheitlichen Preis absetzen muss, sondern weil er seine Preise, abhängig vom Nachfrageverhalten des Teilmarktes, sehr unterschiedlich gestalten kann.

Beispiel In Norddeutschland haben die Nachfrager durchschnittlich eine eher niedrigere Kaufkraft als in Süddeutschland. Der Monopolist weiß folglich, dass er in Süddeutschland deutlich höhere Preise verwirklichen kann als in Norddeutschland. Auf diese Weise schöpft er unter Berücksichtigung des unterschiedlichen Nachfrageverhaltens mit sorgfältig überlegten Preisen den maximalen Erlös in unterschiedlichen Marktsegmenten ab. Da die Produkte jedoch zu identischen Produktionskosten hergestellt wurden, steigert der Monopolist durch die maximale Abschöpfung des Erlöses zusätzlich noch den Gewinn.

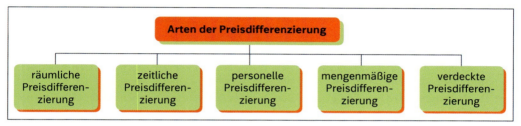

▲ Räumliche Preisdifferenzierung

Bei der räumlichen Preisdifferenzierung fordert der Monopolist **an unterschiedlichen Orten** unterschiedliche Preise. Der Grund für räumliche Preisdifferenzierung ist das bisweilen sehr unterschiedliche Nachfrageverhalten an unterschiedlichen Orten.

Beispiel Ein Pkw kostet im Inland 15 000,00 €, weil die Kaufkraft entsprechend hoch ist und der Preis erzielt werden kann. Im benachbarten Ausland hingegen kostet dieser gleiche Pkw nur 14 000,00 €, weil dort die Kaufkraft geringer ist.

▲ Zeitliche Preisdifferenzierung

Wenn der Monopolist für ein gleichartiges Produkt **zu unterschiedlichen Zeiten** unterschiedliche Preise fordert, so spricht man von „zeitlicher Preisdifferenzierung".

Beispiel Der Listenpreis für einen Pkw beträgt 16 000,00 €. Während der Einführungsphase erhalten Frühkäufer einen Rabatt von 15 % auf den Listenpreis.

▲ Personelle Preisdifferenzierung

Hierbei werden gleiche Güter an **unterschiedliche Personen** zu unterschiedlichen Preisen verkauft. Beispiele hierfür gibt es vor allen Dingen im öffentlichen Nahverkehr (Schülertarife, Tarife für Wehr- und Zivildienstleistende usw.). Aber auch im Unternehmensbereich sind personelle Preisdifferenzierungen durchaus bekannt.

Beispiel Ein Lieferant verkauft seine Ware zu einem einheitlichen Preis an seine Großhändler weiter. Mit einem dieser Großhändler ist er jedoch befreundet und verkauft ihm die Ware zu einem günstigeren Preis.

▲ Mengenmäßige Preisdifferenzierung

Eine mengenmäßige Preisdifferenzierung liegt vor, wenn für **unterschiedliche Nachfragemengen** unterschiedliche Preise gefordert werden. Dies ist beispielsweise dann der Fall, wenn ein Anbieter seinem Kunden einen Rabatt für die Abnahme größerer Mengen einräumt (Mengenrabatt).

▲ Verdeckte Preisdifferenzierung

Manchmal ist der Grund für eine Preisdifferenzierung **nicht offen zu erkennen.**

Durch geringfügige Unterschiede in der Aufmachung, dem Design oder der Zutatenliste soll dem Verbraucher suggeriert werden, es handele sich – trotz gewisser Ähnlichkeiten – um stark unterschiedliche Produkte, die einen Preisunterschied rechtfertigen. Für den Anbieter ist diese Form der Preisdifferenzierung häufig sehr erfolgreich, weil der Verbraucher den Grund für die bisweilen sehr unterschiedlichen Preise nicht nachvollziehen kann. Oft neigt der Verbraucher dazu, den unterschiedlichen Preis als Maßstab für unterschiedliche Qualität anzusehen, obwohl es sich um ähnliche bis gleiche Produkte handelt.

Funktionsweise des Marktmechanismus: Preisbildung im Monopol

- Der Monopolist ist **bei seiner Preisgestaltung weitgehend frei.** Allerdings muss er auch die Reaktionen der Nachfrager berücksichtigen. Würde er seine Preise zu hoch ansetzen, bestünde die Gefahr, dass überhaupt nicht mehr nachgefragt wird.
- Der Monopolist wird für sein Gut einen Preis fordern, bei welchem er einen **maximalen Gewinn** erzielt.
- Der **gewinnmaximale Preis** liegt dort, wo die Differenz zwischen Verkaufserlösen und Kosten am größten ist.
- **Preisbildung im (unvollkommenen) Monopol:** Der Monopolist teilt den Gesamtmarkt in Teilmärkte (Marktsegmente) auf, die ein ähnliches Nachfrageverhalten zeigen. Auf diesen Teilmärkten bietet er die gleiche Ware zu unterschiedlichen Preisen an. Auf diese Weise passt er sich sehr gut an das Nachfrageverhalten auf diesen Teilmärkten an (**Preisdifferenzierung**).
- **Arten der Preisdifferenzierung:**
  - räumliche Preisdifferenzierung
  - zeitliche Preisdifferenzierung
  - personelle Preisdifferenzierung
  - mengenmäßige Preisdifferenzierung
  - verdeckte Preisdifferenzierung

---

1 Ein Angebotsmonopolist hat aufgrund von Marktuntersuchungen folgende Preis-Absatz-Funktion ermittelt: PAF = – 0,1x + 10. Eine interne Untersuchung der Kosten hat ergeben, dass die variablen Stückkosten 1,50 € betragen, während sich die Fixkosten auf 50,00 € belaufen. Die daraus abgeleitete Kostenfunktion lautet folglich:

K = 1,5x + 50.

a) Ermitteln Sie tabellarisch für eine Menge von 0 bis 100 Stück (in 10er-Schritten) bei sinkenden Preisen von 10,00 € bis 0,00 € den gewinnmaximalen Preis.
b) Erstellen Sie anschließend eine grafische Lösung zur Ermittlung des gewinnmaximalen Preises.

Menge	Preis	Erlös	Kosten	Gewinn
0	10,00	…		
10	9,00	…		
20	8,00	…		

2 Erläutern Sie, warum der Monopolist nicht jeden beliebigen Preis fordern kann.

3 Beschreiben Sie, unter welchen Voraussetzungen ein Monopolist Preisdifferenzierung betreiben kann. Recherchieren Sie im Internet und stellen Sie Formen der Preisdifferenzierung dar.

4. Monopole und Polypole mit monopolistischem Absatzbereich versuchen, durch Preisdifferenzierung einen höheren Gesamterlös zu erzielen.
   a) Stellen Sie dar, vor welcher Entscheidung ein Monopolist auf dem unvollkommenen Markt bei seiner Preis-Absatz-Strategie steht.
   b) Erläutern Sie das Entscheidungsproblem eines heterogenen Polypols in seiner Preis-Absatz-Politik.
   c) Überprüfen Sie, warum bei der Preisdifferenzierung ein Teil der Konsumentenrente abgeschöpft wird.
   d) Erläutern Sie, worin sich die Preisdifferenzierung von der Produktdifferenzierung unterscheidet.
   e) Stellen Sie anhand eines Beispiels vier verschiedene Formen der Preisdifferenzierung dar.

1.5 Funktionsweise des Marktmechanismus: Preisbildung im Polypol

Herr Stein beobachtet seit einigen Wochen den Kursverlauf der Aktie der Logistik AG. Diese Aktiengesellschaft ist ein großes Transportunternehmen und hat ein innovatives Konzept zur Verlagerung des Gütertransports vom Lkw auf die Flussschifffahrt entwickelt. Diesem ökologischen Transportkonzept bescheinigen Fachleute eine hohe Marktakzeptanz und damit eine erfolgreiche Zukunft.

Auch Herr Stein ist davon überzeugt, dass der Kurs der Aktie in der nahen Zukunft stark steigen wird. Folglich gibt er dem Wertpapierberater seiner Hausbank den Auftrag zum Kauf von 100 Aktien der Logistik AG. Er limitiert den Kaufauftrag auf 40,00 € je Aktie, d. h., dass er nicht mehr als diesen Preis für eine Aktie bezahlen möchte. Als er am Nachmittag im Internet den amtlichen Kurs der Logistik AG abfragt, macht sich bei ihm Enttäuschung breit. Der Kurs der Aktie ist mit 60,00 € festgelegt worden. Aufgrund des von ihm gesetzten Limits von 40,00 € ist Herr Steins Kaufauftrag nicht ausgeführt worden.

Ein Telefonat mit seinem Wertpapierberater bestätigt diese Vermutung: „Tja, Herr Stein, da haben Sie Pech gehabt – Sie hätten das Papier schon vor drei Wochen kaufen sollen, als wir uns das erste Mal darüber unterhalten haben. Der Kurs lag damals bei knapp 38,00 €." „Da sprechen Sie etwas Wahres gelassen aus", antwortet Herr Stein, „ich bin mir nun nicht mehr so sicher, ob es sich lohnt, auf den fahrenden Zug aufzuspringen und bei steigenden Kursen zu kaufen." „Ich empfehle Ihnen den Wert weiterhin, die Logistik AG sehe ich mittelfristig bei 75,00 € – da bin ich mir ziemlich sicher", entgegnet der Berater. „Nun gut, dann erhöhe ich mein Limit auf 68,00 € und hoffe, dass mein Kaufauftrag morgen zur Ausführung kommt", entscheidet daraufhin Herr Stein. „Ich habe 68,00 € notiert, Herr Stein, sage schönen Dank für den Auftrag und auf Wiederhören."

- Erläutern Sie, welche Einflussfaktoren bei der Kursbildung der Aktie der Logistik AG eine wichtige Rolle spielen.
- Begründen Sie, warum an diesem Tag der Kurs von 60,00 € als amtlicher Kurs festgelegt wurde.

▲ Preisbildung im vollkommenen Polypol

In einem **Polypol** konkurrieren auf dem Markt sehr viele kleine Anbieter um die Gunst einer Vielzahl von Nachfragern. Die Marktmacht der Anbieter ist verschwindend klein (**atomistischer Markt**), sodass ihr individuelles Verhalten den Marktpreis nicht beeinflussen kann. Man spricht in diesem Fall vom Preis als **Marktdatum**, welches von den Marktteilnehmern zu akzeptieren ist. Die Anbieter verhalten sich also als **Mengenanpasser**, denn Preisänderungen eines Anbieters zeitigen nur Wirkungen bei den Nachfragern. Sollte ein Anbieter den Preis für seine Güter so festlegen, dass dieser oberhalb des Marktpreises liegt, so wird der Anbieter seine Kunden an die Konkurrenz verlieren. Preiserhöhungen sind in einem Polypol nur dann möglich, wenn die Produktionskosten im Gesamtmarkt gestiegen sind, sodass alle Anbieter ihre Preise erhöhen.

Beispiel Die Bürodesign GmbH hat bisher Edelholzfurniere aus Asien importiert. Aufgrund des fortschreitenden Abbaus der tropischen Regenwälder und der Proteste von Umweltschützern entscheidet die Geschäftsleitung, auf heimische Edelhölzer aus nachhaltiger Waldwirtschaft auszuweichen. Diese sind teurer als die tropischen Hölzer. Die steigenden Preise kann die Bürodesign GmbH ihren Kunden gegenüber rechtfertigen, weil die daraus gefertigten Produkte höheren ökologischen Ansprüchen genügen. Die Bürodesign GmbH bewegt sich mit diesen neuen Produkten in einem Markt, in dem alle Hersteller aufgrund des Ökologiegedankens höhere Preise für ihre Produkte verlangen, welche von der entsprechenden Kundschaft auch bezahlt werden.

Eine Senkung der Preise eines Anbieters unter das Niveau des Marktpreises ist i. d. R. nicht sinnvoll, weil die meisten Anbieter mit ihrem Güterangebot nahe ihrer Kapazitätsauslastung agieren, sodass eine durch Preissenkungen induzierte zusätzliche Nachfrage von einem einzelnen Anbieter gar nicht befriedigt werden kann. Daraus kann man ableiten, dass ein einzelner Anbieter in einem polypolistischen Markt keine Marktmacht hat.

▲ Preisfunktionen und Marktgleichgewicht

In einer Marktwirtschaft hat der Preis die Aufgabe, Angebot und Nachfrage zu koordinieren (**Allokationsfunktion**). Im Idealfall sollte das Gesamtangebot so gestaltet sein, dass es langfristig nicht zu einer Überproduktion solcher Güter kommt, die von den Verbrauchern nicht nachgefragt werden (**Überangebot**). Ein langfristiges Überangebot führt dazu, dass nicht konkurrenzfähige Anbieter aus dem Markt gedrängt werden (**Auslesefunktion des Preises**). Andererseits sollten auch nicht zu wenig Waren und Dienstleistungen angeboten werden, welche von den Nachfragern zum entsprechenden Marktpreis verlangt werden (**Übernachfrage**). Eine hohe Nachfrage nach einem Gut deutet darauf hin, dass es sich lohnt, dieses Gut anzubieten (**Signalfunktion des Preises**). Im Marktgleichgewicht entspricht die angebotene der nachgefragten Menge zum Gleichgewichtspreis: Der Markt wird geräumt (**Markträumungsfunktion des Gleichgewichtspreises**). Es stellt sich allerdings die Frage, welcher Preis der Gleichgewichtspreis ist:

Beispiel Die Wertpapierbörse erfüllt im Wesentlichen die Kriterien eines vollkommenen polypolistischen Marktes. Der amtliche Kursmakler sammelt an einem Börsentag alle Kauf- und Verkaufsaufträge eines bestimmten Wertpapiers, z. B. von der Aktie der Logistik AG. Es ergibt sich folgendes Bild:

Kaufaufträge		
Käufer	Menge	Limit
A	100	100,00
B	100	80,00
C	100	60,00
D	100	40,00

Verkaufsaufträge		
Verkäufer	Menge	Limit
E	150	100,00
F	150	80,00
G	150	60,00
H	150	40,00

Welchen Preis legt der Makler fest?

Kurs	Nachfrage in Stück Kaufaufträge				Gesamt-nachfrage in Stück	Gesamt-angebot in Stück	Angebot in Stück Verkaufeträge			
	A	B	C	D			E	F	G	H
40,00	100	100	100	100	400	150	–	–	–	150
60,00	100	100	100	–	300	300	–	–	150	150
80,00	100	100	–	–	200	450	–	150	150	150
100,00	100	–	–	–	100	600	150	150	150	150

Die Tabelle zeigt, dass der **größtmögliche Umsatz** bei einem Kurs von 60,00 € für die Aktie der Logistik AG erzielt wird. Gleichzeitig wird bei diesem Kurs der Markt geräumt, denn das Gesamtangebot und die

Gesamtnachfrage gleichen sich aus. 300 Aktien erzielen einen Umsatz von 18 000,00 €. Bei jedem anderen Kurs sinkt der Umsatz. Legte der Makler den Kurs des Wertpapiers beispielsweise bei 40,00 € fest, dem Kurslimit von Herrn Stein, könnten nur 150 Papiere den Eigentümer wechseln, denn einer Nachfrage von 400 Stück stände lediglich ein Angebot von 150 Papieren gegenüber. Es wäre dann nur ein Umsatz von 6 000,00 € möglich. Bei 80,00 € würden auch nur 200 Papiere zu einem Umsatz von 16 000,00 € gehandelt.

Die nachfolgende Darstellung im Koordinatensystem verdeutlicht anhand der Werte aus obigem Beispiel grafisch den Zusammenhang von Angebot, Nachfrage und dem sich daraus ergebenden Gleichgewichtspreis:

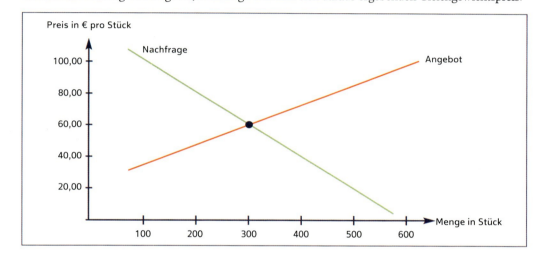

▲ Angebotsüberhang

Der Gleichgewichtspreis ergibt sich als **Schnittpunkt der Angebots- und der Nachfragekurve.** Hier gilt: **Angebot = Nachfrage.** Liegt der Marktpreis über dem Gleichgewichtspreis, ist das Güterangebot zu groß; es entsteht ein sogenannter **Angebotsüberhang.** Diese Situation wird nicht dauerhaft existieren, denn die Unternehmen werden beginnen, entweder ihre Preise zu senken oder ihre Produktion herunterzufahren. Beide Wege zeitigen den gleichen Effekt.

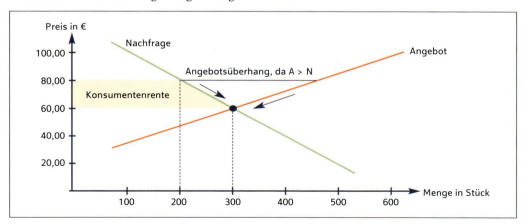

Bezogen auf das Beispiel werden zum Preis von 80,00 € von der Aktie 450 Stück angeboten, während gleichzeitig nur 200 Stück nachgefragt werden. Das bedeutet, dass auf der Angebotsseite zum Preis von 80,00 € von der Aktie 250 Stück mehr angeboten als nachgefragt werden (Angebotsüberschuss). Dieser Überschuss kann die Anbieter dazu veranlassen, die Wertpapiere preiswerter anzubieten, sodass sich bei unveränderter Nachfrage zukünftig wieder das Marktgleichgewicht von 60,00 € pro Aktie einstellt.

Die **Konsumentenrente** bezeichnet die Differenz zwischen dem Preis, den ein Käufer zu zahlen bereit wäre, und dem tatsächlich gezahlten Gleichgewichtspreis. Die Konsumentenrente ist somit der Betrag, den ein Käufer spart, weil der Marktpreis niedriger ist als der Preis, den er ursprünglich gezahlt hätte.

Beispiel Der Wertpapierberater erhält einen Kaufauftrag über 150 Stück Aktien der Logistik AG. Der Käufer ist bereit, 69,50 € für eine Aktie zu zahlen. Im obigen Fall hat sich ein Gleichgewichtspreis von 60,00 € je Aktie gebildet. Der Käufer zahlt diesen Gleichgewichtspreis und erzielt rechnerisch eine Konsumentenrente von 9,50 € je Aktie, weil er bereit gewesen wäre, auch 69,50 € zu zahlen. Insgesamt beträgt die Konsumentenrente rechnerisch 1 425,00 €.

▲ Nachfrageüberhang

Ein Nachfrageüberhang liegt vor, wenn der Marktpreis unter dem Gleichgewichtspreis liegt. Folglich ist die Nachfrage im Verhältnis zum herrschenden Angebot zu hoch. Einige Nachfrager werden „leer" ausgegangen sein und sind folglich bereit, einen höheren Preis für das Gut zu zahlen. Dieser **„Überbietungsprozess"** setzt sich so lange fort, bis erneut das Marktgleichgewicht bei gleichbleibendem Angebot erreicht ist.

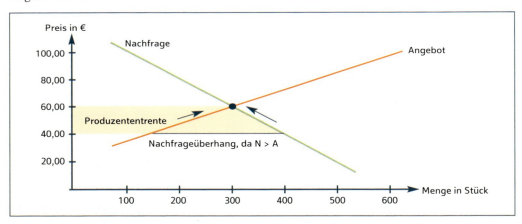

Bezogen auf das oben eingeführte Beispiel werden zum Preis von 40,00 € von der Aktie 400 Stück nachgefragt, während gleichzeitig nur 150 Stück angeboten werden. Das bedeutet, dass auf der Nachfrageseite zum Preis von 40,00 € von der Aktie 250 Stück mehr nachgefragt als angeboten werden **(Nachfrageüberschuss)**. Dieser Überschuss kann die Nachfrager veranlassen, mehr für die Wertpapiere zu bezahlen, sodass sich bei unverändertem Angebot zukünftig wieder das Marktgleichgewicht von 60,00 € pro Aktie einstellt.

Die **Produzentenrente** bezeichnet die Differenz zwischen dem Preis, den ein Verkäufer mindestens erzielen möchte, und dem tatsächlich realisierten Marktpreis, welcher höher ist als der vom Verkäufer intendierte Verkaufspreis.

Beispiel Der Wertpapierberater erhält einen Verkaufsauftrag über 290 Stück Aktien der Logistik AG. Der Verkäufer möchte mindestens 52,00 € für eine Aktie erhalten, limitiert den Verkaufsauftrag folglich. Im obigen Fall hat sich ein Gleichgewichtspreis von 60,00 € je Aktie gebildet. Der Verkäufer erlöst diesen Gleichgewichtspreis und erzielt rechnerisch eine Produzentenrente von 8,00 € je Aktie und von 2 320,00 € insgesamt, weil er bereit gewesen wäre, seine 290 Aktien auch für 52,00 € je Stück zu verkaufen.

▲ Änderungen von Angebot und Nachfrage

Die wirtschaftlichen Grundannahmen, welche auf die Preisbildung am Markt einwirken, verändern sich ständig: Lohnverhandlungen der Tarifparteien haben z. B. höhere Löhne und damit eine stärkere Konsumgüternachfrage zur Folge oder der Staat beschließt eine stärkere Besteuerung fossiler Brennstoffe, was zu steigenden Benzinpreisen und damit zu einer sinkenden Nachfrage führt usw. Folglich verändern sich auch die Gleichgewichtspreise von Gütern und Dienstleistungen immer wieder.

Nachfrageerhöhungen

Auf der Seite der Nachfrager führen insbesondere Einkommensänderungen zu mehr oder entsprechend weniger Konsumgüternachfrage. Bei einer **Erhöhung des Einkommens** wird sich die Nachfragekurve bei sonst unveränderten Bedingungen auf der Angebotsseite **nach rechts verschieben**. Die Nachfrager sind bereit, bei jedem Preis **mehr** Güter nachzufragen als vorher:

Beispiel

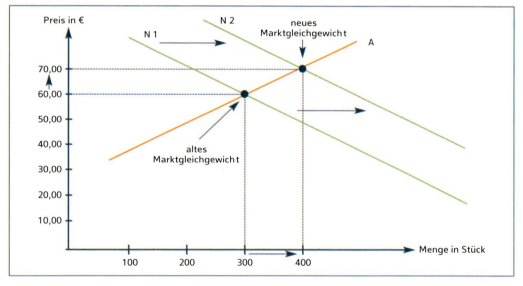

Beispiel Der Markt für Wertpapiere erfährt aufgrund einer sich belebenden Konjunktur einen stetigen Aufschwung. Die Löhne der Verbraucher steigen, sodass diese mehr Geld ausgeben oder sparen können. Es gibt viele Nachfrager, deren Einkommen bisher nicht ausgereicht hat, um Wertpapiere zu kaufen. Durch die Einkommenserhöhung steht ihnen jetzt ein Teil ihres Einkommens zur Verfügung, den sie in Wertpapieren anlegen können (Verschiebung der Nachfragekurve von N1 nach N2). Das hat steigende Wertpapierkurse zur Folge. In der obigen Darstellung ist ersichtlich, dass der Kurs der Logistik AG von 60,00 € auf 70,00 € je Aktie bei einem erhöhten Gesamtumsatz (von 300 auf 400 Stück) gestiegen ist.

Nachfragesenkungen

Nachfragesenkungen hingegen verschieben die **Nachfragekurve nach links.** Daraus erwächst als Folge ein Angebotsüberschuss, welcher sinkende Marktpreise bis zu einem neuen Marktgleichgewicht nach sich zieht:

Beispiel

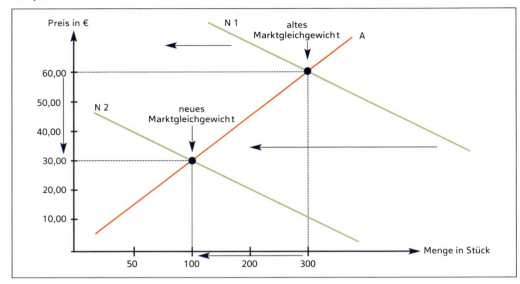

Im neuen Marktgleichgewicht (N2 = A) gilt im Vergleich zum alten Marktgleichgewicht (N1 = A), dass die umgesetzte Menge bei sinkenden Preisen kleiner geworden ist. Die Ursachen für einen solchen Nachfragerückgang können sehr vielfältig sein: steigende Steuern, sinkendes Einkommen, unsichere Zukunftserwartungen etc.

Beispiel „Ich habe es ja gleich gewusst", beschwert sich Herr Stein am Telefon bei seinem Wertpapierberater, „ich hatte bei steigenden Kursen gekauft. Jetzt wollte ich meine Gewinne realisieren und die Kurse fallen auf breiter Front. Nur 30,00 € haben die Aktien der Logistik AG gebracht – gestern stand der Kurs doch noch bei 60,00 €." „Da haben Sie leider recht, Herr Stein, die Vorgaben aus New York und Tokio waren Gift für den heutigen Handelstag – alle Welt geht von den Anzeichen einer breiten Rezession aus – das hat den Markt in eine Depression gestürzt." „Hätte ich den Auftrag doch nur nach unten limitiert. Das ärgert mich am meisten!", klagt Herr Stein. „Ach wissen Sie: ‚Weg mit Schaden' ist eine Weisheit in der Wertpapierwelt – wer weiß, ob die Kurse in der nächsten Zeit nicht noch weiter fallen werden. Ihr Verlust ist doch überschaubar", argumentiert der Berater. „Da haben Sie sicherlich recht – meine schlechte Laune ändert sich dadurch aber leider nicht ...", findet Herr Stein zerknirscht.

Angebotserhöhungen

Angebotserhöhungen verschieben die **Angebotskurve nach rechts.** Ursachen einer solchen Rechtsverschiebung können technologische Fortschritte sein, welche dazu führen, dass die Anbieter bei jedem Preis mehr anbieten können als in der vorangegangenen Situation.

Beispiel Die Bürodesign GmbH hat ein neuartiges Verfahren zur Verklebung von Holz- und Kunststofffurnieren auf Faserplatten erfunden und meldet dieses zum Patent an. Mit diesem Verfahren ist es einerseits möglich, in der gleichen Produktionszeit 40 % mehr Output zu erzielen. Andererseits trägt das Verfahren zum schonenden Umgang mit den Ressourcen bei, weil es computergesteuert und vollautomatisch funktioniert. Die Bürodesign GmbH ist deshalb in der Lage, edelholzfurnierte Tischplatten bei fallenden Preisen (von 40,00 € auf 37,00 € pro Quadratmeter) in größeren Mengen anzubieten (2 000 m² statt 1 500 m²) und abzusetzen.

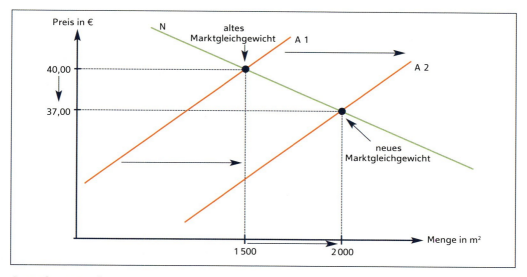

Angebotssenkungen

Ein fallendes Angebot führt zu einem entgegengesetzten Verlauf der Angebotsverschiebung (Linksverschiebung des Angebots). Hier werden zu jedem Preisniveau weniger Güter angeboten als in der Ursprungssituation. Der Angebotsrückgang führt zu einem Nachfrageüberhang, welcher im neuen Gleichgewicht bei sinkendem Angebot zu steigenden Preisen führt. Ursachen einer solchen Angebotsverknappung können z. B. gestiegene Rohstoffpreise oder Steuererhöhungen zulasten der Produzenten sein.

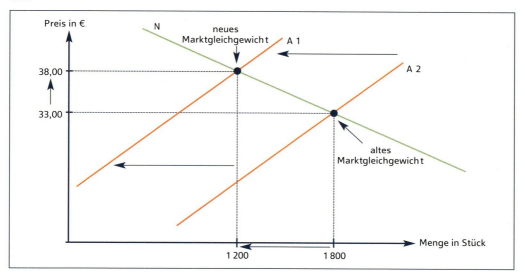

Beispiel Die erhöhte Besteuerung fossiler Brennstoffe führt bei der Bürodesign GmbH zu Kostensteigerungen. Diese Kostensteigerungen kann die Geschäftsleitung nicht durch Einsparungen an anderer Stelle kompensieren, sodass beschlossen wird, einige Produkte im Preis zu erhöhen. Dies führt zu entsprechenden Umsatzeinbußen.

▲ Preisbildung im unvollkommenen Polypol

Die Realität vieler Märkte zeigt, dass die Bedingungen des vollkommenen Marktes oftmals nicht gegeben sind. Auf vielen Märkten sind z. B. die dort gehandelten Güter nicht vollständig homogen; es existieren nebeneinander viele unterschiedliche Varianten von Gütern. Hersteller produzieren ein Gut in vielen Ausführungen. Man spricht hier von **heterogenen Gütern,** welche das Ergebnis einer **Produktdifferenzierung** sind. Darüber hinaus haben die Konsumenten auch Präferenzen. Oftmals wird ein Anbieter z. B. wegen seiner räumlichen Nähe ausgewählt. Letztlich fehlt den meisten Nachfragern auch die für den vollkommenen Markt kennzeichnende Markttransparenz.

Wichtig für den Anbieter ist das Wissen um die Preiselastizität der Nachfrage. Beim vollkommen Markt wird unterstellt, dass die Preiselastizität der Nachfrage gewissermaßen unendlich groß ist: Eine Preissenkung des Angebots zieht sofort die gesamte Nachfrage auf sich. Auf Märkten mit heterogenen Gütern bewirken hingegen die bereits angesprochenen Präferenzen, dass die Nachfrage nicht über die gleiche Preiselastizität verfügt wie im vollkommenen Markt. Der Anbieter hat also einen Spielraum für die Preisfestsetzung, er verfügt folglich über eine gewisse Marktmacht.

Auf den deutschen Wirtschaftswissenschaftler **Erich Gutenberg** (1897–1984) geht ein Modell zurück, mit welchem man diesen Preisspielraum des Angebots verdeutlichen kann. Gutenberg unterscheidet drei Bereiche einer individuellen Preisabsatzfunktion, die hier auf ein unvollständiges Polypol angewendet werden:

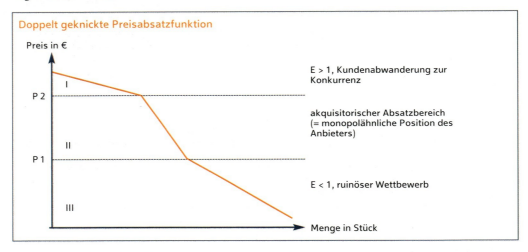

Im Bereich I (Angebotspreise > P 2) gilt, dass die Preisvorstellungen des Anbieters zu hoch sind. Er sieht sich einer preiselastischen Nachfrage gegenüber, sodass alle Preisanhebungen im Bereich I zur Folge haben, dass die Nachfrager zur Konkurrenz abwandern.

Im Bereich II (P1 < Angebotspreise > P 2) verfügt der Anbieter über eine monopolähnliche Situation. Er kann innerhalb dieses Bereiches den Preis beliebig festsetzen, ohne dass er befürchten muss, seine Kunden an die Konkurrenz zu verlieren. Die Preiselastizität der Nachfrage ist in diesem Bereich sehr klein, sodass Preisanhebungen kaum Nachfragerückgänge zur Folge haben. Der Anbieter hat sich durch die Präferenzen der Nachfrage einen festen Kundenstamm aufgebaut, der die Güter bzw. Dienstleistungen des Anbieters auch zu höheren Preisen abnimmt. Bei Gutenberg findet sich für diesen Bereich das sogenannte **akquisitorische Potenzial,** welches sich der Anbieter durch eine geschickte Marketingpolitik geschaffen hat.

Im Bereich III (Angebotspreise < P 1) schließlich ist ein Preisniveau erreicht, das weit unter dem üblichen Marktpreis liegt. Der Anbieter kann dieses Niveau nicht lange aufrechterhalten, weil er aufgrund seiner Kapazität nicht in der Lage ist, die Nachfrage zu bedienen. Zudem stellt sich die Frage, ob der verlangte Preis kostendeckend ist.

Funktionsweise des Marktmechanismus: Preisbildung im Polypol

- Der Preis hat folgende **Funktionen**:
  - Allokationsfunktion
  - Auslesefunktion
  - Signalfunktion
  - Markträumungsfunktion des Gleichgewichtspreises
- Verschiebungen auf der Angebots- oder Nachfragekurve resultieren aus einem Überangebot bzw. einem Nachfrageüberhang und führen zum **Gleichgewichtspreis.**
- Verschiebungen der Angebots- bzw. Nachfragekurve resultieren aus Veränderungen wirtschaftlicher Daten (z. B. Einkommensveränderungen, Wandel von Moden, Einführung neuer Technologien). Dabei verändert sich das **Marktgleichgewicht.**
- Der Staat kann zum Verbraucherschutz **Höchstpreise** bestimmen, welche unter dem Marktpreis liegen und eventuell zur Schwarzmarktbildung führen.
- Der Staat kann zum Schutz der Anbieter **Mindestpreise** bestimmen, die über dem Marktpreis liegen. Diese Subventionierung behindert den (multilateralen) Wettbewerb.
- Nach Erich Gutenberg hat ein Anbieter in einem **unvollkommenen Polypol** aufgrund der Präferenzen der Nachfrager oder der Heterogenität der Güter innerhalb eines gewissen Preisspektrums eine monopolähnliche Stellung.

1 Es gilt: $q^A = 3/2\,p - 4$ $q^N = 12 - 1/2\,p$
  (q^A = angebotene Menge, q^N = nachgefragte Menge, p = Preis)
  a) Berechnen Sie Gleichgewichtspreis und Gleichgewichtsmenge und erläutern Sie, was Gleichgewicht bedeutet.
  b) Stellen Sie die Angebots- und die Nachfragefunktion grafisch dar. Zeichnen Sie dabei ein
     – Gleichgewichtsmenge und Gleichgewichtspreis,
     – einen Preis, bei dem ein Angebotsüberschuss besteht,
     – einen Preis, bei dem die Nachfrage das Angebot übersteigt.

2 Auf dem Markt für digitale Kameras gelten die folgenden Funktionen:
  Angebotsfunktion: $x = 1\,000 + 4\,p$
  Nachfragefunktion: $x = 10\,000 - 2\,p$
  a) Berechnen Sie den Gleichgewichtspreis.
  b) Berechnen Sie die abgesetzte Menge.
  c) Erläutern Sie, welche Marktreaktionen bezüglich Preis und Menge auftreten, wenn es die technologische Entwicklung erlaubt, dass mehr Anbieter auf den Markt drängen. Zeigen Sie die Veränderungen grafisch in einem Preis-Mengen-Diagramm.

3 Leiten Sie aus der folgenden Zeichnung grafisch ab, wie sich Gleichgewichtspreis und -menge verändern, wenn
   – die Rohstoffpreise steigen,
   – die Lohnnebenkosten sinken,
   – die Einkommen der Verbraucher steigen,
   – ein Konkurrenzprodukt billiger wird.

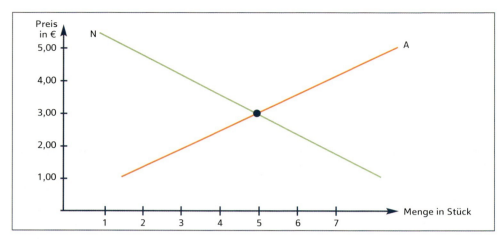

4 Auf einem polypolitischen Markt lässt sich der Verlauf einer Nachfragekurve wie folgt beschreiben:
x = 200 − 4p
Die Angebotsfunktion lautet:
x = 176 + 2p
a) Berechnen Sie die Gleichgewichtsmenge.
b) Aufgrund gestiegener Abgaben sinkt die Nachfrage nach dem Gut um 20 Einheiten. Zeigen Sie die Veränderung bei der Gleichgewichtsmenge.

5 Der Staat legt für den Verkauf eines landwirtschaftlichen Produktes einen Verkaufspreis von 5,00 €/kg fest.

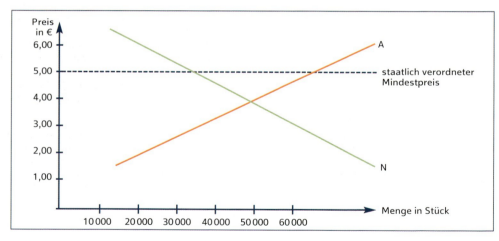

a) Erläutern Sie anhand der Grafik die Preisbildung, die abgesetzte Menge, deren Preis sowie die nachgefragte Menge und die angebotene Menge.
b) Zeigen Sie auf, welche Folgen aus dem staatlich verordneten Mindestpreis erwachsen können.

2 Das Entscheidungsverhalten der privaten Haushalte als Nachfrager

2.1 Das Nutzenkonzept: Nutzentheorien und Nutzenmaximierung

Beim gemeinsamen Sonntagsfrühstück der Familie Land stellt Silvia die Ergebnisse ihrer „Shoppingtour" durch die Innenstadt vor. Ihr Bruder ist schlecht gelaunt, weil sein Fußballverein am gestrigen Samstag wieder einmal verloren hat. Folglich kommentiert er die Einkäufe seiner Schwester sehr kritisch: „Silvia, du hast einen grenzenlos schlechten Geschmack. Nur weil die ‚Girlgroups' im Fernsehen solche bunten Sachen tragen, musst du denen das doch nicht nachmachen. Außerdem kosten die Kleider momentan ein Vermögen, weil jeder sie haben will!" Silvia kontert: „Ich weiß wenigstens, was schick aussieht und modern ist, während du alter Modemuffel im Sommer immer noch in Sandalen und Omas selbst gestrickten Wollsocken herumläufst – grauenhaft!"

- Erläutern Sie, wovon Sie Ihre Kaufentscheidung für ein bestimmtes Produkt abhängig machen.
- Stellen Sie die Abhängigkeit der nachgefragten Menge nach einem Produkt in Abhängigkeit von seinem Preis in einem Diagramm dar.

▲ Mikroökonomie

Im Rahmen der Volkswirtschaftslehre beschäftigt sich die **Mikroökonomie** mit der Erklärung und Prognose des typischen Verhaltens der Anbieter und Nachfrager auf einzelnen Märkten. Die mikroökonomische Analyse arbeitet mit theoretischen Modellen, die viele Aspekte der Realität vereinfachen. In diesem Sinne sind die Modelle „unrealistisch", aber bei Weitem nicht nutzlos. Ein Modell versucht, die wichtigsten Faktoren, die eine Entwicklung erklären, zu identifizieren und in ihrem Zusammenwirken zu analysieren. Gerade die Konzentration auf wenige wichtige Faktoren ermöglicht es, die Realität besser zu verstehen. Um die Diskussion auf das Wesentliche zu konzentrieren, wird im Folgenden eine Reihe vereinfachender Annahmen getroffen. Dazu gehört, dass nur die Auswirkungen der Veränderung eines einzelnen Einflussfaktors untersucht werden, während wir alle anderen Bedingungen als konstant annehmen. Dies ist die sogenannte **Ceteris-paribus-Annahme** („Alles-andere-ist-gleich-Annahme").

Beispiel Ein Marktforschungsinstitut versucht, die Abhängigkeit zwischen der konsumierten Menge an Speiseeis und den Außentemperaturen zu ermitteln. Dazu wird Silvia Land in der Innenstadt an einem Informationsstand befragt. Die Anwendung der Ceteris-paribus-Klausel bedeutet, dass der Interviewer sich auf den erwähnten Wirkungszusammenhang beschränkt. Für die Untersuchung spielt keine Rolle, dass Silvias Eiskonsum auch deshalb gestiegen ist, weil sie in diesem Monat ihr Urlaubsgeld erhalten hat.

▲ Minimal- und Maximalprinzip

Wichtig für die mikroökonomische Denkweise ist die Annahme eines **rationalen Verhaltens** der Anbieter bzw. Nachfrager. Man geht davon aus, dass alle Wirtschaftssubjekte entweder versuchen, mit **minimalem Aufwand** ein **bestimmtes Ziel zu erreichen,** oder **mit gegebenen Mitteln ein maximales Ziel anstreben.** Ein Wirtschaftssubjekt richtet sein Verhalten folglich danach aus, Handlungsalternativen nach dem **Rationalprinzip** zu bewerten: Wirtschaftssubjekte vergleichen den Preis bzw. die **Kosten** mit der Leistung bzw. dem **Nutzen** und wählen die Alternative, welche den größten Nettonutzen erbringt.

Beispiel Die Gesellschafterversammlung der Bürodesign GmbH hat beschlossen, den Geschäftsführern Frau Friedrich und Herrn Stein für das abgelaufene Geschäftsjahr eine Erfolgsbeteiligung in Höhe von jeweils 10 000,00 € zu zahlen. Die Hausbank von Herrn Stein bietet ihm zwei alternative Anlageformen. Bei der Anlage in einem Investmentfonds soll der Erfolg nach einem Jahr bei 1 000,00 € liegen, allerdings entstehen Kosten für Gebühren etc. in Höhe von 200,00 €, sodass das Nettoergebnis bzw. der Nettonutzen dieser Anlage bei 10 800,00 € liegt. Die zweite Anlageform ist ein Sparbrief mit einer Verzinsung von 5 %, ohne dass dabei Kosten anfallen. Wenn Herr Stein ein rationaler Anleger ist, wird er den Investmentfonds wählen, weil dieser ihm den höchsten Nettonutzen bietet.

▲ Nutzenmaximierung

Eine typische Fragestellung der Mikroökonomie lautet: Wovon machen die Nachfrager ihr Konsumverhalten abhängig? Im Modell der Nutzenmaximierung ist die Nachfrage der Haushalte u. a. abhängig von

- den **Preisen** – also den Kosten – der einzelnen Güter und Dienstleistungen,
- den **Präferenzen** eines Haushaltes bzw. der Einschätzung, welchen **Nutzen** ein Gut stiftet, und
- dem verfügbaren **Einkommen** eines Haushalts.

Auf der Grundlage der Knappheitsproblematik müssen die Haushalte ihr Einkommen nutzenmaximal verteilen, d. h., sie müssen den Kauf einzelner Güter und Dienstleistungen so verteilen, dass der gesamte Nutzen aus dem Konsum maximiert wird. Da sich die subjektiven Präferenzen für einzelne Güter von Haushalt zu Haushalt stark unterscheiden, muss jeder Haushalt eine **Präferenzordnung** festlegen.

Beispiel Die Familie von Frau Land stammt aus dem schönen Ostfriesland. Frau Land ist folglich leidenschaftliche Teetrinkerin, während ihre Tochter morgens unbedingt einen starken Kaffee benötigt, „um den Tag zu überstehen". Tee stiftet Frau Land einen höheren Nutzen als Kaffee, während es bei ihrer Tochter genau umgekehrt ist.

1. Gossensches Gesetz (Sättigungsgesetz)

Ein Haushalt wird trotz des o. g. Beispiels nicht nur ein bestimmtes Gut, sondern verschiedene Güter konsumieren. Um dies zu erklären, hat der Ökonom Hermann Heinrich Gossen (1810–1858) das sogenannte „**Sättigungsgesetz**" formuliert:

> „Die Größe eines und desselben Genusses nimmt, wenn wir mit der Bereitung eines Genusses ununterbrochen fortfahren, fortwährend ab, bis zuletzt Sättigung eintritt."

Dieses **erste gossensche Gesetz** bezeichnet man heute auch als das „**Gesetz des abnehmenden Grenznutzens**". Als **Grenznutzen** wird dabei der Konsum einer **zusätzlichen** Einheit des Gutes bezeichnet. Das Gesetz des **abnehmenden Grenznutzens** besagt, dass der Nutzen mit zunehmendem Konsum eines Gutes abnimmt.

Beispiel Die erste Tasse Morgenkaffee macht Silvia Land munter – ihr Grenznutzen ist für Silvia Land also sehr hoch. Trinkt sie auch noch eine zweite Tasse, wird deren Nutzen nicht mehr so hoch sein wie jener der ersten Tasse. Der Gesamtnutzen erhöht sich zwar, aber nicht mehr so stark wie nach der ersten Tasse.

Dies ist die zweite Bedingung des Gesetzes des abnehmenden Grenznutzens: Zwar nimmt der **Gesamtnutzen** mit jeder weiteren Gütermenge zu, der zusätzliche Nutzenbeitrag wird aber jedes Mal kleiner, bis der Grenznutzen gleich null ist. Deswegen wird bei einem Preis von null nur eine begrenzte Menge eines Gutes nachgefragt, die sogenannte **Sättigungsmenge**.

Das Nutzenkonzept: Nutzentheorien und Nutzenmaximierung

Beispiel Es ist Sommer, 32 Grad heiß und die Familie Land betritt nach einer langen Wanderung durstig einen Biergarten. Ein Bier kostet 3,00 €. Das erste Glas stiftet Herrn Land den größten Nutzen, weil es seinen größten Durst löscht. Das nächste Glas hat schon einen geringeren Nutzen für ihn, weil die Gefahr des Verdurstens schon nicht mehr gegeben ist. Auch bei Freibier könnte Herr Land nicht unbegrenzt alkoholhaltiges Bier trinken.

Die Tabelle zeigt den Verlauf der Nutzenquantitäten beim Verbrauch von Bier:

Menge in Stück	Gesamtnutzen	Grenznutzen
...		
4	28	
5	32	+ 4
6	35	+ 3
7	37	+ 2
8	38	+ 1
9	38	0
10	37	− 1

Die folgende Abbildung zeigt den Zusammenhang zwischen der konsumierten Gütermenge, dem Gesamtnutzen und dem Grenznutzen. Dabei entspricht die Grenznutzenkurve zeichnerisch der Steigung der Gesamtnutzenkurve.

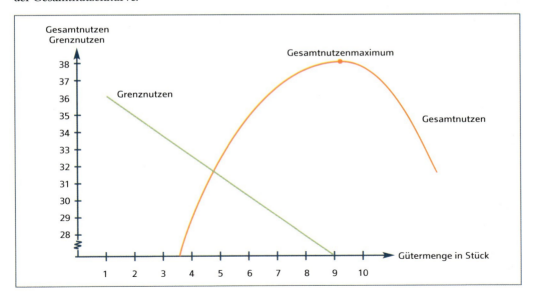

An dieser Stelle lassen sich bereits einige wichtige **Konsequenzen aus der Nutzenfunktion** ableiten:

- Haushalte werden zur Befriedigung ihrer Bedürfnisse nicht nur ein Gut, sondern mehrere Güter konsumieren, denn nur so lässt sich der Gesamtnutzen maximieren.

- Der Zusammenhang zwischen der Nutzeneinschätzung, dem Preis eines Gutes und der konsumierten Menge wird deutlich. Ein Haushalt wird ein Gut nur dann kaufen, wenn der Grenznutzen eines zusätzlich konsumierten Gutes höher ist als der Marktpreis desselben (= Kosten des zusätzlichen Gutes). Im Rahmen der Nutzenmaximierung wird der Haushalt das Gut so lange kaufen, wie der Preis kleiner ist als der Grenznutzen. In diesem Fall ist der Nettonutzen positiv, der Gesamtnutzen steigt. Das **Gesamtnutzenmaximum** ist dann erreicht, wenn der Preis des Gutes und der Grenznutzen gleich groß sind. Aus dieser Argumentationsfigur kann man weiterhin ableiten, dass in der Regel die Nachfrage nach einem Gut dann sinkt, wenn der Preis des Gutes steigt – und umgekehrt.

Beispiel In einem Café kostet ein Espresso 1,80 €. Wenn der Grenznutzen, den der Konsument dem Espresso beimisst, nur 1,50 € beträgt, wird er den Espresso nicht bestellen. Senkt das Café den Preis hingegen auf 1,20 €, wird die Nachfrage nach Espresso steigen.

Das Nutzenkonzept: Nutzentheorien und Nutzenmaximierung

- Die **Mikroökonomie** erklärt das Verhalten von Anbietern und Nachfragern.

ökonomisches Prinzip

Minimalprinzip	Maximalprinzip
■ gegebenes Ziel ■ geringster Mitteleinsatz	■ gegebener Mitteleinsatz ■ maximaler Erfolg

- **Nutzenmaximierung** bedeutet für einen Nachfrager, dass er die Höhe seiner Nachfrage abhängig macht von
  – seinen Präferenzen,
  – den Preisen der Güter,
  – seinem Einkommen.

- Das **1. Gossensche Gesetz als Sättigungsgesetz** formuliert: „Die Größe eines und desselben Genusses nimmt, wenn wir mit der Bereitung eines Genusses ununterbrochen fortfahren, fortwährend ab, bis zuletzt Sättigung eintritt."

- Wenn der Grenznutzen einer zusätzlich konsumierten Gütereinheit gleich null ist, hat der Haushalt sein **Gesamtnutzenmaximum** erreicht.

---

1 Erläutern Sie die Bestimmungsfaktoren für die Nachfrage eines privaten Haushalts nach einem Gut.

2 Definieren Sie den Begriff des „Nutzens" und nennen Sie weitere Faktoren, welche die Höhe des Nutzens beeinflussen.

3 Begründen Sie, warum der Nutzen zwar relativ, aber nicht absolut messbar ist.

4 Der Grenznutzen eines Haushalts beim Konsum von Apfelsaft hat den nachfolgend angegebenen Verlauf:

Bestimmungsgrößen der Nachfrage

Apfelsaft insgesamt in Flaschen	1	2	3	4	5	6
Grenznutzen je Flasche in Nutzeneinheiten	50	25	15	10	5	0

a) Zeichnen Sie in einem Koordinatensystem den Verlauf der Gesamtnutzen- und der Grenznutzenkurve.
b) Interpretieren Sie den Verlauf der Kurven.

5 Das Gesetz vom abnehmenden Grenznutzen erlaubt Aussagen über das Konsum- und Nachfrageverhalten von Wirtschaftssubjekten. Erläutern Sie in Worten und grafisch die Kurvenverläufe von Gesamtnutzen- und Grenznutzenfunktionen. Bestimmen und erläutern Sie in diesem Zusammenhang auch die Sättigungsmenge und das Nutzenmaximum.

2.2 Bestimmungsgrößen der Nachfrage

Der Leiter der Absatzabteilung der Bürodesign GmbH, Herr Stam, betritt aufgeregt das Büro der Geschäftsführerin Frau Friedrich und berichtet von der Entwicklung der Verkaufserlöse der Produktgruppe „Warten und Empfang": „Die Absatzzahlen dieses Bereichs sind in den letzten drei Quartalen stetig gesunken." Das stellt er in folgender Tabelle dar:

Quartal	1. Quartal	2. Quartal	3. Quartal
Umsatz	1,2 Mio. €	1,01 Mio. €	980 Tsd. €

Frau Friedrich meint darauf: „Die Ursachen dieses Umsatzrückgangs können meiner Meinung nach nur auf der Nachfrageseite liegen. Wir sollten das einmal genauer untersuchen!"

- Untersuchen Sie, welche Ursachen zu einem Nachfragerückgang führen.
- Erläutern Sie, warum sich die Nachfrager nicht in allen Situationen rational verhalten.

▲ Die Nachfrage in Abhängigkeit vom Preis

In der Grafik im nachfolgenden Beispiel wird dargestellt, wie sich die nachgefragte Menge in Abhängigkeit vom Preis verhält. Es handelt sich dabei um die individuelle Nachfragefunktion eines Haushalts. Dabei gilt:

- Wenn der **Preis** eines Gutes **steigt**, **fällt** die **Nachfrage** nach dem Gut.
- Wenn der **Preis** eines Gutes **sinkt**, **steigt** die **Nachfrage** nach dem Gut.

Beispiel Die Bürodesign GmbH importiert einen neuartigen Schreibtischstuhl aus den USA. Dieser Stuhl zeichnet sich dadurch aus, dass er den Bewegungsablauf von arbeitenden Menschen besonders gut unterstützt und daher sehr rückenschonend wirkt. In einer Kundenumfrage ermittelt die Bürodesign GmbH folgende Nachfrageentwicklung:

Preis pro Stück in €	Nachfrage in Stück
275,00	790
300,00	640
325,00	530
350,00	430
375,00	370
400,00	290

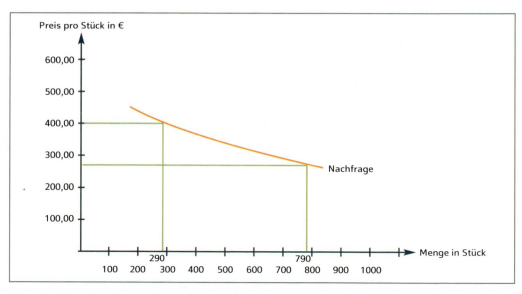

Diese Nachfragefunktion stellt den **Normalfall** dar. Daneben gibt es eine Reihe weiterer Nachfrageverhaltensweisen, welche nicht die typische geneigte Form aufweisen.

▲ Giffen-Güter

Robert Giffen, ein englischer Nationalökonom, hat ein besonderes Nachfrageverhalten in England anhand der Brotpreise im 19. Jahrhundert untersucht.

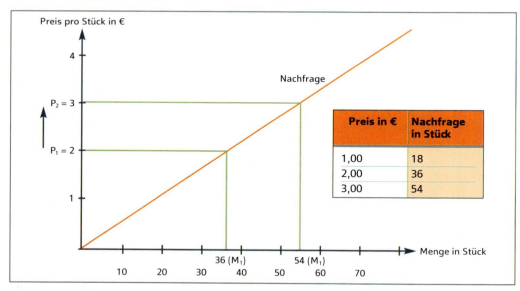

Preis in €	Nachfrage in Stück
1,00	18
2,00	36
3,00	54

Der Funktionsverlauf zeigt die Anomalie auf, dass die **Nachfrage** trotz **steigender Preise** weiterhin **steigt** (anomales Nachfrageverhalten). Giffen machte die folgende Entdeckung bei der Nachfrage nach Brot: Der anzunehmende Substitutionseffekt bei steigenden Brotpreisen fand nicht statt und folglich auch nicht die Abnahme der nachgefragten Brotmenge, weil aufgrund des gestiegenen Brotpreises die Haushalte auf teurere Lebensmittel (z. B. Fleisch) verzichtet haben und stattdessen mehr Brot nachfragten.

▲ Der Veblen-Effekt

Der amerikanische Soziologe und Ökonom **Thorstein Veblen** (1857–1929) hat eine weitere Variante der anomalen Nachfragefunktion nachgewiesen: Viele Haushalte fragen bestimmte Güter nach, um ihren Wohlstand zu demonstrieren (**Veblen-Effekt** oder **Prestige-Effekt**). Güter, welche dies gewährleisten, müssen einen hohen Preis haben, damit sie nicht von „jedermann" konsumiert werden können.

Beispiel Silvia Land kauft sich Kleidung mit einem Designer-Label, weil sie dadurch ihr Markenbewusstsein nach außen darstellen kann. Ihr ist es egal, dass das T-Shirt mehr als das Doppelte eines vergleichbaren T-Shirts ohne Markenlabel kostet.

In ähnlicher Weise funktioniert der sogenannte **Snob-Effekt.** Dieser geht davon aus, dass es Konsumenten gibt, welche einen besonders hohen Nutzen aus solchen Gütern ziehen, die exklusiv sind. Steigt die Nachfrage nach einem solchen Gut an, so büßt das Gut seine Exklusivität ein und die „Snobs" stellen ihre Nachfrage ein.

Beispiel Ein Freund von Herrn Stein ist Geschäftsführer eines sehr erfolgreichen Modeunternehmens. Als Inhaber des Unternehmens kann er es sich leisten, einen luxuriösen Sportwagen zu fahren. Im Golfclub zeigt er dadurch, dass er, anders als die meisten Clubmitglieder, in der Lage ist, mehr als 150 000,00 € für einen Pkw auszugeben.

▲ Weitere Einflussfaktoren

Neben den oben ausgeführten Einflüssen, welche die Preise von Gütern auf deren Nachfrage auslösen, lassen sich weitere Einflussfaktoren identifizieren:

- Private Haushalte können nur dann am Markt als Nachfrager auftreten, wenn sie über die entsprechende Kaufkraft verfügen. Damit beeinflusst die zur Verfügung stehende Konsumsumme die Nachfrage ganz entscheidend. Diese **Konsumsumme** wiederum wird entscheidend von der **Höhe des Einkommens** bestimmt, das einem Haushalt zur Verfügung steht. Wenn die Konsumsumme sinkt, wird sich die Nachfragekurve nach links verschieben, während steigende Konsumsummen über eine Erhöhung der Nachfrage zu einer Rechtsverschiebung der Nachfragekurve führen.
- Die **Zukunftserwartungen** der privaten Haushalte bestimmen ebenfalls deren Nachfrageverhalten. In Zeiten wirtschaftlicher Krisen rechnen viele private Haushalte z. B. mit Einkommenseinbußen oder dem Verlust ihres Arbeitsplatzes. Folglich werden sie ihre Konsumausgaben einschränken, was zu einer Linksverschiebung der Nachfragekurve führt. Wirtschaftliche Boomphasen lassen durch steigende Einkommen die Konsumsumme steigen (Rechtsverschiebung der Nachfragekurve).

▲ Gesamtwirtschaftliche Nachfragefunktion

Die individuellen Nachfragefunktionen der Haushalte lassen sich durch Zusammenfassung (= **Aggregation**) zu einer Nachfragefunktion für einen ganzen Markt zusammenfassen (**= gesamtwirtschaftliche Nachfragefunktion).** Dazu werden die von den privaten Haushalten nachgefragten individuellen Mengen eines Gutes bei jeweils gleichen Preisen addiert.

Die **linear dargestellten Nachfragekurven** sind eine Vereinfachung. Die aus der Erfahrung gewonnenen Daten, die einer Nachfragefunktion zugrunde liegen, streuen mehr oder weniger **(Punktwolke).** Sie werden durch ein statistisches Verfahren auf einen Grundzusammenhang zurückgeführt (lineare Regression).

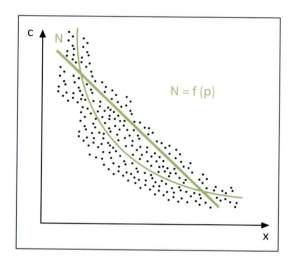

Die Steigung der Nachfragekurve (hier aus Vereinfachungsgründen als Gerade dargestellt) ist determiniert durch die unterschiedliche Nutzeneinschätzung der Konsumenten. Die folgende Darstellung macht deutlich, dass auch bei einem Preis von null die Nachfrage nicht unendlich groß wird. Der Schnittpunkt der Nachfragekurve mit der Mengenachse wird auch als Sättigungsmenge bezeichnet. Erläutern lässt sich diese Sättigungsmenge mit dem abnehmenden Grenznutzen aus dem ersten gossenschen Gesetz. Beim Prohibitivpreis (= Schnittpunkt der Nachfragekurve mit der Preisachse) stellen die Konsumenten ihre Nachfrage ein. Eine flach verlaufende Nachfragekurve zeigt, dass die Konsumenten sehr preiselastisch reagieren: Eine geringe Preisänderung hat einen großen Einfluss auf die nachgefragte Menge. Bei einer preisunelastischen Nachfrage verläuft die Nachfragekurve steiler (vgl. S. 168).

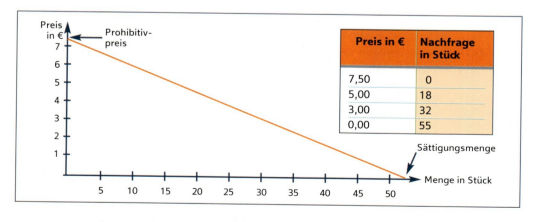

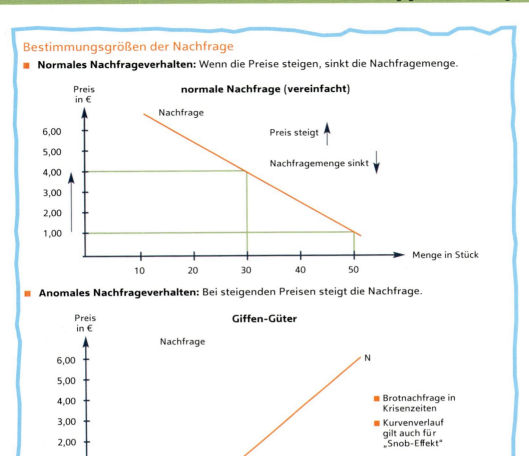

1 Gegeben sei folgende Nachfragefunktion: x = 12 − 2p
  a) Zeichnen Sie diese Nachfragefunktion in einem Koordinatensystem.
  b) Beschreiben Sie den Funktionsverlauf.

2 Erläutern Sie die Auswirkungen von Preissteigerungen auf die Kaufkraft des Einkommens eines Haushaltes und leiten Sie daraus das Nachfrageverhalten ab.

3 Zeigen Sie grafisch den Zusammenhang zwischen der Preisentwicklung eines Gutes und seiner Nachfragemenge unter der folgenden Prämisse:
Es wird ein normales Nachfrageverhalten vorausgesetzt.

4 Begründen Sie den Verlauf der Nachfragefunktion für sogenannte „Giffen-Güter" und zeichnen Sie den Verlauf der Nachfragekurve in einem Diagramm.

5 Erläutern Sie auf der Grundlage des 1. Gossenschen Gesetzes, warum in einer Kneipe auch dann nicht „unendlich viel" Bier getrunken wird, wenn es während der gesamten Öffnungszeit Freibier gibt.

2.3 Nachfrageelastizitäten

Im Büro der Geschäftsleitung fällt in der letzten Zeit häufiger der PC aus. Die Leiterin des Sekretariats, Frau Botsch, beauftragt die Auszubildende zur Kauffrau für Büromanagement Caroline Baum damit, Angebote für einen neuen PC einzuholen. Ein örtlicher Elektronikhändler wirbt in einem Prospekt mit einer Rabattaktion: „Alles muss raus – wir geben gnadenlose 25 % Rabatt auf alle Artikel unseres Programms!"

„Das gibt's doch gar nicht", wundert sich Caroline Baum, „bei 25 % Rabatt macht der Händler doch bestimmt gar keinen Gewinn mehr!" Frau Botsch – wieder einmal sichtlich erregt, weil ihr PC abgestürzt ist – antwortet: „Momentan ist es mir völlig egal, ob der Händler 25 % oder auch gar keinen Rabatt einräumt. Ich brauche dringend Ersatz für meinen PC; das Angebot nutzen wir. Außerdem würde der Händler diese Rabatte ja wohl nicht einräumen, wenn er daran nichts verdienen könnte. Gehen Sie bitte mit dem Prospekt zu Herrn Stein und holen Sie sich seine Zustimmung!"

Auf dem Weg in das Büro von Herrn Stein denkt Caroline Baum weiter über die Sinnhaftigkeit der Rabattaktion nach: „Eigentlich haben alle Leute, die ich kenne, schon mindestens einen PC – die kaufen sich doch jetzt alle keinen neuen Rechner, nur weil er 25 % preiswerter ist!"

- Stellen Sie fest, wovon es abhängt, in welcher Höhe der Händler Rabatte für seine Produkte einräumt.
- Schätzen Sie ein, ob diese Rabattaktion erfolgreich sein wird.

▲ Direkte Preiselastizität der Nachfrage

Die Konsumenten machen die Höhe ihrer Nachfrage nach Konsumgütern auch von deren Preisen abhängig. Interessant ist in diesem Zusammenhang jedoch zusätzlich, wie stark sie ihre Nachfrage verändern, wenn sich der Preis ändert.

Beispiel Der Elektronikhändler aus dem obigen Fall sollte bei der Preisfestsetzung für einzelne Güter vorher abschätzen, wie die Verbraucher auf die Preisänderung reagieren werden. Bei der Kontrolle der durchgeführten Werbeaktion erlebt die Marktleiterin nämlich eine Überraschung:

	Sonderangebot „DVD-Rohlinge" (X1 in Stück)			Sonderangebot „LED-Fernseher" (X2 in Stück)		
	P1 (Preis in €)	X1 (Menge)	P1 · X1 (Umsatz in €)	P2 (Preis in €)	X2 (Menge)	P2 · X2 (Umsatz in €)
Normalpreis	0,60	1 000	600,00	2 000,00	10	20 000,00
Sonderpreis (25 % Rabatt)	0,45	1 200	540,00	1 500,00	20	30 000,00

DVD-Rohlinge			LED-Fernseher		
Preisänderung in %	Mengenänderung in %	Umsatzänderung in €	Preisänderung in %	Mengenänderung in %	Umsatzänderung in €
25	20	– 60,00	25	100	+ 10 000,00

Die Preissenkungen betrugen aufgrund der Rabattaktion in beiden Fällen 25 %. Die Reaktion der Verbraucher war jedoch unterschiedlich:

- DVD-Rohlinge   + **20 %** mehr Nachfrage (d. h. **10 % weniger Umsatz**)
- LED-Bildschirme + **100 %** mehr Nachfrage (d. h. **50 % mehr Umsatz**)

DVD-Rohlinge sind Güter des täglichen Bedarfs. Eine Preissenkung bei einem solchen **inferioren Gut** führt nur zu einer geringen mengenmäßigen Nachfragesteigerung. Daher kann es beim Verkäufer dann zu einem Umsatzrückgang führen, wenn die Preissenkungen prozentual höher ausfielen als die prozentuale Steigerung der nachgefragten Menge.

Ein **LED-Fernseher** dagegen ist ein Gut des gehobenen Bedarfs. Für diese Technologie gibt es preiswerteren Ersatz (= **Substitutionsgüter**), z. B. LCD ernseher. Deshalb reagieren die Nachfrager mit einer großen Nachfragesteigerung, wenn der Preis für dieses **superiore Gut** sinkt.

▲ Mathematische Betrachtung der Preiselastizität der Nachfrage

$$\text{Preiselastizität der Nachfrage} = \frac{\text{prozentuale Mengenänderung der Nachfrage}}{\text{prozentuale Preisänderung}}$$

Die Preiselastizität der Nachfrage zeigt an, in welchem Maß die Nachfrager auf Preisveränderungen reagieren. Mathematisch lässt sie sich beschreiben als Koeffizient aus einer Preisaktion (= Preisveränderung) und einer Mengenreaktion (Mengenänderung).

Beispiel Bezogen auf das Beispiel der Rabattaktion bei dem Elektronikhändler ergeben sich folgende Preiselastizitäten der Nachfrage:

DVD-Rohlinge:[1] $= \frac{20\%}{-25\%} = -0{,}80$ LED-Bildschirme:[1] $= \frac{100\%}{-25\%} = -4$

Folgende **Fälle der Preiselastizität der Nachfrage** lassen sich unterscheiden:

$E_N > 1$	Ergibt sich ein Elastizitätskoeffizient, welcher größer ist als 1, spricht man von einer **preiselastischen Nachfrage.** Die prozentuale Mengenänderung ist größer als die prozentuale Preisänderung. Diese Preiselastizität der Nachfrage ergibt sich beispielsweise bei superioren Gütern, die durch preiswertere Güter ersetzt (= substituiert) werden können. **Beispiel** Die Familie Land kauft im Winter keine Erdbeeren, weil diese in dieser Jahreszeit zu teuer sind. Sie substituiert sie durch Mandarinen, welche jahreszeitbedingt preiswerter sind.
$E_N < 1$	Ergibt sich ein Elastizitätskoeffizient, welcher kleiner ist als 1, spricht man von einer **preisunelastischen Nachfrage.** Die Mengenreaktion der Nachfrager fällt geringer aus als der Preisimpuls der Anbieter. Diese Preiselastizität der Nachfrage ergibt sich beispielsweise bei inferioren Gütern des täglichen Bedarfs. Diese werden ohnehin gekauft, sodass eine Preisänderung wenig Folgen für die Konsumbereitschaft hat. **Beispiel** Wird Frischmilch besonders günstig angeboten, wird Frau Land nicht mehr davon kaufen, als die Familie ohnehin verbraucht, denn die Milch kann nicht lange gelagert werden.
$E_N = 0$	Bei einem Elastizitätskoeffizienten von 0 ist die Nachfrage nach einem Gut vollständig unabhängig von dessen Preisgestaltung. Man spricht in diesem Fall von einer **vollkommen unelastischen** oder **starren Nachfrage.** **Beispiel** Dieser Spezialfall gilt beispielsweise für die Nachfrage nach lebensnotwendigen Medikamenten.

---

[1] Bei der Berechnung der einfachen Preiselastizität der Nachfrage spielen die Vorzeichen keine Rolle.

$E_N = \infty$	Bei einem Elastizitätskoeffizienten von ∞ ist die Nachfrage **vollkommen elastisch.** Die Käufer sind bereit, zu einem bestimmten Preis jede erhältliche Menge zu kaufen. **Beispiel** Die Einführung eines neuen Reisepasses mit biometrischen Daten ist ein solcher Fall, wobei alle Bürger eines Landes dieses Dokument zu dem vom Staat festgelegten Preis erwerben müssen.
$E_N = 1$	Hierbei handelt es sich um einen Spezialfall, bei welchem sich Preisänderung und Mengenreaktion in einem gleichen Verhältnis verändern. **Beispiel** Nach einer 10%igen Preissenkung von Butter steigt die Nachfrage ebenfalls um 10 %.

▲ Indirekte Preiselastizität der Nachfrage (Kreuzpreiselastizität)

Die Nachfrage nach einem Gut verändert sich als Reaktion auf dessen Preisanpassungen. Neben den Preisveränderungen des betrachteten Gutes spielen aber auch die Preise anderer Güter für die Nachfrageentwicklung eine Rolle. Auch gibt es einen Elastizitätskoeffizienten, welcher die Stärke der Reaktion seitens der Nachfrage misst.

Die Fragestellung lautet: „Wie reagieren die Nachfrager nach Gut X1, wenn sich der Preis von Gut X2 verändert?" Die Reaktion bezeichnet man als **indirekte Preiselastizität** der Nachfrage oder als **Kreuzpreiselastizität.**

Beispiel In der Bürodesign GmbH müssen aufgrund stark gestiegener Preise für den Rohstoff Holz die Preise für die furnierten Holztische „Logo" aus der Produktgruppe „Konferenzen und Schulungen" angehoben werden. Die Kreuzpreiselastizität misst nun, wie sich aufgrund dieser Preissteigerung die Nachfrage nach den Konferenzstühlen „Konzentra" verändert. Diese Stühle werden im Wesentlichen mit hochwertigen Textilien bzw. Leder bezogen, müssen also im Preis nicht angehoben werden. Sie werden jedoch in Kombination mit den Tischen der gleichen Produktgruppe verkauft. Zu erwarten ist, dass die Nachfrage nach den Stühlen als Folge der sinkenden Nachfrage nach Holztischen ebenfalls sinkt.

Bei der Berechnung der Kreuzpreiselastizität wird die relative Mengenänderung eines Gutes (X1) auf die Preisänderung eines anderen Gutes (X2) bezogen.

$$\text{Kreuzpreiselastizität der Nachfrage} = \frac{\text{prozentuale Mengenänderung der Nachfrage nach Gut Y}}{\text{prozentuale Preisänderung von Gut X}}$$

Bei der Kreuzpreiselastizität spielt das Vorzeichen des Elastizitätskoeffizienten im Gegensatz zur direkten Preiselastizität eine entscheidende Rolle:

- **Positives Vorzeichen:** Eine Preiserhöhung (bzw. Preisreduzierung) bei Gut X hat eine Nachfrageerhöhung (bzw. Nachfrageminderung) bei Gut Y zur Folge. Die Güter lassen sich gegenseitig ersetzen (= substituieren).

  Beispiel Wenn die Kaffeepreise aufgrund schlechter Ernteergebnisse steigen, verändert die Familie Land ihr Konsumverhalten und kauft statt Kaffee zukünftig Tee, wenn dieser nicht teurer geworden ist. Ähnlich verhalten sich viele Konsumenten, sodass in einem Supermarkt folgende Absatzveränderungen stattfinden:
  Eine Packung Espressobohnen kostet statt 8,00 € zukünftig 9,50 €. Daraufhin steigt der Teeabsatz in einem Fachgeschäft von 30 Packungen auf 45 Packungen täglich. $\quad E = \frac{+50\%}{+18,75\%} = +2,67$

- **Negatives Vorzeichen:** Eine Preiserhöhung (bzw. Preisreduzierung) bei Gut X hat einen Nachfragerückgang (bzw. eine Nachfragesteigerung) bei Gut Y zur Folge. Die Güter hängen in ihrer Nutzung voneinander ab.

  Beispiel Ausgehend vom vorangegangenen Beispiel nimmt bei gestiegenen Kaffeepreisen in der Familie Land auch der Konsum von Dosenmilch bzw. Kaffeesahne ab. Statt drei Packungen Dosenmilch pro Monat kauft Frau Land nur noch eine Packung pro Monat: $\quad E = \frac{-66,67\%}{+18,75\%} = -3,56$

▲ Einkommenselastizität

Letztlich wird die Nachfrage nach einem Gut auch durch Einkommensanpassungen verändert. Die Einkommenselastizität zeigt, wie stark sich die Nachfrage nach einem Gut X ändert, wenn sich das Einkommen (Y) verändert.

Normalerweise wird bei steigendem Einkommen die Nachfrage nach **Nichtsättigungsgütern** ebenfalls steigen. Folglich ist dann auch der Elastizitätskoeffizient positiv. Ist die Einkommenselastizität größer 1, handelt es sich um ein **superiores Gut**.

Bei Gütern des täglichen Bedarfs ist der Zusammenhang jedoch anders: Steigt das Einkommen, werden diese Güter durch andere, höherwertigere Güter ersetzt. Die Einkommenselastizität ist in diesem Fall kleiner als 0 **(= einkommensinferiore Güter)**.

Beispiel Herr Land wird befördert und verdient zukünftig erheblich mehr. Seine Familie kann es sich dann leisten, mehrmals im Jahr in den Urlaub zu fahren (Nichtsättigungsgut) und echten Champagner statt Sekt zu trinken. Sekt wird in diesem Fall durch den höherwertigeren und teureren Champagner ersetzt (= substituiert).

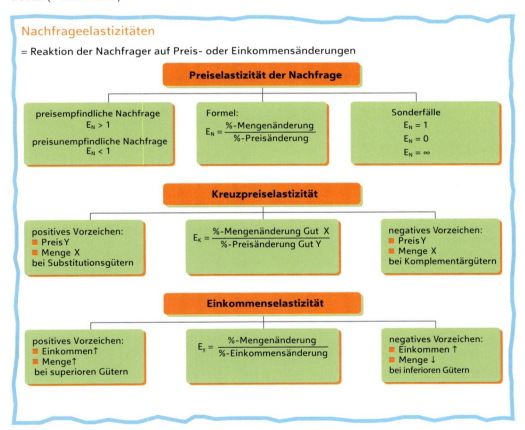

Das Entscheidungsverhalten der privaten Haushalte als Nachfrager

1 Im Folgenden wird eine Reihe von rechnerisch ermittelten Werten von Preiselastizitäten der Nachfrage für bestimmte Güter gezeigt:

Gut	Preiselastizität
Zucker	0,1
Tee	0,2
Jeans	0,6

Gut	Preiselastizität
Weltreisen	5,8
Flugreisen	3,0
Filetsteak	2,5

a) Erläutern Sie den Rechenweg, der zu den Ergebnissen geführt hat.
b) Welche dieser Güter sind preisunelastisch?
c) Erläutern Sie dem Marketing-Chef einer Reiseagentur, die sich auf Weltreisen spezialisiert hat, die Bedeutung einer Preiselastizität der Nachfrage nach Weltreisen von 5,8.
d) Ein Supermarkt plant eine Sonderverkaufsaktion, um mehr Kunden zu erreichen. Dabei sollen die Produkte Tee, Zucker und Filetsteak berücksichtigt werden. Beraten Sie das Unternehmen in der Festlegung der Preise unter Beachtung der Preiselastizität der Nachfrage.

2 Eine Verbraucherin hat folgende Nachfragefunktion nach Benzin: $p = 4 - 1/10 x$, wobei p = Preis und x = nachgefragte Liter Benzin je Woche bedeuten.
a) Zeichnen Sie die Nachfragekurve, welche das Nachfrageverhalten der Verbraucherin darstellt.
b) Begründen Sie, um welche Form der Nachfrage es sich handelt.
c) Aufgrund einer Tariflohnerhöhung steigt das Einkommen der Verbraucherin. Sie ist gewillt, bei jedem denkbaren Benzinpreis wöchentlich 10 Liter Benzin mehr als bisher zu kaufen. Stellen Sie zeichnerisch und in Worten dar, wie sich die Nachfrage gegenüber der ursprünglichen Nachfragekurve verändert hat.

3 Der Finanzminister will die Mineralölsteuer für Benzin um 15 Cent je Liter erhöhen, um ein Loch im Haushalt zu stopfen. Ein Abgeordneter macht den Vorschlag, stattdessen eine „Limonaden-Steuer" von 15 Cent je Liter einzuführen.
a) Beurteilen Sie diese Vorschläge.
b) Ein anderer Abgeordneter macht den Vorschlag, die speziellen Verbrauchssteuern für Zigaretten und alkoholische Getränke zu erhöhen. Beurteilen Sie diesen Vorschlag zur Erhöhung der Steuereinnahmen.

4 Ein Händler denkt aufgrund von Kostensteigerungen im Einkauf über Preiserhöhungen für eine Reihe von Artikeln aus seinem Sortiment nach. Eine genaue Analyse der Absatzzahlen aus dem letzten Jahr zeigt ihm, dass sämtliche betreffenden Artikel sehr elastisch auf Preisveränderungen reagieren.
Beraten Sie den Händler!

5 Die Nachfragefunktion nach dem Gut „q" hat folgendes Aussehen:

$N_q = 1440 - 50\, p_q - 4\, p_y + 0,4\, E$

Einkommen $E = 4000$
Preis des Gutes „q" $p_q = 20$
Preis des Gutes „y" $p_y = 310$

a) Nehmen Sie Stellung zu der These, dass Gut „q" ein superiores Gut sei.

b) Sind die Güter „q" und „y" Substitute?

Berechnen Sie die Einkommenselastizität der Nachfrage.

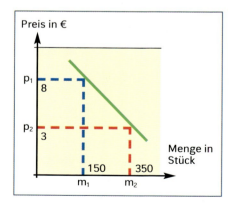

3 Das Entscheidungsverhalten der Unternehmen als Anbieter

3.1 Angebot und Markt vor dem Hintergrund von Produktions- und Kostentheorien

Die Bürodesign GmbH hat ein neuartiges Steckregalsystem entwickelt. Dieses ist als Modulsystem konzipiert. Die einzelnen Module lassen sich ohne die Verwendung von Werkzeug zusammenstecken und auch wieder auseinanderbauen. Zusätzlich ist das Regalsystem dadurch gekennzeichnet, dass nur ökologische, nachwachsende Rohstoffe aus der Holzindustrie – sogenannte OSB-Platten – verwendet werden. Auf einer Möbelfachmesse zeigt sich, dass sehr viele Kunden dieses Produkt kaufen wollen. Die Fachpresse spricht sogar von einem neuen Möbeltrend.

In der Marketingabteilung sammeln die Mitarbeiter in den letzten Wochen immer wieder Anzeigen von Konkurrenzunternehmen, die genau wie die Bürodesign GmbH neuartige Produkte aus OSB-Platten anbieten. „Wir scheinen da einen neuen Markt geschaffen zu haben – OSB-Produkte für den Bürobereich sprießen wie Pilze aus dem Boden. Die Anzahl der Anbieter, die auf diesen Zug aufspringen, wächst ständig", stellt der Geschäftsführer Klaus Stein bei einer Sitzung der Abteilungsleiter zufrieden fest. „Ich glaube, dass wir aufgrund der ständig steigenden Nachfrage das OSB-Programm z. B. durch  eine Empfangstheke und ein Schreibtischsystem erweitern sollten. Außerdem gibt uns die steigende Nachfrage die Möglichkeit, die Preise insbesondere für die neuen Produkte der OSB-Linie sehr hoch anzusetzen."

- Erläutern Sie, von welchen Motiven sich Anbieter bei der Gestaltung ihres Angebots leiten lassen.
- Stellen Sie dar, wie sich Änderungen des Marktpreises auf die Produktionsmenge auswirken.

▲ Determinanten des Angebots

Auch bei der Analyse des Verhaltens der **Anbieter** gilt, dass diese versuchen werden, sich maximierend zu verhalten: Während die Haushalte ihren Nutzen maximieren, versuchen die Anbieter, ihren Gewinn zu maximieren.

Den Gewinn eines Unternehmens kann man definieren als:

> **Gewinn** = Umsatz in € – Kosten in € =
> Verkaufspreis in € · Absatzmenge in Stück – Kosten der Produktion in €

Die Formel zeigt, dass der Gewinn eine Restgröße in Abhängigkeit von
- dem Marktpreis der einzelnen Güter und Dienstleistungen,
- der verkauften Menge und
- den Produktionskosten ist.

Eine weitere wichtige Determinante für das Angebotsverhalten des Anbieters ist der Preis. Bei steigenden Preisen wird der einzelne Anbieter eine größere Menge des Gutes anbieten, weil er dem Prinzip der Gewinnmaximierung nachfolgt. Bei sinkenden Preisen wird er eine geringere Menge anbieten.

Beispiel Der Markt für Stellwände zeigt eine sehr homogene Struktur, weil diese Produkte gut vergleichbar sind. Das Angebotsverhalten der verschiedenen Anbieter neben der Bürodesign GmbH zeigt den folgenden Verlauf.

Preis für eine Stellwand vergleichbar mit dem Typ „Integra"	Angebotsmenge (x)
600,00 €	5 000
550,00 €	4 500
500,00 €	3 500
450,00 €	2 800
400,00 €	2 000
350,00 €	700

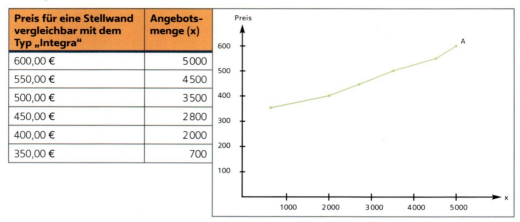

Die Angebotskurve zeigt das Preis-Mengen-Verhältnis eines individuellen Unternehmens für ein Gut. Für volkswirtschaftliche Untersuchungen kann es aber von Interesse sein, das **Gesamtangebot** aller Unternehmen zu betrachten. Dieses Marktangebot erhält man, indem die Angebotsmengen der einzelnen Anbieter zu dem jeweiligen Preis addiert werden (vgl. S. 144).

Darüber hinaus beeinflussen die folgenden Faktoren die Menge des Angebots eines Produzenten:

- Höhe der Produktionskosten
- Qualität des Produkts
- Preise der Konkurrenzprodukte

▲ Preiselastizität des Angebots

Auch für das Angebot lassen sich Elastizitätswerte ermitteln. Vor dem Hintergrund der Gewinnmaximierung geht man davon aus, dass die Preiselastizität des Angebots einen positiven Elastizitätskoeffizienten zeigt, denn mit steigendem Preis steigt auch die angebotene Menge.

Die mathematische Darstellung der Preiselastizität des Angebots lässt sich folgendermaßen darstellen:

$$\text{Preiselastizität des Angebots} = \frac{\text{prozentuale Mengenänderung des Angebots}}{\text{prozentuale Preisänderung}}$$

▲ Grundlagen der Produktionstheorie

Die Volkswirtschaft betrachtet die Produktion von Gütern und Dienstleistungen als einen Umformungsprozess (= **Transformationsprozess**), in dem die Produktionsfaktoren Arbeit, Kapital und Boden/Umwelt so kombiniert werden, dass am Ende des Produktionsprozesses gebrauchsfähige Güter bzw. Dienstleistungen entstehen.

Beispiel Die Bürodesign GmbH kann für die Produktion des neuartigen Steckregalsystems entweder viel handwerkliche Arbeit investieren. Damit wird z. B. die Hochwertigkeit des Produkts betont („hand-made in Germany") und es lässt sich ein hoher Verkaufspreis rechtfertigen, den eventuell aber nur wenige Kunden zu zahlen bereit sind. Andererseits könnte das Regal mit hohem Maschineneinsatz (= Kapital) und wenig menschlicher Arbeit produziert werden. In diesem Fall lassen sich hohe Stückzahlen erzielen. Die Anschaffungskosten der dazu notwendigen Maschinen verteilen sich auf diese hohen Stückzahlen (= Fixkostendegression) und machen die Regale so preiswerter. Auf diese Weise werden aber nur wenige Arbeitsplätze geschaffen.

Die Beziehungen der eingesetzten **Produktionsfaktoren Arbeit (A), Kapital (K)** und **Boden/Umwelt (B)** und dem Endprodukt x lassen sich wie folgt in einer Produktionsfunktion darstellen:

$$x = f(A, K, B)$$

Es gibt grundsätzlich zwei verschiedene **Produktionsfunktionen**, welche für die Anbieter gelten. Diese beiden unterschiedlichen Funktionszusammenhänge beziehen sich auf das Verhältnis der Produktionsfaktoren, welche für die Fertigung der Güter bzw. Dienstleistungen benötigt werden:

limitationale Produktionsfunktion	substitutionale Produktionsfunktion
Die Produktionsfaktoren werden in einem festen Verhältnis eingesetzt.	Ein bestimmter Output kann mit verschiedenen Faktoreinsatzkombinationen hergestellt werden, d. h., die Produktionsfaktoren lassen sich bis zu einem gewissen Grad gegenseitig ersetzen.
Die Steigerung des Outputs ist nur möglich, wenn die Faktormenge beider Produktionsfaktoren erhöht wird.	Zur Steigerung des Outputs kann entweder mehr Arbeit („Überstunden") oder mehr Kapital (zusätzliche Maschinen) eingesetzt werden.

▲ Limitationale Produktionsfunktion

Beispiel Die nachfolgende Tabelle zeigt in vereinfachter Form, wie sich bei der Bürodesign GmbH die Produktion des Steckregalsystems aus OSB-Platten verändert, wenn die Geschäftsführung entscheidet, dass überwiegend Handarbeit mit geringem Maschineneinsatz geleistet wird:

Arbeit in Einheiten	2	4	6	8
Maschineneinsatz (= Kapital) in Einheiten	1	2	3	4
Output in Stück	**1**	**2**	**3**	**4**

▲ Substitutionale Produktionsfunktion

Beispiel Die Bürodesign GmbH könnte eine bestimmte Outputmenge Steckregale auch unter dem Einsatz verschiedener Einsatzmengen der Produktionsfaktoren Arbeit und Maschinen (= Kapital) herstellen. Beispielsweise können durch Überstunden mehr Arbeit und verhältnismäßig weniger Maschinen eingesetzt werden. Der Einsatz von Kapital wird dann durch den Faktor Arbeit ersetzt (substituiert).

Arbeit in Einheiten	10	8	4	2
Maschineneinsatz (= Kapital) in Einheiten	2	4	6	8
Output in Stück	**10**	**10**	**10**	**10**

In der linken Spalte wird sehr arbeitsintensiv produziert, während in der rechten Spalte der Einsatz des Produktionsfaktors Kapital betont wird (kapitalintensive Produktion).
Ein weiteres Beispiel für die Verwendung der substitutionalen Produktionsfunktion ist die Landwirtschaft. Weizen beispielsweise lässt sich mit viel Arbeit (zur Unkrautbekämpfung) und wenig Einsatz von Unkrautvernichtungsmitteln (= Kapital) erzeugen. Ebenso kann der gleiche Ertrag erreicht werden, wenn wenig(er) Arbeit und viel Unkrautvernichter zum Einsatz kommen.

▲ Kostenverläufe bei verschiedenen Produktionsfunktionen

Ausgehend von den Grundlagen der beiden Produktionsfunktionen lassen sich im nächsten Schritt einige genauere Überlegungen zum Angebotsverhalten der Produzenten anschließen. Dabei sollen die **folgenden Voraussetzungen (= Prämissen)** gelten:

- Die Anbieter stehen im Wettbewerb mit anderen Anbietern.

Das Entscheidungsverhalten der Unternehmen als Anbieter

- Die Anbieter sind Mengenanpasser, d. h., sie können den Marktpreis nicht beeinflussen.
- Der Anbieter bietet ein Produkt immer dann an, wenn der Erlös für das Produkt (= **Grenzerlös**) mindestens genauso groß ist wie die dafür anfallenden Produktionskosten (= **Grenzkosten**).

Die aus diesen Überlegungen abzuleitende Frage lautet:

> **Welche Produktmenge x muss ein Unternehmen herstellen, um den maximalen Gewinn zu erzielen?**

Bei der **limitationalen Produktionsfunktion** gilt:
- Die Kosten sinken mit steigender Produktionsmenge, weil sich die Fixkosten (z. B. Miete) auf eine immer größere Produktionsmenge verteilen (= **Fixkostendegression**).
- Die Produktion erfolgt nur, wenn der Preis (Erlös) eines verkauften Guts über den dafür anfallenden Kosten (= **Grenzkosten**) liegt.
- Die Grenzkosten verlaufen konstant, weil jedes Gut mit der gleichen Kombination von Produktionsfaktoren hergestellt wird.
- Der Periodengewinn ist dann maximal, wenn das Unternehmen seine Kapazität vollständig ausnutzt.

Bei der **substitutionalen Produktionsfunktion** gilt:
- Der Anbieter wählt die Kombination von Produktionsfaktoren, welche die geringsten Kosten verursacht (= **Minimalkostenkombination**).
- Die Produktionskosten steigen **überproportional**, weil sich die Produktionsfaktoren nur begrenzt ersetzen lassen.
- Auch die Stückkosten (= **Grenzkosten**) steigen, weil zusätzliche Faktoreinheiten nur zu höheren Kosten beschafft werden können.
- Die Steigerung des Outputs erfolgt so lange, wie der mit der letzten Mengeneinheit verbundene Erlös so groß ist wie die Grenzkosten der letzten Produktionseinheit (**Grenzkosten = Grenzerlös**).

▲ Grundlage der Kostentheorie

Das Angebot eines Unternehmens wird entscheidend von den Kosten der Produktion bestimmt. Ausgehend von der Produktionsfunktion gibt es eine wertmäßige Beziehung zwischen der Produktionsmenge und den verbrauchten Produktionsfaktoren. Beide Größen werden in Euro dargestellt.

$$K = f(x)$$

Beispiel Die Bürodesign GmbH beauftragt einen Tischler mit der Herstellung verschiedener Möbel. Diese sollen aus Holz in Form von Miniaturen gefertigt werden, um sie in einer Vitrine im Eingangsbereich des Verwaltungsgebäudes auszustellen. Der Tischler benötigt als Produktionsfaktoren eine bestimmte Menge Holz, einiges an Material, z. B. Leim (x1), Schleifbänder (x2), Poliermittel (x3), weiterhin Werkzeuge (x4 bis x9) und seine Arbeitszeit (x10), um den Auftrag auszuführen. Die Gesamtkosten ergeben sich als Addition aus den einzelnen Kostenbestandteilen K = F (x1 + x2 + ... + x10).

Unternehmen investieren in Produktionsfaktoren (Boden, Arbeit, Kapital), gestalten bestimmte betriebliche Abläufe und schaffen damit ein bestimmtes Leistungsvermögen (= **Kapazität**) innerhalb eines festgelegten Zeitraums. Entscheidend für die Kostenhöhe und den Verlauf der Kosten ist die im Rahmen dieser Kapazität produzierte Gütermenge (= **Beschäftigungsgrad**). Dieser Beschäftigungsgrad lässt sich mathematisch darstellen:

$$\text{Beschäftigungsgrad} = \frac{\text{genutzte Kapazität (= Ist-Menge)} \cdot 100}{\text{maximale Kapazität (= Kann-Menge)}}$$

Der Beschäftigungsgrad liegt i.d.R. unter 100 % der maximalen Kapazität. Die Differenz zwischen beiden zeigt die Menge brachliegende Produktionsfaktoren an.

Beispiel Bei optimaler Auslastung kann eine Hobelmaschine der Bürodesign GmbH jährlich 1 200 Stunden betrieben werden. Im letzten Jahr betrug die Laufzeit nur 987 Stunden.

$$\text{Beschäftigungsgrad} = \frac{\text{genutzte Kapazität} \cdot 100}{\text{Kapazität}} = \frac{987 \cdot 100}{1200} = 82{,}25\,\%$$

Für den Verlauf der Gesamtkosten ist es von Bedeutung, die einzelnen Kostenbestandteile genauer zu betrachten. Dabei kann man die Kosten in ihrer Abhängigkeit von Beschäftigungsschwankungen analysieren. Nach ihrer Reaktion auf Beschäftigungsschwankungen sind fixe (K_f) und variable Kosten (K_v) zu unterscheiden.

$$\text{Gesamtkosten: } K = K_f + K_v$$

Fixe Kosten sind unabhängig von der tatsächlichen Beschäftigung. Sie entstehen auch dann, wenn nichts produziert wird, und bleiben in ihrer Höhe über den betrachteten Zeitraum konstant. Man nennt sie auch **Kosten der Bereitschaft,** weil sie bereits mit der Bereitstellung einer bestimmten Kapazität anfallen. Fixe Kosten können bei einem Beschäftigungsrückgang kurzfristig überhaupt nicht oder nur mit erheblichen Verlusten abgebaut werden. Ihre Konstanz während einer begrenzten Zeit rührt daher, dass bei Anlagen aus Miet-, Leasing- und Arbeitsverträgen mit bestimmten Kündigungsfristen zu rechnen ist.

Absolut fixe Kosten bleiben für eine bestimmte Kapazität konstant oder absolut fix, unabhängig davon, in welchem Maße die Kapazität ausgelastet ist.

Beispiel Die Bürodesign GmbH mietet eine Halle am Kölner Binnenhafen, um dort Rohstoffe zu lagern. Unabhängig davon, ob und wie viele Rohstoffe dort eingelagert werden, ist die Miete der Halle stets an den Vermieter zu zahlen.

Intervall- oder sprungfixe Kosten fallen an, wenn die Kapazität erhöht wird und die gegebene Kapazität nicht mehr ausreicht, um den Produktionsplan zu realisieren.

Beispiel Die Bürodesign GmbH kann neue Aufträge nur dann bedienen, wenn mehr Rohstoffe gelagert werden. Weil die Halle am Rheinhafen zu klein ist, muss eine weitere Lagerhalle angemietet werden. Diese zusätzliche Miete für diese Halle bezeichnet man als sprungfixe Kosten.

Variable Kosten verändern sich mit der Auslastung der Kapazität. Sie steigen, wenn sich die Produktionsmenge (= der Beschäftigungsgrad) erhöht. Sie sinken, wenn die Produktionsmenge verringert wird.

Die Addition der fixen und der variablen Kosten ergibt die **Gesamtkosten (K_G)** der Produktion. Eine Kostenfunktion beschreibt also den Verlauf der Gesamtkosten. Der Verlauf der Gesamtkostenkurve hängt ab vom Verhalten der variablen Kosten bei Beschäftigungsveränderungen. Bei einer linearen Kostenfunktion ist der Zuwachs der Gesamtkosten mit jeder zusätzlich hergestellten Gütereinheit

(= **Grenzkosten, k'**) gleich groß. Die Gesamtkosten steigen linear bis an die Kapazitätsgrenze. Diesem Kostenverlauf liegt eine limitationale Produktionsfunktion zugrunde.

Beispiel Die Fixkosten für die Herstellung der Stuhlserie „Delta" der Bürodesign GmbH betragen 2 000,00 €, die variablen Kosten 5

Menge = x	fixe Kosten = K_f	variable Kosten = K_v	Gesamtkosten = K_G	Grenzkosten = k'
0	1 000,00	0	2 000,00	500,00
40	1 000,00	500,00	1 500,00	500,00
80	1 000,00	1 000,00	2 000,00	500,00
120	1 000,00	1 500,00	2 500,00	500,00
160	1 000,00	2 000,00	3 000,00	500,00

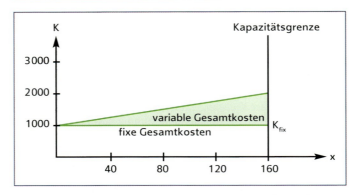

Die **variablen Stückkosten** bleiben in diesem Fall bei unterschiedlicher Beschäftigung gleich. Das gilt auch für die **Grenzkosten** für eine zusätzliche Produktionseinheit.

Die **fixen Stückkosten** und die Gesamtstückkosten nehmen mit zunehmender Beschäftigung bis zur Kapazitätsgrenze kontinuierlich ab. Dabei verteilen sich die Fixkosten bei steigender Beschäftigung auf eine immer größere Stückzahl (= **Fixkostendegression**). Rückläufige Kapazitätsauslastungen hingegen führen zu steigenden Fixkosten pro Stück, weil sich der Fixkostenblock auf immer weniger Produktionseinheiten verteilt. Bei einem linearen Kostenverlauf erzielt das Unternehmen sein **Gewinnmaximum** an der Kapazitätsgrenze.

Neben der Annahme eines linearen Verlaufs der Gesamtkosten sind auch über- oder unterproportionale Gesamtkostenverläufe denkbar. Dies ist z. B. der Fall, wenn ein bestimmtes Kapazitätsmaß überschritten wird.

Beispiel Die Bürodesign GmbH muss einen Großauftrag innerhalb einer festen Lieferfrist bearbeiten. Dies geht nur, wenn die Mitarbeiter bereit sind, über die vereinbarten Wochenarbeitszeit des Tarifvertrages hinaus zu arbeiten. Dafür müssen dann allerdings Überstundenzuschläge gezahlt werden. Zudem ergibt sich durch die höhere Belastung der Maschinen ein erhöhter Verschleiß der Werkzeuge.

Wenn die Kosten keinen linearen Verlauf haben, können sie degressiv oder progressiv steigen. **Degressive Kosten** liegen vor, wenn die Grenzkosten mit zunehmender Beschäftigung fallen. **Progressive Kosten** entstehen, wenn die Grenzkosten mit zunehmender Beschäftigung steigen.

Beispiel Die Bürodesign GmbH muss, um den Zusatzauftrag fristgerecht zu bearbeiten, die firmeneigenen Lkw stärker beladen. Dadurch fallen die Transportkosten pro Stück (degressive Kosten), während die Wartungskosten der Maschinen durch die stärkere Auslastung steigen (= progressive Kosten).

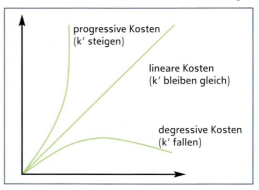

Angebot und Markt vor dem Hintergrund von Produktions- und Kostentheorien

- Einen technischen Produktionszusammenhang, bei welchem sich einzelne Produktionsfaktoren gegeneinander austauschen lassen, nennt man **substitutionale Produktionsfunktion**.
- Wenn die Produktionsfaktoren nur in einem bestimmten Verhältnis zueinander eingesetzt werden können, spricht man von einer **limitationalen Produktionsfunktion**.
- Ein Anbieter produziert so lange, bis gilt: **Grenzkosten = Grenzerlöse**.
- Bei der **limitationalen Produktionsfunktion** ergibt sich ein **proportionaler Kostenanstieg**.
- Die Kosten der **substitutionalen Produktionsfunktion** steigen **überproportional**.

1 Erklären Sie an einem Beispiel Ihrer Wahl Produktionsfaktoren und Minimalkostenkombination.

2 Für Erweiterungsarbeiten der Hausmeisterwohnung soll eine Baugrube ausgehoben werden. Die Arbeit kann von vier Arbeitern per Hand durchgeführt werden, denen fünf Schaufeln zur Verfügung stehen. Es besteht unter Umständen auch die Möglichkeit, einen kleinen Bagger einzusetzen.
a) Erklären Sie anhand dieses Sachverhalts:
– limitationale Produktionsfaktoren   – substitutionale Produktionsfaktoren
b) Überlegen Sie, ob Ihrer Meinung nach eine Möglichkeit besteht, auf einen der Produktionsfaktoren zugunsten eines anderen ganz zu verzichten.

3 Nehmen Sie Stellung zu folgenden Sachverhalten bzw. Aussagen:
a) Bei der Auslieferung von Büromöbeln setzt die Bürodesign GmbH drei Lkw ein. Diese sind jeweils mit einem Fahrer und einem Beifahrer zu besetzen. Die Auslieferungskapazität soll erhöht werden. Zu diesem Zweck wird ein zusätzlicher Lkw beschafft, jedoch kein zusätzlicher Mitarbeiter eingestellt.
b) Bei den limitationalen Produktionsfaktoren ist eine Minimalkostenkombination nicht möglich.
c) Die substitutionale Kombination von Produktionsfaktoren ist in der Praxis häufig nicht möglich, …
  1. … weil der Produktionsfaktor Betriebsmittel (insbesondere Maschinen und Anlagen) nicht beliebig teilbar ist.
  2. … weil der Produktionsfaktor Arbeit nicht beliebig vermehrt oder verringert werden kann.
  3. … weil einmal gefällte Kombinationsentscheidungen langfristig gelten und nicht täglich geändert werden können.
  4. … weil die Kapazitätsauslastung bereits vorhandener Betriebsmittel gesichert werden muss.
  5. … weil Einstellungen neuer Mitarbeiter zu zusätzlichen fixen Kosten führen.
d) Eine ermittelte Minimalkostenkombination hat meist nur kurzfristig Bedeutung, weil die Kosten für die Produktionsfaktoren häufigen Änderungen unterliegen.

4 In der Landwirtschaft spielt der Produktionsfaktor Boden (als Anbaufläche) eine große Rolle. Der Ertrag eines landwirtschaftlichen Betriebes hängt ab von der Größe der Anbaufläche, des Einsatzes menschlicher Arbeit und des Einsatzes von Betriebsmitteln (Maschinen und Düngemittel). Erläutern Sie in diesem Zusammenhang die Möglichkeiten der Substitutionen von Produktionsfaktoren
a) bezüglich Substitution von Arbeit und Betriebsmitteln,

b) bezüglich Substitution von Boden und Arbeit,
c) bezüglich Substitution von Boden und Betriebsmittel.

5 Die Bürodesign GmbH hat in ihrem Produktionsprogramm eine Vielzahl verschiedener Produkte. Bei der Produktion werden für unterschiedliche Produkte häufig die gleichen Maschinen (umrüstbare Universalmaschinen) und die gleichen Mitarbeiter (Fachkräfte) eingesetzt. Erläutern Sie vor diesem Hintergrund die Probleme, die sich aus der Ermittlung einer Minimalkostenkombination für ein einzelnes Produkt ergeben können.

6 „In der modernen Industriegesellschaft wird der Faktor Arbeit zunehmend durch den Faktor Betriebsmittel ersetzt. Computer und Roboter übernehmen einen Großteil der Arbeit. Die menschliche Arbeit ist in Zukunft ersetzbar, der Mensch am Arbeitsplatz oft überflüssig. Maschinen erledigen die Arbeit schneller, sie benötigen keine Pausen, kennen keine Arbeitszeiten, keinen Feierabend, werden nicht krank und beanspruchen keinen Urlaub. Zudem sind sie kostengünstiger. Bereits jetzt ist diese Entwicklung spürbar. Die Zahl der Arbeitslosen nimmt zu."
a) Nehmen Sie kritisch Stellung zu diesen Aussagen.
b) Erläutern Sie, welche Produktionsfaktoren sich völlig durch einen anderen ersetzen lassen.
c) Stellen Sie dar, in welcher Weise die Kostenkalkulation eines Betriebes durch die unterschiedlichen Kombinationsmöglichkeiten der Produktionsfaktoren beeinflusst wird.
d) Erläutern Sie, welche Möglichkeiten Sie sehen, um den fortschreitenden Substitutionsprozess (Ersetzen menschlicher Arbeit durch maschinelle Arbeit) aufzuhalten.

7 Bewerten und beurteilen Sie die Auswirkungen folgender Entwicklungen auf die Kombination betrieblicher Produktionsfaktoren aus Arbeitgeber- und Arbeitnehmersicht:
1. Dem Wirtschaftsteil der Zeitung ist zu entnehmen, dass die Lohnkosten in diesem Jahr um 5 % steigen werden. Die Zinsen auf dem Kapitalmarkt hingegen werden um 2 % gesenkt.
2. In den Nachrichten sagt ein führender Vertreter der Wirtschaftsverbände: „Durch die gestiegenen Kosten in unserem Land und den verstärkten internationalen Wettbewerb sind wir gezwungen, kostengünstiger zu produzieren. Einige unserer Mitgliedsbetriebe machen dies, indem sie stärker automatisieren. Andere können nur existieren, wenn sie die Produktion ins Ausland verlagern."
a) Bilden Sie zwei Gruppen, die jeweils die Arbeitgeber- und Arbeitnehmerseite vertreten. Die Arbeitgeberseite plädiert für den Faktor Betriebsmittel, die Arbeitnehmerseite argumentiert für den Faktor Arbeit.
b) Sammeln Sie Argumente für die jeweilige Partei und bereiten Sie sich auf die Argumente der Gegenseite vor.
c) Wählen Sie je zwei Vertreter, die stellvertretend für die Gruppe in die Diskussion gehen. Führen Sie die Diskussion durch. Die Beobachter protokollieren den Verlauf und steuern zusätzliche Erkenntnisse in der anschließenden Phase des Zusammenfassens bei.
d) Zeichnen Sie die Diskussion auf und werten Sie sie aus.

8 Eine Baugrube mit den Ausmaßen 2,00 m (Breite), 2,20 m (Länge) und 2,50 m (Tiefe) kann aus technischen Gründen nur per Hand ausgehoben werden. Zwei Bauarbeiter benötigen zum Aushub dieser Grube sechs Tage. Aus Termingründen soll diese Grube an einem Tag ausgehoben werden.
a) Ermitteln Sie, wie viele Bauarbeiter zusätzlich benötigt werden, um die Grube an einem Tag auszuheben.
b) Erläutern Sie, welcher Zusammenhang zwischen dieser Aufgabe und der Limitationalität bzw. der Substitutionalität der Produktionsfaktoren besteht.
c) Beurteilen Sie die Praxisrelevanz dieser Aufgabe.

9 Ein Anbieter kann 30 Mengeneinheiten eines Produktes alternativ mit folgenden Mengenkombinationen von Arbeit und Kapital herstellen:

Arbeit	18	16	14	12	10
Kapital	4	6	10	18	32

Die Kosten für eine Einheit des Faktors Arbeit sind 100,00 €, während eine Einheit Kapital 20,00 € kostet.
a) Welche Kombination empfehlen Sie dem Produzenten? Begründen Sie Ihre Antwort.
b) Wie verändert sich die Wahl, wenn sich der Preis einer Einheit Arbeit auf 60,00 € verringert?
c) Was tut der Anbieter, wenn zusätzlich aufgrund technischer Neuerungen der Output zukünftig mit der Hälfte des Kapitaleinsatzes erzielt werden kann?

3.2 Gewinnermittlung und Gewinnmaximierung

> Das neu entwickelte Steckregalsystem wird seit seiner Markteinführung von der Bürodesign GmbH bezüglich der Umsatz- und der Kostenentwicklung ständig überwacht.
>
> In einer Abteilungsleiterkonferenz diskutieren die Abteilungsleiter mit der Geschäftsführung darüber, wie die zukünftige Preisgestaltung des Produktes gestaltet werden soll. Herr Stam, der Abteilungsleiter der Absatzabteilung, argumentiert: „Das Steckregalsystem hat sich mittlerweile gut am Markt etabliert. Ich glaube fest daran, dass wir unseren Marktanteil vergrößern können, wenn wir den Preis leicht senken. Zudem steigern wir dadurch unseren Umsatz."
>
> Frau Friedrich möchte dieser Argumentation nicht uneingeschränkt folgen und gibt zu bedenken: „Auch wenn ich dafür bin, den Umsatz zu steigern: Trotzdem können wir unsere Gewinnsituation nicht außer Acht lassen. Da die Absatzzahlen doch zeigen, dass wir mit dem Produkt gut im Markt liegen, sollten wir versuchen, unsere Kostensituation zu verbessern, um so unsere Gewinne zu steigern."
>
> - Erstellen Sie einen Maßnahmenplan, mit dem die Bürodesign GmbH ihre Gewinnsituation verbessern kann.
> - Diskutieren Sie die Pläne einer stetigen Gewinnmaximierung kritisch.

Der Erlös kann als Produkt aus dem Verkaufspreis für ein Produkt bzw. einer Dienstleistung und der davon abgesetzten Menge dargestellt werden. Aus Vereinfachungsgründen wird festgelegt, dass der Verkaufspreis sich nicht verändert und auch nicht beeinflusst werden kann. Daraus ergibt sich eine lineare Erlösfunktion, deren Ursache-Wirkung-Beziehung wie folgt ausgedrückt werden kann: Wie verändert sich der Erlös, wenn sich die Verkaufsmenge verändert?

$$E = f(x)$$

Der **Gesamterlös** (E) nimmt mit steigender Verkaufsmenge proportional zu, sodass der **Grenzerlös** (E' = Verkaufserlös einer zusätzlichen Einheit) gleich dem konstanten Verkaufspreis (p) ist. Das **Gesamterlösmaximum** ist erreicht, wenn das betrachtete Unternehmen seine **Kapazitätsgrenze** erreicht.

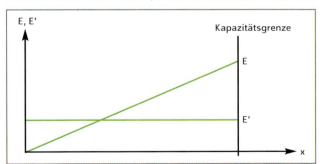

Die **Gewinnschwelle** lässt sich mittels einer sogenannten Break-even-Analyse rechnerisch ermitteln. Die nachstehende Grafik zeigt, dass der Gesamtumsatz eines Unternehmens eine bestimmte Höhe erreichen muss, damit alle entstehenden Kosten gedeckt sind. Unterschreitet das Unternehmen diese Umsatzgröße, entstehen durch die Produktion und den Verkauf Verluste. Überschreitet das Unternehmen diese Schwelle, erwirtschaftet es Gewinne. Weiterhin zeigt die Grafik, dass an der **Kapazitätsgrenze** der Abstand zwischen Kosten und Erlöse sein Maximum erreicht. An diesem Punkt erzielt das Unternehmen sein **Gewinnmaximum.** Hierbei ist unterstellt, dass das Unternehmen unter der Prämisse eines **linearen Kostenverlaufs** (= **limitationale Produktionsfunktion**) arbeitet.

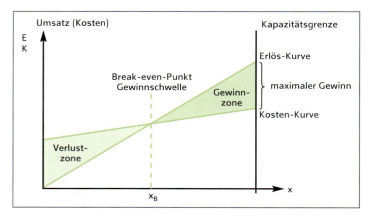

Beispiel Die Bürodesign GmbH hat 1 000 Stück des Produkts Konferenztischs hergestellt. Die Kosten für die maschinellen Anlagen und die Gehälter belaufen sich 320 000,00 €. Die Kosten der für den Materialeinsatz betragen 80,00 € je Stück und die Fertigungslöhne 20,00 € je Stück. Der Verkaufspreis beträgt für einen Stuhl 280,00 €.

Die Berechnung der Gewinnschwelle:

variable Stückkosten (K_v) und Fixkosten (K_f) = Stückzahl (x) · Preis (p)

$$K_f + K_v = x \cdot p$$
$$320\,000 + 1\,600\,000 = x \cdot 280$$
$$1\,920\,000 = 280x$$
$$x = 6\,857 \text{ Stück}$$

Bei 6 857 Stück sind die Kosten und die Erlöse gleich groß. Dieser Punkte wird als **Gewinnschwelle oder Break-even-Punkt** bezeichnet.

Ab der Produktion und dem Verkauf von 6 858 Stück wird die Bürodesign GmbH die Gewinnschwelle überschreiten. Wirtschaftsmathematisch ist die Gewinnschwelle so wie Gewinngrenze eine Nullstelle der Gewinnfunktion. An beiden Stellen sind Erlöse und Kosten gleich. Allerdings wird unter der Gewinnschwelle die untere und unter der Gewinngrenze die obere Nullstelle verstanden. Ab dem Erreichen der Gewinnschwelle wird Gewinn erzielt, ab dem Erreichen der Gewinngrenze werden Verluste verbucht.

In der obigen Grafik wird unterstellt, dass die Kapazität des Unternehmens als vollkommen starr vorgegeben ist. Unter der Prämisse, dass Arbeitskräfte aber z.B. bereit sind, Überstunden zu leisten, oder Maschinen stärker ausgelastet werden, kann man die Kapazität kurzfristig ausdehnen. Folgende Modelle sind dabei denkbar:

- **Arbeitszeitverlängerung:** Die tägliche Arbeitszeit und damit auch die Maschinenlaufzeiten werden verlängert. Die intensivere Nutzung der volkswirtschaftlichen Produktionsfaktoren erzielt einen höheren Output. Diesem Vorteil stehen die Nachteile eines erhöhten Verschleißes der maschinellen Anlagen, höhere Lohnkosten und der Mehrbelastung der Arbeitnehmer gegenüber.
- **Rationalisierung:** Die Fertigungsprozesse werden optimiert, dadurch sinken die Stand- und Leerzeiten der Maschinen.

Beispiel Die Bürodesign GmbH ordnet in einer Produktionshalle die Fertigungsmaschinen neu. Die Wege, welche die Mitarbeiter mit den Halbfertigprodukten zurücklegen müssen, sinken um 20 %. Dadurch kann der Output gesteigert werden.

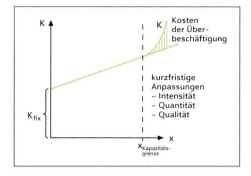

Kurzfristige intensivere Auslastungen der Maschinen und Arbeitszeitverlängerungen mit steigenden Ausbringungsmengen über die Kapazitätsgrenze hinaus können zu progressiv steigenden Gesamtkosten führen.

Die Grafik zeigt, dass die Gesamtkosten jenseits der Kapazitätsgrenze überproportional steigen (Gesetz des abnehmenden Ertragszuwachses). An dieser Stelle entsteht ein Konflikt zwischen der **Umsatz-** und der **Gewinnmaximierung.** Während die Umsätze auch jenseits der Kapazitätsgrenze noch weiter steigen, sinken die Gewinne pro Stück aufgrund der überproportional steigenden Kosten dann, wenn die Verkaufspreise unverändert bleiben.

▲ Zielbeziehungen

Die Ziele, welche Anbieter durch ihre wirtschaftliche Aktivität anstreben, können in unterschiedlichen Beziehungen zueinander stehen.

▲ Komplementäre Ziele

In diesem Fall ergänzen sich die Ziele und unterstützen sich, wenn eines der Ziele angestrebt wird.

Beispiel Die Bürodesign GmbH steigert den Umsatz der Produktgruppe „Arbeiten am Schreibtisch" um 15 %. Gleichzeitig steigt der Gesamtgewinn im Unternehmen um 3 %.

▲ Konkurrierende Ziele

Die Ziele stehen im Gegensatz zueinander. Verfolgt das Unternehmen Ziel A muss es in Kauf nehmen, dass Ziel B nicht gleichzeitig erreicht werden kann.

Beispiel Bei der Produktion von Spanplatten wird bei einer gegebenen technologischen Ausstattung Abwasser in einen Fluss eingeleitet. Wird der Umsatz und damit die Produktion gesteigert, muss der Produzent akzeptieren, dass mehr Abwasser in den Fluss eingeleitet wird und damit die Schonung der Umwelt als Unternehmensziel leidet.

▲ Indifferente Ziele

Zwei Ziele eines Unternehmens haben keinen Bezug zueinander.

Beispiel Die Einführung eines Job-Tickets für die Mitarbeiter der Bürodesign GmbH hat keinen Einfluss auf die Umsatzsteigerung im Unternehmen.

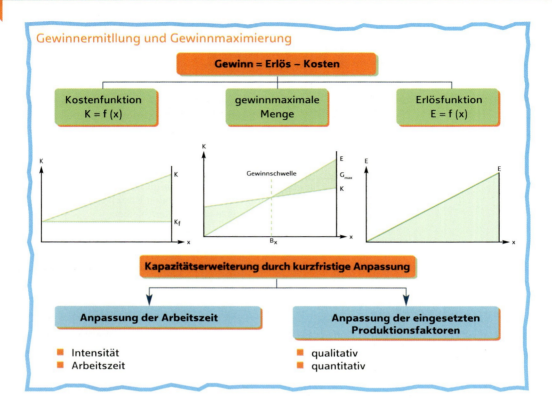

1 Die Bürodesign GmbH verkauft Ablagesysteme für Schreibtischschubladen der Produktgruppe „Modulo" als Sonderausstattung. Aus dem Rechnungswesen erhält Frau Friedrich folgende Zahlen:

Monat	Absatzmengen Stück	Verkaufspreis €	Umsatz €	Gesamtkosten €	Gewinn €
Januar	400	23,00		9 500,00	
Februar	500	22,00		10 000,00	
März	650	21,00		11 950,00	
April	800	20,00		14 300,00	
Mai	800	20,00		14 700,00	
Juni	1 000	19,00		18 000,00	

a) Berechnen Sie für die einzelnen Monate jeweils den Umsatz und den Gewinn und stellen Sie den Zusammenhang zwischen Umsatz, Kosten und Gewinn zahlenmäßig dar.
b) Frau Friedrich vergleicht die geplanten Umsatz- und Gewinnzahlen mit den tatsächlich erzielten Ergebnissen. Interpretieren Sie den Widerspruch gestiegener Umsätze und sinkender Gewinne.

2 Folgende Zielbeziehungen sind denkbar:
– komplementäre Ziele
– konkurrierende Ziele
– indifferente Ziele

Geben Sie für die folgenden Zielpaare eine mögliche Zielbeziehung an und ordnen Sie diese einer der drei nachfolgenden Abbildungen zu.
a) Umsatzsteigerungen – Gewinnsteigerung
b) Umsatzsteigerung – Erhöhung des Marktanteils
c) Kostensenkung – Gewinnsteigerung
d) Verbesserung der Produktqualität – Imageerhöhung
e) Verminderung von Umweltbelastungen – Gewinnsteigerung
f) Gründung eines Betriebskindergartens – Sicherung der Arbeitsplätze

Z_1 = Zielerreichungsgrad (Ziel 1); Z_2 = Zielerreichungsgrad (Ziel 2)

3 Eine Fräsanlage der Bürodesign GmbH verursacht folgende Kosten: monatliche Leasingrate einschließlich Wartung 8 000,00 €, auslastungsunabhängige Gehaltskosten für die Bedienung des Automaten einschließlich Nebenkosten monatlich 21 600,00 €, Verbrauch von Fertigungsmaterial 80,00 € je Erzeugnis, Verbrauch von Hilfsstoffen 20,00 € je Erzeugnis. Bei 400 Erzeugnissen im Monat ergibt sich eine vollständige Auslastung der Kapazitäten.

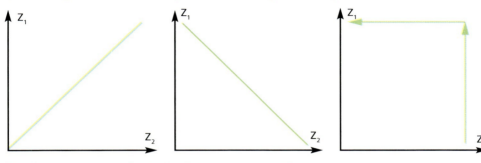

a) Wie hoch sind die gesamten fixen Kosten bei einer hergestellten Menge von 200 Stück?
b) Errechnen Sie die variablen Kosten bei einer hergestellten Menge von 400 Stück.
c) Wie verändern sich die gesamten Fixkosten, wenn statt 200 Stück 300 Stück hergestellt werden?
d) Bei welcher Produktionsmenge sind die Stückkosten am geringsten?
e) Wie verändern sich die gesamten variablen Kosten, wenn statt 320 Stück 360 Stück hergestellt werden?
f) Bei welcher Erzeugnismenge werden die Kosten durch den Verkaufspreis von 284,00 € je Stück gedeckt, wenn sich die variablen Kosten auf 16 000,00 € belaufen?

4 Ein neu gegründetes Unternehmen stellt nur ein einziges Produkt her. Dessen Verkaufspreis beläuft sich auf 20,00 € pro Stück. Die gesamten variablen Kosten betragen 1 000,00 €. In der ersten Abrechnungsperiode von einem Jahr entstehen Fixkosten von 3 000,00 €.
a) Ermitteln Sie anhand der Break-even-Analyse zunächst rechnerisch die Gewinnschwelle.
b) Stellen Sie das Ergebnis aus a) zeichnerisch dar.
c) Berechnen Sie, welchen Gewinn bzw. Verlust das Unternehmen bei einer Absatzmenge von 600 bzw. 360 Stück erwirtschaftet.

4 Das Entscheidungsverhalten des Staates

4.1 Der Staat als Anbieter und Nachfrager

> Waltraud Stein ist eine begeisterte Hörerin klassischer Musik. Oft sitzt sie am Abend im Wohnzimmer und hört Aufnahmen berühmter Opern und Konzerte. Für die Kölner Philharmonie besitzt sie zusammen mit ihrem Mann ein Abonnement für eine Reihe von Opern und klassischen Konzerten. In dieser Veranstaltungsreihe treten auch sehr berühmte Solisten und Orchester in der Kölner Philharmonie auf. Als die beiden am Frühstückstisch vom Konzert des Vorabends schwärmen, entwickelt sich eine Diskussion über die Eintrittspreise für solche Veranstaltungen.
>
> Caroline ärgert sich darüber, dass sie für ein Konzert von Eric Clapton in der Lanxess-Arena in Köln mehr als das Doppelte von dem zahlen muss, was ihre Eltern für ein Konzert mit den Wiener Philharmonikern bezahlt haben. Waltraud Stein entgegnet ihrer Tochter: „Wenn die Stadt Köln die Oper nicht subventionieren würde, könnte sich kein Mensch den Eintrittspreis für ein Konzert dort leisten. Ich habe in der Zeitung gelesen, dass eine Karte für die Oper etwa 400,00 € kosten würde, wenn alle Kosten in die Verkaufspreise kalkuliert würden!"
>
> - Diskutieren Sie, warum der Staat bestimmte Güter bzw. Dienstleistungen unter ihren Herstellungskosten anbietet.

Es ist unzweifelhaft die Aufgabe des Staates, die Bürger eines Landes in angemessenem Umfang mit innerer Sicherheit, äußerer Sicherheit und Rechtsprechung zu versorgen. Hierbei handelt es sich um sogenannte **„geborene" öffentliche Güter.** Die Übertragung dieser Aufgaben in private Hände ist in einer Demokratie prinzipiell nicht möglich, weil die damit verbundenen Leistungen jedem Bürger unbeschränkt zur Verfügung stehen müssen. Keiner darf von der Nutzung dieser Güter und Dienste ausgeschlossen werden.

Darüber hinaus gibt es jedoch eine Reihe sogenannter **„erkorener" (= meritorischer) öffentlicher Güter.** Hierbei handelt es sich um solche Güter und Dienste, welche sich grundsätzlich auch über private Anbieter erstellen ließen. Dazu zählen beispielsweise der Ausbau der Infrastruktur, die Bereitstellung eines Bildungssystems oder die Grundlagenforschung. Im Rahmen politischer Aushandlungsprozesse muss entschieden werden, welche Leistungen unter das Gebot des **Gemeinwohls** fallen und daher von staatlichen Stellen angeboten werden.

Die Finanzierung der öffentlichen Güter erfolgt nicht über einen Preis als direktes Leistungsentgelt, sondern über Zwangsabgaben bzw. Steuern. Diese Steuern und Abgaben belasten die Bürger.

Die Festlegung der Höhe bestimmter Steuern ist nicht beliebig. In der öffentlichen Diskussion wird um die Höhe von Steuern immer wieder gerungen. Gegner von Steuern betonen, dass Steuern z. B. die Unternehmen zu stark belasten können. Das verhindere dann die notwendigen Investitionen im Inland. Zu hohe Steuerbelastungen der privaten Haushalte könne dazu führen, dass ihnen der Staat zu wenig Leistungsanreize gebe.

Der amerikanische Ökonom **Arthur Laffer** vertritt in diesem Zusammenhang die These, dass **Steuersenkungen die Staatseinnahmen erhöhen,** während **Steuererhöhungen dieselben senken.** Er begründet diese These damit, dass eine Steuersenkung die Wirtschaftssubjekte motiviert, mehr zu arbeiten. Das wiederum beschleunigt das wirtschaftliche Wachstum und führt zu Steuermehreinnahmen. Der Steuerausfall, der sich aus der Senkung der Steuersätze ergibt, wird dadurch mehr als kompensiert. Eine Steuererhöhung hingegen demotiviert die Wirtschaftssubjekte. Diese schränken ihre Leistung dann ein. Das führt zu einem geringeren Wirtschaftswachstum: Der Verlust an Steuereinnahmen ist größer als die durch die Steuersatzerhöhungen angestrebten Mehreinnahmen.

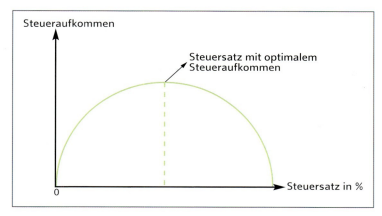

Die Grafik zeigt, dass es einen sogenannten **optimalen Steuersatz** gibt. Wird dieser erreicht, steigt das Steueraufkommen auf eine maximale Höhe. Wird der optimale Steuersatz überschritten, sinken die Steuereinnahmen wieder.

Die Höhe der Steuern hat aber nicht nur Einfluss auf die direkten Steuereinnahmen des Staates. In Zeiten globalisierter Märkte spielt die Höhe der Steuern im internationalen Vergleich eine bedeutende Rolle, weil Unternehmen ihren Standort auch an der Höhe der zu zahlenden Abgaben orientieren.

Neben der Bereitstellung **öffentlicher Güter** tritt der Staat am Markt zudem als Nachfrager für viele Güter und Dienstleistungen auf, welche er zur Erfüllung seiner staatlichen Aufgaben benötigt. Auch in diesem Themenfeld muss durch politische Aushandlungsprozesse entschieden werden, welche Aufgaben der Staat in welchem Umfang übernimmt und wie er diese Aufgaben finanziert. Festgelegt werden die geplanten Staatsausgaben im sogenannten **Bundeshaushalt**.

Der Bundeshaushalt der Bundesrepublik Deutschland wird durch einen Entwurf des Bundesministeriums für Finanzen aufgestellt. Dabei sind wichtige Haushaltsgrundsätze wie z.B. die Gesamtdeckung der Ausgaben durch entsprechende Einnahmen zu beachten. Nach der Aufstellung wird er von der Bundesregierung beschlossen und in das Gesetzgebungsverfahren eingebracht. In öffentlicher Diskussion werden die einzelnen Etats der Bundesministerien diskutiert und dann mit der Mehrheit des Bundestages beschlossen. Im Jahr darauf wird der Bundeshaushalt vollzogen. Das bedeutet, dass die im Haushaltsplan getroffenen Vereinbarungen für die Ausgaben der einzelnen Ministerien verbindlich sind. Probleme ergeben sich dann, wenn die geplanten Etats nicht ausreichen. In diesem Zusammenhang gibt es u.a. die Möglichkeit, einen Nachtragshaushalt zu beschließen. Am Ende der Haushaltsperiode werden die Ist-Zahlen aller Einnahmen und Ausgaben einander gegenübergestellt und vom **Bundesrechnungshof** überprüft.

Das Entscheidungsverhalten des Staates

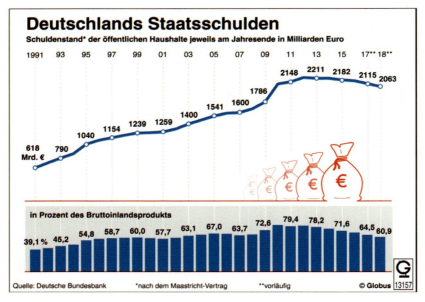

Die obigen Grafiken zeigen die Problematik steigender Schulden in der Bundesrepublik. In den letzten Jahrzehnten wurden immer wieder Teile der Ausgaben z.B. für die Verbesserung der Infrastruktur oder den Vollzug der deutschen Einheit durch Schulden finanziert. Der dadurch wachsende **Schuldenberg** bindet immer größere Anteile des Bundeshaushalts für die Zinszahlung und die Tilgung der Altschulden.

Den Anteil des Staates an der gesamten Wirtschaftsleistung in einer Volkswirtschaft bezeichnet man als die **Staatsquote**. Auch hier zeigt sich, dass in vielen Industrienationen der Anteil des Staates an der Wirtschaftsleistung sehr hoch ist. Immer wenn der Staat am Markt als Nachfrager auftritt, verdrängt er jedoch die private Nachfrage (**Crowding-out-Effekt**).

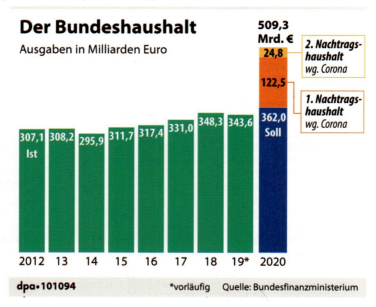

Der Staat als Anbieter und Nachfrager

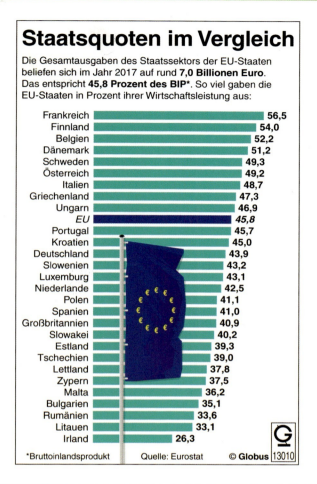

Staatsquoten im Vergleich

Die Gesamtausgaben des Staatssektors der EU-Staaten beliefen sich im Jahr 2017 auf rund **7,0 Billionen Euro**. Das entspricht **45,8 Prozent des BIP***. So viel gaben die EU-Staaten in Prozent ihrer Wirtschaftsleistung aus:

Land	%
Frankreich	56,5
Finnland	54,0
Belgien	52,2
Dänemark	51,2
Schweden	49,3
Österreich	49,2
Italien	48,7
Griechenland	47,3
Ungarn	46,9
EU	45,8
Portugal	45,7
Kroatien	45,0
Deutschland	43,9
Slowenien	43,2
Luxemburg	43,1
Niederlande	42,5
Polen	41,1
Spanien	41,0
Großbritannien	40,9
Slowakei	40,2
Estland	39,3
Tschechien	39,0
Lettland	37,8
Zypern	37,5
Malta	36,2
Bulgarien	35,1
Rumänien	33,6
Litauen	33,1
Irland	26,3

*Bruttoinlandsprodukt Quelle: Eurostat © Globus 13010

Der Staat als Anbieter und Nachfrager

→ **öffentliche Güter**
- „geborene" öffentliche Güter
  - innere Sicherheit
  - äußere Sicherheit
  - Rechtsprechung
- „erkorene" öffentliche Güter
  - Infrastruktur
  - Bildung
  - Kultur
  - Grundlagenforschung

1 Sammeln Sie Zeitungsartikel zu Fragen der Steuerpolitik und zeichnen Sie die aktuelle Diskussion aus der Perspektive der im Bundestag vertretenen Parteien und weiterer Interessenverbände wie Gewerkschaften, Kirchen usw. nach.

2 Verfolgen Sie die Debatte um die Haushaltsaufstellung in den Medien und begründen Sie die Tradition, dass der Etat des Bundeskanzlers bzw. der Bundeskanzlerin von der Opposition als Möglichkeit genutzt wird, mit der Regierungsarbeit „abzurechnen".

4.2 Der Staat als Regulierungsinstanz

In der Frühstückspause diskutieren einige Mitarbeiter der Bürodesign GmbH die Lage auf dem Wohnungsmarkt in Köln. Ausgangspunkt der Diskussion war der Bericht der Gruppenleiterin der Absatzabteilung Frau Grell. Diese versucht seit Monaten vergeblich, eine bezahlbare Wohnung im Kölner Stadtteil Lindenthal zu finden. „Wieso ziehen Sie denn z. B. nicht nach Mülheim? Dort sind Wohnungen doch bestimmt preiswerter!", fragt Herr Kaya aus der Beschaffungsabteilung. „Ich möchte nach Lindenthal ziehen, damit ich mich um meine pflegebedürftige Mutter kümmern kann. Die wohnt nämlich dort!", kontert Frau Grell. „Ich finde es skandalös, dass der Staat sich nicht um die Mietpreise kümmert. Der Staat müsste eingreifen, damit die Vermieter uns Mietern nicht auch noch die letzten Euros aus der Tasche ziehen!", regt sich Frau Fink aus der Verwaltungsabteilung auf.

Silvia Land hört sich die Diskussion noch eine Weile lang an und ist froh, dass sie noch zu Hause bei ihren Eltern wohnen kann und keine Wohnung suchen muss.

- Diskutieren Sie, ob der Staat in die Preisbildung auf dem Wohnungsmarkt eingreifen sollte.

Um ein System der Marktwirtschaft funktionsfähig zu halten, benötigt dieses ein Regelwerk, das von den staatlichen Instanzen geschaffen, kontrolliert und bei Bedarf angepasst wird. Dieses Politikfeld bezeichnet man als **Wirtschaftspolitik.** Die Träger von Wirtschaftspolitik sind die verschiedenen Institutionen und Einrichtungen, welche die wirtschaftspolitischen Ziele bestimmen und/oder über den Einsatz wirtschaftspolitischer Mittel entscheiden können.

Wichtige Akteure in der Wirtschaftspolitik sind in der Bundesrepublik Deutschland die **Parlamente (Legislative),** die **Regierungen (Exekutive)** im Bund und in den Ländern, die Deutsche Bundesbank als Teil des Systems der Europäischen Zentralbank. Aber auch internationale Organisationen nehmen Einfluss auf die deutsche Wirtschaftspolitik. Zu nennen sind in diesem Zusammenhang auf europäischer Ebene das Europäische Parlament, die Europäische Kommission und die Europäische Zentralbank. Daneben zählen aber auch internationale Organisationen wie der Internationale Währungsfonds (IWF) dazu.

Die Bereiche staatlicher Wirtschaftspolitik beziehen sich auf die **Wirtschaftsordnung,** den Wirtschaftsprozess und die Wirtschaftsstruktur. Folglich unterscheidet man die **Ordnungspolitik,** die **Prozesspolitik** und die **Strukturpolitik.**

Die **Ordnungspolitik** bezieht sich auf die Gestaltung der wirtschaftlichen Rahmenbedingungen (Wirtschaftsordnung). Der Zeithorizont, unter denen diese Maßnahmen zu betrachten sind, ist dabei langfristig orientiert. Politikfelder, in denen solche Rahmenbedingungen zuweilen neu gesetzt werden, sind z. B. die Wettbewerbsordnung, die Geld- und Währungsordnung oder die Tarif- und Arbeitsmarktordnung.

Beispiel Zum 1. Januar 1999 wurde in der Bundesrepublik Deutschland der Euro als neue Währung auf der Ebene des Buchgeldes eingeführt. Drei Jahre später, zum 1. Januar 2002, erfolgte die Einführung des Euros als Bargeld. Die Euroumstellung bedeutete für die Mitarbeiter der Bürodesign GmbH ebenso eine große Umstellung wie für die Familien Land und Stein. Alle Zahlungsströme, die bis dahin in der DM berechnet wurden, mussten auf die neue Währung Euro umgerechnet werden (1,00 € = 1,95583 DM).

Mit der **Prozesspolitik** verfolgen die politisch verantwortlichen Instanzen das Ziel eines gleichmäßigen Wachstumsprozesses. Als Bild kann dabei das sogenannte „magische Viereck" dienen. Alle vier Ecken dieses Vierecks (stetiges und angemessenes Wirtschaftswachstum, Vollbeschäftigung, Preisniveaustabilität und außenwirtschaftlichen Gleichgewicht) sollen gleichzeitig verwirklicht werden. Die Maßnahmen, die ergriffen werden, um die Teilziele des magischen Vierecks zu verwirklichen, haben einen eher kurz- bis mittelfristigen Zeithorizont. Dabei versuchen die Akteure der Wirtschaftspolitik, die konjunkturelle Entwicklung positiv zu beeinflussen.

Die Konjunktur- und Wachstumspolitik sind deshalb zentrale Ansatzpunkte der Prozesspolitik.

Beispiel Im Jahr 2009 hat sich die Familie Land einen neuen Pkw gekauft. Zu dieser Kaufentscheidung hatte u. a. beigetragen, dass es zu dieser Zeit eine sogenannte Umweltprämie (umgangssprachlich auch Abwrackprämie) gab. Unter bestimmten Umständen wurde diese Prämie in Höhe von 2 500,00 € vom Staat gezahlt, wenn ein altes Kraftfahrzeug verschrottet und ein Neuwagen oder Jahreswagen zugelassen wurde. Diese Prämie wurde aus dem Konjunkturpaket II gezahlt.

Der Begriff des **Strukturwandels** wird in der politischen Diskussion an vielen Stellen verwendet. Die Strukturpolitik bezieht sich auf die Sektoren (**sektorale Strukturpolitik**) und/oder die Regionen (**regionale Strukturpolitik**) einer Volkswirtschaft. Die wirtschaftliche Entwicklung ist im Zeitablauf stets mit einem Strukturwandel verbunden. Insbesondere die Branchenzusammensetzung (sektorale Struktur) unterliegt einem ständigen Veränderungsprozess.

Beispiel Der Großvater von Silvia Land hatte in seiner Jugend den Beruf des Schriftsetzers gelernt. In Druckereien waren diese Schriftsetzer u. a. damit beschäftigt, den Text einer Zeitungsseite mit kleinen Bleibuchstaben „zu setzen", also zusammenzubauen. Mit der Erfindung entsprechender Maschinen wurden die Schriftsetzer plötzlich nicht mehr in dieser großen Zahl benötigt. Die Branche der Druckereibetriebe erlebte eine starke sektorale Veränderung. Der Großvater von Silvia Land hat damals eine Umschulung zum Verwaltungsfachangestellten gemacht. Diese Umschulung wurde ihm vom Arbeitsamt (heute Arbeitsagentur) finanziert.

Weitere große Entwicklungslinien lassen sich an der klassischen Dreiteilung in die sogenannten Makrosektoren einer Volkswirtschaft nachzeichnen. Kennzeichnend ist dabei die Entwicklung von einer **Agrargesellschaft (primärer Sektor)** über die **Industriegesellschaft (sekundärer Sektor)** zur **Dienstleistungs- und Informationsgesellschaft (tertiärer Sektor).** Diese Entwicklung haben in ähnlicher Form alle großen entwickelten Volkswirtschaften durchlaufen. Viele Entwicklungsländer sind auch heute noch im Zustand einer Agrargesellschaft.

Die **regionale Strukturpolitik** lässt sich für die Bundesrepublik Deutschland am Beispiel der Wiedervereinigung der beiden deutschen Teilstaaten im Jahr 1990 verdeutlichen. In der Regionalpolitik geht es im Kern darum, die Lebensverhältnisse in den Teilregionen einer Volkswirtschaft aneinander anzugleichen. Für die Bundesrepublik Deutschland ergab sich nach der Wiedervereinigung die Aufgabe, gleichwertige Lebensverhältnisse in den neuen Bundesländern im Vergleich zur „alten" Bundesrepublik zu schaffen. Dazu zählt auch der Ausbau der Infrastruktur.

Wenn der Wettbewerb in einer Volkswirtschaft funktioniert, ist der Marktmechanismus ein sehr geeignetes Mittel, um zu gewährleisten, dass die Produktionsfaktoren effizient eingesetzt werden. Die Folge ist eine **optimale Allokation der Produktionsfaktoren.** Es kann jedoch bestimmte Bereiche geben, in denen die Steuerungsfunktion des Preismechanismus versagt (Marktversagen). Ein Beispiel für diesen Bereich ist die Nutzung der natürlichen Ressourcen unserer Umwelt (Umweltpolitik). In einem marktwirtschaftlichen System gibt es für die Produzenten nämlich keine Anreize, mit dem Gut „natürliche Umwelt" effizient und sparsam umzugehen. Die natürliche Umwelt ist in diesem Zusammenhang ein öffentliches Gut. Ohne staatliche Eingriffe kann niemand von der Nutzung dieses Gutes ausgeschlossen werden. In der Folge ergibt sich daraus eine zu intensive Nutzung der natürlichen Ressourcen. Schadstoffe wie Abgase, verschmutzte Abwässer und der Abbau von Rohstoffen belasten die Umwelt.

In der Volkswirtschaftlehre spricht man in diesem Zusammenhang von **externen Effekten.** Externe Effekte gehen von den ökonomischen Aktivitäten (Produktion oder Konsum) privater Haushalte oder Unternehmen aus und beeinflussen die wirtschaftliche Situation anderer Wirtschaftssubjekte direkt positiv (Nutzen- oder Gewinnsteigerung) oder negativ (Nutzen- oder Gewinnminderung). Diese Auswirkungen werden aber in der Kalkulation der Verursacher nicht erfasst.

Beispiel Die Bürodesign GmbH kauft Spanplatten bei der Vereinigten Spanplatten AG. Deren Produktionsverfahren emittiert Abgase, welche die Bienenvölker der umliegenden Imker beeinträchtigt (= negativer externer Effekt für die Imker). Dadurch sinken die Erträge auf den Obstplantagen der Landwirte im Umfeld der Spanplattenfabrik (= negativer externer Effekt für die Obstbauern), während die Vereinigte Spanplatten AG keine Kosten für die ihr verursachten externen Effekte verzeichnet.

Der Staat kann dieses Marktversagen korrigieren, wenn er es schafft, den Verursachern von Umweltschäden die externen Kosten wieder zuzurechnen (**= Internalisierung externer Kosten**). Nach dem Verursacherprinzip kann der Staat versuchen, die Verursacher zunächst zu identifizieren. Durch entsprechende gesetzliche Vorschriften (= Ordnungsrecht oder Auflagenpolitik) wird es den Emittenten verboten oder nur eingeschränkt erlaubt, umweltschädliche Stoffe zu emittieren. Andererseits könnte der Staat versuchen **marktwirtschaftliche Anreize** für ein umweltgerechtes Verhalten zu schaffen. In diesem Fall setzt Obermengen für bestimmte Umweltemissionen fest und gibt in dem dafür erforderlichen Umfang handelbare Umweltnutzungsrechte (**= Umweltzertifikate**) heraus. Wenn ein Unternehmen seine Produktion erweitern möchte, kann es entweder an einem Handelsplatz zusätzliche Zertifikate erwerben oder in umweltschonende Technologien und Produktionsweisen investieren und die dadurch nicht mehr benötigten Umweltzertifikate am Handelsplatz an andere Unternehmen verkaufen.

▲ Politische Preisbildung – Eingriffe des Staates in die Preisbildung

Immer dann, wenn es der Staat wirtschafts- oder sozialpolitisch für geboten hält, kann er in den Preisbildungsmechanismus eingreifen und **Höchst-** bzw. **Mindestpreise** für bestimmte Güter und Dienstleistungen festlegen.

▲ Höchstpreise

Nachfrager werden durch die Festlegung von **Höchstpreisen** vor „zu hohen" Marktpreisen geschützt. Der Staat schreibt also den Anbietern dieser Güter und Dienstleistungen vor, einen bestimmten Preis nicht zu überschreiten. Dieser Höchstpreis entfaltet seine Schutzfunktion für die Verbraucher dadurch, dass er **unter** dem eigentlichen **Gleichgewichtspreis** liegt:

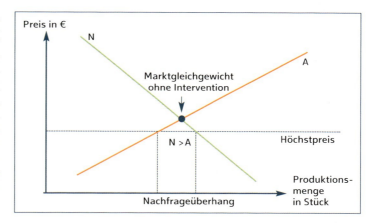

Beispiel Der Vater einer ehemaligen Schulfreundin von Silvia Land ist arbeitslos geworden. Die Familie kann die teure Innenstadtwohnung nicht mehr bezahlen, weil der Quadratmeterpreis für die Kaltmiete (ohne Nebenkosten) inzwischen bei 10,00 € liegt. Die Familie ist jedoch erleichtert, als sie erfährt, dass die Stadt Köln im sozialen Wohnungsbau einen Quadratmeterpreis von 6,00 € festgelegt hat. Diesen Preis dürfen die Vermieter nicht überschreiten. Die Familie denkt darüber nach, in eine solche Sozialwohnung umzuziehen: „Die Häuser sind in sehr gutem Zustand und vor allem ist der Preis bezahlbar", freut sich der Familienvater. „Aber was passiert, wenn der Vermieter die Preise anhebt – 6,00 € pro Quadratmeter ist doch viel weniger, als wir für unsere jetzige Wohnung zahlen?", fragt die Tochter. „Das geht glücklicherweise gar nicht, die Stadt hat die Preise nach oben eingefroren – mehr als 6,00 € darf der Vermieter also gar nicht verlangen", erklärt der Vater.

Solche staatlichen Schutzmaßnahmen für die Verbraucher haben jedoch auch negative Folgeeffekte. Da der Nachfrageüberhang aufgrund der geringen Preise nicht durch Preiserhöhungen abgebaut werden kann, wird dauerhaft ein **Marktungleichgewicht** fixiert. Den Anbietern fehlt zudem der Anreiz, das Marktangebot zu erhöhen. Es entsteht paradoxerweise eine Mangelsituation, die durch die Höchstpreise eigentlich verhindert werden sollte. Folglich entstehen sogenannte **Schwarzmärkte,** weil zahlreiche Verbraucher bereit sind, einen höheren Preis als den staatlichen garantierten Höchstpreis zu bezahlen.

▲ Mindestpreise

Der Staat kann die Anbieter ebenso vor Preisverfall schützen, indem er diesen einen **Mindestpreis** für ihre Güter und Dienstleistungen garantiert. Ein immer noch aktuelles Beispiel stellen die Agrarsubventionen der Europäischen Union dar: Der weltweite Wettbewerb auf dem Agrarmarkt führt zu einem stetigen Preisverfall für Agrarprodukte; um den Landwirten in der EU ihr Einkommen zu sichern, werden diesen für ihre Produkte Subventionen in Form von staatlich garantierten Mindestpreisen gezahlt. Diese Mindestpreise liegen über dem Gleichgewichtspreis, sind jedoch für die hiesigen Landwirte kostendeckend.

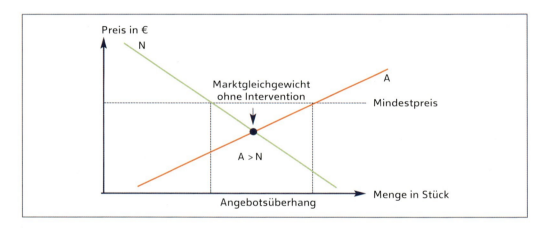

Problematisch an diesem Vorgehen ist die Notwendigkeit, dass der Staat die von den Anbietern produzierten Mengen garantiert abnehmen muss. Der Staat erzeugt durch die Abnahmegarantie indirekt eine **Überproduktion,** welche mit Steuergeldern aufgekauft, gelagert oder vernichtet bzw. mit erheblichen Preisabschlägen am Weltmarkt verkauft werden muss. Zudem besteht die Gefahr, dass die begünstigten Landwirte diese **Subventionen** als dauerhafte Zuwendung interpretieren, sich also auf die staatlichen Hilfen verlassen und somit nicht veranlasst werden, entweder kostengünstiger zu produzieren oder auf andere Produktarten bzw. Anbaumethoden

auszuweichen, bei denen die ausländische Konkurrenz weniger intensiv ist (z.B. biologische Anbaumethoden oder Produktion von Biomasse).

Der Staat als Regulierungsinstanz

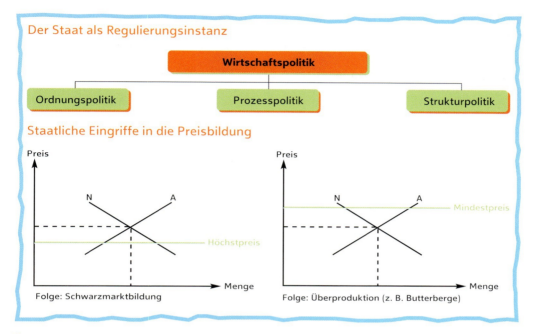

1. Interpretieren Sie die nachfolgende Abbildung in ihrer Aussagefähigkeit zum Strukturwandel in der Bundesrepublik Deutschland.
2. Finden Sie drei Beispiele für positive externe Effekte.
3. Recherchieren Sie in geeigneten Quellen (z. B. Zeitungsarchive, Bibliotheken, Internet) über den Strukturwandel in Ihrer Region und stellen Sie diesen in Form einer Präsentation der Klasse vor.
4. Erstellen Sie eine Zeitleiste des Wiedervereinigungsprozesses der Bundesrepublik Deutschland anhand wichtiger wirtschaftspolitischer Entscheidungen.
5. In einer Marktwirtschaft tritt folgendes Problem auf: Die landwirtschaftlichen Betriebe können infolge starker Konkurrenz aus dem Ausland eine Reihe von Produkten (z. B. Milch und Butter) nicht mehr in gewohnter Menge absetzen. Die landwirtschaftlichen Interessenverbände erreichen, dass der Staat den Bauern einen Mindestpreis garantiert.
   a) Stellen Sie diesen Preisbildungsprozess grafisch dar.
   b) Welche Folgen sind aus dieser staatlichen Mindestpreispolitik (Subventionierung) zu erwarten?

Das Entscheidungsverhalten des Staates

6 Der Staat legt für den Verkauf eines landwirtschaftlichen Produktes einen Verkaufspreis von 5,00 €/kg fest.

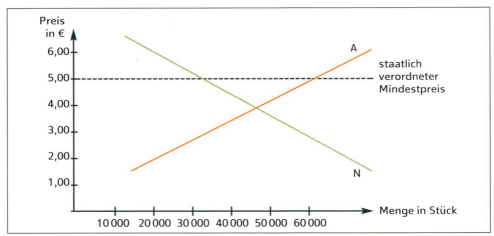

a) Erläutern Sie anhand der Grafik die Preisbildung, die abgesetzte Menge, deren Preis sowie die nachgefragte Menge und die angebotene Menge.
b) Zeigen Sie auf, welche Folgen aus dem staatlich verordneten Mindestpreis erwachsen können.

7
a) Beschreiben Sie die Zusammensetzung des Einkommens von Landwirten.
b) Diskutieren Sie kritisch die Auswirkungen der Subventionierung der Landwirte weltweit.

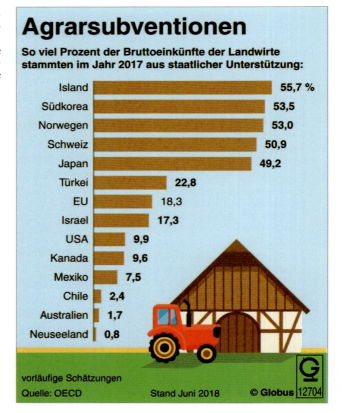

8

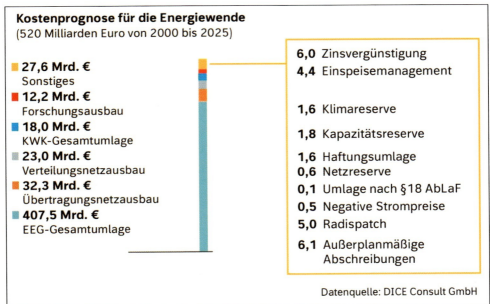

a) Beschreiben Sie die Zukunft der erneuerbaren Energien in der Bundesrepublik Deutschland.
b) Geben Sie eine Einschätzung des Ausbaus der erneuerbaren Energien und ihrer gesamtgesellschaftlichen Folgen.

Kursthema: Die Rolle des Staates in gesamtwirtschaftlicher Perspektive

1 Die Wirtschaftsordnung als Regelungssystem
2 Die Rahmenbedingungen der sozialen Marktwirtschaft
3 Die Wettbewerbspolitik
4 Die wirtschaftspolitischen Ziele der sozialen Marktwirtschaft

1 Die Wirtschaftsordnung als Regelungssystem

1.1 Notwendigkeit und Gestaltung eines Ordnungsrahmens

Im Unterricht bespricht die Klasse von Caroline Stein die Auswirkungen der industriellen Revolution und stellt Vergleiche mit der heutigen Zeit her. Dabei führt besonders der „Maschinensturm" der sogenannten Ludditen (= Maschinenstürmer) zu einer erregten Diskussion.

„Soll das etwa bedeuten, dass diese Leute die Maschinen von Fabrikbesitzern verbrannt haben, obwohl sie ihnen nicht gehörten?", empört sich Sascha. „Ganz genau", bestätigt die Lehrerin, „sie schlugen die Maschinen kurz und klein." „Und warum haben sie das gemacht?", will Sascha wissen. „Sie handelten aus Protest gegen die Ausbeutung durch die Fabrikbesitzer." „Ich verstehe das nicht", entgegnet Sascha, „damit haben sie doch auch ihre eigenen Arbeitsplätze zerstört." Caroline kann deren Wut jedoch nachvollziehen. „Wie fändest du es denn, wenn du arbeitest und arbeitest und dabei immer ärmer wirst? Du wärst doch auch nicht begeistert, was?" „Aber dann zerstöre ich doch nicht die Maschinen, mit denen ich im Prinzip meinen Lebensunterhalt verdiene. Außerdem haben sie doch fremdes Eigentum zerstört."

Die Diskussion geht hin und her. Einige Schüler haben durchaus Verständnis dafür, dass die Arbeiter sich – wenngleich zu drastisch – gewehrt haben, andere Schüler können die Aggressivität nicht nachvollziehen.

„Fest steht", sagt die Lehrerin, „dass die Menschen verzweifelt waren, trotz all der harten Arbeit an den Maschinen immer ärmer zu werden. Aber damit es erst gar nicht dazu gekommen wäre, hätte die Regierung vielleicht etwas tun müssen. Habt ihr eine Idee?" Caroline meldet sich. „Man hätte auch den Fabrikbesitzern beibringen müssen, dass sie sich an Regeln halten müssen." „Ganz genau", stimmt die Lehrerin zu, „Gesetze waren nötig und damit ein vorgegebener Rahmen, an den sich alle halten. Aber bis das in den Industrieländern auch tatsächlich so weit war, mussten Fabrikbesitzer und Arbeiter noch einen langen und mühseligen Weg gehen."

- Diskutieren Sie das Vorgehen empörter Arbeiter im Zeitalter der industriellen Revolution, sich massiv gegen die Ausbeutung durch ihre Arbeitgeber zu wehren.
- Entwickeln Sie Vorschläge für Regeln, die auch für die heutige Zeit Gültigkeit haben, damit Arbeitgeber und Arbeitnehmer in geordneten Verhältnissen und zum Vorteil beider Seiten arbeiten können. Präsentieren Sie Ihre Ergebnisse softwaregestützt.

▲ Ungezügeltes Wirtschaften im Zeitalter der industriellen Revolution

Ohne Ordnung entfaltet eine Wirtschaft zerstörerische Kräfte, die sich darin äußern, dass bei einem Übermaß an wirtschaftlicher Freiheit bei denjenigen, die bessere Startvoraussetzungen als die übrigen Wirtschaftsteilnehmer haben, ein übergroßer Egoismus zu entstehen droht, der zulasten all derjenigen geht, die über keinen großen wirtschaftlichen Einfluss verfügen. In deutlich überspitzter Form kann man dieses Missverhältnis am ehesten am Dienstverhältnis zwischen Arbeitgeber und Arbeitnehmer verdeutlichen. Der Arbeitgeber, der Eigentümer seiner Produktionsmittel ist und der nach Gewinnmaximierung strebt, befindet sich aufgrund seiner Eigentumsverhältnisse in einer deutlich stärkeren Position als der abhängig beschäftigte Arbeitnehmer. Aus diesem Missverhältnis droht ohne Ordnung der Wirtschaft die Ausübung des **Rechts des Stärkeren,** was bei anhaltendem Fortschreiten zu wirtschaftlicher Ausbeutung führen kann.

Die Auswüchse dieses Missverhältnisses kommen überdeutlich im Zeitalter der **industriellen Revolution** in der Mitte des 19. Jahrhunderts zum Tragen. Der rasante wirtschaftliche Aufstieg der Nationen aufgrund der Entwicklung von Massenproduktion setzte ökonomische Kräfte frei, die in der Geschichte der Wirtschaft ihresgleichen suchen. Die seit dem Zeitalter der Französischen Revolution freigesetzten Kräfte zur **Entfaltung des Individuums,** unbeeinflusst von absolutistischer und kirchlicher Autorität, führten zum Anwachsen von Vermögen der Eigentümer, die es in diesem Ausmaß nie zuvor gegeben hat. Im Übergang von der handwerklichen Fertigung zur industriellen Massenfertigung wuchsen gerade in den erwachenden Volkswirtschaften in den Vereinigten Staaten von Amerika sowie in Europa in rasanter Geschwindigkeit Wirtschaftsregionen mit gewaltigen Fabriken und riesigem Bedarf an Arbeitskräften.

Der massenhafte Zuzug der 1850er-Jahre kommt beinahe einer Art Völkerwanderung gleich, als Städte in Westeuropa wirtschaftlich wuchsen und einen nie zuvor gekannten Bedarf an Arbeitern für die rasant wachsenden Fabriken hatten. Auf diese Weise entstand in den neu entwickelten Industriezentren Englands und auf dem europäischen Festland ein **Industrieproletariat,** das in Zeiten wirtschaftlichen Rückgangs leicht in wirtschaftliche Abhängigkeit vom Dienstherrn geriet und aufgrund des Zwangs, auch immer weitere **Lohnsenkungen** akzeptieren zu müssen, um den Arbeitsplatz zu behalten, zu „**Lohnsklaven**" degenerierte.

Besonders deutlich wurde das Ausmaß wirtschaftlicher Abhängigkeit in Zeiten des sogenannten **Manchester-Liberalismus** in der Zeit von 1820 bis 1850. Ursprünglich verstand man unter diesem Begriff eine politische Bewegung, die sich zum Ziel gesetzt hatte, die in England vorhandenen Getreidezölle abzubauen, weil man sich dadurch eine Zunahme des freien Außenhandels erhoffte. Der Urheber dieser Idee, der englische Politiker **Richard Cobden** (1804–1865), wandte sich ursprünglich dagegen, dass der englische Staat nur einige bedeutende Unternehmen vor allzu großem Wettbewerb schützte. Er wollte durch Aufhebung von Zöllen den freien Handel und somit auch den Wettbewerb untereinander fördern. Durch die Einfuhr günstiger Waren wuchs jedoch auch der Druck auf die inländische Wirtschaft, kostengünstiger zu produzieren, wenn man im Wettbewerb mit ausländischen Herstellern weiter existieren wollte. Auf diese Weise wuchs auch der Druck auf Arbeitnehmer, zu immer niedrigeren Löhnen und schlechteren Bedingungen zu arbeiten. Was grundsätzlich als positiver Ansatz zur Belebung der Wirtschaft und des freien Leistungswettbewerbs gedacht war, verschlechterte die Lebens- und Arbeitsbedingungen von Arbeitern enorm, sodass Gegner des Manchester-Liberalismus bald von „**Raubtierkapitalismus**" oder „**kapitalistischer Ausbeutung**" sprachen.

Ohne Rücksicht auf die Lebensbedürfnisse der Arbeiterschaft wurden in diesem Zeitalter großartige technologische Neuerungen marktfähig und führten zu weltweitem Wachstum von Volkswirtschaften. Das **Nachrichtenwesen** veränderte sich (z. B. Telegraf), der **transatlantische Schiffsverkehr** zwischen Europa und den USA wurde durch die Dampfschifffahrt beschleunigt, zwischen den Kontinenten gelang es nach jahrelangen Misserfolgen, ein Kabel zu verlegen und so die Kommunikation zwischen riesigen Wirtschaftsregionen auf damals unglaubliche Weise zu verkürzen. **Eisenbahnlinien** durchzogen die Länder und führten zu gewaltigem Bedarf an Schienen, was seinerseits die Entwicklung von Hochöfen und **Stahlwerken** begünstigte. Kohleverstromung in **Kraftwerken** ließ die enorm gewachsenen Städte auch nachts taghell erleuchten und Gaslaternen verschwinden. Auch das Militärwesen veränderte sein Gesicht und so entwickelten sich Kriege mit bis dahin schwer zu bewegenden Heeren zu schnell beweglichen Feldzügen, die sich aufgrund der materiellen Möglichkeiten bei der Bewaffnung und Munition bald zu solchen Kriegen entwickelten, in denen die gesamten gesellschaftlichen Ressourcen für industrialisierte Kriegsführung eingesetzt wurden (z. B. amerikanischer Bürgerkrieg, Erster und Zweiter Weltkrieg).

Angesichts dieser revolutionären gesellschaftlichen und ökonomisch-technologischen Veränderungen geriet die arbeitende Bevölkerung in eine derart große Abhängigkeit, dass Teile von ihr in den sich entwickelnden Volkswirtschaften unter Entrechtung, Ausbeutung und Not in Elendsquartieren litten. Choleraepidemien wüteten in den hygienisch nur unzureichend ausgestatteten Industriezentren und ließen die **Kindersterblichkeit** dramatisch ansteigen. Die Lebenserwartung sank bedenklich und die Unzufriedenheit der Bevölkerung mit den herrschenden Verhältnissen wuchs enorm, sodass im Zuge eines entstehenden Protestwillens der Arbeiterschaft bald eine starke **Arbeiterbewegung** entstand, die eine mit besseren Rechten ausgestattete Teilhabe am Wirtschaftsleben forderte.

Das „Raubtier Kapitalismus" ließ sich angesichts der Erfordernisse wachsender Volkswirtschaften allerdings nur schwer zähmen. Der bis zur Weltwirtschaftskrise der 1920er-/1930er-Jahre anhaltende naive Glaube, der freie Markt verfüge über ausreichende Selbstheilungskräfte, um wirtschaftliche Schieflagen aus eigener Kraft wieder in ein Gleichgewicht zu führen, erwies sich als falsch. Die theoretischen Arbeiten von **John Maynard Keynes** (1883–1946) verwiesen auf die gewachsene Rolle von Staaten im Wirtschaftsprozess, ein Grundgedanke, der auch die späteren Arbeiten der **Gründerväter der sozialen Marktwirtschaft** in Deutschland für die Zeit nach dem Zweiten Weltkrieg nicht unbeeinflusst ließ, auch wenn diese dem Staat weniger eine aktive, sondern viel stärker eine ordnende Rolle zumaßen.

▲ Geistige Grundlagen einer geordneten Wirtschaft

Die Grundprinzipien der **sozialen Marktwirtschaft** (vgl. S. 222 ff.)) basieren auf den Ideen der sogenannten **Freiburger Schule**. An der Universität Freiburg lehrte der Nationalökonom **Walter Eucken** von 1927 bis 1950 die Auffassung, dass der Staat in einer Volkswirtschaft einen gesetzlichen Rahmen setzen müsse, in dem sich die Individuen frei bewegen können – eine Ordnung der Freiheit. Somit gilt Walter Eucken als einer der Begründer des **Ordoliberalismus.** Analysen der freien Marktwirtschaft, der Planwirtschaft in der Sowjetunion sowie die Erfahrungen des Zweiten Weltkrieges brachten ihn zu der Überzeugung, dass der Staat einen gesetzlichen Ordnungsrahmen schaffen müsse, innerhalb dessen sich die produktiven Kräfte am besten entfalten könnten und eine optimale Versorgung mit Konsumgütern gewährleistet werden müsste.

An der Planwirtschaft kritisierte Eucken, dass zwar Vollbeschäftigung erreicht würde, die Bürger jedoch unzureichend mit Konsumgütern ausgestattet seien. An der freien Marktwirtschaft kritisierte er hingegen, dass die Unternehmen zwar sehr produktiv arbeiteten, jedoch Massenarbeitslosigkeit drohe. Da er es nicht für ratsam hielt, lediglich einen Mittelweg zwischen beiden Auffassungen zu finden, musste er eine Entscheidung für **eine** der beiden Grundformen finden. Als Verfechter eines freiheitlichen Menschenbildes entschied er sich dafür, **das marktwirtschaftliche Modell** weiterzuverfolgen.

Sein Weggefährte an der Universität Freiburg, der Nationalökonom **Wilhelm Röpke** (1899–1966) prägte vor dem Hintergrund dieser Absichten den Begriff des „Dritten Weges". Er verstand darunter einen **Mittelweg zwischen einem völlig freien Modell des Liberalismus** (freie Marktwirtschaft) und dem **sozialistischen Konzept einer zentralen Planwirtschaft.** So sehr die beiden Ökonomen das marktwirtschaftliche Modell befürworteten, so wussten sie doch, dass es in marktwirtschaftlichen Gesellschaften immer wieder zu einer Konzentration wirtschaftlicher Macht kommen würde. Monopolbildung und Ausschaltung von Wettbewerb wären

die Folge. Somit befürwortete Wilhelm Röpke eine gesetzliche Wettbewerbsordnung, die die Vermeidung von Monopolbildung zum Ziel hätte.

Um die unerwünschten sozialen Folgen eines enthemmten Leistungswettbewerbs zu verhindern, forderten die beiden Experten weiterhin, dass bestimmte Wirtschaftsbereiche von reinen Wettbewerbsbedingungen ausgenommen werden müssten. Besonders der Arbeitsmarkt sei aufgrund seiner unmittelbaren Bedeutung für Familien besonders schützenswert vor Ausbeutung und Lohnunterbietung.

Auf den Grundgedanken des Ordoliberalismus aufbauend wurde in der Zeit nach dem Ende des Zweiten Weltkrieges das Konzept der **sozialen Marktwirtschaft** weiterentwickelt. Der an der Universität Münster unterrichtende Nationalökonom **Alfred Müller-Armack** entwickelte das wirtschaftspolitische Konzept, das als deutsches Erfolgsmodell weltberühmt werden sollte. Zwar gibt es zwischen den Konzepten des Ordoliberalismus und dem der sozialen Marktwirtschaft eine enge Verwandtschaft, jedoch betont die soziale Marktwirtschaft viel stärker den sozialen Aspekt. Ihr Leitgedanke ist es, Freiheit auf dem Markt mit einem sozialen Ausgleich zu verbinden. Es soll ein Zusammenwirken von **wirtschaftlicher Freiheit, rechtsstaatlich gesicherter Freiheit** und den Idealen der **sozialen Sicherheit und Gerechtigkeit** stattfinden.

So wurde die Bundesrepublik Deutschland ein „**sozialer Rechtsstaat**" mit der Verpflichtung der staatlichen Hoheitsträger zu aktivem Eingreifen, um soziale Gegensätze zu überwinden. Diese Staatssicht stammt wiederum aus der katholischen Soziallehre, in welcher große Sozialgebilde (z. B. Staat) kleineren Sozialgebilden (z. B. Familie) Hilfe zukommen lassen müssen. Zusätzlich kommt hierbei das **Subsidiaritätsprinzip** in der sozialen Marktwirtschaft zur Anwendung. Es besagt in unserem Zusammenhang, dass derjenige, der ausreichend in der Lage ist, sich selbst zu helfen, von staatlicher Hilfe zurücktreten solle.

Mustergültig vereint das Subsidiaritätsprinzip als eines der wichtigen begründeten Elemente der sozialen Marktwirtschaft individualistisches wie auch kollektivistisches Gedankengut zu einem tragenden Fundament unserer Wirtschaftsordnung.

▲ Koordination einzelwirtschaftlicher Pläne nach anerkannten Normen

Dennoch kann es auch in einer sozialen Marktwirtschaft zur Koordination einzelwirtschaftlicher Pläne im Rahmen anerkannter Normen kommen. So gibt es in marktwirtschaftlichen Gesellschaften die grundsätzliche Bereitschaft, politische oder militärische Ziele mit regulierenden Maßnahmen zu beeinflussen (**Staatsinterventionismus**). Dies geschieht häufig dann, wenn sich wirtschaftliche Krisen zu politischen Krisen auszuweiten drohen. In solchen Fällen greift der Staat z. B. durch

- Lohn- und Preisstopps,
- Handelsbeschränkungen (z. B. Kontingente)
- Produktionsmengenvorgaben

in die Wirtschaft ein, um

- Branchen zu schützen,
- eine Hyperinflation zu verhindern oder
- die Bevölkerungsversorgung aus heimischer Produktion zu gewährleisten.

Notwendigkeit und Gestaltung eines Ordnungsrahmens

In jüngerer Zeit äußert sich staatsinterventionistisches Verhalten z. B. durch Bankenrettungen Handelsbeschränkungen zur Sicherung von Arbeitsplätzen oder durch die Ausgabe von Staatsanleihen zur Stützung des durch Devisenspekulation gefährdeten Euro-Systems.

Notwendigkeit und Gestaltung eines Ordnungsrahmens

- Ohne **Ordnung der Wirtschaft** droht die egoistische Anwendung des Rechts des Stärkeren gegenüber wirtschaftlich Schwächeren.
- Die im **Zeitalter der industriellen Revolution** freigesetzten produktiven Kräfte setzten in England im 19. Jahrhundert ungezügelte kapitalistische Kräfte frei.
- **Technologische Innovation** veränderten die gesellschaftlich-politischen Rahmenbedingungen, sodass der Staat notwendigerweise die Wirtschaft ordnen musste, um Ausbeutung zu verhindern.
- In der **Weltwirtschaftskrise der 1920er-/1930er-Jahre** zeigte es sich, dass der Staat die Wirtschaft ordnen muss, weil der Markt Ungleichgewichte nicht von allein ins Gleichgewicht führen konnte.
- In der **sozialen Marktwirtschaft** greift der Staat ordnend in die Wirtschaft ein, um marktwirtschaftliche Fehlentwicklungen zu verhindern bzw. deren Folgen abzumildern.
- Grundlage für die Ordnung der Wirtschaft ist der **„Ordoliberalismus"**.
- Der Ordoliberalismus ist das Konzept für den **„Dritten Weg"** zwischen freier Marktwirtschaft und Planwirtschaft.
- Stärker als der Ordoliberalismus versteht sich die soziale Marktwirtschaft als **„sozialer Rechtsstaat"**, welcher auch den wirtschaftlich Schwachen Hilfe angedeihen lässt.
- Staatliche Hilfe kommt im **„Subsidiaritätsprinzip"** zum Ausdruck (Hilfe zur Selbsthilfe).

---

1 Begründen Sie, warum eine ungeordnete Wirtschaft für die dort lebenden und arbeitenden Menschen ausbeuterisch zu werden droht.

2 Recherchieren Sie im Internet, welche bedeutenden technologischen Neuerungen seit dem Zeitalter der industriellen Revolution im Verlauf des 19. Jahrhunderts zu weltweitem Wachstum und veränderten Wirtschafts- und Lebensbedingungen führten.

3 Recherchieren Sie im Internet, was man im 19. Jahrhundert unter „Industrieproletariat" verstand und ziehen Sie Vergleiche zu heutigen Lebens- und Arbeitsbedingungen, z. B. in anderen Ländern.

4 Erklären Sie, wie sich der sogenannte Manchester-Liberalismus in England im 19. Jahrhundert zu einem „Raubtier-Kapitalismus" entwickeln konnte.

5 Beschreiben Sie die Rolle des Staates nach den Entwicklungen der Weltwirtschaftskrise in den 1920er/1930er-Jahren.

6 Begründen Sie, warum sich die Schöpfer des Ordoliberalismus für einen „Dritten Weg" aussprachen.

7 Erklären Sie den Unterschied zwischen Ordoliberalismus und sozialer Marktwirtschaft. Präsentieren Sie Ihre Ergebnisse softwaregestützt.

1.2 Individualismus versus Kollektivismus

Die Diskussion im Unterricht über die gewaltsamen Proteste in der Frühzeit der industriellen Revolution geht noch weiter. Patrick schaltet sich ein: „Gesetze, Gesetze, ich höre immer nur Gesetze. Aber was bringen denn Gesetze, wenn sich keiner dran hält. Die Fabrikbesitzer damals haben sich doch in Wirklichkeit überhaupt nicht an die Gesetze gehalten. Die Arbeiter haben doch auch weiterhin unter den katastrophalen Bedingungen auf der Arbeit gelitten." Die Klassenlehrerin sagt, dass sich die sozialen Verhältnisse tatsächlich erst ganz allmählich und schleppend verbessert haben. „Damit es wirklich zu einer Veränderung kommt, muss eine andere Gesellschaftsordnung her." „So, und welche Gesellschaft stellst du dir dabei vor, du Schlauberger?", fragt Caroline gereizt. „Na, ich stelle mir eine Gesellschaft vor, in welcher nicht die Egoisten das Sagen haben. Eine Gesellschaft, die so funktioniert wie eine gute Fußballmannschaft, zum Beispiel." Sascha stutzt: „Keine schlechte Idee, finde ich, aber in jeder Fußballmannschaft gibt es doch auch die Torjäger, und die stechen am meisten heraus." „Aber das können sie doch nur, wenn auch der Rest der Mannschaft ihnen zuspielt. Ohne die Mannschaft wären sie doch verloren und würden ohne Ball vor dem gegnerischen Tor herumstehen." Die Lehrerin stimmt zu: „Du hast recht, ohne die Mannschaft ist der Torjäger nichts." „Aber ohne den Torjäger kann der Rest der Mannschaft auch nicht gewinnen, wenn außer ihm niemand ein Tor schießt." Die Lehrerin stutzt: „Ich finde eure Antworten alle interessant. Aber es muss ja nicht grundsätzlich so sein, dass der Torjäger ein Egoist ist und dass sich alles nur um ihn dreht. Der Torjäger ist schließlich auch Teil der Mannschaft." Die Klasse nickt. „Na, das sagen Sie aber mal dem Torschützenkönig der Bundesliga. Meistens geht es denen doch nur um ihren eigenen Ruhm."

- Diskutieren Sie das Für und Wider individualistischer und kollektivistischer Gesellschaften und beziehen Sie dabei Gedankengänge aus der Welt des Mannschaftssports mit ein. Zeichnen Sie die Diskussion auf Video auf und werten Sie sie aus.
- Suchen Sie historische Beispiele von Ländern, deren Gesellschaften eher individualistisch bzw. kollektivistisch geprägt waren, und beschreiben Sie mögliche Probleme, die es in diesen Ländern gegeben hat.

Ideengeschichtlich handelt es sich bei **„Individualismus"** um ein Wertesystem, bei dem der einzelne Mensch stets im Mittelpunkt der Betrachtung steht. Im Gegensatz zum Individualismus steht das Wertesystem des **„Kollektivismus",** in dem die Interessen der Gesamtheit, der Gemeinschaft, stets höher angesehen werden als die Interessen des Einzelnen.

▲ Individualismus

Die Grundlagen des Individualismus stammen aus der Frühzeit des Aufklärungszeitalters und haben das Bestreben zum Kern, den Menschen von starrem Denken zu befreien. Der Mensch soll sein Wissen nicht allein aus vorgegebenen Denkmustern beziehen, sondern er soll das Recht haben, frei zu glauben und handeln zu dürfen. Die Forderung nach Glaubens- und Gedankenfreiheit war somit auch eines der Hauptanliegen der **Epoche der Aufklärung.**

Ein wichtiger Wegbereiter dieses Gedankengutes war der britische Philosoph **John Locke,** der als Begründer des **politischen Liberalismus** gilt. In seinem „Brief zur Toleranz" sprach er sich beispielsweise dafür aus, dass der Staat seinen Bürgern die Religion selbst überlasse, weil er sich seinerzeit in England vor allzu großer Macht der katholischen Kirche fürchtete. Eine Regierung, die in den Glauben der Bevölkerung eingreife, überschreite ihre Kompetenzen. Folglich komme der Regierung eines Staates allein der Daseinszweck zu, **das Leben, die Freiheit und das Eigentum seiner Bürger zu schützen.** Auf der Grundlage der Toleranzideen entwickelte Locke das Fundament seiner Gesellschafts- und Staatstheorie, in welcher er eine Staatsform bevorzugte, die dem absolutistischen Recht des Königs die Ansprüche eines freien und selbstbestimmten Bürgertums entgegenstellte. Darin umfasst er bestimmte **unveräußerliche Naturrechte,** wie z. B. das Recht auf Leben und auf Freiheit sowie das Recht zur Bildung von Eigentum. Eine Regierung habe folglich nur die Aufgabe, bestimmten menschlichen Zwecken zu dienen. Tue sie das nicht, gäbe es ein Recht auf Revolution.

John Locke, der als bedeutender Vertreter der Erkenntnistheorie gilt, welche die Auffassungen über Staat und Gesellschaft aus den beobachtbaren, tatsächlichen Erkenntnissen und nicht aus kirchlichen Dogmen ableitet, ist der Begründer des politischen Liberalismus, der seinerzeit auch die Grundlage für den klassischen ökonomischen Liberalismus (freie Marktwirtschaft) darstellt.

John Locke, englischer Philosoph (1632–1704)

▲ Historische Grundlagen

Der politische Liberalismus von Locke fand in der amerikanischen Unabhängigkeitserklärung aus dem Jahre 1776, der **Verfassung der Vereinigten Staaten von Amerika** von 1787 oder der **Französischen Revolution** des Jahres 1789 seine erstmalige Umsetzung und stellte die gesellschaftlichen Rahmenbedingungen zur Entwicklung eines klassischen ökonmischen Liberalismus dar. Der Liberalismus ging davon aus, dass ein freier Mensch sich stets seines Verstandes bedient und vernünftig handelt.

In diese Zeit gesellschaftlichen Umbruchs fiel auch das Wirken des schottischen Philosophen **Adam Smith** (1723–1790). In seinem Werk „Der Wohlstand der Nationen" aus dem Jahre 1776 beschreibt Smith seine Grundüberlegungen über das Verhältnis zwischen Staat und Bürger folgendermaßen:

> „Solange der Einzelne nicht die Gesetze verletzt, lässt man ihm völlige Freiheit, damit er das eigene Interesse auf seine Weise verfolgen kann und seinen Erwerbsfleiß und sein Kapital im Wettbewerb mit jedem anderen oder einem anderen Stand entwickeln oder einsetzen kann. Der Herrscher wird dadurch vollständig von einer Pflicht entbunden, bei deren Ausübung er stets unzähligen Täuschungen ausgesetzt sein muss und zu deren Erfüllung keine menschliche Weisheit oder Kenntnis jemals ausreichen könnte, nämlich der Pflicht oder Aufgabe, den Erwerb privater Leute zu überwachen und ihn in Wirtschaftszweige zu lenken, die für das Land am nützlichsten sind."

(Quelle: Smith, Adam: Der Wohlstand der Nationen. Eine Untersuchung seiner Natur und seiner Ursachen [erschienen 1776], hrsg. von Horst Claus Recktenwald, München: Deutscher Taschenbuch Verlag 1999, S. 582.)

Aus dieser Grundauffassung leiten sich die Hauptforderungen einer liberalen Wirtschaftsform im Sinne von Adam Smith ab:

Adam Smith begründet den Schutz des Eigeninteresses damit, dass nicht nur das Einkommen des Einzelnen, sondern gleichzeitig auch das Einkommen der Gesellschaft zunehme, weil jedermann von der produktiven Leistung des Einzelnen profitiere. Jedoch könne man seinen Egoismus nur so weit durchsetzen, wie es die anderen Wirtschaftsteilnehmer zulassen. Durch hohe Gewinne angelockt produzierten immer mehr Unternehmer ein Gut und führten auf diese Weise ein Überangebot herbei. Aus diesem Grund scheiden – so Smith – so lange Anbieter vom Marktgeschehen aus, bis die angebotene Menge des Gutes der nachgefragten entspricht.

Der Staat spielt in dieser Wirtschaftsform nur eine zurückhaltende Rolle:

> „Im System der natürlichen Freiheit hat der Souverän lediglich drei Aufgaben zu erfüllen, die sicherlich von höchster Wichtigkeit sind, aber einfach und dem normalen Verstand zugänglich: erstens die Pflicht, das Land gegen Gewalttätigkeit und Angriff anderer unabhängiger Staaten zu schützen, zweitens die Aufgabe, jedes Mitglied der Gesellschaft so weit wie möglich vor Ungerechtigkeit oder Unterdrückung durch einen Mitbürger in Schutz zu nehmen oder ein zuverlässiges Justizwesen einzurichten, und drittens die Pflicht, bestimmte öffentliche Anstalten und Einrichtungen zu gründen und zu unterhalten, die ein Einzelner oder eine kleine Gruppe aus eigenem Interesse nicht betreiben kann, weil der Gewinn ihre Kosten niemals decken könnte [...]."

(Quelle: Smith, Adam: Der Wohlstand der Nationen. Eine Untersuchung seiner Natur und seiner Ursachen [erschienen 1776], hrsg. von Horst Claus Recktenwald, München: Deutscher Taschenbuch Verlag 1999, S. 582.)

Entgegen landläufiger Meinung war Adam Smith jedoch kein Vertreter eines ungezügelten egoistischen Kapitalismus. So mahnt er nachdrücklich an, dass ein **freier Leistungswettbewerb** zwar den Wohlstand mehren solle, dass jedoch das menschliche Mitgefühl dafür sorgen müsse, dass soziale Missstände abgebaut würden. So fordert Smith, dass der Staat dem „einfachen Volk" zu besserer Bildung verhelfen müsse, damit es bessere Voraussetzungen habe, mit eigenem Fleiß sozialen Aufstieg zu erreichen.

In dieser Frage wurde Adam Smith von dem schottischen Philosophen **David Hume** (1711–1776) beeinflusst, der die Auffassung vertrat, dass das höchste moralische Glück in der selbstlosen Rücksichtnahme auf das **allgemeine Wohlergehen der Gesellschaft** zu sehen sei. Schließlich sei das allgemeine Glück mit dem individuellen Glück in Einklang zu bringen. Durch seine Freundschaft zu Adam Smith übte David Hume einen bedeutenden Einfluss auf die geistigen Grundlagen der freien Marktwirtschaft aus und wird ebenfalls als Begründer des klassischen Liberalismus angesehen.

Auf der Grundlage dieser Geisteshaltung wurde das System der **freien Marktwirtschaft** entwickelt. Wichtigste Voraussetzung für das Funktionieren dieser Wirtschaftsform ist, **dass sich die Produktionsfaktoren in Privatbesitz** befinden.

Sämtliche Vorgänge in der freien Marktwirtschaft basieren auf **freien Entscheidungen des Individuums.** Unternehmen und Privathaushalte treffen ihre Entscheidungen über den Einsatz und die Verwendung der Produktionsfaktoren, über Ausgaben für Konsum- oder Investitionszwecke selbstständig, unabhängig und unbeeinflusst durch übergeordnete Instanzen (z. B. Staat). Ihr Streben nach Gewinn und maximalem Nutzen verleitet Unternehmen und Haushalte dazu, ihre Entscheidungen auf Märkten durchzusetzen. Auf diese Weise treten sie in einen freien Leistungswettbewerb. Über die Preisbildung steuern **Märkte** die Produktion und ihre Verteilung.

Durch einen funktionierenden, unbeeinflussten Preismechanismus wird eine bestmögliche Koordination der Einzelpläne von Unternehmen und Haushalten ermöglicht. Das gilt in der freien Marktwirtschaft auch für den Arbeitsmarkt. So herrscht in wirtschaftlich schwierigen Zeiten in einem Land nur ein geringer Bedarf an Arbeitskräften. Über den **Markt-Preis-Mechanismus** müssten Arbeitskräfte Lohneinbußen hinnehmen, bis es sich für den Unternehmer wieder lohnt, Arbeitskräfte zu beschäftigen. Auf diese Weise würde durch marktwirtschaftliche Anpassungsprozesse die Arbeitslosigkeit allmählich abgebaut.

Der Staat hat in dieser „reinen" Form der **freien Marktwirtschaft** lediglich die Aufgabe,
- die wirtschaftliche Freiheit des Individuums zu garantieren,
- Vertragsfreiheit zu gewährleisten,
- Privateigentum zu garantieren,
- die freie Wahl des Berufes und des Arbeitsplatzes zu garantieren,
- ein funktionierendes Geldwesen zu schaffen,
- die nötige Infrastruktur (Verkehrswege, Schulen, Behörden etc.) bereitzustellen.

Weiter gehende Aufgaben des Staates im Wirtschaftsablauf sind nicht vorgesehen, sodass man in diesem Zusammenhang vom **„Laisser-faire"**-Prinzip[1] sprechen kann. Aufgrund seiner Zurückhaltung wird der Staat in der freien Marktwirtschaft auch **„Nachtwächterstaat"** genannt.

Jedoch kann die reine Form einer freien Marktwirtschaft auch zu unerwünschten Ergebnissen führen, wenn durch freien Wettbewerb die **Kartellbildung und Konzentration** von Unternehmen gefördert wird. Dies kann in Zeiten starker konjunktureller Schwankungen dazu führen, dass der Druck auf Arbeitskräfte wächst und sehr hohe Arbeitslosigkeit entsteht. Aus dieser Problematik heraus kann es wiederum zu sozialen Spannungen aufgrund ungleicher Einkommens- und Vermögensverhältnisse kommen.

▲ Gefahren des Liberalismus

Alexis de Tocqueville, französischer Historiker und Politiker (1805–1859)

Ein bedeutender Vordenker und gleichzeitig auch Kritiker des Individualismus war der französische Historiker und Politiker **Alexis de Tocqueville**, der die Bedeutung des Individualismus für die Demokratie insbesondere am Beispiel Amerikas beschrieb und der auch die Gefahren beschrieb, welche die Ausübung von Freiheit in der Demokratie barg. So sah er die Demokratie und die Freiheit in der Demokratie darin gefährdet, dass im Individualismus besonders das **alles überlagernde Eigentumsmotiv** herrsche. Er sagte voraus, dass, wenn der Individualismus nur noch zum Zwecke der Eigentumsmehrung diene, der Einzelne sich immer mehr ins Private zurückziehe und immer weniger am öffentlichen Leben (z. B. durch politisches oder gesellschaftliches Engagement) teilnehme. In diesem Fall drohe der Gesellschaft ein immer weiter eingreifender Staat, der alles überlagere und dessen Bürokratie immer weiter ausufere. Im schlimmsten Fall könne das dazu führen, dass sich der eigentlich demokratisch legitimierte Staat diktatorisch verhalte. Alexis de Tocqueville stellte dem die Idee einer **Bürgergesellschaft** entgegen, die sich politisch betätige, die Pressefreiheit ernst nehme und sich in Vereinen engagiere. Voraussetzung dazu sei das **Subsidiaritätsprinzip,** wonach der Staat seine Rolle nur darin zu sehen habe, den Einzelnen dazu zu befähigen, von allein und ohne staatliche Hilfe leben und handeln zu können.

▲ Kollektivismus

Das „Kollektiv" als Gegenmuster zum Individualismus kann jede Art von Gemeinschaft sein – sei es eine Schulklasse, eine Betriebsbelegschaft, ein Staat oder ein Volk. Jede Art von Gruppe, die nach gemeinsamen Werten denkt und handelt, ist demzufolge ein **Kollektiv.** Dabei stehen die Interessen der **Gemeinschaft** stets über den Interessen des Individuums. Das Individuum ist also nur ein Glied der Gemeinschaft und ihr untergeordnet. Zu bedenken ist hierbei jedoch, dass jedes Kollektiv immer aus einer Mehrzahl von Individuen bestehen kann und somit die Rolle des Individuums gar nicht so untergeordnet ist, wie man es hiernach vermuten könnte. Im Kollektiv geht es also eigentlich nicht darum, das Individuum abzuwerten, sondern es geht darum, dass sich Individuen durch Werte wie Toleranz und Verlässlichkeit untereinander begegnen.

Die politische Umsetzung kollektivistischer Ideen findet im **Kommunismus** statt, der sich in den Jahren nach 1917 bis 1989 in der Ländern **Sowjetunion** und nach 1949 in der **Volksrepublik China** etablierte. Als gesellschaftlicher Gegenentwurf zum vorgeworfenen Egoismus in den westlichen aufstrebenden Industrienationen (insbesondere England und USA im 19. Jahrhundert) entwickelten kollektivistisch orientierte Politiker, fußend auf den kommunistischen Ideen des

---

[1] *Laisser-faire (französisch) = lasst machen; im Sinne von „Nichteinmischen" oder „Gewährenlassen"*

deutschen Nationalökonomen **Karl Marx,** Gesellschaftsbilder, in denen das Interesse der Gemeinschaft über den – ihrer Auffassung nach – rein egoistischen Motiven Einzelner stand. Von besonderer Bedeutung für diese Entwicklung ist **Lenin,** der Begründer der Sowjetunion, dessen Machtübernahme im ehemals zaristischen Russland nach 1917 die Entwicklung hin zum sowjetrussischen Imperium ermöglichte.

Im Zuge der sowjetischen Expansion und insbesondere nach dem Sieg über das nationalsozialistische Deutschland im Zweiten Weltkrieg etablierten sich kollektivistische Gesellschaften überwiegend im östlich-asiatischen Bereich der Welt, während die westliche Welt eine eher kapitalistisch-demokratische Prägung fand.

Wladimir Iljitsch Uljanow (Lenin), russischer Politiker und Begründer der Sowjetunion (1870–1924)

In anderer Ausprägung werden kollektivistische Ideen auch als Grundlage für „Volksgemeinschaften" verstanden, die innerhalb anerkannter staatlicher Grenzen eine sprachlich-kulturell-gesellschaftliche Einheit darstellen. Der Begriff der **Volksgemeinschaft** dient somit auch zur Abgrenzung von anderen Volksgemeinschaften und stellt eine Grundlage für die Entwicklung nationalistischer Ideen dar. So haben sich in der ersten Hälfte des 20. Jahrhunderts neben den kollektivistisch geprägten kommunistischen Staaten auch die kollektivistisch geprägten nationalistischen Staatengebilde entwickelt, die im Dritten Reich in Deutschland ihren drastischen Höhepunkt gefunden haben. Auch wenn es sich in der politischen Ausprägung kommunistischer und nationalistischer Länder um unterschiedliche Systeme handelt, so haben sie ihren gemeinsamen Ursprung in der Idee, die Interessen der Gemeinschaft den Interessen des Individuums überzuordnen. Die historische Entwicklung zeigt, dass kollektivistische Gesellschaften im Verlauf ihrer Geschichte in der Gefahr stehen, totalitär-diktatorische Gesellschaften (z. B. Sowjetunion, Drittes Reich) zu werden.

Individualismus versus Kollektivismus

- **Individualismus**
  - Der **Individualismus** stammt aus dem Zeitalter der Aufklärung im 18. Jahrhundert.
  - Der Mensch soll im Individualismus selbst denken und handeln dürfen und soll nicht vorgegebenen Denkmustern unterworfen sein (Forderung nach Glaubens- und Gedankenfreiheit).
  - Der Mensch hat unveräußerliche Naturrechte, wie z. B. das Recht auf Leben und Entfaltung sowie das Recht auf Bildung von Eigentum.
  - Der **politische Liberalismus** fand seine historisch erstmalige Umsetzung in der amerikanischen und französischen Revolution.
  - Der politische Liberalismus ist die Grundlage für den späteren ökonomischen Liberalismus.
  - Der klassische **ökonomische Liberalismus** findet seine Umsetzung in der Wirtschaftsordnung einer freien Marktwirtschaft (Adam Smith).
  - Allerdings kann das im Liberalismus vorherrschende Eigentumsmotiv dazu führen, dass man sich in liberalen Gesellschaften nur noch um sich selbst kümmert.
- **Kollektivismus**
  - Die Interessen der Gemeinschaft stehen im **Kollektivismus** über den Interessen des Einzelnen **(Individualismus).**
  - Politische Umsetzung findet der Kollektivismus in kommunistischen Ländern (z. B. Sowjetunion).
  - Auch nationalistische **„Volksgemeinschaften"** haben kollektivistische Ansätze (z. B. Drittes Reich).
  - Die historische Entwicklung zeigt, dass kollektivistische Gesellschaften einen Hang zu autoritär-totalitären Herrschaften haben, in denen sich die herrschende Klasse anmaßt, zu wissen, was für die Gemeinschaft gut ist.

Marktwirtschaft versus Zentralverwaltungswirtschaft

1 Ordnen Sie den politischen Liberalismus historisch ein und skizzieren Sie in Grundzügen, welches Anliegen der Liberalismus vertritt.

2 Begründen Sie, warum die Naturrechte des politischen Liberalismus auch gleichzeitig die Grundlage für den ökonomischen Liberalismus sind.

3 Lesen Sie nachfolgende Aussage von Adam Smith: „Das natürliche Bestreben des Menschen, seine Lage zu verbessern, ist, wenn es sich mit Freiheit und Sicherheit geltend machen darf, ein so mächtiges Prinzip, dass es nicht nur allein und ohne Hilfe die Gesellschaft zum Wohlstand und Reichtum führt, sondern auch hundert unverschämte Hindernisse überwindet, mit denen die Torheit menschlicher Gesetze es nur allzu oft zu hemmen suchte."

(Quelle: Smith, Adam: Der Reichtum der Nationen, Bd. 2, hrsg. von Dr. Heinrich Schmidt, übers. von Max Stirner, Leipzig: Alfred Kröner Verlag o. J. [1910], S. 69.)

a) Erläutern Sie das in diesem Text dargestellte Menschen- und Wirtschaftsverständnis.
b) Weisen Sie im Text die Grundlagen des klassischen Liberalismus nach.

4 Beschreiben Sie die Rolle des Staates in einer freien Marktwirtschaft.

5 Erläutern Sie, wie Adam Smith den Schutz des Eigeninteresses in der freien Marktwirtschaft begründet.

6 Schildern Sie, welche Rolle der Einzelne nach David Hume in der freien Marktwirtschaft hat.

7 Auch in Gesellschaften, die auf der Basis einer freien Marktwirtschaft aufgebaut sind, entsteht in wirtschaftlich schwierigen Zeiten Arbeitslosigkeit. Erläutern Sie, wie in der freien Marktwirtschaft Arbeitslosigkeit abgebaut wird.

8 Recherchieren Sie im Internet und erläutern Sie, welche Gefahren der französische Politiker Alexis de Tocqueville im ökonomischen Liberalismus erkennt.

9 Stellen Sie in Grundzügen die Ideen des Kollektivismus als Gegenentwurf zum Individualismus dar.

10 Schätzen Sie ein, warum sich kollektivistische Gesellschaften zu autoritären Herrschaftssystemen zu entwickeln drohen.

1.3 Marktwirtschaft versus Zentralverwaltungswirtschaft

„Arbeitet nun doch bitte einmal die wesentlichen Unterschiede der verschiedenen Wirtschaftsordnungen heraus und erstellt dazu eine Übersicht", bittet die Lehrerin die Klasse. „Wozu soll das denn nötig sein?", will Caroline wissen. Patrick pflichtet ihr bei. „Eigentlich ist das überflüssig, denn es gibt ja keine Zentralverwaltungswirtschaft mehr. Die DDR ist untergegangen, die Sowjetunion ist von der Geschichte überholt worden, und der Kapitalismus hat gesiegt." Die Lehrerin staunt. „Bist du dir da sicher?" „Ja, ganz sicher", bekundet Patrick vollmundig. Die Lehrerin verweist jedoch auf einige noch bestehende planwirtschaftliche Volkswirtschaften, die zwar im Vergleich zu Marktwirtschaften in der Minderzahl sind, jedoch durchaus existieren. „Was ist denn mit Nordkorea und Kuba" „Ach ja, die gibt es ja auch noch. Die haben es ja immer noch nicht gelernt, wie der Markt funktioniert." „Na, na, nicht so forsch", bittet die Lehrerin Patrick, „auch in Marktwirtschaften gibt es Elemente einer Planwirtschaft. Aber das sollt ihr ja erst einmal herausarbeiten."

- Erarbeiten Sie die wesentliche Unterschiede zwischen Marktwirtschaft und Planwirtschaft.
- Recherchieren Sie im Internet, welche Mischformen von Wirtschaftsordnungen es in anderen Ländern der Welt gibt (z. B. Schweden, Norwegen, China).

▲ Idealtypische Merkmale und Kritik der Marktwirtschaft

Marktwirtschaften sind arbeitsteilige Wirtschaftsordnungen, in denen sämtliche wesentlichen volkswirtschaftlichen Leistungen (Güter, Dienstleistungen) **dezentral,** d. h. an unterschiedlichsten Orten, auf Märkten angeboten und nachgefragt werden. Zentrales Wesensmerkmal einer Marktwirtschaft ist der freie Wille, nach dem es möglich ist, Güter und Dienstleistungen anzubieten bzw. nachzufragen. Ihren historischen Ursprung hat die Wirtschaftsordnung der Marktwirtschaft bereits in der Antike, als in Griechenland Märkte den zentralen Mittelpunkt städtischer Ansiedlungen (Polis) darstellten. Während der Tauschhandel die ursprünglichere Form wirtschaftenden Handelns darstellte, wurde schon um 400 v. Chr. die Münze als Tauschmittel eingeführt und fand später über das Römische Reich ihre Verbreitung. Auch im Mittelalter galten Märkte als Orte des Austausches von Waren und Dienstleistungen, allerdings gab es zu dieser Zeit Formen organisierter Märkte, in denen **Wirtschaftsbünde** (z. B. Hanse) und **Handwerkerzünfte** den Austausch zwischen Anbietern und Märkten regelten. Auf diese Weise wurden die Mitglieder einer Zunft vor Wettbewerb geschützt und die Nachfrage der Bevölkerung auf deren Produkte hin gelenkt.

Der Begriff des Marktes, wie man ihn heute versteht, entstand als kapitalistische Form des Austausches im Zeitalter der Aufklärung. Dessen Wirkungsweise, geprägt vom **freien Leistungswettbewerb** freier Bürger, wurde in der Mitte des 18. Jahrhunderts vor allen Dingen von **Adam Smith** beschrieben und erklärt. Nach verschiedenen Ansichten stellt das Recht auf Bildung und Vergrößerung von Eigentum ein zentrales Wesensmerkmal von Marktwirtschaften dar, während andere Theoretiker das hauptsächliche **Wesensmerkmal einer Marktwirtschaft** in der Befriedigung von Bedürfnissen auf Märkten sehen. Wer hierbei recht hat, ist letztlich nicht von ausschlaggebender Bedeutung, weil beide Auffassungen im Kern Ähnlichkeiten aufweisen. Es geht, ganz im Sinne des Individualismus, um egoistische Motive, deren Befriedigung durch den Wunsch anderer, ebenfalls **egoistische Motive** zu befriedigen, begrenzt wird. Somit ist die Freiheit im Sinne der Marktwirtschaft zwar immer die eigene Freiheit, jedoch gleichzeitig auch die Freiheit des anderen.

Eine wichtige Ausprägung der Marktwirtschaft ist die bereits erwähnte freie Marktwirtschaft, wie sie seit dem Zeitalter der **industriellen Revolution** vor allem in Ländern der westlichen Welt etabliert wurde. Akteur in der freien Marktwirtschaft ist nach Auffassung der klassischen Nationalökonomie das theoretische Modell eines **„Homo oeconomicus",** nach dem der Mensch vollständig nach Maximierung des individuellen Nutzens strebt. Der Homo oeconomicus handelt ausschließlich nach eigenen Interessen und geht dabei stets vernünftig (rational) vor. Er lässt sich in seinen Handlungen nur von verstandesgemäßem Kalkül leiten und achtet nur die Erzielung größtmöglichen Nutzens.

Das **Recht auf Privateigentum** als vorherrschendes Motiv wird ergänzt durch das Recht auf Vertragsfreiheit. Damit ist gemeint, dass man in der freien Marktwirtschaft das freie Recht hat, zu entscheiden, Verträge (Kaufverträge, Arbeitsverträge, Mietverträge uvm.) zu schließen, mit wem man will und auch, ob man sie überhaupt schließen will. Das Recht auf **Vertragsfreiheit** umfasst schließlich auch das Recht auf **freie Berufswahl** und **Gewerbefreiheit.**

In der freien Marktwirtschaft sollen Preise ferner nur durch das freie Spiel der Marktkräfte, nämlich durch den freien, unbeeinflussten Austausch der Wünsche von Anbietern und Nachfragen, geregelt werden. Durch diesen freien Austauschprozess mündet das **freie Spiel der Kräfte** stets in einem Gleichgewicht, das die größtmögliche Übereinstimmung zwischen den Interessen von Anbietern und Nachfragern bietet. Insofern hat der **Gleichgewichtspreis** die Funktion einer Markträumung.

Freier Marktzugang lenkt ferner die volkswirtschaftlichen Produktionsfaktoren Arbeit, Boden und Kapital in die produktivste Verwendung, sodass beispielsweise derjenige bei einer Stellenbesetzung berücksichtigt wird, der entweder die größtmögliche Leistung erzielt oder bereit ist, auch zu niedrigerem Lohn als andere eine vereinbarte Leistung zu erzielen. Betriebsmittel werden so eingesetzt, dass sie letztlich maximal gewinnbringend sind, und Standorte werden so vergeben, dass auf ihnen eine Betriebstätigkeit mit maximalem Ertrag möglich wird. Die Lenkung der Produktionsfaktoren in ihre wirtschaftlichste Verwendung nennt man **„optimale Ressourcenallokation".**

Über diese wesensbegründenden Faktoren einer freien Marktwirtschaft hinaus ist freier Leistungswettbewerb zwischen Marktteilnehmern ein unerlässliches Element, wobei Wettbewerb nicht als „Kampf um das Überleben des Stärkeren" verstanden werden darf. Vielmehr ist Wettbewerb ein Prozess, in dem derjenige zum Zuge kommt, der sich am besten und schnellsten an veränderte Bedingungen (z. B. Marktveränderungen, Umweltbedingungen, politische Änderungen usw.) anpasst. Häufig wird der aus der Evolutionstheorie entliehene Begriff des **„Survival of the Fittest"** in der Wirtschaftstheorie fälschlich als das Überleben des Stärkeren bezeichnet. Das zeigt allein der Umstand, dass selbst umsatzstärkste Unternehmen im Wettbewerb rasch unterliegen können, wenn sie unflexibel sind und sich nicht schnell genug an veränderte Bedingungen (z. B. geändertes Verbraucherverhalten, technische Innovationen) anpassen können. Insofern muss Wettbewerb in Anlehnung an den österreichischen Wirtschaftswissenschaftler **Joseph Schumpeter** als „Prozess schöpferischer Zerstörung" angesehen werden.

Das Problem rein marktwirtschaftlicher Grundordnungen ist, dass trotz allen Strebens nach Gleichheit in den Voraussetzungen für die Teilnahme am Marktgeschehen allzu leicht eine **missbräuchliche Ausübung von wirtschaftlicher Macht** entstehen kann, an deren Ende die totale wirtschaftliche Abhängigkeit schwächerer von stärkeren Wirtschaftsteilnehmern stehen kann. Die Wirtschaftsgeschichte hat – insbesondere in den Zeiten der **ersten Industriellen Revolution** (ab ca. 1800 in England) – gezeigt, welche Auswüchse in der Marktwirtschaft entstehen können („Manchester-Kapitalismus").

Beispiele

- Entstehung eines Industrieproletariats
- Gefahr von Massenarbeitslosigkeit in Wirtschaftskrisen
- Entstehung von Wirtschaftszweigen mit sehr niedrigen Löhnen
- Kinderarmut und Kinderarbeit

▲ Idealtypische Merkmale und Kritik der Zentralverwaltungswirtschaft

Zentralverwaltungswirtschaften, wie sie es beispielsweise bis in die 1980er-Jahre in der ehemaligen DDR und der Sowjetunion gab, funktionieren nach einem gänzlich anderen Ideal als Marktwirtschaften. Bereits in der Bezeichnung selbst wird deutlich, dass das marktwirtschaftliche Wesensmerkmal dezentraler Planung hier völlig fehlt. Das resultiert aus dem **kollektivistischen Gesellschaftsbild**, die Interessen der Gemeinschaft über die Interessen des Individuums zu stellen. Damit stellt sich jedoch die grundlegende Frage, wer in der Zentralverwaltungswirtschaft festlegt, welche Interessen die Gemeinschaft hat. Schnell kommt man auf die Idee, dass es letztlich staatliche Organe sind, die den Willen der Gemeinschaft festlegen bzw. festlegen, welchen Willen die Gemeinschaft zu haben hat.

Ein Kernelement von Zentralverwaltungswirtschaften ist es also, dass die **Wirtschaftspläne,** abgestimmt mit dem Willen politischer Entscheidungsträger, von zentralen staatlichen Stellen (Planungsbehörden) **vorgegeben** werden und die Interessen der Individuen nur am Rande berücksichtigen. Das führt dazu, dass nicht Bedürfnisbefriedigung, sondern das **Versorgungsprinzip** vorherrscht. Dies steht im krassen Gegenteil zum marktwirtschaftlichen Merkmal dezentraler Planung. Der rein verstandesgemäß handelnde Nutzenmaximierer, wie er im theoretischen Modell des Homo oeconomicus erkannt wird, wird in der Wirtschaftsordnung der Zentralverwaltungswirtschaft grundlegend abgelehnt. Das heißt natürlich auch, dass es in der Zentralverwaltungswirtschaft **kein Privateigentum** geben kann. Sämtliche Produktionsmittel gehören in der Zentralverwaltungswirtschaft dem „Volk", sind somit **öffentliches Eigentum**. Dies wird deutlich an der in der ehemaligen DDR üblichen Rechtsform von Betrieben, die mit dem Kürzel VEB

(= **V**olks**e**igener **B**etrieb) firmierten. Im Gegensatz dazu existieren in der Marktwirtschaft Rechtsformen wie diejenige einer KG, GmbH oder AG, die auf einen privatrechtlichen Charakter hindeuten. Solche Unternehmen befinden sich überwiegend in Privatbesitz.

Natürlich gab es in der ehemaligen DDR keinen staatlichen Zwang, eine bestimmte Arbeitsstelle anzunehmen, doch gab es die in der Bundesrepublik Deutschland existierende Freiheit der Berufswahl nur in begrenztem Rahmen. Ob man eine gewünschte Arbeitsstelle annehmen konnte oder nicht, hing viel stärker als in den alten Bundesländern davon ab, ob die staatlichen Planungsbehörden dort eine Zunahme der Beschäftigung vorgesehen hatten. Da die Lenkung von Arbeitskräften durch **Planungsbehörden** genauso funktionierte wie die Lenkung von Betriebsmitteln und Kapital, kann man schlussfolgern, dass die vorhandenen Produktionsfaktoren häufig nicht in die wirtschaftlichste Verwendung gelenkt wurden, sondern dass deren Lenkung vielmehr vom politischen Willen der Partei abhing. Welche Konsequenzen die durch den Staat veranlasste Lenkung der Produktionsfaktoren nach dem politischen Willen haben kann, lässt sich noch heute am Beispiel Nordkoreas erkennen. Da die dortige kommunistische Regierung alles daran setzt, militärisch stark aufzutreten und sich als Atommacht zu etablieren, wird der größte Teil der nordkoreanischen Produktionsmittel in militärische Investitionen gelenkt, während beispielsweise die Konsumgüterproduktion sträflich vernachlässigt wird. Hunger und Mangelerscheinungen in der Bevölkerung sind die Folge. So drastisch wie heute in Nordkorea war die **Mangelversorgung** in der ehemaligen DDR nicht. Im Sinne des Versorgungsprinzips achtete man darauf, dass die Bevölkerung satt wurde, weil man ansonsten politische Unruhen fürchtete.

Der in der Marktwirtschaft herrschende Leistungswettbewerb existiert in der Planwirtschaft ebenfalls nicht. Vielmehr gibt die zentrale Planungsbehörde volkswirtschaftliche Daten vor, die es in einem bestimmten Zeitraum zu erreichen gilt. In der ehemaligen DDR war dies z.B. der **„Fünfjahresplan"**, der genau festgelegte, welches Wachstum beispielsweise erreicht werden musste. Wettbewerb gab es höchstens in dem Sinne, dass man für besondere Anstrengungen ausgezeichnet wurde, wenn die Ziele des Plans „übererfüllt" wurden.

Weil sich der Staat in all den Jahren seiner Existenz das alleinige Wissen darüber anmaßte, was die Bevölkerung brauchte, bemerkte er nicht, welche Wünsche die Menschen wirklich hatten. Die **Arroganz des Wissensmonopols** verleitete den Staat somit auch dazu, an den Menschen vorbei zu produzieren, selbst als die Bürgerrechtsbewegung zum Ende der 1980er-Jahre gegen die vorherrschenden Lebensbedingungen protestierte und die Gesellschafts- und Wirtschaftsordnung der DDR – so wie später auch in den übrigen Ländern im Einflussbereich der ehemaligen Sowjetunion – zu Fall brachte.

Letztlich scheiterte das System der Zentralverwaltungswirtschaft an genau dieser Anmaßung. Niemand kann letztlich Bedürfnisse vollständig planen und erfassen, und niemand kann der Freiheit, Ideen zu entwickeln, wirkliche Grenzen setzen. Der Umstand, dass das kollektivistische System der Zentralverwaltungswirtschaft zu keiner Zeit wirklich in der Lage war, der durch die Freiheit der Kreativität freigesetzten Kräfte des Kapitalismus zu widerstehen, führte zum Untergang der Zentralverwaltungswirtschaft in den kommunistischen Ländern des Warschauer Paktes. Die Wirtschaftskraft der westlichen Welt war letzten Endes so überwältigend, dass kein anderes System dieser Kraft widerstehen konnte.

Marktwirtschaft versus Zentralverwaltungswirtschaft

- **Merkmale einer Marktwirtschaft**
  - Die wesentlichen volkswirtschaftlichen Leistungen werden auf dezentral organisierten Märkten angeboten und nachgefragt.
  - Die individuelle Bedürfnisbefriedigung erfolgt auf Märkten.
  - Die Bildung und der Weiteraufbau von Eigentum sind wesentliche Merkmale der Marktwirtschaft.
  - Das Ausleben individueller Freiheit in der Marktwirtschaft wird durch die Freiheit eines anderen Wirtschaftsteilnehmers begrenzt und mündet in freien Leistungswettbewerb.
  - In der Marktwirtschaft gilt Vertragsfreiheit, Freiheit der Berufswahl und Gewerbefreiheit.
  - Die Marktwirtschaft geht vom theoretischen Modell des „Homo oeconomicus" als einem Menschenbild, nach dem Kaufentscheidungen rein verstandesgemäß vom Nutzenkalkül abhängig sind, aus.
  - Freier Zugang zu Märkten lenkt die Produktionfaktoren in ihre wirtschaftlichste Verwendung.
  - Marktwirtschaftlicher Wettbewerb ist ein Prozess schöpferischer Zerstörung, in welchem beispielsweise durch Innovationen neue Märkte geschaffen werden.
  - In der Marktwirtschaft „überlebt" langfristig derjenige, der sich am besten an veränderte Bedingungen anpasst.

- **Merkmale einer Planwirtschaft**
  - Im Gegensatz zur dezentralen Planung in der Marktwirtschaft wird in der Planwirtschaft zentrale Planung staatlicher Behörden durchgesetzt.
  - Wirtschaftliche Willensbildung erfolgt durch staatliche Organe und steht also hinter der politischen Willensbildung.
  - In Planwirtschaft gilt im Gegensatz zum Prinzip der Gewinnmaximierung das Versorgungsprinzip.
  - Produktionsmittel befinden sich sämtlich in öffentlichem Eigentum.
  - Bei allzu einseitiger Ausrichtung der Produktion droht Unterversorgung (die Produktion droht an den Bedürfnissen der Bevölkerung vorbeizugehen).
  - „Wettbewerb" gibt es nur in der Form, die Ziele des Plans mehr zu erfüllen als vorgegeben (Übererfüllung).
  - Länder wir China befinden sich heute auf dem Weg zum Staatskapitalismus, weil die Politik nach wie vor staatlich gelenkt ist, die Wirtschaft jedoch zunehmend kapitalistisch handelt.

1 Erklären Sie die historische Bedeutung des Marktes in der griechischen Polis.

2 Recherchieren Sie im Internet und sammeln Sie Begrifflichkeiten von Märkten aus heutiger Zeit (z. B. Arbeitsmarkt, Wochenmarkt usw.).

3 Erklären Sie, wodurch in der reinen Marktwirtschaft die Freiheit des Einzelnen begrenzt wird, und verdeutlichen Sie dies an Beispielen. Präsentieren Sie Ihre Ergebnisse softwaregestützt.

4 Erklären Sie, was man in der Wirtschaft tatsächlich unter „Survival of the Fittest" versteht und schätzen Sie ein, was „schöpferische Zerstörung" in der Wirtschaft ist.

5 Geben Sie an, wer in einer Planwirtschaft für die wirtschaftliche Willensbildung zuständig ist und schätzen Sie ein, warum dies aus Konsumentensicht problematisch ist.

6 Begründen Sie, wie es dazu kommen kann, dass die Produktionsmittel nicht in ihre wirtschaftlichste Verwendung gelenkt werden, und beschreiben Sie mögliche negative Folgen.

7 Erläutern Sie den Wettbewerb in der Planwirtschaft.

1.4 Ausprägungen realer Wirtschaftsordnungen

Caroline Stein meldet sich im Unterricht. „Gestern Abend haben meine Eltern zu Hause eine DVD mit einem Kinofilm über eine englische Politikerin gesehen." „Hieß der Film vielleicht ‚The Iron Lady'?", möchte die Lehrerin wissen. „Ganz genau", antwortet Caroline verblüfft, „aber wie kommen Sie denn sofort darauf?" „Na, weil es nicht viele englische Politikerinnen gibt, über die man in Hollywood Filme dreht." „Aber war die Politikerin denn so wichtig, dass man einen Kinofilm über sie dreht?", fragt Sascha. „Ganz sicher war sie das", versichert die Lehrerin, „ich kann mich noch gut an sie erinnern. Sie galt zu ihrer Zeit als mächtigste Frau der Welt. Ich war 18 Jahre alt, als sie Premierministerin von Großbritannien wurde, also eigentlich genau so alt, wie ihr jetzt seid. Sie hieß Margaret Thatcher." „Ja, genau, das war ihr Name", meint Caroline, „die hatte immer eine Handtasche am Arm und sah sehr streng aus." „Sie hat England damals völlig umgekrempelt, Gewerkschaften bekämpft und alles dafür getan, dass England wieder – so wie früher – eine freie Marktwirtschaft wird. Dabei war sie sehr umstritten. Ich bringe euch mal einen Auszug aus einer Rede von ihr mit. Da könnt ihr nachlesen, was sie so alles über Unternehmer und die Wirtschaft gesagt hat."

Tags darauf liest die Klasse gemeinsam Zitate aus Reden von Margaret Thatcher und diskutiert sie ausführlich. So lesen sie zum Beispiel:

„Freies Unternehmertum ist schon immer der Motor gewesen, welcher den Wohlstand geschaffen hat, der hunderte Millionen von Menschen von ihrem täglichen Kampf befreit hat; die tägliche Schlacht darum, Körper und Geist zusammenzuhalten. Es hat die Künste zum Blühen gebracht. Und auch, ohne dass dies allein das Vorrecht der Reichen ist, um von Männern und Frauen während ihres Alltags genossen zu werden. Es hat den Wohlstand geschaffen, um Wissenschaft und Technologie zu finanzieren, und auch, und um den Kampf fortzusetzen, mit dem man die Geißel der Armut und Krankheit überwinden kann."

(Quelle: Geppert, Dominik: Thatchers konservative Revolution. Der Richtungswandel der britischen Tories (1975–1979), München: Oldenbourg Verlag 2002, S. 122.)

„Es ist Teil meiner politischen Überzeugung, dass Menschen für sich selbst sorgen müssen. Viele unserer Probleme rühren von der Tatsache her, dass Menschen für alles Mögliche zu Politikern laufen."

(Quelle: Geppert, Dominik: Thatchers konservative Revolution. Der Richtungswandel der britischen Tories (1975–1979), München: Oldenbourg Verlag 2002, S. 100.)

„Die sozialistische Auffassung, dass das Recht gemeinschaftlichen Gruppen und nicht Individuen gehöre, ist extrem gefährlich. Es beinhaltet, dass einige Menschen, nämlich jenen Gruppenmitgliedern allein gehöre, während es anderen jedoch nicht gehöre."

(Quelle: Geppert, Dominik: Thatchers konservative Revolution. Der Richtungswandel der britischen Tories (1975–1979), München: Oldenbourg Verlag 2002, S. 97.)

- Diskutieren Sie die Haltungen und Auffassungen, die aus den Aussagen von Margaret Thatcher deutlich werden.
- Suchen Sie nach konkreten Beispielen aus der Realität, in denen die Richtigkeit ihrer Aussagen bestätigt wird und nach Beispielen, in denen ihre Aussagen sich als falsch erweisen.
- Suchen Sie nach Gemeinsamkeiten zwischen Thatcher und den Auffassungen von Adam Smith zur freien Marktwirtschaft.

Eigentlich gibt es heutzutage **keine rein marktwirtschaftlichen und auch keine rein planwirtschaftlichen Wirtschaftsordnungen** mehr. Nach dem Zusammenbruch der Sowjetunion galt das kommunistische Staatssystem und mit ihm die zentrale Planwirtschaft als „besiegt". Lediglich Nordkorea scheint als nahezu vollkommen von der Weltöffentlichkeit abgeschottetes System nahezu rein planwirtschaftlich organisiert zu sein. In den meisten Fällen sind die Wirtschaftsordnungen weltweit eher am kapitalistisch-marktwirtschaftlichen System orientiert und unterscheiden sich vor allen Dingen in der mehr oder weniger starken Einflussnahme des Staates auf die Volkswirtschaft. Dennoch fallen in der jüngeren Geschichte einige Länder auf, die sich stärker in eine bestimmte Richtung positioniert haben.

▲ Rückbesinnung auf die freie Marktwirtschaft

Mit der Wahl von Margaret Thatcher zur konservativen Premierministerin von Großbritannien im Jahre 1979 schlug das Land eine klare **Rückbesinnung auf die freie Marktwirtschaft** nach Adam Smith ein und wandelte sich entschlossen von einer staatlich dirigierten Marktwirtschaft (Interventionismus) keynesianischer Prägung zu einer Marktwirtschaft mit stärkster Betonung des Freiheitsgedankens im unternehmerischen Handeln. Während die englische Politik vorher sowohl unter sozialdemokratischer als auch unter konservativer Führung das Ziel der Vollbeschäftigung anstrebte und regelmäßig den extremen Lohnforderungen der mächtigen Gewerkschaften entgegenkam, störte es die konservative Tory-Partei massiv, dass die ehemalige Weltmacht und Industrienation Großbritannien im internationalen Vergleich in ein unteres Mittelfeld zurückgefallen war und nur noch eine Produktivität hatte, die vergleichbar mit wirtschaftlich schwachen Ländern Osteuropas war.

Nunmehr verfolgte die Regierung von Margaret Thatcher eine **strikte Anti-Inflationspolitik** mit zurückhaltendem Anstieg der Geldmengenversorgung bei gleichzeitiger **Senkung der Staatsausgaben** in den meisten Wirtschaftsbereichen und **freiem Wettbewerb** von Unternehmen. Die Freiheit auf den Märkten sollte von allein zu neuen Gleichgewichten und in der Folge zu wachsendem, auf Leistung gebautem Wohlstand in der Bevölkerung führen. Staatskonzerne wurden privatisiert, Staatsausgaben wurden stark gedrosselt, die Geldmenge stieg nur knapp, die Bedingungen für Unternehmensgründungen wurden erleichtert, Mietwohnungen wurden massenhaft in Eigentum umgewandelt, der Kauf und Verkauf von Aktien wurde begünstigt. Gleichzeitig wurden die in England sehr mächtigen und bisweilen militanten Gewerkschaften bekämpft, indem unrentable Bergwerke in großer Zahl geschlossen wurden oder Streiks unter Strafe gestellt wurden.

Margaret Thatcher (1925–2013)

Insbesondere der **Kampf gegen die mächtige Bergarbeitergewerkschaft** spaltete das Land in entschiedene Gegner der Politik von Margaret Thatcher einerseits und bedingungslose Befürworter andererseits. Die strikte Rückbesinnung auf eine freie Marktwirtschaft nach den Grundgedanken von Adam Smith erwies sich folglich als schwierig, weil sie das Land in Befürworter und Bewunderer von Thatcher einerseits und entschiedene Gegner andererseits teilte, schien langfristig jedoch erfolgsversprechend zu sein und verbesserte die Wettbewerbsfähigkeit der britischen Volkswirtschaft auf Jahrzehnte.

Auch in den USA fand zur selben Zeit eine Rückbesinnung auf die freie Marktwirtschaft statt. Unter der gängigen Bezeichnung **„Reagonomics"** versteht man heute die Wirtschaftspolitik des damaligen US-Präsidenten Ronald Reagan (1980–1988), der sich deutlich auf die Vorzüge der freien Marktwirtschaft berief und durch Deregulierungspolitik den staatlichen Einfluss in der Wirtschaft sehr stark zurückfuhr, um dem freien Unternehmertum Bedeutung zu verschaffen. Die klare Orientierung der Wirtschaftspolitik westlicher Industrienationen an der freien Marktwirtschaft fand bis in das Jahr 2007 statt, als die durch Immobilienspekulation in den USA ausgelöste Weltfinanzkrise der angebotspolitischen Wirtschaftspolitik ein Ende bereitete.

Ronald Reagan (1911–2004)

▲ Zentralverwaltungswirtschaften im Übergang zur Marktwirtschaft

Die am 1. Oktober 1949 nach jahrelangem Bürgerkrieg unter der Führung von Mao Tse-tung gegründete **Volksrepublik China** wurde als kommunistische Republik gegründet und galt seither neben der Sowjetunion als zweites Zentrum des Weltkommunismus. Nach der kommunistischen Ideologie wurde das Land als **Zentralverwaltungswirtschaft** organisiert, in welcher politische Kader der Kommunistischen Partei Chinas die Macht hatten und dem Land eine strikte Kommandowirtschaft verordneten. Dabei war der persönliche Einfluss des Staatsgründers Mao von einer maximal übergeordneten Bedeutung. Er setzte alles auf eine Karte, im Wettbewerb mit den beiden Weltmächten USA und UdSSR an Boden zu gewinnen, und forcierte eine Politik hohen Wachstums um nahezu jeden Preis. Dabei setzte er auf Massenbewegungen wie den „großen Sprung nach vorn" oder die „große proletarische Kulturrevolution", um die Gesellschaft in einem Zustand der Daueranspannung und Dauerkrise zu entbehrungsreichen Höchstleistungen zu bewegen, die als nötig im Sinne der Entwicklung der Gesamtgesellschaft angesehen wurden. Zwar erreichte das riesige Land seit den 1950er-Jahren hohe Wachstumsraten, und auch die medizinische Versorgung breiter Bevölkerungskreise entwickelte sich in den Jahrzehnten auf eine bis dahin nicht gekannte Weise. Jedoch verblieb das Konsumniveau niedrig, sodass sich die Bevölkerung im Vergleich zum westlichen Lebensstandard meist als arm empfand.

Marktwirtschaftliche Reformen unter Maos Nachfolger **Deng Xiaoping,** wie zum Beispiel die Einführung kapitalistischer Sonderwirtschaftszonen, öffneten zum Ende der 1970er-Jahre den Weg Chinas zu einer **kapitalistischen Staatswirtschaft,** in welcher die maßgeblichen Weisungen in Bezug auf Wirtschaftsfragen zwar weiter von staatlichen und politischen Instanzen getroffen wurden, jedoch zunehmend marktwirtschaftlicher Wettbewerb stattfand. Nach dem Ende der Sowjetunion nahm die Volksrepublik China den Wettbewerb mit den USA um den führenden Platz in der Welt auf. Inzwischen ist China in den meisten Produktionssektoren weltweit nicht nur in Spitzenpositionen, sondern auch insgesamt auf dem Weg, die Nummer eins in der Weltproduktion zu werden.

Deng Xiaoping (1904–1997)

Der Preis für das gewaltige Wachstum und die enorme Aufholjagd um den Titel der stärksten Volkswirtschaft ist jedoch hoch: Wo die Wirtschaft rasant wächst, bleiben der **Umweltschutz** sowie die **Sicherheit von Beschäftigten** häufig auf der Strecke. Ökologische Standards werden kaum eingehalten, und die Sicherheit am Arbeitsplatz ist teilweise katastrophal. Die Entwicklung Chinas zeigt also die großen politischen, wirtschaftlichen und gesellschaftlichen Schwierigkeiten eines Weltreichs im Übergang, die sich bis heute immer wieder in demokratischen Protesten gegen eine allzu einflussstarke Regierung äußern.

> ### Ausprägungen realer Wirtschaftsordnungen
>
> - Heutzutage gibt es kaum noch reine Marktwirtschaften bzw. reine Planwirtschaften.
> - Die meisten Länder orientieren sich heutzutage an der kapitalistischen Wirtschaftsordnung.
> - **Rückbesinnung auf die freie Marktwirtschaft**
>   - In Großbritannien fand seit 1979 eine Orientierung an der Wirtschaftsordnung der freien Marktwirtschaft statt.
>   - Das Hauptaugenmerk der Wirtschaftspolitik Großbritanniens lag nicht auf der Herstellung von Vollbeschäftigung, sondern auf der Beseitigung von Inflation.
>   - In Großbritannien wurden die Staatsausgaben in den meisten Wirtschaftsbereichen zurückgenommen.
>   - Auch in den USA fand unter dem US-Präsidenten Reagan („Reagonomics") eine Orientierung an der freien Marktwirtschaft durch unternehmerfreundliche Wirtschaftspolitik statt.

■ **Zentralverwaltungswirtschaften im Übergang zur Marktwirtschaft**
- Die Volksrepublik China war seit ihrer Gründung als Zentralverwaltungswirtschaft organisiert.
- Der Staatsgründer Mao Tse-tung wollte neben den USA und der UdSSR als Weltmacht angesehen werden.
- Mit großen Anstrengungen erzielte man in China hohe Wachstumsraten und bessere medizinische Versorgung, jedoch blieb das Konsumniveau hinter dem Westen zurück.
- In den 1970er-Jahren führte der Nachfolger von Mao, Deng Xiaoping, kapitalistische Reformen ein (Sonderwirtschaftszonen).
- Das Land wurde zu einer kapitalistischen Wirtschaft umgeformt, die vom Staat gelenkt wurde (**Staatskapitalismus**).
- Ökologische Standards und Sicherheit von Beschäftigten stellen in China ein Problem dar.

1 Beschreiben Sie am Beispiel der folgenden Aussage von Margaret Thatcher das Verantwortungsprinzip, das ihrem Verständnis von freier Marktwirtschaft innewohnt, und suchen Sie nach Beispielen aus der Weltfinanzkrise der Jahr 2007/2008, wo dieses Prinzip unbeachtet blieb:
„Wir müssen die Idee austreiben, dass, wenn Sie etwas falsch machen, es nicht Ihr Fehler, sondern der Fehler der Gesellschaft ist, die sich um Sie herum befindet. Wir müssen eine Gesellschaft anstreben, in welcher der Einzelne die moralische Verantwortung für sein eigenes Handeln akzeptiert."

(Quelle: Geppert, Dominik Thatchers konservative Revolution. Der Richtungswandel der britischen Tories (1975–1979), München: Oldenbourg Verlag 2002, S. 99.)

2 Informieren Sie sich im Internet über den Bergarbeiterstreik in England in den Jahren 1984 bis 1985 und sammeln Sie Argumente/Standpunkte, die für bzw. gegen das Handeln der britischen Regierung bzw. der Bergarbeitergewerkschaft sprechen.

3 Weisen Sie nach, inwieweit die Merkmale der freien Marktwirtschaft im Sinne von Adam Smith den Auffassungen über die freie Marktwirtschaft in Großbritannien in den 1980er-Jahren entsprechen.

4 Der Wandel von der Zentralverwaltungswirtschaft zur Marktwirtschaft wurde 1978 in China dadurch eingeleitet, dass Bauern die Erlaubnis bekamen, alle über die zentralen Planvorgaben hinaus produzierten Güter auf freien Märkten zu verkaufen und den Gewinn für sich zu nutzen. Seit 1984 galt diese Erlaubnis auch für die Industrie. Schätzen Sie mögliche positive wie auch negative Konsequenzen dieser Entscheidung ein.

5 Beschreiben Sie die Probleme, die mit der Umwandlung Chinas in eine kapitalistische Wirtschaftsordnung verbunden wären, und vergleichen Sie dies mit den Problemen, die es in England während der industriellen Revolution gab (vgl. Kapitel 1.1 „Notwendigkeit und Gestaltung eines Ordnungsrahmens").

6 Recherchieren Sie im Internet, welche Rolle China heutzutage in der Weltwirtschaft im Vergleich zu anderen wirtschaftlichen Großregionen (z. B. Europäische Union, USA, Japan) bei Messgrößen wie z. B. dem Bruttoinlandsprodukt, dem Wachstum des BIP, der Staatsverschuldung, der Arbeitslosenquote oder Inflationsrate spielt.

2 Die Rahmenbedingungen der sozialen Marktwirtschaft

Silvia Land ist abends zu Besuch bei ihrem Opa Günther. Beim gemeinsamen Abendessen schauen sie sich eine Fernsehdokumentation über Deutschland in den 50er-Jahren des vorigen Jahrhunderts an, auch die berühmte Fernsehreportage über das Endspiel der Fußball-Weltmeisterschaft in Bern zwischen Deutschland und Ungarn wird gezeigt. „Das waren noch Zeiten, Silvia. 3 : 2 gegen Ungarn, wer hätte das gedacht. Für uns bedeutete das Aufbruch. Wenn ich nur bedenke, wie gut es euch heute geht." Silvia stutzt. Ihr fallen die vielen Absagen bei ihrer Bewerbung um einen Ausbildungsplatz ein. „Na ja, Opa, so ganz stimmt das ja wohl auch nicht. Denk doch mal daran, wie schwer es für mich war, einen Ausbildungsplatz zu bekommen." „Ach was, wer sich um Arbeit bemüht, bekommt auch welche. Heutzutage haben die Leute viel zu hohe Ansprüche. Jeder will doch gleich den höchsten Stundenlohn haben. Wir haben früher für eine Mark fünfzig pro Stunde gearbeitet und haben auch überlebt. Heute rufen die Leute doch direkt nach dem Staat, wenn es ihnen mal nicht gut geht." „Aber Tatsache ist doch, Opa, dass es vielen Leuten wirklich nicht gut geht. Denk doch mal bloß an die Langzeitarbeitslosen. Da ist es doch gut, dass die Menschen nicht durch das Netz fallen." „Du hast ja sicherlich irgendwo recht. Aber damals hatten die Menschen eine andere Mentalität: Wir wollten wieder arbeiten. Wir wollten unser Land nach dem Krieg wieder aufbauen. Heute höre ich immer nur: sozial, sozial und nochmals sozial." „Aber stell dir doch mal vor, was passieren würde, wenn unsere Wirtschaft nicht sozial wäre. Was würde denn mit all den Leuten passieren, die keine Arbeit haben?" „Die müssten ihre Ansprüche etwas ‚runterschrauben', um Arbeit zu finden." Silvia und ihr Opa schweigen. Hatte nicht nur Silvia, sondern auch ihr Großvater recht? Silvia hatte das Gefühl, dass in beiden Ansichten ein Kern Wahrheit steckte.

- Erläutern Sie die unterschiedlichen Ansichten von Silvia Land und ihrem Großvater.
- Ordnen Sie die Erzählungen des Großvaters in einen zeitlichen Kontext ein und beschreiben Sie die Wirtschaftsbedingungen zu dieser Zeit. Recherchieren Sie dazu auch im Internet.
- Begründen Sie, warum die damaligen wirtschaftlichen Bedingungen nicht mit heutigen Bedingungen vergleichbar sind.
- Schätzen Sie ein, warum in beiden Ansichten „ein Kern Wahrheit" stecken könnte.

▲ Gesellschaftspolitische Rahmenbedingungen

Die Grundprinzipien der sozialen Marktwirtschaft basieren auf den Ideen der **„Freiburger Schule"**. An der Universität Freiburg lehrte der Volkswirtschaftler **Walter Eucken** von 1927 bis 1950 die Auffassung, dass der Staat in einer Volkswirtschaft einen gesetzlichen Rahmen setzen müsse, in dem sich die Individuen frei bewegen können – eine Ordnung der Freiheit. Somit gilt Walter Eucken als einer der Begründer des **„Ordoliberalismus"**. Analysen über die freie Marktwirtschaft, die Planwirtschaft in der Sowjetunion sowie die Erfahrungen des Zweiten Weltkrieges brachten ihn zu der Überzeugung, dass der Staat einen gesetzlichen Ordnungsrahmen schaffen müsse, innerhalb welchem sich die produktiven Kräfte am besten entfalten könnten und eine optimale Versorgung mit Konsumgütern gewährleistet werden müsste.

An der **Planwirtschaft** kritisierte Eucken, dass zwar Vollbeschäftigung erreicht würde, die Bürger jedoch unzureichend mit Konsumgütern ausgestattet seien. An der **freien Marktwirtschaft** kritisierte er hingegen, dass die Unternehmen zwar sehr produktiv arbeiteten, jedoch Massenarbeitslosigkeit drohe. Da er es nicht für ratsam hielt, lediglich einen Mittelweg zwischen beiden Auffassungen zu finden, musste er eine Entscheidung für eine der beiden Grundformen finden. Als Verfechter eines freiheitlichen Menschenbildes entschied er dann, das marktwirtschaftliche Modell weiterzuverfolgen.

Sein Weggefährte an der Universität Freiburg, der Volkswirt **Wilhelm Röpke** (1899–1966), prägte aus diesen Absichten den Begriff des **„Dritten Weges"**. Er verstand darunter einen Mittelweg zwischen einem völlig freien Modell des Liberalismus (freie Marktwirtschaft) und dem sozialistischen Konzept einer zentralen Planwirtschaft. So sehr die beiden Ökonomen das marktwirtschaftliche Modell befürworteten, so wussten sie doch, dass es in marktwirtschaftlichen Gesellschaften immer wieder zu einer Konzentration wirtschaftlicher Macht kommen würde. Monopolbildung und Ausschaltung von Wettbewerb wären die Folge. Somit befürwortete Wilhelm Röpke eine **gesetzliche Wettbewerbsordnung**, welche die Vermeidung von Monopolbildung zum Ziel hätte.

Um die unerwünschten sozialen Folgen eines enthemmten Leistungswettbewerbs zu verhindern, forderten die beiden Experten weiterhin, dass **bestimmte Wirtschaftsbereiche** von reinen Wettbewerbsbedingungen **ausgenommen** werden müssten. Besonders der Arbeitsmarkt sei aufgrund seiner unmittelbaren Bedeutung für Familien besonders schützenswert vor Ausbeutung und Lohnunterbietung.

Auf den Grundgedanken des Ordoliberalismus wurde in der Zeit nach dem Ende des Zweiten Weltkrieges das Konzept der **sozialen Marktwirtschaft** weiterentwickelt. Der an der Universität Münster unterrichtende Volkswirtschaftler **Alfred Müller-Armack** entwickelte das wirtschaftspolitische Konzept, das als deutsches Erfolgsmodell weltberühmt werden sollte. Zwar gibt es zwischen den Konzepten des Ordoliberalismus und der sozialen Marktwirtschaft eine enge Verwandtschaft, jedoch betont die soziale Marktwirtschaft viel stärker den sozialen Aspekt. Ihr Leitgedanke ist es, Freiheit auf dem Markt mit einem sozialen Ausgleich zu verbinden. Es soll **ein Zusammenwirken von wirtschaftlicher Freiheit, rechtsstaatlich gesicherter Freiheit und den Idealen der sozialen Sicherheit und Gerechtigkeit** stattfinden. Wegen der ordoliberalen Ursprungs wurde die soziale Marktwirtschaft Deutschlands früher auch „Rheinischer Kapitalismus" genannt, was jedoch eher als politischer Kampfbegriff statt als wirtschaftliches Denkmodell gemeint ist.

Die Bundesrepublik Deutschland wurde als **„sozialer Rechtsstaat"** gegründet, der dazu verpflichtet ist, durch staatliche Hoheitsträger aktiv einzugreifen, um soziale Gegensätze zu überwinden. Diese Ansicht stammt wiederum aus der katholischen Soziallehre, in welcher große Sozialgebilde (z. B. Staat) kleineren Sozialgebilden (z. B. Familie) Hilfe zukommen lassen müssen. Zusätzlich kommt hierbei das **Subsidiaritätsprinzip** in der sozialen Marktwirtschaft zur Anwendung. Es besagt, dass derjenige, der ausreichend in der Lage ist, sich selbst zu helfen, von staatlicher Hilfe zurücktreten solle. Dieser Grundsatz wird am Beispiel der Sozialhilfe deutlich. Die Sozialhilfe bemüht sich, die Ursachen von Not und Bedürftigkeit zu beheben und die drohende Verarmung von Personen zu verhüten. Personen, die Sozialhilfe benötigen, sind verpflichtet, selbst nach Kräften zur Behebung der Bedürftigkeit beizutragen und die Weisungen der Sozialdienste zu befolgen. Das Subsidiaritätsprinzip verlangt, dass alle anderen Möglichkeiten auszuschöpfen sind, bevor Sozialhilfe erbracht wird. Wenn sie jedoch ausgeschöpft sind, fängt der Staat durch Sozialhilfe das Abrutschen des Individuums in Armut auf.

▲ Ordnungsmerkmale

Man erkennt, wie sehr den Schöpfern der sozialen Marktwirtschaft daran gelegen war, die sozialen Risiken einer freien Marktwirtschaft und ihres enthemmten Leistungswettbewerbs zu verhindern. Um ein reibungsloses Funktionieren dieser Absichten zu ermöglichen, gründet sich die soziale Marktwirtschaft – über das Sozialprinzip hinaus – auf drei weitere Prinzipien:

Wettbewerbsprinzip	konjunkturpolitisches Prinzip	Prinzip der Marktkonformität

Diese drei Säulen bilden eine Einheit, deren wichtigster Grundwert die **Humanität** ist. Müller-Armack versteht sie als Wesensvoraussetzung für das Funktionieren des menschlichen Zusammenlebens in der sozialen Marktwirtschaft.

Dazu gehört wesentlich der Grundsatz der **Sozialpartnerschaft.** Darunter versteht man, dass das Zusammenwirken von Arbeitgeberseite und Arbeitnehmerseite den politischen und wirtschaftlichen Frieden des Landes sichert. Hierbei spielt das **Betriebsverfassungsgesetz** von 1952 eine wichtige Rolle, das die Mitbestimmungsrechte von Arbeitnehmern gesetzlich sichert.

▲ Wettbewerbsprinzip

In einer sozialen Marktwirtschaft wird Wettbewerb als ein Prozess verstanden, der wirtschaftliches Wachstum sichert und technologischen Fortschritt ermöglicht. Sicherlich gibt es Wachstum und Fortschritt auch in einer Planwirtschaft, doch ist der Wettbewerb in einer Marktwirtschaft dynamischer und schneller. Allerdings besteht in der Marktwirtschaft immer die Gefahr, dass der Wettbewerb durch Monopole und Kartelle verhindert oder sogar ausgeschaltet wird. Folglich muss der Staat **Wettbewerbsregeln** in Form von Gesetzen schaffen, um Wettbewerbsbeschränkungen zu verhindern und zu kontrollieren, ob sich die Unternehmen an die Wettbewerbsregeln halten.

▲ Konjunkturpolitisches Prinzip

Konjunkturschwankungen führen in marktwirtschaftlichen Gesellschaften zu Problemen (z. B. hohe Arbeitslosigkeit). Als wichtige Grundlage für die Funktionsfähigkeit einer Marktwirtschaft wird eine stabile Währung angesehen. Um die unerwünschten Folgen von Konjunkturschwankungen zu glätten, wird also empfohlen, dass **durch währungspolitische Maßnahmen der Notenbanken die negativen Folgen von Konjunkturschwankungen abgemildert** werden. So sorgen die Notenbanken durch zurückhaltende Steigerung der Geldmenge und vorsichtige Veränderungen des Leitzinses für weitgehende Preisstabilität. Auf diese Weise wird eine allzu starke Inflation verhindert.

▲ Prinzip der Marktkonformität

Alle Maßnahmen, die der Staat zum Funktionieren der marktwirtschaftlichen Ordnung ergreift, sollen so erfolgen, dass die **Gesetze des Marktes** (insbesondere die Preisbildung) **so wenig wie möglich gestört** werden.

▲ Die Aufgaben des Staates

Die Aufgaben des Staates in der sozialen Marktwirtschaft haben sich in den Jahrzehnten seit ihrer Entstehung weiterentwickelt, auch wenn bis heute das Grundkonzept im Sinne seiner Schöpfer (Ludwig Erhard, Alfred Müller-Armack, Walter Eucken u. v. m.) unverändert ist. Von Zeit zu Zeit müssen die Aufgaben des Staates den volkswirtschaftlichen Gegebenheiten angepasst werden. Somit ist die soziale Marktwirtschaft **kein starres System,** das auf ideologischen Hauptstandpunkten beruht, sondern eine Ordnungsform, die den Realitäten der Marktwirtschaft folgt (z. B. durch staatliche Eingriffe in Wirtschaftskrisen) und sie für die Zukunft gestaltet. Um sich einen Überblick über die staatlichen Aufgaben zu verschaffen, bedarf es einer historischen Betrachtung, an der man erkennen kann, wie vielfältig der Staat in der sozialen Marktwirtschaft der Bundesrepublik Deutschland eingegriffen bzw. sie gestaltet hat.

Um Deutschland nach dem verlorenen Zweiten Weltkrieg daran zu hindern, jemals wieder Krieg zu führen, **demontierten die alliierten Siegermächte** ab 1946 in den deutschen Besatzungszonen vor allen Dingen **Industrieanlagen** der Schwerindustrie. Große Teile von Industrieanlagen wurden zerstört bzw. ihrer Funktionsfähigkeit entzogen. Es leuchtet ein, dass auf diese Weise das Produktionspotenzial Deutschlands erheblich geschwächt wurde.

Um der Wirtschaft jedoch wieder auf die Beine zu helfen, schlug der US-amerikanische Außenminister **George C. Marshall** am 5. Juni 1947 das **European Recovery Program** (ERP) vor. Zwischen 1948 und 1952 flossen auf diese Weise 12,4 Milliarden US-Dollar in den Wiederaufbau Europas. Dabei bestanden die Hilfsleistungen sowohl aus Krediten als auch aus Waren, Rohstoffen und Lebensmitteln.

Auf diese Weise erhielten westdeutsche Unternehmen Wachstumsimpulse, um sich nach den Zerstörungen des Krieges wieder erholen zu können. Ziel der Alliierten war es, in Deutschland eine marktwirtschaftliche Ordnung zu etablieren, die der zentralen Planwirtschaft in den östlichen Teilen Deutschlands trotzen würde. Somit bedurfte es einer raschen Umsetzung wirtschaftlicher Grundideen zu einem politischen Konzept.

Der spätere Bundeskanzler **Ludwig Erhard** wurde von den Überzeugungen der Freiburger Schule (Walter Eucken) und von Alfred Müller-Armack beeinflusst. So gelang es ihm, im Jahre 1949 in seiner Funktion als Wirtschaftsminister die soziale Marktwirtschaft sowie die Währungsreform in der neu gegründeten Bundesrepublik Deutschland einzuführen. Trotz großer Skepsis bei den Besatzungsmächten entwickelte sich der populäre Ludwig Erhard bald zum Symbol des wirtschaftlichen Aufschwungs und wurde zum **„Vater der sozialen Marktwirtschaft".** Mit seinem Buch „Wohlstand für alle" trug er wesentlich dazu bei, dass die Überzeugung von den Grundprinzipien der sozialen Marktwirtschaft in der Bevölkerung schnell wuchs. Dabei hatte Erhard vor allen Dingen gegen den Widerstand in der eigenen Partei – der CDU unter dem Bundeskanzler Konrad Adenauer – sowie in der SPD zu kämpfen.

So waren damalige Sozialpolitiker der Auffassung, dass ärmere Bevölkerungsteile durch die marktwirtschaftlichen Prinzipien der sozialen Marktwirtschaft noch weiter verarmen würden, weil sie nicht in der Lage wären, am freien Leistungswettbewerb teilzunehmen. Sie befürworteten eher eine **staatliche Verteilungspolitik** an Arme („Rationierung ist der Schutz der Armen"). Allmählich gelang es Ludwig Erhard jedoch, auch Skeptiker davon zu überzeugen, dass eine marktwirtschaftliche Steuerung besser geeignet sei, die wirtschaftliche Entwicklung anzukurbeln, als eine zentral gesteuerte Güterverteilung. Zu Beginn der 60er-Jahre des vorigen Jahrhunderts war die anfänglich heftige Kritik versiegt, und die Mehrheit der Bevölkerung in der Bundesrepublik Deutschland hatte Umfragen zufolge das Gefühl, dass die wirtschaftliche Lage durch die soziale Marktwirtschaft besser geworden sei.

Jedoch verwiesen Kritiker bis in die jüngere Vergangenheit darauf, dass bei allem Wohlgefühl einer soliden wirtschaftlichen Lage für die gesamte Bevölkerung auch eine gewisse Starrheit in Deutschland eingetreten war. Kapitalverflechtungen der meisten und wichtigsten Unternehmen in Deutschland untereinander führten in der Vergangenheit dazu, dass alles irgendwie zusammenhing und von einem größeren Interesse geleitet schien. Auf diese Weise schlich sich eine gewisse Trägheit in der Wirtschaft ein, die Deutschland im globalen Wettbewerb krisenanfälliger machte.

▲ Entwicklungsphasen der sozialen Marktwirtschaft

Die soziale Marktwirtschaft war und ist **kein starres Konzept.** Stets war es den Vordenkern ein wichtiges Anliegen, dass sich die Wirtschaftsordnung an die Verhältnisse der Realität anpassen und sie im Sinne der Grundgedanken der sozialen Marktwirtschaft beeinflussen sollte. Somit durchlief die soziale Marktwirtschaft seit ihrer Einführung in der neu gegründeten Bundesrepublik immer wieder **Entwicklungsphasen,** die von unterschiedlichen politischen Ansätzen geprägt waren.

▲ Phase des Ordoliberalismus (1948 bis 1966)

Die ersten Jahrzehnte waren eindeutig geprägt von den Grundgedanken Walter Euckens. Nach der Phase des Wiederaufbaus traten zunächst die **Sozialpolitik** sowie der **Ausbau des öffentlichen Sektors** (z. B. Infrastruktur, Schulen) in den Vordergrund. Aktive Eingriffe in das Wirtschaftsgeschehen (z. B. Beeinflussung konjunktureller Entwicklungen) wurden abgelehnt. Im Volksmund gelten diese Jahre als Zeit des deutschen **Wirtschaftswunders.**

Wichtige Maßnahmen und Gesetze:
- Grundgesetz (1949): Sicherung von Handlungs- und Gewerbefreiheit, Eigentumsgarantie, Freiheit der Berufswahl

- **Tarifvertragsgesetz** (1949): Gewährleistung, dass der Staat nicht in die Bildung von Tarifparteien eingreifen kann (Tarifautonomie)
- **Bundesbankgesetz** (1957): Sicherung der Währungsstabilität, Unabhängigkeit der Bundesbank gegenüber der Bundesregierung
- **Gesetz gegen Wettbewerbsbeschränkungen** (1957): Missbrauchsaufsicht über marktbeherrschende Unternehmen
- **Sozialhilfegesetz** (1961)

▲ Ausbau zum Wohlfahrtsstaat (1966/67 bis Ende der 1970er-Jahre)

Die erste große **Rezession** in der Bundesrepublik Deutschland von 1966/67 leitete eine Veränderung in der Wirtschaftspolitik ein. Durch das **Stabilitäts- und Wachstumsgesetz** (1967) erhielt der Staat die Aufgabe, stabilisierend in die Wirtschaft einzugreifen. Dabei stellte besonders die Sicherung eines „hohen Beschäftigungsstandes" durch den Staat eine Abkehr von der Phase des Ordoliberalismus dar. Die sozialen Sicherungssysteme wurden ausgebaut und der staatliche Anteil an der gesamten Wirtschaftsaktivität wuchs **(Globalsteuerung)**.

Wichtige Maßnahmen und Gesetze:
- Stabilitäts- und Wachstumsgesetz (1967)
- Lohnfortzahlungsgesetz und Kündigungsschutzgesetz (1969)
- Betriebsverfassungsgesetz (1972)
- Mitbestimmungsgesetz (1976)

▲ Wiederentdeckung des Ordoliberalismus (Anfang 1980er-Jahre bis 1990)

Der hohe staatliche Anteil an der gesamten Wirtschaftsaktivität sowie Fehlentwicklungen in der Wirtschaftspolitik (z.B. Massenarbeitslosigkeit) führten zu Beginn der 1980er-Jahre zu einer erneuten Umorientierung. Diesmal jedoch besann man sich auf die Wurzeln der sozialen Marktwirtschaft und erinnerte sich an die ordoliberalen Grundgedanken. Dabei ging es vor allen Dingen darum, die **Marktkräfte zu beleben** und die **staatlichen Eingriffe in die Wirtschaft zurückzunehmen**.

Wichtige Maßnahmen und Gesetze:
- Deregulierung und Reprivatisierung: Rückführung staatlicher Unternehmen in Privatbesitz (z.B. Deregulierung des Telekommunikationsbereichs, Gründung der Deutschen Telekom)
- Erneuerung des Ladenschlussgesetzes: Verlängerung der Ladenöffnungszeiten
- Drosselung der Inflation
- Senkung des Staatsanteils am Bruttoinlandsprodukt

▲ Integration der ehemaligen DDR (seit 1990)

Die deutsch-deutsche **Währungsunion** zum 1. Juli 1990 und die **Wiedervereinigung** am 3. Oktober 1990 leiteten die Phase der Integration der ehemaligen DDR in das System der sozialen Marktwirtschaft ein. Schon bald stellte sich heraus, dass es sich hierbei um eine riesige Herausforderung für die Bundesrepublik handelte. In Zeiten eines **international zunehmenden Wettbewerbs** gingen niedrige Wachstumsraten des Bruttoinlandsproduktes einher mit steigender Massenarbeitslosigkeit. Auch eine zunehmende **ökologische Ausrichtung** der Wirtschaftspolitik stellte die soziale Marktwirtschaft vor große Herausforderungen. Insbesondere die **Krise der sozialen Sicherungssysteme** stellte die Wirtschaftspolitik in der sozialen Marktwirtschaft jedoch vor die Notwendigkeit umfassender Reformen.

▲ Weltfinanzkrise ab 2008

Die durch den Zusammenbruch der Lehman-Brothers-Bank in den USA ausgelöste **Weltfinanzkrise**, die sich infolge weltweit fehlender Kreditvergabemöglichkeit ab 2009 auch zu einer **Weltwirtschaftskrise** ausweitete, stellte die Regierungen der großen Volkswirtschaften vor allergrößte Probleme. Die Befreiung der Märkte von staatlichen Regeln hatte gezeigt, wie anfällig eine Wirtschaftsordnung bei hemmungsloser Gier von Beteiligten ist. Das neben anderen Faktoren auch durch hohe Prämienanreize verursachte **Risikoverhalten von Investmentbankern** bei der Vergabe uneinbringlicher Kredite ließ die Liquidität von Banken weltweit verfallen. Die durch fehlende Finanzierungsmöglichkeiten in arge Bedrängnis gebrachten Unternehmen der „Realwirtschaft" (Industrie, Handel, Dienstleistung) hatten infolgedessen einen drastischen Umsatzeinbruch zu verzeichnen, dessen Ausmaße weltweit an die große Depression der 1930er-Jahre erinnern ließen. Regierungen aller Industrienationen standen vor der Aufgabe, durch den abgestimmten Einsatz wirtschaftspolitischer Instrumente (Ausgabenpolitik) Konjunkturpakete zu schnüren, mit denen der Absturz der **Realwirtschaft** aufgehalten werden sollte.

Durch **Staatsbürgschaften** sollte zunächst das Vertrauen der Bürger in die **Kreditwirtschaft** wiederhergestellt werden. Außerdem wurden marode Banken (z. B. Hypo Real Estate) durch den Ausverkauf von Aktionären in staatliches Eigentum überführt. Die seit 2009 aus Steuermitteln finanzierten **Konjunkturpakete** stellten Aufträge des öffentlichen Sektors dar, mit denen Industriebetriebe und Handwerksbetriebe des Mittelstands belebt werden sollten (z. B. Straßenbau, Reparaturarbeiten an öffentlichen Gebäude wie Schulen oder Krankenhäusern, Investitionen in die Infrastruktur der Gemeinden usw.). Ferner wurde durch die Ausweitung des **Kurzarbeitergeldes** an Unternehmen, deren Betriebstätigkeit nicht mehr allein durch Abbau von Überstunden aufrechterhalten werden konnte, die Entlassung von Personal verhindert. Auf diese Weise wurde die Beschäftigungsquote in der Privatwirtschaft hoch gehalten und ein Anstieg der Arbeitslosenquote vermieden.

Leider war der Umfang dieser staatlichen Ausgaben so groß, dass dadurch eine erhebliche **Neuverschuldung** erforderlich wurde. Um die Neuverschuldung nicht ausufern zu lassen, war es erforderlich, im Zuge von **Sparpaketen** den Schuldenstand zu reduzieren, um nicht immer weitere Schulden künftigen Generationen als Erblast zu hinterlassen. Der Staat musste seine Aktivitäten in der Wirtschaftskrise also dosiert zurückführen, damit die Wirtschaft – von der Wirtschaftskrise erholt – wieder aus eigenen Kräften wachsen konnte.

Dass die staatlichen Maßnahmen zum damaligen Zeitpunkt vielversprechend waren, zeigt die Tatsache, dass die Wirtschaft Deutschlands für sich betrachtet in den Jahren nach 2010 wuchs. Gegen den Widerstand der Deutschen Bundesbank tätigte die **EZB** seit 2012 in großem Umfang **Anleihegeschäfte,** um wirtschaftlich schwache Länder der EU (z. B. Spanien, Portugal) mit Geld zu versorgen. Damit stieg deren Verschuldung, während die Deutsche Bundesbank darauf beharrte, das Gebot der Stunde sei nicht Neuverschuldung, sondern Sparmaßnahmen der Regierungen. Auch **die Bundesregierung verfolgte einen Sparkurs,** weil sie der Auffassung war, dass die Staatshaushalte während der Stabilitätskrise des Euro dringend entschuldet werden müssten, bevor durch weitere Schulden immer größere Defizite aufgebaut würden. Kritiker hielten dieser Politik entgegen, sie vernachlässige dringende staatliche Investitionen in den Arbeitsmarkt und fördere beispielsweise die Jugendarbeitslosigkeit in südeuropäischen Ländern.

Die Politik der ausgeglichenen Haushalte ohne weitere Verschuldung wird von Deutschland weiterhin vehement vertreten. So wurden der hoch verschuldeten griechischen Wirtschaft auf dem Höhepunkt der Staatsschuldenkrise nur gegen unbedingte Zusicherung umfassender Sparmaßnahmen weitere finanzielle Hilfen der EU zugesagt, um einen Staatsbankrott zu verhindern.

In der Folge der Weltfinanzkrise und der der Stabilitätskrise des Euro entstand auch in Deutschland ein erheblicher Druck auf Arbeitnehmer. Dieser Druck äußert sich in deren Bereitschaft, häufig auch zu deutlich niedrigeren Löhnen als bisher zu arbeiten. Die Folge ist ein Anwachsen von **Teilzeitbeschäftigungen** oder **geringfügigen Beschäftigungsverhältnissen** („working poor"), während in Zeiten der Erholung nicht in gleichem Maße ein Anwachsen sozialversicherungspflichtiger Vollzeitarbeitsverhältnisse zu verzeichnen ist. Damit einher geht häufig eine **Ungleichbehandlung bei Lohnzahlungen** (Abkehr vom Prinzip der gleichen Lohnzahlung für gleichartige Arbeit). Auch zwischen den Geschlechtern kommt es in solchen Zeiten in zunehmendem Maße zu Ungleichbehandlung, sodass **Frauen häufig schlechter als Männer bezahlt** werden. Weil jedoch aufgrund der Härte des Wettbewerbs bisweilen auch an Sicherheitsstandards in Fabriken gespart wird, kann nicht flächendeckend von einer hundertprozentigen Gewährleistung körperlicher Unversehrtheit gesprochen werden. Auch der rechtliche Schutz von Arbeitnehmern (z. B. vor ungerechtfertigter Kündigung) wird in Zeiten der Wirtschaftskrise bisweilen starken Prüfungen unterzogen, sodass die Zweifel am Rechtsstaat zunehmen. Stärker als je zuvor zeigt sich die Notwendigkeit, das Wirtschaftssystem auf die Vorgaben des Grundgesetzes einzustimmen, damit die soziale Marktwirtschaft im Rahmen des Rechtsstaates erhalten bleibt. Die Folgen der im Jahr 2020 ausgebrochenen **Corona-Pandemie** (Pandemie = eine sich weit ausbreitende, ganze Länder erfassende Seuche) für die Weltwirtschaft sind zurzeit noch nicht absehbar. Es wird jedoch mit einer **weltweiten Rezession** gerechnet.

▲ Träger der Wirtschaftspolitik

Die Träger der Wirtschaftspolitik sind diejenigen Institutionen innerhalb einer Volkswirtschaft, die wirtschaftspolitisch handeln. Jedoch wird die Wirtschaftspolitik nicht nur von Institutionen innerhalb einer Volkswirtschaft beeinflusst, sondern auch Einrichtungen von internationaler Bedeutung spielen eine wichtige Rolle. Aus diesem Grund unterscheidet man bei den Trägern der Wirtschaftspolitik zwischen **nationalen** und **internationalen Institutionen.**

Nationale Träger der Wirtschaftspolitik sind innerhalb Deutschlands insbesondere die Gebietskörperschaften (Bund, Länder und Gemeinden) sowie privatrechtlich organisierte Interessenverbände (z. B. Industrie- und Handelskammern, Verbände einzelner Wirtschaftszweige oder Gewerkschaften).

Internationale Träger der Wirtschaftspolitik sind aufgrund der Mitgliedschaft Deutschlands in der Europäischen Union von großer Bedeutung (z. B. Europäische Zentralbank). Aber auch Institutionen mit weltweiter Bedeutung beeinflussen die Wirtschaftspolitik Deutschlands (z. B. die Welthandelsorganisation WTO).

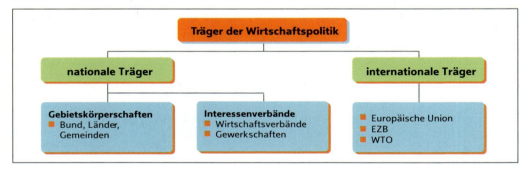

▲ Gebietskörperschaften

Gebietskörperschaften sind **juristische Personen des öffentlichen Rechts,** die die rechtliche Verantwortung für ein bestimmtes Gebiet tragen (z. B. Bund, Länder, Gemeinden). Die Struktur zeigt, in welcher Rangfolge diese Gebietskörperschaften Einfluss auf die Wirtschaftspolitik Deutschlands nehmen. Deutlich ist, dass der Bund Hauptträger der Wirtschaftspolitik ist. Die von ihm erarbeiteten Vorgaben müssen auf den nachgelagerten Stufen eingehalten werden.

Eine besondere Rolle spielt im Bund selbstverständlich die **Bundesregierung** selbst. Sie erarbeitet Gesetzesvorlagen, die dem **Bundestag** und in manchen Fällen zusätzlich auch dem **Bundesrat** zur Entscheidung vorgelegt werden müssen.

▲ Interessenverbände

Einfluss auf die Wirtschaftspolitik eines Landes üben neben den Gebietskörperschaften auch Interessenverbände aus. Da im Wirtschaftsprozess häufig die Interessen der Arbeitgeberschaft in Kontrast zu den Interessen der Arbeitnehmerschaft stehen, werden beide Seiten in aller Regel von Verbänden vertreten, welche die jeweiligen Interessen zu wahren versuchen. Auf der Arbeitgeberseite sind dies häufig bestimmte **Wirtschaftsverbände** (z. B. Bundesverband der Deutschen Industrie, Bundesverband der Holz- und Kunststoff verarbeitenden Industrie), während die Interessen der Arbeitnehmerschaft durch **Gewerkschaften** vertreten werden. Um die unterschiedlichen Interessen zum Ausgleich zu bringen, haben beide Gruppierungen im Rahmen der **Tarifautonomie** das Recht, selbstständig und ohne Beeinflussung durch die Politik Tarifverträge auszuhandeln.

Beispiel Abends verfolgt Familie Stein die Tagesschau. Über den Tarifabschluss in der Holz verarbeitenden Industrie meldet der Nachrichtensprecher, dass der Wirtschaftsminister verlange, dass die Löhne aufgrund der schwierigen Kostensituation in den Unternehmen nicht steigen sollten. „Recht hat er", freut sich Herr Stein, „endlich denkt mal jemand an die Unternehmer." Sein Sohn Thomas mischt sich jedoch ein: „Das hat der Wirtschaftsminister doch gar nicht mitzuentscheiden." – „Wieso denn das? Er ist doch der Wirtschaftsminister." – „Trotzdem darf er das nicht. Schon mal was von Tarifautonomie gehört?"

Weil Interessenverbände Einfluss auf Entscheidungsträger in der Politik ausüben, wird von vielen Seiten kritisiert, dass deren Einfluss zu stark wachse und politische Entscheidungsträger häufig zu wenig neutral bei ihren Entscheidungen seien. Ein funktionierendes Gemeinwesen darf nicht die Interessen einer Seite zulasten der anderen übergewichten und muss neutral sein und bleiben.

Interessenvertreter üben zunehmend über **Medien** Einfluss und Druck auf politische Entscheidungsprozesse aus. Da die öffentliche Meinung sehr stark von der Berichterstattung in Massenmedien abhängig ist, besteht die Gefahr, dass sich politische Entscheidungsträger von der medialen Darstellung beeinflussen lassen.

▲ Internationale Organisationen

Die wichtigste internationale Organisation, die wirtschaftspolitischen Einfluss auf die Bundesrepublik Deutschland ausübt, ist die **Europäische Union.** Als Mitglied der Europäischen Union hat die Bundesrepublik einige wichtige nationale Hoheitsrechte abgetreten. Dies gilt insbesondere für die Geldpolitik, die seit 1999 von der **Europäischen Zentralbank** (EZB) betrieben wird. Mit Beginn der Währungsunion im Jahre 1999 ging die Geldhoheit von den nationalen Zentralbanken Europas auf die EZB über. Nach dem **Maastrichter Vertrag** hat die EZB vor allen Dingen die Aufgabe, für Preisstabilität in Europa zu sorgen. Dabei orientiert sich die Geldpolitik der EZB an der Politik der Deutschen Bundesbank, die der Stabilität der ehemaligen D-Mark verpflichtet war. Das entscheidende Merkmal der EZB ist, dass sie von politischen Weisungen jeglicher Art unabhängig ist. Somit steuert die EZB die Geldpolitik für alle Mitgliedsstaaten der Europäischen Union autonom.

Die staatliche Wirtschaftspolitik wird ferner von Organisationen wie der **Welthandelsorganisation WTO** (World Trade Organisation) oder dem Internationalen Währungsfond **(IWF)** beeinflusst. Durch Selbstverpflichtung haben die Mitgliedsstaaten dieser Organisationen sich darauf verständigt, nationale Regelungen den internationalen Regelungen unterzuordnen.

Die Rahmenbedingungen der sozialen Marktwirtschaft

Beispiel Unternehmen können im gemeinsamen Binnenmarkt der EU ihre Waren in allen Ländern unter gleichen Bedingungen wie im eigenen Land absetzen. Dies hat zur Folge, dass die Steuerbelastung der einzelnen Länder vereinheitlicht (harmonisiert) werden muss, da die Unternehmen sonst in ein Land mit geringerer Steuerbelastung abwandern würden. Steuerreformen sollten deshalb nach Abstimmung mit den anderen EU-Ländern erfolgen.

Die Rahmenbedingungen der sozialen Marktwirtschaft

- Die **Grundprinzipien der sozialen Marktwirtschaft** basieren auf den Grundideen der „Freiburger Schule" (bedeutende Vertreter: Walter Eucken und Wilhelm Röpke).
- Der Staat soll im Sinne der Freiburger Schule in einer Volkswirtschaft einen Rahmen schaffen, in dem Individuen frei wirtschaften können (**Ordoliberalismus**).
- Der Ordoliberalismus kritisiert sowohl die Planwirtschaft als auch die freie Marktwirtschaft und befürwortet einen **„Dritten Weg"** als Mittelweg zwischen Planwirtschaft und freier Marktwirtschaft.
- Die soziale Marktwirtschaft unterscheidet sich vom Ordoliberalismus durch eine stärkere **Betonung des Sozialprinzips.**
- Der Staat soll in der sozialen Marktwirtschaft **aktiv eingreifen,** um soziale Gegensätze zu verhindern bzw. zu überwinden.
- In der sozialen Marktwirtschaft gilt ferner das **„Subsidiaritätsprinzip"** (Hilfe zur Selbsthilfe).
- Das **Sozialprinzip und das Subsidiaritätsprinzip** kann jedoch nur funktionieren, wenn die Wirtschaftsordnung ansonsten auf dem
  - Wettbewerbsprinzip,
  - konjunkturpolitischen Prinzip,
  - Prinzip der Marktkonformität

  aufgebaut ist.
- Die alliierten Siegermächte wollten nach dem Zweiten Weltkrieg eine **marktwirtschafliche Grundordnung** in Deutschland einführen (politische Umsetzung durch Ludwig Erhard).
- Die soziale Marktwirtschaft durchlief in der Geschichte der Bundesrepublik Deutschland **verschiedene Entwicklungsphasen:**
  - Phase des Ordoliberalismus (1948–1966)
  - Ausbau zum Wohlfahrtsstaat (1966/67 bis Ende der 70er-Jahre)
  - Wiederentdeckung des Ordoliberalismus (Anfang der 80er-Jahre bis 1990)
  - Integration der ehemaligen DDR (seit 1990)
- Die soziale Marktwirtschaft muss sich heutzutage den veränderten Anforderungen einer Dienstleistungs- und Wissensgesellschaft anpassen und **flexibel** auf die Anforderungen der Zukunft reagieren.
- Aufgrund der Notwendigkeit, sie ständig zu reformieren, wird die soziale Marktwirtschaft häufig kritisiert, sie wird jedoch von der Mehrheit der Bevölkerung geschätzt.
- Durch die **Weltfinanzkrise 2008** ausgelöst, mussten die Regierungen Europas durch Konjunkturpakete einen Absturz der Realwirtschaft verhindern.
- Um den dadurch **gestiegenen Schuldenstand** zu reduzieren, müssen die staatlichen Aktivitäten künftig eingeschränkt werden.

1 Lesen Sie den folgenden Artikel über die Probleme der sozialen Marktwirtschaft.

„Die Marktwirtschaft verliert an Popularität. Wie das Institut für Demoskopie in Allensbach kürzlich im Auftrag der ‚Initiative Neue Soziale Marktwirtschaft' ermittelt hat, sehen die Bürger vor allem in Ostdeutschland das Soziale unter die Räder kommen. Der Behauptung, der Staat müsse die Bürger so weit wie möglich sozial absichern, stimmten dort 55,9 Prozent der Befragten zu, gegenüber immerhin auch noch 43,5 Prozent im Westen. Umso mehr gilt in der politischen Diskussion die Kompromissformel der ‚sozialen Marktwirtschaft' unverändert als attraktiv. [...] In diesem Ausgangsbefund waren sich die Teilnehmer des 1. Freiburger Symposions zur Ordnungsökonomik noch einig, welches das Walter-Eucken-Institut am Wochenende in Freiburg veranstaltet hat. Weniger Einigkeit bestand in der Frage, ob die heutige Wirtschaftspolitik eine ‚neue' soziale Marktwirtschaft braucht und welche konkreten Inhalte diese haben sollte. Peter Koslowski vom International Centre for Economic Research (ICER) in Turin kritisierte die dem Modell inhärente[1] ‚Neigung zum Konsens'[2], die nur verdecke, dass die deutsche Wirtschaftsordnung ‚anfällig für Paternalismus'[3] und damit freiheitsfeindlich geworden sei. Joachim Starbatty von der Universität Tübingen, Vorsitzender der Aktionsgemeinschaft Soziale Marktwirtschaft, wollte so weit nicht gehen. Er betonte, nach der Überzeugung der geistigen Väter der sozialen Marktwirtschaft – von Alfred Müller-Armack bis zu Ludwig Erhard – erfüllten Markt und Wettbewerb auch ohne Umverteilung wesentliche soziale Funktionen. Dazu zähle, dass der Wettbewerb effiziente Ergebnisse hervorbringe. Zudem erziehe er zu vorhersehbarem und somit moralischem Verhalten. Die Ordnungspolitik erfülle ähnliche Funktionen, beispielsweise wenn sie die Geldwertstabilität sichere oder den Wettbewerb schütze. [...] Wernhard Möschel von der Universität Tübingen klagte darüber, dass ökonomisch effiziente Instrumente der sozialen Sicherung – z. B. die private Absicherung von Lebensrisiken über die Kapitalmärkte – vom Sozialstaat verdrängt worden seien. Wer das kritisiere, sei kein Sozialdarwinist, sondern plädiere für eine anreizkompatible Politik. Die staatliche Gewährung eines Existenzminimums lasse sich damit dennoch vereinbaren und stelle somit einen Beweis für die Richtigkeit des Subsidiaritätsprinzips dar. Doch auch grundsätzlich gehört der Sozialstaat nach Ansicht von Wolfgang Kersting von der Universität Kiel auf ein ‚markt-, rechtsstaats- und demokratieverträgliches Maß' zurückgeschnitten. ‚Der Sozialstaat ist nicht zur Finanzierung marktunabhängiger Bürgerlichkeit da.' Er diene vielmehr dazu, den Bürgern die Teilnahme am Marktgeschehen zu ermöglichen, durch die Garantie offenen Zugangs ebenso wie durch bewusste Aktivierung. Aber ‚von den ideologisch hochfliegenden Zielen der Ungleichheitsminderung und Statussicherung muss er Abschied nehmen.' [...]"

(Quelle: Mussler, Werner; Horn, Karen: Wissenschaftler sorgen sich um die offenen Flanken der Sozialen Marktwirtschaft, in: Frankfurter Allgemeine Zeitung, 30.09.2003, S. 12. © Alle Rechte vorbehalten. Frankfurter Allgemeine Zeitung GmbH, Frankfurt. Zur Verfügung gestellt vom Frankfurter Allgemeine Archiv.)

a) Wägen Sie die in dem Artikel genannten Argumente, die für bzw. gegen das Prinzip der sozialen Marktwirtschaft sprechen, gegeneinander ab.
b) Erläutern Sie, wodurch die soziale Marktwirtschaft die Schwächen der freien Marktwirtschaft beseitigen wollte. Erläutern Sie das Subsidiaritätsprinzip.

2 Beschreiben Sie die Kritik Walter Euckens an der zentralen Planwirtschaft wie auch an der freien Marktwirtschaft, und erläutern Sie, was Wilhelm Röpke unter dem „Dritten Weg" versteht.

---

[1] inhärent = anhaftend
[2] Konsens = Übereinstimmung, Zustimmung
[3] Paternalismus = Gängelung, Bevormundung

3 Stellen Sie fest, welche Wirtschaftsbereiche im Ordoliberalismus von reinen Wettbewerbsbedingungen ausgenommen werden sollten.

4 Erläutern Sie die Unterschiede zwischen den Grundgedanken des Ordoliberalismus und dem weiterentwickelten Konzept der sozialen Marktwirtschaft.

5 Erläutern Sie das
  a) Wettbewerbsprinzip,
  b) konjunkturpolitische Prinzip,
  c) Prinzip der Marktkonformität.

6 Beschreiben Sie Probleme bei der politischen Umsetzung der sozialen Marktwirtschaft nach dem Zweiten Weltkrieg. Recherchieren Sie dazu auch im Internet.

7 Grenzen Sie die einzelnen Entwicklungsphasen der sozialen Marktwirtschaft sowie ihre jeweiligen Tätigkeitsschwerpunkte im Verlaufe der geschichtlichen Entwicklung der Bundesrepublik Deutschland voneinander ab. Präsentieren Sie Ihre Ergebnisse softwaregestützt.

8 Erläutern Sie, warum die „neue soziale Marktwirtschaft" im eigentlichen Sinne nicht neu ist und skizzieren Sie die Kernauffassungen dieses Ansatzes.

9 Recherchieren Sie im Internet (z. B. http://www.zeit.de, http://www.faz.net/aktuell usw.) das Verhalten der deutschen Bundesregierung während der Weltwirtschaftskrise. Mögliche Stichworte: Konjunkturpaket I und II, Kurzarbeitergeld, Subventionen, Lehman Brothers, Hypo Real Estate)

10 Diskutieren Sie die aktuelle Stabilität der sozialen Marktwirtschaft in Deutschland.

11 Diskutieren Sie die Problematik, ob es in den Ländern der Eurozone angebracht ist, umfassend zu sparen, um die Staatshaushalte zu entschulden, oder ob wirtschaftlich angeschlagene Länder neue Schulden machen sollten, um den Arbeitsmarkt zu beleben. Beziehen Sie sich dabei auch auf die griechische Staatsschuldenkrise von 2015.

3   Die Wettbewerbspolitik

Herr Stein und Frau Friedrich erörtern bei einer Geschäftsführer-Sitzung die aktuelle geschäftliche Lage. „Aus unserer gemeinsamen Preisgestaltung mit der MÖBLA GmbH wird dann ja wohl nichts", sagt Frau Friedrich. Herr Stein gibt ihr recht. „Zumindest wird offiziell nichts daraus." „Wie meinen Sie das denn?", fragt Frau Friedrich. „Na ja, es muss ja nicht jeder wissen, was wir vereinbaren." „Da müssen wir aber sehr, sehr vorsichtig sein. Wenn so etwas auffliegt, können wir riesige Probleme bekommen." „Jaja, das hat mein Sohn Thomas mir auch schon gesagt." „Und damit hat er voll und ganz recht, Herr Stein." „Ich weiß, ich weiß, aber irgendetwas müssen wir doch tun, um uns im Wettbewerb zu behaupten. Wenn wir nicht aufpassen, läuft uns die MÖBLA GmbH noch den Rang ab." Hierbei stimmt Frau Friedrich ihm allerdings zu. „Tja, die Leute von MÖBLA sind ziemlich gut. Wenn wir gegen die bestehen wollen, müssen wir einiges tun. Aber geheime Absprachen kommen für mich überhaupt nicht infrage." „Was schlagen Sie denn dann vor, Frau Friedrich?" „Na, mir würde da schon einiges einfallen. Wir müssen die MÖBLA GmbH ja nicht gleich heiraten. Und außerdem haben auch wir gute Leute in unserem Unternehmen."

- Stellen Sie fest, was Herr Stein mit seiner Aussage „Zumindest wird offiziell nichts daraus" meint.
- Begründen Sie, warum Frau Friedrich vor den Überlegungen von Herrn Stein warnt.
- Entwickeln Sie Vorschläge, wie die Bürodesign GmbH reagieren könnte, ohne die MÖBLA GmbH gleich zu „heiraten".

▲ Grundlagen des Wettbewerbs

Dreh- und Angelpunkt einer funktionierenden marktwirtschaftlichen Ordnung ist der **Wettbewerb**. So wie auch im Sport versteht man darunter eine Auslese, bei welcher die Wettbewerber das gleiche Ziel haben und Dritte darüber entscheiden, wer im direkten Vergleich besser abschneidet. Wie im Sport rivalisieren in der Wirtschaft Marktteilnehmer um eine Spitzenposition und sind dabei doch voneinander abhängig (z. B. weil sie sich durch Wettbewerbsverstöße gegenseitig in Gefahr bringen können). Während Wettbewerb im Sport eher als Selbstzweck angesehen werden kann, hat der Wettbewerb in der Wirtschaft weiter gehende Aufgaben: **Zum einen stiftet er individuellen Nutzen für den Wettbewerber, zum anderen soll er gesamtwirtschaftliche Vorteile für alle erbringen.**

Wettbewerb
- gewährt freie Unternehmertätigkeit,
- bietet die Möglichkeit freier Konsumwahl,
- lenkt Produktionsfaktoren dorthin, wo sie nachgefragt werden,
- regt Innovationen bei Produkten und Technologien an,
- soll eine leistungsgerechte Einkommensverteilung gewährleisten,
- soll verhindern, dass dauerhafte wirtschaftliche Macht entsteht.

Durch funktionierenden Wettbewerb soll eine **bessere Versorgung des Marktes mit Gütern** erreicht werden. Die Produktionsfaktoren werden durch Wettbewerb in die von Nachfragern gewünschte Verwendung gelenkt. Schließlich macht es für einen Unternehmer keinen Sinn, Güter zu produzieren, die keiner nachfragt. Der Unternehmer wird bei der Herstellung der gewünschten Güter sorgfältig haushalten und die Produktionsfaktoren sparsam verwenden. Dies führt wiederum zum Einsatz kostengünstiger Produktionsverfahren. Damit der Unternehmer jedoch auch dauerhaft kostengünstig produzieren kann, ist er gezwungen, neue Technologien einzusetzen. Auf diese Weise erwirtschaftet er Kostenvorteile gegenüber seinen Konkurrenten und erzielt somit höheren Gewinn. Der so erzielte Gewinn trägt für den Unternehmer zu einer Einkommenssteigerung bei, die seiner Leistung entspricht. Allerdings ist das Streben nach Gewinn nicht das einzige Motiv, das den Unternehmer in seinem Wettbewerb antreibt.

So erkannte der österreichische Nationalökonom **Joseph Alois Schumpeter** (1883–1950), dass die Triebkraft des Wettbewerbs ein Wechselspiel aus **Erfindung** und **Imitation** ist. Nach seiner Auffassung ist es eine dynamische Unternehmerpersönlichkeit, die mit einer Erfindung (Innovation) in das Marktgeschehen eingreift: Der Erfinder befindet sich zunächst in einer monopolartigen Situation, die er zu seinen Gunsten auszunutzen versucht (Pioniergewinne). Wird seine Erfindung hingegen von Nachahmern imitiert, wird ein Wettbewerbsprozess in Gang gesetzt und der Markt wird neu aufgeteilt. Alte Bedingungen werden aufgehoben und verändert. Aus diesem Grund bezeichnet Schumpeter Wettbewerb auch als **Prozess „schöpferischer Zerstörung"**. Je besser Wettbewerb funktioniert, desto schneller werden Pioniergewinne des Erfinders abgebaut und das Angebot ausgeweitet.

Beispiel Die Bürodesign GmbH hat vor Kurzem mit der Compubar einen Computer-Stehtisch mit integrierten Schubladen und Netzanschlussleisten auf den Markt gebracht. Als erster Anbieter der Compubar befindet sich die Bürodesign GmbH in einer monopolartigen Situation. Den Einstiegspreis von 199,00 € wird die Bürodesign GmbH jedoch nicht lange halten können, weil schon bald die ersten Wettbewerber ein ähnliches Produkt zu einem geringeren Preis anbieten werden.

▲ Theoretische Leitbilder des Wettbewerbs

In einer marktwirtschaftlichen Ordnung besteht stets die Gefahr, dass der Wettbewerb durch wirtschaftliche Macht eingeschränkt wird. Dass Wettbewerb jedoch als wesentliches Fundament für das Funktionieren der marktwirtschaftlichen Ordnung akzeptiert wird, ist unstreitig. Weniger Einigkeit herrscht jedoch darüber, welche Marktform geeignet ist, um optimalen Wettbewerb zu ermöglichen. Aus diesem Grund gibt es **verschiedene Theorien** darüber, unter welchen Bedingungen Wettbewerb bestmöglich gewährleistet ist.

▲ Funktionsfähiger Wettbewerb

In Deutschland wird die Diskussion um den „richtigen" Wettbewerb wesentlich von dem Hamburger Wirtschaftswissenschaftler **Erhard Kantzenbach** geprägt, der das Leitbild des **„funktionierenden Wettbewerbs" bei „optimaler Wettbewerbsintensität"** geprägt hat. Nach Kantzenbach hat funktionsfähiger Wettbewerb vor allen Dingen die Aufgabe,

- dass der technische Fortschritt der Unternehmen bei der Herstellung und dem Einsatz von Produkten und Produktionsverfahren schnell durchgesetzt werden kann,
- dass Unternehmen sich schnell an veränderte Bedingungen (z. B. aufgrund veränderten Verbraucherverhaltens) anpassen können.

Aus diesen Erkenntnissen leitet Kantzenbach die Forderungen ab,

- dass polypolistische (vgl. S. 160 f.) Märkte durch Unternehmenszusammenschlüsse in ein weites Oligopol (vgl. S. 160 f.) überführt werden sollen,
- dass die Anbieter in einem weiten Oligopol einer staatlichen Zusammenschlusskontrolle unterzogen werden müssen, um weitere Konzentrationsprozesse zu verhindern,
- im engen Oligopol die Zahl der Anbieter durch Entflechtung zu vergrößern und die Wettbewerbsdynamik zu steigern.

Dies geschieht seiner Auffassung nach vor allen Dingen in der Marktform des **weiten Oligopols.**

Im amerikanischen Sprachgebrauch wird das **Leitbild des funktionierenden Wettbewerbs** auch als **Antitrust-Politik**[1] bezeichnet, weil es darauf abzielt, dass Großunternehmen, z.B. im Telekommunikationsbereich und im Finanzwesen, entflochten werden sollen, um nicht eine allzu große wirtschaftliche Macht auszuüben. Man nennt es auch „Harvard School".

Das **Problem** dieses Leitbildes nach Kantzenbach ist jedoch, dass es nur schwer festlegbar ist, wie viele Unternehmen rein mengenmäßig vorhanden sein dürfen, um noch von einem weiten Oligopol zu sprechen.

▲ Leitbild der „Chicago School"

Wegen seiner allzu groben Orientierungsangebote für die Wettbewerbspolitik wird das Leitbild des funktionierenden Wettbewerbs heutzutage von US-amerikanischen Wirtschaftswissenschaftlern der „Chicago School" kritisiert. Ihrer Auffassung nach sind die Aussagen von Erhard Kantzenbach zu vage und ungenau, weswegen die politischen Entscheidungsträger keine ausreichenden Handlungsanweisungen für aussagekräftige gesetzliche Regelungen zur Wettbewerbspolitik haben.

Dem stellen die Vertreter der **Chicago School** (auch „Chicago Boys" genannt) ein vereinfachtes Wettbewerbsmodell entgegen, in welchem Wettbewerb als ein Prozess des **„Survival of the Fittest"**[2] verstanden wird. Damit ist gemeint, dass sich die Wettbewerbspolitik zurückhalten soll, wenn Zusammenschlüsse von Unternehmen zur Diskussion stehen. Berühmte Vertreter der Chicago School sind die Wirtschaftswissenschaftler **Milton S. Friedman** und **Gary Becker.**

Der hohe Wettbewerbsdruck auf **alle** Unternehmen (auch auf die Oligopolisten) sei so wirksam, dass Leistungsschwächen bei Unternehmen (z.B. aufgrund mangelnder Innovationen oder unwirtschaftlicher Kostensituation) aufgedeckt würden und den Markt von allein neu ordnen würden (Selbstheilungskräfte des Marktes).

---

[1] *Trust (engl.) = Zusammenfassung mehrerer Unternehmen unter einheitlicher Leitung*
[2] *Survival of the Fittest (engl.) = Überleben des (wirtschaftlich) Stärksten*

▲ Handels-, Gewerbe- und Vertragsfreiheit

Welches theoretische Leitbild jedoch gerade vorherrschend sein mag, so besteht doch Einigkeit darüber, dass in der sozialen Marktwirtschaft eine Wettbewerbsordnung geschaffen wird, die Wettbewerbshandeln zulässt und nicht beschneidet.

Dies umfasst das **Recht auf Handelsfreiheit, Vertragsfreiheit und Gewerbefreiheit.** Es ist das grundsätzliche Recht, Handel zu treiben, das Recht für jeden, ein Gewerbe zu betreiben und dabei selbst zu entscheiden, ob und mit wem man sich vertraglich bindet. Hierbei handelt es sich um grundlegende Ordnungsprinzipien einer sozialen Marktwirtschaft, die Konkurrenz und freien Marktzugang als Hauptforderung haben. Dabei ist die **Gewerbefreiheit** nicht grenzenlos zu verstehen, schließlich gibt es Gewerbezweige, für die man eine Konzession (Erlaubnis unter Erfüllung von Bedingungen) braucht.

Erlaubnispflichtige Gewerbe sind z. B.:
- Handel mit Waffen
- Handel mit frei verkäuflichen Arzneimitteln
- private Krankenhäuser u. v. m.

Verstärkter Wettbewerb führt jedoch leicht zu Bedingungen, in denen Wettbewerb eingeschränkt oder verhindert wird, z. B. durch Absprachen. Eine funktionierende Wettbewerbsordnung bedarf also einer **Steuerung durch wettbewerbspolitische Instrumente** (gesetzliche Regelungen), damit durch Innovationsförderung (Forschung und Entwicklung) eine leichtere Anpassung an veränderte Wettbewerbsbedingungen möglich ist und der Wettbewerb wieder an Dynamik gewinnt.

▲ Wettbewerbsbeschränkungen

Wettbewerb zwischen rivalisierenden Unternehmen birgt immer die Gefahr, dass sich die Wettbewerber gegenseitig überflügeln und in ihrer Existenz bedrohen. Die gesamtwirtschaftliche Dynamik des technologischen Fortschritts und einer schnellen Anpassung an das Nachfrageverhalten kann Unternehmen, die im Wettbewerb nicht schnell genug reagieren, in eine Existenzkrise bringen. Um sich vor den Folgen zu schützen, wählen Unternehmen organisatorische Formen und Absprachen (z. B. Konzern, Kartell), mittels welcher sie von Wettbewerbsbedingungen unabhängig werden wollen. Durch einige dieser Organisationsformen wird Wettbewerb offenkundig beschränkt. Sie sind folglich gesetzlich verboten. Andere hingegen können aufgrund ihrer **erlaubten Größe** eine Gefahr für die Wettbewerbsfreiheit werden. Insofern werden sie Wettbewerbsregeln unterworfen und beobachtet.

▲ Kartellbildung

Über die Gefahr der Monopolbildung hinaus besteht in marktwirtschaftlichen Ordnungen die Gefahr der Kartellbildung. Kartelle werden durch Vertrag mit dem Ziel gegründet, den **Wettbewerb** zwischen vertraglich gebundenen Unternehmen zu **beschränken.** Dabei bleiben die beteiligten Unternehmen rechtlich und organisatorisch selbstständig. Sie werden also nicht zu einem großen Unternehmen „verschmolzen". Nur nach außen scheinen sie jedoch voneinander unabhängig zu sein, denn durch den Kartellvertrag geben sie einen großen Teil ihrer wirtschaftlichen Unabhängigkeit freiwillig auf.

Während die Produkt- oder Preispolitik der Unternehmen normalerweise durch den Markt geregelt und koordiniert würde, einigen sich Unternehmen im Kartell auf gemeinsame Verhaltensweisen und Marketing-Aktivitäten. Zwar ist es – zunächst – nachvollziehbar, dass sich ein Unternehmen den bisweilen harten Wettbewerbsbedingungen entziehen will, doch sind Kartelle grundsätzlich verboten, weil Wettbewerb in einer Marktwirtschaft nicht nur erwünscht, sondern notwendig ist.

Je weniger Unternehmen sich in einem Markt befinden, desto größer ist die Gefahr, dass sie ein Kartell bilden. So befinden sich einem **Duopol** nur **zwei** Anbieter in einem Markt. Beide Unternehmen werden durch Wettbewerbsvorstöße des anderen unmittelbar in ihrer Existenz bedroht. Somit liegt es fast nahe, dass die beiden Konkurrenten einen Vertrag schließen, in welchem sie ihre Maßnahmen abstimmen, um sich nicht weiter gegenseitig in ihrer Existenz zu bedrohen. Durch diese Aufteilung des Marktes hätte jedoch kein neuer Wettbewerber eine Chance, sich – unter veränderten Bedingungen – im Markt zu etablieren. Das Ziel der Wettbewerbspolitik kann es also nicht sein, dieses Kartell zu dulden, sondern es liegt vielmehr darin, die Anzahl der Marktteilnehmer zu vergrößern.

Kartellabsprachen
EU verdonnert Logistik-Konzerne zu Millionen-Strafen

Sie bezeichneten sich als „Gartenverein" und wählten für ihre illegalen Absprachen Codenamen wie Spargel oder Mini-Zucchini. Heute wurden 14 Logistiker zu empfindlichen Geldstrafen verurteilt. Nur einer bleibt straffrei. Auch auf UPS kommt eine empfindliche Geldbuße zu.

Brüssel/Zürich Die EU-Kommission hat insgesamt 14 Unternehmen wegen ihrer Beteiligung an einem Kartell für Luftfrachtpreise bestraft. Die Geldbuße für die Firmen, darunter Branchengrößen wie UPS, die Schweizer Unternehmen Panalpina, Kühne + Nagel sowie die Deutsche-Bahn-Logistiksparte Schenker, beläuft sich auf insgesamt 169 Millionen Euro. Die Deutsche-Post-Tochter DHL ging nach der Kronzeugenregelung der EU straffrei aus, weil sie den Wettbewerbshütern das Kartell verraten hatte.

Die Kartellmitglieder sprachen von 2002 bis 2007 Preise und andere Handelsbedingungen für internationale Luftfrachtdienste ab. Dadurch seien Hunderttausende von Kunden geschädigt worden, erklärte EU-Wettbewerbskommissar Joaquin Almunia. Das Kartell habe trickreich versucht, ihre Absprachen zu verschleiern, erklärte die Kommission weiter. Sie bezeichneten sich als „Gartenverein" und wählten für die illegalen Vereinbarungen über koordinierte Preisaufschläge Codenamen von Gemüsesorten wie Spargel oder Mini-Zucchini. Auch richteten sie zur Tarnung eine E-Mail-Adresse bei dem Internet-Anbieter Yahoo ein, damit die Behörden ihnen bei Durchsuchungen der Rechner in den Firmen nicht auf die Spur kommen könnten.

Die Kartellisten tagten bei „Frühstückstreffen" in Hongkong. Betroffen waren unter anderem Frachtflüge von Hongkong und China nach Europa sowie von Europa in die USA. Die höchste Strafe kassierte der Schweizer Logistikkonzern Kühne + Nagel mit 53,7 Millionen Euro. Das Unternehmen erklärte, gegen die Entscheidung womöglich vor dem Europäischen Gerichtshof zu klagen. Die Kommission habe die Beteiligung von Kühne + Nagel nicht richtig verstanden und deshalb falsche Schlussfolgerungen gezogen. Auch sei die „umfassende Kooperation" des Unternehmens nicht angemessen belohnt worden, erklärte Vorstandschef Karl Gernandt. Schenker muss gut 32 Millionen Euro Strafe zahlen.

DHL hatte die EU-Behörde über den Verstoß gegen das europäische Kartellrecht informiert. „Wir haben mit der EU-Kommission kooperiert und fallen deshalb unter deren Immunitätsprogramm. Wir gehen nicht davon aus, dass wir bei der anstehenden Entscheidung ein Bußgeld zahlen müssen", sagte der Sprecher der Post. Ein Unternehmen, das als Erstes ein Kartell verrät, geht in der EU straffrei aus. Die Geldbußen können sich auf bis zu zehn Prozent des einschlägigen Jahresumsatzes belaufen. Die Höhe der Strafe richtet sich vor allem nach dem durch das Kartell entstandenen Schaden. Die Post hatte vor zwei Jahren die wirtschaftlichen Folgen der Absprachen für die Kunden als geringfügig bezeichnet.

(Quelle: Reuters: Kartellabsprachen – EU verdonnert Logistik-Konzerne zu Millionen-Strafen, 28.03.2012. In: http://www.handelsblatt.com/unternehmen/handeldienstleister/kartellabsprachen-eu-verdonnert-logistik-konzerne-zu-millionen-strafen/6448634.html [14.01.2020].)

Durch das Gesetz gegen **Wettbewerbsbeschränkungen (GWB)** (auch „Kartellgesetz" genannt) sind Kartelle grundsätzlich verboten. Jedoch nennt das Kartellgesetz Ausnahmen, in denen Kartelle unter bestimmten Bedingungen genehmigt werden können.

▲ Konzentrationsprozesse

Beschränkung des Wettbewerbs droht auch durch zunehmende **Vermachtung** von Märkten. Damit ist gemeint, dass vorhandene Unternehmen durch Zusammenschluss zu größeren Einheiten verschmelzen **(Fusion)** oder dass sich mehrere Unternehmen zu einem Konzern zusammenschließen **(Konzernbildung)**.

Fusion (Trust)	Konzern
Zusammenschluss von bislang eigenständigen Unternehmen zu einem **wirtschaftlich und rechtlich einheitlichen Unternehmen.** Die beteiligten Unternehmen werden durch den Zusammenschluss zu einem Unternehmen verschmolzen, wobei die übernehmende Gesellschaft das gesamte Vermögen der übernommenen Gesellschaft übernimmt.	Zusammenschluss von **rechtlich selbstständigen Unternehmen,** die ihre wirtschaftliche Unabhängigkeit aufgeben, um sich einer **einheitlichen Konzernleitung (Holding)** zu unterstellen. Die Unternehmen sind zwar in ihren wirtschaftlichen Entscheidungen von der Konzernspitze abhängig, allerdings rechtlich selbstständig.
Beispiel	**Beispiel**
Thyssen AG → Fusion ← Krupp AG → Thyssen Krupp AG	Metro Group: Media Markt + Saturn, Galeria Kaufhof, Real

Beispiel Zwei Monate nach dem Gespräch zwischen Herrn Stein und Frau Friedrich erhält Herr Stein einen Anruf von Herrn Klausen von der MÖBLA GmbH. „Wenn Sie mit unseren Überlegungen über Preisabsprachen Magenschmerzen haben, dann könnten wir doch auf anderem Weg zusammenkommen." „Was meinen Sie damit, Herr Klausen?" „Na, ich habe darüber nachgedacht, wie es wohl wäre, wenn unsere beiden Unternehmen fusionieren." „Sie meinen wohl, Sie wollen sich unser Unternehmen einverleiben, was?" „Aber, aber, lieber Herr Stein, so weit wollen wir doch gar nicht gehen. Ich schlage Ihnen einen Zusammenschluss vor. Wir könnten uns dann z. B. MÖBLA Bürodesign GmbH nennen."

Beispiel Welche Auswirkungen fortschreitende Konzentration in der Wirtschaft haben kann, kann aus der folgenden Grafik abgeleitet werden. Sie zeigt, welchen Umsatzanteil die größten Unternehmen des deutschen Lebensmitteleinzelhandels am gesamten Lebensmittelmarkt haben. Wenn eine Gruppe von wenigen Unternehmen einen Umsatzanteil von mehr als 90 % des deutschen Lebensmittelmarktes erreicht, besteht die Gefahr, dass die wirtschaftliche Macht für eigene unternehmerische Interessen ausgenutzt wird.

Rang	Unternehmen	Gesamtumsatz brutto 2015 (Mio. €)	Veränderung zu 2014 (in %)	Lebensmittelanteil am Gesamtumsatz (%)
1.	Edeka-Gruppe	53 282	+ 2,8	90,6
2.	Rewe Group[1]	39 606*	+ 3,3	72,1
3.	Schwarz-Gruppe	34 540*	+ 1,4	81,2
4.	Aldi Nord / Aldi Süd[2]	27 797*	+ 1,5	82,0
5.	Metro-Gruppe[3]	26 130*	– 0,5	39,3
6.	Lekkerland	9 075	+ 3,2	99,0
7.	Tengelmann[4]	7 700*	+ 2,5	24,3
8.	Dm drogerie markt	7 029	+ 9,8	90,0
9.	Rossmann	5 750	+ 6,3	90,0
10.	Globus	4 821	+ 1,9	67,0

* *Schätzungen von TradeDimensions*

1) Der Umsatz von Toom wurde für 2015 und 2014 den weiteren Unternehmen/Sparten zugeordnet

2) Neubewertung der Vorjahresumsätze aufgrund vorliegender Bilanzen

3) ohne Umsatz Kaufhof

4) Außenumsatz aller Vertriebsbereiche (OBI inkl. Franchisenehmer)

Quelle: TradeDimensions/Lebensmittelzeitung: Top 30 Lebensmittelhandel Deutschland 2016, 18.03.2016, in: https://www.lebensmittelzeitung.net/handel/Ranking-Top-30-LEH-2016-122483 [22.10.2016]. (verändert))

▲ Kooperation

Über den durch Zusammenschluss oder Übernahme von Unternehmen organisierten Konzentrationsprozess hinaus gibt es die Möglichkeit der **Kooperation.** Damit ist die **freiwillige Zusammenarbeit von Unternehmen ohne rechtliche oder wirtschaftliche Verpflichtungen** gemeint. Sämtliche kooperierenden Unternehmen bleiben voneinander unabhängig und arbeiten zur Verbesserung ihrer Wettbewerbsposition zusammen.

Auch wenn die freiwillige Zusammenarbeit marktmächtiger Unternehmen keine vertraglichen Pflichten mit sich bringt, so führt die Zusammenarbeit der Kooperationspartner doch zu einer weiteren Konzentration im Marktgeschehen, wodurch Wettbewerb weiter erschwert wird.

Aus einer Reihe von Gründen droht bei zunehmender Konzentration eine **Beschränkung des Wettbewerbs:**

- Fusionierende und kooperierende Großbetriebe befinden sich insbesondere gegenüber Klein- und Mittelbetrieben im Vorteil.
- Handelsgruppen, die durch Konzernbildung gewachsen sind, können gegenüber Lieferanten erhebliche Wirtschaftsmacht ausüben.
- Regionale Unterversorgung droht, wenn große Handelsgruppen nur noch dort Geschäfte eröffnen, wo es für sie betriebswirtschaftlich sinnvoll ist.
- Die unternehmerische Innovationskraft des Mittelstands wird gehemmt.
- Kleinbetriebe sind existenziell bedroht, weil Großbetriebe, Unternehmensgruppen oder Konzerne Standorte auf aggressive Weise sichern.

Diese und ähnliche Beweggründe veranlassen die Wettbewerbspolitik, Rahmenbedingungen zu schaffen, innerhalb welcher funktionierender Wettbewerb möglich wird. Somit ist eine **Politik der Wettbewerbssicherung** ein wesentliches Fundament für den Erhalt der marktwirtschaftlichen Ordnung. Weil Wettbewerbsbehinderung aus egoistischen Motiven erfolgt, schadet sie dem Gemeinwohl und gefährdet das friedliche Zusammenleben der Wirtschaftsakteure.

▲ Gesetz gegen Wettbewerbsbeschränkungen (GWB)

Das deutsche Wettbewerbsrecht regelt alle Maßnahmen, die der Sicherung des Wettbewerbs und dem Abbau von Wettbewerbsbeschränkungen dienen. Der Wettbewerb ist eines der wesentlichen Gestaltungsmerkmale der sozialen Marktwirtschaft. Seine Erhaltung ist somit von zentraler Bedeutung.

Kernstück des deutschen Wettbewerbsrechts ist das **Gesetz gegen Wettbewerbsbeschränkungen** (kurz: GWB) – auch „Kartellgesetz" genannt – aus dem Jahre 1958. Zuletzt wurde es durch In-Kraft-Treten der Neufassung am 22.07.2013 vollständig überarbeitet und heutigen Wettbewerbsbedingungen angepasst. In der Zwischenzeit entspricht es fast vollständig dem EU-Kartellrecht. Mit dem GWB hat die soziale Marktwirtschaft ein Instrument eingeführt, um die bereits beschriebenen negativen Folgen zunehmender Unternehmenskonzentration für die Wirtschaft einzudämmen. Das GWB gliedert das Kartellrecht in drei Schwerpunktbereiche:

Kartellverbot	Missbrauchsaufsicht	Zusammenschlusskontrolle

Die Überprüfung der Einhaltung gesetzlicher Wettbewerbsregeln erfolgt durch das **Bundeskartellamt** in Bonn, dessen Aufgabe es unter anderem ist, zu prüfen, ob durch beabsichtigte Zusammenschlüsse von Unternehmen gesamtwirtschaftliche Nachteile entstehen.

Durch die GWB-Novelle im Jahr 2005 wurden die **Befugnisse des Bundeskartellamts** erweitert:
- Möglichkeit der Anordnung einer Unterlassungsverfügung sowie nachträgliche Feststellung eines Kartellverbots
- Möglichkeit der Einräumung von Verpflichtungszusagen

Außerdem wurden Schadensersatzregelungen verschärft:
- Möglichkeit der Herausgabe des Gewinns anstelle des Schadens
- Verzinsung ab Eintritt des Schadens
- Einführung eines umsatzabhängigen Bußgelds bis zur Höhe von 10 % des Umsatzes
- Anhebung der regelmäßigen Bußgelddrohung von 500 000,00 € auf 1 Million €

▲ Kartellverbot

Nach § 1 GWB sind **Kartelle grundsätzlich verboten.** Dies bezieht sich insbesondere auf die folgenden Kartellarten:

Preiskartell	Preisabsprachen von Mitgliedern eines Kartells
Quotenkartell	Die am Kartell beteiligten Mitglieder vereinbaren eine Aufteilung von Produktionsquoten bzw. -mengen.
Gebietskartell	Absatzgebiete werden unter den beteiligten Mitgliedern des Kartells aufgeteilt.

Die genannten Kartelle sind verboten, weil hier eine eindeutige Wettbewerbsbeschränkung bzw. -verhinderung stattfindet. Da es sich hierbei um Unternehmen handelt, die „miteinander" im Wettbewerb stehen, also auf einer Wirtschaftsstufe stehen (z. B. Händler – Händler; Industrie – Industrie), spricht man von „horizontalen Wettbewerbsbeschränkungen". Die Beurteilung, ob es sich um ein Kartell handelt, gestaltet sich schwierig, wenn Unternehmen sich sehr ähnlich verhalten, ohne eine rechtliche Bindung einzugehen. In diesem Fall spricht man von **Parallelverhalten,** welches jedoch laut GWB nicht verboten ist.

Beispiel Normalerweise tankt Herr Stein mit seinem Dienstwagen bei ein und derselben Tankstelle. Er wundert sich jedoch immer wieder darüber, dass die Tankstelle gegenüber die gleichen Preise für einen Liter Superbenzin nimmt wie seine Stammtankstelle, und das, obwohl es sich um unterschiedliche

Unternehmen handelt. Wenn er dann die Hauptstraße entlangfährt, kommt er noch an zwei weiteren Tankstellen vorbei und stellt auch hierbei fest, dass alle Tankstellen die gleichen Treibstoffpreise nehmen. Hier muss es sich um kein Preiskartell handeln, sondern es kann ein „Parallelverhalten" sein.

Während also **„horizontale Vereinbarungen"** zwischen Wettbewerbern verboten sind, liegt der Fall bei **„vertikalen Vereinbarungen"** anders. Vertikale Vereinbarungen liegen vor, wenn Unternehmen auf mehreren aufeinander folgenden Wirtschaftsstufen (z. B. Industrie – Großhandel – Einzelhandel) vertragliche Vereinbarungen zur Beschränkung des Wettbewerbs treffen. Solche Fälle müssen vom Kartellamt auf ihre Zulässigkeit geprüft werden und unterliegen somit der **Missbrauchsaufsicht**.

Über die Verbotsregelungen des § 1 GWB hinaus gibt es jedoch die Ausnahmeregelungen des § 2 GWB, wonach unter bestimmten Voraussetzungen eine Freistellung vom Kartellverbot (Legalausnahme) erfolgt.

Voraussetzungen für **Freistellung vom Kartellverbot:**
- Verbraucherbeteiligung am Gewinn
- wirtschaftlich und qualitativ größerer Nutzen (Effizienzgewinn)
- Der Wettbewerb darf nicht ausgeschaltet werden.
- Die Auflagen müssen für das Kartell unerlässlich sein.

Wurden die Voraussetzungen für eine Freistellung nun geprüft und sind die Wirkungen für den Wettbewerb wie auch für den Verbraucher positiv, so kann das Kartell erlaubt sein.

▲ Missbrauchsaufsicht

Ein weiterer Grundpfeiler des GWB ist die Missbrauchsaufsicht. Damit ist gemeint, dass bestehende Marktmacht bereits vorhandener Unternehmen akzeptiert wird, dabei jedoch verhindert werden soll, dass diese Marktmacht zur Beschränkung des Wettbewerbs missbraucht wird. **Missbrauch** liegt in der Regel dann vor, wenn Unternehmen, die eine marktbeherrschende Stellung einnehmen, überhöhte Preise fordern oder Lieferanten zum Nachteil ihrer Konkurrenten ausbeuten. Dies wäre dann der Fall, wenn ein marktbeherrschendes Unternehmen so mächtig ist, dass es von seinen Lieferanten Warenlieferungen zu extrem niedrigen Preisen verlangen kann. In der Folge könnte das Unternehmen dann selbst zu so niedrigen Preisen verkaufen, dass die Konkurrenten keine Chance hätten, selbst ähnlich günstig zu verkaufen. Auch die Aufforderung eines einflussreichen Unternehmens, von seinen Lieferanten „Sonderkonditionen" zu erhalten, wird im Rahmen der Missbrauchskontrolle bestraft. Dieses oder ähnliches Verhalten würde dazu führen, dass kein Wettbewerb mehr existierte, weil mögliche Wettbewerber in erheblicher Weise beeinträchtigt würden. Missbrauchsaufsicht ist auch dann erforderlich, wenn sogenannte „Vertikalvereinbarungen" zur Beschränkung des Wettbewerbs getroffen werden. Dies sind Vereinbarungen zwischen Unternehmen vor- und nachgelagerter Wirtschaftsstufen (z. B. Industrie – Großhandel – Einzelhandel).

Marktbeherrschend ist ein Unternehmen dann, wenn es keinen Wettbewerber hat oder wenn seine Marktstellung im Vergleich zu den viel kleineren Konkurrenten überragend ist. Die Marktstellung wird gemessen am Marktanteil, an den Verflechtungen mit anderen Unternehmen oder an der Finanzkraft des Unternehmens. Ein marktbeherrschender Marktanteil liegt nach dem GWB dann vor, wenn ein Unternehmen einen **Marktanteil von mindestens einem Drittel** am Gesamtmarkt hat. In diesem Fall hat das Bundeskartellamt das Recht, missbräuchliches Verhalten marktbeherrschender Unternehmen **zu untersagen und geschlossene Verträge für ungültig zu erklären.** Bevor die Verträge für ungültig erklärt werden, fordert das Bundeskartellamt das Unternehmen auf, sein missbräuchliches Verhalten zu unterlassen.

▲ Zusammenschlusskontrolle

Ursprünglich war das GWB davon geprägt, dass die Gewinnung von Marktmacht durch Bildung von Kartellen **grundsätzlich** verboten war. Andererseits war es möglich, dass Unternehmen durch **Zusammenschluss** eine marktbeherrschende Stellung erlangen konnten. Dieser Widerspruch wurde erst aufgehoben, als man 1973 das Instrument der Zusammenschlusskontrolle einführte. Damit ist gemeint, dass Unternehmenszusammenschlüsse, die zu einer marktbeherrschenden Stellung führen würden, untersagt werden können. Wenn das Unternehmen hingegen nachweisen kann, dass durch den Zusammenschluss die Wettbewerbsbedingungen verbessert werden, so kann der Zusammenschluss zulässig sein. Sollte das Unternehmen diesen Nachweis jedoch nicht erbringen können, so müsste es einen Antrag beim **Bundesminister für Wirtschaft und Energie** stellen, dass dieser den geplanten Zusammenschluss letztlich doch noch erlaubt (sogenannte **Ministererlaubnis**). Die Erteilung einer Erlaubnis durch den Bundesminister für Wirtschaft und Energie wird davon abhängig sein, ob er gesamtwirtschaftliche Vorteile sowie ein überragendes Interesse der Allgemeinheit feststellt.

> **§ 35 GWB Geltungsbereich der Zusammenschlusskontrolle**
> (1) Die Vorschriften über die Zusammenschlusskontrolle finden Anwendung, wenn im letzten Geschäftsjahr vor dem Zusammenschluss
> 1. die beteiligten Unternehmen insgesamt weltweit Umsatzerlöse von mehr als 500 Millionen € und
> 2. mindestens ein beteiligtes Unternehmen im Inland Umsatzerlöse von mehr als 25 Millionen €
>
> erzielt haben.

Während die Anzahl der Unternehmenszusammenschlüsse in den 1990er-Jahren stetig zunahm und man von einer anhaltenden „**Fusionswelle**" sprach, nehmen die geplanten Zusammenschlussvorhaben seit einigen Jahren ab, was nicht zuletzt an einer sorgfältigen und verantwortlichen Kontrolle durch das Bundeskartellamt liegt. Es versteht sich von selbst, dass eine zu große Zahl an Unternehmenszusammenschlüssen letztlich das soziale Gefüge der sozialen Marktwirtschaft erheblich stören würde: Schließlich geraten kleine und mittelständische Unternehmen immer weiter in Wettbewerbsnachteile und können sich im Fahrwasser großer Zusammenschlüsse nicht genügend behaupten, um weiter zu existieren. Die Folge wäre ein weiter zunehmender Abbau von Arbeitsplätzen mit erheblichen sozialen Konsequenzen.

▲ Internationale Träger der Wettbewerbspolitik

Neben dem Bundeskartellamt und dem Bundesministerium für Wirtschaft und Energie greifen übernationale (supranationale) Institutionen in das Wettbewerbsgeschehen ein. So übernimmt die Europäische Kommission in Brüssel die Funktion einer „Regierung" innerhalb der EU.

Die **EU-Kommission** überwacht als „Hüterin der Verträge", ob sich die Mitgliedsstaaten der EU an geschlossene Vereinbarungen halten. Wettbewerbspolitisch hat sie die Aufgabe, zu prüfen, ob die Mitgliedsstaaten der EU bestimmte Branchen in ihren Ländern nicht zu sehr subventionieren und somit den Wettbewerb verzerren. Subventionsabsichten der Länder müssen von der EU-Kommission genehmigt werden. Die EU-Kommission vertritt auch die EU-Staaten in der Welthandelsorganisation (WTO).

Die **WTO** mit Sitz in Genf kümmert sich darum, dass zwischen den Ländern der verschiedenen Kontinente Handelsbeschränkungen abgebaut werden, damit weltweiter Freihandel möglich wird. Zu diesem Zweck muss sie die Wirtschaftspolitik der Staaten koordinieren, Schranken abbauen und mitunter bei Streitigkeiten zwischen Staaten im Sinne des Freihandels entscheiden.

Die Wettbewerbspolitik

▲ Weitere Gesetze zum Schutz des Wettbewerbs

Gefahren für einen funktionierenden Wettbewerb entstehen nicht nur, weil Unternehmen sich zu größeren Einheiten zusammenschließen oder – wie beim Kartell – unerlaubte Absprachen treffen. Wettbewerbsmissbrauch findet auch auf zahlreichen weiteren Feldern statt. Für die Fälle von Verstößen gegen das Prinzip eines funktionierenden Wettbewerbs gibt es in Deutschland eine Reihe von Gesetzen, die gegen wettbewerbsbeschränkende Maßnahmen gerichtet sind.

▲ Gesetz gegen den unlauteren Wettbewerb (UWG)

Dieses Gesetz soll die Wettbewerber **vor unlauteren – sittenwidrigen – Verhaltensweisen schützen.** Als unlauter gelten beispielsweise

- Täuschung oder Irreführung eines Konsumenten,
- Preisunterbietung, die gezielt gegen einen Konkurrenten gerichtet ist, um ihn vom Markt zu verdrängen,
- schlechte Nachrede über Konkurrenten („Anschwärzen"),
- Werbung mit Sonderangeboten, obwohl von vornherein viel zu wenig Ware vorhanden ist (Lockvogelangebote).

▲ Markengesetz

Unternehmen, die für ein neues Produkt eine Marke eingetragen haben, sollen durch das Markengesetz **vor Nachahmung oder Missbrauch der Marke durch Konkurrenten geschützt** werden.

▲ Patentgesetz

Erfinder haben das Recht, ihre Erfindung **über einen Zeitraum von 20 Jahren allein zu verwerten.** Sie sollen von ihrer Erfindungsgabe und ihrem Ideenreichtum profitieren. Nach Ablauf von 20 Jahren darf das Patent von anderen nachgeahmt werden.

▲ § 312 BGB zum Widerruf von Haustürgeschäften

Dieser Paragraf soll Konsumenten davor schützen, an der Haustür oder z. B. auf der Straße von einem Verkäufer **mit einem Angebot überrumpelt zu werden** und überschnell einen Vertrag abzuschließen. Rechtsgeschäfte, die „an der Haustüre" geschlossen wurden, können innerhalb von 14 Tagen widerrufen werden und verlieren dadurch ihre Gültigkeit.

▲ Kritik an der Wettbewerbskontrolle

In Zeiten zunehmenden internationalen Wettbewerbs wächst europaweit der Wunsch von Großunternehmen, sich zu übernationalen Wirtschaftseinheiten zusammenzuschließen. Begründet wird dieser Wunsch vonseiten der Wirtschaft mit dem Zwang, im weltweiten Wettbewerb eine Rolle zu spielen. **Befürworter der freien Marktwirtschaft fordern,** dass auf diese Weise **„Global Player"** entstehen können, die über eine **wirtschaftliche Bedeutung im Weltmaßstab** verfügen. Durch die europäische Zusammenschlusskontrolle, so ihre Kritik, werde verhindert, dass europäische „Champions" im Wettbewerb mit US-amerikanischen oder asiatischen Firmengruppen langfristig bestehen könnten. **Befürworter europäischer Zusammenschlusskontrolle** halten dem entgegen, dass es letztlich **keine Frage der Unternehmensgröße** sei, ob Unternehmen am Markt bestehen können, sondern dass es von ihrer Innovationskraft und Dynamik abhänge, ob sie sich langfristig im internationalen Wettbewerb behaupten könnten. Nach Auffassung von Wettbewerbspolitikern der Europäischen Union verhindert die Bildung übernationaler Firmengruppen die Innovationsfähigkeit des Mittelstands und fördert die Bequemlichkeit dieser Firmengruppen im Konkurrenzkampf.

Die Wettbewerbspolitik

- Wettbewerb stiftet zum einen **individuellen Nutzen für den Wettbewerber,** zum anderen soll er **gesamtwirtschaftliche Vorteile** für alle erbringen.
- Durch funktionierenden Wettbewerb soll eine bessere **Versorgung des Marktes mit Gütern** erreicht werden.
- Die Triebkraft des Wettbewerbs ist ein Wechselspiel aus **Erfindung und Imitation.**
- Nach **Schumpeter** ist Wettbewerb ein „Prozess schöpferischer Zerstörung".

Leitbilder

- In Deutschland hat **Erhard Kantzenbach** das Leitbild des „funktionierenden Wettbewerbs" bei „optimaler Wettbewerbsintensität" geprägt.
- **Gary Becker** und **Milton S. Friedman** haben in den USA das Leitbild der „Chicago School" geprägt.
    - Der Staat soll sich hiernach ganz aus dem Wettbewerbsprozess heraushalten.
    - Der Markt regelt nach dieser Auffassung alle Wettbewerbsschwächen von allein.

Egal, welches Leitbild vorherrscht, es zielt immer auf die Schaffung einer Wettbewerbsordnung, in der Handels-, Gewerbe- und Vertragsfreiheit grundsätzlich vorherrschen.

- **Wettbewerbsbeschränkungen**
  - **Kartelle** sind verbotene vertragliche Vereinbarungen über Absprachen, die das Ziel der Wettbewerbsbeschränkung haben.
  - **Konzentrationsprozesse** (z. B. Konzernbildung und Zusammenschlüsse) führen zu einer weiteren „Vermachtung" von Märkten.
  - **Konzerne** entstehen durch Zusammenschluss rechtlich selbstständiger Unternehmen unter dem Dach einer Konzern-Holding. Auf diese Weise behalten Konzern-Unternehmen zwar ihre rechtliche Selbstständigkeit, geben ihre wirtschaftliche Unabhängigkeit aber auf.
  - **Fusionen** sind Verschmelzungen von Unternehmen, die ihre rechtliche und wirtschaftliche Selbstständigkeit auf diese Weise aufgeben und unter einem gemeinsamen Namen firmieren.
  - **Kooperation** ist die freiwillige Zusammenarbeit von Unternehmen, ohne sich wirtschaftlich und rechtlich voneinander abhängig zu machen.
  - Durch **fortschreitende Konzentration** in der Wirtschaft wird der Wettbewerbsprozess eingeschränkt und behindert.
- **Gesetz gegen Wettbewerbsbeschränkungen (GWB)**
  - Das GWB ist das Kernstück des deutschen Wettbewerbsrechts.
  - Es gliedert sich in die Kernbereiche: **Kartellverbot, Missbrauchsaufsicht, Zusammenschlusskontrolle.**
- **Kartellverbot**
  - **Preis-, Quoten- und Gebietskartelle** sind grundsätzlich verboten.
  - **Rationalisierungskartelle** und **Strukturkrisenkartelle** müssen beim Bundeskartellamt dahin gehend überprüft werden, ob sie den Ansprüchen des GWB genügen (erlaubnispflichtig).
  - **Rabattkartelle** und **Konditionenkartelle** müssen nur beim Bundeskartellamt angemeldet werden, um wirksam zu werden.
- **Missbrauchsaufsicht**
  - Von **Missbrauch** spricht man, wenn marktbeherrschende Unternehmen ihre Marktmacht dazu benutzen, Wettbewerb zu verhindern.
  - **Marktbeherrschend** ist ein Unternehmen dann, wenn es keinen Wettbewerber hat oder wenn seine Marktstellung im Vergleich zu den viel kleineren Konkurrenten überragend ist (Marktanteil von mindestens einem Drittel am Gesamtmarkt).
  - Im Rahmen der Missbrauchsaufsicht kann missbräuchliches Verhalten untersagt werden.
- **Zusammenschlusskontrolle**
  - **Unternehmenszusammenschlüsse,** die zu einer marktbeherrschenden Stellung führen würden, können untersagt werden.
  - Sollte das Unternehmen nachweisen können, dass durch den Zusammenschluss die Wettbewerbsbedingungen verbessert würden, könnte der Zusammenschluss **doch noch zulässig** sein.
  - Sollte das Unternehmen diesen Nachweis nicht erbringen können, so müsste es einen Antrag beim Bundesminister für Wirtschaft und Energie stellen, dass dieser den geplanten Zusammenschluss letztlich doch noch erlaubt (**Ministererlaubnis).**
- **Weitere Gesetze zum Schutz des Wettbewerbs**
  - Gesetz gegen den unlauteren Wettbewerb (UWG)
  - Markengesetz
  - Patentgesetz
  - § 312 BGB zum Widerruf von Haustürgeschäften
- **Kritik an der Wettbewerbskontrolle**
  - **Befürworter der freien Marktwirtschaft** fordern, dass Zusammenschlüsse übernationaler Unternehmen für den weltweiten Wettbewerb ermöglicht werden sollen.
  - **Befürworter der Wettbewerbskontrolle** halten dem entgegen, dass nicht die Größe der zusammengeschlossenen Unternehmen, sondern allein deren Innovationskraft für den Erfolg auf den Märkten entscheidend sei.

1. Vergleichen Sie das theoretische Leitbild des „funktionierenden Wettbewerbs" nach Erhard Kantzenbach mit dem Ansatz der „Chicago School".
2. Schätzen Sie ein, welches der Leitbilder der Wettbewerbstheorie die Grundlage für das deutsche Kartellrecht bildet.
3. Recherchieren Sie im Internet und zählen Sie die Lebensmittelgeschäfte in Ihrem Stadtteil oder im Umfeld Ihrer Schule und ordnen Sie diese nach der Häufigkeit ihrer Zugehörigkeit zu den Ihnen bekannten Handelsketten.
4. Recherchieren Sie im Internet und erläutern Sie, warum Kartelle verboten sind.
5. Beschreiben Sie den Unterschied zwischen Fusionen und Konzernen.
6. Geben Sie an, unter welchen Voraussetzungen man von der „Legalausnahme" spricht.
7. Erläutern Sie, wann man im Rahmen der Missbrauchsaufsicht von Marktbeherrschung spricht und auf welche Weise marktbeherrschende Unternehmen ihre Machtstellung ausnutzen können.
8. Beschreiben Sie den Weg, wie es im Rahmen der Zusammenschlusskontrolle – letztlich durch Ministererlaubnis – zu einem geplanten Zusammenschluss marktbeherrschender Unternehmen kommen kann.
9. Erläutern Sie die Kritik an der europäischen Wettbewerbskontrolle und geben Sie an, wie die Befürworter europäischer Zusammenschlusskontrolle argumentieren.

4 Die wirtschaftspolitischen Ziele der sozialen Marktwirtschaft

„Da mischt doch heutzutage jeder mit", sagt Malte, ein Klassenkamerad von Silvia Land an der Berufsschule, im Politikunterricht. „Was meinst du denn damit?", fragt seine Lehrerin, Frau Winterberg. „Na, in der Wirtschaftspolitik hat ja wohl jeder etwas zu sagen: die Gewerkschaften, die Wirtschaftsverbände … Sogar die Europäische Union hat doch erheblichen Einfluss auf unsere Wirtschaft. Wer soll denn dabei noch den Überblick behalten?" Die Lehrerin gibt die Frage von Malte weiter an die Klasse. „Umso wichtiger ist es doch, dass der Staat sich einmischt", schaltet Silvia Land sich ein, „denn sonst würde doch jeder machen, was er will." „Ja, aber dann muss es auch genau überlegt sein. Denn wenn die Bundesregierung etwas entscheidet, betrifft es schließlich jeden von uns", meint Malte. „Da gebe ich euch recht", sagt Frau Winterberg, „die Politik muss einen gesetzlichen Rahmen bestimmen, innerhalb dessen sich jeder gut bewegen kann, wirtschaftlich gesehen." „Aber das reicht doch nicht aus. Auch wenn sich alle an die Gesetze halten, kommt es in Deutschland doch zu wirtschaftlichen Schwierigkeiten", meint Silvia. „Und deshalb muss der Staat von Zeit zu Zeit eingreifen, um die Schieflage wieder zurechtzurücken", pflichtet Malte ihr bei. „Aber meint ihr, dass es reicht, wenn der Staat nur von Zeit zu Zeit in die Wirtschaft eingreift?", fragt Frau Winterberg die Klasse. Saskia meldet sich: „Steuern 'rauf, Steuern 'runter … Das reicht nicht aus. Manchmal ist doch die ganze Wirtschaftsstruktur so rückständig, dass der Staat über viele Jahre aktive Schützenhilfe leisten muss." „Ihr seht, dass der Staat und alle anderen, die Wirtschaftspolitik betreiben, eine Menge Baustellen haben", meint Frau Winterberg. „Tja, wenn die Politik mal immer wüsste, welche Baustelle gerade am wichtigsten ist." „Als Politiker muss man Ziele setzen, so wie überall im Leben", sagt Silvia. „Und welche wären das deiner Meinung nach, wenn du Wirtschaftspolitikerin wärst?", will Frau Winterberg von Silvia wissen.

- Erstellen Sie eine Liste von Institutionen und Organisationen, die sich wirtschaftspolitisch betätigen.
- Erläutern Sie an konkreten Beispielen, welche Auswirkungen staatliche Eingriffe in den Wirtschaftsprozess haben können.
- Beschreiben Sie beispielhaft, in welchen Bereichen der deutschen Wirtschaft der Staat bereits seit langer Zeit die Wirtschaftsstruktur aktiv beeinflusst.
- Diskutieren Sie, welche Ziele der Staat in der Wirtschaft der Bundesrepublik Deutschland verfolgen soll und welche Auswirkungen daraus resultieren können.

▲ Wirtschaftspolitik

Eine weitgehend von staatlichem Handeln unbeeinflusste Marktwirtschaft entspricht der Wirtschaftsordnung einer **freien** Marktwirtschaft. Wird diese Wirtschaftsordnung jedoch durch staatliche Institutionen bzw. die Legislative (gesetzgebende Gewalt) in deren Sinne beeinflusst, so spricht man von **Wirtschaftspolitik.** Grob gesehen unterteilt man Wirtschaftspolitik in **Ordnungs-, Struktur- und Prozesspolitik** (vgl. Kurshalbjahr 11.2, Kap. 4.2 „Der Staat als Regulierungsinstanz").

Ordnungspolitik betreibt der Staat, indem er gesetzliche Rahmenbedingungen setzt, innerhalb welcher sich die Wirtschaftssubjekte bewegen müssen (z. B. Wettbewerbsrecht). **Strukturpolitik** betreibt er, indem er durch gezielte Maßnahmen fördernd oder bremsend in die Wirtschaftsstruktur einer Volkswirtschaft eingreift (z. B. Subventionen). Die **Prozesspolitik** ist dadurch gekennzeichnet, dass der Staat selbst als Wirtschaftssubjekt am Markt auftritt (z. B. staatliche Investitionen) oder Größen verändert, die das Verhalten von Wirtschaftsteilnehmern beeinflussen (z. B. Finanzpolitik oder Geldpolitik). All diese Maßnahmen dürfen selbstverständlich nur von Institutionen durchgeführt werden, die dazu ermächtigt worden sind. Sie stellen die **Träger der Wirtschaftspolitik** dar (vgl. S. 228).

▲ Ziele der Wirtschaftspolitik

Um wirtschaftspolitisch handeln zu können, bedarf es einer Festlegung, **welche Ziele** angestrebt werden sollen, damit Wirtschaftspolitik planvoll durchgeführt werden kann. Letztlich dient die Festlegung von Zielen auch dazu, im Nachhinein zu kontrollieren, ob die getroffenen wirtschaftspolitischen Handlungen erfolgreich genug waren, um die gesetzten Ziele zu erreichen. Gelingt es nicht, diese Ziele zu erreichen, müssen die Träger der Wirtschaftspolitik entweder die Ziele überdenken oder neue Maßnahmen beschließen, mittels welcher die Ziele auf anderem Wege erreicht werden könnten. Aufgrund wirtschaftlicher Fehlentwicklungen beschließen die Träger der Wirtschaftspolitik somit von Zeit zu Zeit gesetzliche Grundlagen, die als wirtschaftspolitische Zielsetzungen verstanden werden sollen.

Die Wirtschaftskrise in Deutschland im Jahre 1966 führte zu der Überzeugung, dass der Staat in die Lage versetzt werden sollte, die negativen Folgen konjunktureller Schwankungen (z. B. Inflation, Arbeitslosigkeit) durch Einsatz wirtschaftspolitischer Instrumente (z. B. Steuerpolitik, Subventionen) auszugleichen. Diese Politik staatlicher Eingriffe nannte man **Globalsteuerung.** In wirtschaftlichen Krisenzeiten sollte der Staat die Wirtschaft beleben, in der Hochkonjunktur sollte der Staat die wirtschaftliche Entwicklung bremsen. Vor dem Hintergrund dieser Überlegungen wurde 1967 das **„Gesetz zur Förderung der Stabilität und des Wachstums" (Stabilitätsgesetz)** erlassen. Unter der Federführung des damaligen Bundeswirtschaftsministers Karl Schiller sollte durch Anstreben verschiedener zueinander in Beziehung stehender Ziele wirtschaftliche Stabilität in Krisenzeiten geschaffen werden.

> **§ 1 Stabilitätsgesetz:**
> Bund und Länder haben bei ihren wirtschafts- und finanzpolitischen Maßnahmen die Erfordernisse des gesamtwirtschaftlichen Gleichgewichts zu beachten. Die Maßnahmen sind so zu treffen, dass sie im Rahmen der marktwirtschaftlichen Ordnung gleichzeitig zur Stabilität des Preisniveaus, zu einem hohen Beschäftigungsstand und außenwirtschaftlichem Gleichgewicht bei stetigem und angemessenem Wirtschaftswachstum beitragen.

Deutlich erfolgt der Verweis auf die marktwirtschaftliche Ordnung. Aus der Reihenfolge der Nennungen im Gesetzestext kann eine Rangfolge im Sinne der Wichtigkeit der Ziele abgeleitet werden.

Auch wenn in zahlreichen Interpretationen von **vier gleichrangigen Zielen** gesprochen wird, so sind es im engeren Sinne nur drei Ziele, nämlich Preisniveaustabilität, hoher Beschäftigungsstand und außenwirtschaftliches Gleichgewicht. Das vierte „Ziel" stellt im Sinne des Gesetzestextes „bei stetigem und angemessenem Wirtschaftswachstum" eigentlich die **Bedingung** für die Erreichung der übrigen Ziele dar und hat somit eine Sonderstellung.

Auch die Nennung der **Preisniveaustabilität** als erstes Ziel im Sinne des Gesetzestextes lässt darauf schließen, dass die Wirtschaftspolitik der Bundesrepublik Deutschland zuallererst Inflationsbekämpfung betrieb. Wenn alle Ziele erreicht würden, könnte man im Sinne des Gesetzes von einem „gesamtwirtschaftlichen Gleichgewicht" sprechen.

Da die wirtschaftspolitische Praxis der letzten Jahrzehnte gezeigt hat, dass nicht alle vier Ziele gleichermaßen erreicht werden können, hat sich die Bezeichnung des **„magischen Vierecks"** eingebürgert. Nach wie vor werden Wirtschaftspolitiker vor ein Rätsel gestellt, wenn sie die Absicht haben, sämtliche Ziele gleichzeitig zu erreichen. Da sich die wirtschaftliche und gesellschaftliche Bedeutung der Ziele des Stabilitätsgesetzes im Laufe der vergangenen Jahrzehnte verändert hat, kann Wirtschaftspolitik heutzutage nicht mehr vorrangig Inflationsbekämpfung betreiben. Viel stärker als in der Vergangenheit rückt heutzutage das Problem anhaltender Arbeitslosigkeit ins Blickfeld der Öffentlichkeit. So ist es letztlich eine politische Entscheidung, welchem Ziel – abhängig von der gesellschaftlich-wirtschaftlichen Situation – vorrangige Aufmerksamkeit gewidmet wird.

▲ Stabilität des Preisniveaus

Ein stabiles Preisniveau sichert die Kaufkraft von Löhnen und Gehältern und die Sparguthaben.

Beispiel Im letzten Jahr bekam Herr Land bei dem Automobilwerk eine tarifliche Gehaltssteigerung von 1,5 % pro Monat. Im Vergleich zum Vorjahr ist hingegen das Preisniveau um 1,75 % gestiegen. Somit bekommt Herr Land tatsächlich (real) einen niedrigeren Geldwert als zuvor.

▲ Hoher Beschäftigungsstand

Ein hoher Beschäftigungsstand sorgt dafür, dass Arbeitnehmer über ein gesichertes Einkommen verfügen, sodass der Staat über höhere Steuereinnahmen aus der Einkommensteuer sowie über gut gefüllte Sozialkassen (z. B. Krankenkasse) verfügt. Entsprechend sorgt ein hoher Beschäftigungsstand für wirtschaftliche und gesellschaftliche Stabilität.

Beispiel Saskia ist mit Silvia Land befreundet. Ihr Vater ist seit einem Jahr arbeitslos. „Nein, in den Urlaub können wir leider nicht fahren. Mein Vater hat mehr als 30 % weniger Geld als zuvor. Und wer weiß, wie lange er wenigstens das noch hat", erzählt Saskia. „Aber er kann sich doch einen neuen Job suchen", meint Silvia spontan. „Tut er ja, aber wer nimmt denn einen Fünfzigjährigen?", kontert Saskia.

▲ Außenwirtschaftliches Gleichgewicht

Nicht alle Güter, die im eigenen Land benötigt werden, können in der Bundesrepublik Deutschland hergestellt werden. Folglich müssen sie importiert werden, wenn man sie weiterhin verwenden will. Andere Güter hingegen werden in Deutschland hergestellt und in anderen Ländern benötigt. Mit den Erlösen aus diesen Exportverkäufen sollen die Importkäufe bezahlt werden. Da Deutschland sehr viel exportiert, werden durch die Exporte Arbeitsplätze gesichert.

Beispiel In ihrem Spanienurlaub fährt die Familie Land durch die Stadt Barcelona. Als sie bei einer Shopping-Tour in einem Kaufhaus mit der Rolltreppe fahren, fällt Silvia das Logo eines deutschen Konzerns an der Rolltreppe auf. Als sie ihre Mutter darauf hinweist, meint diese: „Richtig, deutsche Rolltreppen sind offenbar auch in anderen Ländern beliebt."

▲ Stetiges und angemessenes Wirtschaftswachstum

Wenn die Wirtschaft wächst, so bedeutet das einen Anstieg des Bruttoinlandsproduktes im Vergleich zum Vorjahr. Die Wirtschaft hätte also mehr produziert und abgesetzt als zuvor. Auf diese Weise könnten vergleichsweise mehr Güter angeboten werden. Wirtschaftswachstum schafft somit Wohlstand und stellt gleichzeitig die Voraussetzung dar, dass mehr Arbeitskräfte benötigt werden, um das Wachstum zu erwirtschaften.

Beispiel Im letzten Jahr hat die Bürodesign GmbH etwa 2 % mehr Umsatz erzielt als im Vorjahr. Auch die übrigen Unternehmen der Branche haben im Vergleich zum Vorjahr mehr Umsatz erzielt. „Der Wirtschaftsmotor brummt wieder", freut sich Herr Stein.

▲ Weitere Ziele der Wirtschaftspolitik

Zunehmend bedeutsam sind neben den genannten wirtschaftspolitischen Zielsetzungen eine **gerechte Einkommens- und Vermögensverteilung** sowie eine **lebenswerte Umwelt**. Da dies im engeren Sinne jedoch keine wirtschaftspolitischen Ziele sind, werden sie nicht im Sinne der Wirtschaftspolitik angestrebt, sondern von anderen Politikfeldern (Sozialpolitik, Umweltpolitik) verfolgt. Der Grund dafür, warum gerechte Einkommensverteilung und lebenswerte Umwelt keine wirtschaftlichen Ziele sind, liegt darin begründet, dass sie mit konkreten Zahlen nur schwer als Ziel festlegbar (quantifizierbar) sind.

Die Ziele des Stabilitätsgesetzes stellen sicherlich den wichtigsten gesetzlich definierten Zielkatalog wirtschaftspolitischen Handelns dar. Letzlich dienen sie dem wirtschaftspolitischen Hauptziel, nämlich der **Steigerung des Gemeinwohls**. Auch als „Wohlfahrt" bezeichnet, versteht man darunter die Steigerung des politischen und wirtschaftlichen Nutzens einer Volkswirtschaft. Da der Wohlfahrtsbegriff nur schwer messbar ist, kann man besser beschreiben, wann der Nutzen einer Volkswirtschaft **nicht** gesteigert wird. Das ist dann der Fall, wenn durch politische und ökonomische Entscheidungen die Nutzensteigerung einer kleineren Gruppe größer ist als die Nutzensteigerung der gesamten Bevölkerung (keine **Wohlfahrtssteigerung**). Nachstehend wird jedoch vor allen Dingen der Zielkatalog zur Steigerung der ökonomischen Wohlfahrt dargestellt.

Über die Ziele des Stabilitätsgesetzes hinaus zielt Wirtschaftspolitik neben Stabilität (Preisniveaustabilität, Stabilität des Beschäftigungsstandes) und Wachstum (quantitatives und qualitatives Wachstum) auch auf die Erfüllung von

A. Strukturzielen
- Das volkswirtschaftliche Angebot soll sich möglichst schnell an den Bedarf anpassen.
- Lohnverhältnisse und Freizeitwerte sollen möglichst gleich auf die Volkswirtschaft verteilt sein.

B. Verteilungszielen
- Einkommen und Vermögen sollen leistungsgerecht verteilt werden.
- Bei der Verteilung von Einkommen und Vermögen soll soziale Gerechtigkeit angestrebt werden.

Erweitert wird das Zielsystem noch um das Streben nach einer ökologisch lebenswerten Umwelt. Aufgrund dieser Erweiterungen des Zielkatalogs spricht man über das **magische Viereck** hinaus heutzutage auch vom **magischen Sechseck** und meint damit die Erweiterung um die Ziele „gleichmäßige Einkommens- und Vermögensverteilung" und „lebenswerte Umwelt".

1. Stellen Sie durch eine Recherche im Internet fest, inwieweit die Ziele des Stabilitätsgesetzes in der Bundesrepublik Deutschland erreicht werden.

2. Diskutieren Sie in der Klasse die Wichtigkeit der einzelnen Ziele und beschreiben Sie, wie die Erreichung jedes Zieles die anderen Ziele beeinflusst. Zeichnen Sie die Diskussion auf Video auf und werten Sie sie aus.

3. Erläutern Sie, warum es in einer marktwirtschaftlichen Ordnung wie der Bundesrepublik Deutschland „Magie" ist, gleichzeitig alle Ziele des Stabilitätsgesetzes zu erreichen.

4. Von dem früheren Bundeskanzler Helmut Schmidt ist das Zitat überliefert, 5 % Inflation sei ihm lieber als 5 % Arbeitslosigkeit. Begründen Sie diesen Zusammenhang auch vor dem Hintergrund der Parteizugehörigkeit des Kanzlers.

5. Begründen Sie, warum „stetiges und angemessenes Wirtschaftswachstum" im engeren Sinne nicht – wie Preisniveaustabilität oder außenwirtschaftliches Gleichgewicht – als gleichrangiges Ziel angesehen werden kann.

6. Erläutern Sie beispielhaft, welche Ziele des Stabilitätsgesetzes sich gegenseitig ergänzen bzw. fördern.

7. Begründen Sie, warum das Ziel gerechter Einkommensverteilung im engeren Sinne nicht als wirtschaftliches Ziel angesehen wird.

8. Erläutern Sie neben den Zielen Stabilität des Preisniveaus, hoher Beschäftigungsstand, außenwirtschaftliches Gleichgewicht sowie stetiges und angemessenes Wirtschaftswachstum weitere Ziele der Wirtschaftspolitik.

Kursthema: Stabilisierungsaufgaben und Stabilisierungspolitik

1. Das gesamtwirtschaftliche Gleichgewicht und mögliche Störungen
2. Die Volkswirtschaftliche Gesamtrechnung (VGR) als Datenbasis für wirtschaftspolitische Entscheidungen
3. Die wirtschaftspolitischen Grundkonzeptionen
4. Die Geldpolitik
5. Die Fiskalpolitik
6. Die Arbeitsmarktpolitik
7. Die Außenwirtschaftspolitik
8. Die Konjunktur- und Wachstumspolitik als Kombination verschiedener wirtschaftspolitischer Einzelmaßnahmen

1 Das gesamtwirtschaftliche Gleichgewicht und mögliche Störungen

1.1 Typische Konjunkturverläufe und -zyklen und die Ursachen von Konjunkturschwankungen

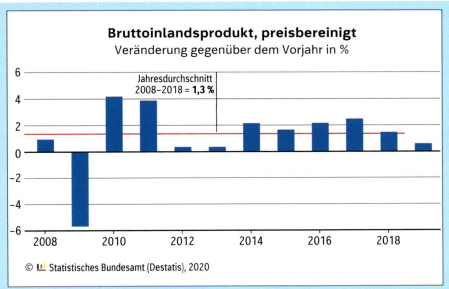

(Quelle: Statistisches Bundesamt: Volkswirtschaftliche Gesamtrechnungen. Zugriff am 02.05.2020 unter https://www.destatis.de/DE/Themen/Wirtschaft/Volkswirtschaftliche-Gesamtrechnungen-Inlandsprodukt/_Grafik/_Interaktiv/bip-inlandsprodukt-wachstum-jahr.html)

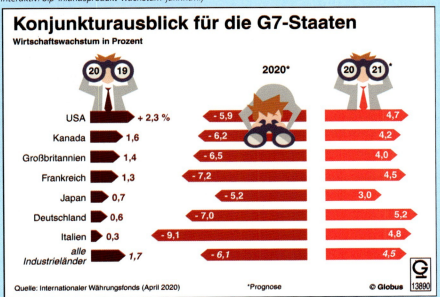

> Frau Freund, Gruppenleiterin für Marketing, bereitet sich auf eine Besprechung mit der Geschäftsführung der Bürodesign GmbH vor. Zentraler Tagesordnungspunkt ist die aktuelle Konjunktur mit ihren Auswirkungen auf die Geschäftslage der Bürodesign GmbH. Aus der Wirtschaftspresse hat Frau Freund Informationsmaterial (vgl. S. 251) zusammengetragen:
> - Informieren Sie sich mithilfe der folgenden Erläuterungen über das Auf und Ab in der Wirtschaft.
> - Werten Sie das obige Informationsmaterial aus und schätzen Sie die konjunkturelle Situation aufgrund dieser Daten ein. Bereiten Sie für Frau Freund einen Kurzbericht vor, in dem Sie erläutern, inwiefern die Konjunktur auch die Geschäftslage der Bürodesign GmbH beeinflusst.
> - Informieren Sie sich mithilfe der wirtschaftspolitischen Berichterstattung (Printmedien und digitale Medien) über die aktuelle konjunkturelle Situation. Schätzen Sie die Auswirkungen der aktuellen Konjunktur auf die Geschäftslage und -entwicklung der Bürodesign GmbH ein.

▲ Konjunkturdefinition

Jeder kennt es aufgrund eigener Erfahrung: Die persönliche Lebenssituation ändert sich im Zeitablauf. Es gibt Zeiten, in denen gelingt einfach alles, und dann folgen Phasen, da läuft alles schief. Ein ähnliches Auf und Ab ist in der Wirtschaft zu beobachten. Schon im Alten Testament ist von den sieben fetten Jahren die Rede, denen sieben magere Jahre folgten.

Die **allgemeine Wirtschaftslage** bezeichnet man als **Konjunktur.** Auch sie unterliegt einem ständigen Veränderungsprozess. Wichtige gesamtwirtschaftliche Größen – z. B. Produktion und Beschäftigung, Preise und Umsätze, Importe und Exporte, Löhne und Zinsen – steigen und fallen.

Grundsätzlich sind drei **Arten von Wirtschaftsschwankungen** zu unterscheiden.

▲ Saisonale Schwankungen

Der **Wechsel der Jahreszeiten oder Sitten und Gebräuche** verursachen eine Zu- oder Abnahme wirtschaftlicher Aktivitäten. Derartige saisonale Schwankungen haben **keinen dauerhaften Einfluss auf die allgemeine Wirtschaftslage,** sondern beeinflussen kurzfristig einzelne Branchen und Bereiche.

Beispiel In der Vorweihnachtszeit kommt es auch bei der Bürodesign GmbH zur Umsatzsteigerung aufgrund erhöhter Nachfrage von Endverbrauchern im Verkaufsstudio der Bürodesign GmbH.

▲ Wachstumstrend

Als langfristige Tendenz ist in vielen Volkswirtschaften zu beobachten, dass das Bruttoinlandsprodukt stetig gewachsen ist. Die jährlichen Wachstumsraten können dabei deutlich unterschiedlich, zu gewissen Zeiten sogar auch einmal negativ sein. Diese langfristig erkennbare **Grundrichtung der wirtschaftlichen Entwicklung** wird als Wachstumstrend bezeichnet.

Beispiel In allen Ländern der EU haben sich die Produktion und damit die Versorgung der Bevölkerungen mit Gütern in den letzten Jahrzehnten deutlich erhöht. So weisen die Eltern der Familien Land und Stein ihre Kinder immer wieder darauf hin, dass es ihnen in ihrer Jugend nicht so gut gegangen sei wie der heutigen Jugend.

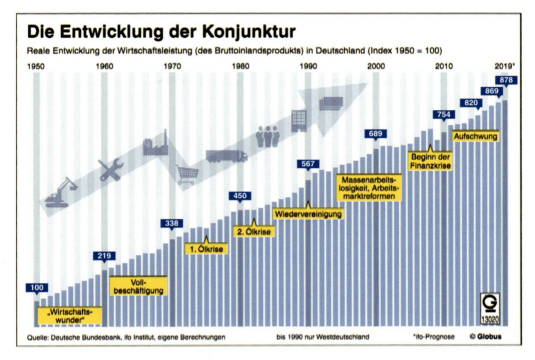

Dabei haben sich die jährlichen Wachstumsraten in den Industrieländern mittlerweile auf einem relativ niedrigen Niveau eingependelt (z.B. EU-Länder ca. 2%). Hinzu kommt, dass diese Wachstumsphasen öfter auch nur kurzfristig andauern (2 bis 3 Jahre), bevor sie von einem erneuten wirtschaftlichen Abschwung abgelöst werden. Die Volkswirtschaften dieser Länder unterscheiden sich damit wesentlich von denen der sogenannten Schwellenländer, z.B. der BRICS-Staaten (Brasilien, Russland, Indien, China, Südafrika). Im Übergang zu einem Industrieland können Schwellenländer bei einer entsprechenden Wirtschaftspolitik höhere jährliche Zuwachsraten über einen längeren Zeitraum verzeichnen, z.B. wie in China und Indien. Im Gegensatz dazu sind Entwicklungsländer oft durch schrumpfende Volkswirtschaften mit sogar negativen jährlichen Veränderungsraten des Bruttoinlandsproduktes gekennzeichnet.

▲ Konjunkturelle Schwankungen

Konjunkturelle Schwankungen sind **mittelfristige Schwankungen der wirtschaftlichen Aktivität.** Sie können über mehrere Jahre andauern und werden mithilfe der prozentualen Veränderung des realen Bruttoinlandsproduktes gemessen. Diese Schwankungen stehen im Mittelpunkt wirtschaftspolitischer Maßnahmen.

Beispiel Auch die Geschäftsführung der Bürodesign GmbH musste in der Vergangenheit immer wieder auf Umsatzschwankungen reagieren, die in erster Linie durch mittelfristige Schwankungen in der gesamtwirtschaftlichen Aktivität verursacht wurden.

▲ Der Konjunkturzyklus und seine Phasen

Erscheinungen, die sich regelmäßig wiederholen, nennt man Zyklus. Aus diesem Grund bezeichnet man das sich regelmäßig wiederholende Auf und Ab in der Entwicklung der Wirtschaftslage als **Konjunkturzyklus.** Er wird in **vier Phasen** untergliedert.

▲ 1. Phase: Expansion (Aufschwung)

In der Expansion ist zunächst ein langsamer Anstieg der Produktion zu verzeichnen. Stabilisiert sich diese Entwicklung, werden zusätzliche Arbeitskräfte eingestellt. Durch die steigenden Einkommen kommt es zu einer Erhöhung der gesamtwirtschaftlichen Nachfrage. Da die erhöhte Nachfrage durch eine bessere Auslastung der Kapazitäten befriedigt werden kann, steigen die Preise noch nicht. Auch die Löhne steigen nur langsam, da zunächst die Arbeitslosigkeit abgebaut wird und durch das stabile Preisniveau keine inflationsbedingten Lohnsteigerungen erforderlich sind. Das Vertrauen in die Wirtschaft wächst. Haushalte und Unternehmen sehen wieder optimistisch in die Zukunft. Nach längerer Konsumzurückhaltung fragen die Haushalte deshalb verstärkt Konsumgüter nach und verringern ihre Sparquote. Die Unternehmen sehen sich ermutigt, ihre Investitionen zu steigern. Die Güterproduktion und die Einkommensentwicklung werden weiter beflügelt.

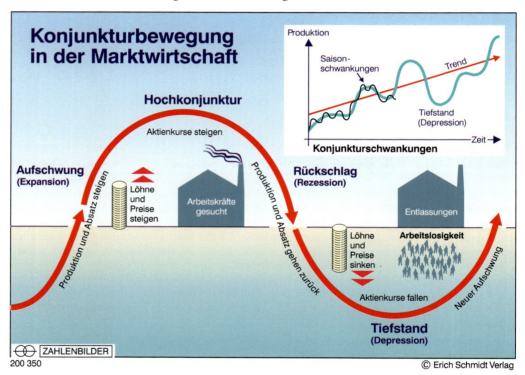

▲ 2. Phase: Hochkonjunktur (Boom, Hochstand)

Die zunehmende Produktion mündet in einer vollen Auslastung der Produktionskapazitäten. Kurzfristig kommt es zur Überbeschäftigung (z. B. Überstunden). Die Gewerkschaften betreiben eine expansive Lohnpolitik und das Lohnniveau steigt. Die stark gestiegene gesamtwirtschaftliche Nachfrage und die Steigerung der Lohnkosten lösen Preissteigerungen aus (Inflation). Zur Sicherung des Geldwertes erhöht die Zentralbank die Leitzinsen. In Verbindung mit der stark gesunkenen Sparneigung führt dies zu einem hohen Zinsniveau. Gelingt es den Unternehmen nicht, die gestiegenen Kosten über die Preise abzuwälzen, kommt es zu Gewinneinbußen und in der Folge zu einem Rückgang der Nachfrage nach Investitionsgütern. Die wirtschaftliche Stimmung wird skeptisch. Auch die Haushalte verringern ihre Nachfrage nach Konsumgütern.

▲ 3. Phase: Rezession (Abschwung)

Der Rückgang der wirtschaftlichen Aktivität verstärkt sich zunehmend. Durch die Abnahme der Investitionsgüternachfrage kommt es in diesem Bereich zu Produktionseinschränkungen und in der Folge zu Kurzarbeit und später zur Entlassung von Arbeitskräften. Die Einkommen der betroffenen privaten Haushalte sinken. Dadurch kommt es zu einem Rückgang der Konsumgüternachfrage und auch in diesem Bereich zu Produktionseinschränkungen und Entlassungen. Die Wirtschaftssubjekte sehen pessimistisch in die Zukunft. Unternehmen und Haushalte schränken ihre Investitions- bzw. Konsumgüternachfrage weiter ein. Die Sparneigung nimmt immer weiter zu. Die Lagerbestände sind hoch, die Auftragseingänge nehmen immer weiter ab. Die Gewinne schrumpfen, das Zinsniveau sinkt, die Zuwachsraten der Löhne werden geringer und das Preisniveau bleibt relativ stabil.

▲ 4. Phase: Depression (Tiefstand)

Geringe Investitionstätigkeit und geringe Konsumgüternachfrage führen zu einer Wirtschaftskrise. Die pessimistischen Zukunftserwartungen verstärken den Rückgang der gesamtwirtschaftlichen Nachfrage. Die Produktionskapazitäten sind unausgelastet, die Arbeitslosigkeit ist hoch. Lohnerhöhungen und Preissteigerungen fallen gering aus und das Zinsniveau ist niedrig. Die Wirtschaftssubjekte haben wenig Vertrauen in die Entwicklung der Wirtschaft.

▲ Ursachen von Konjunkturschwankungen

Schon seit Langem forschen Wirtschaftswissenschaftler nach den Ursachen für das konjunkturelle Auf und Ab. Es sind zahlreiche Konjunkturtheorien entwickelt worden, die in ihren Erklärungsansätzen teilweise erheblich voneinander abweichen.

▲ Exogene Theorien

Nach diesen Erklärungsansätzen sind nicht wirtschaftliche Ereignisse für Schwankungen in der gesamtwirtschaftlichen Entwicklung verantwortlich, sondern sogenannte **exogene Schocks** (z. B. Kriege, Naturkatastrophen) lösen gesamtwirtschaftliche Krisen aus. Oder **positive Impulse** (z. B. Entdeckung neuer Rohstoffvorräte, wichtige technische Erfindungen) beflügeln die Aktivitäten in einer Volkswirtschaft.

Beispiel Zum Jahresende 2019 prognostizieren die Wirtschaftsforscher für die deutsche Volkswirtschaft eine Konjunkturschwäche, aber keine Rezession. Ursache für die erwartete Wachstumsschwäche sind die schwächere Weltwirtschaft, internationale Handelskonflikte und der Brexit. Die Binnennachfrage und der Arbeitsmarkt werden als stabil und konjunkturunterstützend eingeschätzt. In der Folge sagen die Forschungsinstitute für das Jahr 2020 ein reales Wirtschaftswachstum von ca. 1 % voraus. Der exogene Schock durch die COVID-19-Pandemie (Coronavirus-Pandemie) stürzt die Weltwirtschaft jedoch in eine schwere Rezession. Infolge der gesundheitlichen Schutzmaßnahmen brechen die Umsätze in vielen Branchen ein, viele Unternehmen geraten in die Insolvenz. Die Anzahl der Arbeitslosen und der Kurzarbeiter steigt sprunghaft an. Konsum- und Investitionsausgaben gehen drastisch zurück.

▲ Endogene Theorien

Gemeinsam ist sogenannten endogenen Theorien, dass sie den Aufbau und die Wirkungsweise von marktwirtschaftlichen Ordnungen für die Schwankungen verantwortlich machen. Die Vielzahl dieser Erklärungsansätze kann in drei Gruppen eingeteilt werden.

Monetäre Theorien

Monetäre Theorien gehen davon aus, dass die **Geldpolitik der Zentralbank** für die wirtschaftlichen Schwankungen verantwortlich ist. Stellt die Notenbank der Volkswirtschaft zu wenig Geld zur Verfügung, ist ein hohes Zinsniveau die Folge.

Hohe Zinsen halten Unternehmen und Haushalte davon ab, Kredite für die Anschaffung von Investitions- und Konsumgütern aufzunehmen. Produktion und Beschäftigung sinken. Andererseits kann eine zu große Geldmenge zu einer „Überhitzung" der Konjunktur führen: Die gesamtwirtschaftliche Nachfrage übersteigt das gesamtwirtschaftliche Angebot.

Beispiel Die Geschäftsführung der Bürodesign GmbH fordert den Landesverband Holzindustrie und Kunststoffverarbeitung Nordrhein e. V. auf, sich öffentlich für eine Beibehaltung niedriger Leitzinsen der Europäischen Zentralbank einzusetzen. Niedrige Kreditzinsen sollten Unternehmungen zu Ersatzinvestitionen im Bereich der Geschäftsausstattung motivieren.

Unterkonsumptionstheorien

Nach diesen Theorien bleibt die Konsumgüternachfrage hinter der Produktion zurück, da Lohnerhöhungen erst mit zeitlicher Verzögerung erfolgen und außerdem geringer als die Preiserhöhungen ausfallen. Somit fehlt den Konsumenten die Kaufkraft. Die zu **geringe Nachfrage auf den Konsumgütermärkten** löst den Abschwung aus. Vertreter dieser Theorie fordern deshalb in Krisenzeiten die Stärkung der Binnennachfrage durch Lohnerhöhungen.

Beispiel Otto Land beteiligt sich an einem Warnstreik bei den Automobilwerken. Um die Arbeitskosten in Deutschland zu senken, fordert der Personalvorstand in den Verhandlungen über einen neuen Haustarifvertrag eine zweijährige Nullrunde. Wie seine Gewerkschaft ist Otto Land dagegen der Auffassung, dass jeder Euro mehr im Portemonnaie die Konsumgüternachfrage erhöht und damit die Konjunktur belebt.

Überinvestitionstheorien

Im Aufschwung erhöht sich aufgrund der gestiegenen Konsumgüternachfrage auch die Nachfrage nach Investitionsgütern. Es werden jedoch größere Kapazitätserweiterungen vorgenommen, als es dem späteren Dauerbedarf entspricht. Der **Abbau des Kapazitätsüberhangs** führt zu Kurzarbeit und Entlassungen und löst einen erneuten Abschwung aus. Eine Belebung der Investitionstätigkeit und damit ein erneuter Aufschwung kann z. B. durch niedrige Zinsen, Kostensenkungen oder Erschließung neuer Märkte erreicht werden.

Beispiel Otto Land sieht sich nicht nur mit der Forderung nach einer zweijährigen Nullrunde konfrontiert. Der Vorstand der Automobilwerke verlangt darüber hinaus die Rückkehr zur 40-Stunden-Woche ohne Lohnausgleich, die Reduzierung des Weihnachtsgeldes, die Abstufung von Mitarbeitern aus zu hohen Lohngruppen und die Anrechnung von Produktionsstörungen am Band auf die Pausenzeiten: Nur durch diese Kostensenkungen würden die Werke international wieder wettbewerbsfähig, sodass durch steigende Produktionszahlen die Kapazitäten besser ausgelastet werden könnten.

Keine Theorie konnte jedoch bisher eine eindeutige Erklärung für konjunkturelle Schwankungen liefern. Vielmehr kann davon ausgegangen werden, dass in der Realität verschiedene Faktoren zusammenwirken. Zur Erklärung der jeweils aktuellen konjunkturellen Situation wird man deshalb immer auf Elemente verschiedener Theorien zurückgreifen müssen.

Typische Konjunkturverläufe und -zyklen und die Ursachen von Konjunkturschwankungen

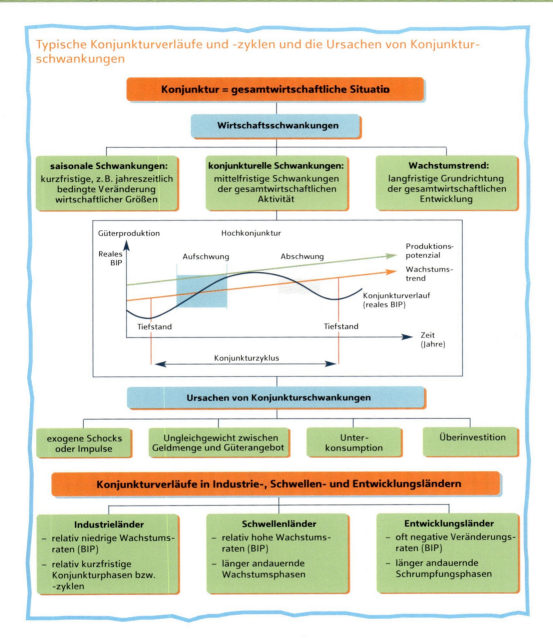

1 Erklären Sie die verschiedenen Arten wirtschaftlicher Schwankungen.

2 Erklären Sie folgende gesamtwirtschaftliche Begriffe: Konjunktur, Konjunkturzyklus, Konjunkturphase.

3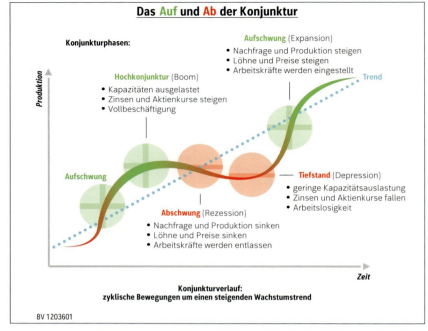

a) Erläutern Sie die Informationen der Grafik.
b) Bestimmen Sie im dargestellten Gesamtzeitraum von 1951 bis 2018 die Phasen des Konjunkturzyklus. Erläutern Sie den Zusammenhang zwischen der konjunkturellen Entwicklung und der Situation auf dem Arbeitsmarkt.

4 Die folgende Tabelle informiert über die angenommene Entwicklung des Bruttoinlandsprodukts in einer beispielhaften Volkswirtschaft der EU im Zeitraum 2001 bis 2021.

Reales Bruttoinlandsprodukt (BIP) in Mrd. Euro

Jahr	BIP	Jahr	BIP	Jahr	BIP
2001	858,8	2008	1 116,5	2015	1 263,1
2002	900,3	2009	1 109,3	2016	1 260,5
2003	940,4	2010	1 136,2	2017	1 275,2
2004	969,5	2011	1 190,5	2018	1 305,7
2005	1 033,9	2012	1 253,3	2019	1 319,6
2006	1 090,2	2013	1 260,6	2020	1 321,2
2007	1 119,0	2014	1 261,3	2021	1 350,0

a) Berechnen Sie mit einer Tabellenkalkulation (z. B. MS-Excel) für jedes Jahr die Wachstumsrate des Bruttoinlandsprodukts (prozentuale Veränderung des BIP zum Vorjahr) und stellen Sie diese Wachstumsraten in einem Säulendiagramm dar. Tragen Sie die Veränderungsraten auf der y-Achse und die Zeit auf der x-Achse ein (Maßstab: 1 v. H. = 1 cm und 1 Jahr = 1 cm).
b) Zeichnen Sie die Konjunkturkurve und die Konjunkturzyklen in Ihr Diagramm ein.

5 Informieren Sie sich über die Entwicklung des Bruttoinlandsprodukts (BIP) in der Bundesrepublik Deutschland in den letzten zehn Jahren. Greifen Sie dazu z. B. auf das im Internet veröffentlichte Datenmaterial der Deutschen Bundesbank bzw. des Statistischen Bundesamtes zurück (http://www.bundesbank.de, http://www.destatis.de). Entwerfen Sie mit einem Grafikprogramm eine Darstellung, welche die Entwicklung der Konjunktur veranschaulicht.

6. Erläutern Sie die Informationen, die aus dem folgenden Diagramm entnommen werden können. Die Prognose für 2020 ist im Dezember 2019 erstellt worden. Wie haben sich Konjunktur und Beschäftigung ab dem Jahr 2020 tatsächlich entwickelt?

7. Der russische Nationalökonom Nikolai Kondratieff hat nachgewiesen, dass in der Weltkonjunktur lange Phasen wirtschaftlichen Aufschwungs und Niedergangs regelmäßig wiederkehrend auftreten. Diese Langzeitzyklen werden durch bahnbrechende technische Entwicklungen (Basisinnovationen) und die sich daraus ergebenden neuen wirtschaftlichen Möglichkeiten ausgelöst.

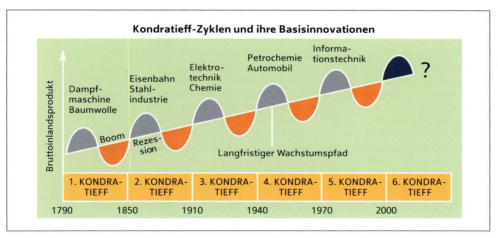

(Quelle: Union Asset Management Holding AG: Back to the Future: Mit dem 6. Kondratieff-Zyklus in die Zukunft! Frankfurt am Main, Oktober 2002)

a) Erläutern Sie, inwiefern das obige Schaubild diese Zusammenhänge zum Ausdruck bringt. Ermitteln Sie dabei auch die Dauer der Kondratieff-Zyklen.
b) Der Boom im 5. Kondratieff-Zyklus scheint in den Industrienationen (Europa, Japan, USA) überschritten zu sein. Die Informationstechnologie scheint nicht mehr der langfristige Wachstumsmotor zu sein. Erläutern Sie, welche Schlüssel- und Zukunftstechnologien nach Ihrer Meinung den 6. Kondratieff-Zyklus dominieren könnten.

8. Erläutern Sie die jeweiligen Grundgedanken exogener und endogener Konjunkturtheorien.

1.2 Konjunkturindikatoren und Kennziffern zur Konjunkturmessung

In einer Besprechung der Geschäftsführung der Bürodesign GmbH mit den Abteilungsleitungen über die konjunkturelle Situation kommt es zu folgender Diskussion.

Herr Stam (Abteilungsleiter Absatz): „Die neuesten Daten des Statistischen Bundesamtes sind wieder enttäuschend für uns. Der Zuwachs beim realen Bruttoinlandsprodukt kam nur durch einen erneut gestiegenen Exportüberschuss zustande. Auf die Binnennachfrage nach Investitions- und Konsumgütern ist dieser Funke aus dem Ausland aber noch nicht übergesprungen. Und dies bestätigt sich auch in unseren Absatzzahlen des letzten Quartals."

Frau Friedrich (Geschäftsführerin): „In der Tat wird die Konjunktur immer noch hauptsächlich von den Ausfuhren getrieben. Dennoch sehe ich Licht am Horizont. Auch viele Bankvolkswirte rechnen mit steigenden Wachstumsimpulsen aus dem Inland."

Herr Stein (Geschäftsführer): „Das kann ich nur bestätigen. Das gute Auslandsgeschäft, eine verbesserte Ertragslage, optimistischere Zukunftserwartungen und vor allem der Nachholbedarf bei den Investitionen wird die Inlandsnachfrage nach Ausrüstungsinvestitionen auf Touren bringen. Und vergessen Sie nicht, dass die Finanzierungsbedingungen wegen des niedrigen Zinsniveaus extrem günstig sind."

Frau Friedrich: „Genau, viele Unternehmen haben in der Finanz- und Wirtschaftskrise Investitionen zurückgestellt. Um technologisch nicht den Anschluss zu verlieren, müssen die Investitionen nun nachgeholt werden. Auf diese wachsende Investitionsbereitschaft deutet auch eine Umfrage des Bundesverbandes der Deutschen Industrie (BDI) eindeutig hin."

Herr Möller (Gruppenleiter Finanzen und Betriebswirtschaft): „Dazu passt es auch, dass immer mehr Bereiche der Investitionsgüterindustrie eine bessere Auftragslage und eine höhere Kapazitätsauslastung melden. Besonders im Mittelstand zeichnet sich eine Trendwende ab. Ein Branchenverband der IT-Unternehmen, Bitkom, hat in einer Befragung von 12 000 Unternehmen ermittelt, dass mehr als 40 % der kleinen und mittleren Unternehmen steigende Investitionen im Bereich der Geschäftsausstattungen planen."

Frau Friedrich: „Und das dürfte auch unsere Auftragslage stimulieren. Insbesondere wenn die steigenden Investitionen einen nachhaltigen Aufschwung und eine Trendwende auf dem Arbeitsmarkt auslösen. Erste positive Signale gibt es bereits. Die Zahl der offenen Stellen ist gestiegen."

Herr Stam: „Es würde mich sehr freuen, wenn Ihre Prognosen zutreffen. Allerdings bin ich trotz allem skeptisch. Wehe, wenn auf dem Immobilienmarkt doch eine „Blase" platzt und eine Zinswende den privaten Konsum bremst. Im letzten Quartal musste sogar ein weiterer Anstieg der Sparquote festgestellt werden. Während die verfügbaren Einkommen um 0,6 % stiegen, nahmen die privaten Konsumausgaben nur um 0,4 % zu. Kein Wunder bei über 2 Mio. Arbeitslosen und täglichen Hiobsbotschaften über die Schieflage von Großunternehmen."

Herr Dom (Gruppenleiter Außendienst): „Das Zukunftsvertrauen der Verbraucher ist einfach noch nicht stabil. Sie müssen ja auch wieder mit steigenden Energiepreisen und erhöhten Belastungen im Bereich der sozialen Absicherung rechnen. Die wirtschaftlichen Folgen des Brexits sind noch gar nicht absehbar. Und wehe, wenn internationale Konflikte, Handelskriege, ein Einbruch der amerikanischen Volkswirtschaft, die Zahlungsunfähigkeit eines Eurolandes, steigende Ölpreise oder eine schwere Naturkatastrophe den Aufschwung in der Weltkonjunktur bremsen. Dann können wir auch die Hoffnung begraben, dass der Exportboom die schwache Inlandsnachfrage beflügelt. Ohnehin befürchten Analysten und institutionelle Anleger, dass die Eurokrise die Aussichten deutscher Exporteure schmälert. Nicht umsonst weist der ZEW-Finanzmarktreport wieder negative Werte auf."

Frau Friedrich: „Sehen wir optimistisch in die Zukunft. Auch der Einzelhandelsverband HDE sieht das Schlimmste als überwunden. Wie die GfK schätzt er die Konsumzurückhaltung durch die Einkommenseinbußen infolge der Konjunkturabkühlung als nicht so schlimm wie befürchtet ein. Warten wir einfach den nächsten Ifo-Geschäftsklima-Index ab. Er gilt ja als zuverlässiger Stimmungsindikator."

Konjunkturindikatoren und Kennziffern zur Konjunkturmessung

- Werten Sie das obige Gespräch aus und erstellen Sie eine Übersicht nach folgendem Muster. Erfassen Sie in dieser Tabelle stichwortartig die Argumente für den jeweiligen Standpunkt.

optimistische Konjunktureinschätzung	pessimistische Konjunktureinschätzung
1. steigende Aufträge aus dem Ausland 2. …	1. schwache Binnennachfrage 2. …

- Informieren Sie sich mithilfe des folgenden Sachinhalts über die Konjunkturindikatoren. Ermitteln Sie im obigen Gespräch die angesprochenen Indikatoren. Entscheiden Sie, ob es sich um Früh-, Präsenz- oder Spätindikatoren handelt.
- Informieren Sie sich z. B. durch eine Internetrecherche über die im Gespräch genannten Verbände/Institute (Statistisches Bundesamt, BDI, Bitkom, ZEW, HDE, GfK, ifo) und deren jeweilige Konjunkturprognosen.
- Informieren Sie sich über die aktuelle konjunkturelle Lage und Entwicklung. Wie schätzen Sie vor diesem aktuellen Hintergrund die Situation und die Zukunftsaussichten für die Bürodesign GmbH ein? Begründen Sie Ihre Entscheidung.

▲ Kennziffern zur Konjunkturmessung

Für die **Konjunkturdiagnose** (Beschreibung der gegenwärtigen wirtschaftlichen Lage) und für die **Konjunkturprognose** (Vorhersage zukünftiger konjktureller Entwicklungen) benötigt man geeignete wirtschaftliche Kennzahlen, die den Zustand und die möglichen Entwicklungen zutreffend und rechtzeitig anzeigen. Diese Messgrößen nennt man **Konjunkturindikatoren.** Sie sind Voraussetzung für eine erfolgreiche Konjunkturpolitik, die unerwünschte Entwicklungen und starke Schwankungen in der Gesamtwirtschaft vermeidet. Es sind drei Arten von Indikatoren zu unterscheiden.

▲ Frühindikatoren

Frühindikatoren kündigen sehr frühzeitig sich anbahnende Veränderungen der gesamtwirtschaftlichen Lage an. Sie sind daher besonders **geeignet für die Konjunkturprognose** und ermöglichen das rechtzeitige Einleiten konjunkturpolitischer Maßnahmen. Wichtige Frühindikatoren sind: Auftragseingänge bei den Unternehmen, Geschäftserwartungen von Unternehmern, Kreditzusagen, Investitionsvolumen, Baugenehmigungen im Hochbau.

Beispiel Frau Friedrich, Geschäftsführerin der Bürodesign GmbH, schätzt die zukünftige Konjunkturentwicklung optimistisch ein. Wie eine DIHK-Konjunkturumfrage zeigt, planen wieder mehr der befragten Unternehmen ihre Beschäftigung und ihre Investitionen zukünftig zu erhöhen.

▲ Präsenzindikatoren (gleichlaufende Indikatoren)

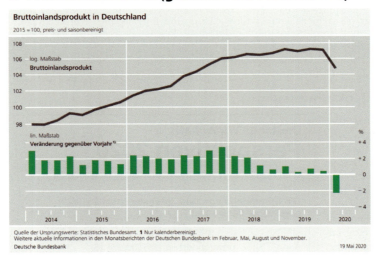

Präsenzindikatoren **signalisieren den aktuellen Zustand der Konjunktur.** Das heißt, diese Messgrößen ermöglichen die Konjunkturdiagnose. Zentraler Präsenzindikator ist die Veränderungsrate des Bruttoinlandsprodukts. Aber auch der Kapazitätsauslastungsgrad, die Zahl der offenen Stellen und das Ausmaß von Kurzarbeit bzw. Überstunden lassen Rückschlüsse auf die gegenwärtige Situation zu.

Beispiel Herr Dom, Gruppenleiter Außendienst bei der Bürodesign GmbH, ist bezüglich der Konjunkturentwicklung pessimistisch. Er bezieht sich auf die prozentuale Veränderung des Bruttoinlandsprodukts im Vorjahresvergleich. Angesichts der COVID-19-Pandemie wird für das laufende Jahr ein Rückgang des BIP von bis zu 6 % prognostiziert.

▲ Spätindikatoren

Spätindikatoren sind eigentlich **Folgeerscheinungen vorangegangener Veränderungen** in der gesamtwirtschaftlichen Situation und von daher für die Konjunkturprognose und -diagnose ungeeignet. So reagiert z.B. der Arbeitsmarkt erst mit einer zeitlichen Verzögerung auf gesamtwirtschaftliche Veränderungen. Neben der Arbeitslosenzahl bzw. -quote gehören auch Preisindizes zu den Spätindikatoren.

Beispiel Frau Friedrich, Geschäftsführerin der Bürodesign GmbH, ist der Auffassung, dass der konjunkturelle Abschwung in Deutschland nicht so drastisch ausfällt. Etwa 3 Millionen Arbeitslose weisen eher darauf hin, dass die Lage in der Vergangenheit schlecht gewesen ist.

Konjunkturforschung durch wirtschaftswissenschaftliche Institute

Ifo-Geschäftsklima-Index

Ein viel beachteter Frühindikator für die konjunkturelle Entwicklung Deutschlands ist der Ifo-Geschäftsklima-Index des **ifo Instituts – Leibniz-Institut für Wirtschaftsforschung an der Universität München e. V.** Dieser Index wurde entwickelt, um die konjunkturellen Wendepunkte vorherzusagen. Ein Aufschwung soll durch den Ifo-Index mit einem zeitlichen Vorlauf von zwei bis drei Monaten angezeigt werden. Eine Abschwächung der wirtschaftlichen Entwicklung ist im Regelfall etwa vier Monate im Voraus an der Indexentwicklung erkennbar. Dabei gilt die Faustformel: Steigt der Index drei Monate in Folge, ist das ein Signal für einen zukünftigen Aufschwung. Sinkt er drei Monate hintereinander, ist das ein Anzeichen für eine baldige Konjunkturabkühlung.

Für die Ermittlung des Index befragt das ifo Institut monatlich ca. 9 000 Unternehmen des verarbeitenden Gewerbes, des Dienstleistungssektors, des Handels und des Bauhauptgewerbes. Die Unternehmen werden dabei aufgefordert,

- ihre **aktuelle Geschäftslage** (Antwortmöglichkeiten: gut/befriedigend/schlecht),
- ihre **Geschäftserwartungen** für die nächsten sechs Monate (Antwortmöglichkeiten: günstiger/gleichbleibend/ungünstiger)

zu beurteilen und einzuschätzen.

Die Antworten werden nach der Bedeutung der Branche gewichtet und dann zusammengefasst. Auf der Basis dieser Daten wird dann der Ifo-Geschäftsklima-Index ermittelt.

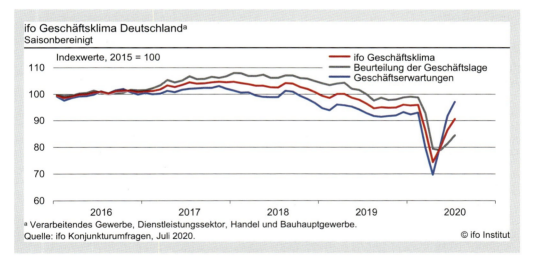

[a] Verarbeitendes Gewerbe, Dienstleistungssektor, Handel und Bauhauptgewerbe.
Quelle: ifo Konjunkturumfragen, Juli 2020. © ifo Institut

Beispiel Von 100 befragten Unternehmen schätzen 40 % ihre gegenwärtige Geschäftslage als „befriedigend" ein, 35 % beurteilen sie als „gut" und 25 % kennzeichnen sie mit „schlecht". Die Unternehmen, die ihre Lage als „befriedigend" charakterisieren, sind gewissermaßen neutral und beeinflussen damit das Ergebnis der Lageeinschätzung nicht. Die beiden anderen Prozentsätze werden nun saldiert (35 − 25 = 10). Der Wert 10 ist die Lageeinschätzung, dargestellt als Saldo. Auf gleiche Weise wird der Saldenwert der Erwartungen für die nächsten sechs Monate ermittelt, das könnte z. B. der Wert 15 sein.

Aus diesen beiden Teilkomponenten (Geschäftslage und Geschäftserwartungen) wird nun der geometrische Mittelwert gebildet:

$$\text{Geschäftsklima} = \sqrt[2]{(10 + 200)(15 + 200)} - 200 = 12{,}49$$

Dieser Mittelwert von 12,49 ist der ifo-Geschäftsklima-Saldo für den betreffenden Berichtsmonat.

Der ifo-Geschäftsklima-Saldo kann damit theoretisch die Extremwerte –100 (d. h., alle Befragten schätzen die Lage als schlecht ein bzw. erwarten eine Verschlechterung der Entwicklung) und +100 (d. h., alle Befragten schätzen die Lage als gut ein bzw. erwarten eine Verbesserung der Entwicklung) annehmen.

Der Saldo wird jetzt noch prozentual auf den Durchschnittswert eines Basisjahres (derzeit 2015) bezogen.

$$\text{Index} = \frac{\text{Saldo im Berichtsmonat} + 200}{\text{Durchschnittssaldo im Basisjahr} + 200} \cdot 100 = \frac{12{,}49 + 200}{9{,}60 + 200} \cdot 100 = 101{,}4$$

Der Wert 101,4 ist der ifo-Geschäftsklima-Index im Berichtsmonat.

▲ ZEW-Finanzmarkttest

Auch andere Forschungsinstitute entwickeln Frühindikatoren zur Einschätzung der konjunkturellen Entwicklung. Die Konjunkturbeurteilung im monatlichen ZEW-Finanzmarkttest des **ZEW – Leibniz-Zentrum für Europäische Wirtschaftsforschung GmbH in Mannheim** basiert z. B. auf der monatlichen Befragung von ca. 350 Finanzexperten aus Banken, Versicherungen und großen Indusßtrieunternehmen.

▲ Die wichtigsten Konjunkturforschungsinstitute

Die folgenden fünf Forschungsinstitute geben im Auftrag der Bundesregierung jeweils im Frühjahr und Herbst eine gemeinschaftliche Konjunkturanalyse und -prognose (Gemeinschaftsdiagnose) ab.

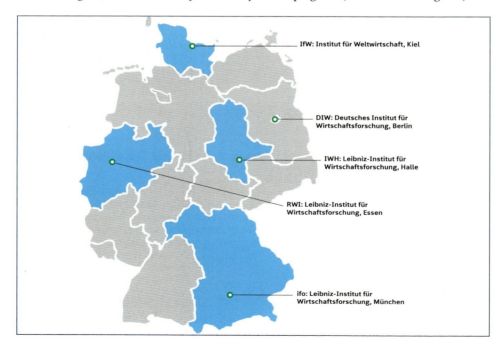

Konjunkturindikatoren und Kennziffern zur Konjunkturmessung

▲ Der Sachverständigenrat zur Begutachtung der gesamtwirtschaftlichen Entwicklung

Neben den Gutachten der Wirtschaftsforschungsinstitute kommt dem **Jahresgutachten des Sachverständigenrates** eine besondere Bedeutung zu. Die fünf Mitglieder des Sachverständigenrates, auch **„die fünf Weisen"** genannt, werden von der Bundesregierung ernannt und haben den Auftrag, die gesamtwirtschaftliche Lage zu begutachten. Dies geschieht im November eines jeden Jahres.

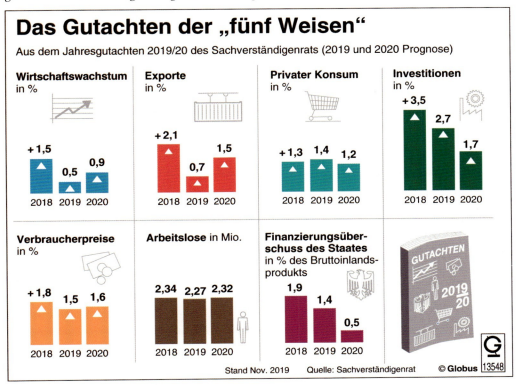

Das gesamtwirtschaftliche Gleichgewicht und mögliche Störungen

1 Erklären Sie, was unter Konjunkturindikatoren zu verstehen ist. Gehen Sie bei Ihrer Erklärung auch auf die Unterscheidung zwischen Früh-, Spät- und gleichlaufenden Indikatoren ein.

2 Verfolgen Sie über den Zeitraum von einer Woche die wirtschaftspolitische Berichterstattung in den Medien. Nutzen Sie dabei auch die (kostenlosen) Internetangebote von Zeitungsverlagen und Nachrichtensendern. Sammeln Sie alle Informationen, die Rückschlüsse auf die aktuelle gesamtwirtschaftliche Situation und auf die zukünftige konjunkturelle Entwicklung zulassen.

3 Legen Sie eine Matrix nach folgendem Muster an. Tragen Sie in der ersten Spalte weitere Konjunkturindikatoren ein, z. B. Zahl der offenen Stellen, Auftragseingang, Lagerbestände, Steueraufkommen des Staates, Zinsniveau, Sparneigung der Haushalte, Konsumneigung der Haushalte, Investitionsneigung der Unternehmen, Preisentwicklung, Lohnentwicklung, Einkommensentwicklung, Stimmung, reale Veränderungsrate des Bruttoinlandsprodukts, Gewinnsituation bei den Unternehmen, Aktienkurse, Geldmenge. Kennzeichnen Sie diese Indikatoren dann stichwortartig für jede Konjunkturphase.

	Expansion	Hochkonjunktur	Rezession	Depression
Beschäftigung	Einstellung von Arbeitskräften	hoher Beschäftigungsgrad (Überstunden)	abnehmende Beschäftigung (Kurzarbeit)	hohe Arbeitslosigkeit (Massenentlassungen)
Produktion	…	…	…	…
…				

4 Informieren Sie sich mithilfe des Internets (http://www.sachverstaendigenrat-wirtschaft.de) über den Sachverständigenrat zur Begutachtung der gesamtwirtschaftlichen Entwicklung. Klären Sie insbesondere folgende Fragen:
– Wer sind die aktuellen Mitglieder des Sachverständigenrates?
– Welche Ziele und Aufgaben hat der Sachverständigenrat?
– Wie soll durch § 7 des „Gesetzes über die Bildung eines Sachverständigenrates" die Neutralität des Gremiums gewährleistet werden?
– Welche Konjunkturindikatoren nutzt der Sachverständigenrat bei seiner Beurteilung der gesamtwirtschaftlichen Entwicklung?

5 Informieren Sie sich mithilfe des Internets über die aktuellen Daten zum Ifo-Geschäftsklima-Index (http://www.ifo.de).

6 Erläutern Sie, inwiefern das Verbrauchervertrauen Rückschlüsse auf die Konjunktur zulässt.

7 Informieren Sie sich mithilfe des Internets (http://www.zew.de) über das **„ZEW – Leibniz-Zentrum für Europäische Wirtschaftsforschung GmbH"** und über den ZEW-Finanzmarkttest. Erläutern Sie mit diesem Wissen die folgenden Daten für April 2020.

Konjunktur (Erwartungen)	verbessern	nicht verändern	verschlechtern	Saldo
Euroraum	53,8 (+35,4)	17,6 (+3,9)	28,6 (−39,3)	25,2 (+74,7)
Deutschland (= ZEW Indikator)	56,3 (+37,3)	15,6 (+3,1)	28,1 (−40,4)	28,2 (+77,7)

(Quelle: ZEW – Leibniz-Zentrum für Europäische Wirtschaftsforschung GmbH Mannheim: ZEW-Finanzmarktreport Mai 2020, Mannheim 2020)

2 Die Volkswirtschaftliche Gesamtrechnung (VGR) als Datenbasis für wirtschaftspolitische Entscheidungen

> Das Gespräch beim Abendessen der Familie Land „landet" wieder einmal bei wirtschaftlichen Themen:
>
> Antje Land: „Im Radio wurde heute gemeldet, dass die statistischen Ämter des Bundes und der Länder Haushalte für die neue Einkommens- und Verbrauchsstichprobe (EVS) suchen."
>
> Jörn Land: „Für meine Schwester genau das Richtige, die hat sowohl Einkommen als auch einen Stich."
>
> Silvia Land: „Mein kleiner Bruder ist wieder einmal wahnsinnig lustig."
>
> Otto Land: „Wann hören eure Streitereien nur einmal auf? Aber zurück zur Sache. Was kommt denn auf die Teilnehmer zu?"
>
> Antje Land: „Im Wesentlichen geht es darum, drei Monate lang ein Haushaltbuch zu führen und alle Einnahmen und Ausgaben aufzuschreiben. Vorgenommen haben wir uns das ja selbst schon oft."
>
> Jörn Land: „Und was soll das bringen? Am Ende des Geldes ist ohnehin immer noch so viel Monat übrig."
>
> Otto Land: „Auf dein Taschengeld trifft das sicherlich zu. Im Gegensatz zu dir sind wir aber als Familie bis jetzt einigermaßen zurechtgekommen. Dennoch glaube ich, dass man vernünftiger mit seinen Mitteln umgeht, wenn man sich seine Ausgaben immer wieder bewusst macht. Wenn wir uns beteiligen, erreichen wir praktisch zweierlei: Wir liefern den Statistikern Informationen über die Lebensverhältnisse in Deutschland und kontrollieren gleichzeitig unsere Ausgaben."
>
> Antje Land: „Vielleicht fallen uns dann wirklich noch Einsparmöglichkeiten auf. Wir können ja jeden Cent gebrauchen, wenn wir uns demnächst in Rösrath ein Reihenhaus kaufen wollen."
>
> Silvia Land: „Auch ein Kaufmann führt genau aus diesen Gründen Buch. Nur wenn alle Erträge und Aufwendungen erfasst werden, kann man Schwachstellen erkennen und Verbesserungen vornehmen. Übrigens, in der Berufsschule haben wir heute darüber gesprochen, dass es aus vergleichbaren Gründen sogar eine volkswirtschaftliche Buchführung gibt."
>
> - Begründen Sie die Notwendigkeit einer volkswirtschaftlichen Buchführung.
> - Ermitteln Sie mithilfe der Homepage des Statistischen Bundesamtes (http://www.destatis.de) folgende gesamtwirtschaftliche Daten: Bruttoproduktionswert, Bruttoinlandsprodukt, Bruttonationaleinkommen, Nettonationaleinkommen, Volkseinkommen.

▲ Die Notwendigkeit einer volkswirtschaftlichen Buchführung

Jeder Kaufmann ist gesetzlich verpflichtet, Buch zu führen. Unabhängig von dieser Verpflichtung besteht aber auch ein Eigeninteresse an einer ordnungsgemäßen Buchführung. Jeder Geschäftsfall ändert das Vermögen und/oder die Schulden. Jede Veränderung muss sorgfältig erfasst werden. Nur dann kann man zu jedem Zeitpunkt den aktuellen Vermögens- und Schuldenstand ermitteln oder durch den Vergleich von Aufwendungen und Erträgen den Erfolg (Gewinn/Verlust) einer Zeitperiode feststellen.

Die Daten dieser Finanzbuchhaltung werden darüber hinaus für interne Auswertungen im Rahmen der Kosten- und Leistungsrechnung genutzt. In welchen Betriebsabteilungen (Kostenstellen) werden welche Kosten verursacht und welche Leistungen werden dadurch erzielt? Deckt der Verkaufserlös eines Produktes seine Kosten?

Nur wenn diese oder ähnliche Fragen mit Zahlen beantwortet werden können, werden Schwachstellen frühzeitig erkannt und Gegenmaßnahmen können rechtzeitig ergriffen werden.

Beispiel Die Bürodesign GmbH bietet ihre Produkte in einem Verkaufsstudio auch dem Endverbraucher an. Im Geschäftsjahr 20.. werden in dieser Betriebsabteilung eigene Erzeugnisse und Handelswaren des italienischen Kooperationspartners im Wert von 5 000 000,00 € verkauft (bewertet zu Herstellungs- bzw. Anschaffungskosten). Laut Kostenstellenrechnung verursacht diese Kostenstelle „Verkaufsstudio" im selben Zeitraum weitere Kosten von insgesamt 2 500 000,00 € (z. B. Raumkosten, Energiekosten, Personalkosten, Abschreibung der Einrichtungsgegenstände). Diese sogenannten Handlungskosten betragen damit 50 %, d. h., 100,00 € Herstellungs- oder Anschaffungskosten eines Artikels verursachen anteilmäßig 50,00 € zusätzliche Handlungskosten.

Eine exklusive Schreibtischlampe des italienischen Kooperationspartners kostet in der Anschaffung 200,00 €. Auf diesen Artikel entfallen damit anteilmäßig 100,00 € der weiteren Handlungskosten im Verkaufsstudio. Nur wenn beim Verkauf der Lampe ein Nettopreis von 300,00 € erzielt werden kann, deckt der Verkaufserlös die Kosten des Artikels.

Diese und ähnliche Daten kann die Abteilung Rechnungswesen der Bürodesign GmbH nur bereitstellen, wenn alle Vorgänge in der Unternehmung lückenlos erfasst werden.

Ähnliche Fragen stellen sich auch bezüglich einer Volkswirtschaft.
- Welche Gesamtleistung hat die Volkswirtschaft in einer bestimmten Periode erbracht?
- Welche Bereiche der Volkswirtschaft haben in welchem Ausmaß zu dieser Gesamtleistung beigetragen?
- Welche Sektoren der Volkswirtschaft beanspruchen die geschaffenen Güterwerte?
- Wie verteilt sich das in der Produktion entstandene Einkommen innerhalb der Volkswirtschaft?

Fehlentwicklungen bei diesen Fragestellungen müssen frühzeitig erkannt werden. Nur dann kann man rechtzeitig wirtschaftspolitische Gegenmaßnahmen einleiten. Dies erfordert eine volkswirtschaftliche Buchführung.

▲ Das Kontensystem der Volkswirtschaftlichen Gesamtrechnungen (VGR)

Die **Volkswirtschaftlichen Gesamtrechnungen (VGR)** sind diese nationale Buchführung. In mehreren Strom- und Bestandsrechnungen stellt das Statistische Bundesamt das wirtschaftliche Geschehen dar[1]. Eine dieser Teilrechnungen ist die **Inlandsproduktberechnung**. Die in der Inlandsproduktberechnung ermittelten gesamtwirtschaftlichen Größen, allen voran das Bruttoinlandsprodukt, sind wichtige Daten für die Beurteilung der Wirtschaftslage und für die Gestaltung der Wirtschaftspolitik.

Neben den laufenden Revisionen („current revisions"), die sich auf kleinere Korrekturen einzelner Quartale oder Jahre beziehen, gibt es in den VGR etwa alle fünf Jahre sogenannte Generalrevisionen („major revisions"). Bei diesen umfassenden Revisionen findet eine grundlegende Überarbeitung der gesamten VGR statt (zuletzt 2019). Diese umfassenden VGR-Generalrevisionen dienen z. B. der
- Einführung neuer Konzepte, Definitionen, Klassifikationen u. Ä.,
- Anwendung neuer Berechnungsmethoden und Berechnungsgrundlagen,
- Verbesserung der internationalen Vergleichbarkeit.

Vergleichbar mit dem Kontenrahmen der betrieblichen Finanzbuchhaltung basieren die Volkswirtschaftlichen Gesamtrechnungen des Statistischen Bundesamtes auf dem **Kontensystem** des **Europäischen Systems Volkswirtschaftlicher Gesamtrechnungen (ESVG)**. Diese einheitliche Erfassung und Verarbeitung gesamtwirtschaftlicher Daten in einem einheitlichen Kontensystem gewährleistet die Vergleichbarkeit volkswirtschaftlicher Größen zwischen allen Ländern der EU. Eine weiter gehende, weltweite Abstimmung wird dadurch erreicht, dass das ESVG auf dem **System of National Accounts (SNA)** der Vereinten Nationen (UN) basiert.

---

[1] vgl. Entstehungs-, Verwendungs- und Verteilungsrechnung im Rahmen der VGR, S. 103 ff.

In der Inlandsproduktberechnung im Rahmen des ESVG werden wirtschaftlich gleichartig agierende Wirtschaftssubjekte zu Sektoren zusammengefasst. Diese Sektorbildung stimmt allerdings nicht mit der Abgrenzung der Sektoren in den Kreislaufmodellen überein (vgl. S. 70 ff.).

Sektoren	zugeordnete Wirtschaftssubjekte
nichtfinanzielle Kapitalgesellschaften	– Kapitalgesellschaften (AG und GmbH) – Personengesellschaften (OHG und KG) – rechtlich unselbstständige Eigenbetriebe des Staates – rechtlich unselbstständige Eigenbetriebe privater Organisationen ohne Erwerbszweck wie Krankenhäuser, Pflegeheime sowie Wirtschaftsverbände
finanzielle Kapitalgesellschaften	Banken, Versicherungen, Börsen u. a.
private Haushalte	– Einzelpersonen und Gruppen von Einzelpersonen als Konsumenten – Einzelpersonen als Produzenten (selbstständige Landwirte, Einzelunternehmer, Händler, Gastwirte, Freiberufler u. a.)
private Organisationen ohne Erwerbszweck	politische Parteien, Gewerkschaften, Kirchen, Wohlfahrtverbände, Vereine u. a.
Staat	Bund, Länder, Gemeinden, Träger der Sozialversicherungen
übrige Welt	Wirtschaftseinheiten, die ihren ständigen (Wohn-)Sitz außerhalb des Wirtschaftsgebietes Deutschland haben

(Quelle: © Statistisches Bundesamt (Destatis), 2020 – Auszug Homepage)

Für jeden Sektor wird eine Vielzahl von Konten eingerichtet. Auf diesen Konten werden die wirtschaftlichen Transaktionen der Wirtschaftssubjekte übersichtlich gebucht. Erfasst werden dabei nicht einzelwirtschaftliche Handlungen, sondern gleichartige Aktionen werden summarisch als Stromgrößen gebucht. Entsprechend den grundsätzlich zu unterscheidenden ökonomischen Aktivitäten sind folgende Kontenarten zu unterscheiden:

- **Produktionskonten** (Erfassung der Produktion von Gütern)
- **Einkommenskonten** (Erfassung der Entstehung, Verwendung und Verteilung des Einkommens)
- **Vermögensänderungskonten** (Erfassung der Vermögensbildung durch Sparen und Investieren)

▲ Zentrale Größen der Inlandsproduktberechnung

Die statistische Erfassung gesamtwirtschaftlicher Transaktionen in diesem komplexen Kontensystem ermöglicht die Bereitstellung wichtiger volkswirtschaftlicher Größen. So können vor allem die Daten für die Ermittlung des **Bruttoinlandsprodukts** und des **Volkseinkommens** entnommen werden:

```
  Bruttoproduktionswert
− Vorleistungen
= Bruttowertschöpfung
+ Gütersteuern
− Gütersubventionen
= Bruttoinlandsprodukt (BIP)
+ Erwerbs- und Vermögenseinkommen aus dem Ausland
− Erwerbs- und Vermögenseinkommen an das Ausland
= Bruttonationaleinkommen (BNE)
− Abschreibungen
= Nettonationaleinkommen (NNE) zu Marktpreisen
− Produktions- und Importabgaben an den Staat
+ Subventionen
= Nettonationaleinkommen zu Faktorkosten/Volkseinkommen
```

▲ Bruttoproduktionswert und Bruttowertschöpfung

```
  Bruttoproduktionswert
− Vorleistungen
= Bruttowertschöpfung
```

Der **Bruttoproduktionswert** einer Wirtschaftseinheit ist der Geldwert aller Verkäufe von Gütern (Sachgüter und Dienstleistungen) aus eigener Produktion sowie von Handelswaren an andere Wirtschaftseinheiten. Dabei werden die Verkaufspreise ausschließlich der Umsatzsteuer zugrunde gelegt. Hinzu kommt der Wert von Bestandsveränderungen an Halb- und Fertigerzeugnissen und von selbst erstellten Anlagen. Halbfertige und fertige Erzeugnisse sowie selbst erstellte Anlagen gehen mit ihren Herstellungskosten in die Summenbildung ein.

Auch der Bruttoproduktionswert der sogenannten „Nichtmarktproduzenten" (Sektoren Staat und private Organisationen ohne Erwerbszweck) wird durch Addition der Aufwandspositionen ermittelt. Dies ist immer dann erforderlich, wenn die erstellten Leistungen nicht über den Markt gehandelt werden, sondern der Allgemeinheit ohne spezielles Entgelt zur Verfügung gestellt werden.

Die **Bruttowertschöpfung** wird ermittelt, indem von diesem Bruttoproduktionswert der Wert an Waren und Dienstleistungen abgezogen wird, der im Prozess der Produktion verbraucht worden ist. Diese sogenannten Vorleistungen umfassen außer den eingesetzten Roh-, Hilfs- und Betriebsstoffen sowie anderen Materialien auch Leistungen für Reparaturen, Transportkosten, Anwaltskosten, gewerbliche Mieten, Benutzungsgebühren für öffentliche Einrichtungen u. a.

Beispiel Die Bürodesign GmbH bezieht von der Sägewerk AG Rohstoffe. Diese wiederum hat als Zulieferer die Forstwirtschaft KG. Unter der Prämisse, dass es in der Volkswirtschaft keine weiteren Unternehmen gibt, werden zur Ermittlung des Bruttoproduktionswertes die Produktionskonten dieser drei Unternehmen zum Produktionskonto des Sektors „nichtfinanzielle Kapitalgesellschaften" aggregiert (zusammengefasst).

Die Volkswirtschaftliche Gesamtrechnung (VGR)

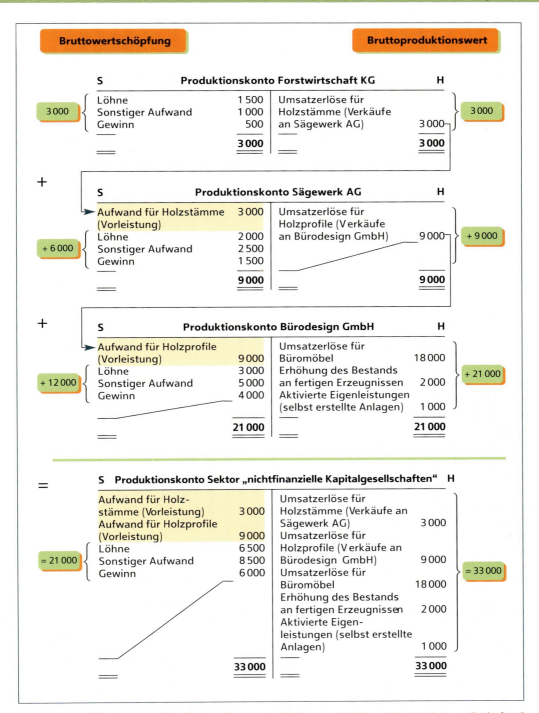

Der Bruttoproduktionswert aller Unternehmen des Sektors „nichtfinanzielle Kapitalgesellschaften" beträgt 33 000 GE. Diese Summe entspricht aber nicht dem Gesamtwert der erzeugten und verfügbaren Güter. Die zu Holzprofilen verarbeiteten Holzstämme sind als Vorleistungen in die Büromöbel eingegangen. Der Sektor hat damit insgesamt folgende Werte geschaffen:

verkaufte Büromöbel	18 000	(Wert zu Verkaufspreisen)
+ hergestellte, aber noch nicht verkaufte Büromöbel	2 000	(Wert zu Herstellungskosten)
+ selbst erstellte Anlagen	1 000	(Wert zu Herstellungskosten)
= Bruttowertschöpfung	21 000	

Zum selben Ergebnis führt die Rechnung:

Bruttoproduktionswert	33 000
− Vorleistungen	12 000
= Bruttowertschöpfung	21 000

▲ Bruttowertschöpfung und Bruttoinlandsprodukt (BIP)

= Bruttowertschöpfung
+ Gütersteuern
− Gütersubventionen
= Bruttoinlandsprodukt (BIP)

Das Bruttoinlandsprodukt soll die Leistung der gesamten Volkswirtschaft ausweisen. Dabei sollen die produzierten Güter zu den Marktpreisen bewertet werden, die die Erwerber beim Kauf dieser Güter am Markt bezahlen. Die Bruttowertschöpfung entspricht noch nicht diesem Marktpreiswert. Es sind zwei Wertkorrekturen erforderlich.

Die auf die Güter zu zahlenden Steuern (z. B. Umsatzsteuer, Zölle, Verbrauchsteuern) sind nicht in der Bruttowertschöpfung enthalten, wohl aber in den Marktpreisen, die die Käufer zahlen. Diese Gütersteuern müssen folglich addiert werden.

Entgegengesetzt verhält es sich mit Subventionen. Erhält der Produzent für seine Güterproduktion Subventionen, erhöhen diese staatlichen Unterstützungen den Produktionswert. Die gewährten Subventionen sind damit auch in der Bruttowertschöpfung enthalten, werden aber nicht von den Käufern der Güter über den Marktpreis gezahlt. Die Subventionen müssen also abgezogen werden, um zum Marktpreiswert zu kommen.

▲ Inlandskonzept und Inländerkonzept

= Bruttoinlandsprodukt (BIP)
+ Erwerbs- und Vermögenseinkommen aus dem Ausland
− Erwerbs- und Vermögenseinkommen an das Ausland
= Bruttoinländerprodukt / Bruttonationaleinkommen (BNE)

Das Bruttoinlandsprodukt ist der Gesamtwert aller im Inland geschaffenen Güter (produzierte und verkaufte Güter, produzierte und auf Lager genommene Halb- und Fertigprodukte, selbst erstellte Anlagen). Diese im **Inland** erwirtschaftete Gesamtleistung ist jedoch nicht mit der Leistung der Inländer identisch. Die Wertschöpfung der **Inländer** ergibt sich erst nach Berücksichtigung der Einkommenszahlungen aus dem Ausland und der Einkommenszahlungen an das Ausland.

Erwerbs- und Vermögenseinkommen aus dem Ausland

Beispiel Toni Neumann, Bruder von Antje Land, lebt mit seiner Familie in der Nähe von Aachen. Als gelernter Maurer ist er bei einem niederländischen Bauunternehmen beschäftigt. Mit seinem Produktionsfaktor Arbeit trägt er damit zur Wertschöpfung in den Niederlanden und zum niederländischen Inlandsprodukt bei. Sein Beitrag zur Wirtschaftsleistung im Nachbarland entspricht wertmäßig seinem Einkommen. Denn der niederländische Arbeitgeber zahlt Toni Neumannn nur das an Lohn, was wertmäßig seiner Arbeitsleistung entspricht.

Herr Neumann arbeitet zwar im Ausland, nach Feierabend und an den Wochenenden ist er aber bei seiner Familie in Deutschland. Wegen seines ständigen Wohnsitzes im Inland ist Toni Neumann deshalb Inländer.

Will man die Leistung aller Inländer der deutschen Volkswirtschaft ermitteln, muss man zum deutschen Bruttoinlandsprodukt die Wirtschaftsleistung von Toni Neumann in den Niederlanden (repräsentiert durch sein Erwerbseinkommen) addieren.

Andere Inländer stellen dem Ausland nicht ihre Arbeit, sondern den viel flexibleren Produktionsfaktor Kapital zur Verfügung. Doch auch ihr Kapitaleinsatz im Ausland, leistet einen Beitrag zur ausländischen Wertschöpfung. Dem Ausmaß dieser Wertschöpfung entsprechend, beziehen diese Inländer Vermögenseinkommen (Zinsen, Dividenden u. a.) aus dem Ausland. Auch dieses Vermögenseinkommen ist zum deutschen Bruttoinlandsprodukt zu addieren, wenn man die Wirtschaftsleistung aller inländischen Produktionsfaktoren ausweisen will, gleichgültig ob diese Leistung im Inland oder im Ausland erbracht worden ist.

Erwerbs- und Vermögenseinkommen an das Ausland

Beispiel Henk de Vroome, Niederländer mit Wohnsitz in Vaals nahe der Grenze zu Deutschland, arbeitet als Zuschneider in der Polsterei der Bürodesign GmbH. Mit seiner Arbeit trägt er damit zur Wertschöpfung in Deutschland und so zum deutschen Bruttoinlandprodukt bei. Entsprechend seinem wertmäßigen Beitrag erhält er von der Bürodesign GmbH Arbeitslohn.

Herr de Vroome arbeit zwar im Inland, ist aber wegen seines ständigen Wohnsitzes in Belgien kein Inländer.

Will man die Leistung aller Inländer der deutschen Volkswirtschaft ermitteln, muss man die im deutschen Bruttoinlandsprodukt enthaltene Leistung von Henk de Vroome (repräsentiert durch sein Erwerbseinkommen) subtrahieren.

Andere Ausländer stellen dem Inland nicht ihre Arbeit, sondern Kapital zur Verfügung. Mit diesem Kapitaleinsatz von Ausländern werden im Inland Werte geschaffen. Als Gegenleistung beziehen die Ausländer entsprechend dem Ausmaß der Wertschöpfung Einkommen in Form von Zinsen, Dividenden u. a. Auch dieses Vermögenseinkommen ist vom inländischen Bruttoinlandsprodukt zu subtrahieren, will man den Anteil von ausländischen Produktionsfaktoren an der inländischen Wertschöpfung herausrechnen. Die Restgröße gibt die Wirtschaftsleistung der Inländer wieder.

Bruttoinländerprodukt als Bruttonationaleinkommen (BNE)

Ausgangspunkt ist das **Bruttoinlandsprodukt.** Es spiegelt die **Wertschöpfung im Inland** wider. Aus dieser Größe kann das **Bruttoinländerprodukt** abgeleitet werden. Es repräsentiert die **Wertschöpfung der Inländer** einer Volkswirtschaft. Die beiden Korrekturgrößen werden in der Statistik oft gegeneinander saldiert.

Beispiel

Bruttoinlandsprodukt (BIP)	2 500		Bruttoinlandsprodukt (BIP)	2 500
+ Einkommen aus dem Ausland	150	}	+ Saldo der Primäreinkommen	
− Einkommen an das Ausland	50		aus der übrigen Welt	100
= Bruttoinländerprodukt/			= Bruttoinländerprodukt/	
Bruttonationaleinkommen (BNE)	2 600		Bruttonationaleinkommen (BNE)	2 600

In der Produktion von Gütern, d. h. in der Wertschöpfung, entsteht Einkommen (vgl. S. 29 f.). Das Bruttoinländerprodukt entspricht der Wertschöpfung der Inländer. In Höhe dieser Wertschöpfung entsteht den Inländern Einkommen. Aus der Perspektive der Einkommensentstehung wird das Bruttoinländerprodukt deshalb auch als Bruttonationaleinkommen bezeichnet.

Die Volkswirtschaftliche Gesamtrechnung (VGR)

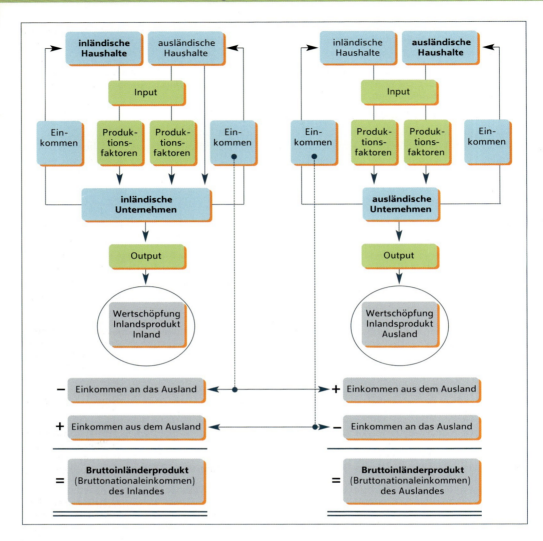

▲ **Brutto- und Nettogrößen**

= Bruttonationaleinkommen (BNE)
− Abschreibungen
= **Nettonationaleinkommen (NNE)**

Im Produktionsprozess der betrachteten Periode werden Anlagevermögenswerte eingesetzt (z. B. Bauten, Anlagen und Ausrüstungen). Es kommt dadurch zu einem produktionsbedingten Verschleiß. Hinzu kommt die Wertminderung durch wirtschaftliches Veralten von Vermögenswerten (technischer Fortschritt).

Ein Teil der neuen Wertschöpfung der aktuellen Berichtsperiode wird folglich benötigt, um diese Wertminderungen zu ersetzen und um die Substanz der Volkswirtschaft an abnutzbaren Vermögenswerten

(**Kapitalstock**) zu erhalten. Die durch Abnutzung und technisches Veralten bedingte Wertminderung am Kapitalstock der Volkswirtschaft wird in den Abschreibungen erfasst. In Höhe der Abschreibungen dient die aktuelle Güterproduktion dem Ersatz von Vermögenswerten, die in Vorperioden vorhanden gewesen, aber in der aktuellen Periode verschlissen worden sind. Dieses Gütervolumen steht nicht zur Verteilung zur Verfügung und fließt folglich auch nicht als Einkommen an die Haushalte.

▲ Bewertung zu Marktpreisen und zu Faktorkosten

= Nettonationaleinkommen (NNE) zu Marktpreisen
− Produktions- und Importabgaben an den Staat
+ Subventionen
= **Nettonationaleinkommen (NNE) zu Faktorkosten**
  Volkseinkommen

Das Nettonationaleinkommen wird zu Marktpreisen ausgewiesen. Die Marktpreise werden jedoch durch staatliche Aktivität beeinflusst. So sind in den Marktpreisen Gütersteuern und sonstige Produktionsabgaben (z. B. Umsatzsteuer, Zölle, Importabgaben, Verbrauchssteuern) enthalten, die bei der Produktion und beim Handel der Güter zu entrichten sind. Diese Produktions- und Importabgaben fließen an den Staat und nicht als Einkommen an die inländischen Haushalte. Das Einkommen aller Inländer (**Volkseinkommen**), das in der gesamtwirtschaftlichen Güterproduktion entsteht, ergibt sich somit erst nach Abzug der staatlichen Abgaben vom Nettonationaleinkommen.

Beispiel Die Bürodesign GmbH produziert und verkauft im aktuellen Geschäftsjahr u. a. 1 000 Schreibtische. Im Verkaufspreis von 595,00 € je Schreibtisch sind u. a. 110,00 € an Gütersteuern und sonstigen Produktionsabgaben einkalkuliert. Der Marktpreiswert aller Schreibtische in Höhe von 595 000,00 € geht in das Bruttonationaleinkommen ein. Der darin enthaltene Steueranteil fließt aber an den Staat und nicht als Einkommen an die Haushalte.

Eine entgegengesetzte Auswirkung haben **Subventionen.** Sie müssen deshalb zum Marktpreiswert der Güter addiert werden.

Beispiel Die Herstellung eines anderen Schreibtisch-Modells verursacht bei der Bürodesign GmbH Kosten je Stück von 400,00 €. Im aktuellen Geschäftsjahr werden u. a. 1 000 Schreibtische produziert und verkauft. Auf dem Absatzmarkt herrscht ein intensiver Preiswettbewerb, sodass die Tische nur zu Selbstkosten absetzbar sind. Der Marktpreiswert aller Schreibtische schlägt sich mit 476 000,00 € (einschließlich 76 000,00 € Umsatzsteuer) im Bruttonationaleinkommen nieder.

Um zu verhindern, dass die Bürodesign GmbH zukünftig die Produktion einstellt und Arbeitskräfte entlässt, subventioniert der Staat die Schreibtischproduktion bei der Bürodesign GmbH mit 20,00 € je Tisch. In der Folge fließen der Bürodesign GmbH zusätzlich zu den Marktpreiserlösen für die verkauften Schreibtische noch Subventionserlöse von 20 000,00 € zu. Dieser „Gewinn" fließt als Gewinneinkommen an die Haushalte der Gesellschafter der Bürodesign GmbH und erhöht damit das Volkseinkommen.

Der so korrigierte Wert entspricht den Kosten für die Produktionsfaktoren im Herstellungsprozess der Güter einschließlich des erzielten Gewinns. Mit anderen Worten, es liegt eine Bewertung nicht mehr zu Marktpreisen, sondern zu Faktorkosten einschließlich Gewinn vor. Aus Unternehmensperspektive ist es deshalb zutreffend, vom **Nettoinlandsprodukt zu Faktorkosten** zu sprechen.

Die Unternehmen zahlen diese Kosten als Löhne, Gehälter, Zinsen, Mieten, Pachten und als Gewinn an die Haushalte. Aus Sicht der Haushalte handelt es sich aber nicht um Kosten, sondern um Einkommen. Aus Sicht der Haushalte kann das Nettonationaleinkommen zu Faktorkosten deshalb als **Volkseinkommen** bezeichnet werden.

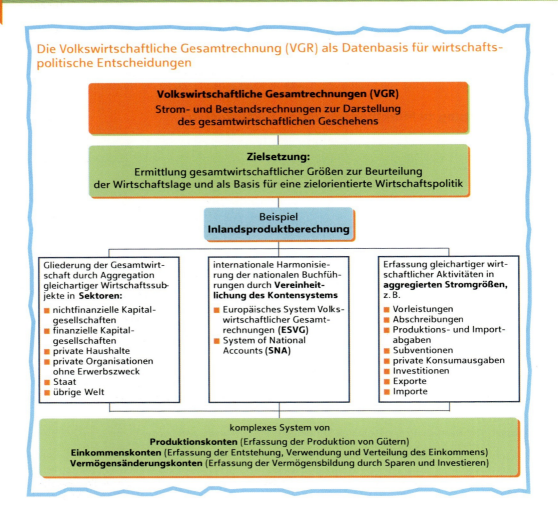

1 Erklären Sie, was unter Volkswirtschaftlichen Gesamtrechnungen (VGR) zu verstehen ist.

2 Erläutern Sie, wie eine internationale Harmonisierung der volkswirtschaftlichen Gesamtrechnungen erreicht werden soll. Begründen Sie, z. B. am Beispiel der Diskussion über den europäischen Stabilitätspakt, die Notwendigkeit internationaler Harmonisierung.

3 Nennen Sie die Sektoren der Inlandsproduktberechnung im Rahmen des Europäischen Systems Volkswirtschaftlicher Gesamtrechnungen (ESVG).

4 In einer Volkswirtschaft gibt es nur drei Produktionsunternehmen: die Rohstoff AG, die Maschinenbau AG und die Konsumgüter GmbH.

S	Produktionskonto Rohstoff AG			H
Löhne	1 000	Umsatzerlöse für Rohstoffe		3 000
Abschreibungen	2 000	(Verkäufe an Maschinenbau AG)		
Sonstiger Aufwand	3 000	Umsatzerlöse für Rohstoffe		3 500
Gewinn	500	(Verkäufe an Konsumgüter GmbH)		
	6 500			6 500

S	Produktionskonto Maschinenbau AG			H
Aufwand für Rohstoffe	3 000	Umsatzerlöse für Maschinen		4 000
Löhne	2 000	(Verkäufe an Rohstoff AG)		
Abschreibungen	1 000	Umsatzerlöse für Maschinen		2 000
Sonstiger Aufwand	2 000	(Verkäufe an Konsumgüter GmbH)		
Gewinn	1 000	Aktivierte Eigenleistungen		3 000
		(selbst erstellte Anlagen)		
	9 000			9 000

S	Produktionskonto Konsumgüter GmbH			H
Aufwand für Rohstoffe	3 500	Umsatzerlöse für Konsumgüter		9 000
Löhne	2 500	(Verkäufe an private Haushalte)		
Abschreibungen	1 500	Erhöhung des Bestands an fertigen		
Sonstiger Aufwand	2 500	Erzeugnissen		3 000
Gewinn	2 000			
	12 000			12 000

a) Erstellen Sie durch Aggregation der drei Produktionskonten (Werte jeweils in Mrd. Geldeinheiten) das Produktionskonto des Sektors „nichtfinanzielle Kapitalgesellschaften".
b) Ermitteln Sie den/die
– Bruttoproduktionswert,
– Bruttowertschöpfung,
– Verschleiß am Kapitalstock der Volkswirtschaft (Abschreibungen),
– Nettowertschöpfung,
– Bruttoinvestition,
– Nettoinvestition,
– Anlageinvestition,
– Lagerinvestition.
c) Begründen Sie am Beispiel Ihres Produktionskontos für den Sektor „nichtfinanzielle Kapitalgesellschaften", warum der Bruttoproduktionswert nicht die Wertschöpfung einer Volkswirtschaft wiedergibt.

5 Erläutern Sie, wie sich die folgenden Fälle bei der Berechnung des Bruttoinlandsprodukts und des Bruttonationaleinkommens auswirken.
a) Ein Arbeitnehmer hat seinen Wohnsitz in Saarbrücken und arbeitet in Frankreich.
b) Ein Arbeitnehmer hat seinen Wohnsitz in Basel und arbeitet in Deutschland.
c) Ein Arbeitnehmer mit türkischer Nationalität hat seinen Wohnsitz in Köln und arbeitet bei einem Unternehmen mit Geschäftssitz in Düsseldorf.
d) Ein Bundesbürger mit Wohnsitz in München hat Aktien eines amerikanischen Unternehmens erworben und erhält Dividende.
e) Ein amerikanischer Staatsbürger mit Wohnsitz in Heidelberg besitzt Aktien eines deutschen Konzerns und bezieht die Dividende.

6 Nehmen Sie Stellung zu folgender Aussage: „Wenn der Saldo der Primäreinkommen aus dem Ausland positiv ist, so ist das ein Indiz dafür, dass mehr Ausländer ihr Kapital im Inland investieren als Inländer im Ausland."

7 Der Inlandsproduktberechnung einer Volkswirtschaft sind folgende Daten (in GE) zu entnehmen:

Bruttoproduktionswert	2 900
Vorleistungen	450
Saldo Gütersteuern/Subventionen	260
Saldo der Primäreinkommen aus der übrigen Welt	150
Abschreibungen	600
Produktions- und Importabgaben	140
Subventionen	50

Ermitteln Sie die/das
- Bruttowertschöpfung,
- Bruttoinlandsprodukt,
- Bruttonationaleinkommen,
- Nettonationaleinkommen zu Marktpreisen,
- Volkseinkommen.

8 Nehmen Sie Stellung zu folgender Aussage: „Die Erhöhung des Umsatzsteuersatzes von 19 % auf 21 % führt zu einer Erhöhung des Bruttoinlandsprodukts zu Marktpreisen und damit zu einer Steigerung der Wertschöpfung und des Volkseinkommens."

3 Die wirtschaftspolitischen Grundkonzeptionen

3.1 Nachfrageorientierte Wirtschaftspolitik

Frau Grell und Herr Dohm, Mitarbeiter in der Abteilung Absatz der Bürodesign GmbH, diskutieren über die zukünftige Entwicklung der Konjunktur.

Herr Dohm: Der Staat müsste endlich wieder einmal etwas zur Belebung der Konjunktur tun. Vor allem ein staatliches Konjunkturprogramm für Zukunftsinvestitionen in den Klimaschutz, die Bildung und die digitale Infrastruktur würde auch unseren Absatz beflügeln.

Frau Grell: „Ich bin skeptisch. Schon in der Vergangenheit sind solche Konjunkturprogramme oft nur ein Strohfeuer gewesen. Und wer soll das bezahlen? Der Staat muss wieder neue Schulden machen. Das führt in Zukunft zu höheren Steuern, was bestimmt nicht förderlich für die Konjunktur ist."

Herr Dohm: „Wenn durch ein derartiges Programm die Konjunktur anspringt, nimmt die Beschäftigung zu. Die Einkommen steigen und damit auch die Steuern. Mit diesen zukünftigen Mehreinnahmen kann der Staat die Schulden zurückzahlen."

Frau Grell: „Ich weiß nicht. Angesichts der Staatsschuldenkrisen in vielen Euroländern lässt sich das pessimistische Konsum- und Investitionsklima nicht durch staatliche Kaufanreize überwinden."

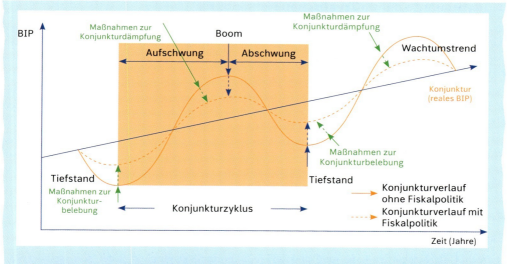

- Informieren Sie sich über die Grundzüge der nachfrageorientierten Wirtschaftspolitik. Erklären Sie, wie staatliche Nachfrageprogramme die Konjunktur positiv beeinflussen sollen.
- Erläutern Sie, inwiefern die Bürodesign GmbH von einem staatlichen Konjunkturprogramm profitieren kann.

▲ Der Keynesianismus als theoretische Grundlage

Zu Beginn des 20. Jahrhunderts praktizierten viele Staaten eine eher passive Finanzpolitik. Ziel war in erster Linie ein ausgeglichener Staatshaushalt. Dabei bestand jedoch die Gefahr einer **prozyklischen Finanzpolitik.**

In Zeiten der Hochkonjunktur erhöhte der Staat seine Nachfrage, weil er höhere Steuereinnahmen zu verzeichnen hatte. In Rezessionsphasen schränkte der Staat seine Nachfrage ein, weil sich seine Steuereinnahmen verringerten. Die Auswirkungen dieser prozyklischen Finanzpolitik waren verhängnisvoll. Im Boom wurde die Überhitzung der Wirtschaft weiter vorangetrieben. In der Rezession verstärkte der Staat den Abschwung und die Probleme auf dem Arbeitsmarkt.

Der britische Volkswirtschaftler **John Maynard Keynes** (1883–1946) widerlegte unter dem Eindruck der Weltwirtschaftskrise (1918–1933) die bis dahin vertretene Auffassung, nach der die Marktkräfte automatisch zur Vollbeschäftigung führen.

Nach Keynes' Auffassung kommt es in einer Marktwirtschaft regelmäßig zu Schwankungen bei der privaten Nachfrage von Haushalten und Unternehmen. Dies führt wiederum zu Produktions- und Beschäftigungsschwankungen. Der Markt reguliert sich jedoch nicht selbst, sondern es kommt zu Wirtschaftskrisen und Massenarbeitslosigkeit.

Der Staat soll daher nach Keynes die Rolle des Krisenmanagers übernehmen und durch stabilitätspolitische Eingriffe gegensteuern. Mit seinem Hauptwerk „Allgemeine Theorie der Beschäftigung, des Zinses und des Geldes" (1936) wird Keynes zum Begründer einer neuen Richtung in der Nationalökonomie, dem sogenannten **Keynesianismus.**

▲ Instrumente der antizyklischen Fiskalpolitik

Nach der Theorie von Keynes soll die Beeinflussung der wirtschaftlichen Entwicklung im Wesentlichen durch eine gegen den Konjunkturzyklus gerichtete Veränderung der Staatseinnahmen und -ausgaben bewirkt werden. Deshalb bezeichnet man die Umsetzung der keynesianischen Wirtschaftspolitik auch als **antizyklische Fiskalpolitik**.

Der Begriff **Fiskus** stammt aus dem Lateinischen und bedeutet „Korb, Geldkorb, Kasse". In Anlehnung an diese Grundbedeutung versteht man unter Fiskus den Staatshaushalt mit seinen Staatseinnahmen, Staatsausgaben und seinem Staatsvermögen.

Fiskalpolitik ist somit Konjunkturpolitik mittels einer gezielten Steuerung der Ausgaben und Einnahmen der Staatskasse. In der Rezession soll die gesamtwirtschaftliche Nachfrage belebt werden (expansive Wirkung), in der Hochkonjunktur wird dagegen ihre Dämpfung angestrebt (restriktive Wirkung).

▲ Ausgabenpolitik

Expansive Maßnahmen in Konjunktur- und Beschäftigungskrisen

Herrscht Unterbeschäftigung vor und sind die Produktionsanlagen unausgelastet, dann soll der Staat die Nachfrage „ankurbeln". Er kann dies direkt durch eine Erhöhung öffentlicher Aufträge bewirken, z.B. durch Investitionen in Verkehrswege, in die digitale Infrastruktur, in Bildungseinrichtungen oder in den Klimaschutz. Zur Finanzierung dieser Investitionen kann sich der Staat zeitlich befristet auch verschulden **(Deficit-Spending)**. Oder der Staat fördert die private Nachfrage durch Subventionen an Unternehmen bzw. Sozialleistungen an private Haushalte.

Beispiel In der Konjunkturphase der Rezession erhält die Bürodesign GmbH von der Stadt Köln den Auftrag, alle Berufskollegs mit neuen Schultischen und Stühlen auszustatten. Zur Abwicklung dieses Großauftrags stellt die Bürodesign GmbH fünf neue Tischler/-innen ein und kauft drei neue Holzbearbeitungsmaschinen.

Die neuen Mitarbeiter/-innen bezogen bisher Arbeitslosengeld und hatten deshalb ihre Konsumgüternachfrage auf das unbedingt Erforderliche reduziert. Angesichts des erhöhten und gesicherten Arbeitseinkommens durch die neue Arbeitsstelle erhöhen sie ihre Nachfrage nach Konsumgütern des täglichen Bedarfs und holen die bisher zurückgestellte Anschaffung langlebiger Gebrauchsgüter (z. B. neue Wohnungseinrichtungsgegenstände, Privat-Pkw) nach.

Der Kauf der drei neuen Maschinen durch die Bürodesign GmbH führt bei den betroffenen Unternehmen der Maschinen- und Anlagenbauindustrie zu einer verbesserten Auftragslage. Diese Belebung der Konsum- und Investitionsgüternachfrage bewirkt wiederum auch bei Unternehmen in vorgelagerten Wirtschaftsstufen positive Produktions-, Beschäftigungs- und Einkommenseffekte. Es kommt zu einem sich selbst tragenden Wirtschaftsaufschwung (Multiplikatoreffekt).

Restriktive Maßnahmen in Boom- und Vollbeschäftigungsphasen

In der Hochkonjunktur, d.h. bei Vollauslastung der Produktionsanlagen, knappen Arbeitskräften und steigenden Preisen, soll der Staat dagegen bremsend auf die gesamtwirtschaftliche Nachfrage und die wirtschaftliche Entwicklung einwirken. Er verschiebt öffentliche Aufträge, z.B. für Baumaßnahmen, und verringert damit seine Ausgaben. Die vorgesehenen Mittel werden bei der Zentralbank stillgelegt **(Konjunkturausgleichsrücklage)**.

Beispiel Nach einer längeren Phase wirtschaftlicher Stagnation schlägt sich der aufgestaute Nachholbedarf in einer Zunahme der Binnennachfrage nieder. Unternehmen holen lange zurückgestellte Investitionen auch im Bereich der Büroausstattung nach. Private Haushalte entschließen sich zu Neu- und Ersatzanschaffungen von Einrichtungsgegenständen.

Demzufolge sind die Auftragsbücher auch der Bürodesign GmbH gefüllt, die Produktionskapazitäten sind voll ausgelastet. Die Bürodesign GmbH muss gegenüber ihren Kunden Lieferzeiten von sechs Monaten einführen. Die deshalb dringend erforderliche Kapazitätserweiterung kann die Bürodesign

GmbH nicht realisieren. Benötigte Fachkräfte sind am Arbeitsmarkt nicht mehr verfügbar. Trotz stark gestiegener Preise für neue Holzverarbeitungsmaschinen ist die Nachfrage nach Maschinen und Ausrüstungen außerdem so hoch, dass auch die Hersteller der Maschinenbauindustrie lange Lieferfristen haben.

In dieser Situation begrüßt die Geschäftsführung der Bürodesign GmbH die Entscheidung der Stadt Köln, die geplante Ausstattung aller Berufskollegs mit neuen Schultischen und -stühlen vorerst zurückzustellen.

▲ Einnahmenpolitik

Expansive Maßnahmen in Konjunktur- und Beschäftigungskrisen

Automatisch stabilisierend auf die private Nachfrage wirkt das Einkommensteuersystem mit seinem **linear progressiven Steuertarif.** Sinken die Einkommen im Abschwung, so hat ein niedrigerer Steuersatz eine gewisse antizyklische Wirkung. Das nachfragewirksame Nettoeinkommen geht weniger stark zurück als das Bruttoeinkommen, da der Steuersatz und damit die Steuerbelastung sinken.

Diese **automatische Stabilisierung** kann durch gesteuerte Maßnahmen bei den Steuereinnahmen unterstützt werden. So können die Einkommen- und Körperschaftsteuer gesenkt werden, z. B. durch **niedrigere Steuersätze** und **höhere Steuerfreibeträge. Günstigere Abschreibungsregelungen** für Neuinvestitionen verringern bei den Unternehmen den steuerpflichtigen Gewinn und senken die Steuerbelastung.

Die gezielte Verringerung der Steuereinnahmen des Staates erhöht die verfügbaren Mittel bei den Haushalten und Unternehmen. Es wird erwartet, dass dadurch die private Nachfrage nach Konsum- und Investitionsgütern steigt und in der Folge positive Wachstums- und Beschäftigungseffekte ausgelöst werden. Den Einnahmeausfall kann der Staat durch die Auflösung einer zuvor gebildeten Konjunkturausgleichsrücklage und/oder durch Kreditaufnahme ausgleichen, sodass es nicht nur zu einer Verlagerung der gesamtwirtschaftlichen Nachfrage vom staatlichen zum privaten Sektor kommt, sondern zu einer echten Steigerung.

Beispiel Zum 1. Januar 2019 und zum 1. Januar 2020 werden die Steuer-Grundfreibeträge erhöht und der Steuertarif (Steuersatz) wird zum Ausgleich der „kalten Progression" angepasst. Diese Steuersenkungen entlasten die Familie Land monatlich mit 80,00 €. In Verbindung mit der Erhöhung des Kindergelds um monatlich 10,00 € je Kind ab 1. Juli 2019 verfügt die Familie Land im Jahr 2020 über zusätzlich 100,00 € im Monat. Da außerdem die Zinsen niedrig sind, entschließt sich Familie Land, ein Anschaffungsdarlehen aufzunehmen und den Kauf einer neuen Einbauküche zu finanzieren. Die monatliche Zins- und Tilgungsrate (Annuität) für das Darlehen kann mit dem zusätzlich zur Verfügung stehenden Einkommen gut bestritten werden.

Restriktive Maßnahmen in Boom- und Vollbeschäftigungsphasen

In der Hochkonjunktur kann durch **Steuererhöhungen** die gesamtwirtschaftliche Nachfrage gebremst werden. Wichtig ist jedoch, dass die Mehreinnahmen des Staates in einer Konjunkturausgleichsrücklage, z. B. bei der Zentralbank, stillgelegt werden. Würde der Staat die gestiegenen Einnahmen für staatliche Investitionsvorhaben oder Unterstützungszahlungen an Haushalte und Unternehmen verwenden, käme es nur zu einer Verschiebung und nicht zu einer Rückführung der gesamtwirtschaftlichen Nachfrage.

Beispiel Herr Möller, Gruppenleiter Finanzen und Betriebswirtschaft der Bürodesign GmbH, klagt darüber, dass die gestiegenen Gewinne nicht nur durch den linear steigenden Steuersatz bei der Körperschaftssteuer belastet werden. Gleichzeitig werden auch die Abschreibungsmöglichkeiten für Neuinvestitionen beschränkt. Neuinvestitionen können nicht mehr degressiv mit 30 %, sondern nur noch linear abgeschrieben werden. Dadurch weist die Bürodesign GmbH einen höheren steuerpflichtigen Gewinn aus. Diese zusätzlichen Steuerbelastungen führen dazu, dass die Anschaffung einer neuen Holzbearbeitungsmaschine nicht mehr rentabel ist. Die Geschäftsführung beschließt deshalb, diese Investition nicht mehr durchzuführen.

▲ Die antizyklische Fiskalpolitik als nachfrageorientierte Wirtschaftspolitik

Es ist deutlich geworden, dass die antizyklische Fiskalpolitik nach Keynes in erster Linie auf eine **Beeinflussung der gesamtwirtschaftlichen Nachfrage** zielt. Durch eine konjunkturorientierte Steuerung seiner Ausgaben verändert der Staat direkt die Nachfrage in der Gesamtwirtschaft. Im Rahmen seiner Einnahmenpolitik versucht er, über eine Beeinflussung der Nachfrage von Haushalten und Unternehmungen die gesamtwirtschaftliche Nachfrage indirekt zu verändern. Wegen dieser grundsätzlichen Ausrichtung an der Nachfrage bezeichnet man diesen Politikansatz auch als **nachfrageorientierte Wirtschaftspolitik.**

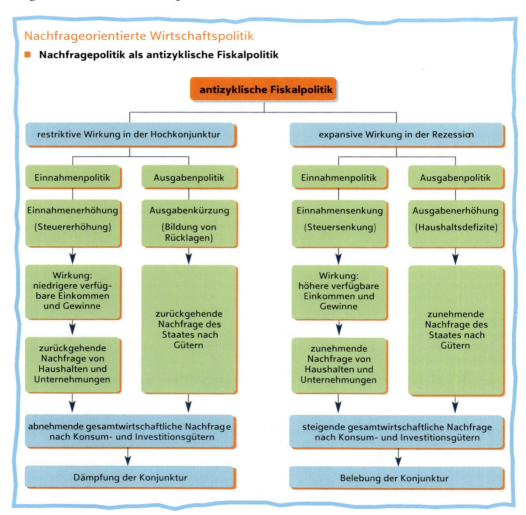

1. Erklären Sie die grundlegenden Unterschiede zwischen einer prozyklischen und einer antizyklischen Fiskalpolitik.
2. Beschreiben Sie die Grundzüge einer nachfrageorientierten Wirtschaftspolitik (antizyklische Fiskalpolitik).

3 Erläutern Sie am Beispiel der Einnahmenpolitik, was unter der automatischen Stabilisierung im Gegensatz zu der gesteuerten Stabilisierung zu verstehen ist.

4 Das im Rahmen der gesetzlichen Arbeitslosenversicherung ausgezahlte Arbeitslosengeld nimmt im Abschwung mit steigender Arbeitslosigkeit zu und sinkt im Aufschwung mit zunehmender Beschäftigung. Begründen Sie, inwiefern es sich bei diesem Zusammenhang um ein Beispiel für eine automatische Stabilisierung innerhalb der antizyklischen Fiskalpolitik handelt.

5 Im Rahmen der Ausgabenpolitik sollen Konjunkturausschläge sowohl nach unten als auch nach oben durch Variation der Staatsausgaben gedämpft werden. Beurteilen Sie anhand der Grafik auf Seite 79, inwieweit sich folgende Positionen des Haushaltes dazu eignen: „Arbeit u. Soziales", „Verteidigung", „Verkehr, digit. Infrastruktur", „Bildung, Forschung", „Gesundheit", „Bundesschuld" (Zinsen für aufgenommene Kredite).

6 Nehmen Sie Stellung zu folgender Aussage: „Wenn der Staat durch eine antizyklische Fiskalpolitik die Konjunktur fördern will, so muss er nicht zwingend ‚Deficit-Spending' praktizieren. Er kann seine zusätzlichen Ausgaben auch über erhöhte Steuereinnahmen finanzieren."

7 In Phasen der Hochkonjunktur bremst der Staat die gesamtwirtschaftliche Entwicklung durch eine Erhöhung der Steuerbelastung des privaten Sektors (Haushalte und Unternehmen). Begründen Sie, warum die zusätzlichen Einnahmen in einer Konjunkturausgleichsrücklage stillgelegt werden müssen und nicht für zusätzliche Staatsnachfrage eingesetzt werden dürfen.

8 a) Informieren Sie sich z. B. mithilfe des Internets über den sogenannten Stabilitätspakt.
b) Erläutern Sie vor diesem Hintergrund das Dilemma einer nachfrageorientierten Wirtschaftspolitik.

9 Durch eine Veränderung der Steuerschuld soll die Nachfrage der privaten Haushalte beeinflusst werden.
a) Eine Erhöhung der Einkommensteuer soll die Nachfrage abschwächen. Beurteilen Sie den Erfolg dieser Maßnahme, wenn die Verbraucher steigende Konsumgüterpreise erwarten.
b) Eine Senkung der Einkommensteuer soll die Nachfrage beleben. Beurteilen Sie den Erfolg dieser Maßnahme bei pessimistischen Zukunftserwartungen der Konsumenten.

3.2 Angebotsorientierte Wirtschaftspolitik

Im Rahmen seines VWL-Studiums an der Universität Köln hat Thomas Stein ein Seminar zur Wirtschaftspolitik belegt. Für eine Seminararbeit muss Thomas Zeitungsberichte auswerten. In diesem Zusammenhang liegt ihm der folgende Artikel aus dem Jahr 2004 vor.

Der letzte noch aktive Erfinder der Angebotspolitik tritt ab

KÖLN. Es waren nur wenige Sätze, mit denen fünf Herren im Spätherbst 1976 einen radikalen Paradigmenwechsel der ökonomischen Wissenschaft einleiteten – und sie waren gut versteckt: Im achten Absatz auf Seite 127 seines 13. Jahresgutachtens riss der Sachverständigenrat damals erstmals eine völlig neuartige Wirtschaftspolitik an: „Die nachfrageorientierte Globalsteuerung muss durch eine mittelfristig angelegte, angebotsorientierte Therapie ergänzt werden", forderten die Fünf Weisen – und wiesen ihr die Aufgabe zu, „die Bedingungen für das Investieren und den Wandel der Produktionsstruktur so zu verbessern, dass wieder mit angemessenem Wachstum und hohem Beschäftigungsstand gerechnet werden darf."

Mit dieser Passage erlebte der Rat seine bis heute größte Sternstunde – führende US-Ökonomen wie Michael Boskin, Martin Feldstein und Arthur Laffer griffen das Konzept auf, Reagan und Thatcher setzen es Anfang der 80er-Jahre in den USA und Großbritannien um.

In diesen Tagen zieht sich der letzte der fünf Autoren dieser wahrhaft historischen Zeilen aus dem aktiven Wissenschaftsbetrieb zurück – der soeben 65 Jahre alt gewordene Gerhard Fels, der seit 1983 das Kölner Institut der deutschen Wirtschaft (IW) leitet und sein Amt zum 1. Juli an den derzeitigen Chefvolkswirt der Deka-Bank, Michael Hüther, übergibt.

> Fels, 1976 gerade einmal 37 Jahre alt, „betrieb ‚supply-side economics' schon zu einem Zeitpunkt, als dieser Begriff noch gar nicht in der wirtschaftspolitischen Debatte eingeführt war", betonte der Kölner Ökonom Juergen B. Donges auf einem wissenschaftlichen Symposium in Köln, mit dem das IW Fels jetzt verabschiedete. Der scheidende Institutschef ist einer der Väter eines Konzepts, das „die beste ökonomische Maßnahme für die Verbesserung des Wohlstands ist", wie EZB-Chef Jean-Claude Trichet in Köln betonte – und das nach Einschätzung der meisten Ökonomen auch drei Jahrzehnte nach seiner Entwicklung immer noch aktuell ist.
>
> So steht für Trichet fest: „Die hohe Arbeitslosenquote im Euro-Raum signalisiert, dass die Flexibilität auf der Angebotsseite immer noch ungenügend ist – und dass weitere substanzielle Anstrengungen bei den Strukturreformen notwendig sind, vor allem auf den Arbeitsmärkten."

(Quelle: Storbeck, Olaf: Der letzte noch aktive Erfinder der Angebotspolitik tritt ab. In: Handelsblatt, 24.06.2004, S. 8.)

- Erstellen Sie zu dem Artikel „Der letzte noch aktive Erfinder der Angebotspolitik tritt ab" ein Textprotokoll, z. B. in der Form einer Mindmap.
- Informieren Sie sich mithilfe des Internets (http://www.sachverstaendigenrat-wirtschaft.de) über den Sachverständigenrat zur Begutachtung der gesamtwirtschaftlichen Entwicklung. Klären Sie insbesondere folgende Fragen:
  – Wer sind die aktuellen Mitglieder des Sachverständigenrates?
  – Welche Ziele und Aufgaben hat der Sachverständigenrat?
- Erklären Sie die Grundzüge einer angebotsorientierten Wirtschaftspolitik.

▲ Die theoretischen Grundlagen einer angebotsorientierten Wirtschaftspolitik

Eine Gegenbewegung zum Keynesianismus und der antizyklischen Fiskalpolitik ist die angebotsorientierte Wirtschaftspolitik. Sie basiert auf dem **sayschen Theorem.**

Der französische Nationalökonom **Jean-Baptiste Say** (1767–1832) war der Auffassung, dass sich jedes Angebot seine eigene Nachfrage schafft: Denn wer für den Markt ein Gut produziert, will Einkommen erzielen, damit er selbst Güter kaufen kann. Ein erhöhtes Güterangebot erzeugt damit automatisch eine entsprechend höhere Nachfrage. Eine unzureichende Gesamtnachfrage kann es auf Dauer gar nicht geben.

Say beschreibt auch schon die möglichen Folgen einer falschen Steuerpolitik. Wer zu hoch mit Steuern belastet wird, verfügt über eine geringere Kaufkraft. Sinkt dadurch die Nachfrage, sinkt auch die Produktion und das lässt in der Folge die Steuereinnahmen des Staates schrumpfen. Umgekehrt heißt das: Senkt die Regierung den Steuersatz, steigen Produktionsvolumen und Steuereinnahmen.

Ein bedeutender Vertreter der Angebotstheorie ist der US-amerikanische Ökonom **Milton Friedman** (1912–2006). Neben Keynes (vgl. S. 278 ff.) ist Friedman einer der einflussreichsten Ökonomen des 20. Jahrhunderts. In den 70er-Jahren trat seine angebotsorientierte Wirtschaftstheorie in Konkurrenz zum Modell des Keynesianismus.

Für die Vertreter einer angebotsorientierten Wirtschaftspolitik sind **mangelhafte Angebotsbedingungen die Ursache für niedrige Wachstumsraten und für hohe Arbeitslosigkeit.** Wirtschaftspolitik muss aus dieser Sicht deshalb die Voraussetzungen für das optimale Funktionieren der Marktkräfte schaffen, die Rahmenbedingungen für die Wirtschaft verbessern und Investitionshemmnisse beseitigen. In erster Linie entscheiden nämlich die Renditeerwartungen der Unternehmen darüber, ob Investitionen getätigt werden und in der Folge neue Arbeitsplätze entstehen.

Angebotsorientierte Wirtschaftspolitik

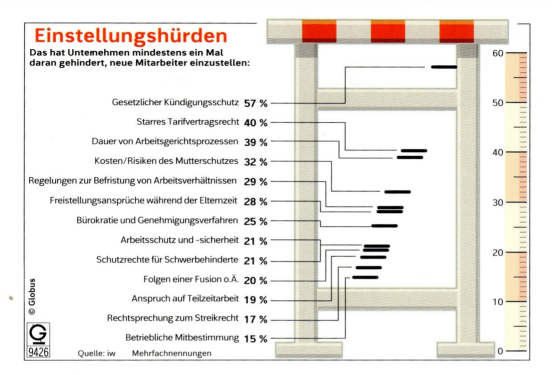

Vertreter einer angebotsorientierten Wirtschaftspolitik sind davon überzeugt, dass freie Märkte sich selbst regulieren und zu einem stabilen Gleichgewicht finden. Gestört wird dieses Gleichgewicht gerade durch fehlerhafte und marktwidrige Eingriffe des Staates in die Wirtschaft, insbesondere durch fiskalpolitische Maßnahmen (These vom Staatsversagen). Soweit Globalsteuerungen überhaupt notwendig sind, müssen sie über die Steuerung der Geldmenge (Geldpolitik) erfolgen. Die schwerwiegendsten **Folgen einer falschen Wirtschaftspolitik** sind so gesehen:

- eine zu hohe Staatsquote
- eine zu hohe Staatsverschuldung, die zu Inflation und zu hohen und damit investitionsfeindlichen Zinsen führt
- zu zahlreiche staatliche Reglementierungen, z. B. Umweltauflagen und Arbeitnehmerschutzgesetze
- zu hohe Sozialabgaben und damit zu hohe Lohnnebenkosten

Ein weiterer Störfaktor wird von den Verfechtern einer angebotsorientierten Wirtschaftspolitik in den Gewerkschaften gesehen, die für überzogene Lohnforderungen verantwortlich gemacht werden.

Folge all dieser Störungen sind zu niedrige Gewinne, insbesondere im internationalen Vergleich, und in der Folge zu wenig Investitionen im Inland; im Gegenteil: Produktionsstätten werden vom Inland ins Ausland verlagert, wo die Unternehmungen günstigere Bedingungen vorfinden.

▲ Instrumente zur Förderung der privaten Investitionsbereitschaft und -fähigkeit

Entlastungen für die Unternehmen sollen aus angebotstheoretischer Sicht z. B. durch folgende Maßnahmen erreicht werden:

▲ Deregulierung von Märkten und Reduzierung staatlicher Auflagen

Beispiel Durch die Reform der Handwerksordnung werden Existenzgründungen erleichtert. Fachkräfte aus dem Handwerk können sich in vielen Fachrichtungen auch ohne Meisterbrief selbstständig machen. Dies soll Arbeitsplätze sichern und Impulse für neue Arbeits- und Ausbildungsplätze geben. Auch die Bürodesign GmbH erwartet infolge einer Zunahme von Unternehmensgründungen steigende Auftragseingänge für Büromöbel.

▲ Senkung der Lohnnebenkosten

Beispiel Durch eine Gesundheitsreform können die Beiträge für die gesetzliche Krankenversicherung gesenkt werden. Zusätzliche Steuereinnahmen werden für Zuschüsse an die Rentenversicherung genutzt. Dadurch stabilisiert sich der Beitragssatz für diese Versicherung. Das führt auch bei der Bürodesign GmbH zu einer Senkung der Personalkosten, bedingt durch die niedrigeren Arbeitgeberbeiträge zur Kranken- und Rentenversicherung der Mitarbeiter. Die Geschäftsführung der Bürodesign GmbH beschließt daraufhin, eine neue Produktionsstätte nicht wie geplant in einem osteuropäischen Land mit niedrigen Lohnkosten zu errichten, sondern die Erweiterungsinvestition im Inland vorzunehmen.

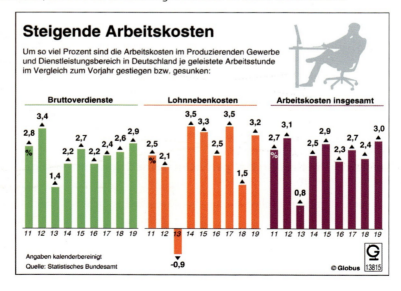

▲ Reform arbeitsrechtlicher Bestimmungen

Beispiel Das Kündigungsschutzgesetz schützt die Arbeitnehmer vor der Kündigung. In der Vergangenheit galten die Schutzvorschriften nur für Betriebe mit mehr als fünf Beschäftigten. Durch eine Gesetzesänderung wird diese Schwelle für die volle Geltung des Kündigungsschutzes auf zehn Mitarbeiter erhöht. Das heißt, auch Unternehmen, die bis zu zehn Personen beschäftigen, können jetzt neu eingestellte Mitarbeiter leichter wieder kündigen. Die Betriebe sind von daher eher motiviert, neues Personal einzustellen.

Die Bürodesign GmbH als mittelständisches Unternehmen mit deutlich mehr als zehn Beschäftigten profitiert von dieser Gesetzesänderung zwar nicht. Allerdings ist die Personalleiterin Frau Geissler froh darüber, dass die Merkmale zur Sozialauswahl bei betriebsbedingten Kündigungen endlich gesetzlich festgeschrieben sind und sie „Leistungsträger" der Bürodesign GmbH leichter bei der Sozialauswahl herausnehmen kann. Auch die Möglichkeit, gekündigten Arbeitnehmern zukünftig eine Abfindung anbieten zu können, wenn diese auf ihr Klagerecht vor dem Arbeitsgericht verzichten, wird von ihr positiv gesehen. Nach Einschätzung von Frau Geissler werden die neuen gesetzlichen Bestimmungen die Anzahl von Kündigungsschutzklagen gegen die Bürodesign GmbH deutlich verringern und zu erheblichen Kostensenkungen führen.

Weitere angebotsorientierte wirtschaftspolitische Maßnahmen sind:
- Flexibilisierung der Arbeitszeiten (z. B. Einführung von Arbeitszeitkonten)
- Öffnungsklauseln in Tarifverträgen
- Vereinfachung des Steuersystems
- Senkung direkter Steuern
- Bekämpfung der Schattenwirtschaft
- Privatisierung öffentlicher Unternehmungen
- Orientierung der Geldmenge am Wirtschaftspotenzial

▲ Kritische Beurteilung der Angebotspolitik

Der Kernthese der Angebotstheorie kann nicht grundsätzlich widersprochen werden: Private Investitionen werden in der Regel nur vorgenommen, wenn mit ihnen eine angemessene Rendite (Gewinn) erzielt werden kann. Andererseits sind die Gefahren einer ausschließlich angebotsorientierten Wirtschaftspolitik nicht zu übersehen:

- Bei Überkapazitäten in konjunkturellen Schwächephasen ist die Motivation für Erweiterungsinvestitionen gering. Maßnahmen zur Investitionsförderung bewirken eher **Rationalisierungsinvestitionen**, die in der Folge eher **Arbeitsplätze vernichten.**
- Angebotspolitik gefährdet die zum Teil hart erstrittenen **Schutzrechte der Arbeitnehmer** und wichtige Bestandteile der sozialen Sicherungssysteme. Es kann zu einer Umverteilung des Einkommens zugunsten der Besitzer von Produktivvermögen kommen. Außerdem besteht die Gefahr, dass die Belange der Umwelt und des Umweltschutzes zu kurz kommen.
- **Löhne** sind nicht nur ein Kostenfaktor, sondern **auch ein Nachfragefaktor.** Ein angemessener Preis für ein Produkt ist am Markt nur zu erzielen, wenn eine entsprechend kaufkräftige Nachfrage vorhanden ist. Investitionen lohnen sich also nur, wenn auch Absatzchancen für die Produkte vorhanden sind.

Die wirtschaftspolitischen Grundkonzeptionen

1 a) Erklären Sie folgende Arten der Flexibilisierung von Arbeitszeit: flexible Wochenarbeitszeit, Jahresarbeitszeitkonto, Gleitzeit mit Kernzeit, Gleitzeit ohne Kernzeit, Home-Office, Lebensarbeitszeitkonto.
b) Begründen Sie, inwiefern die Flexibilisierung von Arbeitszeiten ein Instrument der angebotsorientierten Wirtschaftspolitik darstellt.

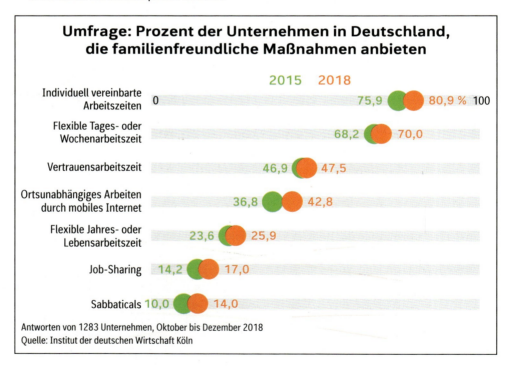

2 Erläutern Sie, inwiefern die folgende Grafik ein Handlungsfeld angebotsorientierter Maßnahmen darstellt.

3 Wählen Sie fünf „Sorgen des Mittelstands" aus. Erläutern Sie, durch welche angebotspolitischen Maßnahmen diesen „Sorgen" begegnet werden könnte.

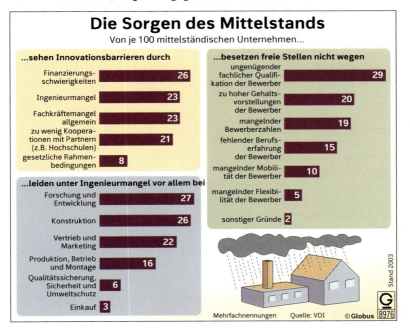

4 In der jüngeren Vergangenheit hat die Angebotstheorie in der praktischen Wirtschaftspolitik verschiedener Staaten eine große Rolle gespielt. In diesem Zusammenhang sind die Begriffe „Thatcherismus" und „Reaganomics" geprägt worden. Erklären Sie diese beiden Wortschöpfungen, z. B. mithilfe des Internets.

5
a) Erklären Sie Gründe für den relativ hohen Anteil der Schwarzarbeit in Deutschland.
b) Erläutern Sie, inwiefern Schwarzarbeit aus volkswirtschaftlicher und unternehmerischer Sicht problematisch ist.
c) Schlagen Sie wirtschaftspolitische Maßnahmen vor, die zu einer Reduzierung der Schwarzarbeit führen können.

4 Die Geldpolitik

4.1 Der Geldbegriff

Die Familie Land verbringt einen zweiwöchigen Urlaub in der Dominikanischen Republik. Die Mitarbeiterin des Reisebüros hatte die Reise insofern als einzigartig angepriesen, als dass der Club, in welchem die Familie Land wohnen würde, „ein Paradies auf Erden sei, in dem Sie nicht einmal Geld brauchen. Sie alle erhalten ein Armband, an dem Sie das Hotelpersonal erkennt. Alle Leistungen sind dann unter Vorlage dieses Armbands erhältlich – ,all-inclusive' sagt man dazu in der Reisebranche".

Wenige Wochen später sitzt die Familie Land beim Abendbrot unter tropischen Bäumen. Die Kinder bestellen ihren zweiten Nachtisch, den die Kellnerin lächelnd serviert. „Das ist ja wirklich wie im Schlaraffenland, Papa", freut sich Jörn: „Ich habe heute schon viermal Eis gegessen. Wenn ich das alles von meinem Taschengeld bezahlen müsste, wäre der Urlaub für mich spätestens am Ende der Woche gelaufen. Schade, dass das übernächste Woche, wenn wir wieder zu Hause sind, nicht so weitergeht."

■ Erläutern Sie, welche Aufgaben Geld in einer modernen Volkswirtschaft übernimmt.

■ Begründen Sie, warum das Bezahlen mit „einem Armband" nur in einem Ferienclub funktioniert.

▲ Geschichte des Geldes und Geldarten

Obwohl es heute kaum mehr denkbar ist, ohne Geld zu leben, hat es in der Menschheitsgeschichte Phasen gegeben, in denen es kein Geld gab. In der **tauschlosen Wirtschaft** lebten die Menschen in Dorfgemeinschaften, in denen alles zum Leben Notwendige selbst hergestellt wurde. Ein Austausch von Gütern war somit nicht notwendig – Geld als Tauschmittel wurde folglich auch nicht gebraucht.

Diese Form des Wirtschaftens wurde immer dann problematisch, wenn in einer Gemeinschaft bestimmte Waren z. B. aufgrund von Naturkatastrophen nicht in der ausreichenden Menge hergestellt werden konnten. Zudem entwickelt sich eine Volkswirtschaft durch Arbeitsteilung – also durch Spezialisierung auf besondere Fähigkeiten und Fertigkeiten. Daraus folgte, dass mehr Güter hergestellt wurden, als die einzelne Familie verbrauchen konnte; der Austausch von Waren wurde notwendig. Zunächst wurden dann Waren gegeneinander getauscht: Ein Jäger tauschte z. B. das erlegte Wild, welches er selbst nicht benötigte, gegen das Getreide, welches ein Bauer über seinen eigenen Bedarf hinweg angebaut hatte.

Den direkten Tausch von Waren gegeneinander nennt man **Naturaustauschwirtschaft.** Dieses Vorgehen ist allerdings wenig praktikabel, denn jeder Tauschpartner muss solche Waren anbieten, welche auch von anderen Menschen in der angebotenen Menge und Qualität nachgefragt werden. Darüber hinaus ergibt sich die Problematik der Werteinschätzung der Güter. Wie viel Weizen ist ein erlegtes Reh wert – also: Was „kostet" ein erlegtes Reh gemessen in Weizen?

Damit Tauschvorgänge leichter durchzuführen waren, bildete sich das sogenannte **Warengeld** heraus. Als Warengeld fungierten solche Güter, die selten, begehrt und damit sehr wertvoll waren (z. B. Salz, Muscheln, Metalle, Vieh). Die Volkswirtschaft wandelt sich von der Naturalwirtschaft in eine **Geldwirtschaft.**

In der Geldwirtschaft wird im Gegensatz zur Naturaltauschwirtschaft ein von allen Wirtschaftssubjekten akzeptiertes **allgemeines Tauschmittel** verwendet, mit welchem die Güter und Dienstleistungen bewertet werden.

Beispiel Im Vergleich zur Naturalwirtschaft kann der Jäger folglich seine Beute dem Bauern zum Kauf anbieten und muss im Gegenzug nicht das vom Bauern erzeugte Getreide annehmen, welches er vielleicht gar nicht benötigt. Der Bauer bezahlt stattdessen mit dem allgemeinen Tauschmittel.

Es wird deutlich, dass in einer derart organisierten Volkswirtschaft der Tausch von Waren und Dienstleistungen sehr viel einfacher zu organisieren ist als in der Naturaltauschwirtschaft.

Geld in einer Geldwirtschaft muss folgende Eigenschaften erfüllen, damit die Wirtschaftssubjekte dieses als **allgemeines Tauschmittel** anerkennen:

- Geld muss **allgemein anerkannt** sein.
- Geld muss sich leicht **teilen, transportieren** und **aufbewahren** lassen.
- Geld muss **fälschungssicher** sein.

In der Geschichte des Geldes haben diese Eigenschaften verschiedene Stoffe erfüllt. Zunächst nutzte man **Edelmetalle** (z. B. Gold, Silber), die von der Legislative (Fürsten, Könige) entsprechend geprüft wurden und mit einer einheitlichen Form (Münzen, Barren) sowie einer Prägung versehen waren, um die Echtheit zu garantieren.

Das so entstandene **Münzgeld** lässt sich unterscheiden in **Kurantmünzen** und **Scheidemünzen**. **Kurantmünzen** sind vollwertig ausgeprägt. Dies bedeutet, dass der Metallwert der Münze dem Nennwert der Münze entspricht.

Demgegenüber sind **Scheidemünzen** unterwertig ausgeprägt. Der Metallwert ist niedriger als der Nennwert.

Edelmetalle erfüllen zwar die Eigenschaften der allgemeinen Anerkennung und der Fälschungssicherheit sehr gut; zu teilen und leicht zu transportieren sind sie allerdings nur bedingt. Aus diesem Umstand heraus entwickelte sich im Mittelalter das **Papiergeld (= Banknoten).** Den Anstoß dazu gaben Händler, welche ihre Waren über lange Distanzen transportierten (z. B. Gewürze und Seide aus Asien nach Europa) und sich nicht dem Risiko aussetzen wollten, auf den langen Reisen das schwere Edelmetall mitzunehmen. Sie deponierten die Edelmetalle an wichtigen Handelsplätzen und ließen sich von den dortigen Geldwechslern (Vorläufer von Banken) **Depotscheine (= Noten)** ausstellen, welche an allen wichtigen Handelsplätzen auf der Erde wieder in Edelmetalle zurückgetauscht werden konnten. Diese Umtauschgarantie schaffte Vertrauen in die „wertlose" Papierwährung, denn Banknoten sind stoffwertlos, verfügen über keinen Warencharakter und sind nur dann als allgemeines Tauschmittel nutzbar, wenn die Bevölkerung sie akzeptiert.

Geld muss **dauerhaft wertbeständig** sein, wenn es seine Funktionen erfüllen soll. Daher ist es notwendig, dass die Geldmenge im Verhältnis zur Gütermenge **knapp** gehalten wird.

Den Geldumlauf kann die Volkswirtschaft dann automatisch begrenzen, wenn sie die Geldmenge an ein **wertvolles** und **knappes Gut** bindet. Das können z. B. Edelmetalle wie Gold sein **(goldgebundene Währung).**

Beispiel Im Deutschen Reich entsprach die Währungseinheit Mark dem 1/2790sten Teil von 1 kg Feingold (Goldparität). Goldmünzen waren als Kurantmünzen ausgeprägt und dienten als gesetzliches Zahlungsmittel (Goldumlaufwährung). Die Bürger konnten Banknoten jederzeit bei der Deutschen Reichsbank in Gold umtauschen. Diese Umtauschgarantie sorgte für das notwendige Vertrauen in die Währung.

In Europa gibt es heute keine goldgebundenen Währungen mehr. Diese sogenannten freien **Währungen** rechtfertigen das in sie gesetzte Vertrauen dadurch, dass staatliche Notenbanken (Zentralbanken) die **Geldmenge** im Verhältnis zur Gütermenge **steuern.**

In Krisenzeiten kann das Vertrauen in eine Währung nachhaltig erschüttert werden, sodass die Bevölkerung auf **Ersatzwährungen** ausweicht. Ersatzwährung kann eine Auslandswährung (= ausländisches Zahlungsmittel, z. B. die Welthandelswährung US-Dollar) oder eine Ware sein.

Beispiel Der Großvater von Herrn Land lebt in einem Altersheim bei Köln und erzählt seinen Urenkeln gerne über seine Erfahrungen im kriegszerstörten Deutschland der Jahre 1945 bis 1948. Er war zu dieser Zeit oftmals unfreiwillig als „Schwarzhändler" tätig, weil er seine Familie auf andere Weise nicht ernähren konnte. Um Nahrungsmittel zu erhalten, tauschte er diese gegen amerikanische Zigaretten, die als allgemeines Tauschmittel anerkannt waren und die man gegen beliebige andere Waren tauschen konnte. Zigaretten konnten die Funktion von Geld übernehmen, weil sie knapp, begehrt und leicht in andere Waren zu tauschen waren.

Heute werden die meisten Transaktionen nicht mit Banknoten **(Papiergeld)**, sondern durch den Transfer von **Buchgeld** abgewickelt. Buchgeld wird als Guthaben bei Banken verwaltet und kann jederzeit in Bargeld getauscht oder von einem Bankkonto auf ein anderes transferiert werden. Über Buchgeld kann man in verschiedener Weise verfügen:

Buchgeld wird als Sichtguthaben bei Banken verwaltet. **Sichtguthaben** (Sichteinlage) steht auf Giro- und Kontokorrentkonten für Zahlungszwecke zur Verfügung und kann jederzeit durch **Überweisungen** von einem Konto auf ein anderes Konto übertragen werden.

Beispiel Familie Land bezahlt die Reise in die Dominikanische Republik nach Erhalt der Rechnung des Reiseveranstalters durch eine Überweisung.

Verbraucher benutzen **Bank- oder Kreditkarten** als Zahlungsmittel. Die fälligen Beträge werden ihrem Bankkonto belastet. Diese Karten werden auch als **Geldersatzmittel** bezeichnet.

Beispiel Herr Stein begleicht seine Hotelrechnung während der Mailänder Möbelmesse mit einer Kreditkarte.

Elektronisches Geld kann anstelle von Bargeld oder Buchgeld verwendet werden. Die vorausbezahlten Geldeinheiten sind beim **Kartengeld** als elektronische Werteinheiten auf einer vorausbezahlten Wertkarte (z. B. der Geldkarte) gespeichert. Wird die Geldkarte als Zahlungsmittel eingesetzt, bucht der Zahlungsempfänger den Betrag von der Karte ab. Kartengeld dient vor allem der Bezahlung von Kleinbeträgen (z. B. Parkuhren).

Bitcoins (englisch für „digitale Münze") sind digitale Geldeinheiten als Guthaben in einem weltweiten, dezentral organisierten Zahlungssystem. Die Übertragung dieser Geldeinheiten erfolgt als Überweisung. Dabei nutzen die Anbieter von Bitcoins den Zusammenschluss von Computern mittels Internet. Die Abwicklung erfolgt mithilfe einer Peer-to-Peer-Anwendung. Daher ist keine traditionelle Bankverbindung notwendig. Ebenso entfällt eine zentrale Abrechnungsstelle. Die Bitcoins werden in einer „digitalen Brieftasche" verwaltet und gespeichert. Der Umrechnungskurs zu anderen Zahlungsmitteln errechnet sich aus den angebotenen und nachgefragten Mengen.

▲ Aufgaben des Geldes

Geld hat in einer modernen Volkswirtschaft mehrere Funktionen:
- Es ist ein **allgemeines Tauschmittel** und ermöglicht entsprechend den indirekten Tausch beim Kauf oder Verkauf von Waren.
- Es ist **Zahlungsmittel,** d. h., mit Geld werden Waren und Dienstleistungen bezahlt.
- Es fungiert als **Wertaufbewahrungsmittel,** d. h., Geld wird zur Bildung von Vermögen eingesetzt.
- Geld dient als **Recheneinheit,** d. h., mit Geld als Recheneinheit verfügt die Volkswirtschaft über einen **Wertmaßstab,** mit dem alle Güter und Dienstleistungen gemessen werden.
- Geld kann als **Wertübertragungsmittel** genutzt werden, denn Geld macht es möglich, Vermögenswerte z. B. zu vererben oder zu verschenken, ohne dass körperliche Gegenstände weitergegeben werden müssen.

Die Geldpolitik

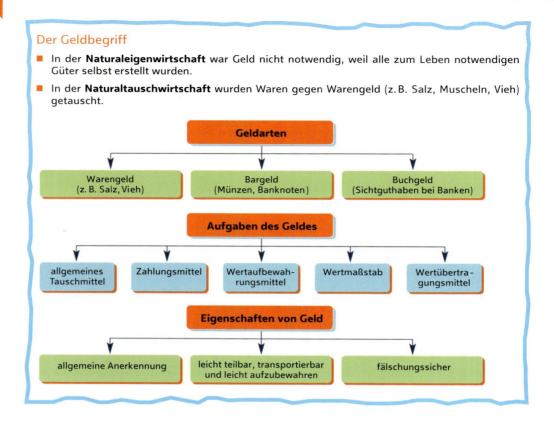

1. In den Anfängen der Geldwirtschaft wurden zunächst Waren als allgemeines Tauschmittel verwendet.
   a) Zeigen Sie die Vorteile des Einsatzes von Warengeld gegenüber dem direkten Tausch von Waren in einer Naturaltauschwirtschaft.
   b) Begründen Sie, warum sich Edelmetalle als Warengeld gegenüber anderen Waren wie z. B. Salz oder Muscheln durchsetzten.

2. Erörtern Sie die Funktionen des Geldes in einer modernen Volkswirtschaft.

3. In vielen Kommunen der Bundesrepublik haben sich sogenannte Tauschringe (siehe http://www.tauschringadressen.de) gebildet. In Tauschringen organisieren sich Menschen, welche Dienstleistungen und Waren im Tausch gegen andere Güter und Dienste anbieten. Informieren Sie sich über diese Tauschringe und erstellen Sie darüber ein Referat unter der Fragestellung: „Sind Tauschringe in einer modernen Volkswirtschaft ein alternatives Modell für eine geldlose Gesellschaft?"

4. Während des 1. Weltkrieges planten sowohl Großbritannien als auch Deutschland den Einsatz einer Papierwaffe: Die Kriegsgegner hatten Geld des jeweiligen anderen Landes in großen Mengen gedruckt und wollten es aus Flugzeugen über den großen Städten des Gegners abwerfen. Erläutern Sie, ob diese Waffe wirkungsvoll gewesen wäre.

4.2 Geldschöpfungsmöglichkeiten

In der Frühstückspause liest Silvia Land die Kopie eines Zeitungsartikels, welcher mit der Hauspost an ihren Arbeitsplatz gekommen ist. Darin wird über die Insolvenz eines Unternehmens berichtet, welches sich genau wie die Bürodesign GmbH mit der Produktion und dem Vertrieb von Büromöbeln beschäftigt. Es ist ein Familienunternehmen, welches von einem mittlerweile alten Unternehmer gelenkt wird, der modernen Formen der Unternehmensführung immer sehr skeptisch gegenüberstand, alle Leitungsaufgaben am liebsten selbst übernahm und folglich wenige Führungsaufgaben delegierte.

Der Redakteur der Zeitung beschreibt in seinem Bericht die Ursachen der Insolvenz. Diese könne nicht mit der schlechten wirtschaftlichen Gesamtsituation in Verbindung gebracht werden. Das Unternehmen verfüge über eine gute Auftragslage und stabile Erträge. Insolvenzgrund sei vielmehr die mangelnde Zahlungsfähigkeit, also die Illiquidität des Unternehmens. Silvia fragt Herrn Kaya aus der Beschaffungsabteilung, ob dieses Schicksal auch die Bürodesign GmbH ereilen könne: „Es ist doch sicherlich schwierig für die Banken, immer genug Geld für die Unternehmen zur Verfügung zu stellen, zumal ich gerade gestern gelesen habe, dass die Notenbank das Geld eher knapp halten will, um eine Inflation zu verhindern." „Wie die Notenbank die notwendigen Geldmengen bereitstellt, weiß ich auch nicht genau. Aber die Bürodesign GmbH wird wohl kaum dasselbe Schicksal ereilen wie unseren Konkurrenten, weil unser Unternehmen eine sehr genaue Liquiditätsplanung betreibt", antwortet Herr Kaya.

- Erläutern Sie die Gründe, weshalb Unternehmen und Konsumenten Geld nachfragen.
- Klären Sie, wie es gelingt, die gesamte Volkswirtschaft ausreichend mit Geld zu versorgen.

▲ Geldangebot

Die Idee vom „Goldesel", also von der Geldherstellung im eigenen Haushalt, ist sicherlich so alt wie das Geld selbst. Es stellt sich folglich die Frage, wer in einer Volkswirtschaft berechtigt ist, Geld herzustellen. Ein Blick auf alte Münzen zeigt, dass die Herstellung von Geld immer ein Privileg der Herrscher war, denn auf vielen alten Münzen sind Mitglieder der Herrscherfamilie abgebildet.

In der Bundesrepublik Deutschland werden Münzen nach Art. 73 des Grundgesetzes von der Exekutive, also der Bundesregierung geprägt **(= Münzregal)** und in Umlauf gebracht. Seit der Einführung des Euro sehen die Vorderseiten der in der Euro-Zone verwendeten Münzen gleich aus, lediglich die Rückseiten wurden von den Mitgliedsländern mit nationalen Motiven selbst gestaltet.

Die Geldscheine in der Europäischen Währungs- und Wirtschaftsunion (EWWU) werden von der Europäischen Zentralbank (EZB) hergestellt und ausgegeben. Die Euro-Währung hat keinerlei Deckung durch Edelmetallreserven, sondern schöpft ihren Wert aus dem Vertrauen in die Stabilitätspolitik der EZB und der Teilnehmerländer.

▲ Bankensystem

Das Europäische System der Zentralbanken (ESZB) besteht aus der Europäischen Zentralbank (EZB) mit Sitz in Frankfurt am Main und den nationalen Notenbanken (NZBen) der EU-Mitgliedsländer (z. B. Deutsche Bundesbank, De Nederlandsche Bank usw.).

Die Hauptaufgabe des ESZB ist die Wahrung der **Preisniveaustabilität,** wobei die Europäische Zentralbank (EZB) die monetäre Politik der EU-Mitgliedsländer gestaltet. Sie nimmt ihre Aufgaben weisungsunabhängig von den nationalen Regierungen wahr. Die Versorgung der nationalen Stellen mit Krediten ist dem ESZB untersagt.

In der Bundesrepublik Deutschland wird das Bankensystem durch eine Vielzahl **privater Geschäftsbanken** vervollständigt. Diese Kreditinstitute haben unterschiedliche historische Wurzeln:

- **Kreditbanken,** meist in der Rechtsform der Aktiengesellschaft, wurden gegründet, um im Rahmen der Industrialisierung größere Infrastrukturprojekte wie z. B. den Eisenbahnbau zu finanzieren. Hierzu waren große Kapitalmengen notwendig, welche nicht von einem einzelnen Bankier aufgebracht werden konnten.
- **Genossenschaftsbanken** entwickelten sich als gewerbliche Kreditgenossenschaften. Sie wurden von Bauern (Raiffeisenbanken) oder selbstständigen Handwerkern (Volksbanken) mit dem Ziel gegründet, einander finanziell zu unterstützen. Die Mitglieder (Genossen) einer Kreditgenossenschaft konnten bei der Bank Kredite aufnehmen bzw. überschüssige Mittel anlegen.
- **Sparkassen** dienten schon im 18. Jahrhundert dazu, Kleinstbeträge von Sparern anzunehmen, welche den Kreditbanken als Kunden nicht attraktiv genug waren. Sie sind im Wesentlichen im Eigentum von Kommunen.
- Daneben entwickelten sich **Spezialkreditinstitute,** z. B. die Bausparkassen und Pfandbriefanstalten zur Immobilienfinanzierung.

Heute bieten alle diese Banken ihren Kunden eine breite Palette von Produkten und Dienstleistungen an (Zahlungsverkehr, Kreditgewährung, Einlagengeschäft/Geldanlage, Wertpapiergeschäfte, Immobilienvermittlung, Finanzdienste wie Versicherungen etc.).

▲ Giralgeldschöpfung der Kreditinstitute

Im Rahmen des bargeldlosen Zahlungsverkehrs haben auch die Kreditinstitute die Möglichkeit, Giralgeld zu schöpfen. Die Kreditinstitute haben die Erfahrung gemacht, dass die Anleger von Giralgeld nur 10–20 % der Einlagen als Bargeld abheben. Aus diesem Grund halten die Kreditinstitute eine sogenannte **Kassenreserve** in Höhe von 20 %. Mit dem Rest können die Kreditinstitute arbeiten, indem sie das Geld ihrer Anleger als Kredit an andere Kunden weitergeben.

Beispiel Herr Stein zahlt 10 000,00 € Bargeld auf sein Konto bei seiner Bank Köln ein. Er erhält eine Gutschrift über 10 000,00 €. Die Bank weiß aus langjähriger Erfahrung, dass Herr Stein nur 20 % als Bargeld benötigen wird. Die 8 000,00 € gibt sie dem Kunden Klein als Darlehen. Herr Klein erhält eine Gutschrift auf seinem Konto in Höhe von 8 000,00 €. So sind aus 10 000,00 € Bargeld 18 000,00 € Giralgeld geworden.

Geht man davon aus, dass der Kredit bei einem anderen Kreditinstitut bargeldlos angelegt wird und der Kreditnehmer wiederum nur 20 % als Bargeld abhebt, kann der Vorgang der Giralgeldschöpfung weitergeführt werden.

Beispiel Herr Klein lässt sich den Kredit in Höhe von 8 000,00 € auf seinem Konto gutschreiben. Das Kreditinstitut hält 1 600,00 € als Kassenreserve und gibt 6 400,00 € als Kredit an Herrn Müller weiter. Der Giralgeldumlauf hat sich von 18 000,00 € auf 24 400,00 € vermehrt.

Giralgeldschöpfung durch Kreditgewährung

Herr Stein — Bank 1 — Herr Klein — Bank 2 — Herr Müller

Der Umfang der maximalen Geldschöpfung kann mithilfe des **Geldschöpfungsmultiplikators** errechnet werden.

$$\text{Geldschöpfungsmultiplikator} = \frac{1}{\text{Kassenreserve}}$$

Beispiel Bei einer Kassenreserve in Höhe von 20 % beträgt der Geldschöpfungsmultiplikator

$$\frac{1}{20\%} = \frac{1}{\frac{20}{100}} = \frac{100}{20} = 5$$

d. h., aus 10 000,00 € können maximal 50 000,00 € Giralgeld werden.

Entscheidende **Faktoren für den Umfang der Giralgeldschöpfung** sind
- die Zahlungsgewohnheiten der Wirtschaftssubjekte,
- die Höhe der Kassenreserve,
- die Kreditvergabe der Kreditinstitute,
- die Kreditnachfrage der Haushalte.
- **Geldnachfrage**

Die Geldnachfrage in einer Volkswirtschaft ist im Wesentlichen durch folgende Motive bestimmt:
- Zahlungsverkehr oder Transaktion (= **Transaktionsmotiv**)
- Zukunftserwartungen oder Vorsicht (= **Vorsichtsmotiv**)
- Geldanlage oder Spekulation (= **Spekulationsmotiv**)

Das **Transaktionsmotiv** gründet auf der Idee, dass zum Kauf bzw. Verkauf von Waren und Dienstleistungen Geld benötigt wird. Die Höhe des Geldbedarfs aus Transaktionsgründen spiegelt sich in der Entwicklung des **Bruttoinlandsproduktes (BIP)**. Steigt das BIP, wird auch der Geldbedarf der Volkswirtschaft steigen.

Beispiel Silvia Land hat am 15. des Monats ihre Auszubildendenvergütung erhalten und plant ihre Ausgaben. Von dem ihr zu Verfügung stehenden Geld spart sie regelmäßig 125,00 €, damit sie sich bald ein Auto kaufen kann. 200,00 € gibt sie ihren Eltern und den Rest benötigt sie, um ihre Konsumwünsche zu befriedigen.

Neben der Höhe des aktuellen BIP spielen für die Höhe der Transaktionskasse auch der sogenannte **Kassenhaltungskoeffizient** und das **Preisniveau** eine Rolle. Der Kassenhaltungskoeffizient gibt an, wie lange das Bargeld durchschnittlich bei den Haushalten verbleibt, bevor es wieder zum Kauf von Waren bzw. Dienstleistungen eingesetzt wird. Je höher (niedriger) der Kassenhaltungskoeffizient, umso höher (niedriger) muss bei einem gegebenen BIP und einem angenommenen Preisniveau auch die Geldnachfrage sein, um alle Transaktionen durchzuführen. In gleicher Weise ist auch mit dem Preisniveau zu argumentieren. Je höher (niedriger) das Preisniveau, umso größer (kleiner) die Geldnachfrage.

Wirtschaftssubjekte verfügen über die Erfahrungen, dass immer wieder Ereignisse auftreten können, welche nicht vorhersehbar sind. Auf der Grundlage des **Vorsichtsmotivs** werden also Rücklagen gebildet.

Beispiel Herr Land hat ein Sparbuch angelegt, auf welchem seine Frau und er unregelmäßig Beträge einzahlen. Dieses Geld soll z. B. dazu dienen, kaputte Haushaltsgeräte zu ersetzen.

Das **Spekulationsmotiv** ergibt sich aus der Überlegung, dass Wirtschaftssubjekte auf die Entwicklung zukünftiger Ereignisse spekulieren. Werden also steigende Preise oder Kurse erwartet, sinkt die Spekulationskasse der Wirtschaftssubjekte, weil sie lieber sofort kaufen, während bei der Erwartung zukünftig fallender Kurse oder Preise die Spekulationskasse steigt, denn die Wirtschaftssubjekte warten auf den günstigeren Einstiegstermin und halten mehr Geld in der Spekulationskasse vor.

Die Geldpolitik

Beispiel Herr Stein hat 15 000,00 € geerbt. Dieses Geld investiert er in Aktien der Logistik AG, welche ein innovatives Transportsystem für den Güterverkehr auf dem Wasser erfunden hat. Den Zeitpunkt für einen Verkauf mit Gewinn hält er dann für gekommen, wenn der Ölpreis steigt, denn dann rentiert sich das Transportsystem der Logistik AG auf den Wasserstraßen Europas und der Kurs steigt.

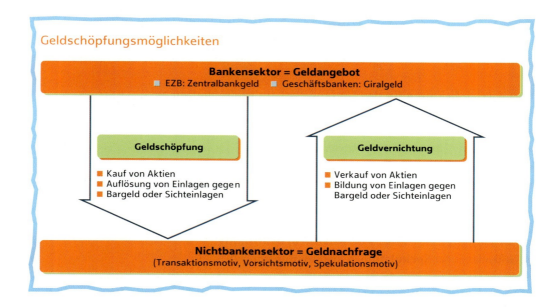

1 Treffen Sie eine Unterscheidung zwischen Bargeld und Giralgeld.

2 Ein Kreditinstitut verfügt über eine Überschussreserve in Höhe von 400 000,00 €. Wir gehen weiterhin davon aus, dass alle am Geldschöpfungsprozess beteiligten Banken eine bankeigene Sicherheitsreserve in Höhe von 20 % der Sichteinlagen zurückhalten. Zusätzliche Prämissen bestehen darin, dass die Notenbank keine Mindestreserve verlangt, die Kunden jeden angebotenen Kredit in Anspruch nehmen (= vollkommene Zinselastizität) und alle ausgezahlten Kredite wieder vollständig in das Bankensystem zurückfließen.
a) Stellen Sie die Höhe des Geldschöpfungsmultiplikators fest.
b) Erstellen Sie eine Tabelle, welche den Prozess der Geldschöpfung darstellt.

3 Begründen Sie, warum die Menge des Giralgeldes sich nicht eindeutig bestimmen lässt.

4 Die Bestimmung der Giralgeldmenge ist ein typisches Beispiel für die Anwendung eines volkswirtschaftlichen Modells. Diskutieren Sie anhand dieses Modells die Grenzen seiner Aussagefähigkeit.

5 Beurteilen Sie die Auswirkungen der Aufstellung von Geldautomaten auf die Geldschöpfungsmöglichkeiten der Geschäftsbanken.

6 Erstellen Sie ein Referat über die Bedeutung von virtuellem Geld und berücksichtigen Sie die Auswirkungen auf den Einfluss der Notenbank.

4.3 Binnenwert des Geldes

Im Unterricht diskutiert die Klasse von Silvia Land darüber, wie sich seit der Einführung des Euro im Jahre 2002 die Preise entwickelt haben. „Es wird doch alles immer teurer", meint Timo, Silvias Klassenkamerad. Die anderen pflichten ihm bei. „Vor allen Dingen in der Gastronomie", meint Saskia, „die haben auf den alten Speisekarten einfach ein Euro-Zeichen über die D-Mark geschrieben." „Man hat das Gefühl, dass man immer weniger Geld im Portemonnaie hat", meint Silvia, „da kann man doch zusehen, wie das Geld verschwindet." Fast alle Mitschüler stimmen aus eigener Erfahrung zu. „Aber wie kommt es dann", fragt Frau Winterberg, die Lehrerin, „dass die Inflationsrate nur ganz geringfügig gestiegen ist?" „Wahrscheinlich haben die da oben einfach falsche Zahlen genommen", meint Timo. Frau Winterberg widerspricht: „Das können ‚die da oben' nicht. Die Inflationsrate wird vom Statistischen Bundesamt ermittelt. Und die sind zur Wahrheit verpflichtet." Die Klasse ist ratlos. „Und Sie sind sich sicher, dass die Inflationsrate offiziell niedrig ist?", fragt Silvia noch einmal. „Hier steht es schwarz auf weiß." Frau Winterberg legt eine Folie mit einem Zeitungsbericht auf den Projektor. Tatsächlich. Da steht es: „Inflationsrate im Dezember 20.. um 1,1 % gestiegen." „Tja, das scheint ja wirklich nur recht wenig zu sein", meint Timo: „Aber dann frage ich mich, an welchen Waren die das festgemacht haben, als sie die Inflationsrate berechnet haben."

- Schildern Sie eigene Erfahrungen, die Sie mit den Preisen der von Ihnen bevorzugt gekauften Produkte gemacht haben.
- Stellen Sie fest, auf welche Weise das Statistische Bundesamt die Inflationsrate berechnet.
- Schätzen Sie ein, wie es dazu kommt, dass man das Gefühl hat, alles würde teurer, während das Statistische Bundesamt eine niedrige Inflationsrate ausweist.
- Suchen Sie mögliche Ursachen für steigende Preise in einer Volkswirtschaft.

▲ Inflation

Die große Bedeutung eines stabilen Preisniveaus für die Wirtschaftspolitik in Deutschland ist geschichtlich begründet. Nach dem verlorenen Ersten Weltkrieg hatte das damalige Deutsche Reich große Schwierigkeiten, die Industrie von einer Kriegswirtschaft auf eine Friedenswirtschaft mit Investitionen in zivile Nutzung umzustellen. Zudem wurde die wirtschaftliche Entwicklung durch Reparationszahlungen an die Gewinner des Krieges praktisch zum Stillstand gebracht. Mangelerscheinungen in der Bevölkerung und extreme Güterknappheit führten zu einem rasanten Preisanstieg, während gleichzeitig mancher Unternehmer durch Spekulationsgeschäfte große Vermögenswerte anhäufen konnte. Die extreme Teuerung führte in den Jahren 1921 bis 1923 zu einer Inflation mit Preissteigerungsraten, die sich jeder realen Vorstellungskraft entziehen.

Die für heutige Verhältnisse unvorstellbare Preissteigerung führte zu derart absurden Verhältnissen, dass man für ein Brot im Jahre 1923 bis zu 400 Milliarden Reichsmark bezahlen musste. Angesichts solcher Entwicklungen ist das Leiden der Bevölkerung verständlich. Da auch die Preise anderer Grundnahrungsmittel auf extreme Weise anstiegen, hungerten breite Bevölkerungsschichten. Banknoten mit absurdem Nominalwert mussten gedruckt werden, um die extrem verteuerten Waren noch kaufen zu können.

In manchen Städten kam es wegen der katastrophalen Versorgung zu Unruhen. So trug die extreme Preissteigerung der 20er-Jahre des vergangenen Jahrhunderts zu Misstrauen gegenüber der Politik bei. Entsprechend geht man heute davon aus, dass neben anderen Ursachen auch die Inflation von 1923 den Aufstieg des Nationalsozialismus begünstigte. Inflation ist ein Phänomen, das in wachsenden Volkswirtschaften wie der Bundesrepublik Deutschland nach wie vor existiert. Wächst die Wirtschaft, so haben auch die Preise eine Tendenz zur Steigerung. Um die allgemeine Preissteigerung der Volkswirtschaft einschätzen zu können, bedient man sich der Bemessung des Preisniveaus. Dabei ist das Preisniveau die durchschnittliche Höhe der Preise für Güter und Dienstleistungen.

▲ Berechnung der Inflationsrate

Um die Inflation in einer Volkswirtschaft zu messen, wird am häufigsten der **Preisindex der Lebenshaltungskosten** (die sogenannte Inflationsrate) berechnet. Zu diesem Zweck geht man von einer durchschnittlichen Haushaltsgröße in Deutschland von 2,3 Personen aus und legt für ein festgesetztes Basisjahr einen repräsentativen Warenkorb fest. In diesem Warenkorb befindet sich eine durchschnittliche Auswahl üblicher Güter und Güterarten, deren Bedeutung für den gesamten Haushalts-Warenkorb prozentual gewichtet wird.

Die unten stehende Tabelle zeigt, dass die Haushaltskosten für Wohnung, Wasser, Gas und Brennstoffe den größten Anteil an den durchschnittlichen Haushaltsausgaben haben, während die Ausgaben für das Bildungswesen im Jahr 2015 mit nur 0,9 % von den gesamten durchschnittlichen Haushaltsausgaben sehr gering sind. Im Vergleich von 2010 zu 2015 erkennt man, dass die Bedeutung der Ausgaben für Wohnung und Wasser stark gestiegen sind, während die Ausgaben für Nahrungsmittel an Bedeutung im Warenkorb verloren haben. Die Ermittlung dieser Anteile am Warenkorb erfolgt durch 2000 Privathaushalte in Deutschland, die im Auftrag des Statistischen Bundesamtes regelmäßig ein Haushaltsbuch führen, das Auskunft über die Anteile einzelner Güter an den Gesamtkosten gibt. Da sich die Verbrauchsgewohnheiten jedoch im Zeitablauf ändern, muss der Warenkorb regelmäßig angepasst werden. So wird der Warenkorb alle fünf Jahre neu aufgestellt und gewichtet.

Zusammensetzung des deutschen Warenkorbs Wägungsschemata 2005, 2010 und 2015 (nominale Strukturen in %)			
	2005	2010	2015
01 Nahrungsmittel und alkoholfreie Getränke	10,3	10,4	10,2
02 Alkoholische Getränke, Tabakwaren	3,7	3,9	3,8
03 Bekleidung und Schuhe	5,5	4,9	4,5
04 Wohnung, Wasser, Strom, Gas u. a. Brennstoffe	30,3	30,8	31,7
05 Einrichtungsgegenstände, Apparate, Geräte und Ausrüstungen für den Haushalt	6,9	5,6	5,0
06 Gesundheitspflege	3,5	4,0	4,4
07 Verkehr	13,9	13,2	13,5
08 Nachrichtenübermittlung	2,5	3,1	3,0
09 Freizeit, Unterhaltung und Kultur	11,1	11,6	11,5
10 Bildungswesen	0,7	0,7	0,9
11 Beherbergungs- und Gaststättendienstleistungen	4,7	4,4	4,5
12 Andere Waren und Dienstleistungen	7,0	7,4	7,0

Binnenwert des Geldes

Beispiel Im Berufsschulunterricht besprechen die Schülerinnen und Schüler die Zusammensetzung des Warenkorbs. Sie stellen fest, dass die Kosten für Nachrichtenübermittlung im Jahre 2015 mit 2,7 % von den gesamten Kosten des Durchschnittshaushalts eingeschätzt werden. „Zählen dazu etwa auch die Kosten für Smartphone und Internet?", fragt Silvia. „Selbstverständlich", antwortet ihre Lehrerin. – „Na, dann dürfte das in der Zwischenzeit auch nicht mehr stimmen." – „Du meinst, weil die Ausgaben für Handy und Internet im Laufe der Jahre gestiegen sind?" – „Na, klar. Wenn ich bedenke, wie hoch die Handy-Rechnungen heutzutage sind." – „Du hast recht. Sie müssten mit einem höheren Prozentsatz im Warenkorb gewichtet werden."

Bei der Berechnung der Preissteigerungsrate greift man auf einen Warenkorb zurück, der als repräsentativ angesehen wird. Die Gewichtung dieses Warenkorbs gilt als **Basisjahr** (= 100 %). Anschließend werden die Produkte im Warenkorb mit den Preisen des Basisjahres multipliziert. Will man nun die Preissteigerungsrate für ein bestimmtes Jahr berechnen, so wählt man erneut die Produkte aus dem Warenkorb des Basisjahres und bewertet sie mit den Preisen des gewünschten Jahres (**= Berichtsjahr**). Setzt man die Ergebnisse prozentual in Beziehung zueinander, so erhält man den Preisindex des Berichtsjahres (**= Inflationsrate**).

Diese Berechnung erfolgt mithilfe des sogenannten **Laspeyres-Index**.

$$P_{0+i} = \frac{\sum p_{0+i} \cdot q_0}{\sum p_0 \cdot q_0} \cdot 100$$

0 = Basisjahr
i = Berichtsjahr nach dem Basisjahr (1 ... n)
P = Preissteigerungsrate im jeweiligen Berichtsjahr
Q = Gewichtungsanteile des Warenkorbs
p = Preise

Beispiel Der ausgewählte Warenkorb eines Landes wird nur aus den folgenden fünf Produkten zusammengesetzt. Insgesamt hat der Warenkorb eine Größe von 100 kg = 100 %. Von Jahr zu Jahr werden die Preise der Produkte des Warenkorbs aufgezeichnet, um daraus die Inflationsrate zu ermitteln.

1. Zunächst werden alle jeweiligen Einzelpreise des Basisjahres p_0 mit den jeweiligen %-Anteilen des Basisjahres q_0 multipliziert.
2. Anschließend werden die jeweiligen Einzelpreise des ausgewählten **Berichtsjahres** p_{0+i} mit den jeweiligen %-Anteilen des **Basisjahres** q_0 multipliziert.
3. Dann werden alle einzelnen Werte des Basisjahres bzw. des Berichtsjahres addiert und anschließend dividiert.
4. Durch die Multiplikation mit 100 % erhält man den Preisindex für das ausgewählte Berichtsjahr.

Produkte	Anteil q_0	Preise 2015 p_0 (= Basisjahr)	Preise 2016 p_{0+1} (= Berichtsjahr 1)	Preise 2017 p_{0+2} (= Berichtsjahr 2)
Möhren	25 %	1,62/kg	1,68/kg	1,70/kg
Äpfel	15 %	2,79/kg	2,99/kg	2,99/kg
Paprika	20 %	2,99/kg	3,29/kg	3,39/kg
Kartoffeln	30 %	1,99/kg	1,99/kg	2,09/kg
Gurken	10 %	0,99/kg	1,09/kg	1,09/kg
Summe	**100 %**			

Die Geldpolitik

Produkte	Anteil q_0	Preise 2015 p_0	$q_0 \cdot p_0$	
Möhren	25 %	1,62/kg	25 · 1,62 = 40,50	
Äpfel	15 %	2,79/kg	41,85	
Paprika	20 %	2,99/kg	59,80	
Kartoffeln	30 %	1,99/kg	59,70	
Gurken	10 %	0,99/kg	9,90	
Summe	**100 %**		**211,75**	Index Basisjahr

Produkte	Anteil q_0	Preise 2016 p_0+1	$q_0 \cdot p_{0+1}$	
Möhren	25 %	1,68/kg	25 · 1,68 = 42,00	
Äpfel	15 %	2,99/kg	44,85	
Paprika	20 %	3,29/kg	65,80	
Kartoffeln	30 %	1,99/kg	59,70	
Gurken	10 %	1,09/kg	10,90	
Summe	**100 %**		**223,25**	Index Berichtsjahr 1

Produkte	Anteil q_0	Preise 2017 p_0+2	$q_0 \cdot p_{0+2}$	
Möhren	25 %	1,70/kg	25 · 1,70 = 42,50	
Äpfel	15 %	2,99/kg	44,85	
Paprika	20 %	3,39/kg	67,80	
Kartoffeln	30 %	2,09/kg	62,70	
Gurken	10 %	1,09/kg	10,90	
Summe	**100 %**		**228,75**	Index Berichtsjahr 1

$$P_{0+1} = \frac{223,25 \cdot 100}{211,75} = 105,43$$

Das Preisniveau im Jahre **2016** ist im Vergleich zum Basisjahr **2015** um 5,43 % gestiegen.

$$P_{0+2} = \frac{228,75 \cdot 100}{211,75} = 108,03$$

Das Preisniveau im Jahre **2017** ist im Vergleich zum Basisjahr **2015** um 8,03 % gestiegen.

$$P = \frac{228,75 \cdot 100}{223,25} = 102,46$$

Das Preisniveau im Jahre **2017** ist im Vergleich zum Jahr **2016** um 2,46 % gestiegen.

Hat der Verbraucher bei steigendem Preisniveau nach wie vor die gleiche Geldmenge zur Verfügung, so sinkt der Wert des Geldes. In diesem Fall spricht man von einem Verlust der Kaufkraft.

$$\text{Kaufkraft} = \frac{1}{\text{Preisniveau}} \cdot 100$$

In Fortsetzung des obigen Beispiels wäre die Kaufkraft im Jahre 2016 im Vergleich zum Basisjahr 2015 wie folgt gesunken:

$$\text{Kaufkraft}_{0+1} = \frac{1}{105{,}43} \cdot 100 = 94{,}85\,\%$$

Im Vergleich zum Basisjahr 2015 wäre die Kaufkraft im Berichtsjahr 2016 gesunken um:

```
   100,00 %
-   94,85 %
=    5,15 %
```

Daraus kann man folgende Schlussfolgerung ableiten:

- Wenn das Preisniveau <u>steigt</u>, **sinkt** bei gleichbleibender Geldmenge die Kaufkraft.
- Wenn das Preisniveau <u>sinkt</u>, **steigt** bei gleichbleibender Geldmenge die Kaufkraft.

Aus Gründen der Preissteigerung muss ein Anstieg des Nominallohns immer ins Verhältnis zum Anstieg des Preisniveaus gesetzt werden. Nur dadurch erfährt man, ob sich auch der Reallohn erhöht hat.

Beispiel Claudia Kempowski ist Sachbearbeiterin in der Buchhaltung der Bürodesign GmbH und erhielt im letzten Jahr ein Nettoentgelt von monatlich 1 211,85 €. Seit diesem Jahr erhält Claudia ein monatliches Nettoentgelt von 1 230,03 €. Sie berichtet ihrer Kollegin Stefanie davon: „Ist zwar nicht die Welt. Aber wenigstens mehr als zuvor." Stefanie winkt ab: „Von wegen. Hast du denn nicht gelesen, dass die Inflationsrate um 2 % gestiegen ist?"

$$\text{Nominallohn-Niveau} = \frac{(1\,230{,}03 - 1\,211{,}85)}{1\,211{,}85} \cdot 100 = 1{,}50\,\%$$

Nominal ist das Bruttoentgelt von Claudia um **1,5 %** gestiegen. Im gleichen Zeitraum ist das Preisniveau jedoch um **2,0 %** gestiegen.

$$\text{Reallohn-Niveau} = \frac{\text{Nominallohn-Niveau}}{\text{Preisniveau}} \cdot 100$$

$$\text{Reallohn-Niveau} = \frac{101{,}50}{102{,}00} \cdot 100 = 99{,}51\,\%$$

Real betrachtet ist das Einkommen von Claudia um

```
   100,00 %
-   99,51 %
=    0,49 %
```

gesunken, weil der Anstieg der Inflationsrate den Anstieg der Tariflöhne verbraucht hat.

▲ Arten der Inflation

In Bezug auf Geschwindigkeit, Sichtbarkeit und Ursachen von Inflationsprozessen müssen verschiedene Arten des Preisniveauanstiegs beschrieben werden, um besser zu verstehen, um welche Inflationsart es sich in der eigenen Volkswirtschaft handelt.

▲ Inflationsgeschwindigkeit

Wenn das Preisniveau in der Bundesrepublik Deutschland um 1,0 % bis 2,0 % steigt, so kann man von einem sehr moderaten Anstieg sprechen. In besonders schwierigen wirtschaftlichen Situationen kann es in einer Volkswirtschaft jedoch zu einem erheblich stärkeren Anstieg des Preisniveaus kommen. Je nach dem „Tempo" des Preisniveauanstiegs unterscheidet man zwischen folgenden Inflationsgeschwindigkeiten:

- schleichende Inflation   2–5 %
- trabende Inflation   5–10 %
- galoppierende Inflation   > 10 %

Der Brotpreis im Jahr 1923 (in Mark)	
Januar	250
Februar	389
März	463
April	474
Mai	482
Juni	1 428
Juli	3 465
August	69 000
September	1,5 Mio.
Oktober	1,7 Mrd.
November	201,0 Mrd.
Dezember	399,0 Mrd.

Die Grenzen zwischen diesen Unterscheidungsebenen sind fließend. Übersteigt der Anstieg der Inflationsrate jedoch ein reales Maß, so spricht man von Hyperinflation.

▲ Inflationserkennbarkeit

Auch hinsichtlich ihrer Erkennbarkeit müssen verschiedene Inflationsarten voneinander unterschieden werden. Steigen die Preise für jeden erkennbar an, so spricht man von **offener** Inflation. In diesem Fall wird regelmäßig der Anstieg des Preisniveaus in den Massenmedien bekanntgegeben, sodass sich jeder ein Bild davon machen kann. Setzt der Staat hingegen Höchstpreise (= Preisstopps) fest, so greift er in den Preisbildungsprozess ein, indem er den Anstieg des Preisniveaus aufhält. In diesem Fall bilden sich Schwarzmärkte, auf denen die Güter zu höheren Preisen gehandelt werden. Hätte der Staat keine Höchstpreise festgesetzt, so wäre es zu einem offenen Anstieg des Preisniveaus auf offenen Märkten gekommen. So aber handelt es sich um **verdeckte** Inflation.

▲ Inflationsursachen

Nicht immer herrscht Einigkeit darüber, aus welchen Gründen es zu Inflation kommt. Um Inflationsprozesse allerdings wirksam bekämpfen zu können, bedarf es einer Kenntnis der Ursachen. In der wirtschaftswissenschaftlichen Forschung unterscheidet man seit den 50er-Jahren des vergangenen Jahrhunderts zwischen Nachfrage- und Angebotsinflation. Von **Nachfrageinflation** spricht man, wenn der Anstoß für die Preiserhöhung von der Nachfrageseite ausgeht, während man von **Angebotsinflation** spricht, wenn der Anstoß von der Angebotsseite (z. B. von steigenden Löhnen oder Gewinnen) ausgeht.

Nachfrageinflation

Im Aufschwung kommt es zu einer steigenden Auslastung von Produktionskapazitäten. Es wird mehr produziert, weil auch die Nachfrage insgesamt gestiegen ist ($N_1 \rightarrow N_2$). Aus diesem Grund kommt es zu einer Ausweitung der insgesamten Produktionsmenge in der Wirtschaft ($A_1 \rightarrow A_2$). Weil die insgesamte Gütermenge aufgrund gestiegener Nachfrage auch weiterhin ausgeweitet wird, kommt es zu ersten Engpässen in der Produktion. Zwar wird das Angebot weiterhin vergrößert, jedoch kompensieren Unternehmen die Ausweitung des Angebotes aufgrund wachsender Knappheit mit einer Anhebung der Preise ($P_1 \rightarrow P_2$). Allerdings kommen die Unternehmen in eine Situation, in der sie ihr Angebot nicht weiter ausweiten können, weil die Produktionskapazitäten ausgelastet sind (Vollbeschäftigung). Eine Zunahme der Nachfrage ($N_3 \rightarrow N_4$) führt nicht zu einer weiteren Ausdehnung des Angebots A_3, sodass ein Nachfrageanstieg nur noch zu Preiserhöhungen ($P_3 \rightarrow P_4$) führt. In dieser Situation steigt das Preisniveau, weil die Preise durch gestiegene Nachfrage nach oben „gesogen" werden. Aus diesem Grund spricht man auch von einer **Nachfragesoginflation**.

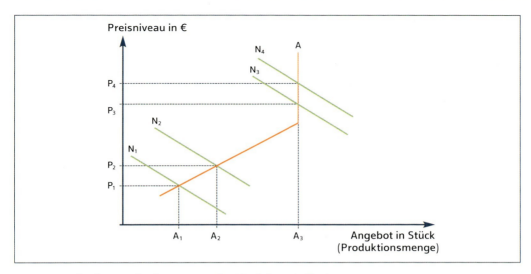

Man unterscheidet verschiedene **Arten der Nachfrageinflation:**

- **Konsuminflation:** Wenn in der gesamten Wirtschaft die Reallöhne steigen oder wenn die Bevölkerung verstärkt ihre Sparguthaben auflöst, kann es zu einem insgesamten Anstieg der Nachfrage nach Konsumgütern kommen. Weil die Konsumgüterindustrie nicht sofort auf die stark gestiegene Nachfrage reagieren kann, kommt es zu einem Anstieg des Preisniveaus für Konsumgüter.
- **Investitionsinflation:** Investieren Unternehmen mehr, als Spargelder zur Verfügung stehen, so wird die gesamtwirtschaftliche Nachfrage nach Investitionsgütern größer als das Angebot sein. Aus diesem Grund wird also das Preisniveau für Investitionsgüter steigen.
- **Importierte Inflation:** Ist die Inflation im Ausland höher als im Inland, so kann es dazu kommen, dass ausländische Nachfrager verstärkt Güter nachfragen, die im Inland hergestellt worden sind. Die gestiegene Auslandsnachfrage führt zu einer Ausweitung der im Inland hergestellten Gütermenge bei gleichzeitig steigender Knappheit. Die dadurch ausgelöste Preisniveausteigerung wurde auf diese Weise „importiert".

Angebotsinflation

Wenn Kostensteigerungen über die Preise an die Nachfrageseite weitergegeben werden oder wenn Anbieter höhere Gewinnaufschläge durchsetzen, kommt es zu Preissteigerungen, die von der Angebotsseite ausgehen. Da auf diese Weise die Preise nach oben „gedrückt" werden, spricht man auch von **Angebotsdruckinflation.** Hierbei unterscheidet man zwischen Kostendruckinflation und Gewinndruckinflation.

- **Kostendruckinflation**

  Eine über den Anstieg der Kosten ausgelöste Preissteigerung kann gesamtwirtschaftlich aus verschiedenen Gründen erfolgt sein. Von besonderer Bedeutung ist hierbei der Anstieg der Lohnkosten. Werden Löhne stärker als die Arbeitsproduktivität angehoben, so erhöht sich der Lohnkostenanteil je produziertem Stück (Lohnstückkosten) bei sonst gleichen Bedingungen für die produzierten Güter. Auf diese Weise werden Preiserhöhungen ausgelöst.

  Von wachsender Bedeutung für die Kostendruckinflation ist auch der Anstieg der Lohnnebenkosten (z. B. der Arbeitgeberanteil zur gesetzlichen Sozialversicherung, Weihnachtsgeld, Urlaubsgeld, Lohnfortzahlung im Krankheitsfall usw.). Werden die Lohnnebenkosten angehoben, so können auch dadurch Preiserhöhungen ausgelöst werden.

Wird der Preisanstieg maßgeblich durch Lohnsteigerungen verursacht, so spricht man von einer Lohn-Preis-Spirale. In diesem Sinne machen sich die Vertreter der Arbeitgeberseite eine Argumentation über die **Lohn-Preis-Spirale** etwa bei Tarifverhandlungen zunutze, wenn sie hohe Lohnforderungen der Gewerkschaften als Ursache für Preiserhöhungen ihrer Produkte verantwortlich machen. Andererseits vertreten Gewerkschaftsvertreter eher die Auffassung, dass die durch Preiserhöhung entstandene Teuerung der Produkte die Arbeitnehmerseite zwingt, höhere Löhne zu fordern. In diesem umgekehrten Fall würde man von der **Preis-Lohn-Spirale** sprechen.

Neben den Lohnkosten spielen auch die Rohstoffkosten eine wichtige Rolle bei der Kostendruckinflation. Da Deutschland ein rohstoffarmes Land ist, ist es auf den Import von Rohstoffen aus dem Ausland angewiesen, damit diese hier weiterverarbeitet werden können. Sind die importierten Vorprodukte jedoch teurer geworden, so muss auch aus diesem Grund mit einem Kostendruck gerechnet werden, der letztlich zu Preiserhöhungen führen kann (vgl. importierte Inflation).

- **Gewinndruckinflation**

  Wenn Unternehmen über eine große Marktmacht verfügen, sind sie tendenziell in der Lage, Preise weitgehend autonom bestimmen zu können. Die Marktmacht erlaubt es ihnen folglich, durch Preiserhöhungen höhere Gewinne durchzusetzen.

▲ Inflationsauswirkungen

Nicht für jedermann sind die Folgen von Inflation gleich zu bewerten. Für die überwiegende Zahl der Wirtschaftssubjekte sind Inflationsprozesse selbstverständlich mit negativen Folgen behaftet. Dennoch gibt es eine Reihe von Wirtschaftssubjekten, für die sich Inflation durchaus positiv auswirken kann.

Inflationsverlierer

Bezieher von Einkommen, die über einen längeren Zeitraum gleich bleiben oder nur schwächer als die Inflationsrate steigen (z. B. Arbeitslose, Rentner), zählen zu den Inflationsverlierern, weil sich ihr Realeinkommen im Zeitverlauf verringert. Des Weiteren zählen z. B. auch Kreditgläubiger zu den Inflationsverlierern, wenn ihre Zinsforderungen stets konstant sind und nicht an die Inflationsrate angepasst werden können.

Inflationsgewinner

Bezieher von Einkommen, die stärker als die Inflationsrate steigen (z. B. Arbeitnehmer, die übertariflich bezahlt werden), haben trotz zunehmender Inflationsrate einen steigenden Reallohn. Folglich zählen sie zu den Inflationsgewinnern. Kreditschuldner können ebenfalls zu diesem Personenkreis gezählt werden, weil ihre Schulden gegenüber dem Kreditgläubiger im Zeitverlauf an Wert verlieren, wenn ein fester Zinssatz für den Kredit vereinbart wurde.

▲ Deflation

Ähnlich wie bei der Inflation sind die Wirkungen der **Deflation** von wichtiger Bedeutung für die Wirtschaft eines Landes. Grundsätzlich versteht man unter einer Deflation den allgemeinen und anhaltenden **Rückgang der Preise für Waren und Dienstleistungen in einer Volkswirtschaft.** Somit handelt es sich hierbei um das der Inflation entgegengesetzte Phänomen.

So wünschenswert ein allgemeiner Preisrückgang zunächst wirken mag, so negativ sind seine Auswirkungen auf andere volkswirtschaftliche Bereiche. Ausgelöst werden Deflationsprozesse häufig in Zeiten konjunkturellen Abschwungs. Weil Menschen aufgrund unsicherer Entwicklungen in der Wirtschaft und auf dem Arbeitsmarkt besonders vorsichtig sind, üben sie sich in Konsumzurückhaltung. Das Geld, das somit nicht für Konsumzwecke ausgegeben wird, wird häufig gespart. Andererseits halten sich auch Unternehmen in einem konjunkturellen Abschwung mit ihrer Produktion zurück, weil sie – genau wie die privaten Haushalte – unsicher über die weitere wirtschaftliche Entwicklung sind.

Sinkende Umsätze aufgrund des Nachfragerückgangs führen allerdings auch zu sinkenden Gewinnen und einer Zunahme von Rationalisierungsmaßnahmen in Form von Arbeitsplatzabbau. Gedämpfte Nachfrage nach Investitionsgütern durch Unternehmen und Zurückhaltung bei der Konsumnachfrage der privaten Haushalte führen zu einem Rückgang des Preisniveaus, wodurch ein Teufelskreis einer sich weiter abwärts bewegenden Entwicklung beschrieben werden kann.

Das Gleiche kann jedoch auch passieren, wenn sich der Staat mit seinen Ausgaben zurückhält. Fällt die staatliche Nachfrage nach Wirtschaftsgütern geringer aus, so entsteht auch hierdurch eine Nachfragelücke, die zu einem Rückgang des Preisniveaus führen kann.

Gezielte Deflationspolitik betrieb in den 20er- und 30er-Jahren des 20. Jahrhunderts der deutsche Reichskanzler **Heinrich Brüning**. Radikale Kürzungen bei den Staatsausgaben sowie die gleichzeitige Anhebung von Steuern trieben das Land in eine immer weiter fortschreitende Abwärtsspirale wirtschaftlichen Niedergangs. Dabei folgte die Politik Heinrich Brünings irrigerweise der Auffassung, dass die wirtschaftliche Situation erst ganz schlecht sein müsse, bevor sie sich von Grund auf erneuern könne.

Binnenwert des Geldes

- Um die Inflation in einer Volkswirtschaft zu messen, wird am häufigsten der **Preisindex der Lebenshaltungskosten** (die sogenannte **Inflationsrate**) berechnet. Zu diesem Zweck legt man einen repräsentativen Warenkorb für einen durchschnittlichen Haushalt fest.

    Diese Berechnung erfolgt mithilfe des sogenannten **Laspeyres-Index**:

    $$P_{0+i} = \frac{\sum p_{0+i} \cdot q_0}{\sum p_0 \cdot q_0} \cdot 100$$

    Haben Verbraucher bei steigendem Preisniveau die gleiche Geldmenge zur Verfügung, so sinkt der Geldwert (Kaufkraftverlust).

    $$\text{Kaufkraft} = \frac{1 \cdot 100}{\text{Preisniveau}}$$

    Steigt das Preisniveau stärker als der Nominallohn, so sinkt der Reallohn.

- **Arten der Inflation**
    - **Inflationsgeschwindigkeit**
        - schleichende Inflation: 2–5 %
        - trabende Inflation: 5–10 %
        - galoppierende Inflation: über 10 %
    - **Nachfrageinflation**
      Durch gestiegene Nachfrage wird das Preisniveau nach oben „gesogen", sodass man auch von Nachfrageinflation spricht.
        - Konsuminflation
        - Investitionsinflation
        - importierte Inflation
    - **Angebotsinflation**
      Wenn Preisniveausteigerungen von der Angebotsseite ausgehen, spricht man von auch Angebotsdruckinflation.
        - Kostendruckinflation
        - Gewinndruckinflation

- **Inflationsauswirkungen**
    - **Inflationsverlierer**
      Bezieher von Einkommen, die über einen längeren Zeitraum gleich bleiben oder nur schwächer als die Inflationsrate steigen (z. B. Arbeitslose), sind Inflationsverlierer.
    - **Inflationsgewinner**
      Bezieher von Einkommen, die stärker als die Inflationsrate steigen, haben trotz zunehmender Inflationsrate einen steigenden Reallohn und sind **Inflationsgewinner**.
    - **Deflation**
      Grundsätzlich versteht man unter Deflation den allgemeinen und anhaltenden Rückgang der Preise für Waren und Dienstleistungen in einer Volkswirtschaft.

Die Geldpolitik

1 Beschreiben Sie die historischen Gründe dafür, dass die Inflationsbekämpfung in Deutschland von besonders großem Interesse ist.

2 Betrachten Sie den Warenkorb mit seinen prozentualen Gewichtungen aus den Jahren 2005, 2010 und 2015. Schätzen Sie ein, wie es dazu kommen kann, dass der Anteil der Ausgaben für Nahrungsmittel, Tabakwaren und Bekleidung eher gesunken ist, während er für Wohnung, Wasser, Gas und Brennstoffe gestiegen ist.

3 Stellen Sie Ihren individuellen Warenkorb mit Gütern auf, die Sie während eines Monats kaufen. Schätzen Sie, abhängig von dem zur Verfügung stehenden Geld, Ihre individuellen prozentualen Anteile dieser Produkte an den Gesamtausgaben ein.

4 Nehmen Sie an, der repräsentative Warenkorb bestünde aus folgenden Artikeln mit folgenden prozentualen Gewichtungsanteilen:

Ausgaben für		2015	2016
Brot (1 kg)	15 %	10,76 €	11,23 €
Benzin (1 Liter)	15 %	1,309 €	1,339 €
Miete (pro m2)	30 %	7,50 €	7,75 €
Jacke	15 %	119,00 €	129,00 €
Urlaub	20 %	300,00 €	320,00 €
Schreibtisch	5 %	149,00 €	169,00 €

a) Berechnen Sie für den angenommenen Warenkorb den Preisindex für das Basisjahr 2015.
b) Berechnen Sie den Preisindex für das Berichtsjahr 2016.
c) Ermitteln Sie den Anstieg des Preisniveaus von 2015 zu 2016.
d) Berechnen Sie den prozentualen Kaufkraftverlust.

5 Beschreiben Sie, auf welche Weise der Staat Inflationsprozesse verdecken könnte.

6 Bei Tarifverhandlungen sprechen die gegnerischen Parteien der Tarifpartner häufig von „Preis-Lohn-Spiralen" bzw. „Lohn-Preis-Spiralen". Erläutern Sie, was die Parteien darunter verstehen, und entwickeln Sie eine eigene Auffassung dazu.

7 Erläutern Sie, wie Inflationsprozesse durch einen „Nachfragesog" ausgelöst werden können, und beschreiben Sie dies an Beispielen aus der Realität.

8 Ein Unternehmer geht in den wohlverdienten Ruhestand. Mit seinem Nachfolger vereinbart er, dass dieser ihm eine monatliche Zusatzrente von 2 000,00 € bis zu seinem Lebensende gibt. Als der Unternehmer seiner Frau von dieser Vereinbarung erzählt, reagiert diese schroff: „Ach, du möchtest also von Jahr zu Jahr ärmer werden, oder?" Beurteilen Sie die Auffassung der Ehefrau.

9 Herr Müller nimmt einen Kredit bei seiner Bank über einen Betrag von 20 000,00 € auf. Die Bank verlangt von ihm einen jährlichen Zins von 7,5 %. Der Kreditzeitraum beläuft sich auf 10 Jahre. Als seine Frau am nächsten Morgen in der Tageszeitung liest, dass die Preise wieder gestiegen seien, sagt Herr Müller zu ihr: „Also, mir macht das nichts aus. Im Gegenteil. Wenn ich nur an den Kredit denke."
Begründen Sie die Auffassung von Herrn Müller.

10 Erläutern Sie den Zusammenhang, dass ein Rückgang des Preisniveaus eine Volkswirtschaft in einen wirtschaftlichen Abwärtsstrudel ziehen kann, und beschreiben Sie Folgen einer solchen Entwicklung am historischen Beispiel Deutschlands in den 20er- und 30er-Jahren des 20. Jahrhunderts.

11 Vergleichen Sie die historische Situation in Deutschland zur Zeit der Deflation in den 30er-Jahren des 20. Jahrhunderts mit der heutigen Situation. Schätzen Sie Risiken einer allzu stark ausgeprägten Politik der Inflationsbekämpfung ein. Recherchieren Sie zu diesem Zweck die Auffassung französischer Spitzenpolitiker mit Blick auf die Rolle der Europäischen Zentralbank.

12 Erläutern Sie, was man unter „Inflationsgewinner" versteht.

4.4 Außenwert des Geldes

Familie Land hat ihren gemeinsamen Urlaub lange vorher geplant. Die Kataloge zeigen die verschiedenen Reisevarianten: Cluburlaub mit Sportprogramm und Animation, Wellness-Reisen mit Sauna, Massagen und pflegenden Anwendungen, Ferienhäuser an den schönsten Stränden der Welt. „Puh, das ist ja alles ziemlich aufwendig gemacht. Es fällt mir wirklich nicht leicht, das passende Angebot zu finden", stöhnt Frau Land. Der Sohn Jörn hat etwas entdeckt. „Hier ist eine Ferienanlage an der Ostseeküste von Dänemark. Da können wir alle etwas machen, was uns gefällt. Für Mama gibt es eine Wellness-Anlage, Papa kann Rad fahren. Hier steht, dass du dort 1 200 km asphaltierte Radwege findest – das schaffst du in den zwei Wochen ja gar nicht. Für Silvia gibt es mehrere Diskotheken und ein Animationsprogramm. Da kannst du deine neuesten Klamotten vorführen. Und für mich gibt es das Meer mit Sportangeboten. Ich wollte schon immer mal surfen lernen!"

Silvia sieht sich den Katalog genauer an. „Hast du auch mal auf den Preis geschaut? Die Anlage hat vier Sterne und kostet pro Person in einem Appartement 1 000,00 € für zwei Wochen. Ich habe hier etwas in der Türkei. Die Anlage hat ebenfalls vier Sterne. Alle Angebote, die du genannt hast, finden sich auch hier – nur muss Papa statt des Rennrades sein Mountainbike mitnehmen. Hinter dem Hotel beginnt eine Gebirgskette. Die Anlage liegt auch direkt am Mittelmeer. Und jetzt haltet euch fest: Kostenpunkt: 580,00 € inklusive Halbpension für 14 Tage im Doppelzimmer pro Person! Ich wäre sogar so gütig und teile mir mit Jörn das Zimmer." – „Sagt mal, kann mir jemand erklären, warum die Preise für diese Reisen bei vergleichbaren Angeboten so unterschiedlich hoch sind?", fragt Jörn.

- Erläutern Sie die Ursachen für die Kaufkraftunterschiede zwischen zwei verschiedenen Währungen.
- Beraten Sie die Familie Land über die unterschiedlichen Wechselkursverhältnisse zwischen der türkischen Lira bzw. der dänischen Krone und dem Euro.

▲ Der Außenwert einer Währung und seine Bestimmungsgründe

Ein Urlaub in den Vereinigten Staaten von Amerika ist in den letzten Jahren immer preiswerter geworden, ohne dass sich in den USA das Preisniveau signifikant verringert hat. Geändert hat sich allerdings der Wert des Euro gegenüber dem US-Dollar.

Der Wechselkurs des Euro

Die folgende Grafik zeigt, dass die Kaufkraft des Euros im Jahr 2011 im Vergleich zur dänischen Krone stark gesunken ist (24 %), während der Euro gegenüber der bulgarischen Währung am stärksten stieg (21 %).

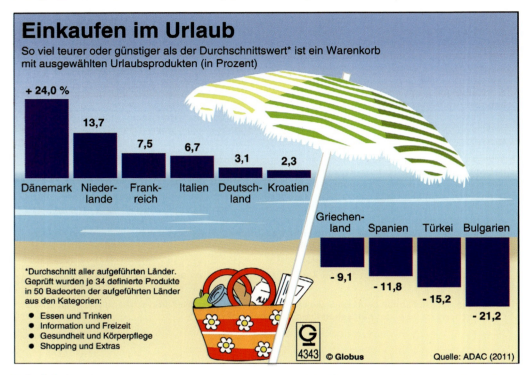

Beispiel Jörn Land wollte wissen, wodurch so unterschiedliche Preise zustande kommen. Seine Eltern erklären ihm, dass die Kaufkraftverhältnisse zwischen der Euro-Zone und der Türkei anders sind als die zwischen der Euro-Zone und Dänemark. Man erhält in der Türkei für einen Euro mehr Güter oder Dienstleistungen als in Dänemark. Das ist eine der Ursachen dafür, warum der Urlaub in der Türkei preiswerter ist als z. B. in Dänemark.

Aus der Grafik auf S. 310 lässt sich ableiten, dass der Euro gegenüber dem US-Dollar vom Juni 2018 bis zum Juni 2019 ganz leicht an Wert verloren hat. Das Austauschverhältnis zweier Währungen zueinander (= **Außenwert** einer Währung) wird von vielen Einflussfaktoren bestimmt:

- Die Entwicklung der **Produktivität** in den beiden betrachteten Ländern kann unterschiedlich verlaufen sein.

- Die Prognosen über das **zukünftige Entwicklungspotenzial** spielen eine Rolle. Dadurch wird die Risikoeinschätzung internationaler Geldanleger beeinflusst.
    Beispiel Ein Land X hat in den letzten Jahren auf dem Gebiet der Konsolidierung der öffentlichen Haushalte und der Sozialversicherung entscheidende Fortschritte erzielt. Internationale Wertpapierfonds investieren dann verstärkt in diesem Land.

- **Inflationsdifferenzen** zwischen den beiden Ländern beeinflussen den Wechselkurs ebenso. Beim Vergleich von Inlands- und Auslandszinssätzen ist unmittelbar klar, dass Zinssätze für Anlagen im Ausland, die signifikant über denen vergleichbarer Inlandsanlagen liegen, für eine verstärkte Anlage im Ausland sprechen.

▲ Wechselkurs

Grundsätzlich unterscheidet man zwischen **flexiblen** und **festen** (oder fixen) **Wechselkursen.** Flexible Wechselkurse werden aufgrund von Angebot und Nachfrage frei auf dem Devisenmarkt gebildet. Dabei wird jedoch noch unterschieden zwischen sich vollständig frei bildenden Kursen (= „**Floating**") und dem sogenannten „**schmutzigen Floating**", bei dem Notenbanken aus wirtschaftspolitischen Gründen gelegentlich in die Preisbildung eingreifen, indem sie selbst Devisen anbieten oder nachfragen. Darüber wollen die Notenbanken den Kurs einer Währung in einer gewünschten Richtung beeinflussen.

Der **Außenwert** einer Währung wird mittels des Wechselkurses der Inlandswährung gegenüber einer beliebigen Auslandswährung dargestellt.

Beispiel

Stand 05/2020		Devisen 1,00 € in Landeswährung	
		Geld	Brief
Australien	A-$	1,6479	1,6979
Dänemark	dKr	7,4357	7,4757
Großbritannien	£	0,88175	0,88575
Japan	Yen	115,9700	116,4500
Kanada	Kan-$	1,5172	1,5292
Norwegen	nKr	10,9610	11,0090
Schweiz	SKR	1,0507	1,0547
Schweden	CHF	10,5730	10,6210
Türkei	LTK	7,5451	7,6251
USA	US-$	1,0835	1,0895

Die obige Tabelle zeigt die Ergebnisse des Handels auf dem Devisenmarkt für eine Reihe ausgesuchter Devisen. Dieser Markt regelt sich wie jeder andere Markt nach Angebot und Nachfrage. Handelsobjekt sind Guthaben in Inlandswährung, wobei deren Preis in Auslandswährung ausgedrückt wird. Der **nominale Wechselkurs** ist also definiert als **x Fremdwährungseinheiten je Euro.** Dieses Preissystem bezeichnet man auch als **Mengennotierung**. Dabei erfolgt der **Verkauf der ausländischen Währung (= Ankauf von Euro)** zum **Geldkurs.**

Beispiel Eine Überweisung der Bürodesign GmbH in Höhe von 10 000,00 britischen Pfund an einen Lieferanten in England wurde am gestrigen Handelstag zu 12 472,10 € dem Konto der Bürodesign GmbH belastet.

Der **Ankauf der ausländischen Währung (= Verkauf von Euro)** erfolgt zum **Briefkurs.**

Beispiel Die Bürodesign GmbH erhält von ihrer Hausbank eine Gutschrift. Der zahlungspflichtige Schweizer Kunde muss einen Rechnungsbetrag von 20 000,00 sfr ausgleichen. Die Bürodesign GmbH erhält also eine Gutschrift in Höhe von 21 652,00 €.

Beispiel Ein Euro wurde am gestrigen Handelstag für 0,7848 britische Pfund angekauft und für 0,7858 britische Pfund verkauft.

Beim Umtausch von Bargeld zwischen zwei Währungen werden von den Banken sogenannte **Sortenkurse** berechnet. Diese sind im Vergleich zu den Devisenkursen für den Verbraucher ungünstiger, weil der Aufwand, den Banken beim Handel mit Sorten betreiben müssen, größer ist (Vorhalten, Überprüfen des Bargeldes). Der Devisenhandel findet zumeist als Telefonhandel zwischen den Banken statt und ist somit kostengünstiger.

Beispiel

Stand 05/2020		Sorten (Touristenkurse) 1,00 € in Landeswährung	
		Geld	Brief
Australien	A-$	1,592	1,760
Dänemark	dKr	7,120	7,830
Großbritannien	£	0,849	0,919
Japan	Yen	111,500	123,100
Kanada	Kan-$	1,455	1,608
Norwegen	nKr	10,470	11,630
Schweiz	SKR	1,026	1,078
Schweden	CHF	10,120	11,240
Türkei	LTK	6,370	8,610
USA	US-$	1,036	1,134

▲ Freie Wechselkurse

Bei einem System **freier (flexibler) Wechselkurse** bilden sich die Wechselkurse durch Angebot und Nachfrage frei am Markt. Die **Euro-Nachfrage (N),** also das Angebot von US-Dollar **(Devisenangebot)** gegen Euro, entsteht, weil im Euro-Währungsraum lebende Exporteure (Exportgutanbieter) letztlich Euro benötigen, um ihre Verpflichtungen (Löhne, Rohstoffe, Steuern etc.) erfüllen zu können. Es ist unerheblich, ob die Kaufverträge der Exporteure in Euro oder in US-Dollar fakturiert sind. Lautet die Vertragswährung auf US-Dollar, müssen die Exporteure die Dollar in Euro tauschen. Lautet die Vertragswährung hingegen auf Euro, müssen die US-Importeure ihre Landeswährung US-Dollar in Euro tauschen. Auch Kapitalanleger aus den Vereinigten Staaten müssen, wenn sie ihr Geld im Euro-Währungsraum anlegen wollen, ihre US-Dollar in Euro tauschen.

Das **Euro-Angebot (A),** folglich die Nachfrage nach **US-Dollar (Devisennachfrage)** gegen Euro, ist über die Importe von Waren und Dienstleistungen in den Euro-Währungsraum zu erklären. US-amerikanische Anbieter von Waren und Dienstleistungen, welche für den EU-Währungsraum bestimmt sind, benötigen letztlich US-Dollar, um ihren Zahlungsverpflichtungen nachzukommen (s. o.). Auch in diesem Fall ist es unerheblich, welche Vertragswährung gewählt wurde. Lautet die Währung auf US-Dollar, muss der Importeur in der Euro-Zone die US-Dollar besorgen. Lautet er hingegen auf Euro, muss es der amerikanische Exporteur tun.

Beispiel Familie Stein bucht eine dreiwöchige Wohnmobilrundreise durch den Westen der USA. Sie zahlen im örtlichen Reisebüro in Köln den Preis der Reise in Euro. Der amerikanische Wohnmobilvermieter in Los Angeles, wo die Reise der Familie Stein beginnt, benötigt jedoch US-Dollar, um z. B. Kraftfahrzeugsteuern oder Löhne an seine Mitarbeiter zu zahlen. Er muss die Euro in US-Dollar tauschen. Hätte die Familie Stein die Reise über das Internet direkt in den USA gebucht, wäre der Reisepreis in US-Dollar zu zahlen. Diese US-Dollar müsste Herr Stein nach Amerika überweisen.

Zusammengefasst kann man sagen: Einem Euro-Angebot liegen Waren- oder Dienstleistungsimporte, der Euro-Nachfrage Waren- und Dienstleistungsexporte zugrunde.

Beispiel Die Reisen der Familien Stein und Land in die Türkei bzw. in die USA sind Dienstleistungsimporte, weil die Familien türkische bzw. amerikanische Dienstleistungen in Anspruch nehmen (z. B. Essen in Restaurants, Übernachtungen in dortigen Hotels, Einkäufe in örtlichen Geschäften, Nutzung eines Mietwagens etc.).

Wenn die Nachfrage nach Euro steigt, weil die Exportwirtschaft in der Bundesrepublik Deutschland einen Aufschwung erlebt, werden verstärkt Euro nachgefragt. Die **Zunahme der Devisennachfrage** nach Euro und die damit verbundene Rechtsverschiebung der Nachfragekurve von N1 nach N2 führt zu einem **Kursanstieg des Euro** im Vergleich zum US-Dollar.

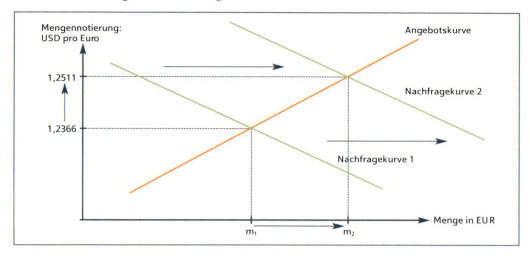

Der Wert des Euros ist im Vergleich zum Wert des US-Dollar **gestiegen**. Vor der Nachfrageverschiebung war 1 Euro 1,2366 US-Dollar wert. Der Kurs des Euro stieg danach auf 1,2511 US-Dollar. In den USA müssen die Wirtschaftssubjekte jetzt mehr Dollar für die gleiche Gütermenge aufwenden als vorher. Dadurch verteuern sich die Importe auf dem Euro-Raum. Daher spricht man von der **Aufwertung** des Euro gegenüber dem US-Dollar. Zukünftig wird es zu einer Abnahme der Euro-Nachfrage bzw. zu einer Zunahme des Euro-Angebots kommen, weil Exporte aus Europa in die USA teurer werden, während Importe aus den USA sich verbilligen.

Wenn deutsche Unternehmen verstärkt Güter und Dienstleistungen aus den USA importieren, werden verstärkt US-Dollar nachgefragt. Die **Zunahme des Angebots an Euro** führt dann zu einer Rechtsverschiebung der Angebotskurve von A1 nach A2 und folglich zu einem **Kursrückgang des Euro** gegenüber dem US-Dollar.

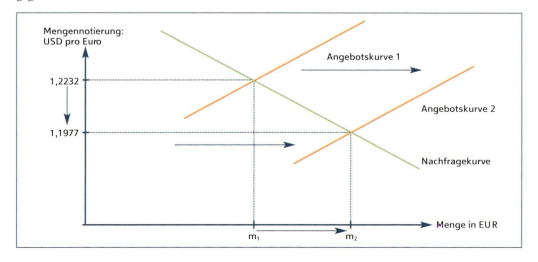

Der Wert des Euro ist im Vergleich zum Wert des US-Dollar **gesunken.** Vor der Angebotsverschiebung hatte 1 Euro den Wert von 1,2232 US-Dollar. Der Kurs des Euro sank danach auf 1,1977 US-Dollar. Die Importeure aus dem Euro-Raum müssen für die gleiche Gütermenge mehr Euro aufwenden. Dadurch verteuern sich die Importe in den Euro-Raum. Eine **Abwertung des Euro** führt zu einer Zunahme der Nachfrage nach Euro bzw. zu einem Rückgang des Euro-Angebots, weil einerseits Exporte aus dem Euro-Raum in die USA preiswerter werden, während sich gleichzeitig Importe aus den USA nach Europa verteuern.

▲ Feste Wechselkurse

Bei festen Wechselkursen legt die jeweilige Regierung den Wechselkurs der eigenen Währung zu den Auslandswährungen fest. In der Regel wird der Wechselkurs jedoch nicht unverrückbar festgelegt, sondern der Staat bestimmt einen Kurs und definiert die Grenzen **(= Bandbreiten),** innerhalb derer der Kurs dann durch Angebot und Nachfrage beeinflusst auf dem freien Markt schwanken darf.

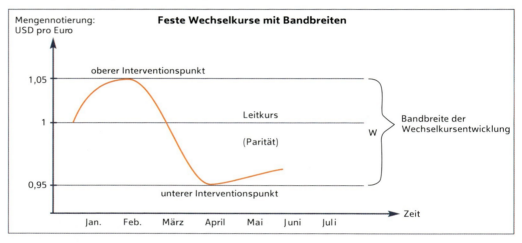

Steigt die Nachfrage nach Euro, also das Angebot von US-Dollar (Devisenangebot) über den oberen Interventionspunkt (hier ein angenommener Kurs von 1,05), muss die Europäische Zentralbank Euro anbieten und dafür Dollar ankaufen, damit der Wechselkurs wieder innerhalb der Bandbreite liegt.

Im Falle eines zur Schwäche neigenden Euros – der Wechselkurs zum Dollar liegt hier unter 0,95 – muss die EZB Euro vom Markt nehmen. Dazu muss sie entsprechend US-Dollar verkaufen, damit es zu einem steigenden Eurokurs kommt.

Innerhalb der Europäischen Union gibt es für solche Mitgliedsländer, die sich für die Teilnahme an der Währungsunion noch nicht qualifizieren konnten bzw. zum 1. Januar 1999 daran nicht teilnehmen wollten (z.B. Großbritannien und Dänemark), die Möglichkeit, ihre Währungen im Rahmen des **EWS II** (= Wechselkursmechanismus II) an den Euro zu binden. Feste Wechselkurse mit Bandbreiten sind im Rahmen des EWS II so festgelegt, dass eine Standard-Schwankungsbreite (Differenz zwischen Leitkurs und oberem bzw. unterem Interventionspunkt) +/– 15 % gibt. Im Fall der dänischen Krone wurde diese Standard-Schwankungsbreite jedoch auf +/– 2,25 % reduziert. Sollte der Wechselkurs den oberen bzw. unteren Interventionspunkt erreichen, müssen die beteiligten Notenbanken automatisch und in unbegrenzter Höhe am Devisenmarkt intervenieren. Aktuell nimmt lediglich Dänemark am EWS II-System teil.

Sobald eine der im EWS II-Wechselkursmechanismus beteiligten Währungen gegenüber dem Euro den unteren bzw. oberen Interventionspunkt erreicht, müssen die jeweiligen Zentralbanken am Devisenmarkt intervenieren. Die Zentralbank desjenigen Landes (oder derjenigen Länder), deren Währung zur

Stärke neigt, kauft dabei die ihr angebotene schwächere Währung. Die Zentralbank(en), deren Währung den unteren Interventionspunkt zu durchbrechen droht, verkauft im Gegenzug die nachgefragte, also starke Währung.

Finanziert werden solche Devisenmarktinterventionen von der Zentralbank, deren Währung unter Verkaufsdruck steht. Sollten Finanzierungsprobleme auftreten, gibt es die Möglichkeit zu einer kurzfristigen Kreditaufnahme bei den am Wechselkursverbund beteiligten Staaten. Die Laufzeit dieser Kredite beträgt 3,5 Monate und kann in Krisensituationen um drei Monate verlängert werden.

Außenwert des Geldes

- Der **Außenwert einer Währung** wird von vielen Einflussfaktoren bestimmt (Produktivität, Zukunftserwartungen, Inflationsunterschiede).
- Der Außenwert einer Währung wird mittels des **Wechselkurses der Inlandswährung** gegenüber einer beliebigen Auslandswährung dargestellt.
- Wechselkurse werden zwischen in- und ausländischem Bargeld (**Sorten**) bzw. Buchgeld (Devisen) berechnet.
- Man unterscheidet **flexible und feste (oder fixe) Wechselkurse**, wobei feste Wechselkurse vom Staat und flexible Wechselkurse durch Angebot und Nachfrage festgelegt werden.
- Einem Euro-Angebot liegen Waren- oder Dienstleistungsimporte, der Euro-Nachfrage Waren- und Dienstleistungsexporte zugrunde.
- Eine **Abwertung des Euro** führt zu einer Zunahme der Nachfrage nach Euro, weil Exporte aus dem Euro-Raum in die USA preiswerter werden, während sich gleichzeitig Importe aus den USA nach Europa verteuern. Bei einer **Euro-Aufwertung** verläuft die Entwicklung entgegengesetzt.
- Im **EWS II** werden Währungen der Mitgliedsländer, die noch nicht an der Währungsunion teilnehmen, mit einer festgelegten Schwankungsbreite an den Euro gebunden.

---

1 Am Devisenmarkt steigt der Wechselkurs für 1,00 € von 1,19 US-Dollar auf 1,24 US-Dollar.
  a) Eine Maschine kostet in der Bundesrepublik Deutschland 80 250,00 €. Ein Exporteur möchte wissen, welchen Preis er vor bzw. nach der Aufwertung des Euro in den USA verlangen muss, damit er den gleichen Gewinn macht. (Hierbei sollen weitere anfallende Kosten wie Versicherungen, Transportkosten etc. nicht berücksichtigt werden.)
  b) Bisher lag die Gewinnspanne des Maschinenbauunternehmens bei 14 %, wenn der oben genannte Verkaufspreis von 80 250,99 € erzielt wurde. Die Konkurrenz aus den ostasiatischen Schwellenländern zwingt den Maschinenbauer zu Preissenkungen. Damit er den amerikanischen Kunden nicht verliert, ist er bereit, den Verkaufspreis so zu senken, dass er die Maschine ohne einen Gewinnaufschlag verkauft. Berechnen Sie diesen Betrag in US-Dollar.

2 a) Erläutern Sie die Zusammenhänge zwischen dem Wechselkurs und dem Außenhandel in einem exportorientierten Land wie der Bundesrepublik Deutschland.
  b) Stellen Sie grafisch dar, wie sich der Wechselkurs zwischen Euro und US-Dollar verändert, wenn die Exporte aus dem Euro-Raum die Importe übersteigen.

3 In einem System fester Wechselkurse sind Eingriffe der nationalen Notenbanken explizit vorgesehen, um die festgelegten Wechselkurse zu stützen. Diskutieren Sie, ob es sinnvoll ist, diese Eingriffe auch in einem System freier Wechselkurse zuzulassen.

4.5 Geldpolitik der Europäischen Zentralbank (EZB)

Die Geschäftsführer der Bürodesign GmbH, Frau Friedrich und Herr Stein, besprechen die wirtschaftliche Entwicklung ihres Unternehmens. Sie planen die notwendigen Investitionen, welche das Unternehmen zukünftig wettbewerbsfähig halten sollen. „Wir sollten den geplanten Neubau nicht erst im nächsten Jahr, sondern schon dieses Jahr erstellen lassen, denn ich befürchte, dass die Zinsen für grundpfandrechtlich gesicherte Kredite im Laufe dieses Jahres wieder steigen werden. Die Konjunktur belebt sich langsam, der Inflationsdruck durch die steigenden Rohölpreise wird stärker, sodass die Notenbank mit Sicherheit an der Zinsschraube drehen wird. In den USA ist dies bereits mehrfach geschehen. Wir sollten uns die momentan noch günstigen Zinsen langfristig sichern und den Neubau beginnen", argumentiert Frau Friedrich. „Das sehe ich genauso", antwortet Herr Stein.

- Erläutern Sie den Wirkungszusammenhang zwischen der Preisniveauentwicklung und der Zinsentwicklung.
- Beschreiben Sie die Möglichkeiten der Notenbank, das Preisniveau zu beeinflussen.

▲ Träger der Geldpolitk

Durch die Einführung des Euro als gemeinsame Währung in der Europäischen Wirtschafts- und Währungsunion am 1. Januar 1999 hat das Eurosystem die Verantwortung für die Geldpolitik im Geltungsbereich des Euros übernommen.

Das Eurosystem schließt ein

- die **Europäische Zentralbank (EZB)** in Frankfurt am Main und
- die rechtlich selbstständigen **nationalen Zentralbanken (NZB)** der 19 Mitgliedsstaaten, welche den Euro eingeführt haben.

Das **Europäische System der Zentralbanken (ESZB)** umfasst die EZB und die nationalen Zentralbanken aller 28 Mitgliedsstaaten der Europäischen Union (EU). Dem ESZB gehören neben den Mitgliedsländern des Eurosystems folglich auch die nationalen Zentralbanken jener Mitgliedsstaaten an, welche den Euro als Währung noch nicht eingeführt haben. Solange es EU-Mitgliedsstaaten gibt, die nicht dem Euro-Währungsgebiet angehören, werden das Eurosystem und das ESZB nebeneinander bestehen. Die nationalen Zentralbanken (= nationale Notenbanken) sind integraler Bestandteil des ESZB. Sie führen die Geldpolitik der EZB im jeweiligen Mitgliedsland aus.

> **§ 3 Bundesbankgesetz:** Die Deutsche Bundesbank ist als Zentralbank der Bundesrepublik Deutschland integraler Bestandteil des Europäischen Systems der Zentralbanken. Sie wirkt an der Erfüllung seiner Aufgaben mit dem vorrangigen Ziel mit, die Preisstabilität zu gewährleisten und sorgt für die bankmäßige Abwicklung des Zahlungsverkehrs mit dem Inland und dem Ausland.

Mit dem Beginn der Währungsunion am 1. Januar 1999 ging die Geldhoheit von den nationalen Notenbanken auf die **Europäische Zentralbank (EZB)** über. Nach dem Maastrichter Vertrag ist es die Hauptaufgabe der EZB, die Preisniveaustabilität zu gewährleisten, wobei die Europäische Zentralbank (EZB) die monetäre Politik (Geldpolitik) der EU-Mitgliedsländer gestaltet. Seit dem 1. Januar 1999 wacht die Europäische Zentralbank also darüber, dass der Euro auf Dauer so stabil wird wie die DM es war. Die EZB ist nach dem Vorbild der Bundesbank aufgebaut und hat ihren Sitz ebenfalls in Frankfurt am Main. Die EZB steuert die Geldpolitik der 19 Mitgliedsstaaten Belgien, Deutschland, Estland, Finnland, Frankreich, Griechenland, Irland, Italien, Lettland, Litauen, Luxemburg, Malta, Niederlande, Österreich, Portugal, Slowakei, Slowenien, Spanien und Zypern, verwaltet die Währungsreserven und gibt Banknoten heraus. Dabei nimmt sie ihre Aufgaben **weisungsunabhängig** von den nationalen Regierungen wahr.

Blickt man in die Geschichte, so kann man feststellen, dass in solchen Ländern, in denen die Notenbank in hoher Abhängigkeit zur Regierung (i. d. R. dem Finanzministerium) steht, die Inflationsraten regelmäßig sehr viel höher sind als in den Ländern, in welchen die Notenbank unabhängig von der Regierung ihre Aufgaben wahrnimmt.

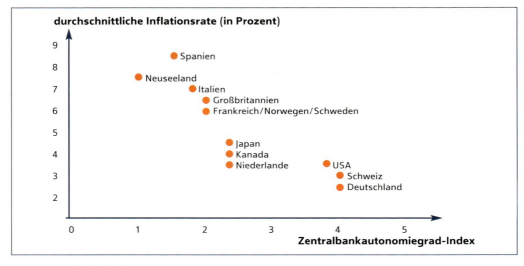

Zeitraum: 1955 bis 2000

Die Grafik verdeutlicht, dass Länder, in denen die Zentralbank (= Notenbank) unabhängig von der jeweiligen Regierung arbeiten kann, verhältnismäßig geringe Inflationsraten aufweisen, während Länder, in denen die Notenbank von der Regierung abhängig ist, über höhere Inflationsraten verfügen. Der in der Grafik verwendete „Zentralbankautonomie-Index" soll die Stärke der Unabhängigkeit der Zentralbank von der jeweiligen Regierung verdeutlichen. Je höher (niedriger) die Indexzahl liegt, desto größer (niedriger) ist die Unabhängigkeit der Zentralbank von der Regierung.

Weisungsabhängige Notenbanken können von der Regierung dazu missbraucht werden, Staatsausgaben durch die Ausgabe von Banknoten bzw. durch niedrige Notenbankzinsen zu finanzieren. Auf diese Weise können Regierungen – zumindest kurzfristig – von einer nachhaltigen Sanierung der öffentlichen Haushalte absehen und eine unpopuläre Einschränkung öffentlicher Ausgaben vermeiden. Unabhängige Notenbanken haben sich stabilitätspolitisch hingegen bewährt.

Im System der Europäischen Zentralbanken wird die Unabhängigkeit durch die folgenden Maßnahmen gewährleistet:

Merkmal	Ausprägung des ESZB
institutionelle Unabhängigkeit	Die Organe des ESZB sind von den Weisungen Dritter (Regierung, Parlament, Kommission etc.) unabhängig.
personelle Unabhängigkeit	Die Amtszeit des Präsidenten und der Direktoren beträgt acht Jahre. Um zu verhindern, dass alle Mitglieder der EZB-Organe gleichzeitig ausscheiden, sind die Amtszeiten zeitlich gestaffelt.
funktionelle Unabhängigkeit	Die Zentralbanken haben als vorrangiges Ziel die Sicherung der Preisstabilität. Weitere Aufgaben, wie z. B. die Unterstützung der Wirtschaftspolitik der Mitgliedsländer, werden nur insoweit berücksichtigt, als dass dabei die Verfolgung des Hauptziels gewahrt bleibt.
finanzielle Unabhängigkeit	Zentralbanken sollen ihre Mittel selbst erwirtschaften: Sie sind folglich von den Haushaltsmitteln der Mitgliedsländer unabhängig.

Das Eurosystem wird von den **Beschlussorganen der EZB,** dem **EZB-Rat,** dem **Direktorium** und dem **erweiterten Rat** geleitet.

Der **EZB-Rat** ist das zentrale Entscheidungsorgan des Eurosystems. Ihm gehört der Präsident der EZB und sein Vizepräsident an. Weiterhin gehören ihm an: vier weitere Mitglieder des Direktoriums und die Präsidenten der nationalen Notenbanken, die an der Währungsunion teilnehmen.

Beschlüsse im **EZB-Rat** werden mit einfacher Mehrheit gefasst, wobei jedes Mitglied eine Stimme hat. Im Rahmen der Erweiterung der EU ist die Zahl der Vertreter der nationalen Notenbanken auf 15 Personen begrenzt. Wenn die Zahl der NZB-Präsidenten größer als 19 wird, werden die jeweils stimmberechtigten Mitglieder durch ein Rotationsverfahren ermittelt. Bei Stimmgleichheit besitzt der EZB-Präsident ein doppeltes Stimmrecht.

Das **Direktorium** der EZB bildet die Exekutive des ESZB. Durch das Direktorium werden die Beschlüsse des Rats ausgeführt, die EZB geleitet und verwaltet. Dem Direktorium gehören der Präsident, dessen Vizepräsident sowie vier weitere Mitglieder an, welche vom Europäischen Rat gewählt werden.

Solange nicht alle EU-Mitgliedsstaaten der Währungsunion beigetreten sind, berät der **erweiterte Rat** das Direktorium und den EZB-Rat. Mitglieder des erweiterten Rats sind der EZB-Präsident, dessen Vize sowie die Präsidenten aller nationalen Zentralbanken der EU. Der erweiterte Rat hat keine geldpolitischen Kompetenzen, überwacht jedoch die Funktionsweise des Wechselkursmechanismus zwischen dem Euro und den Währungen der EU-Mitgliedsstaaten, welche der Währungsunion noch nicht beigetreten sind.

Die **nationalen Notenbanken (NZB)** müssen nach den Richtlinien und Beschlüssen der EZB handeln. Darüber hinaus sind sie für die Bargeldversorgung, die Refinanzierung der Geschäftsbanken, die Verwaltung der Währungsreserven, die Statistik und die Mithilfe bei der Bankenaufsicht zuständig.

Die Geldpolitik

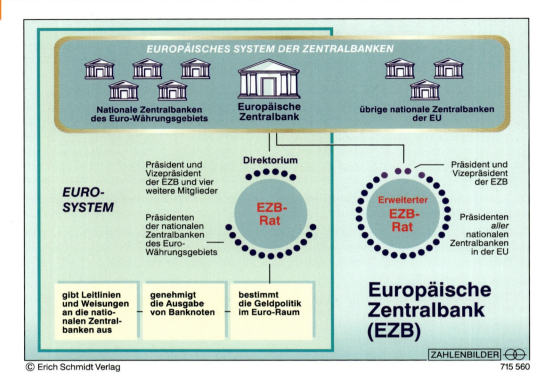

▲ Steuerung der Geldpolitik

Das Hauptziel des Eurosystems ist die Gewährleistung der Preisniveaustabilität im Euro-Währungsgebiet. Die Notenbanken müssen eine geldpolitische Strategie verfolgen, weil ihre Handlungen nur mit zeitlicher Verzögerung auf die Preisstabilität wirken.

Um vorausschauend handeln zu können, verfolgt die EZB eine sogenannte **„2-Säulen-Strategie"**. Dabei werden zunächst **(erste Säule)** eine ganze Reihe von **Inflationsindikatoren** analysiert, um darüber zu einer breit angelegten Beurteilung der zukünftigen Entwicklung der Preisniveaustabilität zu gelangen. Zu diesen Indikatoren zählt z.B. die **Entwicklung von Preisen** (Rohstoff-, Erzeuger-, Investitions- und Konsumgüterpreise usw.). Darüber hinaus fließt die Entwicklung von **Finanzmarktindikatoren** mit ein (z.B. Zinsstrukturen, Renditen von Staatsanleihen, Aktienkurse etc.). Auch **Branchen- und Verbraucherumfragen** spielen bei der Beurteilung zukünftiger Preisentwicklungen eine entscheidende Rolle.

Die Strategie der **zweiten Säule** basiert auf der Überlegung, dass eine Inflation dauerhaft nur dann möglich ist, wenn es zu einer **übermäßigen Ausweitung der Geldmenge** gegenüber der Menge an Gütern und Dienstleistungen kommt. Daraus folgt, dass der Beurteilung der Entwicklung der Geldmenge eine besondere Bedeutung zukommt. Die EZB orientiert sich bei ihrer Geldpolitik an der Geldmenge M3.

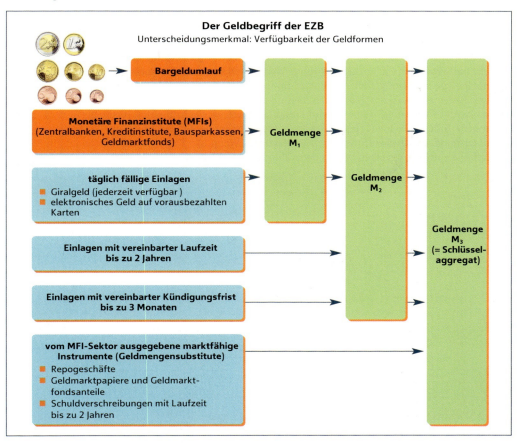

Schematische Darstellung der geldpolitischen Strategie der EZB

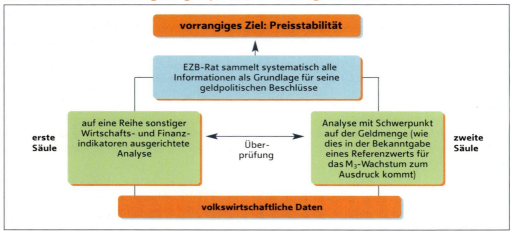

Bei der Ausrichtung ihrer Politik arbeitet die EZB mit einem **Geldmengenkonzept,** welchem die Geldmenge M3 zugrunde liegt. Die Notenbank geht dabei davon aus, dass den Volkswirtschaften so viel Geld zur Verfügung stehen muss, wie diese für die Finanzierung ihres Wachstums benötigen. Diesen Wachstumspfad beschreibt der Begriff des **Produktionspotenzials.** Das Produktionspotenzial beinhaltet ein mögliches Bruttoinlandsprodukt, welches unter Vollauslastung aller volkswirtschaftlichen Produktionsfaktoren erreicht werden könnte. Wenn die Notenbank den Volkswirtschaften der EU eine Geldmenge zur Verfügung stellt, die ausreicht, um dieses Wachstumspotenzial zu finanzieren, ergeben sich keine inflationären Tendenzen, denn das Wachstum der Gütermenge entspricht dann dem Wachstum der Geldmenge. Ergänzt wird dieses Geldmengenwachstum durch eine als unvermeidlich angesehene Inflation, die sich beispielsweise durch gestiegene Rohstoffpreise aus dem Ausland (z. B. Rohöl) ergibt **(= unvermeidliche Preissteigerung).** Wenn alle Kapazitäten vollständig ausgelastet sind, erhöhen sich die Preise in der EU dann lediglich um die gestiegenen Importpreise.

Zusammenhang zwischen Produktionspotenzial und tatsächlicher Auslastung des BIP

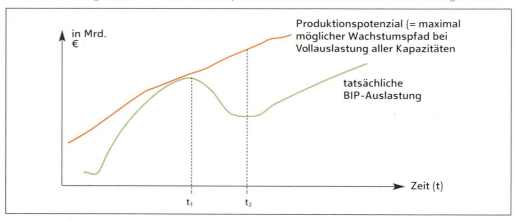

Für das Wachstum der Geldmenge M3 hat die EZB seit Beginn der Währungsunion einen **Referenzwert** bestimmt. Er beträgt zurzeit 4,5 % und wird durch folgende Faktoren bestimmt:

- Wachstumskomponente des Produktionspotenzials (2 % bis 2,5 %)
- unvermeidliche Preissteigerung (1,5 % bis 2 %)

- Komponente für den trendmäßigen Rückgang der Umlaufgeschwindigkeit des Geldes (–0,5 % bis –1 %)

In t_1 gilt, dass die tatsächliche Auslastung des BIP sehr groß ist. Alle Produktionsfaktoren sind in Verwendung, sodass die Zinsen wegen der hohen Geldnachfrage automatisch steigen, denn die vorhandene Geldmenge, welche am Produktionspotenzial ausgerichtet ist, wird fast vollständig benötigt. Ein weiteres Wirtschaftswachstum ist kaum noch möglich. In t_2 hingegen ist die tatsächliche Auslastung des BIP sehr gering. Dies äußert sich durch ein geringes Wirtschaftswachstum, Arbeitslosigkeit und ungenutzte Ressourcen. Die Nachfrage nach Geld ist entsprechend klein, sodass auch die Zinsen niedrig sind.

Mit diesem am Produktionspotenzial orientierten Geldmengenkonzept verfügt die EZB über ein Instrument, das eine automatische Anpassung der Geldmenge an konjunkturelle Schwächephasen (mit niedrigen Zinsen) bzw. Hochkonjunkturen (mit hohen Zinsen) erlaubt.

▲ Geldpolitisches Instrumentarium des Eurosystems

Die geldpolitischen Instrumente, welche die Notenbank zur Erfüllung ihrer Aufgaben benutzt, sind im Statut der EZB verankert. Die EZB hat grundsätzlich eine marktwirtschaftliche Ausrichtung, d. h., sie verzichtet auf direkte Eingriffe in die Geschäfte der Kreditbanken. Sie hat z. B. nicht die Möglichkeit, die Kreditvergabe der Geschäftsbanken direkt zu begrenzen. Auch kann sie nicht die Zinssätze am Kapitalmarkt direkt festlegen.

Ihre Aktivitäten zur Bewahrung der Preisstabilität entfalten vielmehr einen indirekten Wirkungszusammenhang. Mithilfe des Zinsmechanismus möchte die Notenbank erreichen, dass sich die Wirtschaftssubjekte gemäß den Prinzipien der Preisniveaustabilität verhalten. Dazu verändert die EZB die Bedingungen auf dem (Interbanken-)Geldmarkt, auf dem sich die Geschäftsbanken mit Liquidität versorgen. Zur Systematisierung der von ihr eingesetzten geldpolitischen Instrumente unterscheidet man:

- **Instrumente zur Zins- und Liquiditätssteuerung**
- **Instrumente zur Grob- und zur Feinsteuerung**

Mithilfe der zinspolitischen Instrumente setzt die EZB Zinssätze als **Orientierungspunkte für den Geldmarkt** fest, wobei **liquiditätspolitische Maßnahmen**, also die gezielte Beeinflussung der Bankenliquidität (Guthaben in Form der Mindestreserve bei der EZB), **flankierend** wirken. Bei der Differenzierung von **Grob- und Feinsteuerung** lässt sich sagen, dass die Grobsteuerung die Bedingungen auf dem Geldmarkt langfristig beeinflussen soll, es werden **Rahmenbedingungen des Geldmarktes** verändert, während mit der **Feinsteuerung temporäre Schwankungen** der Bankenliquidität kompensiert werden sollen.

▲ Offenmarktgeschäfte

Die zentralen geldpolitischen Instrumente zur Zinssteuerung sind die sogenannte **„Offenmarktgeschäfte"**, welche die Notenbank den Geschäftsbanken anbietet. Bei einem Offenmarktgeschäft kauft oder verkauft die EZB Wertpapiere an der Wertpapierbörse (dem offenen Markt). Damit kann sie dem Wirtschaftskreislauf Geld entziehen oder zuführen. In der Rezession kauft die EZB Wertpapiere und zahlt mit Euro. Sie erhöht so die Liquidität der Geschäftsbanken (Geldschöpfung). In der Hochkonjunktur bietet sie Wertpapiere zu günstigen Kursen an. Werden diese von den Geschäftsbanken erworben, wird der Geldumlauf verringert.

Bei Offenmarktgeschäften geht die Initiative von der EZB aus. Sie legt die Konditionen für die Durchführung dieser Geschäfte fest. Die Abwicklung der operativen Geschäfte erfolgt dann über die nationalen Notenbanken. Durch den Kauf oder Verkauf von geldmarktfähigen Wertpapieren am offenen Markt kann die EZB dem Wirtschaftskreislauf Geld entziehen oder zuführen.

Im Mittelpunkt der Offenmarktgeschäfte stehen die wöchentlich neu ausgeschriebenen **Hauptrefinanzierungsgeschäfte** (Haupt- oder Standardtender) mit einer Laufzeit von einer Woche. Die Geschäftsbanken decken mittels dieses **Haupttenders** jährlich ca. 75 % ihres Zentralbankgeldbedarfs. Dazu geben die Geschäftsbanken Wertpapiere (sogenannte Sicherheiten) bei der Zentralbank „in Pension" (Englisch **repurchuase agreement = REPO**). Der Zinssatz für diesen Haupttender wird folglich auch als **REPO-Satz** oder **Basiszinssatz** bezeichnet. Er übernimmt die Funktion eines **europäischen Leitzinses**.

Die technische Abwicklung der Offenmarktgeschäfte übernehmen die nationalen Notenbanken im Auftrag der EZB. Die Notenbanken kaufen dazu „am offenen Markt" Wertpapiere der Geschäftsbanken, welche gleichzeitig eine Rücknahmeverpflichtung der Papiere eingehen. Dabei dienen die Wertpapiere als „Pfand". Im Gegenzug erhalten die Kreditinstitute von der Notenbank Zentralbankgeld gutgeschrieben.

Die Notenbanken unterscheiden beim Haupttender zwei verschiedene Ausschreibungsverfahren:

Mengentender

Beim sogenannten **Mengentender** gibt die Notenbank einen festen Zinssatz für das von ihr zur Verfügung zu stellende Zentralbankgeld vor. Dabei kennen die Geschäftsbanken das Liquiditätsvolumen nicht. Sie geben ihre Gebote (= Liquiditätswünsche) ab. Sollte die Summe der Gebote über dem Zuteilungsrahmen der Notenbank liegen (= Überzeichnung), wird den Banken nur ein prozentualer Anteil ihres Gebotes zugeteilt (= **Repartierung**).

Beispiel Die EZB möchte 5 Mrd. € Liquidität zur Verfügung stellen, die Geschäftsbanken geben jedoch Gebote in Höhe von 8 Mrd. € ab. Die Notenbank wird dann jeder Bank eine Quote von 62,5 % ihres gewünschten Betrages zuteilen.

Zinstender

Beim sogenannten **Zinstender** müssen die Geschäftsbanken neben der von ihnen gewünschten Geldmenge auch den Zinssatz angeben, welchen sie für das Geld zu zahlen bereit sind. Die Zuteilung durch die Notenbank kann entweder nach dem sogenannten **amerikanischen Verfahren** erfolgen, welches die EZB in den letzten Jahren als sehr marktwirtschaftlich orientiertes Verfahren durchgängig angewendet hat. Dabei verteilt die Notenbank das zur Verfügung stehende Liquiditätsvolumen beginnend mit dem höchsten gebotenen Zinssatz. Die Zuteilung erfolgt bis zu dem Grenzzinssatz, bei welchem das Volumen erschöpft ist. Banken, die den Grenzzinssatz in ihrem Gebot unterschritten haben, werden bei der Zuteilung folgerichtig nicht berücksichtigt und erhalten kein Zentralbankgeld. Dieses amerikanische Bietungsverfahren zeigt einen hohen Wettbewerbscharakter. Beim **holländischen Verfahren** erhält jede Geschäftsbank das Zentralbankgeld zum gleichen Grenzzinssatz. Der Grenzzinssatz ist aus Sicht der Kreditinstitute der Zinssatz, welcher gerade noch ausreicht, u. a. der Zuteilung teilzunehmen.

Beispiel Die Notenbank schreibt einen Haupttender als Zinstender aus. Sie plant, 5 Mrd. € in den Markt zu geben. Folgende Gebote werden abgegeben:

Bank	A	B	C	D
gebotene Menge in € Zinssatz	3 Mrd. 8,5 %	1,5 Mrd. 8,7 %	1 Mrd. 8,3 %	3 Mrd. 8,9 %

Beim amerikanischen Verfahren bekommt zunächst die Bank D eine Zuteilung von 3 Mrd. €, weil sie den höchsten Zinssatz geboten hat. Danach gehen 1,5 Mrd. € an die Bank B. Die Bank A erhält letztlich von ihrem Gebot in Höhe von 3 Mrd. € die verbleibenden 0,5 Mrd. €. Die Bank C erhält keine Zuteilung. Beim holländischen Verfahren käme es zu den gleichen Zuteilungssummen zwischen den Banken A, B und D. Alle erhielten ihr Zentralbankgeld jedoch zum gleichen Grenzzinssatz von 8,5 %.

Bei ausgeprägten Zinsänderungserwartungen der Geschäftsbanken können die Gebote der Geschäftsbanken stark von den Vorstellungen der Notenbank abweichen. Die Folge sind dann extreme Minderzuteilungen durch die Notenbank. In solchen Situationen schreibt sie daher **Mengentender** aus, um über den veröffentlichten Zinssatz Spekulationen der Geschäftsbanken entgegenzutreten und Planungssicherheit zu schaffen. Eine ähnliche Stabilisierungsfunktion für die Erwartungen bietet der sogenannte **Mindestbietungssatz,** der seit Ende 2000 bei den **Zinstendergeschäften** verwendet wird. Dieser Mindestbietungssatz übernimmt die geldpolitische Signalfunktion, die bislang dem Mengentender zukam.

Neben den Haupttendern schreiben die Notenbanken zusätzlich Offenmarktgeschäfte im **Monatsrhythmus (= Basistender).** Dieses sind längerfristige Basisrefinanzierungen, welche den am Geldmarkt weniger aktiven Banken eine Verstetigung ihrer Liquiditätsversorgung sichern sollen.

▲ Ständige Fazilitäten

Ständige Fazilitäten sind eine Art Kontokorrentkonto der Kreditinstitute bei den Notenbanken. Für die deutschen Kreditinstitute ist das die Deutsche Bundesbank. Wie beim Kontokorrentkonto gibt es auch zwei Möglichkeiten:

- Das Kreditinstitut „überzieht" sein Konto gegen Sollzinsen **(Spitzenrefinanzierungsfazilität)**,
- das Kreditinstitut bildet Einlagen gegen Habenzinsen **(Einlagefazilität).**

Die Nutzung ist als kurzfristiges und sehr flexibles Instrument der Geldpolitik gedacht. Es gibt Kreditinstituten die Möglichkeit, überschüssige Habensalden jeweils „über Nacht" bis zum Beginn des nächsten Geschäftstages als Einlage zu einem vorgegebenen Zinssatz bei der Notenbank anzulegen **(Übernachtguthaben)** oder kurzfristigen Liquiditätsbedarf über Nacht zu decken **(Übernachtkredit).**

Für die Inanspruchnahme der Spitzenrefinanzierungsfazilitäten müssen die Kreditinstitute Zinsen zahlen und refinanzierungsfähige Sicherheiten hinterlegen. **Refinanzierungsfähige Sicherheiten** sind

- in den von der EZB veröffentlichten Verzeichnissen aufgelistete Wertpapiere,
- Kreditforderungen der Geschäftsbanken gegen notenbankfähige Schuldner.

Die Zinssätze der ständigen Fazilitäten stecken den Rahmen oder **Zinskanal** für die Zinsen am Geldmarkt ab. Dabei bildet der Zinssatz für die Spitzenrefinanzierungsfazilität die Obergrenze für Tagesgeld im Handel zwischen den Geschäftsbanken und die Einlagenfazilität die Untergrenze.

Erhöht die EZB die Zinsen für die Übernachtkredite, verteuert sich die Refinanzierung für die Geschäftsbanken. Geben diese die gestiegenen Kosten an ihre Kunden weiter, ist eine allgemeine Erhöhung des Zinsniveaus mit entsprechender dämpfender Wirkung auf die Konjunktur die Folge. Eine Senkung der Zinsen hat die gegenteilige Wirkung.

▲ Mindestreservepolitik

Durch die Mindestreserve werden die Geschäftsbanken gezwungen, in Höhe eines bestimmten Anteils ihrer Einlagen verzinsliche Guthaben bei der nationalen Notenbank zu unterhalten. Diese Maßnahme hat einen **ordnungspolitischen Charakter,** denn die Mindestreserve bindet die Geschäftsbanken an die nationale Notenbank. Sie zwingt die Geschäftsbanken zur Refinanzierung bei der jeweiligen Notenbank in Höhe der bei ihr zu haltenden Guthaben. Erst über diese **Anbindung der Geschäftsbanken an die Notenbank** können die übrigen Instrumente ihre Wirkung entfalten, denn über die Höhe des Mindestreservesatzes nehmen die Notenbanken Einfluss auf die Liquidität der Geschäftsbanken.

Die Geldpolitik

Wirkungsweise der MR

	Erhöhung der Mindestreserve	Senkung der Mindestreserve
Wirkung auf die Geschäftsbanken	Verteuerung der Geldbeschaffung	Verbilligung der Geldbeschaffung
Liquiditätseffekt	Einengung der Liquidität	Ausweitung der Liquidität
Zinseffekt	Geldmarktzinsen steigen	Geldmarktzinsen sinken

Reservepflichtige Verbindlichkeiten sind
- Sichteinlagen, d.h. die Einlagen auf Girokonten,
- befristete, d.h. Termingelder, die für eine bestimmte Zeit festgelegt sind,
- und Spareinlagen mit dreimonatiger Kündigungsfrist

Der Reservesatz beträgt zurzeit (2019) 1 % der mindestreservepflichtigen Einlagen. Ein Reservesatz in dieser Höhe ist notwendig, um zu gewährleisten, dass die gewünschten Geldmarktsteuerungsfunktionen erfüllt werden können. Gleichzeitig ist dieser Satz so niedrig, dass er nicht zu einer unerwünschten Belastung auf der Aktivseite der Bilanzen der Kreditinstitute führt.

▲ Finanzmärkte

Der Geldmarkt ist der Markt, auf dem Zentralbankguthaben gehandelt werden. Dies ist das eigentliche Operationsfeld für die geldpolitischen Maßnahmen der Notenbank, wobei sie ihre Impulse über den **Zinssatz für Tagesgeld** am Geldmarkt setzt. Sie betreibt insofern eine **Zinspolitik,** wobei der Zinssatz nicht das angestrebte Endziel, sondern lediglich ein **Zwischenziel** bei der Einhaltung des **angestrebten Geldmengenwachstums** darstellt. **Die Notenbank steuert also nicht die Menge, sondern den Preis des Zentralbankgeldes.** Die Steuerung des Preises hat den Vorteil, dass heftige Zinsschwankungen am Geldmarkt vermieden werden können.

Starke Schwankungen wären bei einer Mengensteuerung gar nicht zu verhindern, weil der Geldschöpfungsprozess heute zwischen Geschäftsbank und Kunde – also ohne Zutun der Notenbank – angestoßen wird. Das Ausmaß des dazu notwendigen Wachstums wird aber in den meisten Fällen nicht mit den Wachstumszielen der EZB übereinstimmen, sodass die Zinsen dann stark steigen müssten, wenn eine über das von der Notenbank vorgesehene Zuteilungsvolumen hinausgehende Nachfrage nach Zentralbankgeld besteht. Diese Zinssteigerung wäre aber funktionslos, da durch die Zinssteigerung kein zusätzliches Angebot an Zentralbankgeld mobilisiert werden könnte.

▲ Zur Technik der Zinsbildung

Am Tagesgeldmarkt hat der Zinssatz für Wertpapierpensionsgeschäfte die **Leitzinsfunktion.** Diesen Zinssatz kann die Notenbank auf den zweiwöchentlich am Donnerstag stattfindenden Sitzungen des Zentralbankrats autonom festlegen.

Die **Zinsobergrenze bildet der Zinssatz der Einlagenfazilität,** denn dieser Kredit ist mengenmäßig nicht begrenzt. Wenn die Banken über genügend Sicherheiten verfügen, können sie auf ihn jederzeit eigeninitiativ zurückgreifen. Die **Zinsuntergrenze bildet der Einlagensatz,** denn die Banken werden Liquidität nur dann bei der Zentralbank anlegen, wenn sie dies untereinander nicht rentabler tun können.

▲ Transmissionstheoretische Vorstellungen zur Geldmengensteuerung der Notenbank

Prämisse: Die Notenbank hebt den Zinssatz für Tagesgelder spürbar an (Wann? Wenn die Geldmenge über den Zielkorridor angestiegen ist und daraus Gefahren für die Geldwertstabilität erwachsen).

Geldpolitik der Europäischen Zentralbank (EZB)

Das Ziel der Notenbank besteht darin, die Nachfrage auf M3 zu vermindern, um darüber die gesamtwirtschaftliche Nachfrage zu dämpfen, denn nur durch eine sinkende Nachfrage lässt sich der Preisauftrieb senken.

Es lässt sich folgende Wirkungskette aufbauen:

> Aus dem Anstieg des Tagesgeldsatzes folgen **steigende Zinssätze für Termingelder**, da für eine Bank die Einlagen von Nichtbanken ein Ersatz für die Aufnahme von Geldmarktmitteln sind.
>
> ↓
>
> Die Verteuerung der Einstandskosten für kurzfristige Gelder löst dann einen Anstieg der Renditen am Rentenmarkt und bei längerfristigen Bankpassivazinsen aus, da die Banken versuchen, auf die zunächst noch günstigere Refinanzierung mit längerfristigen Mitteln auszuweichen, also über das Angebot von festverzinslichen Wertpapieren Mittel am Rentenmarkt aufzunehmen.
>
> ↓
>
> **Ergebnis:**
> Die ursprüngliche Änderung der kurzfristigen Zinsen schlägt also auf die langfristigen Zinssätze durch.

Diese Wirkungskette kann jedoch verändert werden, wenn die Entwicklung der langfristigen Zinsen durch andere Einflüsse überlagert wird. Dabei spielt der **Einfluss des Auslandes** und auch der **Einfluss der Inflationserwartungen** eine Rolle.

Beispiel So kann z. B. das Hochsetzen der Tagesgeldmarktzinsen als ein entschlossener Schritt der Notenbank zur langfristigen Sicherung des Geldwertes angesehen werden und so – über einen Rückgang der Inflationserwartungen – zu sinkenden Zinsen im längerfristigen Bereich führen, da bei den Anlegern die Bereitschaft steigt, Mittel längerfristig anzulegen. Das Ergebnis ist eine inverse Zinsstruktur, bei der die kurzfristigen Zinsen über den langfristigen liegen.

Der monetäre Anstoß der Notenbank hat Folgen in der realwirtschaftlichen Sphäre:

- **Substitutionseffekt:** Über steigende Zinsen, eine sinkende Konsumrate und eine steigende Sparrate gewinnen Anlagen in Finanzanlagen gegenüber Anlagen in Sachkapital an Attraktivität. Die Folge ist eine sinkende Investitionsgüternachfrage.
- **Einkommens- und Vermögenseffekt:** Es kommt zu einer Umverteilung der Zahlungsströme, da sich die Zinseinnahmen der Gläubiger und die Zinszahlungen der Schuldner ändern. Steigende Zinszahlungen wirken dämpfend auf die Nachfrage. Eine Vermögenswirkung tritt ein, weil steigende Zinssätze über sinkende Kurse die Ausgaben der Privaten einschränken.
- **Erwartungseffekt:** Erwartungsbildungen nehmen eine immer stärkere Bedeutung an. Inflationserwartungen tragen nämlich immer schon den Keim einer sich beschleunigenden Inflation in sich, denn Inflationserwartungen finden z. B. in steigenden Lohnforderungen oder Abwertungen des Wechselkurses ihren Ausschlag. Folglich muss die EZB stets darauf bedacht sein, das Vertrauen in- und ausländischer Wirtschaftssubjekte zu erhalten.

▲ Wirkungen und Probleme der Geldpolitik

In den Ländern der EU, die den Euro eingeführt haben, sind die Wechselkurse als flexibles Anpassungsinstrument zum Ausgleich realwirtschaftlicher Unterschiede (z. B. wegen Produktivitätsunterschieden) zwischen den Nationen weggefallen. Weiterhin kann es im Interesse der Stabilität keine expansive Finanzpolitik in einzelnen Ländern geben, während andere Euro-Länder eine restriktive Finanzpolitik verwirklichen. **Stabilitätsfördernd** wirkt sich aus:

▲ Finanzpolitik

Eine solide **Finanzpolitik** mit der Ausrichtung auf die Geldwertstabilität wirkt sich i. d. R. stabilitätsfördernd aus. Von einer expansiven Finanzpolitik kann nämlich ein nachfrageseitiger inflationärer Druck ausgehen. Andererseits führt eine expansive Finanzpolitik zu einer steigenden Staatsverschuldung. Eine Notenbank kann dann leicht von der Politik bedrängt werden, wenn sie die Leitzinsen erhöht, da sich diese Erhöhung der Leitzinsen umso stärker auf das Haushaltsdefizit auswirkt, je größer die kurzfristige Staatsverschuldung ist.

Gegen diese Wirkungskette haben Ende 1996 die damals 15 EU-Staaten einen **„Stabilitäts- und Wachstumspakt"** beschlossen. Darin ist festgelegt, dass die Mitgliedsländer in konjunkturell schwierigen Phasen beim Haushaltsdefizit die Obergrenze von 3 % des BIPs nicht überschreiten dürfen. Mittelfristig sollen alle EU-Staaten einen ausgeglichenen Haushalt aufweisen. Bei Zuwiderhandlung sieht der Stabilitäts- und Wachstumspakt Strafen in Form von Geldbußen vor.

▲ Lohnpolitik

Eine an der Stabilität orientierte **Lohnpolitik** muss berücksichtigen, dass Lohnzuwächse nur in Höhe des Zuwachses der Produktivität möglich sind. Übersteigen die Lohnabschlüsse den Produktivitätszuwachs, kommt es in diesen Volkswirtschaften zu einer Kostensteigerung und damit i. d. R. auch zu Preissteigerungen am Markt. Da eine Wechselkursabwertung innerhalb der EU nicht mehr stattfinden kann, leidet in den betroffenen Staaten die Wettbewerbsfähigkeit. Folglich ist es notwendig, zu einer Konvergenz in der Geld-, Finanz- und Lohnpolitik bei den Teilnehmerstaaten zu gelangen, um der Währungsunion zum Erfolg zu verhelfen.

▲ Die europäische Staatsschuldenkrise

Für Griechenland und Irland wurde im Dezember 2010 ebenso wie für Portugal im Mai 2011 ein sogenannter „Rettungsschirm" aufgespannt. Länder, die in Schwierigkeiten geraten sind, können ihre finanzielle Stabilität, z. B. durch Kredite, wiedergewinnen.

Im Sommer 2011 spitzte sich die Situation an den Märkten mit Staatsanleihen in Europa erneut zu. Viele Anleger mieden die als Krisenländer bekannten Schuldner und flüchteten in qualitativ hochwertige Anlagen. Die Renditeabstände zwischen diesen Anleihen und denen deutscher Emittenten wuchs, sodass es zu Spannungen am internationalen Bankenmarkt kam. Das Handelsvolumen am Geldmarkt sank zunehmend.

Auf die Staatsschuldenkrise reagierte die EZB schon 2008 mit eher konventionellen geldpolitischen Maßnahmen, indem sie die Leitzinsen in mehreren Schritten von 4,5 % auf den historisch niedrigsten Stand von 0,5 % im Mai 2013 senkte.

Eine weitere geldpolitische Maßnahme bestand darin, den Interbankengeldmarkt zu stärken, indem die Hauptrefinanzierungsgeschäfte auf das Mengentenderverfahren mit einer vollen Zuteilung umgestellt wurden. Dadurch ist es den Banken praktisch möglich, jeden Wunsch nach Liquidität zu befriedigen.

Eine weitere Komponente bildet das Programm für die Wertpapiermärkte. Im Rahmen dieses Maßnahmenpaketes wurde es der EZB möglich, an den Märkten für öffentliche und private Schuldverschreibungen zu intervenieren.

Weiterhin wurden als Sicherheiten für die Hauptrefinanzierungsgeschäfte Wertpapiere einer geringeren Bonitätsklasse zugelassen, und letztlich kam es zu einer Senkung des Mindestreservesatzes von 2 % auf 1 % sowie zur Durchführung zweier längerfristiger Refinanzierungsgeschäfte mit einer Laufzeit von 36 Monaten.

Insgesamt sollen alle beschriebenen Sondermaßnahmen dazu dienen, die Banken besser mit Liquidität zu versorgen und damit die Funktionsfähigkeit des europäischen Geldmarkts zu erhalten.

Geldpolitik der Europäischen Zentralbank (EZB)

Weitere aktuelle Problemfelder stellen die drohenden Zahlungsunfähigkeiten Griechenlands und Zyperns dar. Beide Länder können ihren Zahlungsverpflichtungen nicht mehr nachkommen, sodass es zu zahlreichen Rettungsversuchen der EZB und des europäischen Finanzsystems gekommen ist. In Zypern wurden zeitweise die Geschäftsbanken geschlossen.

Geldpolitik der Europäischen Zentralbank (EZB)

Die Transmission geldpolitischer Impulse
(schematische und stark vereinfachte Darstellung)

Änderung der Leitzinsen durch die Zentralbank:	↓ Senkung	↑ Erhöhung
Refinanzierung der Banken:	↓ günstiger	↑ teurer
Zinsen für die Kunden:	↓ sinken	↑ steigen
Kreditnachfrage durch Nichtbanken:	↑ steigt	↓ sinkt
Investitions- und Konsumgüternachfrage im Inland: (Annahme: gleichbleibendes Angebot)	↑ steigt	↓ sinkt
Preise (Preisniveau):	↑ steigen	↓ sinken

(Quelle: Deutsche Bundesbank (Hrsg.): Geld und Geldpolitik, Schülerbuch für die Sekundarstufe II, August 2009, S. 138)

Die Geldpolitik

> **Die europäische Staatsschuldenkrise im zeitlichen Ablauf**
> - Seit 2007 wird die Eurozone immer wieder von Krisen erfasst:
>   - Phase 1: Lehman-Brother-Zusammenbruch (2007)
>   - Phase 2: Globale Bankenkrise (seit 2010)
>   - Phase 3: Staatsschuldenkrise in der EU (seit 2010)
> - Krisenländer der EU: Griechenland, Irland, Portugal, Italien, Spanien, Zypern, Island
> - Rettungsschirm als Gegenmaßnahme:
>   - Ankauf von Staatsanleihen
>   - Senkung der Leitzinsen, um den Markt mit Liquidität zu versorgen
> - Kritik an der Politik des billigen Geldes

1 a) Beschreiben Sie, wie sich durch eine Intervention (Kauf) der EZB das Kurs- und Zinsniveau sowie die Zentralbankgeldmenge verändern.
b) Erklären Sie die Unterschiede zwischen Mengen- und Zinstender beim Pensionsgeschäft.
c) Folgende Angebote von Kreditinstituten seien gegeben:

Bank	Gebote in Mrd. €	Bietungszinssatz beim Zinstender
A	100	1,84 %
B	140	1,83 %
C	60	1,82 %
D	120	1,81 %
E	170	1,80 %

Berechnen Sie die Zuteilungsquoten, wenn diese nach dem
c1) Mengentender bzw.
c2) nach dem Zinstenderverfahren (holländisches und amerikanisches Verfahren) vorgenommen werden.

2 Durch eine Erhöhung der Mindestreserve sinkt die Bankenliquidität. Das Kreditangebot wird verknappt, die Zinsen steigen, Investitionen gehen zurück und die gesamtwirtschaftliche Nachfrage wird gedämpft. Erläutern Sie die gleiche Wirkungskette für die
a) Offenmarktpolitik,
b) ständigen Fazilitäten.

3 Der Zinssatz für die Spitzenrefinanzierungsfazilitäten ist der Zinssatz, zu dem sich die Kreditinstitute refinanzieren, also der „Einkaufspreis" für Geld. Der Zinssatz für Privatdarlehen ist der „Verkaufspreis" der Kredite an die privaten Haushalte.
a) Ermitteln Sie bei Ihrem Kreditinstitut den Zinssatz für die Spitzenrefinanzierungsfazilitäten.
b) Stellen Sie fest, wie hoch die Zinsen für Privatdarlehen sind.
c) Diskutieren Sie, für welche Leistungen (Funktionen) die Kreditinstitute die Differenz zwischen dem „Einkaufs-" und „Verkaufspreis" für Geld bekommen.

4 Beschreiben Sie, welches Instrumentarium die Europäische Zentralbank
a) in der Hochkonjunktur,
b) in der Rezession
einsetzen wird und erläutern Sie die jeweils beabsichtigte Wirkungskette.

5 Der Maastrichter Vertrag legt fest, dass die EZB institutionell, personell und operativ unabhängig ist. Diskutieren Sie das Für und Wider der Autonomie der Europäischen Zentralbank.

6 Die Inflationsrate stellt einen Gradmesser für die Stabilität einer Währung dar. Diskutieren Sie die Maßnahmen der EZB zur Rettung des Euro vor dem Hintergrund einer möglichen Gefahr für dessen Wertstabilität.

7 Fertigen Sie ein Kurzreferat über die Bedeutung von Ratingagenturen an. Stellen Sie darin auch deren Einfluss auf die Möglichkeiten zur Refinanzierung von Unternehmen und Staaten dar.

8 Die oben beschriebenen Folgen der Eurokrise sind nur eine Momentaufnahme im Herbst 2012. Stellen Sie auf einem Zeitstrahl die Entwicklung der Eurokrise seit dem Frühjahr 2013 dar und bewerten Sie die von der EZB ergriffenen Maßnahmen in ihrer Wirkung für die Stabilität des Euro.

5 Die Fiskalpolitik

Thomas Stein, VWL-Student an der Universität Köln, steht kurz vor dem Abschluss seiner Seminararbeit zur Wirtschaftspolitik. Bei der Suche nach weiteren Informationen fällt ihm der folgende Artikel aus dem Online-Archiv des Handelsblatts auf.

Mehr Schulden fürs Klima

DER KAMPF GEGEN DEN KLIMAWANDEL DROHT ZUM ANGRIFF AUF DIE SCHWARZE NULL ZU WERDEN. VOR ALLEM DIE SPD DRÄNGT DARAUF, FÜR DIE RETTUNG DES KLIMAS WIEDER SCHULDEN ZU MACHEN. AUCH IN DER UNION GILT DER AUSGEGLICHENE HAUSHALT NICHT MEHR ALS SAKROSANKT.

Der 20. September soll ein historischer Tag werden. Das Klimakabinett will dann das groß angekündigte Klimaschutzpaket verabschieden, die Versprechen in Sachen Klimaschutz endlich mit konkreten Maßnahmen unterlegen. [...] Der 20. September könnte deshalb auch zu dem Tag werden, an dem die Bundesregierung mit einer jahrelangen Politik bricht, deren Infragestellung fast mit Hochverrat gleichgesetzt wurde: der Politik der schwarzen Null.

Die „schwarze Null", der seit 2014 ausgeglichene Bundeshaushalt, war lange Staatsräson, ein Markenzeichen für Verlässlichkeit [...]. Doch in den vergangenen Monaten geriet das Leitbild der „schwäbischen Hausfrau" zunehmend unter Druck: Zunächst forderten linke SPD-Abgeordnete und Ökonomen, die schwarze Null zugunsten höherer Investitionen aufzugeben. Dann mehrten sich mit Blick auf die sich eintrübende Wirtschaftslage Stimmen, die ein schuldenfinanziertes Konjunkturprogramm forderten. Den Todesstoß könnte die schwarze Null aber durch die neue Klimapolitik erfahren.

[...]

Einzig Unternehmer Robert Maier, der vor einigen Tagen seine Kandidatur für den SPD-Parteivorsitz erklärt hatte, will an der schwarzen Null festhalten: „Der ausgeglichene Haushalt muss weiter Bestand haben. Das dringend benötigte Geld für die Investitionen sollten wir durch Einsparungen an anderer Stelle aufbringen."

Doch zu Einsparungen war die Bundesregierung bislang an keiner Stelle bereit. Und Haushälter glauben nicht, dass sich daran etwas ändern wird. Das stellt die Bundesregierung vor ein Problem: Wenn sie beim Klimaschutz auch nur einen Teil der Ausgabenwünsche erfüllen will, kommt sie an neuen Schulden kaum noch [vorbei]. Denn die Zeiten, in denen sie Mehrausgaben durch Mehreinnahmen stemmen konnte, sind vorbei.

[...]

Obwohl die Einnahmen für jeden ersichtlich nicht mehr sprudeln, kennen die Ausgabenwünsche in der Klimapolitik aber kein Halten. Jeder versucht, über dieses Einfallstor neue Mittel für sich herauszuhandeln. [...] Entwicklungshilfeminister Gerd Müller will etwa Klimaschutz im Ausland finanzieren, Verkehrsminister Andreas Scheuer Bahntickets verbilligen, Landwirtschaftsministerin Julia Klöckner Hunderte Millionen für die Rettung des Waldes ausgeben. [...]

Wie solche Mehrausgaben und angedachte soziale Abfederungen für untere und mittlere Einkommen – etwa bei Einführung einer CO_2-Steuer – finanziert werden sollen, ist völlig unklar. Und neben dem Klima will die Regierung ja auch noch mehr für Verteidigung, Bildung oder die Grundrente ausgeben. [...]

SCHWARZE NULL

Finanz-Musterland Seit 2014 kommt der Bund ohne neue Schulden aus. Das gibt es so in fast keinem anderen Industrieland. Die Bundesrepublik hält sogar wieder die Maastricht-Kriterien ein, der Schuldenstand sinkt in diesem Jahr unter die Marke von 60 Prozent. Nach der Finanzkrise 2009 hatte die Bundesrepublik noch die Marke von 80 Prozent übertroffen.

Internationale Kritik Deutschlands solide Finanzpolitik wird zwar geachtet, ist aber auch stetiger Kritik ausgesetzt. So fordern internationale Organisationen wie OECD oder IWF und Länder wie Frankreich oder die USA schon lange, Deutschland müsse im eigenen Interesse mehr investieren, aber auch, um die Wirtschaft im gesamten Euro-Raum anzuschieben.

Ökonomen-Kritik Zuletzt forderte auch eine Reihe deutscher Ökonomen eine Abkehr von der schwarzen Null, darunter Michael Hüther vom arbeitgebernahen Institut IW Köln. Sie halten es für geboten, in Zeiten von Niedrigzinsen, in denen sich der Staat nahezu zum Nulltarif verschulden kann, mehr zu investieren und die marode Infrastruktur auf Vordermann zu bringen.

(Quelle: Greive, Martin: Mehr Schulden fürs Klima. In: Handelsblatt Nr. 151, 08.08.2019, S. 6.)

- Erstellen Sie zu dem obigen Handelsblattartikel ein Textexzerpt, z. B. in Form einer Mindmap.
- Erläutern Sie die grundsätzliche Wirkungsweise der antizyklischen Fiskalpolitik. Gehen Sie dabei auch auf den Grundgedanken einer klimaschutzorientierten antizyklischen Fiskalpolitik ein.
- Erläutern Sie Probleme und negative Wirkungen, die durch eine antizyklische Fiskalpolitik ausgelöst werden können.

▲ Träger der Fiskalpolitik und ihre Aufgaben

Nach **John Maynard Keynes** (vgl. S. 279 ff.) reguliert der Markt die zyklischen Schwankungen der Produktion und Beschäftigung einer Volkswirtschaft nicht selbstständig. Es kommt immer wieder zu Wirtschaftskrisen und Massenarbeitslosigkeit. Als „Krisenmanager" muss der Staat durch wirtschaftspolitisches Eingreifen diese Krisen verhindern. Zum **Staatssektor** zählen der Bund, die Bundesländer, die Städte und Gemeinden sowie die Träger der gesetzlichen Sozialversicherung. Sie sollen ihre jeweilige Haushaltsführung (Einnahmen und Ausgaben) an der allgemeinen Wirtschaftslage (Konjunktur) ausrichten. Eine derartige Konjunktur- und Wirtschaftspolitik mittels der gezielten Steuerung der Einnahmen und Ausgaben in den staatlichen Haushalten wird als **Finanz- oder Fiskalpolitik** bezeichnet.

Beispiel Die Stadt Köln vergibt einen Auftrag in Höhe von 20 Mio. € an verschiedene Unternehmen der Bauwirtschaft. An allen Berufskollegs der Stadt werden energiesparende bauliche Maßnahmen durchgeführt: Isolierung der Außenfassade, Einbau neuer Fenster, Erneuerung der Heizungsanlage u. a. Eigentlich müsste die Stadt Köln wegen aufgelaufener hoher Schulden ihre Ausgaben reduzieren. Dennoch beauftragt sie in Zeiten einer allgemeinen Wirtschaftskrise diese Gebäudesanierung, um die regionale und überregionale Bauwirtschaft zu fördern.

▲ Rahmenbedingungen der Fiskalpolitik

▲ Magisches Viereck bzw. Sechseck

Jedes staatliche Handeln bedarf einer gesetzlichen Ermächtigung. Eine zentrale gesetzliche Grundlage für die staatliche Konjunkturpolitik ist das **Gesetz zur Förderung der Stabilität und des Wachstums der Wirtschaft (StWG)** vom 9. Juni 1967 (sogenanntes Stabilitätsgesetz). § 1 dieses Gesetzes legt als Ziele staatlicher Konjunkturpolitik fest (vgl. auch S. 246 ff.):

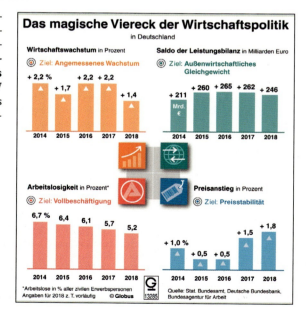

Nach 1967 hat es immer wieder Versuche gegeben, zusätzliche Ziele im Gesetz zu verankern. Vor allem der Schutz der Umwelt sowie eine gerechte Einkommens- und Vermögensverteilung sind weitere zentrale Forderungen an die Wirtschaftspolitik. Formalrechtlich ist diese Entwicklung vom sogenannten **magischen Viereck** zum magischen Sechseck jedoch nicht vollzogen worden (vgl. S. 412 ff.).

▲ EU-Konvergenzkriterien

Mit dem Projekt der **Europäischen Wirtschafts- und Währungsunion (EWWU)** wird in der Europäischen Union (EU) eine gemeinsame Währung (Währungsunion), verbunden mit einer zwischen den Einzelstaaten abgestimmten Wirtschaftspolitik, eingeführt. 19 der 28 Länder der Europäischen Union (EU) haben mittlerweile die dritte und letzte Stufe dieses Vorhabens erreicht. Sie verwenden den Euro als gemeinsame Währung. Bedingung für die Euro-Einführung ist, dass ein EU-Mitgliedsstaat bestimmte Voraussetzungen erfüllt. Denn nur Staaten mit einer vergleichbaren wirtschaftlichen Gesamtsituation können dauerhaft in einer Union mit einer stabilen einheitlichen Währung zusammengeschlossen werden. Diese EU-Konvergenzkriterien sind im Vertrag von Maastricht festgelegt und beziehen sich auf folgende Aspekte:

- Preisstabilität
- Stabilität der öffentlichen Haushalte
- Wechselkursstabilität
- langfristiges Zinsniveau

Diese sogenannten **Maastricht-Kriterien** stellen für die Wirtschaftspolitik in den EU-Mitgliedsstaaten zentrale Zielvorgaben dar.

Beispiel Antje und Otto Land erinnern sich noch gut an die ersten Jahre, nachdem sie eine Familie gegründet hatten. Nach der Geburt ihrer beiden Kinder hätten sie sich im Rahmen des Familienlastenausgleichs eine höhere staatliche Unterstützung, z. B. ein erhöhtes Kindergeld, gewünscht. Gerade in der ersten Wirtschaftskrise nach der Wiedervereinigung hatten sie es als Familie nicht leicht. Kurzarbeit bei den Automobilwerken, der Wegfall von Prämien u. a. belasteten die Haushaltskasse. Gut nachvollziehen konnten sie damals die Argumentation der Gewerkschaften und weiterer Wirtschaftsexperten. Diese forderten eine Erhöhung des Kindergeldes und anderer Transferzahlungen, um den privaten Konsum anzukurbeln und um durch diese Steigerung der

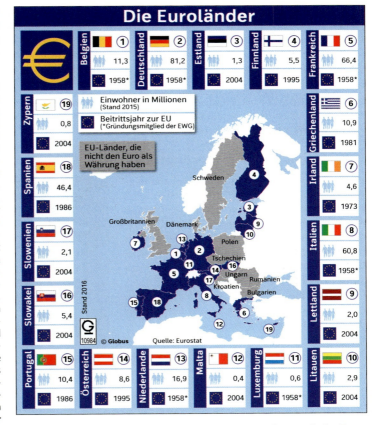

Binnennachfrage die Konjunktur zu fördern. Doch dazu kam es nicht. Im Zusammenhang mit der Euroeinführung musste auch Deutschland die Konvergenzkriterien erfüllen. Nachdem infolge der Wiedervereinigung die Staatsschulden schon stark gestiegen waren, mussten Bund, Länder und Gemeinden kräftig sparen und ihre Ausgaben zurückfahren. Wie so oft kam es eher zu Einschnitten bei den Transferzahlungen an die privaten Haushalte, an eine Erhöhung war gar nicht zu denken.

▲ EU-Stabilitäts- und Wachstumspakt

Es besteht die Gefahr, dass ein EU-Land nach erfolgter Einführung des Euro die Stabilität dieser gemeinsamen Währung gefährdet. Gerade auf Initiative Deutschlands ist deshalb mit dem Vertrag von Amsterdam (17. Juni 1997) der **EU-Stabilitäts- und Wachstumspakt** beschlossen worden. Darin verpflichten sich die Euro-Länder auch über den Euroeintritt hinaus zu einer fortgeführten stabilitätsorientierten Haushaltsführung. Der Pakt fordert von den Euro-Ländern in wirtschaftlich normalen Zeiten einen annähernd ausgeglichenen Staatshaushalt. Nur dann besteht in wirtschaftlichen Krisen fiskalpolitischer Handlungsspielraum, um durch eine Erhöhung der Staatsausgaben die wirtschaftliche Entwicklung zu stabilisieren. Mit dieser Zielsetzung legt der EU-Stabilitäts- und Wachstumspakt zwei Konvergenzkriterien dauerhaft als Obergrenzen fest:
- Die **Neuverschuldung** in einem Jahr darf maximal 3% des Bruttoinlandsprodukts betragen.
- Die gesamten aufgelaufenen **Staatsschulden** dürfen maximal 60% des Bruttoinlandsprodukts betragen.

Bei Verstößen können die Europäische Kommission bzw. der Ministerrat ein gestuftes Sanktionsverfahren in Gang setzen (Frühwarnung [„Blauer Brief"], Einforderung eines Stabilitätsprogramms, Geldstrafen, unverzinsliche Einlagen bei der EU, eingeschränkte Kreditvergabe durch die Europäische Investitionsbank).

Nur im Fall eines außergewöhnlichen Ereignisses (z.B. Naturkatastrophe) oder in einer schweren Wirtschaftskrise (Rückgang des BIP um mindestens 0,75%) lässt der Stabilitätspakt Ausnahmen von den Obergrenzen zu.

Vor allem infolge der **internationalen Finanz- und Wirtschaftskrise 2008/2009,** aber auch schon in den Jahren davor, haben zahlreiche Euro-Länder wiederholt gegen den Pakt verstoßen. Die Stabilität des Euro gerät zusehends in Gefahr.

▲ European Stability Mechanism (ESM)

Die immer wieder drohende Zahlungsunfähigkeit von Euro-Ländern (z.B. Griechenland, Irland, Italien, Portugal, Spanien) zeigt, dass der Stabilitäts- und Wachstumspakt nicht ausreicht. Mit dem **European Stability Mechanism (ESM)** vereinbaren die Euro-Länder einen „Rettungsschirm" für notleidende Euro-Staaten (vgl. S. 408 f.). Der ESM löst einen im Jahre 2010 übergangsweise eingerichteten „Euroschutzschirm" ab. Notleidende Euro-Länder erhalten aber nur finanzielle Hilfen, wenn sie selbst durch wirtschafts- und finanzpolitische Reformen zur Stabilisierung der Wirtschaft und der Staatsfinanzen beitragen.

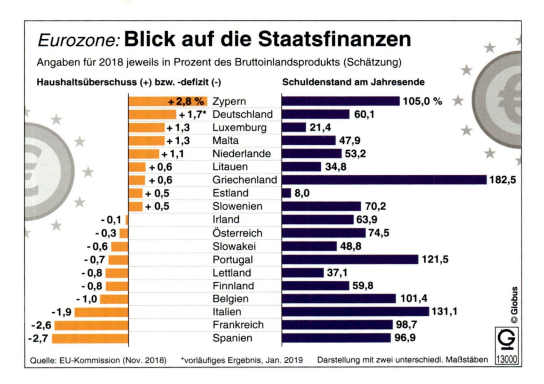

Beispiel Klaus Stein hat angesichts der Staatsschulden in Europa persönliche Sorgen um die Zukunft seiner Familie. In den vergangenen zwei Jahrzehnten hat er als Geschäftsführer der Bürodesign GmbH hart gearbeitet. Einen Teil seines Einkommens spart er seit vielen Jahren als Altersvorsorge für seine Frau und für sich. Aber sind diese Euro-Ersparnisse angesichts der Nachrichten über die PIIGS-Länder (Portugal, Italien, Irland, Griechenland und Spanien) noch sicher? Wenn es, allen voran, Italien nicht gelingt, seine Staatsschulden drastisch zu verringern, dann rechnen die internationalen Finanzmärkte weiterhin mit einem Staatsbankrott. Sie werden nicht bereit sein, neue Kredite an Italien zu vergeben. Damit ist Italien außerstande, alte, fällig werdende Kredite ordnungsgemäß zu tilgen. Um die Zahlungsunfähigkeit Italiens zu verhindern, erhalten die Italiener und weitere überschuldete Euro-Länder Notkredite der anderen Euro-Länder (Rettungsfond). Die Währungsunion „verkommt" zu einer Transfergemeinschaft. Der Euro wird weich. Auch international verlieren die Märkte deshalb das Vertrauen in den Euro. Sein Außenwert sinkt ebenfalls. Dadurch steigende Importpreise heizen die Inflation und den Wertverlust des Euro weiter an. Die über viele Jahre angelegten Ersparnisse werden dann nicht reichen, Klaus Stein und seiner Frau einen angemessenen Lebensabend zu ermöglichen.

▲ Prozyklische Parallelpolitik und antizyklische Fiskalpolitik: Zwei entgegengesetzte Politikansätze

In einer Wirtschaftskrise sinken u. a. das Bruttoinlandsprodukt und in der Folge die Gewinne der Unternehmen, die Einkommen der Haushalte sowie deren Konsumausgaben. Gerade Steuerarten mit einem hohen Steueraufkommen (z. B. Einkommensteuer, Umsatzsteuer) sind an die Höhe der Einkommen, der Gewinne und des Konsums gekoppelt. Gehen diese zurück, erzielt der Staat zwangsläufig auch geringere Steuereinnahmen. Dies kann Anlass dafür sein, auch die staatlichen Ausgaben zurückzuführen. Geplante staatliche Aufträge an Unternehmen werden zurückgestellt, Transferzahlungen an Haushalte werden reduziert.

Umgekehrt verhält es sich in Zeiten einer Hochkonjunktur. Wirtschaftswachstum, steigende Gewinne, Einkommen und Konsumausgaben führen zu erhöhten Steuereinnahmen. In der Folge kann der Staat auch mehr ausgeben. Er erhöht seine Auftragsvergabe an Unternehmen sowie seine Unterstützungszahlungen an private Haushalte.

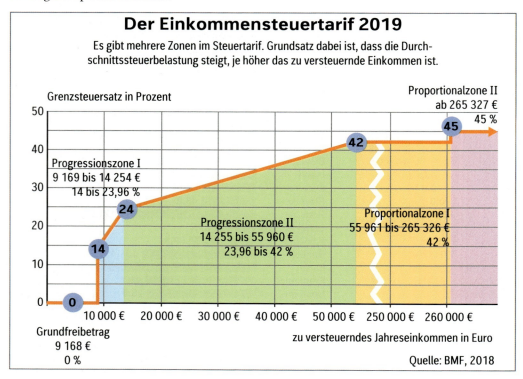

Die Folgen dieser sogenannten Parallelpolitik können fatal sein. Durch sein prozyklisches Agieren verstärkt der Staat die Ausschläge im Konjunkturzyklus. Die zurückgeführte staatliche Nachfrage nach Gütern und geringere Transferleistungen verstärken in einer Rezession den Wirtschaftsabschwung. In einer Hochkonjunktur heizt der Staat mit seinen zusätzlichen Aufträgen und Zahlungen den Boom weiter an.

Beispiel Frau Friedrich, Geschäftsführerin der Bürodesign GmbH, beklagt anlässlich einer Anhörung im Ausschuss für Wirtschaftsförderung der Stadt Köln das Vergabeverhalten der Kommune in der Vergangenheit. Immer, wenn in allgemeinen Krisenzeiten die Nachfrage von Unternehmen und Haushalten ausgefallen sei, habe auch die Stadt eigentlich geplante Aufträge zur Büro- und Geschäftsausstattung ihrer städtischen Einrichtungen storniert. Die Begründung sei immer die gleiche gewesen. Angesichts sinkender Steuereinnahmen zwängen die angespannte Haushaltslage und die hohen Schulden die Stadt zu Einsparungen. Die Existenz der Bürodesign GmbH sei jedes Mal gefährdet worden. Zu den Ausfällen der privaten Nachfrage sei der Rückgang städtischer Aufträge hinzugekommen.

Eine an die Theorie von John Maynard Keynes ausgerichtete Finanzpolitik agiert im Gegensatz dazu antizyklisch. Trotz zurückgehender Steuereinnahmen und Beiträge erhöhen Bund, Länder, Gemeinden und die Sozialversicherungen in einer Rezession ihre Ausgaben mit dem Ziel der Konjunkturförderung. Bei Bedarf müssen sich die staatlichen Haushalte auch verschulden (**Deficit-Spending**). In Zeiten wirtschaftlichen Aufschwungs sollten die Ausgaben dagegen zurückgefahren werden, auch angesichts steigender Steuer- und Beitragseinnahmen. Schulden sind zu tilgen, eine Konjunkturausgleichsrücklage für künftige Krisenjahre ist anzulegen.

▲ Maßnahmen der antizyklischen Fiskalpolitik

Das Gesetz zur Förderung der Stabilität und des Wachstums der Wirtschaft (StWG, sogenanntes **Stabilitätsgesetz)** enthält einen variantenreichen „Werkzeugkasten" für eine generalstabsmäßige **Konjunktursteuerung** durch die Einnahmen- und Ausgabenpolitik in den Staatshaushalten (vgl. hierzu auch S. 280 ff.).

- § 1 **[Erfordernis des gesamtwirtschaftlichen Gleichgewichts]** § 1 gibt die wirtschaftspolitischen Ziele vor (Stabilität des Preisniveaus, hoher Beschäftigungsstand, außenwirtschaftliches Gleichgewicht, stetiges und angemessenes Wirtschaftswachstum).
- § 2 **[Jahreswirtschaftsbericht der Bundesregierung]** Die Bundesregierung informiert im Januar eines jeden Jahres über die wirtschaftliche Situation, über die angestrebten wirtschaftspolitischen Ziele und über geplante wirtschaftspolitische Maßnahmen.
- § 3 **[Konzertierte Aktion]** Im Falle der Gefährdung eines der Ziele des § 1 stellt die Bundesregierung Orientierungsdaten für ein gleichzeitiges, aufeinander abgestimmtes Verhalten (konzertierte Aktion) der Gebietskörperschaften, Gewerkschaften und Unternehmensverbände zur Erreichung der Ziele des § 1 zur Verfügung.
- §§ 5, 6 **[Budgetpolitik]** Bei der Aufstellung des Bundeshaushaltsplans sind die Ziele des § 1 zu berücksichtigen. In einer Hochkonjunktur sind Staatsschulden zu tilgen oder Einnahmen in einer **Konjunkturausgleichsrücklage** stillzulegen. In einer Rezession sollen die Mittel für wirtschaftspolitische Aktivitäten zunächst der Rücklage entnommen werden. Der Bundesminister der Finanzen wird aber auch ermächtigt, dafür Kredite aufzunehmen **(Deficit-Spending).**
- §§ 9, 10, 11 **[Mittelfristige Finanz- und Investitionsplanung]** Der jährliche Bundeshaushalt muss auf einer **fünfjährigen Finanzplanung** basieren. In ihr sind Umfang und Zusammensetzung der voraussichtlichen Ausgaben und die Finanzierungsmöglichkeiten in ihren Wechselbeziehungen zu der mutmaßlichen gesamtwirtschaftlichen Entwicklung darzustellen. Für diese mittelfristige Finanzplanung erstellen die einzelnen Bundesminister für ihre Zuständigkeitsbereiche mehrjährige Investitionsprogramme. Je nach Wirtschaftslage können im Rahmen dieser Programme Investitionsaufträge beschleunigt vergeben oder hinausgezögert werden.
- §§ 5, 6, 8–12 **[Ausgabenpolitische Instrumente]** Der Staat variiert seine Ausgaben entsprechend den gesamtwirtschaftlichen Erfordernissen. Im Boom stellt er Investitionen zurück und legt die vorgesehenen Mittel in einer Konjunkturausgleichsrücklage still. In der Rezession beschleunigt er Investitionsvorhaben oder gewährt Finanzhilfen an Betriebe oder Wirtschaftszweige zwecks Anpassung an neue Bedingungen, Förderung des Produktivitätsfortschritts oder zur Unterstützung der Entwicklung neuer Produktionsmethoden und -richtungen.
- §§ 26–28 **[Einnahmenpolitische Instrumente]** Der Staat beeinflusst indirekt über eine Variation der Einkommens- und Körperschaftsteuer die private Nachfrage. In der Hochkonjunktur erhöht er die Steuersätze oder verlangt Steuervorauszahlungen und dämpft damit die Nachfrage von Haushalten und Unternehmen. In der Rezession verringert er die Steuerlast für den privaten Sektor und stellt ihm mehr Mittel für die Güternachfrage zur Verfügung. Die Nachfrage nach Investitionsgütern steuert der Staat durch eine konjunkturgerechte Anpassung der Abschreibungsmöglichkeiten

▲ Wirkungen und Probleme der antizyklischen Fiskalpolitik

Zwischen dem Zeitpunkt der Notwendigkeit einer Maßnahme und ihrem Wirksamwerden vergeht infolge des politischen Entscheidungsprozesses Zeit. Diese Zeitverzögerungen **(Timelags)** können dazu führen, dass im Moment des Wirksamwerdens die wirtschaftliche Lage eine andere ist. Es besteht dann die Gefahr, dass die fiskalische Maßnahme nicht antizyklisch, sondern prozyklisch wirkt.

Ausgaben beim Konjunkturpaket II (in Millionen Euro)*

vorgesehen: 25,2 Mrd. €
ausgezahlt: 7,6 Mrd. €

davon u.a.:	vorgesehen	ausgezahlt
Investitionshilfen Länder/Kommunen	10 000	1 852
Abwrackprämie	5 000	4 785
Zinsen für Kreditaufnahmen	4 800	11
Investitionsprogramm für kleine und mittlere Unternehmen	900	102
Schienenverkehr	700	49
Bundesautobahnen	450	244
Bundesstraßen	400	87
Bundeswasserstraßen	350	50

(*Stand: April 2010, beschlossen: Januar 2009; Quelle: Bundesministerium der Finanzen)

Staatliche Investitionen unterliegen einer **langfristigen Planung** und sind nur eingeschränkt variierbar. Zahlreiche Investitionsvorhaben sind durch gesetzliche Vorschriften oder internationale Verträge zwingend durchzuführen. Hinzu kommt, dass die Bundesregierung nur einen begrenzten Einfluss auf die staatliche Investitionstätigkeit hat. Zahlreiche Bereiche unterliegen dem Entscheidungsbereich der Länder und Kommunen.

Möglicherweise lösen staatliche Aktivitäten eine **Verdrängung privater Aktivitäten** aus. Der Staat erhöht z. B. seine Ausgaben und finanziert dies mit Krediten, die gestiegene Kreditnachfrage des Staates bedingt einen Zinsanstieg. Dies kann zur Folge haben, dass Unternehmen und Haushalte ihre geplante kreditfinanzierte Nachfrage nach Investitions- und Konsumgütern zurückführen.

Restriktive Maßnahmen wie die Zurückstellung staatlicher Aufträge oder Steuererhöhungen sind **politisch nur schwer durchzusetzen.**

Staatliche Maßnahmen im Rahmen der Einnahmenpolitik sind lediglich Anreize. Die angestrebten Verhaltensänderungen bei den Unternehmen und Haushalten sind nicht garantiert. Das Verhalten der Unternehmungen und Privathaushalte wird auch stark durch **psychologische Faktoren** bestimmt. Haben die Wirtschaftssubjekte pessimistische Zukunftserwartungen, lassen sie sich auch durch Steuersenkungen nicht zu höheren Investitions- und Konsumausgaben anregen. Ein höheres verfügbares Einkommen schlägt sich dann oft in einer höheren Sparquote nieder. Auf der anderen Seite bleibt die erhoffte bremsende Wirkung einer Steuererhöhung aus, wenn diese von den Wirtschaftssubjekten durch die Auflösung von Reserven ausgeglichen werden kann.

Da in Zeiten der Hochkonjunktur bestehende Schulden nicht abgebaut und keine Konjunkturausgleichsrücklagen gebildet werden, nehmen die **Staatsschulden** mit jeder Konjunkturkrise zu. Die Verschuldung der öffentlichen Haushalte hat mittlerweile ein bedrohliches Ausmaß angenommen. Die Folgewirkungen für die wirtschaftliche Stabilität und zukünftige Entwicklung sind fatal.

Die Fiskalpolitik

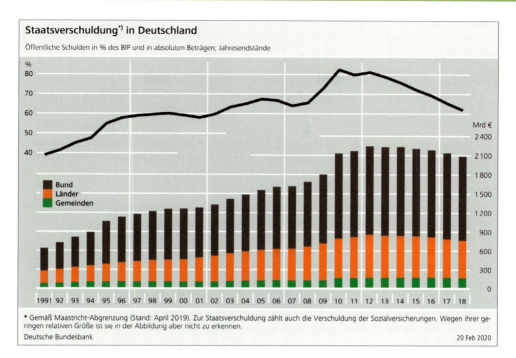

Folgen zunehmender Staatsverschuldung:

1. Staat und private Investoren konkurrieren um das Kapitalangebot. Mit steigender Nachfrage nach Krediten steigt das Zinsniveau. Im Endergebnis verdrängt die staatliche Kreditnachfrage die der privaten Unternehmen. Ab einem gewissen Zinssatz unterbleiben private Investitionen aufgrund mangelnder Rentabilität. Der Staat verdrängt die private Nachfrage nach Investitionsgütern, aber auch nach Konsumgütern.

2. Staatliche Stellen sind bereit, einen hohen Zins zu zahlen. Die öffentlichen Haushalte finanzieren die Zinsbelastungen aus Steuern der Allgemeinheit. Eine hohe Staatsverschuldung führt zu einer Erhöhung des Zinsniveaus. Hohe Zinsen belasten wiederum die wirtschaftliche Entwicklung.

3. Vor allem der Schuldendienst (Zinsen) beeinträchtigt die Gestaltungsspielräume der Politik immer weiter. Immer mehr Einnahmen müssen für Zinszahlungen aufgewendet werden und stehen für wichtige Zukunftsinvestitionen nicht mehr zur Verfügung.

   Beispiel So mussten im Bundeshaushalt für das Jahr 2016 beispielsweise 25,2 Milliarden € für Zinsen eingeplant werden. Das war der zweitgrößte Haushaltsposten. Im Vergleich dazu betrug der Etatansatz für den Bereich Bildung und Forschung nur 16,4 Milliarden €.

4. Die zunehmende Verschuldung der öffentlichen Haushalte engt ihren fiskalpolitischen Handlungsspielraum ein. Nicht selten entsteht wegen aufgelaufener Schuldenberge der Zwang zur Parallelpolitik.

   Beispiel Bedingt durch die Verschuldensobergrenze im Rahmen des Stabilitätspakts müssen die öffentlichen Haushalte von Bund, Ländern und Gemeinden ihre Einnahmen erhöhen und ihre Ausgaben senken, auch wenn die Konjunktur eine entgegengesetzte Politik verlangt.

5. Staatsschulden belasten insbesondere die nachkommenden Generationen. Denn sie müssen zukünftig für die Zins- und Tilgungsleistungen aufkommen. Hohe Schulden zwingen zu Steuererhöhungen, um den Zins- und Tilgungsverpflichtungen nachkommen zu können. Und mit diesen zukünftig erhöhten Abgaben werden die Jungen belastet.

Beispiel Silvia Land kann sehr gut die Argumentation junger Politikerinnen und Politiker nachvollziehen. In den Jugendorganisationen aller politischen Parteien ist man sich darüber einig, dass der durchschnittliche relativ hohe Lebensstandard der älteren Generation auf Kosten der jungen Generation gesichert wird.

6. Jeder Euro, den die privaten Unternehmungen und Haushalte an Steuern an den Staat zahlen müssen, steht nicht für private Investitionen und Konsumausgaben zur Verfügung. In der Folge kann eine geringe Binnennachfrage nach Investitions- und Konsumgütern ursächlich für ein niedriges Wirtschaftswachstum sein.

7. Jeder Euro, den die privaten Haushalte an Steuern und Abgaben abführen müssen, kann nicht gespart werden. Zu geringe Sparmöglichkeiten infolge zu hoher Abgabenlast können dazu führen, dass die privaten Haushalte keine ausreichende private Vorsorge für zukünftige Risiken (z. B. Alter, Krankheit, Arbeitslosigkeit) treffen können.

8. Staatsschulden führen tendenziell zu einer Einkommensumverteilung. Alle Steuerzahler – und damit auch Wirtschaftssubjekte mit geringerem Einkommen – tragen die Last der Zinszahlungen. Empfänger der Zinsen sind Wirtschaftssubjekte, die dem Staat Kredite gewährt haben, z. B. Inhaber von Bundesobligationen. Zinsempfänger sind damit in der Tendenz primär wohlhabendere Bürger. Es kann zu einer Umverteilung von Arm zu Reich kommen.

9. Hohe Staatsschulden zwingen mittelfristig zu Steuererhöhungen, um dem Schuldendienst (Zinszahlungen) nachkommen zu können. Jeder Euro, der den Unternehmen zusätzlich an Steuern, Beiträgen und Gebühren auferlegt wird, erhöht die Kosten und in der Folge die kalkulierten Preise für die Güter. Durch Staatsschulden kann zu einer Kostendruckinflation kommen, der Geldwert gerät in Gefahr.

10. Eine durch Staatsschulden ausgelöste Inflation beeinträchtigt die internationale Wettbewerbsfähigkeit der inländischen Unternehmen. Beschäftigung und Wachstum werden negativ beeinflusst.

11. Eine durch Staatsschulden ausgelöste Inflation erhöht das Zinsniveau. Denn in Inflationszeiten verlangen die Gläubiger einen höheren Inflationsausgleich von den Schuldnern. Hohe Zinsen dämpfen wiederum die kreditfinanzierte Nachfrage nach Konsum- und Investitionsgütern. Die wirtschaftliche Entwicklung wird wiederum negativ beeinflusst.

12. Ein Staat mit hohen Schulden hat kein großes Eigeninteresse an einer Preisniveaustabilität. Inflation ermöglicht ihm die Gelegenheit, seine Schulden mit immer wertloser werdendem Geld zu tilgen. Verschuldete Staaten haben deshalb oft die Tendenz, die Inflation durch eine „lockere" Geldpolitik zu begünstigen. Der Geldwert gerät immer mehr in Gefahr.

Die Fiskalpolitik

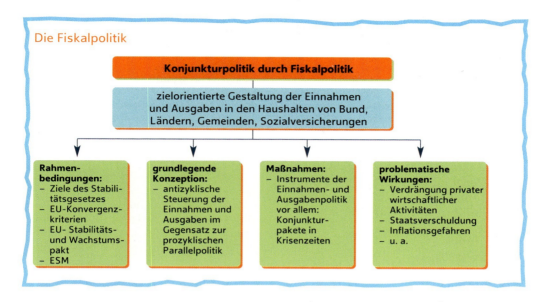

1 a) Im Zusammenhang mit den Instrumenten des Stabilitätsgesetzes spricht man auch von „Schubladenprogrammen". Erläutern Sie, was unter diesem bildhaften Begriff zu verstehen ist.
b) Informieren Sie sich, z. B. mithilfe des Internets, über die Konjunkturpakete I und II zur Überwindung der Wirtschaftskrise 2008/2009. Erläutern Sie nach Ihrer Wahl drei Maßnahmen dieser Konjunkturprogramme.
c) Nehmen Sie persönlich Stellung zur Wirksamkeit von sogenannten Konjunkturpaketen.

2
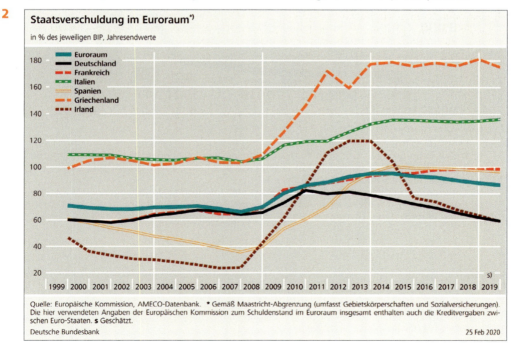

a) Fertigen Sie zu der Grafik einen Bericht an. Gehen Sie dabei auch auf den EU-Stabilitätspakt ein.
b) Welche Gefahren können zukünftig von den sogenannten PIIGS in Euroland ausgehen? Erklären Sie den ESM (European Stability Mechanism) als „Euro-Rettungsschirm". Machen Sie sich bei Bedarf im Internet sachkundig.

3
a) Erklären Sie im Vergleich die beiden entgegengesetzten Politikansätze einer prozyklischen Parallelpolitik und einer antizyklischen Wirtschaftspolitik.
b) Aufgrund von Finanzierungsproblemen in der gesetzlichen Kranken- und Rentenversicherung werden in Zeiten eines wirtschaftlichen Abschwungs Beitragserhöhungen beschlossen. Ist dies eine pro- oder antizyklische Maßnahme? Begründen Sie Ihre Entscheidung.

4

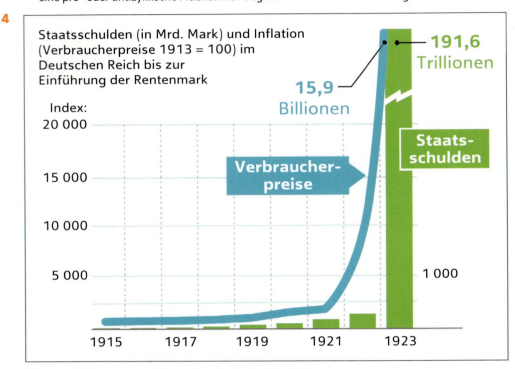

(Quelle: Statistisches Jahrbuch für das Deutsche Reich, 1915–1923)

a) Informieren Sie sich, z. B. mithilfe des Internets, über Inflationen im Laufe der jüngeren deutschen Geschichte. Fassen Sie Ihre Ergebnisse in einem Bericht zusammen. Gehen Sie dabei auch auf die Informationen der Grafik ein.
b) Erklären Sie, inwiefern hohe Staatsschulden eine Inflation auslösen können.
c) Erläutern Sie, inwiefern eine hohe Staatsverschuldung die konjunkturelle Entwicklung (vor allem Wirtschaftswachstum und Beschäftigung) gefährden kann.

Die Fiskalpolitik

5 „Politiker bewilligen gern Mehrausgaben und bilden ungern Rücklagen."
(Otto Schlecht, ehemaliger Staatssekretär im Bundeswirtschaftsministerium)

Erläutern Sie, inwiefern dieses Zitat eine grundlegende Problematik antizyklischer Fiskalpolitik thematisiert.

6 Der Wirtschaftsminister eines europäischen Staates schlägt zur Konjunkturförderung staatliche Investitionen in die IT-Infrastruktur des Landes vor (z. B. Breitbandausbau). Das Investitionsvolumen soll 100 Mrd. € betragen. Das Konjunkturprogramm soll durch die Aufnahme neuer Kredite finanziert werden.
  a) Beurteilen Sie die Folgen kreditfinanzierter Konjunkturprogramme im Hinblick auf die Staatsverschuldung und deren Wirkung auf zukünftige Generationen.
  b) Erörtern Sie, inwiefern eine hohe Staatsverschuldung die zukünftige Konjunkturentwicklung gefährden kann.
  c) Nennen Sie als Alternative zu dem nachfrageorientierten Instrument drei angebotsorientierte Maßnahmen zur Belebung der Konjunktur und erläutern Sie deren Wirkungsweise.

7 Erklären Sie das Instrument der mittelfristigen Finanzplanung gemäß Stabilitätsgesetz. Informieren Sie sich mithilfe des Internets (http://www.bundesfinanzministerium.de) über die aktuelle mittelfristige Finanzplanung. Integrieren Sie diese Informationen in Ihre Erklärung.

Bundeshaushalt 2020 und Finanzplan bis 2023 in Mrd. Euro

	Soll 2019	Regierungsentwurf 2020 und Finanzplan			
		2020	2021	2022	2023
Ausgaben	356,4	359,9	366,2	372,4	375,7
Veränderung gegenüber Vorjahr in %	+2,4	+1,0	+1,8	+1,7	+0,9
Einnahmen	356,4	359,9	366,2	372,4	375,7
davon: Steuereinnahmen	325,5	327,0	334,2	345,5	356,1
Neuverschuldung	−	−	−	−	−
Investitionen	38,9	39,8	39,8	39,8	39,8

Stand: 26. Juni 2019
© Bundesministerium der Finanzen

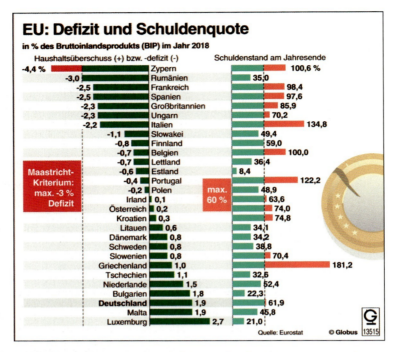

8 a) Fassen Sie in einem Kurzbericht die in der Grafik darstellten Informationen zusammen.
b) Informieren Sie sich, z. B. mithilfe des Internets, über die aktuellen wirtschaftspolitischen Maßnahmen zur Überwindung der Schuldenkrisen in den sogenannten PIGS-Staaten.
c) Ist der Euro auch in Zukunft noch eine sichere Währung? Nehmen Sie persönlich Stellung.

9 a) Informieren Sie sich, z. B. mithilfe des Internets, über die aktuelle wirtschaftliche Lage in Griechenland. Verfassen Sie mit diesen Informationen einen Kurzbericht.
b) Die in der obigen Grafik veranschaulichten Hilfen an Griechenland sind mit Auflagen verbunden. Erklären Sie in diesem Zusammenhang, was unter Austerität zu verstehen ist. Informieren Sie sich bei Bedarf mithilfe des Internets.

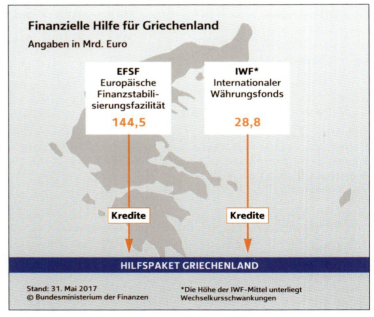

6 Die Arbeitsmarktpolitik

6.1 Das Phänomen Arbeitslosigkeit

„Arbeitslosigkeit ist doch keine Schande", sagt Caroline Stein im Unterricht ihrer Klasse während einer Diskussion über die Lage auf dem Arbeitsmarkt, „so, wie ich das sehe, ist man doch als Arbeitsloser in guter Gesellschaft." „Das hört sich aber reichlich zynisch an", meint ihre Lehrerin, „denk' doch mal an diejenigen Menschen, für die der Arbeitsplatzverlust ein großes Problem darstellt." „Aber es gibt doch den Staat", wehrt sich Caroline, „das hört und liest man doch immer wieder." „Weißt du eigentlich, wie du dich anhörst?", fragt ein Mitschüler, der sich über Carolines Äußerungen ärgert, „du hörst dich wie eine verwöhnte Unternehmertochter an. Dein Vater hat ja keine Probleme mit Arbeitslosigkeit, der sorgt ja sogar dafür, dass es sie überhaupt gibt." Caroline läuft vor Ärger rot an. „Weißt du eigentlich, wie es Leuten geht, die teilweise auch schon lange arbeitslos sind? In unserer Nachbarschaft wohnt eine Familie, der Mann ist gerade fünfzig geworden und seit zwei Jahren arbeitslos. Was glaubst du, wie es denen geht?" Caroline wird kleinlaut. „Aber es gibt doch auch Leute, die nicht unverschuldet arbeitslos sind und denen es mit ihrer Arbeitslosigkeit ganz gut geht." Die Lehrerin greift ein. „Ihr habt irgendwo ja alle recht. Arbeitslosigkeit ist nicht einfach Arbeitslosigkeit. Es gibt die unterschiedlichsten Gründe, aus welchen man arbeitslos ist." „Jaja, das finde ich ja auch", sagt Caroline, „es tut mir außerdem auch leid, dass ich das vorhin so blöd gesagt habe. Aber ich habe gestern Nachmittag in einer Talkshow gesehen, wie einige der Studiogäste noch stolz darauf zu sein schienen, arbeitslos zu sein. Und abends habe ich mit meinem Opa darüber gesprochen, der hat mir erzählt, wie das früher war, wenn man arbeitslos war. Das war mit heute nicht zu vergleichen." Die Lehrerin bestätigt Carolines Auffassung. „Genau, früher war die soziale Absicherung sicherlich schlechter, aber das heißt ja auch noch lange nicht, dass es den Arbeitslosen heutzutage viel zu gut geht. Arbeitslosigkeit heißt ja nicht nur, dass man weniger Geld als sonst hat und ansonsten die freie Zeit genießen kann. Viele Arbeitslose leiden unter ihrer Untätigkeit und der Tatsache, dass sie mit jedem Monat Arbeitslosigkeit an Qualifikation einbüßen. Somit ist Arbeitslosigkeit auch ein soziales und sogar psychisches Problem, das bis in die Familien der Betroffenen hineinwirkt."

- Arbeiten Sie die im Einstiegsbeispiel angesprochenen unterschiedlichen Arten von Arbeitslosigkeit heraus.
- Diskutieren Sie, aus welchen Gründen Arbeitnehmer unfreiwillig, aber auch freiwillig arbeitslos sein können. Zeichnen Sie die Diskussion auf Video auf und werten Sie sie aus.
- Beschreiben Sie, wie sich Arbeitslosigkeit nicht nur auf die direkt Betroffenen, sondern auch auf deren Familien sozial und psychisch auswirken kann.

▲ Dynamik des Arbeitsmarktes

Grundsätzlich kann man nicht von **der Arbeitslosigkeit** sprechen. Viel zu unterschiedlich sind die Gründe, aus welchen es in einer marktwirtschaftlichen Gesellschaft zu Arbeitslosigkeit kommt. So können die Ursachen im Verhalten des Arbeitssuchenden liegen, aber auch – und vor allen Dingen – an der wirtschaftlichen Gesamtsituation, in welcher sich eine Volkswirtschaft befindet. Arbeitslosigkeit kann friktionelle, saisonale, konjunkturelle oder strukturelle Ursachen haben.

▲ Friktionelle Arbeitslosigkeit

Friktionelle Arbeitslosigkeit entsteht, weil der Arbeitsmarkt in der Regel **unvollkommen** ist. Damit ist gemeint, dass Arbeitssuchende und Unternehmer üblicherweise nicht über eine vollständige Markttransparenz verfügen. Sowohl Arbeitnehmer als auch Arbeitgeber benötigen einen – meistens recht kurzen – Zeitraum, um die für sie optimale Stellenbesetzung zu finden. Innerhalb dieses Zeitraums spricht man auch von **Sucharbeitslosigkeit**.

Beispiel Abends nach dem Tennis unterhält Herr Stein sich mit einem Freund. „Hast du immer noch keine neue Stelle gefunden?" „Nein", antwortet der Freund, „ich suche immer noch. Es waren ja schon einige interessante Stellen dabei, aber irgendwie habe ich immer noch nicht das Richtige für mich gefunden."

▲ Saisonale Arbeitslosigkeit

Aufgrund **jahreszeitlicher Veränderungen** kommt es in manchen Wirtschaftsbereichen zu einem unterschiedlichen Bedarf an Arbeitskräften. Erfordert es die wirtschaftliche Situation, werden kurzfristig zahlreiche Arbeitskräfte benötigt. Andererseits werden Arbeitskräfte entlassen, wenn der Bedarf rückläufig ist.

Saisonale Arbeitslosigkeit war in der Vergangenheit ein Phänomen, das insbesondere in der Bauindustrie aufgetreten ist. Meistens in der kalten Jahreszeit stieg die Arbeitslosigkeit im Baugewerbe erheblich an, weil auf den Baustellen bei Frost nicht gearbeitet werden konnte. Durch die wärmer gewordenen Wintermonate ist der Anstieg saisonaler Arbeitslosigkeit im Baugewerbe jedoch nicht mehr so hoch wie früher. Allerdings ist saisonale Arbeitslosigkeit nicht allein auf das Baugewerbe beschränkt. Auch in anderen Branchen kommt es zu jahreszeitlichen Schwankungen. Insbesondere Branchen wie der Einzelhandel (z. B. Weihnachtsgeschäft), die Landwirtschaft (Erntezeit) und die Gastronomie (Wintersportorte) sind davon betroffen.

▲ Konjunkturelle Arbeitslosigkeit

Schwankungen der wirtschaftlichen Aktivität einer Volkswirtschaft führen in der Regel zu einem mehrjährigen Abschwung und anschließendem Aufschwung. Entsprechend dem Rückgang der wirtschaftlichen Aktivität im Abschwung sinkt auch der Bedarf an Arbeitskräften, während er in Zeiten des Aufschwungs wieder zunimmt.

Beispiel „Wie lange soll das denn noch dauern?", stöhnt Frau Friedrich. „Schon seit drei Jahren ist unser Absatz rückläufig." „Ich schätze, wir werden uns – wohl oder übel – wie auch im vergangenen Jahr von einigen Kollegen trennen müssen." „Das schätze ich auch", sagt Herr Stein. „Hoffentlich zieht die Konjunktur bald wieder an, damit wir wieder mehr verkaufen." „Tja, und dann könnte es auch sein, dass wir wieder neue Leute brauchen. Aber im Moment sieht es eher andersherum aus."

▲ Strukturelle Arbeitslosigkeit

Strukturelle Arbeitslosigkeit hat ihre Ursache in **Veränderungen des Aufbaus der Volkswirtschaft** oder in der **Zusammensetzung der Erwerbsbevölkerung.** Dies führt zu folgenden Arten struktureller Arbeitslosigkeit:

Regionale Arbeitslosigkeit

Aufgrund **überholter Wirtschaftsstrukturen** (z. B. Montanindustrie, Landwirtschaft, Textilindustrie) in manchen Regionen ist die Arbeitslosenquote dort deutlich höher als in anderen Regionen, die möglicherweise schon früh einen Wandel in der Wirtschaftsstruktur vollzogen haben.

Beispiel In Gelsenkirchen ist die Arbeitslosenquote deutlich höher als die durchschnittliche Arbeitslosenquote in Deutschland. Noch höher ist sie jedoch in manchen Regionen Ostdeutschlands, wie z. B. in Mecklenburg-Vorpommern, während sie überwiegend in südlichen Regionen Deutschlands, wie z. B. Baden-Württemberg, deutlich niedriger ist.

Altersbedingte Arbeitslosigkeit

Das Phänomen der altersbedingten Arbeitslosigkeit ist in zahlreichen Berufszweigen zu beobachten und äußert sich inzwischen darin, dass Arbeitslose, die bereits **älter als 50 Jahre** sind, nur sehr schwer, einen entsprechenden Arbeitsplatz finden. Als Folge droht Langzeitarbeitslosigkeit mit immer weiter sinkenden Chancen auf einen neuen Arbeitsplatz. Altersbedingte Arbeitslosigkeit wird bereits in wenigen Jahrzehnten zu einem volkswirtschaftlichen und gesellschaftlichen Problem, weil der Anteil der älteren Bevölkerung steigt.

Beispiel Trotz größerer Erfahrung wird aufgrund gesunkenen Umsatzes der 50-jährige Verkaufsleiter entlassen, während der deutlich jüngere weiter beschäftigt wird.

Branchenbedingte Arbeitslosigkeit

Die Folge ist, dass **insbesondere Montanregionen** wie das Saarland und das Ruhrgebiet in den vergangenen Jahrzehnten zu den Verlierern des Strukturwandels zählten. Erst allmählich greift der Wandel der Wirtschaftsstruktur von ehemaligen Industrieregionen zu Technologie- und Dienstleistungsregionen auch auf dem Arbeitsmarkt, kann jedoch längst nicht die gleiche Anzahl an Arbeitskräften beschäftigen, wie das in den ehemals beschäftigungsintensiven Branchen der Industrie der Fall war.

Beispiel Aufgrund fehlender Nachfrage nach heimischer Steinkohle müssen immer mehr Bergwerke geschlossen werden, während zunehmend Steinkohle zu günstigeren Preisen aus dem Ausland importiert wird.

Technologische Arbeitslosigkeit

Selbst in ehemals beschäftigungsintensiven Dienstleistungsbranchen führt der **Einsatz moderner Technologien** zum Verlust von Arbeitsplätzen So gingen in den vergangenen Jahren zahlreiche Arbeitsplätze im Handel, beispielsweise durch die zunehmende Nutzung des Onlinehandels, verloren.

Beispiel Durch Einsatz von Selbst-Scanner-Kassen im Supermarkt werden Kassiererinnen nicht mehr benötigt und entlassen.

Sockelarbeitslosigkeit

Auch in wirtschaftlich gesunden Zeiten gibt es in einer Volkswirtschaft einen – mehr oder weniger großen – Anteil der Bevölkerung, der **freiwillig** arbeitslos bleibt. Der Grund mag darin zu sehen sein, dass diesen Erwerbspersonen die soziale Grundsicherung des Staates ausreicht und sie ansonsten keinen Anreiz sehen, sich eine Arbeitsstelle zu suchen.

Beispiel Auf einer Party kommt Silvia Land mit einem jungen Mann ins Gespräch. „Du hast Deine Ausbildung abgebrochen? Warum hast du das denn gemacht?", fragt sie erstaunt. „Warum sollte ich mir diesen Stress denn freiwillig antun? Mit der **Stütze** komme ich aus."

Mismatch-Arbeitslosigkeit

Ein weiteres wichtiges Phänomen, warum es in Deutschland – wie auch in anderen Euro-Ländern – zu Arbeitslosigkeit kommt, ist die sogenannte **Mismatch-Arbeitslosigkeit** (auch „merkmalsstrukturelle Arbeitslosigkeit" genannt). In Hochlohnländern wie Deutschland spielt die Qualifikation von Arbeitnehmern eine große Rolle beim täglichen „Kampf" um die begehrten Arbeitsplätze. Während früher noch in größerem Umfang Arbeitsplätze für schlecht qualifizerte Arbeitnehmer existierten, sinkt diese Zahl ständig. Heutzutage herrscht angesichts technologischer Entwicklung ein **steigender Bedarf an höher- und hochqualifizierte Arbeitskräfte.** Andererseits gibt es eine beträchtliche Zahl von Arbeitsuchenden, die jedoch schlecht oder ungenügend qualifiziert sind, um einen gewünschten Beruf zu bekommen. Die **Kluft** zwischen den hohen qualifikatorischen Ansprüchen der Unternehmen einerseits und der fehlenden Qualifikation von Arbeitssuchenden andererseits führt zu einem „Mismatch", d. h. zu einem **fehlgeschlagenen** „Spiel".

Beispiel In jedem Jahr gibt es eine große Zahl offener Stellen. Rein quantitativ könnten diese Stellen von arbeitslosen Bewerbern besetzt werden. Dies passiert jedoch nicht, da der Bedarf der Unternehmen und die Qualifikation der Arbeitslosen nicht zusammenpassen.

In den Bereichen der Hochqualifikation (z. B. in Ingenieur- und Informatik-Berufen) ist der Mangel inzwischen bereits so groß, dass der Arbeitsmarkt zu verschiedenen Zeiten als beinahe „geräumt" angesehen wird.

„Generation-Praktikum"-Arbeitslosigkeit

In Deutschland wächst die Zahl der besonders gut qualifizierter Arbeitskräfte. Eine wachsende Anzahl von Studienabsolventen findet heutzutage jedoch keine unbefristete Arbeitsstelle, weil sie nur befristet als „Praktikanten" eingesetzt werden.

Solche gut ausgebildeten Arbeitskräfte arbeiten manchmal lange ohne Bezahlung und sind dennoch „arbeitslos". Bei ihnen besteht die Gefahr der Abwanderung ins Ausland.

Strukturelle Arbeitslosigkeit als in Deutschland vorherrschende Arbeitslosigkeit

Betrachtet man die Erklärungsansätze zu den Ursachen von Arbeitslosigkeit in Deutschland, so fällt auf, dass zu einem beträchtlichen Teil strukturelle Ursachen vorherrschen. Ging man lange Zeit davon aus, dass vor allen Dingen konjunkturelle Arbeitslosigkeit existiere, so muss man heutzutage erkennen, dass nur eine gezielte Strukturpolitik die Bedingungen auf dem Arbeitsmarkt verbessern kann.

Es reicht eben nicht aus, vermeintlich konjunkturelle Arbeitslosigkeit durch fiskalpolitische Eingriffe kurzfristig zu bekämpfen und die Arbeitslosenquote – vermutlich auch mit Blick auf bevorstehende Wahlen – zu senken. Verantwortliche Arbeitsmarktpolitik bekämpft die Ursachen von Arbeitslosigkeit **auf lange Sicht.** Dazu gehört vor allen Dingen, dass man seitens der Wirtschaftspolitik auf zukunftsträchtige Technologien setzt, die auch langfristige Beschäftigungsperspektiven bieten. Dazu ist es jedoch unabdingbar nötig, dass auch das Qualifikationsniveau geschaffen wird, mit welchem man in zukunftsorientierten Branchen arbeiten kann. Der berufliche **Kompetenzerwerb** stellt den Schlüssel dar, Arbeitslosigkeit auf lange Sicht zu reduzieren.

▲ Statistische Ermittlung von Arbeitslosigkeit

Auch wenn man allgemein von der „**Arbeitslosigkeit**" spricht, so muss man den Begriff erweitern. Während damit in den Medien häufig nur die registrierte Arbeitslosigkeit gemeint ist, umfasst der Begriff „**Erwerbslosigkeit**" einen erweiterten Personenkreis. Im Allgemeinen gilt als „arbeitslos", wer bei der Bundesagentur für Arbeit gemeldet ist. Darüber hinaus gibt es eine „stille Reserve" von Menschen, die sich aus unterschiedlichsten Gründen (z. B. Schamgefühle) nicht bei der Bundesagentur für Arbeit melden. Sie fallen folglich aus der Berechnung der Arbeitslosenquote heraus, obwohl sie im engeren Sinne arbeitslos sind. Umstritten ist es auch, ob Schüler, die nach dem Schulabschluss auf einen Ausbildungsplatz warten und in der Zwischenzeit eine weiterqualifizierende Schulform absolvieren, als arbeitslos gelten. Wenn **„Schüler in der Warteschleife"** sich in Deutschland arbeitslos melden, um Kindergeldansprüche der Eltern zu sichern, werden sie seit 2003 nicht mehr in der Arbeitslosenquote berücksichtigt.

Auch die Berechnung der **Arbeitslosenquote** ist nach wie vor sehr umstritten. Lange Zeit wurde in Deutschland die Zahl der Arbeitslosen ins Verhältnis zur Zahl der abhängig beschäftigten Erwerbstätigen gesetzt. Heutzutage berechnet man die Arbeitslosenquote, indem man die Zahl der Arbeitslosen ins Verhältnis zu den Erwerbspersonen setzt. Hierunter versteht man all diejenigen, die erwerbs**fähig** sind (Erwerbstätige, Selbstständige und Arbeitslose).

$$\text{Arbeitslosenquote (in Prozent)} = \frac{\text{Arbeitslose}}{\text{Erwerbspersonen}} \cdot 100$$

Früher wurden zur Ermittlung der Arbeitslosenquote allein die Daten der gemeldeten Arbeitslosen beim Arbeitsamt berücksichtigt. Aufgrund enger internationaler Verflechtungen in der Wirtschaft müssen jedoch international vergleichbare Zahlen herangezogen werden, wenn man die Arbeitsmarktentwicklung aussagekräftig abbilden will. Aus diesem Grund bedient man sich seit Januar 2005 der international anerkannten Methode der Internationalen Arbeitsorganisation (kurz: **ILO**), um die Arbeitsmarktentwicklung zu messen. Dieses Konzept wird auch **ILO-Erwerbspersonen-Konzept** genannt. Dabei definiert die ILO zunächst, wer – nach internationaler Auffassung – als Erwerbsperson angesehen werden kann. Hiernach versteht man unter Erwerbspersonen (bzw. erwerbsfähigen Personen) alle diejenigen, die zwischen 15 und 74 Jahre alt sind, entweder erwerbstätig oder erwerbslos sind und den nachfolgenden Voraussetzungen entsprechen:

Erwerbspersonen				
	Erwerbstätige		**Erwerbslose**	
	mindestens 15 Jahre alt		15 bis 74 Jahre alt	
und	in einem Arbeitsverhältnis mit mindestens einer Stunde geleisteter Arbeitszeit je Woche	und	ohne Arbeitsverhältnis bzw. nicht selbstständig und nicht freiberuflich tätig	
oder	selbstständig oder freiberuflich tätig	und	aktive Arbeitssuche (in den vergangenen vier Wochen)	
oder	mithelfende Familienangehörige	und	sofort verfügbar (innerhalb von zwei Wochen)	

Wenn man weder **erwerbstätig** noch **erwerbslos** ist, gilt man als arbeitslos. Damit ist gemeint, dass alle oben genannten Bedingungen zutreffen.

▲ Folgen der Arbeitslosigkeit

Wie bereits erwähnt verstärkt sich das Phänomen der **Langzeitarbeitslosigkeit** in Deutschland insbesondere für ältere Arbeitnehmer. Mit einem Lebensalter von rund 50 Jahren erhalten Arbeitslose kaum noch eine Chance auf einen adäquaten Arbeitsplatz. Insbesondere Langzeitarbeitslosigkeit führt jedoch bei den Betroffenen zu Problemen, die nicht nur aus gesellschaftlicher und sozialer Sicht, sondern auch aus volkswirtschaftlicher Sicht bedenklich sind. Weil ehemals gut qualifizierte Erwerbspersonen seit langer Zeit nicht mehr im Arbeitsprozess stehen, fehlen ihnen auch der Zugang zu und die Anwendung von verändertem Wissen. Ihre bisherige Qualifizierung verliert somit an Wert **(Entqualifizierung)**. Tritt dieses Phänomen in großer Zahl auf, wird es notwendig, diese Erwerbspersonen zu qualifizieren. Das Geld für Qualifikationsmaßnahmen fehlt dem Staat jedoch an anderer Stelle und könnte auch investiert werden.

> **volkswirtschaftliche Dimension von Arbeitslosigkeit**
> - Ein Anstieg von Langzeitarbeitslosigkeit führt zu **Entqualifizierung** und zum Verlust von „Human-Ressourcen" für die Volkswirtschaft.
> - Durch Qualifizierungsmaßnahmen fehlt das Geld dem Staat für andere Investitionen.
> - Langzeitsarbeitslosigkeit bedeutet für den Staat erhebliche Unterstützungsleistungen.

Weil Erwerbsarbeit in unserer Gesellschaft jedoch auch einen wichtigen Beitrag zum eigenen Selbstverständnis leistet, kommt bei Langzeitarbeitslosen häufig das Problem **psychischer Instabilität** hinzu. Die Gefahr psychischer Erkrankungen steigt mit zunehmender Dauer der Arbeitslosigkeit, woraus – aus rein volkswirtschaftlicher Sicht – erneut Kosten für die Krankheitsbehandlung entstehen, die verhindert werden könnten, wenn Menschen nicht nur rein gesetzlich bis zum vollendeten 67. Lebensjahr arbeiten müssen, sondern auch tatsächlich nicht bereits mit 50 Jahren aus dem aktiven Arbeitsleben ausscheiden. Das aufgrund von Langzeitarbeitslosigkeit aus den Fugen geratene Umfeld einer Familie wirkt sich zudem auf die Kinder der Betroffenen aus (z. B. Isolation, Verarmung).

Das Arbeitslosengeld

Angaben für Alleinstehende mit eigenem Haushalt pro Monat

Arbeitslosengeld I
- Leistung für Personen, die in den vergangenen 2 Jahren vor der Arbeitslosigkeit mindestens **12 Monate versicherungspflichtig beschäftigt** waren (Regelanwartschaftszeit) und sich arbeitslos gemeldet haben

Dauer des Bezugs*
- bis 49-Jährige: 6 bis 12 Monate
- 50- bis 54-Jährige: 6 bis 15 Monate
- 55- bis 57-Jährige: 6 bis 18 Monate
- ab 58-Jährige: 6 bis 24 Monate

Höhe des Arbeitslosengeldes €
- 60 % des errechneten letzten Nettogehalts**
- eigenes Nebeneinkommen wird berücksichtigt***, eigenes Vermögen nicht

Zusätzliche Leistungen +
- keine; bei Bedarf kann zusätzlich ein Antrag auf Arbeitslosengeld II gestellt werden

*je nach Dauer der Einzahlung in die Arbeitslosenversicherung in den vergangenen 5 Jahren
**berücksichtigt werden Gehälter der letzten 12 Monate
***jeweils abzgl. eines bzw. mehrerer Freibeträge; beim ALG I ist eine Tätigkeit unter 15 Stunden wöchentlich erlaubt

Quelle: Bundesagentur für Arbeit

Arbeitslosengeld II („Hartz IV")
- **Grundsicherung** für erwerbsfähige Personen im Alter von mindestens 15 Jahren bis zur gesetzlich festgelegten Altersgrenze (zwischen 65 und 67 Jahren), die ihren **Lebensunterhalt nicht aus eigener Kraft und eigenen Mitteln** decken können

Höhe des Regelsatzes €
- 432 Euro
- eigenes Einkommen und Vermögen werden bei der Höhe der Leistung mitberücksichtigt***

Zusätzliche Leistungen +
- Übernahme der Kosten für Unterkunft und Heizung soweit angemessen
- eventuell Einmalleistungen als Darlehen oder Geld-/Sachleistung für Wohnungs-, Bekleidungserstausstattung und/oder Kosten für medizinische/therapeutische Geräte
- eventuell Mehrbedarf für besondere Lebenslagen (z. B. Alleinerziehende)

Stand März 2020 © Globus 13838

gesellschaftliche Dimension von Arbeitslosigkeit
– Gefahr psychischer Instabilität bei Langzeitarbeitslosen – Anstieg von Krankheitskosten – Langzeitarbeitslosigkeit kann zu Isolation und Verarmung führen. – Das gesellschaftliche Umfeld (z. B. Familienplanung) droht beeinträchtigt zu werden.

Von besonderer Problematik ist heutzutage auch die zunehmende **Jugendarbeitslosigkeit.** Weil lange Zeit zu wenig betriebliche Ausbildungsplätze für Jugendliche bereitgestellt wurden, stieg die Anzahl derjenigen Jugendlichen, die einen weiterführenden Bildungsgang besuchten, um die Zeit bis zum Erwerb eines Ausbildungsplatzes sinnvoll zu nutzen. In dieser Zeit sind sie – in engerem Sinne – **„verdeckt" arbeitslos,** weil sie eigentlich eine Berufsausbildung absolviert hätten.

Jugendarbeitslosigkeit wird aber auch dann zum Problem, wenn in einer Region aufgrund fehlender Ausbildungsmöglichkeiten zahlreiche Jugendliche in Gegenden „abwandern", in welchen die Ausbildungschancen besser sind. Sie sind folglich für den heimatlichen Arbeitsmarkt zunächst „verloren", wenn es nicht gelingt, sie nach beendeter Ausbildung zurückzugewinnen. Dadurch kann es jedoch langfristig passieren, dass gleich ganze Regionen „entqualifiziert" werden, Dies gilt insbesondere für die ostdeutschen Länder, die in den letzten Jahren eine **erhebliche Abwanderung** junger Leute erdulden mussten.

Das Phänomen Arbeitslosigkeit

- **Dynamik der Arbeitslosigkeit**
    - friktionelle Arbeitslosigkeit: Sucharbeitslosigkeit
    - saisonale Arbeitslosigkeit: jahreszeitlich bedingte Arbeitslosigkeit in manchen Branchen
    - konjunkturelle Arbeitslosigkeit: Schwankungen in der Wirtschaft verändern die Arbeitslosigkeit (Anstieg der Arbeitslosenquote im Abschwung, Sinken der Arbeitslosenquote im Aufschwung)
    - strukturelle Arbeitslosigkeit: Schwächen in der Wirtschaftsstruktur und in der Beschäftigungsstruktur vergrößern die Arbeitslosigkeit, Formen:
        - regionale Arbeitslosigkeit
        - altersbedingte Arbeitslosigkeit
        - branchenbedingte Arbeitslosigkeit
        - ausbildungsbedingte Arbeitslosigkeit
        - technologiebedingte Arbeitslosigkeit
        - Sockelarbeitslosigkeit
        - Mismatch-Arbeitslosigkeit
        - „Generation-Praktikum"-Arbeitslosigkeit

- **Statistische Ermittlung von Arbeitslosigkeit**

    Früher:
    - alleinige Berücksichtigung der beim Arbeitsamt gemeldeten **Arbeitslosen** im Verhältnis zu den Erwerbspersonen:

    $$\text{Arbeitslosenquote (in Prozent)} = \frac{\text{Arbeitslose}}{\text{Erwerbspersonen}} \cdot 100$$

    Heute:
    - Anstatt von Arbeitslosen spricht man im internationalen Vergleich von **„Erwerbslosen".**
    - Ein internationaler Vergleich der Erwerbslosenzahl erfolgt aufgrund der Berechnungen der **Internationalen Arbeitsorganisation (ILO).**
    - Wer weder erwerbstätig noch erwerbslos ist, gilt als arbeitslos.

- **Arbeitslosigkeit als wirtschaftliches und soziales Phänomen**
    - Langzeitarbeitslosigkeit führt zu Entqualifizierung.
    - Teure Umschulungsmaßnahmen schränken die Möglichkeit staatlicher Investitionen ein.
    - Die Gefahr psychischer Instabilität sowie gesellschaftlicher Isolation und Verarmung steigt.
    - Bei Schülern wird die wahre Arbeitslosigkeit durch den Besuch weiterführender Schulen verschleiert.
    - Schlechte Ausbildungschancen für Jugendliche nehmen zu.
    - Es droht die Gefahr von Abwanderung junger Menschen.

Die Arbeitsmarktpolitik

1 Derzeit gibt es in Deutschland ca. 2,4 Millionen Arbeitslose. Sie alle sind aus unterschiedlichsten Gründen arbeitslos. Experten unterteilen die Arbeitslosigkeit in verschiedene Arten. Erklären Sie, was man unter
   a) friktioneller Arbeitslosigkeit bzw.
   b) struktureller Arbeitslosigkeit versteht.

2 Suchen Sie nach Gründen, warum es manchmal auch bei konjunkturellem Aufschwung nicht gelingt, einen erheblichen Rückgang der Arbeitslosenquote zu erreichen, und entwickeln Sie Vorschläge, wie die Arbeitslosenquote hinsichtlich struktureller Möglichkeiten der Volkswirtschaft spürbar gesenkt werden könnte.

3 Das Phänomen von Mismatch-Arbeitslosigkeit beschreibt eine zunehmende Kluft zwischen den qualifikatorischen Anforderungen von Arbeitgebern und den qualifikatorischen Voraussetzungen von Bewerbern. Nehmen Sie die unterschiedlichen Standpunkte von Arbeitgebern und Bewerbern ein und diskutieren Sie im Rollenspiel. Zeichnen Sie das Rollenspiel auf und werten Sie es aus.

4 Berechnen Sie anhand der unten stehenden Daten zur Wirtschaftsentwicklung:
   a) die Arbeitslosenquote im Jahr 1.
   b) die Arbeitsproduktivität je geleisteter Arbeitsstunde im Jahr 1.

Daten zur Wirtschaftsentwicklung	Jahr 1	Jahr 2
reales Bruttoinlandsprodukt (in Mrd. €)	2 496	2 404
Erwerbstätige (in Mio.)	40,0	40,2
Arbeitslose (in Mio.)	3,44	3,65
Erwerbspersonen (in Mio.)	43,44	43,85
durchnittliche Arbeitszeit je Erwerbstätiger (in Std.)	1 728	1 698

5 Recherchieren Sie im Internet und beschreiben Sie die wirtschaftlichen und sozialen Probleme, die mit einem Anstieg der Langzeitarbeitslosigkeit verbunden sein können.

6 Die folgenden Daten zeigen Auszüge aus einer Arbeitslosenstatistik.
   a) Ermitteln Sie jeweils die
      – **offizielle** Arbeitslosenquote für die Jahre 1 und 2,
      – **inoffizielle** Arbeitslosenquote für die Jahre 1 und 2.
   b) Ermitteln Sie, um wie viel Prozent die **offizielle** Arbeitslosenquote von 1 auf 2 gestiegen ist.
   c) Erklären Sie, was man unter der „stillen Reserve" versteht.

	Jahr 1	Jahr 2
Erwerbstätige (in Mio.)	40,0	40,2
gemeldete Arbeitslose (in Mio.)	3,44	3,65
„stille Reserve" (in Mio.)	0,93	0,96

6.2 Theorien der Arbeitslosigkeit

*Die **Reallöhne** müssen sinken. Erst dann lohnt es sich für Unternehmen zu produzieren, Ansonsten werden auch keine neuen Stellen geschaffen, sondern Arbeitsplätze **abgebaut**.*

*Hätten Sie nicht so viel rationalisiert, wäre auch die Nachfrage nach Gütern groß genug. Wenn Sie Arbeitskräfte einstellen, entsteht **Einkommen** und es steigt die **Nachfrage**.*

- Diskutieren Sie die unterschiedlichen Auffassungen des Arbeitgebervertreters und des Arbeitnehmervertreters über die Ursachen der Arbeitslosigkeit. Entwickeln Sie einen eigenen Standpunkt dazu, welcher Auffassung Sie zustimmen würden. Zeichnen Sie die Diskussion auf und werten Sie sie aus.
- Begründen Sie unter Rückgriff auf die keynesianische Auffassung für die Ursachen von Arbeitslosigkeit, welche unsicheren Erwartungen für die Zukunft Unternehmen von der Neueinstellung von Arbeitskräften abhalten können.

Um die Arbeitslosigkeit wirksam bekämpfen zu können, bedarf es zunächst einer Suche nach den **Ursachen**. Doch fällt bereits bei der Analyse der Gründe auf, dass selbst bei Wirtschaftswissenschaftlern keine Einigkeit herrscht. Die Suche nach den Ursachen wird – wie in zahlreichen anderen Bereichen der Wirtschaftspolitik – von zwei widerstreitenden theoretischen Grundströmungen beeinflusst und geleitet.

▲ (Neo-)klassische Auffassung

Nach Auffassung der (neo-)klassischen Ökonomie entsteht Arbeitslosigkeit, wenn der Reallohn höher ist als der Lohn, zu welchem Vollbeschäftigung erzielt werden könnte **(Gleichgewichtslohn).** Aufgrund des **hohen Reallohns** bieten zahlreiche Arbeitnehmer ihre Arbeitskraft an. Somit ist ihr Arbeitsangebot höher als die Nachfrage nach Arbeitskräften durch Unternehmen (Angebotsüberhang). Gleichzeitig ist das Güterangebot der Unternehmen **gering,** weil es sich für Unternehmen wegen der hohen Reallöhne nicht lohnt, so viele Güter zu produzieren, wie sie bei Vollbeschäftigung notwendig wären. Nach (neo-)klassischer Auffassung besteht die Ursache für Arbeitslosigkeit also darin, dass es sich für Unternehmen aufgrund zu hoher Reallöhne **nicht lohnt,** Arbeitskräfte einzustellen. Weil zu geringe Gewinnaussichten herrschen, wird das Güterangebot nicht ausgeweitet und folglich werden nicht mehr Arbeitskräfte benötigt.

Wirkungszusammenhang (neo-)klassischer Arbeitslosigkeit
- Der Reallohnsatz ist aus Sicht der Unternehmen zu hoch und unrentabel.
- Realeinkommen der Haushalte sind zu hoch, die Nachfrage auf dem Gütermarkt steigt.
- Als Folge eines Nachfrageüberhangs steigt das Preisniveau auf dem Gütermarkt.
- Zahlreiche Arbeitskräfte wollen zu dem hohen Reallohnsatz arbeiten (Arbeitsangebot).
- Die Nachfrage nach Arbeitskräften sinkt, weil den Unternehmen der Reallohn zu hoch ist.
- Es entsteht ein Angebotsüberhang auf dem Arbeitsmarkt.
- Weil der hohe Reallohnsatz nicht rentabel ist, kommt es zu unfreiwilliger Arbeitslosigkeit (Tarifarbeitslosigkeit).

Nach dem **(neo-)klassischen Gleichgewichtskonzept** wird Arbeitslosigkeit also abgebaut, wenn die Reallöhne auf das Maß des Gleichgewichtslohns absinken. Es wird die Meinung vertreten, dass nur zum Gleichgewichtslohn das Angebot und die Nachfrage nach Arbeitskräften effektiv ausgeglichen werden (Vollbeschäftigung). Keynesianer hingegen vertreten die Auffassung, dass Arbeitslosigkeit neben dem Lohn von weiteren Faktoren abhängt.

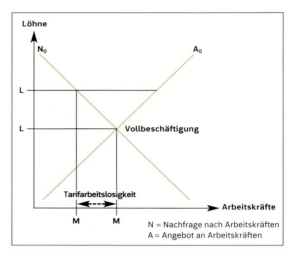

Würde die (neo-)klassische Auffassung zutreffen, so würde die Arbeitslosigkeit bei einem Absinken der Reallöhne nahezu abgeschafft. Dass dies jedoch nicht so ist, zeigt nach keynesianischer Auffassung, dass die Schaffung neuer Arbeitsstellen nicht nur von der Höhe des Lohnes, sondern von den Unsicherheiten über zukünftige Erwartungen abhängt.

Kritik am (neo-)klassischen Gleichgewichtskonzept
– Nicht nur der hohe Reallohnsatz verursacht hohe Arbeitslosigkeit.
– Auch unsichere Erwartungen über die Zukunft verhindern Neueinstellungen.

Die neoklassische Auffassung zur Arbeitslosigkeit ist ein Teil der insgesamt nicht geschlossenen neoklassischen Theorie, auch **Neoklassik** genannt. Ihren Ursprung haben diese Ideen in der klassischen Nationalökonomie (Adam Smith, Jean-Baptiste Say u. v. m.). In der Mitte des 19. Jahrhunderts wurde die Neoklassik von Nationalökonomen wie Carl Menger (Österreich) und Léon Walras (Schweiz) weiterentwickelt. Vertreter der Neoklassik aus jüngerer Zeit waren Friedrich August von Hayek oder Ludwig von Mises (beide waren Vertreter der „**Österreichischen Schule**"), die eine bisweilen radikal-liberale Wirtschaftsauffassung vertraten.

▲ Keynesianische Auffassung

John Maynard Keynes

Demgegenüber steht die keynesianische Auffassung über Ursachen der Arbeitslosigkeit, die zunächst von der **gleichen** Situation ausgeht: Es bieten mehr Arbeitnehmer ihre Arbeitskraft an, als von den Unternehmen nachgefragt werden. Anders als nach (neo-)klassischer Auffassung geht die keynesianische Theorie jedoch davon aus, dass das Güterangebot die Güternachfrage **übersteigt.** Der Grund dafür wird darin gesehen, dass Unternehmen durch Rationalisierung Arbeitsplätze abgebaut haben und wirtschaftlicher produzieren. Für den Unternehmer lohnt es sich in dieser Situation jedoch nicht, die Güterproduktion **noch weiter zu erhöhen,** weil die Mehrproduktion aufgrund der hohen Arbeitslosigkeit nicht nachgefragt würde. Auf diese Weise bleibt die Arbeitslosigkeit trotz des hohen Güterangebots bestehen. Würden mehr Güter nachgefragt, würden die Unternehmen auch mehr produzieren und aus diesem Grund mehr Arbeitskräfte einstellen.

Wirkungszusammenhang keynesianischer Arbeitslosigkeit
– Unternehmen haben aufgrund von Rationalisierung Arbeitsplätze abgebaut und produzieren nun wirtschaftlicher als zuvor (**Güterangebot > Güternachfrage**). – Weil Arbeitsplätze abgebaut wurden, wird mehr Arbeitskraft angeboten, als von den Unternehmen nachgefragt wird (**Arbeitsangebot > Arbeitsnachfrage**). – Eine weitere Vermehrung der Güterproduktion lohnt sich nicht, weil die Mehrproduktion nicht nachgefragt würde. – Aus diesem Grund bleibt die Arbeitslosenzahl hoch, obwohl die Güterproduktion hoch ist. – Folglich muss die effektive Güternachfrage ausgeweitet werden. Unternehmen werden dann ihre Produktion ausweiten und Arbeitskräfte einstellen.

Die keynesianische Erklärung für die Ursachen der Arbeitslosigkeit zeigt, dass im Zentrum die **Abkehr vom sayschen Theorem** steht, wonach sich jedes Angebot seine eigene Nachfrage schafft (vgl. S. 284). Keynesianer vertreten auch im Hinblick auf den Arbeitsmarkt die Auffassung, es sei naiv zu glauben, ein Absinken des Reallohnsatzes würde dazu führen, dass die effektiv nachzufragende Gütermenge auch angeboten würde. Vielmehr kritisieren Keynesianer, wenn es trotz hohen Güterangebots zu Arbeitslosigkeit kommt. Keynes erklärt somit, dass es auch in einem Gleichgewicht auf dem Gütermarkt zu Unterbeschäftigung kommen kann (**Unterbeschäftigungsgleichgewicht**).

(Neo-)Klassiker kritisieren an der keynesianischen Erklärung zu den Ursachen der Arbeitslosigkeit, dass sie von zu starren Bedingungen ausgehe. Wirtschaftssubjekte müssten nach ihrer Auffassung ihre Angebots- und Nachfragepläne freier ausgestalten können, um immer wieder ein neues Gleichgewicht und folglich immer wieder einen neuen Gleichgewichtslohn bilden zu können.

Kritik an der keynesianischen Erklärung von Arbeitslosigkeit
– Wirtschaftssubjekte müssen Löhne freier aushandeln können. – Es muss die Möglichkeit geben, bei der Aushandlung von Löhnen immer wieder ein neues Gleichgewicht zu finden.

Die Unterschiedlichkeit beider Auffassungen deutet bereits an, wie umstritten die Wahl der Instrumente zur Bekämpfung der Arbeitslosigkeit ist. Letztlich lassen beide Auffassungen erkennen, auf welcher Seite des Arbeitsmarktes die größere Verantwortung für die Arbeitslosigkeit angenommen wird: Nach (neo-)klassischer Auffassung liegt der größere Teil der Verantwortung auf der **Arbeitnehmerseite**, weil diese zu hohe Lohnforderungen erhebt. Nach keynesianischer Auffassung liegt die Verantwortung eher bei den **Unternehmen**, für die es sich nicht lohnt, mehr Güter zu produzieren, weil die Mehrproduktion aufgrund hoher Arbeitslosigkeit ohnehin nicht nachgefragt würde.

angebotsorientierte Wirtschaftspolitik	nachfrageorientierte Wirtschaftspolitik
Verantwortung für Arbeitslosigkeit liegt bei zu hohen Lohnforderungen der **Arbeitnehmerseite**, sodass ein Überhang an Arbeitsangebot auf dem Arbeitsmarkt entsteht.	Verantwortung liegt verstärkt bei **Unternehmen**, die nur so viel produzieren, wie kurzfristig rentabel ist, und somit keine zusätzliche Nachfrage auslösen.

Theorien der Arbeitslosigkeit

- **(neo-)klassische Auffassung:**
  – Zu hohe Reallohnsätze sind für Unternehmen nicht rentabel.
  – Hohe Reallohnsätze führen zu einem Nachfrageanstieg (Anstieg des Preisniveaus).
  – Bei hohen Reallohnsätzen bieten viele Arbeitnehmer ihre Arbeitskraft an (Überangebot).
  – Es kommt zu unfreiwilliger Arbeitslosigkeit.
- **keynesianische Auffassung:**
  – Durch Rationalisierung produzieren Unternehmen mehr, als gebraucht wird.
  – Aufgrund von Rationalisierung wurden Arbeitsplätze abgebaut.
  – Die Nachfrage auf dem Gütermarkt ist aufgrund dessen zu niedrig.
  – Unternehmen müssten mehr Arbeitskräfte einstellen, damit die Mehrproduktion auch nachgefragt werden kann.

Die Arbeitsmarktpolitik

1. Erklären Sie den Wirkungszusammenhang (neo-)klassischer Arbeitslosigkeit und erläutern Sie, welche Gründe nach (neo-)klassischer Auffassung als hauptursächlich für Arbeitslosigkeit angesehen werden.

2. Stellen Sie der (neo-)klassischen Auffassung über die Ursachen von Arbeitslosigkeit die keynesianische Auffassung gegenüber und erklären Sie, wie es hiernach bei einem Gleichgewicht auf dem Gütermarkt zu Unterbeschäftigung kommt.

3. Recherchieren Sie im Internet weitere Arbeitsmarkttheorien, die über das Grundmodell neoklassischer Arbeitslosigkeit hinausgehen (z. B. Segmentationstheorien, Insider-Outsider-Theorien).

6.3 Grundlagen der Arbeitsmarktpolitik

Im Unterricht sprechen die Schüler der Klasse von Silvia Land über die Entwicklung der Arbeitslosigkeit und die dafür verantwortlichen Gründe. Sie recherchieren, dass die Arbeitslosenzahl im März mit einer Arbeitslosenquote von 5,5 % eher gering gewesen ist. Gleichzeitig betrachten sie verschiedene Statistiken über den Zusammenhang von Qualifikation und Arbeitslosigkeit. Dabei stoßen sie auch auf verschiedene Berichte im Internet, die sich mit der wachsenden Zahl junger Menschen ohne Ausbildungsqualifikation auseinandersetzen.

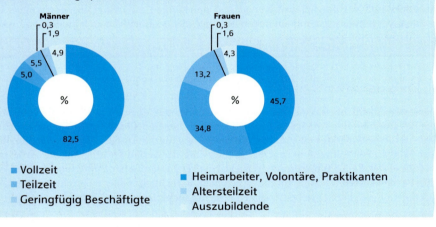

Hohes Armutsrisiko für Jugendliche ohne Ausbildung

Leipzig – Jugendliche ohne Schulabschluss oder Berufsausbildung sind laut einer Studie besonders stark von Arbeitslosigkeit und Hartz IV bedroht. Zudem liefen sie Gefahr, wohnungslos zu werden, heißt es im „Monitor Jugendarmut in Deutschland 2016", der am Freitag beim Katholikentag in Leipzig vorgestellt wird.

Hinter dem Papier steht die Bundesarbeitsgemeinschaft Katholische Jugendsozialarbeit. Der beste Schutz gegen Armut sei Bildung, heißt es. Zur Vorbeugung von Jugendarmut schlägt die Organisation ein Bündel von Maßnahmen vor: Dazu gehören eine gesetzlich verankerte Ausbildungsgarantie, die Aufhebung von Sanktionen nach dem Sozialgesetzbuch sowie größere finanzielle und sonstige Hilfen.

Mehr getan werden muss demnach auch für junge Migranten und „schwer erreichbare Jugendliche". Der Monitor beruht auf öffentlich zugänglichen Statistiken und Studien über junge Menschen zwischen 15 und 25 Jahren. Der Bericht erscheint zum vierten Mal.

(Quelle: Rheinische Post/KNA [KNA/csr]: Hohes Armutsrisiko für Jugendliche ohne Ausbildung, 27.05.2016. In: http://www.rp-online.de/panorama/deutschland/studie-hohes-armutsrisikofuer-jugendliche-ohne-ausbildung-aid-1.6002815 [14.01.2020].)

Grundlagen der Arbeitsmarktpolitik

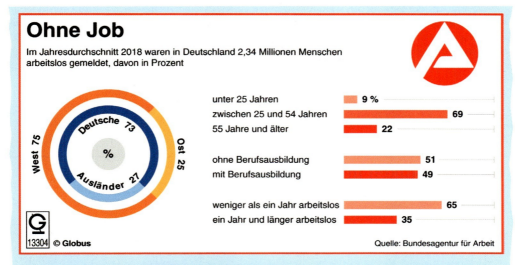

- Interpretieren Sie die vorliegenden Grafiken vor dem Hintergrund der in der Handlungssituation genannten Arbeitslosenzahlen.
- Leiten Sie Ziele und Forderungen an die Arbeitsmarktpolitik ab und legen Sie die Zuständigkeiten für die von Ihnen erwogenen Maßnahmen fest.

▲ Ziele der Arbeitsmarktpolitik

Im Januar 2019 ist die Arbeitslosenzahl von 2,4 Millionen ein echter Hoffnungsschimmer. Zwar belief sich die Arbeitslosenzahl im Jahre 2005, also zum Höhepunkt der damaligen Wirtschaftskrise, auf fast 5 Millionen, doch kann es letztlich nicht als vollständig zufriedenstellender Zustand angesehen werden, wenn immer noch Millionen Menschen in Deutschland arbeitslos sind oder in Gefahr stehen, ihren Arbeitsplatz zu verlieren. Vielmehr muss es das Ziel sein, die **Arbeitslosenquote weiter zu senken.**

Allerdings muss es auch um die Frage gehen, welche Art von Arbeitsplätzen in den letzten Jahren geschaffen wurden. So wurde bei aller Freude über die positiven Arbeitsmarktdaten oftmals nicht genügend darauf geachtet, dass ein wachsender Niedriglohnbereich entstanden ist, der die Erwerbstätigen oft nicht genügend „ernährt". In Soziologenkreisen spricht man heutzutage zunehmend von den „working poor" (sinngemäß: trotz Arbeit arm) oder **prekären Arbeitsverhältnissen.**

Wurde im Rahmen angebotsorientierter Wirtschaftspolitik die Stabilität des Preisniveaus lange Zeit als vorrangig anzustrebendes Ziel behandelt, so erkennt man zunehmend neben der wirtschaftlichen auch die gesellschaftliche Bedeutung der Bekämpfung von Arbeitslosigkeit. Auch eher marktliberal eingestellte Politiker bürgerlicher Parteien erkennen, dass die Schaffung von Arbeitsplätzen im Vergleich zu anderen wirtschaftlich-gesellschaftlichen Aufgaben eine überragende Bedeutung hat, zumal der Arbeitsplatz die materielle Grundlage des Lebens darstellt.

Das **Stabilitätsziel „hoher Beschäftigungsstand"** hat in den letzten Jahren angesichts anhaltender Arbeitslosigkeit vorrangige Bedeutung bekommen.

Die Arbeitsmarktpolitik

So weiß man aus der Geschichte, welche Folgen die Weltwirtschaftskrise und die damit verbundene extreme Massenarbeitslosigkeit in den Jahren 1929 bis 1932 für die Gesellschaft Deutschlands hatte. Die Verbreitung des Nationalsozialismus und die damit verbundene Zerstörung eines demokratischen Gemeinwesens hatten ihren Ursprung neben vielen gesellschaftlichen Problemen **auch** in der wirtschaftlichen Not der Bevölkerung.

Doch auch heutzutage ist das Phänomen **wachsender Unzufriedenheit** – insbesondere der erwerbslosen – Bevölkerung bei der Bekämpfung der Arbeitslosigkeit nicht unbekannt. Besonders riskante Spekulationsgeschäfte zahlreicher Banken und der Umstand, dass diese nur mit staatlicher Hilfe (d. h. aus Steuermitteln) gerettet werden konnten, schürt den Unmut in der Bevölkerung.

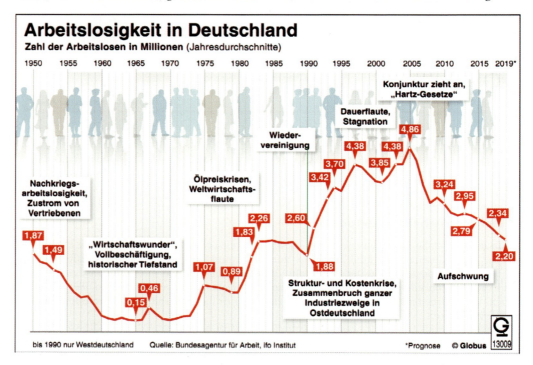

Für die Bundesrepublik Deutschland bleibt insbesondere die hohe Arbeitslosigkeit in den **ostdeutschen Bundesländern** ein dauerhaftes Problem. Nach wie vor ist es nicht gelungen, die Arbeitslosigkeit spürbar zu senken und wirtschaftliche Bedingungen aufzubauen, mit denen es möglich wäre, dauerhaft stabile und ausreichend sichere Arbeitsplätze zu schaffen. Der mit dem Verlust ehemaliger großer Staatsbetriebe verbundene massive Stellenabbau in den ostdeutschen Bundesländern konnte in den vergangenen 30 Jahren nicht in erwünschtem Maße durch die Ansiedlung moderner Industrie- und Dienstleistungsunternehmen aufgefangen werden. Zwar gibt es in einigen Regionen **Wachstumszentren,** die im Verhältnis zu anderen Regionen eine bessere wirtschaftliche Entwicklung erfahren (z. B. Leipzig oder Dresden), doch gibt es ebenso Regionen, die aufgrund ihrer Wirtschaftsstruktur von Arbeitslosigkeit in erheblichem Umfang betroffen sind.

Beispiel Mecklenburg-Vorpommern hatte aufgrund seiner landwirtschaftlichen Prägung bereits vor der deutschen Wiedervereinigung große wirtschaftliche Probleme. Nach der Wende wurden die Probleme nur noch weiter verschärft, weil die Landwirtschaft sich aufgrund des strukturellen Wandels immer weiter zurückzieht und nur noch einen kleinen Teil der Wertschöpfung in Deutschland ausmacht. Die Unzufriedenheit der Bevölkerung mit den Entscheidungsträgern aus Wirtschaft und Politik wächst.

Doch nicht allein aus politischen und gesellschaftlichen Gründen stellt eine dauerhaft hohe Arbeitslosigkeit die Volkswirtschaft vor erhebliche Probleme. Auch das Zusammenspiel der Wirtschaftssubjekte im Wirtschaftskreislauf wird durch Massenarbeitslosigkeit nicht erleichtert. Schließlich bedeutet eine hohe Zahl an Arbeitslosen auch, dass der Staat massive **Unterstützungsleistungen** erbringen muss, um Arbeitslosen die gesetzlich vereinbarte Grundsicherung des Arbeitslosengeldes (ALG I und ALG II) zukommen zu lassen. Es leuchtet ein, dass der Staat dieses Geld auch anderweitig gut verwenden könnte (z. B. Anschubinvestitionen für Zukunftsbranchen).

▲ Träger der Arbeitsmarktpolitik

Damit arbeitslosen Menschen eine soziale Sicherung zukommt, gibt es in Deutschland die Arbeitslosenversicherung als Teil der gesetzlichen Sozialversicherung. Sie wird in Höhe von 2,5 % (2019) jeweils zur Hälfte von Arbeitnehmern und Arbeitgebern getragen und vom sozialversicherungspflichtigen Bruttoentgelt berechnet. Die daraus entstehenden finanziellen Mittel fließen der **Bundesagentur für Arbeit** zu, die in Deutschland für die Arbeitsverwaltung und Arbeitsförderung zuständig ist. Sie ist eine Körperschaft des öffentlichen Rechts mit Hauptsitz in Nürnberg und untersteht der Aufsicht des Bundesministeriums für Arbeit und Soziales. Als wichtige Institution der Arbeitsmarktpolitik setzt die Bundesagentur für Arbeit den politischen Willen zur Bekämpfung der Arbeitslosigkeit um. Unter **Arbeitsmarktpolitik** versteht man das politische Handeln staatlicher Stellen und Organisationen, um die Situation von Arbeitnehmern zu verbessern und Arbeitslosen einen leichteren und besser qualifizierten Zugang zum Arbeitsmarkt zu ermöglichen.

Während in vergangenen Jahrzehnten die finanziellen Mittel aus der Arbeitslosenversicherung ausreichten, um die Ausgaben der Bundesagentur für Arbeit zu decken, werden die Mittel heutzutage immer knapper. Einerseits befindet sich die Arbeitslosigkeit auf dauerhaft hohem Niveau, andererseits nimmt die Anzahl der erwerbstätigen Personen in Vollzeit-Arbeitsverhältnissen ab. Daraus folgt, dass zum einen mehr Menschen auf Mittel aus der Arbeitslosenversicherung angewiesen sind und dass zum anderen die Einzahlungen in die Arbeitslosenversicherung geringer werden. Die daraus entstehende **Lücke** zwingt die Politik zu einer **Reform der Arbeitsmarktpolitik.** Zudem werden in Deutschland seit Jahren zu wenige neue Arbeitsplätze geschaffen, auch weil die **Lohnnebenkosten** von Arbeitgebern als zu hoch empfunden werden. Dies hält Investoren oftmals davon ab, in zukunftsträchtige Arbeitsplätze in Deutschland zu investieren, statt Arbeitsplätze ins Ausland zu verlegen.

Selbstverständlich wird **Arbeitsmarktpolitik** in Deutschland neben staatlichen Stellen und Bundesagentur für Arbeit von den **Tarifpartnern** mitgestaltet. In Deutschland herrscht bei der Aushandlung von Löhnen und Gehältern für Branchen **Tarifautonomie.** Unbeeinflusst von staatlichem Willen dürfen Tarifpartner (Arbeitgeberverbände und Gewerkschaften) die Höhe von Vergütungen der Branchen frei aushandeln. Arbeitsmarktpolitik betreiben die Tarifpartner, insofern sie in Abhängigkeit von volkswirtschaftlichen Voraussetzungen (z. B. Konjunkturkrise) ihre Forderungen über künftige Branchenvergütungen den Möglichkeiten anpassen. Eine **zurückhaltende Lohnpolitik** der Gewerkschaften in der Wirtschaftskrise trägt somit zu einer größeren Bereitschaft von Arbeitgebern bei, Arbeitsplätze zu schaffen. Im Aufschwung hingegen fordern Gewerkschaften häufig **Lohnsteigerungen,** die über den allgemeinen Preisanstieg hinausgehen. Auf diese Weise soll erreicht werden, dass die Zurückhaltung in der Wirtschaftskrise durch einen überproportional starken Anstieg der **Kaufkraft** ausgeglichen (kompensiert) wird.

Die Arbeitsmarktpolitik

Grundlagen der Arbeitsmarktpolitik

- **Ziele der Arbeitsmarktpolitik**
  - Trotz allmählichen Aufschwungs ist der Arbeitsmarkt nach wie vor hoch belastet.
  - Das Stabilitätsziel „hoher Beschäftigungsstand" hat in den letzten Jahren an Bedeutung gewonnen.
  - Insbesondere in Ostdeutschland ist Arbeitslosigkeit ein großes Problem.
  - Ein wichtiges Ziel ist die Schaffung von Wachstumszentren für mehr Arbeitsplätze.
  - Auch die Stärkung der Bildung ist für die Arbeitsmarktpolitik ein wichtiges Ziel.

- **Träger der Arbeitsmarktpolitik**
  - In Deutschland ist die Bundesagentur für Arbeit für die Arbeitsverwaltung und Arbeitsförderung zuständig.
  - Die Bundesagentur untersteht der Aufsicht des Bundesministeriums für Arbeit und Soziales.
  - Auch die Tarifpartner (Gewerkschaften und Arbeitgeberverbände) spielen im Rahmen der Tarifautonomie eine wichtige Rolle bei der Arbeitsmarktpolitik.

1. Begründen Sie, warum die Ziele des Stabilitätsgesetzes „Preisniveaustabilität" und „hoher Beschäftigungsstand" nur schwer gleichzeitig erreichbar sind (Zielkonflikt).

2. Weisen Sie die Gültigkeit des Zielkonfliktes durch Recherche der Arbeitslosenzahlen einerseits und die Höhe der Inflationsrate andererseits nach.

3. Erklären Sie, warum sich die Prioritäten bei der Zielsetzung des Stabilitätsgesetzes in der jüngeren Vergangenheit zugunsten des Ziels eines hohen Beschäftigungsstandes verändert haben.

4. Recherchieren Sie den Aufbau sowie die Aufgaben der Bundesagentur für Arbeit. (https://www.arbeitsagentur.de).

5. Recherchieren Sie im Internet und stellen Sie fest, wer aktuell das Bundesministerium für Arbeit und Soziales führt und welche Aufgaben das Bundesministerium in Bezug auf den Arbeitsmarkt konkret wahrnimmt.

6. **Grundgesetz für die Bundesrepublik Deutschland**
   Art 9
   (1) Alle Deutschen haben das Recht, Vereine und Gesellschaften zu bilden.
   (2) Vereinigungen, deren Zwecke oder deren Tätigkeit den Strafgesetzen zuwiderlaufen oder die sich gegen die verfassungsmäßige Ordnung oder gegen den Gedanken der Völkerverständigung richten, sind verboten.
   (3) Das Recht, zur Wahrung und Förderung der Arbeits- und Wirtschaftsbedingungen Vereinigungen zu bilden, ist für jedermann und für alle Berufe gewährleistet. Abreden, die dieses Recht einschränken oder zu behindern suchen, sind nichtig, hierauf gerichtete Maßnahmen sind rechtswidrig. Maßnahmen nach den Artikeln 12a, 35 Abs. 2 und 3, Artikel 87a Abs. 4 und Artikel 91 dürfen sich nicht gegen Arbeitskämpfe richten, die zur Wahrung und Förderung der Arbeits- und Wirtschaftsbedingungen von Vereinigungen im Sinne des Satzes 1 geführt werden.

   Erläutern Sie Art. 9 Abs. 3 GG und begründen Sie, warum die Tarifautonomie für die Arbeitsmarktpolitik der Bundesrepublik Deutschland ein sehr wichtiges Recht. Beschreiben Sie mögliche negative Auswirkungen, wenn dies es Recht von der Politik nicht hinreichend beachtet würde.

6.4 Maßnahmen der Arbeitsmarktpolitik

„Diesen Leuten wird doch alles nur zugesteckt. So gut möchte ich es auch mal haben. Ein bisschen Jammern, und schon steht der Flachbildschirm im Wohnzimmer." Herr Stein hat einen anstrengenden Arbeitstag hinter sich und ist verärgert über einen Fernsehbericht über Hartz-IV-Empfänger. Caroline reagiert gereizt. „Du tust ja gerade so, als wäre Hartz IV ein Schlaraffenland. Faul auf dem Rücken liegen und warten, bis alles angeflogen kommt." „Aber es ist doch so, wie ich es sage. Wie oft hat man das doch schon gehört. Der reinste Missbrauch von Geld durch Hartz-IV-Empfänger." Caroline widerspricht ihrem Vater. „Wenn du dich da mal nicht täuschst. Von wegen Flachbildschirm. Und geschenkt bekommt man die teuren Sachen auch nicht vom Amt. Sie mal hier." Caroline hält ihrem Vater die Tageszeitung hin.

Hartz IV reicht nicht
Monatlich 16.000 Kredite für Langzeitarbeitslose

Passau – Braucht man als Langzeitarbeitsloser eine Waschmaschine, einen Kühlschrank oder Kleidung, kann man dafür einen Kredit beim Jobcenter bekommen. Mehr als 16.000 dieser Darlehen werden gewährt – pro Monat. Ist der Hartz-IV-Regelsatz zu niedrig?

Mehr als 16.000 Hartz-IV-Empfänger bekommen monatlich Kredite vom Jobcenter – das geht nach Informationen der „Passauer Neuen Presse" aus der Antwort der Bundesagentur für Arbeit auf eine Anfrage der stellvertretenden Vorsitzenden der Linken-Bundestagsfraktion Sabine Zimmermann hervor. Demnach wurden im vergangenen Jahr im Schnitt für 16.761 Personen pro Monat Darlehen „in Fällen eines unabweisbaren Bedarfs zur Sicherung des Lebensunterhalts" gewährt, im Jahr zuvor waren es 18.746.

Zimmermann wertete die Zahlen als Beweis dafür, „dass die Regelleistung prinzipiell viel zu niedrig angesetzt ist". Bei den Anschaffungen, für die die Darlehen gewährt würden, gehe es nicht um Luxusgüter, sondern um die wichtigsten Dinge zum Überleben wie einen Kühlschrank oder Kleidung. Die Leistung müsse so ausgestaltet sein, „dass unabdingbare Anschaffungen auch getätigt werden können, ohne sich dafür verschulden zu müssen". Dies sei „auch eine Frage der Würde und des Anstands gegenüber den Betroffenen".

Entsprechende Darlehen sind den Angaben zufolge nach dem Sozialgesetzbuch II möglich, wenn es um absolut notwendige Anschaffungen geht und die Betroffenen keine Möglichkeiten haben, diese aus eigener Kraft zu finanzieren. Die Verbindlichkeiten müssen von den Betroffenen getilgt werden. Dazu werden monatlich zehn Prozent von der Hartz-IV-Regelleistung abgezogen. Laut Bundesagentur betrug der Darlehensbetrag 2015 im Schnitt 430 Euro, im Jahr zuvor 365 Euro. Das Gesamtvolumen aller Jobcenter-Darlehen belief sich 2015 auf 7,2 Millionen Euro.

(Quelle: Rheinische Post/KNA [felt/KNA]: Monatlich 16.000 Kredite für Langzeitarbeitslose, 12.05.2016. In: http://www.rp-online.de/wirtschaft/hartz-iv-reicht-nicht-16000-langzeitarbeitslose-erhalten-jeden-monat-jobcenter-kreaid-1.5972096, [14.01.2020].)

Nachdem Herr Stein den Zeitungsbericht gelesen hat, zuckt er mit den Schultern. „Na und? Und was ist daran schlimm? Ich finde, es ist doch nichts dabei, wenn Leute, die vom Staat leben, auch mal etwas zurückzahlen müssen." Caroline ist genervt. „Aber Papa, wir reden doch nicht über Flachbildschirme. Wir reden über Kühlschränke. Und da finde ich es nur gerecht, dass Hartz-IV-Empfänger so etwas leichter als andere finanzieren können. Ist doch ohnehin schon schwierig." „Ach, du mit deiner Sozialromantik. Wenn du mal selbst Geld verdienst, wirst du es auch so sehen wie ich." Caroline bleibt trotzig. „Na, ich hoffe, nicht."

- Ermitteln Sie aus dem Zeitungsbericht die wesentlichen Fakten zu den angesprochenen Sonderleistungen.
- Entwickeln Sie Argumente, die der Haltung von Herrn Stein und der von Caroline Stein entsprechen, und stellen Sie diese gegenüber.
- Entwickeln Sie einen eigenen begründeten Standpunkt. Stellen Sie diesen softwaregestützt vor.

▲ Arbeitsmarktreform

Zur Bekämpfung der Krise auf dem Arbeitsmarkt und zur Stärkung der heimischen Wirtschaft beschloss die damalige Bundesregierung im Jahre 2003 die „Agenda 2010" als Konzept zur Reform des Arbeitsmarkts. Kernziel der **Agenda 2010** ist es, wirtschaftliches Wachstum bei gleichzeitiger Senkung der Arbeitslosenzahl zu erreichen. Dies soll dem Konzept zufolge durch eine Senkung der Sozialausgaben erfolgen:

Kernpunkte der Agenda 2010
– Verkürzung der Bezugsdauer des Arbeitslosengeldes – Streichung von Arbeitsbeschaffungsmaßnahmen – Streichung der Arbeitslosenhilfe und Senkung des Sozialhilfesatzes – Streichung von Weiterbildungsmaßnahmen für Arbeitslose

Aus der Einsicht, dass der Staat nicht in der Lage ist, gewerbliche Arbeitsplätze durch öffentliche Investitionen zu schaffen, die langfristig wettbewerbsfähig wären, setzt die Bundesregierung darauf, **Anreize für Unternehmen** zu geben, zukunftsfähige Arbeitsplätze bereitzustellen.

Beispiel Herr Stein sitzt mit seiner Tochter abends vor dem Fernseher. „Siehst du? Jetzt wird sogar unsere Regierung aktiv. Jetzt wird der Druck auf all diejenigen erhöht, die immer nur Arbeitslosengeld kassieren, sich aber nicht richtig um einen neuen Job kümmern." „Aber Papa, du hast doch selbst gesagt, dass es gar nicht genügend Jobs in Deutschland gibt. Da kann man den Druck doch nicht immer weiter erhöhen. Es gibt einfach nicht genügend Arbeit." „Na ja, Arbeit gibt es in Deutschland genügend, aber die Unternehmen müssen Anreize erhalten, damit es sich für sie wieder lohnt, Leute einzustellen."

Die gesetzliche Grundlage für die Umsetzung der in der **Agenda 2010** genannten Ziele wurde durch entsprechende Formulierung des Sozialgesetzbuchs geschaffen, die der Öffentlichkeit als „Hartz-Reform" bekannt geworden ist. Die dazu eingesetzte Expertenkommission entwickelte Vorschläge zur Reform des Arbeitsmarkts, die in der Zeit vom 1. Januar 2003 bis zum 1. Januar 2005 in vier Phasen als „Hartz I" bis „Hartz IV" umgesetzt wurden.

▲ Hartz-I-Gesetz

Zum 1. Januar 2003 trat das „Erste Gesetz für moderne Dienstleistungen am Arbeitsmarkt" in Kraft. Es diente als Startpunkt einer Reihe wichtiger arbeitsmarktpolitischer Schritte, die vor allen Dingen zum Abbau der Langzeitarbeitslosigkeit führen sollten.

Durch dieses Gesetz wird die Einrichtung von **Personal-Service-Agenturen (PSA)** geregelt. Ziel von Personal-Service-Agenturen ist es, möglichst schnell und unkompliziert neue Stellen an Arbeitslose zu vermitteln. Personal-Service-Agenturen schließen mit der Arbeitsagentur einen Vertrag, in welchem sie sich verpflichten, Arbeitslose einzustellen, die nur schwer zu vermitteln sind. Diese Arbeitslosen werden dann von Personal-Service-Agenturen in verschiedene Tätigkeiten in unterschiedliche Unternehmen vermittelt.

▲ Hartz-II-Gesetz

Gemeinsam mit dem Hartz-I-Gesetz trat am 1. Januar 2003 auch das „Zweite Gesetz für moderne Dienstleistungen am Arbeitsmarkt" in Kraft und diente vor allen Dingen der Schaffung von Anreizen für den **Start in die Selbstständigkeit**.

Gründerzuschuss

Das Überbrückungsgeld für Existenzgründer sowie der Existenzgründerzuschuss, der früher unter der Bezeichnung „Ich-AG" bekannt war, wurde nach dem 1. August 2006 vom **„Gründungszuschuss"** abgelöst. Hierbei werden nur Personen unterstützt, die auch wirklich arbeitslos sind (d.h. gemeldet bei Bundesagentur für Arbeit). Ferner muss die Tätigkeit, für die Gründungszuschuss beantragt wird, auch wirklich selbstständig und hauptberuflich sein. Auch der Nachweis einer fachlichen Eignung wird verlangt. Der Grund für die verschärften Regelungen liegt darin, dass bei den früheren Ich-AGs rund 20% bis 30% aller neu gegründeten Unternehmen schon bald gescheitert sind. Eine Förderung ist ausgeschlossen, wenn man schon früher Fördermittel (z.B. im Rahmen der Ich-AG) bekommen hat und noch keine zwei Jahre nach Auslaufen der Förderung vergangen sind. Informationen zum Gründungszuschuss finden Sie auf der Seite der Arbeitsagentur unter https://www.arbeitsagentur.de/existenzgruendung-gruendungszuschuss.

Für einen Zeitraum von neun Monaten erhalten Förderungskandidaten zusätzlich zum Arbeitslosengeld eine Pauschale von 300,00 €. Nach Ablauf der neun Monate wird für einen Zeitraum von weiteren sechs Monaten im Ermessen der Agentur für Arbeit nur noch der Zuschuss von 300,00 € gezahlt. Die Förderhöchstdauer beträgt also 9 + 6 = 15 Monate.

Mini-Jobs

Tätigkeiten mit geringfügiger Beschäftigung bieten Unternehmen, die auf den flexiblen Einsatz von Arbeitskräften oder auf die Beschäftigung von Aushilfskräften angewiesen sind, die Möglichkeit, ihren Arbeitskräftebedarf zu decken. Das betrifft insbesondere den Hotel- und Gaststättenbereich oder die Landwirtschaft. Die Einkommensgrenze für Mini-Jobs liegt ab dem 1. Januar 2013 bei 450,00 €. Arbeitnehmer, die bis zu 450,00 € verdienen, müssen weder Steuern noch Sozialabgaben bezahlen. Sie verdienen also brutto für netto. **Bei einem Verdienst ab 451,00 € bis 850,00 € spricht man von „Midi-Jobs".** Mini-Jobs sind auch als Zweitbeschäftigung möglich. Arbeitgeber bezahlen für Mini-Jobber eine Pauschalabgabe, wodurch sowohl die gesetzliche Sozialversicherung als auch ein geringer Beitrag an die Lohnsteuer abgegolten sind.

Hartz-III-Gesetz

Das „Dritte Gesetz für moderne Dienstleistungen am Arbeitsmarkt" kümmert sich vor allen Dingen um die Schaffung der Voraussetzungen zur Umstrukturierung der Arbeitsverwaltung und -förderung und trat am 1. Januar 2004 in Kraft.

Beim **Umbau der Bundesagentur für Arbeit** geht es um den Grundgedanken, dass es wichtiger sei, Stellen an Arbeitssuchende zu **vermitteln** als Arbeitslose zu **verwalten.** Transparente Arbeitsabläufe und ein ständiger Informationsaustausch auf allen Ebenen der Bundesagentur für Arbeit sollen für eine verbesserte Dienstleistung sorgen. Arbeitsergebnisse werden laufend verglichen und weiterentwickelt. Das Wissen der Vermittler vor Ort soll besser genutzt werden, um die Qualität der Vermittlung zu verbessern. Indem die Arbeitsagenturen in den Städten mehr Eigenverantwortung bekommen, sollen sie besser auf die Bedürfnisse der Arbeitslosen reagieren können. Bürokratie soll abgebaut werden.

Hartz-IV-Gesetz

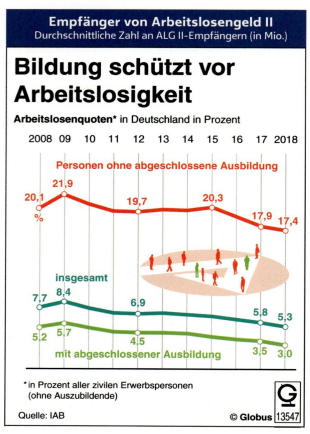

In der Öffentlichkeit besonders heftig umstritten ist das zum 1. Januar 2005 in Kraft getretene „Vierte Gesetz für moderne Dienstleistungen am Arbeitsmarkt", das sowohl eine **Kürzung der Leistungen** aus der Arbeitslosenversicherung als auch eine **Erhöhung des Drucks** auf Arbeitssuchende zum Gegenstand hat.

Dieses Gesetz regelt die **Zusammenführung von Arbeitslosenhilfe und Sozialhilfe** zum „Arbeitslosengeld II" (eigentlich „Grundsicherung für Arbeitssuchende" genannt). Dabei wird die Dauer der Zahlung von Arbeitslosengeld ab dem 1. Januar 2006 erheblich reduziert. Somit wird Arbeitslosengeld bei einer Beschäftigungsdauer von zwölf Monaten nur noch für einen Zeitraum von maximal sechs Monaten gezahlt. Bei einer Beschäftigungszeit von 24 Monaten beträgt der Zeitraum der Zahlung von Arbeitslosengeld **zwölf Monate**. Wer danach keinen Anspruch mehr auf Arbeitslosengeld hat und sich nicht in einem Beschäftigungsverhältnis befindet, erhält von der Bundesagentur für Arbeit Arbeitslosenhilfe (Arbeitslosengeld II). Träger von Arbeitslosengeld II sind folglich die Agenturen für Arbeit in Zusammenarbeit mit den Kommunen. Mitarbeiter der Agentur für Arbeit und der Kommunen werden in sogenannten **„ARGEn"** (Arbeitsgemeinschaften oder Jobcenter) zusammengelegt, um die Integration in den Arbeitsmarkt zu gewährleisten. Durch das Hartz-IV-Gesetz wird die Arbeitslosenhilfe mit der Sozialhilfe, die von Kreisen und Kommunen gezahlt wird, zum Arbeitslosengeld II zusammengeführt. Das Arbeitslosengeld II wird jedoch aus der Arbeitslosenversicherung bezahlt. Auf diese Weise wird die Anzahl der Sozialhilfeempfänger erheblich reduziert. Da die Finanzierung der Sozialhilfe durch die Kreise und Kommunen erfolgt, werden diese finanziell entlastet.

In Fällen, in denen Hartz-IV-Empfänger dringende Anschaffungen tätigen müssen, die den Spielraum des Regelsatzes überschreiten, gewähren die Jobcenter der Arbeitsagentur zinslose Darlehen, mit denen die Hartz-IV-Empfänger diese Gegenstände (z.B. Kühlschrank, Kleidung usw.) kaufen können. Die Darlehen können dann mit höchstens 10% der Hartz-IV-Regelleistung pro Monat abbezahlt werden.

Es werden folgende **Hartz-IV-Regelsätze** gezahlt (2019):

- Alleinstehende/Alleinerziehende: 424,00 €,
- Paare je Partner/Bedarfsgemeinschaften: 382,00 €,
- nichterwerbstätige Erwachsene unter 25 Jahre im Haushalt der Eltern: 339,00 €,
- Jugendliche von 14 bis unter 18 Jahren: 322,00 €,
- Kinder von 6 bis unter 14 Jahren: 302,00 €,
- Kinder bis 6 Jahre: 245,00.

▲ Finanzielle Hilfen

In bestimmten Situationen (z.B. Wirtschaftskrise) greift die Bundesagentur für Arbeit mit finanziellen Hilfen unterstützend ein, um drohende Arbeitslosigkeit zu verhindern.

▲ Kurzarbeitergeld

Wenn infolge einer Wirtschaftskrise die **betriebsübliche Arbeitszeit** aufgrund mangelnder Aufträge nicht mehr durch Abbau von Überstunden aufgefangen werden kann und folglich **verkürzt** wird, kann ein Betrieb Kurzarbeitergeld beantragen. Anträge werden an die Bundesagentur für Arbeit gerichtet. Um Kurzarbeitergeld zu erhalten, müssen verschiedene Voraussetzungen erfüllt sein:

- Die Verkürzung der Arbeit muss aufgrund einer Wirtschaftskrise erfolgen,
- Für ein Drittel der gesamten Belegschaft (Azubis werden nicht mitgezählt) muss das Arbeitsentgelt aufgrund von Kurzarbeit um mindestens 10% gesunken sein.

In diesem Fall erhalten Arbeitnehmer ohne Kind 60% und Arbeitnehmer mit Kind 67% von der Nettoentgelt-Differenz.

	Bruttoentgelt vor der Kurzarbeit
−	Bruttoentgelt nach der Kurzarbeit
	Entgeltdifferenz
davon	Leistungssatz (60 % ohne Kind, 67 % mit Kind)
=	**Nettoentgeltdifferenz**

▲ Insolvenzgeld

Insolvenzgeld wird **für maximal drei Monate** an Arbeitnehmer gezahlt, wenn die **Betriebstätigkeit auf Dauer eingestellt** worden ist. Hierfür dient die Gewerbeabmeldung als Nachweis. In diesen Fällen zahlt nicht mehr der Betrieb den Lohn, sondern die Bundesagentur für Arbeit. Dort erhält man auch Anträge auf Insolvenzgeld. Zum Zeitpunkt der Beendigung der Betriebstätigkeit verschafft sich die Agentur für Arbeit einen Überblick über die Vermögensverhältnisse des Inhabers, um festzustellen, wie hoch die Deckung für die Zahlung von Insolvenzgeld ist. Ansonsten wird das Insolvenzgeld durch eine Umlage in Höhe von 0,41% des Arbeitsentgeltes durch den Arbeitgeber finanziert. Bei der Höhe des zu zahlenden Insolvenzgeldes wird das Arbeitsentgelt während der letzten drei Monate

Die Arbeitsmarktpolitik

vor Eröffnung des Insolvenzverfahrens gezahlt. Neben dem Insolvenzgeld kann ein in diese Situation geratener Arbeitnehmer aber auch Arbeitslosengeld beantragen.

▲ Arbeitslosengeld

Arbeitslosengeld dient als **Unterstützungszahlung für arbeitslos gewordene Arbeitnehmer.** Seit Einführung der Arbeitsmarktreformen im Jahre 2005 unterscheidet man in Deutschland zwischen Arbeitslosengeld I und Arbeitslosengeld II (auch Hartz IV genannt). Um Arbeitslosengeld (ALG I) beziehen zu können, müssen verschiedene Voraussetzungen erfüllt sein:

- Man muss arbeitslos sein.
- Man muss die Anwartschaftszeit erfüllt haben (d. h., man muss in den letzten zwei Jahren vor der Arbeitslosmeldung und dem Beginn der Arbeitslosigkeit mindestens zwölf Monate versicherungspflichtig gearbeitet haben).
- Man muss sich persönlich arbeitslos gemeldet haben.

Berechnung von Arbeitslosengeld I:

	Bruttoentgelt
–	Beiträge zur Sozialversicherung (pauschal 21 %)
–	Lohnsteuer
–	Solidaritätszuschlag
=	**Nettoentgelt**
davon	Leistungssatz (60 % ohne Kind, 67 % mit Kind)
=	**Arbeitslosengeld I**

Maßnahmen der Arbeitsmarktpolitik

- **Arbeitsmarktreform**
  AGENDA 2010
    - Verkürzung der Bezugsdauer des Arbeitslosengeldes
    - Streichung von Arbeitsbeschaffungsmaßnahmen
    - Streichung der Arbeitslosenhilfe
    - Senkung des Sozialhilfesatzes
    - Streichung von Weiterbildungsmaßnahmen für Arbeitslose

- **„Hartz"-Gesetze**
    - **Hartz I:**
      Einrichtung von Personal-Service-Agenturen (PSA)
    - **Hartz II:**
      Gründerzuschuss für Ein-Personen-Unternehmen (Ich-AG)
      Mini-Jobs (Einkommensgrenze 450,00 €)
    - **Hartz III:**
      Umbau der Bundesagentur für Arbeit (Bürokratieabbau)
    - **Hartz IV:**
      Zusammenlegung von Arbeitslosenhilfe und Sozialhilfe

- **Finanzielle Hilfen**
    - **Kurzarbeitergeld:** Wenn aufgrund einer Wirtschaftskrise in einem Betrieb Kurzarbeit angeordnet wird, kann die Bundesagentur für Arbeit den Einkommensverlust der Belegschaft durch Kurzarbeitergeld auffangen.
    - **Insolvenzgeld** wird für maximal drei Monate an Arbeitnehmer gezahlt, wenn die Betriebstätigkeit auf Dauer eingestellt worden ist.
    - Arbeitslos gewordene Arbeitnehmer haben in Deutschland für einen bestimmten Zeitraum Anspruch auf **Arbeitslosengeld I**.

1. Recherchieren Sie im Internet über Inhalte und Konsequenzen der Arbeitsmarktreform („Hartz"-Gesetze) und bereiten Sie die Informationen in einem Bericht auf, welcher der Klasse softwaregestützt präsentiert werden kann.

2. Die Änderungen der Hartz-Reformen gingen auf Kosten versicherungspflichtiger Normalarbeitsverhältnisse, schreibt der Wirtschaftsprofessor Hartmut Seifert. Die Reformen förderten den Umbau des Arbeitsmarktes hin zu sozial geringer gesicherten Beschäftigungsformen. Nicht wenige Wirtschaftsexperten sehen in den Gesetzen zur Hartz-Reform den Anfang vom Ende des Sozialstaates.
Diskutieren Sie diese Thesen und entwickeln Sie eigene Standpunkte.

3. Befürworter der Hartz-Reformen vertreten die Auffassung, dass durch eine Erhöhung des Drucks auf Arbeitslose eine Verminderung von Langzeitarbeitslosigkeit möglich wäre. Andererseits hält man ihnen entgegen, dass durch Reform-Ansätze wie „Ein-Euro-Jobs" sozialversicherungspflichtige Vollzeitarbeitsverhältnisse abgebaut würden. Nehmen Sie Stellung und entwickeln Sie einen eigenen Standpunkt.

4. Beschreiben Sie die wesentlichen Inhalte des Hartz-IV-Gesetzes und stellen Sie die wichtigsten Inhalte in einer Übersicht dar. Recherchieren Sie dazu auch im Internet.

5. Berechnen Sie das Kurzarbeitergeld für folgenden Fall: Herr Meyer (verheiratet, 1 Kind) hat vor Beginn der Kurzarbeit bei einer 40-Stunden-Woche ein Brutto-Entgelt von 2 000,00 €. Nach Beginn der Kurzarbeit arbeitet er nur noch 30 Stunden pro Woche, es liegt also eine Verringerung der Wochenarbeitszeit um 25 % vor.

6. Berechnen Sie das Arbeitslosengeld für Herrn Schaub (verheiratet, 1 Kind): Bruttoentgelt 2 200,00 €, Lohnsteuer 10,5 % vom Bruttoentgelt (Solidaritätszuschlag 5,5 %).

6.5 Lohnfindung

Caroline Stein und ihre Klasse sehen im Berufsschulunterricht einen Bericht über Tarifverhandlungen im Industriebereich. „Na, das wird ja auch meinen Vater interessieren", sagt sie zu ihrer Klassenkameradin Stefanie. Diese fragt nach: „Ob dein Vater wohl so einfach bereit ist, höhere Löhne zu bezahlen?" „Ich weiß nicht, aber er sagt immer, er sei bereit, gut zu bezahlen, wenn auch die Produktivität stimmt", antwortet Caroline. „Aber da sind doch Ursache und Wirkung vertauscht, findest du nicht?" „Wie meinst du denn das?" Stefanie: „Na, wenn gute Löhne gezahlt werden, steigt doch automatisch die Produktivität – und nicht umgekehrt." „Also, das erzähl mal meinem Vater. Das sieht der eigentlich genau andersherum."

- Diskutieren Sie das Recht der Tarifpartner, Löhne und Gehälter autonom zu verhandeln.
- Diskutieren Sie, von welcher Grundstimmung in den Unternehmen es abhängig sein mag, wenn die Beschäftigungsentwicklung nicht erfreulich ist.
- Entwickeln Sie Vorschläge, wie der Staat reagieren kann, um positiv auf die Situation auf dem Arbeitsmarkt einzuwirken.

▲ Tarifverträge

Nur in der Minderzahl der Fälle werden in Deutschland Löhne zwischen Arbeitgebern und Arbeitnehmern frei ausgehandelt. Im Konzept des klassischen Liberalismus ist es vorgesehen, dass Löhne aufgrund des freien Spiels von Angebot und Nachfrage zwischen Arbeitnehmer und Arbeitgeber **indivduell ausgehandelt** werden. Weil dies in Deutschland zwar **möglich,** jedoch nicht im großen Stil **üblich** ist, kann nur bedingt von einem „Markt" gesprochen werden. Die freie Aushandlung von Gehältern ist nur im Bereich gut verdienender und hoch qualifizierter Arbeitnehmer anzutreffen.

Beispiel Bei der Schenk AG bewirbt sich der Diplom-Kaufmann Klaus Schmidt um eine Stelle als Leiter der Abteilung Personalentwicklung. Die Abteilung ist als Stabsstelle dem Vorstand zugeordnet und ist in der Hierarchie des Unternehmens hoch angesiedelt. Weil man sehr daran interessiert ist, dass Herr Schmidt die Stelle antritt, einigt man sich im Vorstellungsgespräch darauf, dass er zusätzlich zu seiner tariflichen Vergütung noch einen außertariflichen Zuschlag in Höhe von 10 % auf das Tarifgehalt bekommt.

Eine freie Aushandlung des Lohns ist für breite Kreise von Arbeitnehmern unüblich und wird in Deutschland bislang zumindest **von Gewerkschaftsseite** als **kaum praktikabel** angesehen. Sie befürchten, dass es in diesem Fall zu Lohndumping kommen kann, wenn die Verhandlungsposition der Arbeitnehmer in konjunkturell schwierigen Situationen schlechter als diejenige der Arbeitgeberseite ist. Vielmehr handeln Arbeitgeberverbände und Arbeitnehmervertretungen (d. h. Gewerkschaften) **Flächentarifverträge** aus, die für die Mitglieder des Tarifvertrages in den jeweiligen Regionen (z. B. Bundesländern) verbindlich einzuhalten sind. Weil einzelne Unternehmen (z. B. mittelständische Unternehmen) jedoch aus Kostengründen nicht immer ausreichend dazu in der Lage sind, die bisweilen hohen Tariflöhne zu bezahlen, fordern deren Vertreter in den Berufsverbänden eine Abkehr von Flächentarifverträgen hin zu betriebsindividuellen Vereinbarungen (auch **„Haustarifverträge"** genannt) zwischen dem einzelnen Arbeitgeber und dem Betriebsrat Weil der Erhalt von Flächentarifverträgen jedoch grundlegendes Interesse starker Gewerkschaften ist, sträuben sie sich gegen deren Abschaffung.

So unterschiedlich die Auffassungen der Tarifparteien auch sein mögen, sie haben das im Art. 9 GG verbriefte Recht, Tarifverträge autonom (= eigenständig) auszuhandeln. Aus diesem Grund spricht man auch von **Tarifautonomie.** Das bedeutet, dass die Tarifpartner, auch Sozialpartner genannt, Tarifverträge ohne Eingriffe von dritter Seite (z. B. der Regierung) **selbstständig** aushandeln und **abschließen.** Der wohl wichtigste Grund für dieses Recht liegt darin, dass die Höhe von Löhnen breiter Bevölkerungsmassen nicht dem politischen Willen unterliegen dürfen. Sollten nämlich politische Krisen bis in die Aushandlung von Löhnen und Gehältern hineinwirken, so wären breite Arbeitnehmerkreise im schlimmsten Fall politischer Willkür ausgesetzt. Insofern handelt es sich bei der Tarifautonomie um ein ausgesprochen demokratisches Recht, das der Gefahr politischen Missbrauchs vorbeugen soll. So ist es zwar vor anstehenden Tarifverhandlungen häufig der Fall, dass Politiker Empfehlungen über die ihrer Meinung nach anzustrebende Lohnpolitik aussprechen, doch sind die Tarifpartner nicht an diese Empfehlungen gebunden. Diese Tarifpartner können auf der Arbeitgeberseite einzelne Arbeitgeber und/oder **Arbeitgeberverbände** und auf der Arbeitnehmerseite nur die **Gewerkschaften** (z. B. ver.di, IG Metall) sein.

Weil viele Betriebe auf die Beschäftigung von **Leiharbeitnehmern** setzen, schwindet die Bindung an Tarifverträge. Da Leiharbeitnehmer jedoch häufig zu Löhnen arbeiten, die weit unterhalb von Tariflöhnen liegen, wachsen deren finanzielle Probleme.

Bereits heute gibt es auch einen großen **Niedriglohnsektor,** der es Arbeitnehmern sehr erschwert, von ihrem Einkommen zu leben. Aus diesem Grund gibt es eine intensive politische Diskussion um Geltung und Höhe des **gesetzlichen Mindestlohns.** Dieser beträgt aktuell 9,19 € (2019) bzw. 9,35 € (2020).

So einleuchtend der Mindestlohn sozialpolitisch auch sein mag, so gibt es aus den Reihen bürgerlich-konservativer Politiker auch Widerstand. Sie verweisen darauf, dass gesetzliche Mindestlöhne nicht mit den Wesenszügen einer sozialen Marktwirtschaft vereinbar sind und einen planwirtschaftlichen Charakter haben. Sie fordern, dass Löhne an den Marktgegebenheiten orientiert sein müssen und nicht staatlichem Zwang unterliegen dürfen.

Lohnfindung

Tarifvertrag für den Groß- und Außenhandel (2020)	
Unterste Gehaltsgruppe	2026,00 – 2475,00
Einstieg nach Ausbildung	2262,00 – 2850,00
Höchste Gehaltsgruppe	4242,00 – 5116,00
Ausbildungsvergütung 1. Jahr 2. Jahr 3. Jahr	1001,00 1081,00 1154,00

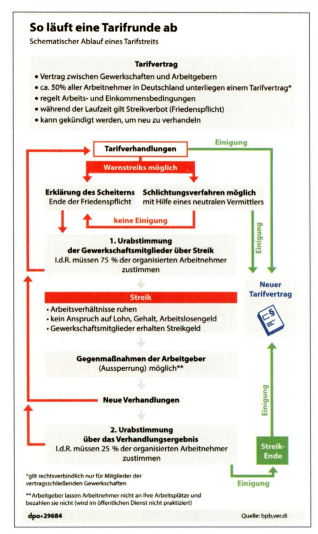

Grundsätzlich streben Gewerkschaften einen Abschluss höherer Vergütungen an, während Arbeitgeberverbände dies aus Furcht vor einem Anstieg der Personalkosten ablehnen. Somit hängt die vereinbarte Lohnhöhe also vom Verhandlungsgeschick der Tarifpartner und von der Kraft ihrer Argumente mit Blick auf die jeweils vorherrschende volkswirtschaftliche Situation ab.

An die **Normen des Tarifvertrages** sind nur **die organisierten Mitglieder** der vertragsschließenden Parteien gebunden, also nur die Arbeitgeber, die dem entsprechenden Arbeitgeberverband angehören oder selbst Vertragspartner sind, sowie Arbeitnehmer, die einer der vertragsschließenden Gewerkschaften angehören. Es gibt allerdings auch Unternehmen, die wesentlich bessere Bedingungen bieten, als es der übliche Tarifvertrag vermag (z. B. Volkswagen AG). In solchen Großunternehmen werden Haustarifverträge als Exklusiv-Tarifverträge verstanden, bei denen die Mitarbeiter des Konzerns besser verdienen als andere Arbeitnehmer der gleichen Branche.

Unter bestimmten Voraussetzungen kann der Bundeswirtschaftsminister einen Tarifvertrag für **allgemein verbindlich** erklären, wenn die Spitzenverbände der Tarifparteien dies beantragen. Dann gilt dieser Tarifvertrag auch für die nicht organisierten Arbeitgeber und Arbeitnehmer. Alle Tarifverträge werden in einem öffentlichen Tarifregister eingetragen.

▲ Produktivitätsorientierte Lohnpolitik

Das von der Arbeitgeberseite angestrebte Konzept einer produktivitätsorientierten Lohnpolitik sieht einen Anstieg der Durchschnittslöhne in einem Ausmaß vor, das dem Anstieg der **gesamtwirtschaftlichen Arbeitsproduktivität** entspricht. Der wichtigste Grund für diese Forderung von der Arbeitgeberseite mag darin liegen, dass Lohnsätze, die stärker steigen als die Arbeitsproduktivität zu allgemeinen Preissteigerungen (= Inflationsgefahr steigt) führen werden, sofern die Unternehmen an der bisherigen Gewinnquote festhalten.

Da Unternehmen im Hinblick auf künftige Investitionen nicht auf ihre Gewinnquote verzichten wollen, sehen sie sich gezwungen, auf die Kopplung der Lohnentwicklung an die Entwicklung der Arbeitsproduktivität einzugehen. Übersteigt die Lohnentwicklung die Entwicklung der Arbeitsproduktivität, besteht die Gefahr des Einstiegs in die **Lohn-Preis-Spirale.**

Folgen einer Lohn-Preis-Spirale
– Weil Lohnsätze zu stark steigen, steigen auch die Preise stark.
– Weil Preise stark gestiegen sind, müssen auch die Lohnsätze angehoben werden.
– Weil die Lohnsätze jedoch wiederum stark gestiegen sind, steigen auch die Preise erneut (aufgrund des dadurch verursachten Anstiegs der Personalkosten).
– Steigen die Lohnsätze um den gleichen Prozentsatz wie die Arbeitsproduktivität, so bleibt das Preisniveau konstant, wenn die Gewinnquote (und somit auch die Lohnquote) beibehalten wird.
– Steigen die Lohnsätze um einen höheren Prozentsatz als die Arbeitsproduktivität, so steigt das Preisniveau, wenn die Gewinnquote (und somit auch die Lohnquote) beibehalten wird.

$$\text{Lohnquote (in Prozent)} = \frac{\text{Lohnsumme}}{\text{Volkseinkommen}} \cdot 100$$

$$\text{Gewinnquote (in Prozent)} = \frac{\text{Gewinnsumme}}{\text{Volkseinkommen}} \cdot 100$$

$$\text{Arbeitsproduktivität} = \frac{\text{Produktionsmenge}}{\text{Arbeitsstunden}}$$

$$\text{Preisniveau} = \frac{\text{Lohnsatz}}{\text{Arbeitsproduktivität} \cdot \text{Lohnquote}}$$

Damit es bei produktivitätsorientierter Lohnpolitik nicht zu einem Anstieg des Preisniveaus kommt, ist es wichtig, dass die **Lohnquote** und die **Gewinnquote** gleich bleiben. Nur wenn die Lohnquote praktisch „zementiert" ist, geht die von der Arbeitgeberseite geforderte **produktivitätsorientierte Lohnpolitik** auf.

Grundsätzlich wird bei der Forderung nach einer an der Arbeitsproduktivität orientierten Lohnpolitik vor allen Dingen auf die Entwicklung der Lohnkosten geachtet, während andere Bestimmungsfaktoren der gesamtwirtschaftlichen Kosten, wie z. B. Zinsen, Abschreibungen, Steuern und schwankende Kapazitätsauslastung, außer Acht gelassen werden. Aus diesem Grund fordert beispielsweise der Sachverständigenrat seit Langem eine **„kostenniveauneutrale Lohnpolitik"**. Dies beinhaltet die Forderung, dass die Tarifpartner bei der Verhandlung von Lohnsätzen alle gesamtwirtschaftlichen Kosten berücksichtigen sollen. Natürlich werden die derzeitigen Verhandlungen alle unter dem Eindruck der Weltwirtschaftskrise geführt.

Entwicklung der bereinigten Lohnquote in %	
2000	72,6
2010	68,1
2012	69,0
2014	69,0
2015	68,8
2016	69,0
2017	69,0

▲ Expansive Lohnpolitik

Gewerkschaften verfolgen aus der Natur ihrer Sache hingegen eine Lohnpolitik, die sich an der Möglichkeit zu inländischer Konsumgüternachfrage orientiert. Sie empfinden es als volkswirtschaftlich schädlich, dass das Volkseinkommen so ungleich verteilt ist. Sie bevorzugen es, wenn die **Lohnquote stark steigt** und die Gewinnquote folglich sinkt, damit das Volkseinkommen stärker auf die Bezieher niedrigerer Einkommen verteilt wird. Diese Auffassung untermauern sie nachdrücklich mit dem Hinweis auf die Notwendigkeit gesellschaftlicher Stabilität in einer Demokratie. Aus diesem Grund betreiben Gewerkschaften eine Lohnpolitik, die mitunter aufgrund ihrer Lohnforderungen von der Arbeitgeberseite als überzogen bezeichnet wird. Gewerkschaften sind tendenziell bestrebt, Lohnerhöhungen durchzusetzen, die deutlich über dem Zuwachs der Arbeitsproduktivität liegt. Häufig geht die **expansive Lohnpolitik** sogar noch darüber hinaus, indem Gewerkschaften eine Erhöhung der Lohnsätze fordern, die über dem Anstieg der Arbeitsproduktivität und auch dem Anstieg des Preisniveaus liegt.

Leider ist diese Forderung häufig nur **kurzfristig** wirksam. Selbst wenn Gewerkschaften so hohe Lohnforderungen durchsetzen könnten, so hätten sie nur für kurze Zeit eine „Verbesserung" der Lohnquote erzielt, denn über kurz oder lang würden Unternehmen die so stark gestiegenen Lohnkosten über eine entsprechende Anhebung der Preise kompensieren. Dadurch jedoch käme es aller Wahrscheinlichkeit nach zu einem Rückgang der gesamtwirtschaftlichen Nachfrage und in deren Folge zu einem Rückgang der Beschäftigung.

Wenn die Beschäftigung dann stärker gesunken wäre als der Anstieg der Lohnsätze, so wäre die Lohnquote sogar mittelfristig **gesunken**.

Beispiel Im Jahre 2010 wird eine Lohnquote von 68,1 % (Lohnsatzniveau = 100 %) gemessen. Wenn bei derzeit rund 2,95 Millionen Arbeitslosen aufgrund expansiver Lohnpolitik eine Erhöhung der durchschnitt-

Die Arbeitsmarktpolitik

lichen Lohnsätze um 5 % erreicht würde, während aufgrund gestiegener Arbeitskosten die Arbeitslosenzahl auf 3,15 Millionen steigen würde, so käme es zu einem Rückgang der Lohnquote auf 66,97 %.

$$\text{Lohnquote (Folgejahr) in Prozent} = \frac{68{,}1 \cdot 2{,}95 \cdot 105}{3{,}15 \cdot 100} = 66{,}97\%$$

Beispiel Expansive Lohnpolitik hätte in diesem Fall eine negative Wirkung erzielt. So verständlich der Wunsch nach stark steigenden Lohnsätzen auch sein mag, so muss man doch einsehen, dass Unternehmen in diesem Fall aufgrund ihrer Möglichkeit, die Preise entsprechend anzuheben, eine größere **Machtposition** bei der Verteilung des Volkseinkommens haben.

Lohnfindung

- **Tarifverträge**
  - In Deutschland werden Löhne und Gehälter überwiegend in Form von Tarifverträgen ausgehandelt, die üblicherweise in ganzen Branchen gültig sind (**Flächentarifverträge**).
  - Arbeitgebervertreter befürworten verstärkt die Einführung von Haustarifverträgen.
  - Tarifpartner handeln Tarifverträge unbeeinflusst von der Politik aus (**Tarifautonomie**).
  - Wenn die Spitzenverbände der Tarifpartner es verlangen, kann der Bundeswirtschaftsminister einen Tarifvertrag **für allgemein verbindlich erklären,** sodass er für alle Unternehmen gilt (auch für die nicht im betreffenden Arbeitgeberverband organisierten). Ansonsten gilt ein Tarifvertrag nur für die Unternehmen, die organisiert sind.

$$\text{Lohnquote (in Prozent)} = \frac{\text{Lohnsumme}}{\text{Volkseinkommen}} \cdot 100$$

- **Produktivitätsorientierte Lohnpolitik**
  - Löhne sollen so stark steigen wie die gesamtwirtschaftliche Arbeitsproduktivität. Ein stärkerer Anstieg verstärkt die Inflationsgefahr.
  - Bei gleichmäßigem Anstieg von Lohnsätzen und Arbeitsproduktivität bleibt die Inflationsrate konstant, sofern die Gewinnquote nicht gesenkt wird.
  - Tatsächlich ist in den vergangenen Jahren die Lohnquote leicht gesunken, während die Gewinnquote gestiegen ist.
  - Der Sachverständigenrat fordert daher eine „kostenniveauneutrale" Lohnpolitik. Der Anstieg der Löhne soll sich am Anstieg des gesamtwirtschaftlichen Kostenniveaus orientieren.

- **Expansive Lohnpolitik**
  - Gewerkschaften verfolgen expansive Lohnpolitik, die über den Anstieg der Arbeitsproduktivität und der Inflationsrate hinausgeht.
  - Sie fordern eine verbesserte Verteilung des Volkseinkommens auf die Bezieher niedrigerer Einkommen, um die gesamtwirtschaftliche Nachfrage zu steigern.
  - Expansive Lohnpolitik kann jedoch nur kurzfristig funktionieren, weil Unternehmen langfristig die stark gestiegenen Kosten auf ihre Preisgestaltung umwälzen würden. Folglich käme es zu einer Lohn-Preis-Spirale.

---

1 Diskutieren Sie die Eignung von „Flächentarifverträgen" bzw. „Haustarifverträgen". Sammeln Sie Argumente, die aus gewerkschaftlicher Sicht eher für den Erhalt von Flächentarifverträgen sprechen, und andererseits Argumente, die aus der Sicht von Arbeitgeberverbänden für lohnflexible „Haustarifverträge" sprechen würden. Stellen Sie die Argumente softwaregestützt gegenüber.

2 Beschreiben Sie die Folgen einer Lohn-Preis-Spirale. Setzen Sie den möglichen Folgen einer Lohn-Preis-Spirale das gewerkschaftliche Argument einer Preis-Lohn-Spirale entgegen.

3 Setzen Sie sich vor dem Hintergrund des internationalen Wettbewerbs kritisch mit der Forderung nach expansiver Lohnpolitik auseinander.

4 Recherchieren Sie im Internet über aktuelle Tarifverhandlungen und die Verhandlungsforderungen der Tarifparteien. Ordnen Sie die jeweiligen Tariflohnforderungen den betreffenden Branchen zu. Recherchieren Sie anschließend im Internet, wie die wirtschaftliche Situation in diesen Branchen für die Zukunft eingeschätzt wird.

5 Wie ist es zu beurteilen, dass im Zuge der produktivitätsorientierten Lohnpolitik die Lohnquote in den vergangenen Jahren gesunken ist, während andererseits die Gewinnquote gestiegen ist?

6.6 Wirkungen und Probleme der Arbeitsmarktpolitik

„Findest du auch, dass du nicht genügend ‚reif' für den Arbeitsmarkt bist?", fragt Caroline ihre Klassenkameradin Stefanie, nachdem die Klasse im Unterricht ein Video über die mutmaßlich fehlende Eignung Jugendlicher für das Ausbildungs- und Berufsleben gesehen hat. „Ich weiß nicht", antwortet diese, „manchmal kommt mir das wie eine Schutzbehauptung der Unternehmer vor, die nur einen Schuldigen finden müssen, warum sie keine Leute einstellen." „Andererseits sagt auch mein Vater oft, dass die jungen Leute keine ausreichende Eignung für das Berufsleben haben." „Aber dafür macht man doch eine Ausbildung. Wie kann man schon genügend geeignet für das Berufsleben sein, wenn man noch gar nicht drinsteckt?" Caroline stutzt. „Vielleicht meinen die Unternehmen, die sich darüber beschweren, ja auch gar nicht uns ..."

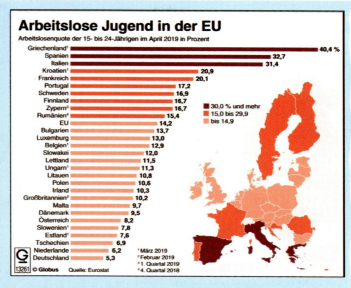

- Beschreiben Sie mögliche Gründe, aus denen es zu einem Unterschied zwischen der offiziellen Arbeitslosenquote und der tatsächlichen Arbeitslosenquote in Europa kommt.
- Diskutieren Sie den Standpunkt der Unternehmen, die Jugend sei nicht hinreichend ausbildungsreif und könne deshalb nicht in gewünschtem Umfang in Ausbildungsverhältnisse übernommen werden.

▲ Auswirkungen der Arbeitsmarktpolitik

Durch die **Zusammenlegung von Arbeitslosenhilfe und Sozialhilfe** kam es zum Jahresbeginn 2005 in Deutschland zu einem Anstieg der Arbeitslosenzahlen. Zum ersten Mal seit dem Zweiten Weltkrieg überstieg die Zahl der Arbeitslosen die Fünf-Millionen-Grenze. Auch Monate später blieb die Lage auf dem deutschen Arbeitsmarkt extrem angespannt. Erst seit 2006 kam es zu einem – zunächst leichten – Rückgang der Arbeitslosenzahlen, der sich auch zum Jahresbeginn 2007 fortsetzte. In Verbindung mit einem seit 2006 anhaltenden **konjunkturellen Aufschwung** entwickelten sich zum ersten Mal seit Jahren auch die Zahlen auf dem Arbeitsmarkt eine positive Richtung. So konnte zu Jahresbeginn die Vier-Millionen-Marke unterschritten werden, und auch in den Folgemonaten hielt diese Entwicklung weiter an. Die durchaus positive Entwicklung der Arbeitslosenzahlen in Deutschland mit rund 3 Millionen 2007 wurde durch den Ausbruch der **Finanzkrise** 2008 und die 2008/2009 in Gang gesetzte weltweite Wirtschaftskrise wieder rückgängig gemacht. Derzeit sind weniger als 2,5 Millionen Menschen in Deutschland arbeitslos. Trotz der **Stabilitätskrise des Euro** ist die Arbeitslosenzahl in Deutschland im europäischen Vergleich eher niedrig, während sie insbesondere in den durch staatliche Haushaltskrisen geschüttelten Volkswirtschaften in Südeuropa hoch ist. Besonders die Jugendarbeitslosigkeit nimmt in diesen Ländern inzwischen dramatische Ausmaße an.

Die häufig strukturell bedingte Arbeitslosigkeit bedurfte einer Arbeitsmarktreform, die mit der **Hartz-Reform** umgesetzt wurde. Wenngleich Kritiker grundsätzlich von der Richtigkeit der Reformen überzeugt sind, so bemängeln sie den gestiegenen Betreuungsaufwand für die Bundesagentur für Arbeit sowie die problematische Zusammenarbeit von Arbeitsagentur und Kommunen bei der Umsetzung der Maßnahmen in den Jobcentern. Begrüßt wird es hingegen von verschiedenen politischen Seiten, dass Arbeitslose seit Einführung der Hartz-Gesetze eine viel größere Aktivität bei der Suche nach einem Arbeitsplatz zeigen. Umstritten ist hingegen die Einführung von den sogenannten Ein-Euro-Jobs, die nach Ansicht von Arbeitsmarktexperten eine Gefahr für den eigentlichen Arbeitsmarkt darstellen und eine echte Konkurrenz für normale Beschäftigungsverhältnisse sein können.

▲ Entwicklung der Erwerbspersonenzahl

Erfolgreiche Arbeitsmarktpolitik der Zukunft wird in erheblichem Maße von der **Entwicklung der Erwerbspersonenzahl** abhängen. Während es im Jahr 2005 in Deutschland noch rund 42,6 Millionen Erwerbspersonen gab, werden es im Jahr 2020 deutlich weniger sein. Besonders drastisch wird der Rückgang der Erwerbspersonen in den ostdeutschen Bundesländern ausfallen. Am deutlichsten wird der Schwund wahrscheinlich in Sachsen und Mecklenburg-Vorpommern ausfallen. Lediglich Hamburg wird noch mit einem vorübergehenden Zuwachs rechnen können, allerdings wird im Jahr 2030 jedes Bundesland drastische Rückgänge zu verzeichnen haben. Buchstäblich in jeder Region Deutschlands wird der demografische Wandel spürbar sein. Die Entwicklung wird noch zusätzlich dadurch verstärkt, dass die ohnehin schon wenigen Erwerbspersonen gleichzeitig immer älter werden.

Voraussichtliche Entwicklung der Erwerbspersonenzahl in den Bundesländern bis 2030

Bundesland	Basis-jahr 2005	Status-Quo-Variante		Primärvariante		Maximalvariante	
		2020	2030	2020	2030	2020	2030
		1000					
Baden-Württemberg	5 702	5 593	5 048	5 829	5 421	6 089	5 847
Bayern	6 632	6 487	5 854	6 762	6 288	7 066	6 780
Berlin	1 812	1 662	1 493	1 733	1 604	1 775	1 674
Brandenburg	1 419	1 179	946	1 227	1 020	1 266	1 082
Bremen	330	324	304	338	327	353	350
Hamburg	935	954	882	993	945	1 029	1 005
Hessen	3 149	2 948	2 618	3 078	2 821	3 229	3 058
Mecklenburg-Vorpommern	944	735	617	767	664	793	705
Niedersachsen	3 948	3 669	3 238	3 836	3 500	4 037	3 813
Nordrhein-Westfalen	8 863	8 332	7 469	8 716	8 067	9 216	8 852
Rheinland-Pfalz	2 056	1 926	1 705	2 013	1 838	2 119	2 002
Saarland	508	443	390	465	422	491	460
Sachsen	2 293	1 861	1 597	1 936	1 710	1 992	1 800
Sachsen-Anhalt	1 322	998	824	1 040	886	1 071	934
Schleswig-Holstein	1 447	1 389	1 221	1 449	1 317	1 514	1 422
Thüringen	1 267	980	812	1 022	873	1 053	923
Deutschland	42 627	39 480	35 016	41 206	37 702	43 092	40 709

(Quelle: Statistisches Bundesamt (Destatis): Demografischer Wandel in Deutschland, Ausgabe 2009, Heft 4, 30.11.2009.)

▲ Zuwanderung

Deutlich ist zu erkennen, dass bei **Geburtenrückgang** und **Alterung** der Gesellschaft der Anteil junger Menschen sinkt, während der Anteil der Älteren wächst. Immer weniger junge Erwerbsfähige werden in den Arbeitsmarkt hineinwachsen.

Deutschland wird allerdings bei verhältnismäßig guter Wirtschaftsentwicklung einen steigenden Bedarf an Arbeitskräften haben. Da dieser Bedarf nicht aus der vorhandenen Bevölkerung gedeckt werden kann, wächst die **Bedeutung von Zuwanderung** nach Deutschland. Während unter Wissenschaftlern weitgehende Einigkeit herrscht, dass Zuwanderung wichtig ist, wächst der Widerstand in Teilen der Bevölkerung und die Angst vor „Überfremdung".

Um die internationale Wettbewerbsfähigkeit Deutschlands langfristig zu erhalten und zu steigern, ist Zuwanderung zwingend erforderlich. Dies schließt z.B. den Wettbewerb der Hochschulen ein, die stets darum bemüht sein müssen, echte Anreize für ausländische Studenten zu bieten. Bereits heute scheint Einigkeit darüber zu herrschen, dass Deutschland mehr qualitative Zuwanderung braucht. Die Bundesregierung hat darauf mit der Vorlage eines modernen **Zuwanderungsgesetzes** reagiert, um den künftigen Herausforderungen gerecht werden zu können.

▲ Problematik der Jugendarbeitslosigkeit

Neben der Arbeitslosigkeit auf dem eigentlichen Arbeitsmarkt wächst seit Jahren in Deutschland und insbesondere in Europa die **Arbeitslosigkeit bei Jugendlichen** bis zu einem Alter von 25 Jahren. Dabei sind die Ursachen vielfältig. Zum einen spielte in den letzten Jahren die Weltwirtschaftskrise eine wichtige Rolle, doch sind in der Vergangenheit auch **Fehlentwicklungen im Bildungssystem** erkannt worden. Dies liegt nicht allein in der Verantwortung von Schulen, sondern das gesamte erzieherische Umfeld von Kindern und Jugendlichen (z. B. Vorschule, Eltern) spielt hierbei eine wichtige Rolle. Experten leiten daraus die dringende Notwendigkeit ab, dass die schulische und universitäre Ausbildung junger Menschen verbessert werden muss, damit die deutsche Wirtschaft auch in künftigen Jahrzehnten über genügend qualifizierte Arbeitskräfte verfügt. Allerdings darf das Argument **fehlender Leistungsfähigkeit** und **mangelnder Ausbildungsreife** nicht als Argument für ausbildungsunwillige Betriebe genutzt werden. Denn häufig dient es auch als Vorwand, mutmaßlich ausgelobte Ausbildungsstellen nicht besetzen zu müssen. Gerade in Branchen, die traditionell für eine Schülerklientel mit geringerem schulischen Qualifikationsniveau interessant sind, darf nicht vorrangig das Argument gelten, die Anforderungen an das Berufsbild seien so stark gestiegen, dass die geringer schulisch qualifizierten Jugendlichen nicht oder nicht hinreichend für eine Ausbildung geeignet seien. Häufig ist es das Wettbewerbsverhalten in diesen Branchen (z. B. Einzelhandel), das die Unternehmen zu drastischen Kosteneinsparungen zwingt, die ihrerseits durch geringere Einstellungsquoten bei Auszubildenden aufgefangen werden. Dennoch stehen diese Unternehmen auch in einer gesellschaftlichen Pflicht, für mehr Ausbildungsplätze zu sorgen und somit zu einer Verringerung der Jugendarbeitslosigkeit beizutragen.

Wirkungen und Probleme der Arbeitsmarktpolitik

- Eine Besonderheit der derzeitigen Situation auf dem Arbeitsmarkt ist, dass auch „krisensichere" (d. h. besser qualifizierte) Arbeitsplätze nicht vor Arbeitslosigkeit geschützt sind.
- Es wird eine bessere Zusammenarbeit der Kommunen mit der Bundesagentur für Arbeit und den Jobcentern im Sinne einer schnelleren Vermittlung in ein Arbeitsverhältnis gefordert.
- Die Erwerbspersonenzahl wird in den nächsten Jahrzehnten stark zurückgehen und die vorhandenen Erwerbspersonen werden immer älter.
- Aufgrund des demografischen Wandels muss Deutschland verstärkt Zuwanderung fördern, um auch in Zukunft international wettbewerbsfähig zu sein.
- Die Jugendarbeitslosigkeit ist höher als die offizielle Arbeitslosenquote.
- Jugendlichen wird häufig fehlende Leistungsfähigkeit vorgeworfen, weswegen sie schwerer als früher in ein Ausbildungsverhältnis kommen.
- Fehler im Bildungssystem werden häufig als Ursache für Jugendarbeitslosigkeit angesehen.
- Auch Betriebe sind in der Pflicht, trotz mutmaßlicher Bildungsdefizite in ausreichendem Umfang Ausbildungsplätze auch an geringer qualifizierte Jugendliche bereitzustellen.

1. Erstellen Sie einen Fragebogen für Ihre Klasse, in welchem Sie erfassen, wer ursprünglich einen Ausbildungsplatz gesucht hat und wie viele Bewerbungen geschrieben wurden (weitere Stichwörter für den Fragebogen: Aufteilung nach Branchen, eventuelle Gründe für Absagen usw.), und führen Sie eine Befragung in Ihrer Klasse durch. Präsentieren Sie das Ergebnis softwaregestützt.

2. Befragen Sie Auszubildende an Ihrer Schule, welche Kenntnisse ihrer Meinung nach in der Schule vermittelt werden müssten, um eine bessere Chance bei der Vergabe von Ausbildungsplätzen zu haben.

3. Setzen Sie sich mit Ausbildern von Unternehmen in Verbindung und befragen Sie diese, welche Anforderungen sie für bestimmte ausgewählte Berufsbilder stellen, und erfragen Sie auch, welche Erwartungen die Ausbilder an den schulischen Unterricht haben.

4. Diskutieren Sie das Für und Wider von Zuwanderung im Hinblick auf den Arbeitsmarkt. Zeichnen Sie die Diskussion auf und werten Sie sie aus.

7 Die Außenwirtschaftspolitik

7.1 Notwendigkeit des Außenhandels

> Frau Stein kommt vom Einkauf nach Hause. Neugierig und hungrig schaut ihr Mann in die Einkaufstüten. Er blickt auf Äpfel aus Chile, Trauben aus Südafrika, Bananen aus Kolumbien, Käse aus Frankreich, Fleisch aus Südamerika, Kartoffeln aus Marokko und schimpft: „Gibt es denn keine Lebensmittel mehr aus Deutschland? Müssen wir Äpfel und Ananas aus Südamerika essen?" Caroline Stein hört das Schimpfen des Vaters und stellt fest: „Ananas wachsen doch gar nicht in Deutschland." Frau Stein meint: „Der französische Käse schmeckt mir so gut!"
>
> - Stellen Sie fest, welche aus dem Ausland stammenden Güter Sie kaufen.
> - Erläutern Sie, warum Güter aus dem Ausland bezogen werden.

▲ Gründe für Außenhandel

Die Notwendigkeit für grenzüberschreitenden Handel besteht darin, dass

- die Güter im Inland nicht vorhanden sind,

  Beispiel Die Firmenfahrzeuge der Bürodesign GmbH Deutschland fahren mit Benzin, das aus Erdöl gewonnen wird. Deutschland verfügt über keine Erdölvorkommen.

- die Güter im Inland nicht ausreichend vorhanden sind,

  Beispiel Zur Produktion der Karosserieteile des deutschen Geschäftsfahrzeugs der Bürodesign GmbH wird Eisenerz benötigt. Das für die Produktion in Deutschland notwendige Eisenerz wird zu 80 % importiert.

- die Güter im Inland nicht in der gewünschten Qualität vorhanden sind,

  Beispiel Für die Produktion des Regalsystems der Bürodesign GmbH wird ein harzarmes Kiefernholz benötigt, welches nur in Nordamerika und Kanada wächst.

- die Güter im Ausland günstiger sind oder günstiger produziert werden können.

  Beispiel Die Bezugsstoffe für die Bürostühle der Bürodesign GmbH werden aufgrund geringer Lohnkosten in Asien angefertigt.

In welchem Umfang international mit Gütern gehandelt wird, hängt demnach von den Rohstoffvorkommen, dem Klima, den unterschiedlichen land- und forstwirtschaftlichen Produktionsmöglichkeiten, dem Stand der Technik sowie den Arbeitskosten ab (vgl. S. 97).

▲ Vorteile des Außenhandels

Der Außenhandel verschafft den beteiligten Ländern zahlreiche Vorteile. Es können Güter angeboten werden, die im Inland nicht oder nicht ausreichend zur Verfügung stehen oder im Ausland günstiger sind. Der Außenhandel verstärkt den Wettbewerb, weil die Anbieter international miteinander konkurrieren, was letztlich zu günstigeren Preisen führt. Mit dem Austausch von Waren und Dienstleistungen geht ein kultureller Austausch einher. Das Zusammenwachsen der Märkte kann auch die Menschen einander näher bringen und zur Völkerverständigung beitragen.

Beispiel Herr Stein will mit seinem russischen Geschäftspartner eine persönliche Vertrauensbasis aufbauen. Dazu gehören gemäß den russischen Sitten gemeinsame Mahlzeiten und ein gemeinsamer Saunabesuch.

▲ Absolute Kostenvorteile

Die Kostenvorteile werden durch absolute und komparative Kostenvorteile begründet. Die von Adam Smith begründete Theorie der **absoluten Kostenvorteile** geht davon aus, dass die Kosten bei der Produktion der gehandelten Güter in jedem Land absolut gesehen unterschiedlich sind. Um dies anhand eines Beispiels zu verdeutlichen, werden nur die Produktionskosten zugrunde gelegt, die durch den Produktionsfaktor Arbeit entstehen. Die Kosten werden im Folgenden durch die Menge der benötigten Arbeitseinheiten dargestellt.

Beispiel Deutschland und Frankreich stellen beide Büromöbel und Wein her. Deutschland stellt eine Mengeneinheit (ME) der Büromöbel mit geringeren Kosten bzw. Arbeitseinheiten (AE) her als Frankreich, das wiederum Wein kostengünstiger produzieren kann. Wenn sich Deutschland auf die Büromöbelproduktion und Frankreich auf die Weinproduktion spezialisiert, können beide Länder einen Teil ihrer Spezialisierungsgewinne durch Außenhandel erzielen. Deutschland importiert kostengünstigen französischen Wein und Frankreich die günstigeren deutschen Büromöbel. Beide Länder haben die jeweils teurere inländische Produktion durch Importe ersetzt.

Verteilung der Produktionskosten ohne Außenhandel

	Deutschland	Frankreich	Summe
1 ME Wein	90 AE	70 AE	160 AE
1 ME Büromöbel	80 AE	100 AE	180 AE
Summe	170 AE	170 AE	340 AE

Absolute Kostenvorteile mit Außenhandel

	Deutschland	Frankreich	Summe
1 ME Wein	0 AE	140 AE	140 AE
1 ME Büromöbel	160 AE	0 AE	160 AE
Summe	160 AE	140 AE	300 AE

▲ Komparative Kostenvorteile

Gemäß dem Prinzip der **komparativen Kostenvorteile** von David Ricardo[1] kann ein Land auch dann vom Außenhandel profitieren, wenn es alle Güter zu geringeren Kosten als andere Länder herstellt. Dies wird im folgenden Beispiel auch durch das Zwei-Länder-zwei-Güter-Modell dargestellt. Dabei werden nicht die absoluten Produktionskosten der beiden Länder miteinander verglichen, sondern die relativen Produktionskosten der beiden Länder für beide Güter.

Beispiel Deutschland hat bei beiden Gütern höhere Kosten als Frankreich, das mit einer vorgegebenen Menge Arbeit eine größere Menge sowohl von Büromöbeln als auch Wein herstellen kann. Es erscheint zunächst unplausibel, dass Frankreich aus einem Güteraustausch mit Deutschland Vorteile ziehen könnte. Dennoch lohnt sich hierbei internationaler Handel. Um dies zu zeigen, werden die sogenannten komparativen Kostenunterschiede berechnet. In Frankreich ist die Weinproduktion nicht nur absolut, sondern auch relativ günstiger als in Deutschland. Denn die Herstellung einer Mengeneinheit Wein ist relativ kostengünstiger (90 AE : 70 AE) als die Produktion einer Einheit Büromöbel (80 AE : 75 AE). Verzichtet Frankreich beispielsweise auf die Herstellung einer Einheit der Büromöbel, so kann es zusätzlich 1,1 Einheiten (75 AE : 70 AE) Wein erzeugen. Das Land besitzt einen relativen, den sogenannten komparativen Vorteil bei der Weinproduktion.

In Deutschland, welches beide Güter absolut teurer produziert, existieren komparative Kostenvorteile bei der Büromöbelproduktion. Denn die Produktion einer Einheit Büromöbel (80 AE : 75 AE) kostet dort

---

[1] David Ricardo lebte von 1772 bis 1823 in London. Er beschäftigte sich mit ökonomischen Studien nachdem er früh als Börsenmakler genügend Vermögen angesammelt hatte. Er setzte sich u. a. für den Freihandel ein und veröffentlichte 1817 „principles of political economy and taxation".

relativ weniger als eine Einheit Wein (90 AE : 70 AE). Verzichtet Deutschland auf die Herstellung einer Einheit Wein, so kann es mit der eingesparten Arbeitsmenge 1,125 Einheiten Büromöbel (90 : 80 AE) erzeugen. Durch eine vollständige Spezialisierung beider Länder, wobei sich Deutschland auf die Büromöbelproduktion und Frankreich auf die Weinerzeugung beschränkt, kann bei gleichbleibender Ausstattung mit dem Faktor Arbeit die Summe der Produktion beider Länder erhöht werden.

Verteilung der Produktionskosten ohne Außenhandel

	Deutschland	Frankreich	Summe
1 ME Wein	90 AE	70 AE	160 AE
1 ME Büromöbel	80 AE	75 AE	155 AE
Summe	170 AE	145 AE	315 AE

Komparative Kostenvorteile mit Außenhandel

	Deutschland	Frankreich	Summe
1 ME Wein	0 AE	140 AE	140 AE
1 ME Büromöbel	160 AE	0 AE	160 AE
Summe	160 AE	140 AE	300 AE

Insgesamt werden 15 Arbeitseinheiten eingespart, die zur Produktion einer höheren Menge der Güter eingesetzt werden können. Außerdem kann das Gut zu einem günstigeren Preis weitergegeben werden.

Außenhandel kann die beteiligten Länder also auch besserstellen, wenn ein Land sämtliche Güter günstiger produzieren kann als das andere Land. Jedes Land spezialisiert sich auf die Produktion jenes Gutes, bei dem es den größten Kostenvorteil hat. Es überlässt die Herstellung der Güter, bei denen es einen geringeren Kostenvorteil hat, anderen Ländern und importiert diese Güter. Die am Außenhandel beteiligten Länder tauschen dann ihre Erzeugnisse aus und kommen somit in den Genuss der vergleichsweise günstigeren Produktion. Dass die Güter jeweils in dem Land hergestellt werden, in dem sie die niedrigsten Kosten verursachen, wird als **internationale Arbeitsteilung** bezeichnet.

Notwendigkeit des Außenhandels

- **Vorteile des Außenhandels:** größeres Produktsortiment, bessere Güterversorgung der Bevölkerung hinsichtlich der Menge und Qualität, stärkerer Wettbewerb durch größere Zahl von Anbietern, niedrigere Preise auf dem Weltmarkt durch Ausnutzung von Kostenvorteilen, zusätzliche Absatzmöglichkeiten, Schaffung von Arbeitsplätzen und Einkommen, Erhöhung der Kaufkraft und des Lebensstandards, kultureller Austausch
- **Absolute Kostenvorteile:** Ein Land erzielt Vorteile durch Spezialisierung auf das Gut, das es kostengünstiger produziert als andere Länder, und anschließenden Außenhandel.
- **komparative Kostenvorteile:** Außenhandel kann sich auch vorteilhaft für ein Land auswirken, wenn es sämtliche Güter günstiger produziert als andere Länder.

1. Erläutern Sie aus Sicht der Bürodesign GmbH mögliche Vorteile einer Geschäftsbeziehung mit ausländischen Geschäftspartnern.
2. Viele Lieferanten der Bürodesign GmbH nehmen bereits am internationalen Güteraustausch teil. Entscheiden Sie, ob die Bürodesign GmbH davon profitiert.
3. Erläutern Sie, warum es unwirtschaftlich wäre, wenn inländische Unternehmen wie die Bürodesign GmbH alle benötigten Güter und Dienstleistungen selbst produzieren würden.
4. England und Schottland produzieren Pullover und Kekse. Angenommen, ein englischer Arbeiter kann 50 Kekse oder 1 Pullover pro Stunde produzieren. Ein schottischer Arbeiter bringe es auf 40 Kekse und 2 Pullover pro Stunde.
   a) Entscheiden Sie, welches Land bei jedem der beiden Güter den absoluten und den komparativen Kostenvorteil hat? Stellen Sie ihre Antwort **rechnerisch** dar.
   b) Begründen Sie, welches Gut Schottland in England verkaufen wird, wenn die beiden Länder den Handel aufnehmen?

7.2 Bedeutung des Außenhandels

Herr Stein verabschiedet sich morgens von seiner Familie mit den Worten: „Ich komme heute später nach Hause, weil ich auf eine Veranstaltung der Gesellschaft für Wirtschaftsförderung NRW gehe." Frau Stein fragt: „Worum geht es denn?" Er antwortet: „Um die Außenwirtschaftskampagne NRW!" Seine Tochter wundert sich: „Was ist denn das?" „Das Land will damit kleinen und mittelständischen Unternehmen helfen, sich neuen Märkten zu öffnen, Hemmnisse zu überwinden und die Chancen der Globalisierung zu nutzen", erklärt ihr Vater. Seine Ehefrau will wissen: „Wer kommt denn dahin?" Ihr Mann antwortet: „Experten aus Politik, Wissenschaft und Wirtschaft diskutieren mit Unternehmen die Rahmenbedingungen im internationalen Wettbewerb und Erfahrungen im Auslandsgeschäft."

- Begründen Sie, warum sich ein mittelständisches Unternehmen wie die Bürodesign GmbH mit dem Auslandsgeschäft auseinandersetzen sollte.
- Beschreiben Sie den Umfang, in dem deutsche Unternehmen am Außenhandel teilnehmen.

Durch den internationalen Austausch von Gütern, d. h. durch den **Außenhandel,** sind Länder miteinander verbunden. Die wirtschaftlichen Beziehungen der Länder untereinander bestehen aber nicht nur aus dem Handel mit Gütern, sondern auch aus Geld- und Kapitalbewegungen für Dienstleistungen und aus Investitionen. Die Gesamtheit der wirtschaftlichen Verknüpfungen der Länder wird als **Außenwirtschaft** bezeichnet.

▲ Arten des Außenhandels

Der Außenhandel, also die wirtschaftliche Verknüpfung der Länder, kann in drei Arten unterteilt werden:

- **Exporthandel,** d. h. die Ausfuhr von Gütern und Dienstleistungen

    Beispiel Der deutsche Hersteller der Lkw der Bürodesign GmbH verkauft seine Nutzfahrzeuge weltweit.

- **Importhandel,** d. h. die Einfuhr von Gütern und Dienstleistungen

    Beispiel Die Vereinigte Spanplatten AG bezieht das zur Weiterverarbeitung benötigte Holz aus Kanada, Russland und Skandinavien.

- **Transithandel,** d. h. Einfuhr und gleichzeitige Ausfuhr von Gütern und Dienstleistungen durch einen inländischen Händler

    Beispiel Die Stammes Stahlrohr GmbH kauft Stahl in Tschechien für einen belgischen Kunden.

Der Umfang des Außenhandels eines Landes ist an der Export- und Importquote erkennbar. Unter **Exportquote** versteht man den Anteil der Exporte am Bruttoinlandsprodukt oder am Gesamtumsatz einer Branche. Die Exportquote ist ein maßgeblicher Indikator für die Beschäftigung, die exportabhängig ist. Exporterfolge sind durch hohe Qualität, hohen technischen Standard und eine große Produktpalette der inländischen Wirtschaft begründet. Sie sind notwendig, weil durch den Export Devisen ins Land gelangen, die zur Bezahlung der Importe benötigt werden.

Beispiele Rund 50 % der deutschen Produktion an Papier, Karton und Pappe wird exportiert. Bezogen auf das Bruttoinlandsprodukt werden 30 % der in Deutschland erstellten Güter und Dienstleistungen exportiert.

Die **Importquote** zeigt den Anteil der Importe am Bruttoinlandsprodukt oder am Gesamtbedarf einer Branche. In den vielfältigen Importen eines Landes besteht die Grundlage für einen hohen Lebensstandard. Ein rohstoffarmes Land wird eine hohe Importquote bei Rohstoffen aufweisen. Sie werden zur Weiterverarbeitung benötigt und zum Teil wieder exportiert.

Beispiel Rund 50 % der in Deutschland umgesetzten Holz und Holzwaren werden importiert.

Die Außenwirtschaftspolitik

Deutschlands wichtigste Handelspartner
Angaben für 2019 in Milliarden Euro

Die größten **Lieferanten** (Einfuhr):
- China 109,7 Mrd. €
- Niederlande 98,7
- USA 71,4
- Frankreich 66,1
- Polen 57,6
- Italien 57,1
- Tschechien 47,9
- Schweiz 46,3
- Österreich 44,0
- Belgien 43,1
- Großbritannien 38,3
- Spanien 33,2
- Russland 31,2
- Ungarn 28,9
- Japan 23,9
- Irland 17,7

Die größten **Kunden** (Ausfuhr):
- USA 118,7 Mrd. €
- Frankreich 106,8
- China 96,0
- Niederlande 91,7
- Großbritannien 78,7
- Italien 68,1
- Österreich 65,9
- Polen 65,8
- Schweiz 56,4
- Belgien 46,1
- Tschechien 44,9
- Spanien 44,3
- Ungarn 27,0
- Russland 26,5
- Schweden 24,9
- Japan 20,7

Quelle: Statistisches Bundesamt (März 2020); vorläufige Angaben © Globus 13806

Durch den Ausbau der interaktiven Medien, durch die Mobilkommunikation, die weltweite informationstechnische Vernetzung (Internet) und eine globale Verkehrsinfrastruktur sind die räumlichen Entfernungen zwischen den Anbietern und Nachfragern aus unterschiedlichen Ländern sozusagen aufgehoben worden. Unternehmen können diese globale Vernetzung von Arbeitnehmern, Unternehmen und Institutionen zur Erschließung internationaler Produktions- und Vertriebsstandorte in allen Teilen der Erde nutzen. Dieser Vorgang wird auch als **Globalisierung** (vgl. S. 431 ff.) bezeichnet.

Beispiel Die Produktion der Bezugsstoffe für die Bürostühle der Bürodesign GmbH verteilt sich auf die Beschaffung der Baumwolle aus asiatischen oder afrikanischen Anbaugebieten, deren Verarbeitung in Billiglohnländern, den Entwurf der Kollektion und die Entwicklung des Schnittmusters in Deutschland.

Bedeutung des Außenhandels

- **Außenwirtschaft:** sämtliche wirtschaftliche Beziehungen zwischen Ländern
- **Außenhandel:** Austausch von Gütern und Dienstleistungen zwischen Ländern

Gründe für Außenhandel
- Preisunterschiede
- mangelnde Verfügbarkeiten
- Qualitätsunterschiede
- Marktstrategien der Anbieter

- **Exportquote:** Anteil der Exporte am Bruttoinlandsprodukt (BIP) oder am Gesamtumsatz einer Branche
- **Importquote:** Anteil der Importe am Bruttoinlandsprodukt (BIP) oder am Gesamtumsatz einer Branche

Monetäre Einflüsse: Aufbau der Zahlungsbilanz

1. Geben Sie jeweils ein Beispiel an, welche Art des Außenhandels die Bürodesign GmbH betreiben könnte.
2. Begründen Sie, inwiefern es für die Bürodesign GmbH interessant ist, sich über die Importquote und Exportquote der Branche zu erkundigen.
3. Informieren Sie sich unter http://www.destatis.de über die aktuellen Importquoten der Wirtschaftszweige.
   a) Erklären Sie die aufgeführten Importquoten.
   b) Beschreiben Sie die Entwicklung der Importquoten der einzelnen Wirtschaftszweige.
   c) Stellen Sie fest, welche Wirtschaftsbereiche besonders importabhängig sind.
   d) Erläutern Sie die Gründe und Konsequenzen für hohe Importquoten in einigen Branchen.

7.3 Monetäre Einflüsse: Aufbau der Zahlungsbilanz

Herr Land sitzt mit seiner Altherrenmannschaft von Viktoria Köln zusammen. Sie diskutieren darüber, wann Deutschland wieder Fußballweltmeister wird. Er behauptet: „Deutschland bleibt Weltmeister. Zwar nicht beim Fußball – aber beim Export. Deutschland feiert Ausfuhrrekorde." Sein Fußballkumpel meint: „Leider stimmt das nicht mehr und der Grund ist nicht nur die Entwicklung des Eurokurses!"

- Überprüfen Sie, ob die Aussage stimmt, dass Deutschland Exportweltmeister ist, und welche Auswirkungen dies hat.
- Begründen Sie, worin die Zusammenhänge zwischen der Entwicklung des Eurokurses und der des Exports bzw. Imports bestehen.
- Erläutern Sie, worin der längerfristige Aufwärtstrend der deutschen Exporte begründet ist.

Die wirtschaftlichen Transaktionen mit dem Ausland erfasst eine Volkswirtschaft in der **Zahlungsbilanz** (vgl. S. 94 ff.). Systematisch werden die außenwirtschaftlichen Vorgänge, die während eines bestimmten Zeitraumes stattgefunden haben, auf folgenden Konten erfasst:

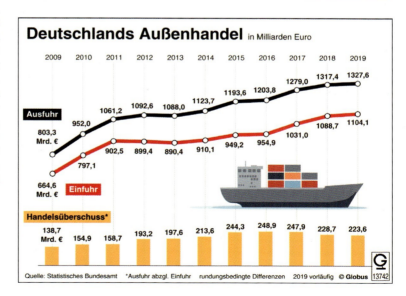

Die Außenwirtschaftspolitik

Aktiva	Zahlungsbilanz in Mrd. EUR[1]			Passiva
Zahlungseingänge aus dem Ausland		Zahlungsabgänge an das Ausland		
	Leistungsbilanz			Saldo
	(1) Handelsbilanz			
Warenexporte	83,3	Warenimporte	70	13,3
	(2) Dienstleistungsbilanz			
Einnahmen aus Dienstleistungen	15,3	Ausgaben für Dienstleistungen	16,4	– 1,1
	(3) Bilanz der Erwerbs- und Vermögenseinkommen			
Einnahmen des Inlands aus dem Ausland für Kapitalerträge und aus unselbstständiger Arbeit		Ausgaben des Inlands an das Ausland für Kapitalerträge und unselbstständige Arbeit		3,1
	(4) Bilanz der laufenden Übertragungen			
Vom Ausland empfangene Leistungen	0,5	An das Ausland abgegebene Leistungen	4,2	– 3,7
	(5) Leistungsbilanzsaldo (Überschuss/Defizit) (1+2+3+4)			11,6
	(6) Bilanz der Vermögensübertragungen (einmalig)			
Vom Ausland empfangene Vermögensübertragungen		An das Ausland abgegebene Vermögensübertragungen		– 0,2
	(7) Kapitalbilanz			
Kapitalimporte		Kapitalexporte		– 10,4
	(8) Devisenbilanz (5+6+7+8)			
Erhöhung des Devisenbestandes		Verringerung des Devisenbestandes Änderung		0,2
	(9) Restpostenbilanz (statistisch nicht aufgliederbare Transaktionen)			
Zum Ausgleich der Zahlungsbilanz		Zum Ausgleich der Zahlungsbilanz		– 1,2

Die Zahlungsbilanz wird in Teilbilanzen unterteilt, sodass sich unterscheiden lässt, welche außenwirtschaftlichen Vorgänge zu Geldströmen zwischen den Ländern geführt haben.

Die **Leistungsbilanz** stellt zunächst in der Handelsbilanz (1) die in einer Periode getätigten Exporte und Importe von Waren gegenüber (vgl. Abb. Seite 94).

Beispiel Die Abels, Wirts & Co. KG liefert Spezialschlösser an einen Kunden in den USA.

Ebenso werden die Dienstleistungen, die aus dem Ausland bezogen sowie an das Ausland geleistet werden, in der Dienstleistungsbilanz (2) einander gegenübergestellt.

Beispiel Sylvia Land unternimmt eine Urlaubsreise nach Mallorca.

Hinzu kommen in der Bilanz der Erwerbs- und Vermögenseinkommen (3) Erträge aus Arbeit oder Kapital.

Beispiel Die Bürodesign GmbH hat in ihrer Niederlassung in Aurich einen niederländischen Vertriebsmitarbeiter eingestellt und zahlt ihm Gehalt.

Zur Leistungsbilanz gehören auch die Leistungen von und zum Ausland ohne Gegenleistung, d. h. öffentliche Zahlungen an internationale Organisationen wie die EU oder die UN, Steuereinnahmen und -erstattungen, Entwicklungshilfe, private Versicherungsprämien, private Renten und Unterstützungszahlungen. Dies erscheint in der Bilanz der laufenden Übertragungen (4).

---

[1] *Zahlungsbilanz mit fiktiven Werten*

Beispiel Herr Melcik, der bei der Bürodesign GmbH in der Produktion arbeitet, unterstützt seine Eltern in Serbien monatlich mit 200,00 €.

Schließlich werden einmalige Übertragungen erfasst, wie Schuldnererlass, Erbschaft, Schenkung, Vermögensmitnahme bei Auswanderung oder Zuschüsse der EU in der Bilanz der Vermögensübertragung (einmalig) (6).

Beispiel Statt ihren Kunden Weihnachtsgeschenke zu machen, spendet die Bürodesign GmbH zu Weihnachten 1 000,00 € an ein Waisenhaus in Guatemala.

Die **Kapitalbilanz** gibt alle Kapitalbewegungen einer Periode wieder, die Forderungen und Verbindlichkeiten des Inlands gegenüber dem Ausland verändert haben. Aufgeführt werden Direktinvestitionen und Wertpapieranlagen von Ausländern im Inland oder von Inländern im Ausland sowie der lang- und kurzfristige Kreditverkehr mit dem Ausland. Die Kapitalbilanz wird teilweise in eine kurzfristige (bis zu einem Jahr) und eine langfristige Kapitalbilanz unterteilt.

Beispiel Die Bürodesign GmbH erwirbt Anteile bei einem tschechischen Holzverarbeitungswerk, sodass sie Kapital nach Tschechien transferiert.

Die **Devisenbilanz** ist ein Spiegelbild aller Devisenbewegungen innerhalb einer Periode bzw. das Gegenkonto für alle Buchungen außenwirtschaftlicher Vorgänge. Es zeigt die Veränderung der Währungsreserven zu Transaktionswerten an, zu denen sie in den anderen Teilbilanzen und von der Zentralbank erfasst werden. Die Devisenbilanz wird deshalb auch als „Auslandskonto" der Zentralbank bezeichnet.

Beispiel Die Bürodesign GmbH exportiert 10 Empfangstheken nach Norwegen. Somit entsteht eine Forderung gegenüber dem norwegischen Kunden, d.h. ein kurzfristiger Kredit an das Ausland. Die Buchung lautet: Handelsbilanz (Warenexport) an Kapitalbilanz (Kapitalexport) 12 000,00. Wird die offene Forderung beglichen, d.h. fließen Devisen ins Land, wird das auf der Devisenbilanz erfasst.

Abschließend dient die **Restpostenbilanz** zur Erfassung von ungeklärten Beträgen, die entweder durch Ermittlungsfehler entstanden oder offiziell nicht erfassbar sind.

Jede Buchung eines außenwirtschaftlichen Vorgangs stellt letztlich einen Zufluss oder Abfluss von Devisen dar. Deswegen zeigt der Saldo der Zahlungsbilanz das Devisenangebot und die Devisennachfrage eines Landes an.

Gemäß Stabilitätsgesetz wird ein außenwirtschaftliches Gleichgewicht angestrebt. Solch ein Gleichgewicht besteht nur bei einer wirtschaftlich ausgeglichenen Zahlungsbilanz, also wenn sich die Exportwerte und Importwerte von Waren und Dienstleistungen, die Übertragungen und Kapitalströme insgesamt die Waage halten. Entweder sind alle Einzelbilanzen jeweils für sich selbst ausgeglichen oder der Überschuss einer Einzelbilanz gleicht das Defizit einer anderen Einzelbilanz aus. Ein außenwirtschaftliches Ungleichgewicht führt zur Abnahme oder Zunahme der Devisenreserven. Denn in der Devisenbilanz zeigt sich schließlich, ob insgesamt mehr Devisen ins Land geflossen oder abgeflossen sind, ob also ein Defizit oder Überschuss vorhanden ist. Damit lässt sich feststellen, ob eine passive oder aktive Zahlungsbilanz vorliegt.

Monetäre Einflüsse: Aufbau der Zahlungsbilanz

- Die **Zahlungsbilanz** erfasst die Zahlungsvorgänge mit dem Ausland und setzt sich folgendermaßen zusammen:

- **Passive Zahlungsbilanz: „Zahlungsbilanzdefizit"**
  Ein „Zahlungsbilanzdefizit" liegt vor, wenn die Devisenreserven eines Landes innerhalb eines bestimmten Zeitraumes sinken.

- **Aktive Zahlungsbilanz: „Zahlungsbilanzüberschuss"**
  Ein „Zahlungsbilanzüberschuss" liegt vor, wenn die Devisenreserven eines Landes innerhalb eines bestimmten Zeitraumes zunehmen.

1 Beschaffen Sie sich unter http://www.bundesbank.de den Bundesbank-Monatsbericht mit den aktuellen Zahlen zur Zahlungsbilanz.
   a) Begründen Sie, ob es sich um eine aktive oder passive Zahlungsbilanz handelt.
   b) Erläutern Sie die Entwicklung der Zahlungsbilanz in den letzten Jahren.

2 Die Bürodesign GmbH lässt künftig in Tschechien Holzteile für die Produktion sämtlicher Büromöbelsysteme zuschneiden, bearbeiten und lackieren. Im Werk in Köln werden die Teile zusammengesetzt und die Möbel versandfertig gemacht. Diese Vorgehensweise wird von vielen Unternehmen praktiziert, sodass eine Wirtschaftszeitung schreibt: „Deutschland feiert wieder Ausfuhrrekorde. Doch sind die Exporte nichts wert, weil sie durch Billigimporte erkauft werden?" Der Chef eines Wirtschaftsforschungsinstitutes behauptet, die deutschen Exporte würden immer stärker durch günstige Importe aus Osteuropa erkauft, die dann kaum weiterverarbeitet als deutsche Waren das Land verlassen würden. Er bezeichnet dieses Phänomen als Basarökonomie. Nehmen Sie Stellung zu dieser These.

3 Die Zahlungsbilanz ist ein Instrument, mit dessen Hilfe außenwirtschaftliche Vorgänge erfasst werden. Erklären Sie, für welches wirtschaftspolitische Ziel die Zahlungsbilanz der Maßstab ist.

4 Im Rahmen der volkswirtschaftlichen Gesamtrechnung wird der sogenannte „Außenbeitrag" ermittelt. Stellen Sie fest, welchem Saldo in der Zahlungsbilanz der Außenbeitrag entspricht.

5 Ordnen Sie zu, in welchen Teilbilanzen folgende Leistungen zu buchen sind:
   a) Abels, Wirtz & Co. KG setzt in Frankreich 10 000 Schließanlagen ab.
   b) Die Bürodesign GmbH baut eine Produktionsstätte in Tschechien.
   c) Herr Stein erhält Zinsen auf Mexiko-Anleihen, die er zur Kapitalanlage erworben hat.
   d) Deutschland erlässt einem afrikanischen Staat einen Entwicklungshilfekredit.
   e) Spanische Urlaubsbekanntschaften von Sylvia Land machen eine Städtereise durch Deutschland.
   f) Yusuf Öz, ein türkischer Kollege von Herrn Land, überweist monatlich Teile seines Einkommens an seine Familie in der Türkei.
   g Die Schweizer Bankgesellschaft gewährt der Deutschen Bank einen kurzfristigen Kredit.
   h) Die Bundesregierung kauft Militärflugzeuge eines amerikanischen Herstellers.
   i) Peter Smith, Sylvia Lands Onkel in England, kauft Aktien der Deutschen Telekom AG.
   j) Die Bürodesign GmbH kauft in Norwegen neuartige Büroschwingstühle.

7.4 Monetäre Einflüsse: Gründe für Ungleichgewicht in der Zahlungsbilanz

> Auch Herr Stein weiß von den deutschen Ausfuhrrekorden und plant, Geschäftsbeziehungen mit dem Ausland aufzubauen. Er denkt, dass die Bürodesign GmbH wie andere deutsche exportierende Unternehmen international sehr wettbewerbsfähig ist und deren gute Marktposition erreichen kann. Frau Friedrich hat Bedenken, dass aufgrund von Veränderungen des Euro-Kurses die Umsatzaussichten außerhalb der Euro-Zone gering sind. „Aber außerhalb der Euro-Zone brauchen wir erst gar nicht unsere Produkte anzubieten. Die sind für Geschäftspartner, mit denen die Verträge auf Dollarbasis abgewickelt werden, viel zu teuer", argumentiert sie. Herr Stein ist anderer Auffassung: „Ach, der Dollarkurs reguliert sich schon wieder. Dafür besteht ein globaler Konjunktur-Boom und daran will ich teilhaben. Außerdem haben wir eine äußerst niedrige Inflation."
>
> - Erläutern Sie, was die von Herrn Stein aufgeführten Aspekte wie Marktposition der Unternehmen, Dollarkurs, Inflation, globale Konjunktur mit den Aussichten auf Exporterfolge zu tun haben.
> - Erklären Sie, wie sich diese Aspekte auf die Zahlungsbilanz auswirken und inwiefern sich der Dollarkurs durch den Umfang an Ein- und Ausfuhren regulieren kann.

▲ Ursachen für ein Zahlungsbilanzungleichgewicht

Gründe für einen positiven Saldo in der Handelsbilanz, einen Exportüberschuss, sind u. a.

- hohe Inflation im Ausland, sodass Inlandsgüter günstiger sind,

  Beispiel Ausländische Kunden der Bürodesign GmbH müssen keine Preissteigerung aufgrund eines allgemeinen Preisniveauanstiegs im Inland befürchten, weil das Preisniveau in Deutschland stabil ist.

- Wettbewerbsvorteil von Inlandsgütern aufgrund höherer Qualität oder technischen Vorteils,

  Beispiel Thomas Stein beabsichtigt in den Semesterferien ein Praktikum im Bereich Vertrieb Ausland zu machen. Er bewirbt sich bei einem Hersteller von Druckmaschinen, weil er weiß, dass Deutschland aufgrund des technischen Vorsprungs im Bereich Druckmaschinenbau Weltmarktführer ist.

- Konjunkturaufschwung oder Hochkonjunktur im Ausland, sodass die gesamtwirtschaftliche Nachfrage zunimmt,

  Beispiel China tritt nach der Öffnung seiner Märkte verstärkt als Nachfrager von Energie, technischen Geräten und Kfz am Weltmarkt auf. Die Abels, Wirtz & Co. KG beauftragt einen Handelsvertreter damit, in China Absatzmärkte zu erschließen.

- geringer Wechselkurs, sodass das Ausland die inländische Währung günstig erwirbt.

  Beispiel Schwächelt der Euro gegenüber dem Dollar, kann dies bewirken, dass mehr deutsche Pkw aus den USA nachgefragt werden.

Ein **Importüberschuss** kann durch den gegenteiligen Zustand dieser Sachverhalte eintreten.

Ein **Ungleichgewicht in der Dienstleistungsbilanz** resultiert wie ein Handelsbilanzdefizit aus unterschiedlichen Preisen und Leistungen zwischen den Ländern. Hier fließen auch durch Touristen in Anspruch genommene Dienstleistungen ein, sodass reisefreudige Nationen zu einem Defizit neigen.

Beispiel Familie Land macht wie viele Deutsche einmal im Jahr eine Reise ins Ausland. Sie geben in dem Familienurlaub 2 000,00 € für Hotel und Restaurantbesuche aus.

Ein mögliches **Ungleichgewicht bei den Erwerbs- und Vermögenseinkommen** hängt davon ab, wie viele Arbeitnehmer konjunktur- oder strukturbedingt im Ausland beschäftigt sind. Außerdem ist von Bedeutung, wie attraktiv die Zins- oder Dividendenzahlungen im Ausland sind, d. h., wie viele Kapitalanleger ihr Kapital im Ausland anlegen.

Beispiel Herr Stein kauft auf Empfehlung seines Anlageberaters mexikanische Staatsanleihen, weil sie höhere Zinsen bringen als in der EU üblich.

Ob der **Saldo der Teilbilanz der laufenden Übertragungen** negativ oder positiv ist, hängt von der Höhe der aus dem Ausland erhaltenen öffentlichen und privaten Zahlungen bzw. der in das Ausland geleisteten Zahlungen ab.

Die Bilanzen der **Vermögensübertragungen und der Kapitalbewegungen** sind nicht im Gleichgewicht, wenn mehr im Ausland angelegt oder investiert wird als umgekehrt und wenn mehr Inländer Vermögen, Schenkungen oder Erbschaften aus dem Ausland erhalten als umgekehrt Ausländer aus dem Inland.

Unterschiede zwischen der Wirtschaftsstruktur des jeweiligen Landes und der seiner Handelspartner führen zu einem **Zahlungsbilanzungleichgewicht**.

▲ Auswirkungen von Zahlungsbilanzungleichgewichten

Ein **Zahlungsbilanzüberschuss**, d. h. mehr Zuflüsse als Abflüsse von Devisen, kann sich wie folgt auswirken:

Auswirkungen auf die Devisenkurse	Auswirkungen auf die Geldmenge
weniger Devisen werden nachgefragt, sodass die Devisenkurse fallen ↓ **Euro** gewinnt an Wert ↓ inländische Produkte werden im Ausland teurer ↓ Umsatzrückgang der inländischen Exportwirtschaft ↓ Arbeitsplätze in Gefahr ↓ Beschäftigung sinkt	Vermehrung der Währungsreserven ↓ Erhöhung der inländischen Geldmenge ↓ Geldmengenwachstum löst einen expansiven Effekt aus, was einen Preisniveauanstieg nach sich zieht ↓ Inflation (importierte Inflation)

Ein **Zahlungsbilanzdefizit**, d.h. mehr Abflüsse als Zuflüsse von Devisen, kann sich wie folgt auswirken:

Auswirkungen auf die Devisenkurse	Auswirkungen auf die Geldmenge
mehr Devisen werden nachgefragt, sodass die Devisenkurse steigen ↓ **Euro** verliert an Wert ↓ ausländische Produkte werden für Inländer teurer ↓ sofern Importe nicht durch inländische Produkte ersetzt werden können, kann ein Preisniveauanstieg folgen ↓ Inflation (Kosteninflation)	Abbau der Währungsreserven ↓ Abnahme der inländischen Geldmenge ↓ Geldmengenrückgang löst kontraktiven Effekt aus, dadurch können Zinsen steigen und Investitionen sinken ↓ Beschäftigung sinkt

Vor dem Hintergrund, dass eine ausgeglichene Zahlungsbilanz angestrebt wird, werden in diesen Wirkungsketten nur negative Auswirkungen eines Zahlungsbilanzungleichgewichts gezeigt. Als positive Folge ist z.B. denkbar, dass insbesondere ein Exportüberschuss eine hohe Beschäftigung nach sich zieht. Die durch eine aktive Zahlungsbilanz verursachte starke inländische Währung bewirkt günstigere Importe.

Das Zahlungsbilanzungleichgewicht verursacht eine Veränderung der Devisenreserven. Bei flexiblen Wechselkursen, die sich durch Angebot und Nachfrage auf den Devisenmärkten bilden und hier vorausgesetzt werden, hat das

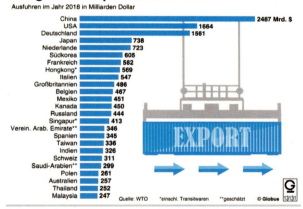

Einfluss auf den Außenwert der Währung. Auf solchen freien Devisenmärkten reguliert sich das Austauschverhältnis der Währungen durch die Wechselkurse (Floating, vgl. S. 311 f.).

▲ Aufwertung der Währung

Die Euro-Nachfrage (sowie das Devisenangebot) steigt aufgrund von zunehmenden Güter- bzw. Dienstleistungsexporten und steigenden Kapitalimporten. Es kommt ein höherer Kurs zustande, dieser höhere Preis für den Euro stellt eine Aufwertung der Währung dar. Der Außenwert der Währung nimmt zu, d.h., man erhält mehr ausländische Währungseinheiten für eine Einheit der inländischen Währung bzw. der Preis für ausländische Währungseinheiten sinkt.

Beispiel Die Bürodesign GmbH importiert Produkte im Wert von 10 000,00 USD aus den USA.

vor der Aufwertung	nach der Aufwertung
1,20 USD – 1,00 € 10 000,00 USD – x € x = 8 333,33 €	1,30 USD – 1,00 € 10 000,00 USD – x € x = 7 692,31 €
Der Preis der Produkte beträgt 8 333,33 €.	Der Preis der Produkte beträgt 7 692,31 €.
Folgen: Güter- und Dienstleistungsimporte werden günstiger, Importe steigen, Kapitalimport nach Euro-Land sinkt.	

Beispiel Die Bürodesign GmbH exportiert Produkte im Wert von 10 000,00 € in die USA.

vor der Aufwertung	nach der Aufwertung
1,00 € – 1,20 USD 10 000,00 € – x USD x = 12 000,00 USD	1,00 € – 1,30 USD 10 000,00 € – x USD x = 13 000,00 USD
Der Preis der Produkte beträgt 12 000,00 USD.	Der Preis der Produkte beträgt 13 000,00 USD.
Folgen: Güter- und Dienstleistungsexporte werden teurer, Exporte sinken, Kapitalexport steigt.	

▲ Abwertung der Währung

Gegenteilig wirkt es sich aus, wenn die Euro-Nachfrage (sowie das Devisenangebot) aufgrund eines Zahlungsbilanzdefizites sinkt, das durch rückläufige Güter- bzw. Dienstleistungsexporte und sinkende Kapitalimporte verursacht worden ist. Der Wechselkurs sinkt, d. h., eine Abwertung der Währung erfolgt. Der Außenwert der Währung nimmt ab, sodass man weniger ausländische Währungseinheiten für eine Einheit der inländischen Währung erhält bzw. der Preis für ausländische Währungseinheiten sinkt.

Beispiel Die Bürodesign GmbH importiert Produkte im Wert von 10 000,00 USD aus den USA.

vorher	nachher
1,20 USD – 1,00 € 10 000,00 USD – x € x = 8 333,33 €	1,10 USD – 1,00 € 10 000,00 USD – x € x = 9 090,90 €
Der Preis der Produkte beträgt 8 333,33 €.	Der Preis der Produkte beträgt 9 090,00 €.
Folgen: Güter- und Dienstleistungsimporte werden teurer, Importe sinken, Kapitalimport nach Euro-Land steigt.	

Beispiel Die Bürodesign GmbH exportiert Produkte im Wert von 10 000,00 € in die USA.

vorher	nachher
1,00 € – 1,20 USD 10 000,00 € – x USD x = 12 000,00 USD	1,00 € – 1,10 USD 10 000,00 € – x USD x = 11 000,00 USD
Der Preis der Produkte beträgt 12 000,00 USD.	Der Preis der Produkte beträgt 11 000,00 USD.
Folgen: Güter- und Dienstleistungsexporte werden günstiger, Exporte steigen, Kapitalexport sinkt.	

> **Monetäre Einflüsse: Gründe für Ungleichgewicht in der Zahlungsbilanz**
> - Die **Ursachen für ein Zahlungsbilanzdefizit bzw. einen Zahlungsbilanzüberschuss** liegen in der Wirtschaftsstruktur, dem Preisniveau und den Wechselkursen der beteiligten Länder.
> - **Auswirkungen von Zahlungsbilanzungleichgewichten**
>   - Devisenzuflüsse/Exporte > Devisenabflüsse/Importe:
>   Devisenangebot steigt → Devisenkurs sinkt → Importe günstiger → Importe wachsen
>   Euronachfrage steigt → Eurokurs steigt → Exporte teurer → Exporte sinken
>   - Devisenzuflüsse/Exporte < Devisenabflüsse/Importe:
>   Devisennachfrage steigt → Devisenkurs steigt → Importe teurer → Importe sinken
>   Euroangebot steigt → Eurokurs sinkt → Exporte günstiger → Exporte steigen

Monetäre Einflüsse: Gründe für Ungleichgewicht in der Zahlungsbilanz

1 Begründen Sie, warum der Saldo der laufenden Übertragungen in Deutschland meist negativ ist.

2 Stellen Sie fest, unter welchen Voraussetzungen der Saldo der Bilanz der Erwerbs- und Vermögenseinkommen einen Überschuss aufweist.

3 Erläutern Sie, welche Auswirkung der Exportüberschuss im Inland auf die Beschäftigung hat.

4 Die außergewöhnlichen Exporterfolge der deutschen Unternehmen werden als Beleg für ihre hohe internationale Wettbewerbsfähigkeit gewertet. Die Nachricht von einem weiteren Exportanstieg kommentiert ein Vertreter eines Wirtschaftsforschungsinstituts folgendermaßen: „Offenbar ist die Marktposition deutscher Unternehmen im Ausland so gut, dass sie selbst die Belastung der Euro-Aufwertung verkraften kann."
a) Erklären Sie, welchen Einfluss der Außenwert des Euro auf den Außenhandel hat.
b) In einer führenden Wirtschaftszeitung ist zeitgleich zu lesen: „So schiebt sich die Euro-Aufwertung in den Augen vieler wie eine dunkle Gewitterfront vor die aufgehende Sonne der wirtschaftlichen Erholung". Erläutern Sie, welchen Einfluss der Außenwert des Euros auf die inländische Wirtschaft hat.

5 In einer Pressemitteilung meldet das Statistische Bundesamt Rekordwerte für den Außenhandel. Fast gleichzeitig teilt ein Wirtschaftsforschungsinstitut mit, dass sich die Außenhandelsposition der Wirtschaft verschlechtert hat. Vergleichen Sie den Außenhandel im Berichtsjahr und im Vorjahr und überprüfen Sie, wie es zu unterschiedlichen Einschätzungen kommt.

A	Handelsbilanz im Vorjahr	P	A	Handelsbilanz im Berichtsjahr	P
Exporterlöse	997	Importausgaben 870 Exportüberschuss 127	Exporterlöse	1 167	Importausgaben 1 058 Exportüberschuss 109
	997	997		1 167	1 167

Anteil am BIP	Vorjahr	Berichtsjahr
Exporte	26 %	29 %
Importe	23 %	27 %

Index der Außenhandelspreise	Vorjahr	Berichtsjahr	prozentuale Veränderung
Import	100,2	111,4	+11,2
Export	100,9	104,4	+3,5

6 Die Bürodesign GmbH verkauft zu unterschiedlichen Zeitpunkten Empfangstheken in die USA. Es sollen möglichst 20 000,00 € erzielt werden. Sie konkurriert auf dem US-Markt mit einem asiatischen Produkt, das für 21 000,00 USD angeboten wird. Ermitteln Sie mithilfe der unten stehenden Tabelle, welcher Preis jeweils in USD erzielt werden müsste.

Zeitpunkt	Preis in €	Eurokurs (1 € = x USD)	Dollarkurs (1 USD = x €)	Preis in USD
T_1	20 000,00	1,25	0,80	
T_2	20 000,00	1,35	0,74	
T_3	20 000,00	1,15	0,87	

7 Erläutern Sie die Aufwertung und die Abwertung der Währung an Beispielen und stellen Sie dies in einem Vortrag Ihren Mitschülern mit geeigneten Medien vor.

7.5 Monetäre Einflüsse: Maßnahmen bei Ungleichgewicht in der Zahlungsbilanz

Herr Land hört morgens auf dem Weg zur Arbeit eine kurze Radiomeldung, dass Mitglieder der Bundesregierung spontan zu einem eintägigen Besuch in die USA geflogen sind. Er fragt sich sogleich, wozu das nötig sei. Im Radio wird die Reise mit einem hohen US-Leistungsbilanzdefizit und einem schwachen Dollar begründet. In einem anschließenden Kommentar wirft der Radio-Kommentator der US-Regierung vor, dass sie dagegen nichts unternehme, und behauptet, der Dollarkurs sei ihr gerade recht: Denn durch die Schwäche des Dollars seien Importe teuer und würden eingeschränkt, andererseits seien die amerikanischen Güter auf dem Weltmarkt günstig, was zu einer steigenden Nachfrage führe.

- Erläutern Sie die Wirkung des schwachen Dollars auf die Exporte und Importe.
- Erklären Sie, was die US-Regierung gegen ein Leistungsbilanzdefizit unternehmen kann.

▲ Einflussnahme bei festen Wechselkursen (vgl. S. 314 ff.)

Die Regierungen der beteiligten Staaten legen fixe Austauschverhältnisse langfristig fest, jedoch kann sich das Verhältnis von Devisenangebot und Devisennachfrage ändern. Stimmt das Austauschverhältnis zwischen Währungen in einem System fester Wechselkurse über einen längeren Zeitraum nicht mehr mit dem Verhältnis überein, das sich auf einem freien Devisenmarkt ergeben hätte, wird eine Veränderung des Austauschverhältnisses vorgenommen, also eine Auf- oder Abwertung. Durch Beschluss der jeweiligen Regierungen wird bei diesem System der festen Wechselkurse die Änderung durch die Zentralbank vorgenommen. Handlungsbedarf besteht dann,

- wenn der Gleichgewichtskurs langfristig unter dem Interventionspunkt liegt. Hier muss der Wechselkurs herabgesetzt, d. h. die eigene Währung **abgewertet** werden. Diese Maßnahme soll die Exporte fördern und die Importe bremsen.
- wenn der Gleichgewichtskurs langfristig über dem oberen Interventionspunkt liegt. Dann muss der Wechselkurs heraufgesetzt, d. h. die eigene Währung **aufgewertet** werden. Diese Maßnahme soll die Exporte bremsen und die Importe fördern.

▲ Devisenbewirtschaftung

Diese Form währungspolitischer Eingriffe zählt zu den Handelshemmnissen, weil sie massiv in den Wettbewerb eingreift. Eine Devisenbewirtschaftung wird oftmals durchgeführt, wenn die Importe nicht mehr durch entsprechende Devisenerlöse aus dem Export bezahlt werden können. Eine solche Konstellation ergibt sich meist bei einer erheblichen Überbewertung der heimischen Währung, die die Exporte hemmt und die Importe fördert.

Sind die Devisenreserven der Zentralbank erschöpft und stehen auch keine anderen Mittel (Kapitalzufluss, Auslandsverschuldung) zur Begleichung der überschüssigen Importe zur Verfügung, so müssen die knappen Deviseneinnahmen den Importeuren administrativ zugeteilt werden, wenn eine Wechselkursanpassung (Abwertung) vermieden werden soll. Die Importeure müssen die Zuteilung von Devisen beantragen. Die Devisen werden rationiert, d. h. nach bestimmten Gesichtspunkten den Antragstellern über Einfuhrlizenzen zugeteilt. So können die verfügbaren Devisen z. B. nach Importländern, Importwaren und -dienstleistungen zugeteilt sowie auf die verschiedenen Importfirmen anteilsmäßig verteilt werden. Welche Güter dann importiert werden können, hängt nicht mehr von ökonomischen Effizienzkriterien, sondern von politischen und persönlichen Beziehungen ab. Freie Devisengeschäfte sind nicht mehr möglich. Die Exporteure werden gezwungen, ihre Erlöse an ausländischen Zahlungsmitteln an die Zentralbank abzuliefern bzw. zu verkaufen. Die Marktpreisbildung am Devisenmarkt (Devisenhöchstpreis) ist außer Kraft gesetzt.

Durch den **Wechselkursmechanismus** kommt es bei freien Wechselkursen theoretisch zu einem Zahlungsbilanzausgleich, ein Eingreifen wäre also nicht nötig. In der Realität erfolgt der Ausgleich selbst bei freien Wechselkursen nicht automatisch und unmittelbar. Es kann also durchaus sein, dass – obwohl viel exportiert wird – der Wechselkurs nicht steigt und sich das Ungleichgewicht nicht aus eigenen Kräften reguliert. Denn es werden bei Außenhandelsgeschäften lange Zahlungsziele gewährt, es bestehen beträchtliche Unterschiede zwischen der Wirtschaftsstruktur des jeweiligen Landes und der seiner Handelspartner. Ein außenwirtschaftliches Gleichgewicht wird jedoch angestrebt, um ein langfristig stabiles Preisniveau und eine hohe Beschäftigung zu erreichen. Entsprechend sind Maßnahmen zum Ausgleich der Zahlungsbilanz notwendig. Für ein Land mit Zahlungsbilanzüberschuss ist der Zwang, diesen Überschuss abzubauen, geringer als für ein Land mit Zahlungsbilanzdefizit der Zwang, die Defizite zu verringern. Einfluss auf das Wirtschaftsgeschehen und somit auf die Zahlungsbilanz können grundsätzlich die Zentralbank durch Geldpolitik (vgl. S. 290) oder der Staat durch Fiskalpolitik (vgl. S. 331) nehmen. Das Ziel ist, Devisenangebot (Exporterlöse) und Devisennachfrage (Importausgaben) in Einklang zu bringen.

▲ Einflussnahme durch die Zentralbank

▲ Einflussnahme durch Devisenkäufe bzw. -verkäufe

Die **Europäische Zentralbank (EZB)** verfügt über die offiziellen Währungsreserven. Diese verändern sich dadurch, dass die Zentralbank von den Kreditinstituten Devisen kauft oder Devisen an sie verkauft, und durch ausländische Zinseinnahmen sowie die Abwicklung von Auslandszahlungen für öffentliche Stellen.

Sofern sich nicht durch den Wechselkursmechanismus ein Zahlungsbilanzgleichgewicht herstellt, kann die Zentralbank durch Devisenkäufe oder -verkäufe direkt das Devisenangebot bzw. die Devisennachfrage beeinflussen. Somit soll ein Wechselkurs erreicht werden, der den gewünschten Einfluss auf die Export- bzw. Importnachfrage hat.

Die Initiative für die beschriebenen Transaktionen geht dabei von der Zentralbank aus. Der Ort, an dem sie stattfindet, ist der Devisenmarkt. Dort tritt die Zentralbank als Käufer oder Verkäufer von Devisen auf. Es ist dabei nicht in erster Linie ihre Absicht, die Struktur ihres Geldvermögens zu verändern. Vielmehr will sie durch Käufe oder Verkäufe von Devisen – in der Regel von Dollar – auf den Wechselkurs Einfluss nehmen. Durch Käufe von Dollar will sie den Wechselkurs des Dollars stützen, durch Verkäufe von Dollar will sie ihn drücken.

Beispiel Aufgrund eines hohen Zahlungsbilanzdefizits in den USA und der damit einhergehenden Abwertung des Dollars gegenüber dem Euro kauft die EZB Dollar, um den Wechselkurs zu beeinflussen.

▲ Einflussnahme durch Veränderung der Geldmenge

Bei einem Zahlungsbilanzdefizit bemüht sich die Zentralbank durch restriktive Geldpolitik, die umlaufende Geldmenge und somit das inländische Preisniveau im Vergleich zum Ausland zu senken, um die Exporte zu fördern. Außerdem kann damit das Volkseinkommen zumindest relativ gesenkt werden, um die vom Volkseinkommen abhängigen Importe zu verringern. Dabei besteht der Zielkonflikt, dass dies auf die Konjunktur dämpfend wirkt, obwohl eigentlich eine Belebung des Arbeitsmarktes erforderlich wäre.

Durch expansive Geldpolitik wird von der Zentralbank bei einem Zahlungsbilanzüberschuss angestrebt, das inländische Preisniveau zu erhöhen. Dies geschieht, um Exporte zu reduzieren, das inländische Volkseinkommen nominal zu erhöhen und die vom Volkseinkommen abhängigen Importe zu steigern. Hierbei kann es zu dem wirtschaftspolitischen Zielkonflikt kommen, dass bereits vorhandene Preisniveausteigerungen zusätzlich durch expansive Geldpolitik verstärkt werden. Eine Zinsniveausenkung der Zentralbank führt bezüglich der Transaktionen mit dem Ausland zu einer Zunahme der Kapitalausfuhr und zu einer Abnahme der Kapitaleinfuhr. Im Inland zieht diese Maßnahme eine Ausweitung der volkswirtschaftlichen Gesamtnachfrage nach sich. Das hat eine Anhebung des Güterpreisniveaus und eine Einkommenssteigerung zur Folge. Beides führt zur Zunahme von Importen, die Auswirkungen auf das Preisniveau tragen zusätzlich zum Rückgang der Exporte bei.

In der EU ist es aufgrund der Gemeinschaftswährung und der – zumindest für alle Euro-Länder – gleich gestalteten Geldpolitik außerdem nicht möglich, auf Bedürfnisse eines einzelnen Landes durch individuelle geldpolitische Maßnahmen einzugehen.

▲ Einflussnahme durch den Staat

Der Staat kann sowohl direkt als auch indirekt Einfluss auf ein Zahlungsbilanzungleichgewicht nehmen, indem er die Rahmenbedingungen und Anreize für oder gegen Im- oder Exporte setzt. Insbesondere durch Vereinbarungen oder Verträge mit anderen Regierungen oder einzelnen Handelspartnern **(Handelsabkommen)** über den Umfang des gegenseitigen Warenaustauschs wird der Außenhandel gestaltet.

Zölle werden eingesetzt, um über Drosselung der Importe eine defizitäre Handelsbilanz zu verbessern. Bei Importen zeigen Maßnahmen wie Einfuhrkontingente oder -verbote meist eine schnelle Wirkung.

Beispiel Die Importkontingente für Textilien aus China werden aufgehoben. Die Einfuhr von Textilprodukten aus China steigt sprunghaft an.

Mittelbar und verspätet wirken häufig Maßnahmen in Zusammenhang mit Exporten. Der Rückgang von Exporten kann durch Ausfuhrbeschränkungen oder die Erfordernis von staatlichen Genehmigungen bei Grenzüberschreitung bestimmter Güter bewirkt werden. Zur Förderung von Exporten kann der Staat Kredite, Zuschüsse (Subventionen), angemessene Zollbehandlung oder die Risikoabsicherung von Exportgütern gewähren. Durch Kredithilfe des Exportlandes, d. h. Kapitalexport des jeweiligen Landes bzw. Kapitalimport beim Handelspartner, wird ein strukturelles Zahlungsbilanzdefizit im Importland häufig ausgeglichen.

Beispiel Thomas Stein erhält die Gelegenheit, ein Praktikum bei einem deutschen Hersteller von Wasseraufbereitungsanlagen zu machen, eine ebenso exportorientierte Branche wie der Druckmaschinenbau. Bei Verkauf dieser Anlagen in ein Entwicklungsland gibt der deutsche Staat dazu gleichzeitig einen Entwicklungshilfekredit.

Es kann durch die genannten staatlichen Maßnahmen auch zu einem wirtschaftspolitischen Zielkonflikt kommen. Wenn ohnehin ein nachfragebedingter Anstieg des Preisniveaus vorliegt, wird das durch die erforderlichen exportfördernden Maßnahmen noch verstärkt. Es kann auch eine konjunkturdämpfende Fiskalpolitik eingesetzt werden, obgleich z. B. aufgrund hoher Arbeitslosigkeit das Gegenteil erforderlich wäre.

Ob und welche Maßnahmen vom Staat ergriffen werden, um das Export- und Importvolumen zu beeinflussen, entscheidet die Außenwirtschaftspolitik des jeweiligen Landes. Dabei sind der Politik Grenzen durch Beschlüsse von internationalen Organisationen wie der WTO (Welthandelsorganisation) oder der EU gesetzt (vgl. S. 419, 434).

Monetäre Einflüsse: Maßnahmen bei Ungleichgewicht in der Zahlungsbilanz

- **bei freien Wechselkursen:** Devisenkäufe oder -verkäufe durch die Zentralbank
- **bei festen Wechselkursen:** Auf- oder Abwertung der Währung durch den Staat
- **Devisenbewirtschaftung:** Zuteilung der knappen Devisen durch den Staat

durch die Zentralbank:	durch den Staat:
– **Devisenverkäufe:** steigern das Devisenangebot, senken den Wechselkurs, steigern die Importnachfrage – **Devisenkäufe:** verringern das Devisenangebot, erhöhen den Wechselkurs, drosseln die Importnachfrage – **Ausweitung der Geldmenge:** erhöht das Preisniveau, drosselt die Exportnachfrage, steigert die Importnachfrage – **Verringerung der Geldmenge:** senkt das Preisniveau, erhöht die Exportnachfrage, senkt die Importnachfrage	– **Exportförderung:** Vereinfachung des Ausfuhrverfahrens, Wegfall von Ausfuhrbeschränkungen – **Exportdämpfung:** Erschwerung des Ausfuhrverfahrens, Zunahme von Ausfuhrbeschränkungen – **Importförderung:** Vereinfachung des Einfuhrverfahrens, Aufhebung von Einfuhrbeschränkungen – **Importdämpfung:** Verschärfung des Einfuhrverfahrens, Zunahme von Einfuhrbeschränkungen, Zölle

1 Die Bürodesign GmbH hat sich durch den Export der Produktgruppe „Warten und Empfangen" ein zweites Standbein geschaffen. Der Vertreter der IHK, der sie bei den Exportfragen berät, befürchtet einen Rückgang der Exporte. Erläutern Sie, wofür sich die IHK als Interessenverband solcher Unternehmen wie der Bürodesign GmbH bei der Regierung einsetzen sollte.

2 Herr Stein trifft sich mit seinem alten Studienfreund Bert Fink, der als Vermögens- und Anlageberater tätig ist und einen guten Überblick über die Finanzszene hat. Herr Stein erzählt seinem Freund von seinen Absichten, ins internationale Geschäft außerhalb der Euro-Zone einzutreten, und von den unterschiedlichen Meinungen zum Währungsrisiko bei ihm und Frau Friedrich. Bert Fink erläutert ihm dazu: „Auf der einen Seite hast du recht, dass sich auf einem freien Devisenmarkt die Kurse nach den Bedürfnissen der Marktteilnehmer regulieren. Aber es gibt daneben andere Einflüsse. Denn nicht nur die am Außenhandel Beteiligten, also Exporteure und Importeure, fragen Devisen nach, sondern auch z. B. die Zentralbanken halten Währungsreserven und erweitern oder verkleinern sie je nach Bedarf. Stell dir mal vor, z. B. eine große asiatische Notenbank nimmt Dollar-Verkäufe vor ..." Herr Stein folgert sofort: „Oh, das könnte den Dollar unter Druck bringen, weil es dann ein größeres Angebot gibt. Wenn das zu einer Dollar-Abwertung führen würde, wäre ich darüber als Exporteur gar nicht erfreut." Bert Fink: „Wie du siehst, kann das gerade dann passieren, wenn der Kurs für dich nicht die gewünschte Entwicklung aufweist." Herr Stein zieht sein Fazit: „Also haben wir beide, Frau Friedrich und ich, ein bisschen recht. Wir müssen die Wechselkurse genau verfolgen, aber auch, was und wer sie verändert."
a) Begründen Sie, wie sich die Auflösung von Dollar-Reserven einer Zentralbank auf den Euro auswirken kann.
b) Erläutern Sie, wo ein Zusammenhang zwischen diesen Maßnahmen und der Außenwirtschaft besteht.

3 Herr Stein liest in einer führenden deutschen Wirtschaftszeitung, dass das US-Außenhandelsdefizit ein neues unerwartetes Rekordniveau erreicht hat. Der Fehlbetrag wird durch einen unerwarteten Rückgang der Exporte und erneut gestiegene Importe, vor allem aufgrund von Öleinfuhren, begründet. Der US-Dollar reagiert darauf mit deutlichen Kursrückgängen gegenüber anderen führenden Währungen.
a) Erläutern Sie, warum das Defizit durch ausländisches Kapital finanziert wird.
b) Erklären Sie, warum Experten nicht damit rechnen, dass das Ungleichgewicht in der Handelsbilanz der USA vorläufig abgebaut wird.

4 Deutsche und weitere europäische Politiker fordern die EZB auf, mit Zinsveränderungen kurzfristig auf den Eurokurs einzuwirken. Wirtschaftsfachleute weisen darauf hin, dass der Wechselkurs selbst keine Zielvorgabe der Zentralbank ist. Bewerten Sie die beiden Aussagen.

7.6 Kritische Betrachtung des Außenhandels

„Kann denn Export Sünde sein?" tituliert eine deutsche Tageszeitung. Bei der Bürodesign GmbH ist der Verkauf der Steh-/Sitzarbeitsplätze ins Ausland sehr gut angelaufen. Es wird mit weiteren Aufträgen aus dem Ausland gerechnet. Beim Jahresabschluss wirkt es sich positiv auf die Bilanz des Unternehmens aus. Außerdem wird der Personalleiterin, Frau Geissler, signalisiert, dass der Personalbedarf stabil bleibt. Dennoch fordern einige Wirtschaftsvertreter eine Abkehr von der starken Exportorientierung der deutschen Wirtschaft.

- Nennen Sie die Merkmale einer exportlastigen Wirtschaftsstruktur.
- Erläutern Sie, welche unerwünschten Folgen die Exportorientierung nach sich zieht.

Für ein rohstoffarmes und lohnintensives, aber auch hoch industrialisiertes Land wie beispielsweise Deutschland besteht einerseits die Notwendigkeit, Rohstoffe sowie Güter, die im Ausland besser oder günstiger hergestellt werden, zu importieren. Andererseits hat ein solches Land eine führende Rolle beim Export von High-Tech-Produkten. Beide Aspekte des Außenhandels tragen zum Wohlstand bei, der Import sorgt für eine ausgezeichnete Versorgung mit Gütern und der stark ausgeprägte Export sichert die Beschäftigung.

▲ Nachteile des Außenhandels

Es kann sich auch negativ auswirken, dass sich die Länder aufgrund des Außenhandels spezialisieren. Die inländische Wirtschaft ist abhängig vom ausländischen Absatzmarkt und somit anfällig bei rückläufigen Exporten. Insbesondere bei starker Spezialisierung bestehen Absatzrisiken. Bei unbeschränkten Einfuhrmöglichkeiten werden Produkte aus dem Ausland denen inländischer Herkunft vorgezogen, weil sie günstiger sind. Das kann unerwünschte Folgen für die inländische Wirtschaft haben, weil sie weniger absetzt und in der Folge Arbeitsplätze abgebaut werden müssen. Die Bereitstellung von Gütern, die auch im Inland bezogen werden könnten, wird abgebaut, was zu einer Importabhängigkeit führt. Es besteht die Gefahr von Monostrukturen und politischer Abhängigkeit. Negativ wirkt sich zudem aus, dass durch steigenden internationalen Handel die Transporte und dadurch die Umweltbelastung zunehmen. Es kann erforderlich sein, die inländische Volkswirtschaft gegen negative Einflüsse des Außenhandels zu schützen. Darin liegt das Interesse des Staates begründet, den Handel mit anderen Ländern zu fördern. Der Staat nimmt durch seine wirtschaftspolitischen Maßnahmen auch Einfluss auf die außenwirtschaftlichen Beziehungen, indem er die Ordnung des internationalen Handelsverkehrs mit seiner Außenhandelspolitik gestaltet.

▲ Leitbilder der Außenwirtschaftspolitik

Es werden zwei Leitbilder des Außenhandels unterschieden:

- Der Nachfrager soll auf der einen Seite die Möglichkeit haben, die günstigste Alternative auszuwählen, und auf der anderen Seite soll es dem Anbieter möglich sein, sich für das höchste Gebot zu entscheiden **(Freihandel/Liberalismus)**.
- Spezifische nationale Strukturen erschweren es heimischen Anbietern, im internationalen Wettbewerb mitzuhalten, sodass sie durch den Staat geschützt werden **(Protektionismus)**.

▲ Freihandel

Die theoretische Begründung der Vorteilhaftigkeit des freien Handels lieferte insbesondere der bekannteste Vertreter der klassischen Ökonomie Adam Smith. In dessen Folge wurde im 19. Jahrhundert der bis dahin herrschende **Merkantilismus** in vielen sich industrialisierenden Ländern zugunsten einer Freihandelspolitik aufgegeben. Merkantilismus bedeutete, dass die Macht und Finanzkraft in den Händen des Staates durch absolutistische Herrscher lag. Dazu gehörten auch staatliche Eingriffe in den Außenhandel, um einen möglichst großen Zahlungsbilanzüberschuss zu erzielen.

Die Vorteile der **internationalen Arbeitsteilung** können am besten durch einen von staatlichen Eingriffen freien internationalen Güteraustausch realisiert werden. Eingriffe des Staates verringern den internationalen Wettbewerb, sorgen für eine ineffiziente Verwendung der Ressourcen und vermindern den Wohlstand. Dagegen entsteht ein Nutzen durch uneingeschränkten Handel mit anderen Ländern, weil private Haushalte und Unternehmer günstiger und in besserer Qualität einkaufen können. Unternehmer können durch weltweite Abnehmer ihren Umsatz steigern und konzentrieren sich auf die Herstellung der Güter, die sie günstiger produzieren als andere. Sie tauschen sie gegen Güter, die andere günstiger herstellen. Bessere Versorgung des Inlands mit Gütern, niedrigere Kosten und somit höherer Wohlstand für die Bevölkerung sind die Folge. Deshalb besteht die Forderung, den Außenhandel zu liberalisieren, d. h. frei von Staatseingriffen zu gestalten. Das bedeutet einen freien Leistungswettbewerb über die Staatsgrenzen hinaus.

Um den Handel mit dem Ausland auszubauen, wird sowohl innerhalb eines Landes und innerhalb von Staatengemeinschaften, aber auch weltweit daran gearbeitet, Handelshemmnisse abzubauen. Für das jeweilige Land bedeutet dies zunächst, eine einfache Abwicklung und wenige Beschränkungen beim Ein- und Ausfuhrverfahren zu ermöglichen. Zur Förderung des Exports gehört es auch, Unternehmen mit Informations- und Investitionshilfen oder Bürgschaften zu unterstützen. Träger von solchen handelspolitischen Instrumenten sind neben staatlichen Einrichtungen die Interessenvertretungen einzelner Branchen.

Beispiele Die IHK unterhält in verschiedenen Ländern eine Auslandshandelskammer, um vor Ort Kontakte zwischen deutschen und den dort ansässigen Unternehmen herzustellen. Die Geschäftsverbindung mit der Bürodesign GmbH und dem norwegischen Kunden ist durch die Vermittlung der deutsch-norwegischen Auslandshandelskammer in Oslo zustande gekommen.

Die Bürodesign GmbH ist bei der Bundesstelle für Außenhandelsinformation registriert und kann so neue Bezugsquellen ermitteln.

Um die angestrebte weltweit harmonisierte Liberalisierung der Märkte voranzutreiben, gibt es internationale Institutionen, die sich dies zum Ziel gesetzt haben.

Die Wirtschaftsordnung der Marktwirtschaft ist durch den Gedanken des Liberalismus geprägt, der jeden einzelnen Wirtschaftsteilnehmer motivieren soll, aktiv am Wirtschaftsgeschehen teilzunehmen und davon zu profitieren (vgl. S. 203 ff.). Die in Deutschland vorliegende Wirtschaftsordnung der sozialen Marktwirtschaft ist mit sozialer Absicherung gepaart, d.h., der Staat bzw. das staatliche Instrumentarium greift dann ein, wenn es sich für das einzelne Wirtschaftssubjekt nachteilig auswirkt und dieses sich nicht selbst davor schützen kann.

▲ Protektionismus

Aus ökonomischen oder politischen Gründen erfolgen staatliche Eingriffe in den Außenhandel, um die inländischen Wirtschaftssubjekte zu schützen. Der Staat kann in die Preisgestaltung und in den Umfang des Außenhandels der Güter aus folgenden Gründen eingreifen:

- Die heimische Wirtschaft soll vor ausländischer Konkurrenz geschützt werden.

    Beispiel Die deutschen Möbelhersteller, zu denen die Bürodesign GmbH zählt, werden zunehmend von günstigeren Anbietern aus dem Ausland verdrängt. Als Schutzmaßnahme dienen Einfuhrbeschränkungen und Zölle.

- Arbeitsplätze sollen geschützt werden.

    Beispiel Der asiatische Kleinwagen, den Frau Land fährt, ist im Inland zusammengebaut worden aus teilweise im Inland gefertigten Teilen. Denn die Arbeitsplätze in der deutschen Automobilindustrie werden vor der asiatischen Konkurrenz durch Vorschriften darüber geschützt, dass Teile des Produkts aus dem Inland stammen müssen. Wird der Pkw als Endprodukt importiert, erhöhen sich die Einfuhrabgaben drastisch.

- Verbraucher sollen geschützt werden.
  Beispiel Frau Stein würde gerne hoch dosierte Vitaminpräparate eines amerikanischen Herstellers zur Gesundheitsvorsorge einnehmen. Diesen Nahrungsergänzungsmitteln fehlt in Deutschland die arzneimittelrechtliche Zulassung, weil die Folgen der Einnahme nicht erforscht sind.
- Maßnahmen bei Zahlungsbilanzungleichgewichten müssen ergriffen werden (vgl. S. 387).
  Beispiel Um die Importe von Waren bei einer defizitären Handelsbilanz zu drosseln, werden Einfuhrzölle erhöht. Die eingeführten Waren werden dadurch verteuert und somit weniger oder nicht mehr nachgefragt.
- Abhängigkeiten sollen vermieden werden.
  Beispiel Es wäre günstiger den Rohstoff für Zucker komplett auf dem Weltmarkt zu beziehen; dennoch werden die Bauern in der EU weiterhin dabei unterstützt, Zuckerrüben anzubauen, um eine eigene Versorgung zu gewährleisten.
- Für den Staat sollen neue Einnahmequellen erschlossen werden.
  Beispiel In Industrieländern spielen Zölle als Quelle von Staatseinnahmen (Fiskalzölle) praktisch keine Rolle.
- Schrumpfende Branchen sollen geschützt werden.
  Beispiel Es gibt kaum noch inländische Lieferanten für die Bürodesign GmbH, die Bezugsstoffe herstellen. Damit Teile der Textilindustrie noch in Inland verbleiben, werden Zölle oder Einfuhrbeschränkungen für Textilprodukte erhoben.

Bei Branchen, die im Inland vergleichsweise teurer produzieren, führt der Freihandel zu nachlassender Nachfrage der inländischen Wirtschaft und damit zum Verlust von Arbeitsplätzen. Durch **Protektionismus** (lat. protegere = beschützen) wird versucht, diesen Schrumpfungsprozess aufzuhalten. Der Beschäftigungsabbau wird zwar zeitweise verlangsamt, kann aber letztlich nicht aufgehalten werden. Denn die mangelnde internationale Wettbewerbsfähigkeit von solchen strukturschwachen Branchen wird damit nicht verbessert.

Beispiel Die Nichte von Frau Stein hat Textiltechnik studiert und findet nach dem Studium keinen Arbeitsplatz, weil die Textilindustrie unaufhaltsam geschrumpft ist. Der Wettbewerbsvorteil der ausländischen Textilhersteller durch die niedrigen Lohnkosten für z. B. Näherinnen in Asien und die somit geringen Produktionskosten von Textilien wird durch Zölle nicht aufgehoben.

Besondere Bedeutung erfährt dieses Argument dann, wenn die schrumpfenden Branchen Güter von hohem strategischem Wert für das Land herstellen. Politisch wird dann meist mit der Notwendigkeit einer gewissen nationalen Unabhängigkeit von Importen argumentiert: Diese Unabhängigkeit mache eine Protektion der heimischen Wirtschaftszweige selbst um den Preis ökonomischer Effizienzverluste notwendig. Protektionismus wird so rein „politisch" erklärt.

Beispiel Der Bruder von Herrn Land lebt im Ruhrgebiet und arbeitete in einem Kohlebergwerk. Der inländische Bergbau wurde durch die Kohlesubvention unterstützt, damit eine Mindestenergieversorgung gewährleistet ist. Aufgrund der Subvention konnte die Kohle zum Weltmarktpreis verkauft werden. Solche u. a. umweltschädlichen Subventionen laufen in den nächsten Jahren aus oder sie wurden abgebaut. Die Steinkohleförderung wurde in Deutschland 2018 eingestellt. Der noch bestehende inländische Bedarf wird durch Importkohle gedeckt.

▲ Handelspolitische Instrumente

Die liberale Außenwirtschaftspolitik hat dort Grenzen, wo die inländischen Haushalte oder Unternehmen kurz- oder langfristig Schaden nehmen könnten, sei es wirtschaftlich oder gesundheitlich. Der grenzüberschreitende freie Leistungswettbewerb soll sich nicht um den Preis sozialer Missstände und wirtschaftlicher Abhängigkeit entfalten. Die handelspolitischen Instrumente zum Schutz der Verbraucher und der inländischen Wirtschaft sollen den Außenhandel steuern, indem sie Einfluss auf die Preise der importierten und exportierten Güter nehmen oder auf die gehandelten Mengen einwirken.

Zur Beeinflussung des Preises werden folgende **Maßnahmen** ergriffen:

▲ Zölle

Zölle stellen eine besondere Form einer Steuer auf die Ein- und Ausfuhren eines Landes dar. Sie treten meist in Form von Importzöllen auf, während Exportzölle weniger häufig angewendet werden. Je nach Bemessungsgrundlage unterscheidet man folgende Zollarten:

- **Spezifische Zölle und Mengenzölle:** In diesem Fall stellt die Menge (z. B. in Gewichtseinheiten, in Stück) die Bemessungsgrundlage dar. Solche Zölle werden in einer festen Höhe auf jede importierte Gütereinheit erhoben.
  Beispiel Der Computer von Jörn Land ist in Taiwan produziert worden. Auf den Kaufpreis ist von der Zollstelle ein fixer Zollbetrag erhoben worden.
- **Wertzölle:** Der Zoll wird als Prozentsatz des Warenwerts festgesetzt.
  Beispiel Für eine Holzlieferung an die Vereinigte Spanplatten Werke aus den USA verlangt der Zoll die Rechnung, um anhand des Wertes der Lieferung den Zoll zu berechnen.
- **Variable Abschöpfung:** Hierbei handelt es sich um Zölle in variabler Höhe, die sich nach dem ausländischen Angebotspreis richten und die so ausgestaltet werden, dass der Importpreis einschließlich Zoll mindestens dem Preis der heimischen Produzenten entspricht. Die ausländischen Anbieter können also auch durch noch so große Preiszugeständnisse nie günstiger als die inländischen Produzenten anbieten.
  Beispiel Die Familie Stein geht zu besonderen Anlässen in ein argentinisches Steakhaus. Um die Zölle für die Einfuhr des Fleisches festzulegen, wird zunächst der Preis innerhalb der EU zugrunde gelegt und die Differenz zum Weltmarktpreis wird als Einfuhrabgabe verlangt. Somit ist das Fleisch genauso teuer wie Fleisch mit inländischer Herkunft. Dieses Verfahren wird von der EU im Rahmen der Agrarpolitik angewendet, um EU-Bauern mit der außereuropäischen Konkurrenz gleichzustellen.

Preis- und Mengeneffekt des Zolls

Importzölle werden erhoben, um das ausländische Angebot zu verteuern und damit die heimischen Produzenten zu schützen. Inwieweit der Zoll diesen Zweck erreicht, soll anhand der folgenden Grafiken gezeigt werden. Es wird dabei von einem **Mengenzoll** ausgegangen, der jede Mengeneinheit um einen bestimmten Zollbetrag verteuert und sich somit in einer parallelen Linksverschiebung der Angebotskurve des ausländischen Produzenten niederschlägt.

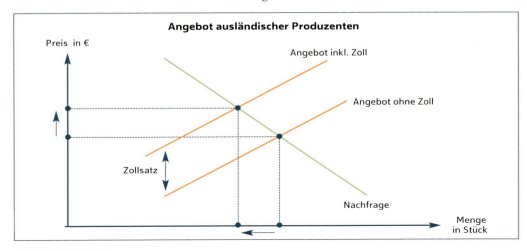

Der Preis erhöht sich nach der Zollerhebung (= Preiseffekt) und dadurch verringert sich die nachgefragte Menge (= Mengeneffekt). Wie stark die durch die Zollerhebung ausgelösten Preis- und Mengeneffekte sind, kann im Voraus allerdings nie genau bestimmt werden, da diese entscheidend von der **Preiselastizität** der Nachfrage und des Angebots abhängen (vgl. S. 400). Dies wird im folgenden Schaubild deutlich, wobei von unterschiedlichen Nachfrageelastizitäten ausgegangen wird. Abgebildet sind zwei Nachfragefunktionen, wobei die horizontal verlaufende Gerade eine unendlich preiselastische Nachfrage repräsentiert, während die vertikale Gerade eine vollkommen preisunelastische Nachfrage darstellt.

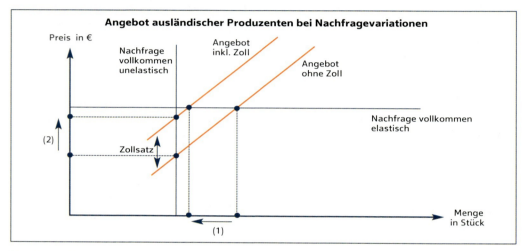

Bei der vollkommen elastischen Nachfrage tritt lediglich eine Mengenreduktion auf, während der Preiseffekt null ist.

Beispiel Frau Stein isst gerne Lachs aus Alaska. Würde der Import dieses Fisches mit einem höheren Zoll belastet, kaufte sie Fisch aus zollfreien europäischen Gewässern.

Umgekehrt steigt bei der unelastischen Nachfrage der Preis um die Höhe des Zollsatzes, während die nachgefragte Menge unverändert bleibt.

Beispiel Die Bürodesign GmbH unterhält mehrere Diesel Lkw. Unabhängig von steigenden Dieselpreisen (aufgrund von gestiegenen Zöllen auf Rohöl), werden die Fahrzeuge die gleichen Distanzen zurücklegen und somit wird die Bürodesign GmbH die gleiche Menge Diesel nachfragen.

Die unterschiedlichen Preiselastizitäten der Nachfrage hängen hierbei wesentlich von der Dringlichkeit des Bedarfs ab. Eine unelastische Nachfrage tritt beispielsweise bei Gütern auf, auf die die Verbraucher dringend angewiesen sind. Ihre Nachfrage ist weitgehend unabhängig vom Preis, weswegen der Verteuerungseffekt durch den Zoll voll zur Geltung kommt, da immer noch dieselbe Menge wie vor der Zollerhebung nachgefragt wird.

Protektionseffekt eines Zolls

Gestiegene Preise für Importe und reduzierte Mengen der ausländischen Anbieter bewirken einen Schutzeffekt für die heimischen Anbieter. Dies ist oftmals auch der Zweck des Zolls. Der Schutz heimischer Produzenten ist umso größer, je stärker die Preise und Mengen auf die Zollerhebung reagieren. Die verminderte Auslandskonkurrenz eröffnet nun den heimischen Produzenten die Chance, ihr ursprünglich preislich weniger konkurrenzfähiges Angebot auf dem heimischen Markt auszudehnen und zu steigern. Von der steigenden Produktion profitiert natürlich auch die Beschäftigung der geschützten Branchen.

Beispiel Die Stammes Stahlrohr GmbH ist von ausländischer Konkurrenz bedroht. Die Schutzzölle auf Stahl und Stahlprodukte werden verhängt, damit die günstigeren Auslandspreise die inländische Stahlerzeugung nicht überflüssig machen und somit nicht die Beschäftigung in der Branche gefährden.

Terms-of-Trade-Effekt eines Zolls

Die protektionistischen Maßnahmen bezüglich des Außenhandels haben direkten Einfluss auf die Preisgestaltung. Ein weiterer Preiseffekt einer Zollerhebung ist der sogenannte Terms-of-Trade-Effekt. Die **Terms of Trade (ToT)** geben das Verhältnis der Exportpreise eines Landes zu seinen Importpreisen wieder.

Aufgrund der Preisentwicklung der Export- und Importgüter wird jeweils ein Preisindex errechnet. Diese Preisindices werden gegenübergestellt.

$$\text{Terms of Trade} = \frac{\text{Exportpreisindex}}{\text{Importpreisindex}} \cdot 100$$

Sinken beispielsweise die Importpreise eines Landes bei unveränderten Ausfuhrpreisen, so kann es mit einer unveränderten Exportmenge mehr Importe tätigen.

Beispiele

Deutsche Terms of Trade		Index der Durchschnittswerte		Austauschverhältnis (Terms of Trade)
		Einfuhr	Ausfuhr	
Monat	August	100,6	100,2	99,6
	Juli	102,5	102,6	100,1

Terms of Trade mit fiktiven Werten

- Gegenüber dem Basisjahr beträgt im Folgejahr der Preisindex für Ausfuhren 100,2. Der Preisindex für Einfuhren 100,6, d. h., die Preise für eingeführte Waren und Dienstleistungen sind insgesamt gestiegen. Es ergibt sich daraus ein Verhältnis von 100,6/100,2 und ein Ergebnis von 99,6 sagt aus, dass für die exportierte Gütermenge 0,4 % weniger Importe getätigt werden können.
- Abels, Wirtz & Co. KG liefert hochwertige Schließanlagen nach Marokko, die im Basisjahr 100 000,00 € kosten und demnach im Folgejahr 100 200,00 €. Von dort importiert Deutschland Obst. Aufgrund des Preisindex kostet die Menge, die im Basisjahr 100 000,00 € kostete, jetzt 100 600,00 €. Das heißt, Marokko muss 0,4 % weniger Obst exportieren, um die Schließanlagen zu erwerben.

Jede Preisänderung, ob im Inland oder Ausland, führt zu einer Veränderung der Terms of Trade. Werden Zölle erhoben, verändern sich somit die Terms of Trade. Werden Einfuhrzölle erhoben, können die ausländischen Anbieter den dadurch verschlechterten Terms of Trade nur entgegenwirken, indem sie ihre Preise senken.

▲ Subventionen

Subventionen werden zur Unterstützung des Exports, aber auch des Imports gewährt. Subventionen zur Exportförderung werden in Form von **Investitionshilfen, Exportkrediten** oder **Ausfuhrprämien** gewährt. Die Unterstützung von Exportkrediten wird ergänzt durch staatliche Bürgschaften und Garantien. Bestehen bei Außenhandelsgeschäften besondere politische Risiken, bietet der Staat eine Ausfuhrgarantie oder -bürgschaft an, d. h., er kommt für die Verbindlichkeiten auf, falls der ausländische Schuldner aus politischen Gründen nicht zahlt.

Beispiel Die Abels, Wirtz & Co. KG plant einen umfangreichen Export von Schließanlagen in einen afrikanischen Staat, in dem gerade Bürgerkrieg herrscht. Um das Risiko des Zahlungsausfalls aufgrund der angespannten politischen Lage auszuschließen, stellt sie einen Antrag auf Übernahme der Ausfuhrgewährleistung durch den Bund.

▲ Kontingente

Die Wirkung von Zöllen auf Importpreise und -mengen lässt sich wegen der Unsicherheiten hinsichtlich der genauen Lage der Angebots- und Nachfragefunktionen im Voraus nicht exakt prognostizieren. Will der Staat dennoch eine vorgegebene Mengenreduktion erzielen, so schreibt er den Importeuren den mengen- oder wertmäßigen Import, das sogenannte **Importkontingent,** vor.

Beispiel In dem Supermarkt, in dem Frau Land arbeitet, werden vorwiegend Produkte aus heimischem oder zumindest europäischem Schweinefleisch verkauft, da eine vorgegebene Quote beim Import von Schweinefleisch in die EU besteht.

Importkontingente stellen als Vorstufe von Importverboten eines der schärfsten Mittel einer protektionistischen Außenhandelspolitik dar. Sie nehmen einem ausländischen Anbieter jede Möglichkeit, über eine Verringerung seiner Angebotspreise noch Einfluss auf seine Absatzmenge zu nehmen.

▲ Freiwillige Exportbeschränkungen

Dieses Handelskontingent wird vom Exportland selbst festgelegt, um Handelsbeschränkungen seitens des Importlandes vorzubeugen. Letztlich wirken freiwillige Exportbeschränkungen sich wie eine Importquote auf die Preise des Importlandes aus.

Beispiel Das Bundesministerium für Ernährung und Landwirtschaft (BMEL) setzt sich kritisch damit auseinander, ob die 0,5 % der deutschen Agrarexporte, die in die am wenigsten entwickelten Länder (LDC) gingen, negativen Einfluss haben und die heimische Produktion zum Erliegen bringen können.

▲ Local-Content-Klauseln

Eine Local-Content-Klausel schreibt vor, dass ein bestimmter Anteil des Endprodukts aus inländischer Herstellung stammen muss. Somit wird die inländische Industrie vor der ausländischen Konkurrenz geschützt. Ein Mindestanteil des Güterpreises geht somit auf die inländische Wertschöpfung zurück. Es ist hier im Gegensatz zu einer Importbegrenzung so, dass die Importmenge gesteigert werden kann, solange auch im gleichen Maße im Inland nachgefragt wird.

Beispiel Die für die Produktion eines Kleinwagens einer japanischen Automarke notwendigen Teile kosten, wenn sie komplett in Deutschland gefertigt werden, 10 000,00 €. Würde man die Teile komplett importieren, betrügen die Kosten 6 000,00 €. Schreibt nun die Local-Content-Klausel vor, dass mindestens die Hälfte der Teile aus dem Inland verwendet werden muss, betragen die Durchschnittskosten für den Pkw 8 000,00 € (0,5 · 6 000,00 € + 0,5 · 10 000,00 €).

▲ Export- bzw. Importverbote

Die Einfuhr oder Ausfuhr von bestimmten Waren oder Warengruppen kann verboten werden. Solche Verbote sind extreme Maßnahmen, um Einfluss auf die Außenwirtschaft zu nehmen.

Beispiel Silvia Land wurde beim Joggen von einem Hund gebissen. Es stellte sich heraus, dass es sich um einen aus dem Ausland stammenden Kampfhund handelt. Das Land NRW verbietet die Einfuhr von Kampfhunden.

▲ Embargo

Politisch motivierte Export- und Importverbote bezeichnet man als **Embargo.** Beim Embargo stellen die Exporteure auf eine staatliche Weisung ihre Lieferungen an das Abnehmerland ein. Im Gegensatz zu gewöhnlichen Exportverboten ist mit einem Embargo ein politischer Zweck verbunden, der darin besteht, das Abnehmerland zu einem bestimmten Verhalten (Einstellung eines Bürgerkriegs, Beendigung der Verfolgung von Minderheiten etc.) zu veranlassen. Embargos beziehen sich oftmals nicht nur auf wenige Gütergruppen (Verbot von Waffenexporten), sondern zielen durch eine vollständige Exportblockade auf die internationale Isolierung eines Landes, um das angestrebte politische Ziel schneller zu erreichen. Allerdings gibt es auch unverbindliche Boykottaufforderungen, die es dem inländischen Verbraucher anheim stellen, seine Importnachfrage zu drosseln.

Beispiel Frau Land wird in der Fußgängerzone von einer Menschenrechtsorganisation um eine Unterschrift gegen die Todesstrafe in China gebeten. Damit soll Druck auf die chinesische Regierung ausgeübt werden. Ebenso besteht aufgrund der Menschenrechtslage teilweise ein Waffenembargo seitens der EU gegenüber China.

▲ Internationale Warenabkommen

Handelsabkommen stellen kurz- und mittelfristige Verträge mit einzelnen Ländern dar, in denen Warenart und -menge, die zu liefern bzw. abzunehmen sind, festgelegt werden. **Handelsverträge** dagegen sind langfristige Vereinbarungen mit anderen Ländern, um den zwischenstaatlichen Handel und Zollvereinbarungen zu regeln.

Beispiel Der Import der Büroschwingstühle aus Norwegen unterliegt keinen Einfuhrbeschränkungen. Norwegen gehört der **EFTA** (European Free Trade Association) an, der europäischen Freihandelszone. Die EFTA-Länder haben mit der EU den **EWR** (Europäischen Wirtschaftsraum) gegründet und den weitgehenden Wegfall von Zöllen und Einfuhrbeschränkungen vereinbart.

▲ Handelshemmnisse

Eine weitere Möglichkeit, die Importe und teilweise auch Exporte eines Landes zu beeinflussen, besteht in der Anwendung sogenannter administrativer **Handelshemmnisse**. Hierunter versteht man komplizierte Abfertigungs- und Genehmigungsverfahren, schikanöse Zollkontrollen, aber auch nationale Bestimmungen, die sich auf Produktqualität, technische Normen, Sicherheitsstandards, Zertifikate, Gesundheits- und Umweltschutzvorschriften u. Ä. beziehen.

Beispiel Herr Stam, der Abteilungsleiter Absatz in der Bürodesign GmbH, hat bei der IHK eine Informationsveranstaltung zur Zollabwicklung besucht. Bei der erstmaligen Ausfuhr von Büromöbelsystemen nach Russland unterlaufen ihm so viele Fehler beim Erstellen des Einheitspapiers für die Ausfuhrabwicklung, dass es mehrmals von der zuständigen Zollstelle zurückgewiesen wird und sich der Versand verzögert.

Kritische Betrachtung des Außenhandels

- **Nachteile des Außenhandels:** wirtschaftliche Abhängigkeit von Liefer- und Abnehmerländern, Gefährdung des Absatzes und der Beschäftigung inländischer Betriebe und Wirtschaftszweige durch Spezialisierung, Gefahr von wirtschaftlichen Monostrukturen, Zunahme von Gütertransporten.
- **Wirtschaftspolitische Maßnahmen (Außenhandelspolitik):** alle staatlichen Maßnahmen zur Beeinflussung des internationalen Güterverkehrs

Leitbilder der Außenhandelspolitik	
Liberalismus: freier internationaler Güter- und Kapitalverkehr ohne staatliche Beeinflussung	Protektionismus: durch staatliche Maßnahmen beschränkter und regulierter internationaler Güter- und Kapitalverkehr

handelspolitische Instrumente	
Einfluss auf den Preis durch: Zölle oder Subventionen	Einfluss auf die Mengen durch: Kontingente, freiwillige Exportbeschränkungen, Local-Content-Klauseln, Export- und Importverbote, Embargo, internationale Warenabkommen, Handelshemmnisse

Die Außenwirtschaftspolitik

1 Führen Sie eine Internetrecherche durch, bei der Sie sich z. B. unter http://www.bundesregierung.de informieren, welche aktuellen Maßnahmen ergriffen werden, um den Außenhandel von mittelständischen Unternehmen wie der Bürodesign GmbH zu fördern.

2 Herr Stam, Abteilungsleiter Absatz in der Bürodesign GmbH, bereitet eine Besprechung mit den Geschäftsführern über mögliche Vorteile einer Geschäftsbeziehung der Bürodesign GmbH mit Russland vor. Zählen Sie auf, welche staatlichen Eingriffe in ein solches Auslandsgeschäft er überprüfen muss.

3 „Sämtliche Eingriffe in die Außenwirtschaft führen zu einer Wettbewerbsverzerrung." Nehmen Sie Stellung zu dieser These.

4 „Häfen werden zum Nadelöhr im Containerverkehr – Boom des Gütertransports auf Wasserwegen führt zu Engpässen bei der Verladung" lautet die Überschrift in einer Wirtschaftszeitung. Erläutern Sie in diesem Zusammenhang die Ursachen und Probleme des Außenhandels.

5 Erläutern Sie nachfolgende Grafik in einem Kurzreferat.

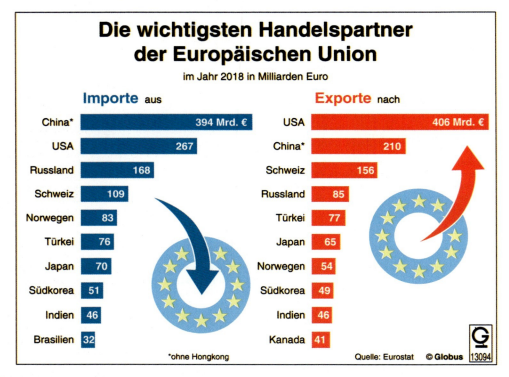

6 Nach längeren Verhandlungen haben die USA und Kanada Anfang Oktober 2018 eine Einigung über eine neue Freihandelszone innerhalb Nordamerikas verkündet. Damit ist nun auch Kanada der bereits erfolgten Einigung zwischen Mexiko und den USA beigetreten, die den neuen Namen „United States Mexiko Canada Agree ment" (USMCA) trägt. Künftig wird der Local Content im Automobilbereich bei 75 % liegen. Das bedeutet, dass 75 % des wertmäßigen Inputs bei der Herstellung eines Fahrzeuges aus Mexiko, USA oder Kanada stammen müssen, wenn man die Zollfreiheit beim Export aus Mexiko in die USA oder nach Kanada in Anspruch nehmen möchte.
a) Erläutern Sie, was mit der Ausweitung der lokalen Produktion beabsichtigt wird.
b) Stellen Sie fest, vor welcher Herausforderung, die in Mexiko ansässigen deutschen Automobilzulieferer stehen.

8 Die Konjunktur- und Wachstumspolitik als Kombination verschiedener wirtschaftspolitischer Einzelmaßnahmen

Das deutsche Investitionsproblem: Ein Pro und Contra zur Schuldenbremse

Donata Riedel meint, die Defizitregel ist ein veraltetes Instrument. Jan Hildebrand erwidert, dass falsche Ausgaben und nicht die Schuldenbremse Investitionen verhindern.

Pro – Die Investitionsbremse.
Die Politik in Deutschland schlägt zu oft die Schlachten der Vergangenheit. Ein Ausdruck dafür ist der Umgang mit Schulden. Ja, es gab das Problem ungebremst wachsender Staatsverschuldung – vor zehn Jahren. Um die Dynamik zu durchbrechen, war es sinnvoll, die Kreditaufnahme hart auszubremsen.

Heute hat Deutschland viele Probleme, übermäßige Schulden zählen definitiv nicht mehr dazu. [...]

Um die umfassende Modernisierung zu meistern, braucht die Republik nicht nur innovative Firmen, sondern mehr noch als früher einen handlungsfähigen Staat: Er muss Forschung fördern, Straßen, Schienen, Flughäfen, Breitbandnetze, Schulen, Universitäten schnell auf Weltniveau bringen – und wo nötig, den Wandel sozial abfedern und manchmal auch Steuern senken können.

Das kostet Geld. Nicht zuletzt auch deshalb, weil Ministerien und Stadtverwaltungen mehr und teils anders qualifizierte Leute einstellen müssen. Es wäre kein Problem für die Bundesregierung, die großen Modernisierungsaufgaben ergänzend über Kredite zu finanzieren, gerade jetzt in der Niedrigzinsphase.

Es passiert leider das Gegenteil. Finanzminister Olaf Scholz (SPD) fürchtet um die schwarze Null und zwingt die Ministerien, ab 2020 Investitionen zu kürzen – weil sich die Konjunktur abkühlt und künftig mit weniger Steuereinnahmen zu rechnen ist.

[...]

Der Konstruktionsfehler der Schuldenbremse liegt darin, dass sie die Kreditaufnahme nicht nur im Boom bremst, sondern auch in wachstumsschwachen Phasen, wenn konjunkturelles Gegensteuern sinnvoll wäre. [...] So die Zukunft zu vertändeln dürfte die nächste Generation weitaus mehr belasten als ein paar Milliarden Euro neuer Staatsschulden.

Contra – Frage der Prioritäten.
Deutschland hat ein Investitionsproblem. Um das festzustellen, muss man nicht die Statistiken zu den geringen Nettoinvestitionen der öffentlichen Hand in den vergangenen Jahren studieren. Der Besuch einer maroden Schule reicht dafür genauso wie die Fahrt über eine löchrige Straße oder die Suche nach einem Mobilfunknetz außerhalb von Großstädten.

In Zeiten der Digitalisierung, die einen Modernisierungsschub erfordert, ist das für eine Volkswirtschaft gefährlich.

Doch ist es die Schuldenbremse, die bisher Investitionen verhindert? Der Staat hat im vergangenen Jahr einen Rekordüberschuss von 58 Milliarden Euro eingefahren. Bund, Länder und Kommunen haben mehr Geld eingenommen, als sie ausgeben konnten. Ein größerer Finanzspielraum durch mehr Schulden bringt also nichts.

Der Engpass liegt woanders: Die öffentliche Verwaltung ist zu langsam, es gibt nicht genug Baukapazitäten, Proteste verzögern Infrastrukturvorhaben.

Das alles darf nicht als Ausrede genutzt werden, um Rufe nach mehr Investitionen abzuwehren. Denn klar ist: Mit einem verlässlich wachsenden Budget lassen sich auch die Investitionskapazitäten erhöhen. Dass das nicht ausreichend geschieht, liegt aber nicht an der Schuldenbremse, sondern an fehlendem politischem Willen.

Die Ausgaben des Bundes sollen von 356 Milliarden Euro in diesem Jahr auf 375,5 Milliarden Euro im Jahr 2022 steigen. Die Investitionen aber bleiben mit rund 38 Milliarden Euro konstant. Ihr Anteil am Haushalt sinkt also. Das ist schlicht falsche Prioritätensetzung.

Ob mehr Schulden daran etwas ändern, muss man bezweifeln angesichts der aktuellen Debatten in der Großen Koalition, die sich sehr oft um die Rente und sehr selten um Investitionen drehen.

[...]

Wer die Defizitregel abschaffen will, wird deshalb am Ende zwar mehr Schulden haben, aber nicht mehr Investitionen.

Riedel, Donata / Hildebrand, Jan: Das deutsche Investitionsproblem: Ein Pro und Contra zur Schuldenbremse. In: Handelsblatt online vom 28.02.2019; https://archiv.handelsblatt.com/document/HBON__HB%2024044816 [13.08.2019])

- Erstellen Sie zum Artikel „Das deutsche Investitionsproblem: Ein Pro und Contra zur Schuldenbremse" ein Textprotokoll, z. B. in Form einer Mindmap.
- Welcher der beiden Autoren vertritt eher eine nachfragepolitische oder eine angebotspolitische Position? Begründen Sie Ihre Entscheidung.
- Welche wirtschaftspolitischen Entscheidungen bzw. Entwicklungen haben seit dem Frühjahr 2019 hinsichtlich der Konjunktur und grundlegender wirtschaftlicher Rahmenbedingungen stattgefunden?

▲ Allgemeine Ziele der Konjunktur- und Wachstumspolitik

Die folgende Grafik veranschaulicht exemplarisch Auswirkungen einer allgemeinen Wirtschaftskrise.

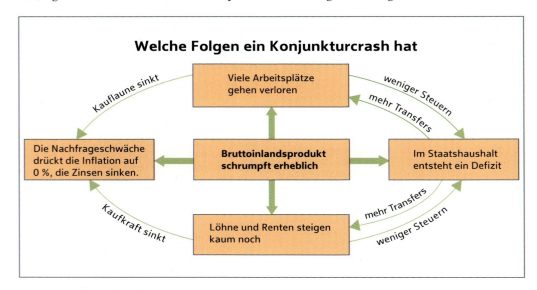

Aufgabe der Konjunktur- und Wachstumspolitik ist es, Wirtschaftskrisen mit ihren schwerwiegenden Folgen entgegenzuwirken. **Zentrale Ziele der Wirtschaftspolitik** sind z. B.:

- hoher Beschäftigungsstand
- Preisniveaustabilität
- Wirtschaftswachstum
- außenwirtschaftliches Gleichgewicht
- Schutz der Umwelt
- Verteilungsgerechtigkeit
- funktionierende Märkte
- ausgeglichener Staatshaushalt

▲ Nachfrageorientierte Wirtschaftspolitik

Die auf der Theorie von Keynes basierende antizyklische Fiskalpolitik (vgl. S. 280 ff. und 332 ff.) zielt in erster Linie auf eine Beeinflussung der gesamtwirtschaftlichen Nachfrage. Durch eine gezielte Variation seiner Ausgaben und Einnahmen will der Staat die Nachfrage von Haushalten und Unternehmen erhöhen oder verringern und dadurch die Konjunktur fördern oder dämpfen. Deshalb bezeichnet man die keynesianische Politik auch als **nachfrageorientierte Wirtschaftspolitik.**

▲ Der Staat agiert mit Konjunkturprogrammen

Diese Nachfragesteuerung kam auch bei der Bekämpfung der ersten Wirtschaftskrise in der Bundesrepublik Deutschland nach dem Zweiten Weltkrieg relativ erfolgreich zum Einsatz.

Beispiel Bernhard Friedrich, Senior-Chef der Bürodesign GmbH, erinnert sich noch gut an die erste ernsthafte Rezession im Nachkriegsdeutschland. Auch die Sitzmöbelfabrik Stein OHG, Vorgängerin der Bürodesign GmbH, stand damals wegen mangelnder Auftragseingänge kurz vor der Insolvenz und musste zahlreiche Mitarbeiter entlassen.

Es war **Karl Schiller,** Bundeswirtschaftsminister der damaligen großen Koalition von CDU/CSU und SPD, der im Jahr 1967 die Konjunkturkrise mit zwei Konjunkturprogrammen bekämpfte. Im Rahmen dieser Programme investierte der Staat schwerpunktmäßig in Verkehrswege sowie in die damalige Bundesbahn und Bundespost. Die zusätzliche staatliche Investitionsgüternachfrage wurde über eine Kreditaufnahme des Staates finanziert. Und der „Aufschwung nach Maß", wie ihn der Keynesianer Karl Schiller bezeichnete, gelang. Die Arbeitslosenquote sank nach einem Spitzenwert von 4,5% im Winter 1966/67 bis Oktober 1968 auf 0,8%. Zusammen mit 7,5% realem Wirtschaftswachstum erzielte die damalige Bundesregierung von CDU/CSU und SPD ein Traumergebnis.

Beispiel Auch die Sitzmöbelfabrik Stein OHG wurde dadurch aus ihrer Krise gerettet. Infolge des wirtschaftlichen Aufschwungs und gesunkener Arbeitslosigkeit füllten sich die Auftragsbücher der Stein OHG schnell, Unternehmen investierten wieder in Büroausstattung und private Haushalte fragten verstärkt Wohnmöbel nach.

Angesichts dieses ersten Erfolgs setzte die praktische Wirtschaftspolitik bis Anfang der 1980er-Jahre immer wieder auf staatliche Konjunkturprogramme, um die Wirtschaft anzukurbeln. Auch bei späteren Wirtschaftskrisen (Banken- und Finanzkrise im Jahre 2008/2009, COVID-19-Pandemie im Jahre 2020) kommt dieses Instrument zum Einsatz. Milliardenschwere Konjunkturprogramme in vielen Ländern der Welt sollten einen dramatischen Absturz der Weltwirtschaft verhindern.

Beispiel Otto Land erinnert sich noch gut an die Sorgen um seinen Arbeitsplatz bei einem Kölner Automobilhersteller. Infolge der allgemeinen Wirtschaftskrise 2008/2009 drohte die Nachfrage nach Kraftfahrzeugen einzubrechen. Entlassungen von Arbeitnehmern waren zu befürchten. Die sogenannte „Abwrackprämie" (Staatszuschuss beim Erwerb eines Neuwagens) und die Subventionierung der Kurzarbeit sorgten für einen Absatzboom in der Automobilindustrie und sicherten Tausende von Arbeitsplätzen bei den Herstellern selbst, aber auch bei den vielen Zulieferbetrieben.

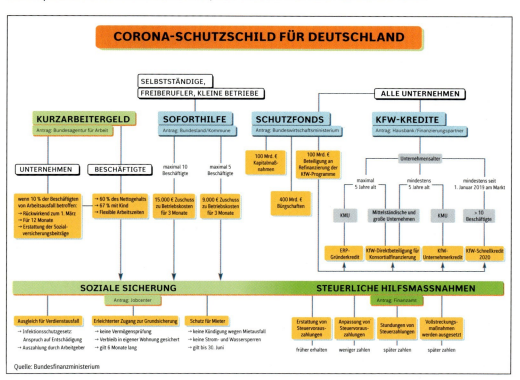

▲ Problematik der nachfrageorientierten Wirtschaftspolitik

Hohe Staatsverschuldung

Die fundamentale Schwäche einer nachfrageorientierten Wirtschaftspolitik offenbarte sich bereits 1969/70. Angeheizt durch enorme Exporterfolge, folgte dem initiierten Aufschwung ein Superboom. Obwohl das nachfrageorientierte Gesamtkonzept Instrumente zur Konjunkturdämpfung vorsieht, unterblieben schon in dieser ersten Hochkonjunktur restriktive Maßnahmen und die Bildung einer **Konjunkturausgleichsrücklage**.

Auch die erste sozialliberale Bundesregierung (Koalition von SPD und FDP, 1969 bis 1982) unter Bundeskanzler Helmut Schmidt bemühte sich, durch Sonderprogramme Arbeitsplätze in Krisenbranchen und -regionen zu sichern. Zugleich wurden zahlreiche Sozialreformen verabschiedet, die dem Schutz und der Unterstützung von Arbeitnehmern und Arbeitslosen dienen sollten. Diese Ausgaben im sozialen Bereich betrugen 1975 bereits 335 Milliarden DM. All das konnte nur dadurch finanziert werden, dass der Staat jedes Jahr neue Schulden machte.

Über mehrere Jahrzehnte hinweg bauten sich deshalb in Deutschland und vielen anderen Volkswirtschaften riesige „Schuldenberge" auf. Als dann die Banken- und Finanzkrise in den Jahren 2007/2008 die Weltwirtschaftskrise 2009 auslöste, waren einige Euro-Länder nicht mehr in der Lage, ihre Staatsschulden zu begleichen. Das internationale Vertrauen in den Euro geriet in Gefahr. Die Staatsschuldenkrise, vor allem in Griechenland, eskalierte zur Eurokrise.

Mit dem **European Stability Mechanism (ESM)** wurde deshalb ein Instrument geschaffen, das die Zahlungsfähigkeit überschuldeter Euro-Staaten sicherstellen und damit das Vertrauen der internationalen Finanzmärkte in den Euro stärken soll. Dabei gilt der Grundsatz: Nur wer sich zur Durchführung angemessener Reformen und Auflagen bereit erklärt, erhält Unterstützung durch den ESM.

Beispiel Klaus Stein macht sich angesichts der Staatsschulden in Europa Sorgen um die Alterssicherung für sich und seine Frau. In den vergangenen zwei Jahrzehnten hat er als Geschäftsführer der Bürodesign GmbH hart gearbeitet. Einen Teil seines Einkommens spart er seit vielen Jahren als Altersvorsorge für seine Frau und sich. Aber sind diese Euro-Ersparnisse angesichts der Nachrichten über die PIIGS-Länder (Portugal, Italien, Irland, Griechenland und Spanien) noch sicher? Wenn es – allen voran – Italien nicht gelingt, seine Volkswirtschaft grundlegend zu reformieren, dann rechnen die internationalen Finanzmärkte weiterhin mit einem Staatsbankrott. Sie werden nicht bereit sein, neue Kredite an Italien zu vergeben. Damit ist Italien außerstande, alte, fällig werdende Kredite ordnungsgemäß zu tilgen. Um die Zahlungsunfähigkeit Italiens zu verhindern, werden Italien und weitere überschuldete Euro-Länder neue Notkredite der anderen Euro-Länder erhalten. Die

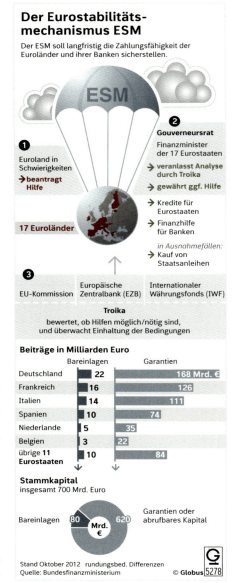

Währungsunion „verkommt" zu einer Transfergemeinschaft. Der Euro wird weich. Auch international verlieren die Märkte deshalb das Vertrauen in den Euro. Sein Außenwert sinkt ebenfalls. Dadurch steigende Importpreise heizen die Inflation und den Wertverlust des Euro weiter an. Die über viele Jahre angelegten Ersparnisse werden dann nicht reichen, Klaus Stein und seiner Frau einen angemessenen Lebensabend zu ermöglichen.

Wirkungslosigkeit bei Strukturproblemen

Oft passten die Instrumente einer nachfrageorientierten Wirtschaftspolitik auch nicht zu den wirtschaftlichen Problemen und ihren Ursachen. War die Arbeitslosigkeit ursprünglich vor allem konjunkturabhängig, so entwickelte sie sich zunehmend strukturell bedingt und war auch in Phasen der Hochkonjunktur schwerer zu reduzieren.

Beispiel Im Rahmen seiner Seminararbeit zur Wirtschaftspolitik dokumentiert Thomas Stein, dass die Arbeitslosenquote trotz Arbeitsförderungsmaßnahmen zwischen 1974 und 1985 von 4,2 % auf 9,3 % anstieg. Er weist nach, dass für diese Beschäftigungsprobleme in erster Linie nicht eine zu geringe gesamtwirtschaftliche Nachfrage verantwortlich gemacht werden kann. Andere Faktoren waren die Auslöser. Zunächst verursachte der Kostendruck infolge der beiden Ölkrisen in den 1970er-Jahren hohe Inflationsraten und mehr Arbeitslosigkeit. Auch technische Entwicklungen und struktureller Wandel veränderten den Arbeitsmarkt erheblich. Dies traf vor allem auf die alten Schlüsselindustrien wie Kohle, Stahl und Schiffbau zu. Ihre regionalen Hochburgen (Ruhrgebiet, Küstenregionen) waren besonders stark von Arbeitslosigkeit betroffen. Des Weiteren drängten immer mehr Frauen und die geburtenstarken Jahrgänge in das Berufsleben. Auch der Einsatz neuer Technologien wie der Mikroelektronik führte zu Rationalisierungsmaßnahmen und zu Arbeitsplatzabbau. Thomas Stein erläutert in seiner Arbeit überzeugend, dass für diese strukturellen Ursachen der Arbeitslosigkeit das Nachfrageinstrumentarium des Stabilitätsgesetzes nicht geeignet war und ist.

Insgesamt betrachtet konnten die Instrumente einer nachfrageorientierten Wirtschaftspolitik und damit die sogenannte antizyklische Globalsteuerung nur einmal – bei der Bekämpfung der Rezession in den Jahren 1966/67 – erfolgreich angewendet werden.

▲ Angebotsorientierte Wirtschaftspolitik

Während der Beratungen über den Bundeshaushalt für 1983 unterbreitete der damalige FDP-Wirtschaftsminister Otto Graf Lambsdorff (geb. 1926) im September 1982 Vorschläge zur Überwindung der Wirtschaftskrise und der zunehmenden Staatsverschuldung. Sein Sparkonzept wich vom eigenen Regierungskurs ab und wies Gemeinsamkeiten mit den Vorstellungen der CDU/CSU-Opposition auf. Beim Koalitionspartner SPD wurde das Lambsdorff-Papier als erster Schritt zum Bruch der SPD/FDP-Regierungskoalition aufgefasst. In der Folgezeit nahmen CDU/CSU und die FDP Koalitionsgespräche auf und einigten sich darauf, Bundeskanzler **Helmut Schmidt** am 1. Oktober 1982 durch ein konstruktives Misstrauensvotum zu stürzen. Als Kanzlerkandidat der Union wurde Oppositionsführer **Helmut Kohl** nominiert. Bei den im Frühjahr folgenden vorgezogenen Neuwahlen zum 10. Bundestag wurde die neue Regierungskoalition vom Wähler bestätigt.

▲ Der Markt agiert nach staatlichen Investitionsanreizen

Die seit 1982 unter Helmut Kohl regierende Koalition aus CDU/CSU und FDP setzte von Anfang an auf angebotspolitische Instrumente und nahm spürbare Einsparungen im Sozialetat vor. Sie folgte damit der Auffassung des Sachverständigenrats zur Begutachtung der gesamtwirtschaftlichen Entwicklung. Dieser hatte schon in seinem Jahresgutachten 1976 eine Ergänzung der nachfrageorientierten Globalsteuerung durch eine „mittelfristig angelegte angebotsorientierte Therapie" empfohlen (vgl. S. 283 f.).

Doch es gelang der neuen Regierung trotz konjunktureller Aufwärtsentwicklung nicht, die Arbeitslosigkeit nachhaltig zu senken. Zwar stieg die Zahl der Erwerbstätigen an und neue Arbeitsplätze, unter anderem in der Investitionsgüterindustrie, entstanden. Dafür wurden in anderen Branchen – wie Bergbau und Konsumgüterindustrie – vermehrt Stellen abgebaut. Die Wiedervereinigung ließ die eingeleitete Sanierung des Staatshaushaltes scheitern. Auch verbesserte Bedingungen für die Angebotsseite (z. B. Senkung der Steuer- und Abgabenlast für Unternehmen) führten zu keinen nachhaltigen Stabilisierungseffekten.

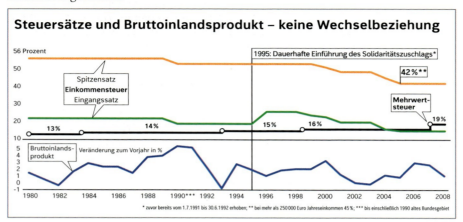

(Quelle: Statistisches Bundesamt (Destatis))

1998 wurde die Regierung Kohl abgelöst. Die neue Regierung aus SPD und Bündnis 90/Die Grünen unter Kanzler Gerhard Schröder setzte in ihrer Regierungszeit (1998 bis 2005) jedoch eine angebotsorientierte Wirtschaftspolitik fort. Mit den entsprechenden Maßnahmen der sogenannten Agenda 2010 sollten Anreize zu verstärkten privaten Investitionen und in der Folge für neue Arbeitsplätze geschaffen werden:

- Förderung des Mittelstands durch Änderung der Handwerksordnung (z. B. Betriebsgründung auch ohne Meisterbrief)
- Lockerung des Kündigungsschutzes
- Senkung der betrieblichen Lohnnebenkosten
- Flexibilisierung der Leiharbeit
- Abbau von Leistungen der gesetzlichen Sozialversicherung und Einführung von Selbstkostenanteilen

Erst die internationale Finanz- und Wirtschaftskrise 2008/2009 führte erneut zu einem grundsätzlichen Umdenken. Milliardenschwere nachfrageorientierte Konjunkturprogramme in vielen Ländern der Welt sollten wieder einen dramatischen Absturz der Weltwirtschaft verhindern. Auch zur Überwindung der wirtschaftlichen Folgen durch die COVID-19-Pandemie werden Konjunkturprogramme eingesetzt.

▲ Problematik der angebotsorientierten Wirtschaftspolitik

Gefährdung des Sozialstaates

Es ist unbestritten, dass angebotsorientierte Maßnahmen private Investitionen fördern und in der Folge Arbeitsplätze schaffen können. Es besteht aber die Gefahr, dass damit Errungenschaften des Sozialstaates beseitigt werden:

- Abbau von Arbeitnehmerschutzrechten
- Zunahme prekärer Arbeitsverhältnisse
- soziale Spaltung der Gesellschaft
- Zunahme der Altersarmut

Gefahr einer prozyklischen Fiskalpolitik

Die grundlegende Forderung einer angebotsorientierten Wirtschaftspolitik lautet: mehr Markt und weniger Staat. Mit diesem Ziel soll die Staatsquote gesenkt und die staatlichen Haushalte sollen saniert werden. Die aus dieser Forderung resultierende sogenannte **Austeritätspolitik** (strenge Sparpolitik des Staates) lässt nur bei schweren Wirtschaftskrisen sowie im Falle von Naturkatastrophen oder außergewöhnlichen Notsituationen streng reglementierte Ausnahmen vom Kreditaufnahmeverbot zu.

So schränkt seit 2010 die **Schuldenbremse des Grundgesetzes** (Artikel 109, 115, 143d) die Neuverschuldung öffentlicher Haushalte erheblich ein (vgl. S. 86 f.):

- **Bundeshaushalt** (zwingend ab Haushaltsjahr 2016): Die strukturelle, also nicht konjunkturbedingte, jährliche Nettokreditaufnahme soll maximal 0,35 % des Bruttoinlandsprodukts betragen.
- **Länderhaushalte** (zwingend ab Haushaltsjahr 2020): Den Bundesländern ist die Nettokreditaufnahme gänzlich verboten.

Damit ist mit einer strengen Austeritätspolitik die Gefahr einer **prozyklischen Parallelpolitik** verbunden. In einer Wirtschaftskrise sinken u. a. das Bruttoinlandsprodukt und in der Folge die Gewinne der Unternehmen, die Einkommen der Haushalte sowie deren Konsumausgaben. Gerade Steuerarten mit einem hohen Steueraufkommen (z. B. Einkommensteuer, Umsatzsteuer) sind an die Höhe der Einkommen, der Gewinne und des Konsums gekoppelt. Gehen diese zurück, erzielt der Staat zwangsläufig erheblich geringere Steuereinnahmen.

Sollen in dieser Situation die Staatsquote und die Staatsschulden abgebaut werden, kann diese angebotspolitische Zielsetzung Anlass dafür sein, auch die staatlichen Ausgaben zurückzufahren. Geplante staatliche Aufträge an Unternehmen werden zurückgestellt, Transferzahlungen an Haushalte reduziert.

Die Folgen dieser sogenannten „Parallelpolitik" können fatal sein. Durch sein prozyklisches Agieren verstärkt der Staat die Ausschläge im Konjunkturzyklus. Die zurückgeführte staatliche Nachfrage nach Gütern und geringere Transferleistungen verstärken in einer Rezession den Wirtschaftsabschwung.

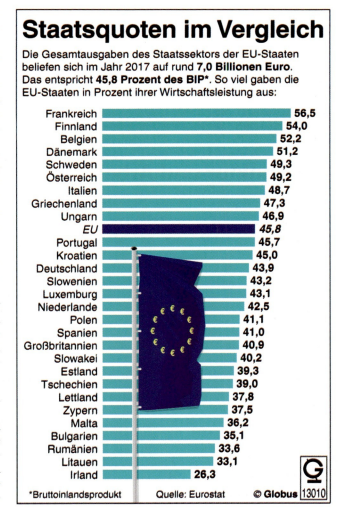

Die Konjunktur- und Wachstumspolitik

Beispiel Frau Friedrich, Geschäftsführerin der Bürodesign GmbH, beklagt anlässlich einer Anhörung im Ausschuss für Wirtschaftsförderung der Stadt Köln das Vergabeverhalten der Kommune in der Vergangenheit. Immer wenn in allgemeinen Krisenzeiten die Nachfrage von Unternehmen und Haushalten ausgefallen sei, habe auch die Stadt eigentlich geplante Aufträge zur Büro- und Geschäftsausstattung ihrer städtischen Einrichtungen storniert. Die Begründung sei immer die gleiche gewesen: Angesichts sinkender Steuereinnahmen zwängen die angespannte Haushaltslage und die hohen Schulden die Stadt zu Einsparungen. Die Existenz der Bürodesign GmbH sei jedes Mal gefährdet worden. Zu den Ausfällen der privaten Nachfrage sei der Rückgang städtischer Aufträge hinzugekommen.

▲ Optimaler Policy-Mix als Anforderung an die praktische Wirtschaftspolitik

Zu Recht hat der amerikanische Wirtschaftswissenschaftler und Nobelpreisträger **Paul A. Samuelson** (1915) darauf hingewiesen, dass Gott dem Ökonomen zwei Augen gegeben habe: eines für die Nachfrage- und eines für die Angebotsseite. Für die praktische Wirtschaftspolitik ergibt sich aus diesem Bild die nicht leichte Aufgabe, beide Ansätze zu einem optimalen Ganzen zu verbinden. Insofern spiegelt sich dieser **Policy-Mix** – wenn auch in unterschiedlicher Gewichtung – in den wirtschaftspolitischen Konzepten der verschiedenen politischen Parteien wider.

▲ Zielkonflikte

Das **Stabilitätsgesetz** gibt der Konjunkturpolitik das Erreichen von vier wirtschaftspolitischen Zielen vor: Vollbeschäftigung, Preisniveaustabilität, Wirtschaftswachstum und außenwirtschaftliches Gleichgewicht (vgl. S. 333). Beim Erreichen dieser Ziele liege ein gesamtwirtschaftliches Gleichgewicht vor. Hinzu kommen weitere Ziele wie Nachhaltigkeit, Umwelt- und Klimaschutz, Verteilungsgerechtigkeit und ausgeglichener Staatshaushalt. In diesem Zusammenhang wird der Begriff „magisches Viereck" bzw. „magisches Vieleck" verwendet. Er bringt zum Ausdruck, dass nicht alle Ziele gleichzeitig erreicht werden können.

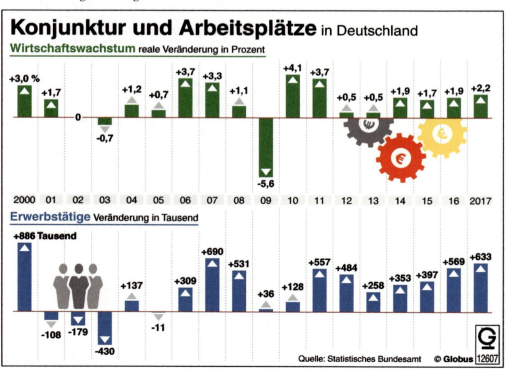

In manchen Situationen unterstützen sich bestimmte Ziele zwar gegenseitig. Wirtschaftspolitische Maßnahmen, die z. B. das Wirtschaftswachstum fördern, sichern auch die Beschäftigung.

In anderen Fällen kann es aber zu Zielkonflikten kommen. Sie liegen vor, wenn eine wirtschaftspolitische Maßnahme einem Ziel dient, jedoch ein anderes beeinträchtigt. Ziele, die sich konkurrierend verhalten können, sind z. B. das Wirtschaftswachstum und die Preisniveaustabilität.

Allgemein lässt sich feststellen, dass die genannten Ziele untereinander in vielfältiger Wechselbeziehung stehen. Jede konjunkturpolitische Einzelmaßnahme kann auf irgendeine Weise alle Ziele berühren und zu einem kaum überschaubaren Wirkungsgefüge führen. Dabei spielt auch die Zeitperspektive eine Rolle. So scheint das Nachhaltigkeitsziel kurzfristig in einem Zielkonflikt mit der Preisniveaustabilität und der Vollbeschäftigung zu stehen. Umweltschutzmaßnahmen kosten Geld und haben entsprechende Auswirkungen. Langfristig ergeben sich jedoch Zielharmonien.

Beispiel Herr Müller, Abteilungsleiter Produktion der Bürodesign GmbH, beklagt einerseits die neuen Umweltschutzauflagen. Sie führen zu einer Kostenerhöhung im Lackierprozess. Diese Kostensteigerung kann nur durch eine Erhöhung der Verkaufspreise aufgefangen werden. Nicht nur die Bürodesign GmbH, sondern die gesamte inländische Büromöbelindustrie muss mit einem Absatzrückgang rechnen. Ausländische Mitbewerber werden in ihren Ländern nicht mit derartigen Auflagen konfrontiert und können kostengünstiger produzieren und anbieten. Es besteht die Gefahr, dass es in der inländischen Büromöbelindustrie zu Freisetzungen von Arbeitskräften in größerem Umfang kommt. Andererseits hat Herr Müller die Hoffnung, dass die jetzigen Umweltauflagen die inländische Industrie zwingen, neuartige Verfahren zu entwickeln. Wenn zukünftig das gestiegene Umweltbewusstsein die Nachfrage nach umweltverträglichen Büromöbeln erhöht, hat die inländische Industrie einen entscheidenden Wettbewerbsvorteil gegenüber den Anbietern aus dem Ausland.

▲ Bewertung aktueller politischer Maßnahmen vor dem Hintergrund der wirtschaftspolitischen Grundkonzeptionen

Jede konkrete Maßnahme im Rahmen der Wirtschaftspolitik einer Regierung basiert auf einer wirtschaftspolitischen Grundkonzeption. Insofern wird eine Beurteilung stets unterschiedlich ausfallen, je nachdem welche Grundkonzeption der Bewertung zugrunde liegt. Gerade in der Wirtschaftspolitik gibt es keine „Schwarz-Weiß-Lösungen", kein eindeutiges „Richtig" oder „Falsch".

Beispiel Thomas Stein setzt sich in seiner Seminararbeit zur Wirtschaftspolitik mit der Beurteilung aktueller wirtschaftspolitischer Entscheidungen auseinander. In diesem Zusammenhang nimmt er auch Stellung zu geplanten Sparmaßnahmen der Regierung. Er macht in diesem Zusammenhang deutlich, dass Vertreter einer nachfrageorientierten Wirtschaftspolitik dieses Sparpaket heftig kritisieren. Gerade die Einsparungen im Sozialbereich führen zu Ausfällen bei der gesamtwirtschaftlichen Nachfrage und gefährden den Konjunkturaufschwung.

Die Konjunktur- und Wachstumspolitik

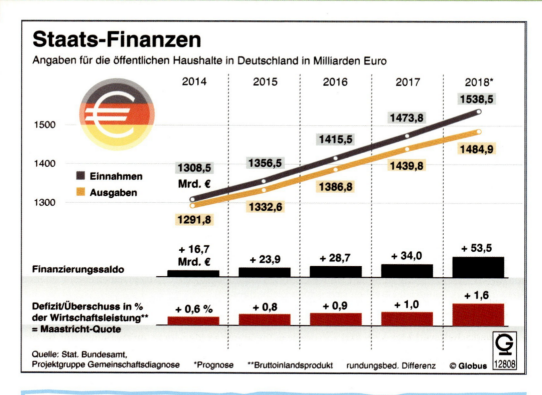

Die Konjunktur- und Wachstumspolitik

Policy-Mix
Kombination nachfrage- und angebotsorientierter Maßnahmen im Rahmen einer ausgewogenen und effizienten Wirtschaftspolitik

grundlegende Problematik jeder wirtschaftspolitischen Entscheidung

In komplexen Zielsystemen beeinflussen sich die Einzelziele wechselseitig in
– Zielkonflikten,
– Zielharmonien.

Aufgrund des hohen Komplexitätsgrads wirtschaftlicher Zusammenhänge sind uneingeschränkt richtige Entscheidungen nahezu unmöglich.

---

1 Sammeln Sie über den Zeitraum einer Woche aus der wirtschaftspolitischen Berichterstattung in Printmedien und in digitalen Medien Berichte über wirtschaftspolitische Themen. Werten Sie diese Berichterstattung aus, indem Sie eine Auflistung aktueller wirtschaftspolitischer Maßnahmen, Entscheidungen bzw. Vorhaben erstellen. Ordnen Sie Ihre wirtschaftspolitischen Aspekte der nachfrageorientierten oder angebotsorientierten Politik zu. Begründen Sie jeweils Ihre Entscheidung.

2 Erklären Sie, was im Rahmen der Wirtschaftspolitik unter Zielkonflikten und Zielharmonien zu verstehen ist.

3 Gewerkschaftsvertreter fordern ein Ende der Lohnzurückhaltung in den Tarifrunden. Nur so könnten die Binnennachfrage und die Konjunktur angekurbelt werden. Vertreter der Arbeitgeber warnen vor zu hohen Lohnabschlüssen. Dank der Lohnzurückhaltung sind die Lohnstückkosten im Vergleich zu anderen Volkswirtschaften niedrig. Insbesondere aufgrund dieses Kostenvorteils ist es zum Exportboom gekommen, der die Konjunktur fördert und die Beschäftigung sichert. Nehmen Sie zu dieser Diskussion persönlich Stellung.

4 „Politiker bewilligen gerne Mehrausgaben und bilden ungerne Rücklagen." (Otto Schlecht, ehemaliger Staatssekretär im Bundeswirtschaftsministerium)
Erläutern Sie, inwiefern dieses Zitat eine grundlegende Problematik der nachfrageorientierten Wirtschaftspolitik thematisiert.

5 a) Verfassen Sie zu der folgenden Grafik eine erläuternde Beschreibung.
Informieren Sie sich dazu über die aktuellen Beitragssätze der gesetzlichen Sozialversicherung.
b) Entscheiden Sie, ob sinkende Beitragssätze der Rentenversicherung Ziel einer angebots- oder einer nachfrageorientierten Politik sind. Begründen Sie Ihre Entscheidung.

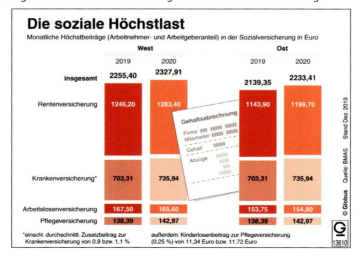

6 Samuelson ist der Befürworter einer Mixed Economy, einer Wirtschaftsverfassung, in der der Staat gefordert ist, wenn der Markt seine Rolle nur ungenügend spielt. Zugleich betont er, dass es auch Staatsversagen gibt, nämlich dann, „wenn es mithilfe staatlicher Maßnahmen nicht gelingt, die wirtschaftliche Effizienz zu steigern, oder wenn der Staat eine ungerechte Einkommensverteilung zu verantworten hat".

(Quelle: Rohwetter, Marcus: Bibliothek der Ökonomen. In: Die Zeit, Nr. 45, 04.11.1999, S. 26.)

a) Erklären Sie, was im Zusammenhang mit den kontroversen Standpunkten einer nachfrage- bzw. angebotsorientierten Wirtschaftspolitik unter „Mixed Economy" zu verstehen ist.
b) Erläutern Sie, inwiefern sich in dem obigen Zitat Grundgedanken sowohl der Nachfragepolitik als auch der Angebotspolitik widerspiegeln.

7

Peter Bofinger im Interview
Wirtschaftsweiser fordert 60-Milliarden-Investitionsprogramm

Der Wirtschaftsweise rechnet in seinem Abschieds-Interview mit der Finanzpolitik der Regierung ab. Kein Land lasse so viel Potenzial brachliegen.

Der Wirtschaftsweise Peter Bofinger fordert die Bundesregierung auf, ein großes Investitionsprogramm auf den Weg zu bringen. „Die Schwarze-Null-Denke ist ein großes Problem. Es würde doch völlig reichen, wenn wir unsere Schulden gemessen am Bruttoinlandsprodukt konstant halten. Bei drei Prozent nominalem Wachstum könnten wir dann rund 60 Milliarden Euro mehr im Jahr investieren. 60 Milliarden!", sagte Bofinger dem Handelsblatt.

„Mit dem Geld könnten wir die Bahn, den Nahverkehr, den Breitbandausbau, die Bildung oder den sozialen Wohnungsbau fördern", sagte Bofinger weiter. „Ich kenne kein Land, das so viel finanziellen Spielraum hat wie Deutschland und gleichzeitig so viele Entwicklungschancen liegen lässt." Bofinger hätte auch kein Problem damit, dass eine solche Ausgabensumme den Bruch der Schuldenbremse bedeuten würde. Auf eine entsprechende Frage sagte er: „Ja, na und?" Forderungen der SPD nach Erhöhung des Mindestlohns auf zwölf Euro sieht Bofinger kritisch. „Ich würde keine 12 Euro vorschlagen, das wäre mir zu riskant. Ich hielte es aber für richtig, schneller in Richtung zehn Euro zu kommen."

Kritik übte Bofinger auch an seinem eigenen Berufsstand. Das Problem der schwarzen Null und die fehlende industriepolitische Strategie sind „vor allem von der deutschen Ökonomen-Szene massiv vernachlässigt werden, da kann man der Politik keinen Vorwurf machen". Bofinger wird Ende Februar nach 15 Jahren aus seinem Amt als Wirtschaftsweiser ausscheiden.

[...]

(Quelle: Greive, Martin; Riedel, Donata: Peter Bofinger im Interview. Wirtschaftsweiser fordert 60-Milliarden-Investitionsprogramm. In: Handelsblatt online vom 08.02.2019; https://archiv.handelsblatt.com/document/HBON__HB%2023961314) [Abruf: 8.3.2019]

a) Fassen Sie die Kritik des Wirtschaftsweisen Bofinger zusammen und analysieren Sie diese aus der Perspektive einer nachfrageorientierten Wirtschaftspolitik.
b) Erläutern Sie die negative Wirkungskette, die eine prozyklische Haushaltspolitik auslösen kann.
c) Beschreiben Sie, wie schuldenfinanzierte Konjunkturprogramme zur Überwindung einer Rezession beitragen können.
d) Dem Konzept einer nachfrageorientierten Wirtschaftspolitik steht die sogenannte Angebotspolitik gegenüber. Stellen Sie dieses Alternativkonzept in seinen Grundzügen dar.
e) Konjunkturforscher befürchten in Europa eine „Stagflation". Erläutern Sie, was unter diesem „konjunkturellen Szenario" zu verstehen ist. Nehmen Sie zu dieser Prognose persönlich Stellung.

Kursthema: Von der Volkswirtschaft zur Weltwirtschaft

1. **Die Europäische Union – von der nationalen zur europäischen Volkswirtschaft**
2. **Die Globalisierung – von der europäischen zur Weltwirtschaft**
3. **Stabilisierungsaufgaben und Stabilisierungspolitik im globalen Kontext**

1 Die Europäische Union – von der nationalen zur europäischen Volkswirtschaft

1.1 Der europäische Binnenmarkt innerhalb der Europäischen Wirtschafts- und Währungsunion (EWWU)

> Die Mitarbeiter der Lagerabteilung der Bürodesign GmbH müssen heute mit dem Lkw zum Hauptzollamt nach Köln in den Niehler Hafen fahren. Vor der Abfahrt sucht Herr Holtermüller in seinem Büro nach den dafür notwendigen Papieren. Als er mit einem dicken Stapel von Unterlagen in das Führerhaus des Lkw steigt, fragt ihn der Fahrer: „Chef – was willst du denn mit den vielen Papieren. Wir sollen doch nur eben in den Kölner Hafen fahren und beim Zoll eine Ladung Scharniere und Beschläge abholen." „Wenn das so einfach wäre!", stöhnt Herr Holtermüller. „Wieso", unterbricht ihn der Fahrer, „wenn ich in den Urlaub nach Italien fahre, muss ich doch an der Grenze nicht einmal mehr den Ausweis zeigen. Das haben die Politiker doch in dieser schönen holländischen Stadt Maastricht beschlossen." Herr Holtermüller entgegnet: „Tja – das gilt aber nur innerhalb der EU. Da ist das jetzt alles kein Problem mehr. Da werden Waren, Dienstleistungen und sogar Arbeit grenzüberschreitend hin- und hergeschoben. Die Scharniere und Beschläge, die wir beim Zoll abholen müssen, kommen aber aus Vietnam. Da sind die zwar billiger als bei uns in Deutschland, dafür müssen wir aber dem Zoll diesen riesigen Stapel von Papieren vorlegen. Die werden von den Zöllnern geprüft, mit den Waren verglichen und mit vielen Stempeln versehen, bevor wir sie importieren dürfen. Das wird einige Stunden dauern und am Ende werden auch noch deftige Importzölle fällig. Wenn du mich fragst, ich hätte lieber deutsches Material bestellt. Das liefert der Produzent direkt bis an unsere Rampe."
>
> - Erläutern Sie die wirtschaftlichen Dimensionen des Vertrages von Maastricht.
> - Stellen Sie dar, welche Bedeutung dem Vertrag von Maastricht auf der Ebene des politischen Einigungsprozesses in der EU zukommt.

▲ Die Geschichte der EU

Die Europäische Union war von Anfang an nicht nur als politische Union zur Überwindung der Kriegsfolgen in Europa gedacht. Sie sollte vielmehr die Staaten Europas auch zu einer wirtschaftlichen Einheit zusammenführen, um so einen gemeinsamen Markt zu schaffen, auf dem Waren, Dienstleistungen und Kapital grenzüberschreitend ausgetauscht werden konnten. Am 16. April 1948 wurde dazu zunächst die **OEEC (Organisation for European Economic Co-operation)** in Paris gegründet. Diese Organisation sollte die amerikanische Wirtschaftshilfe für den Wiederaufbau Europas koordinieren und die wirtschaftliche Zusammenarbeit auf dem europäischen Kontinent befördern.

Der französische Außenminister veröffentlichte am 9. Mai 1950 den später nach ihm benannten revolutionären **„Schuman-Plan"**. Darin wurde die französische und deutsche Kohle- und Stahlproduktion einer gemeinsamen Behörde unterstellt. Dieses Abkommen war insofern bedeutsam, als dass die „Erzfeinde" Frankreich und Deutschland hierin zu einem frühen Zeitpunkt Kompetenzen an eine europäische Organisation abgaben. Aus diesem Plan entstand 1952 die **Europäische Gemeinschaft für Kohle und Stahl (EGKS)**, die auch **Montanunion** genannt wurde. Für die noch nicht vollständig souveräne Bundesrepublik Deutschland bedeutete diese Union einen wichtigen Schritt zurück auf die internationale politische Bühne. Neben Deutschland gaben Frankreich, die Benelux-Staaten und Italien weitere Kompetenzen an eine übernationale Institution ab. Von der Gründung der **Europäischen Gemeinschaft für Kohle und Stahl (EGKS)** am 18. April 1951 in Paris, die einen gemeinsamen Markt für Kohle und Stahl vorsah, schritt der europäische Vereinigungsprozess weiter zur Schaffung der **Europäischen Wirtschaftsgemeinschaft (EWG)** in den sogenannten **Römischen Verträgen** im Jahr 1957. Darin wurde u. a. festgelegt, einen gemeinsamen Markt für Waren und Dienstleistungen zu gründen. Als Mittel zum Erreichen der Ziele entstand z. B. die Koordinierung der Wirtschaftspolitik der Mitgliedsländer, eine gemeinsame Zollpolitik usw.

Nach Jahren der Stagnation durch nationalstaatliche Alleingänge, die sich u. a. mit den weltwirtschaftlichen Krisensituationen (z. B. Ölpreisschock in den 1970er-Jahren und Strukturwandel in wichtigen Sektoren der nationalen Volkswirtschaften) erklären lassen, erfuhr der Vereinigungsprozess 1987 durch die **Einheitliche Europäische Akte (EEA)** eine neue Dynamik. Darin wurde der sogenannte **Binnenmarkt** verwirklicht, welcher den freien Personen-, Dienstleistungs-, Waren- und Kapitalverkehr zwischen den Mitgliedsländern vorsieht und einen funktionsfähigen gemeinsamen Wirtschaftsraum auf europäischem Boden begründete.

Die vier Freiheiten des EU-Binnenmarktes

freier Personenverkehr
- ohne Grenzkontrollen
- Niederlassungs- und Beschäftigungsfreiheit für alle EU-Bürger
- Kontrolle der Außengrenzen

freier Dienstleistungsverkehr
- Liberalisierung der Kapitalmärkte
- Harmonisierung der Bankenaufsicht
- Öffnung der Märkte für Telekommunikation

freier Warenverkehr
- Wegfall der Grenzkontrollen
- Angleichung bzw. Anerkennung von Normen

freier Kapitalverkehr
- Schaffung eines gemeinsamen Marktes für Finanzdienstleistungen
- Liberalisierung des Wertpapierhandels

Beispiel Die Bürodesign GmbH plant die Errichtung eines Zweigwerkes für die Produktion und Verarbeitung von Faserholzplatten in Tschechien. Die Grundidee dieser Investition ist es, bei sehr arbeitsintensiv zu produzierenden Büromöbeln den Anteil der Lohnkosten an den gesamten Produktionskosten zu reduzieren und die Möbel dadurch auf dem heimischem Markt preiswerter anbieten zu können als andere Hersteller, die in Deutschland produzieren.

Die Verwirklichung dieser Ziele birgt sowohl Risiken als auch Chancen. Unter der Prämisse einer Angleichung und des Ausgleichs muss zur Verwirklichung des **europäischen Binnenmarktes** die Wirtschaftspolitik der Mitgliedsländer stärker koordiniert werden. Die Angleichung des Lebensstandards durch die Verringerung der sozialen und wirtschaftlichen Unterschiede zwischen den Regionen der Gemeinschaft soll mit den Instrumenten eines Strukturfonds, der Errichtung einer europäischen Investitionsbank und verschiedener Regionalfonds erreicht werden.

Beispiel Wenn die Bürodesign GmbH in einer strukturschwachen Region Tschechiens in eine Produktionsstätte und damit in die Schaffung von Arbeitsplätzen investiert, werden die Investitionen eventuell durch Strukturhilfen der EU, z. B. in der Form zinsgünstiger Kredite, gefördert. Diese Hilfen fördern zwar die Infrastruktur in Tschechien. Die dort geschaffenen Arbeitsplätze fehlen jedoch in der Bundesrepublik Deutschland und führen hier tendenziell zu einer Schwächung der Binnennachfrage.

Einen weiteren Impuls erhielt die Diskussion um die Errichtung einer **Wirtschafts- und Währungsunion** Anfang 1988 durch das Memorandum des damaligen deutschen Außenministers Hans-Dietrich Genscher. Darin forderte er die kurzfristige Schaffung eines einheitlichen europäischen Währungsraumes als ökonomisch notwendige Ergänzung zum Binnenmarkt. Im April 1989 wurde im **Delors-Bericht** durch einen Exportausschuss ein Vorgehen in drei Schritten zur gemeinsamen Währung festgelegt:

Auf dem Weg zu Europäischen Wirtschafts- und Währungsunion (EWWU)	
Stufe 1: Beginn zum 01.07.1990	– Liberalisierung des Kapitalverkehrs
Stufe 2: Beginn zum 01.01.1994	– Ausschluss der Finanzierung öffentlicher Haushalte durch die Notenbanken – Überführung der nationalen Notenbanken in die Unabhängigkeit – Errichtung des Europäischen Systems der Zentralbanken (ESZB)
Stufe 3: Beginn zum 01.01.1999	– Festlegung der Umtauschkurse der Teilnehmerwährungen – einheitliche Geldpolitik durch das ESZB – Ausgabe von Münzen und Banknoten in Euro

▲ Der Vertrag von Maastricht

Die im **Vertrag von Maastricht** festgelegten **Konvergenzkriterien** müssen von den Teilnehmerstaaten eingehalten werden, um die Stabilität der Gemeinschaftswährung zu gewährleisten. Drei der im Vertrag von Maastricht in § 109j aufgeführten Kriterien sollen hier näher beleuchtet werden:

1. **Inflationskriterium:** Die Erfüllung der Preisniveaustabilität ist dann erreicht, wenn die Inflationsrate eines Landes um nicht mehr als 1,5 % über der Inflationsrate der drei preisstabilsten Mitgliedsländer liegt.

2. **Zinskriterium:** Der Nominalzins soll nicht mehr als 2 Prozentpunkte über dem der drei preisstabilsten Länder liegen.

3. **Finanzpolitische Kriterien (Verschuldungskriterien):** Hinsichtlich der öffentlichen Finanzen gilt ein Land dann als qualifiziert für die Einführung des Euro, wenn es keine „übermäßigen" Defizite aufweist. Im Einzelnen bedeutet dies, dass das Verhältnis der öffentlichen Defizite und des Bruttoinlandsprodukts nicht mehr als 3 % betragen darf **(Defizitkriterium)**. Darüber hinaus darf die gesamte Verschuldung nicht mehr als 60 % des Bruttoinlandsprodukts betragen **(Schuldenstandskriterium)**.

Die Einhaltung der Konvergenzkriterien ist notwendig, um die Stabilität der gemeinsamen Währung zu gewährleisten. Zudem stellen sich die ökonomischen Vorteile einer Währungsunion nur dann ein, wenn es eine abgestimmte Finanzpolitik der Teilnehmerländer gibt, welche die währungspolitische Integration flankiert. Die im Vertrag von Maastricht vereinbarten Regelungen sehen in diesem Zusammenhang die Schaffung einer vollkommen weisungsunabhängigen und dem vorrangigen Ziel der Geldwertstabilität verpflichteten **Europäischen Zentralbank (EZB)** nach dem Muster der Deutschen Bundesbank vor.

Die ökonomischen **Vorteile** einer Währungsunion liegen in den **geringeren Transaktions- und Informationskosten** im grenzüberschreitenden Handel mit Gütern und Dienstleistungen, da die Kosten des Umtauschs und der Absicherung gegen Währungsrisiken entfallen und Preise für Güter und Dienstleistungen über die Grenzen der Nationalstaaten hinweg unmittelbar vergleichbar werden.

Der europäische Binnenmarkt

Daraus ergibt sich in einem nächsten Schritt eine **Verschärfung des Wettbewerbs,** welche die Leistungsfähigkeit des Euroraums im internationalen Vergleich verbessert. Bei einer stabilen Währung können **investitionsförderliche Effekte** erreicht werden, weil der Standort Europa attraktiver wird. Dadurch steigt in einem nächsten Schritt die **Bedeutung des Euro** gegenüber der Welthandelswährung US-Dollar.

Beispiel Die Bürodesign GmbH schafft durch die geplante Investition in eine Produktionsstätte in Tschechien nicht nur die Voraussetzung für eine gesteigerte Produktion. Die dort gefertigten Produkte können in Euro kalkuliert werden, es fallen kein Transaktionskosten durch Währungsabsicherungsgeschäfte an, weil Ein- und Verkauf in Euro abgerechnet werden, auch wenn die Produkte über die Grenzen Tschechiens in den Euroraum verbracht werden. Die obige Grafik zeigt, dass der Verkauf von Produkten, die in US-Dollar fakturiert sind, durch starke Kursschwankungen gekennzeichnet sind, welche die Kalkulation erschweren und folglich durch kostspielige Kurssicherungsgeschäfte begleitet werden müssen.

Weiterhin erreicht man durch die Schaffung gemeinsamer Institutionen und den kulturellen Austausch eine **verbesserte europäische Integration.**

Beispiel Caroline Stein nimmt im Rahmen des ERASMUS-Programms ihrer Schule an einem Schüleraustausch nach Polen teil. Sie lernt das dortige Schulsystem kennen, macht einen Sprachkurs und überlegt, ob sie nach dem Abitur Teile ihres Studiums an einer polnischen Hochschule absolvieren soll.

Die Schaffung einer gemeinsamen Währung wurde allerdings nicht rückhaltlos positiv diskutiert. Gegner des Euro führten u. a. folgende Argumente ins Feld: Die starke Betonung der wirtschaftlichen Union ist zu wenig durch eine echte politische Union begleitet. Dadurch bestünde bei ökonomischen Krisen die **Gefahr von politischen Alleingängen** einzelner Mitgliedsländer. Die Währungsunion und der dadurch ausgelöste Wettbewerb könnte die **Beschäftigungsproblematik** in Europa verschärfen, weil Kostennachteile nicht mehr durch eine Abwertung der eigenen Währung kompensiert werden könnten.

▲ Der Vertrag von Amsterdam

Wichtige Etappe in der Phase seit der Verabschiedung und Umsetzung des Vertrages von Maastricht war u. a. der **Vertrag von Amsterdam** vom 2. Oktober 1997. Dort wurde versucht, die politische Handlungsfähigkeit der europäischen Institutionen zu stärken. Zu nennen ist z. B. die Stärkung der Rolle des Europäischen Parlaments, welches in mehr Feldern mitentscheiden darf. Andererseits fehlte es in diesem Vertrag auch an einer Neudefinition der Obergrenze der zukünftigen EU-Kommission und der Stimmengewichtung im Ministerrat der EU.

▲ Verfassungsreformen

Der **Gipfel von Nizza** fand vom 7. bis 11. Dezember 2000 statt. Im Mittelpunkt dieses Treffens stand eine Lösung der noch offenen Fragen von Amsterdam. Ziel war es, die EU auf die bevorstehende Osterweiterung vorzubereiten. Es wurden u. a. Regelungen über die Größe der EU-Kommission, über die Prozesse von Mehrheitsentscheidungen und eine engere Koopperation auf vielen Politikfeldern getroffen. Notwendig wurden diese Regelungen, weil die EU in der Zeit seit 1958 von 6 Mitgliedsländern auf 27 Mitgliedsländer im Jahr 2008 gewachsen ist. Die administrativen Strukturen müssen dieser Erweiterung angepasst werden.

Die Schaffung einer gemeinsamen **Verfassung** ist bis heute noch nicht gelungen. Der **Reformkonvent** zur Erarbeitung eines Verfassungsentwurfs nahm seine Arbeit im Februar 2002 auf und gipfelte in der Überreichung des Verfassungsentwurfs an die italienische Präsidentschaft am 18. Juli 2003. Die Ratifizierung des Vertragsentwurfs in den einzelnen Mitgliedsländern ist noch nicht abgeschlossen. Mehrere Referenden, z. B. in den Niederlanden (2005), Frankreich (2005) und Irland (2008), scheiterten, sodass es höchst zweifelhaft erscheint, ob der europäische Verfassungsvertrag noch in Kraft treten kann.

▲ Der Vertrag von Lissabon

Der **Vertrag von Lissabon** sollte der Europäischen Union eine einheitliche Struktur geben. Beim EU-Gipfel am 18. und 19. Oktober 2007 einigten sich die Staats- und Regierungschefs auf den Vertragstext, der am 13. Dezember 2007 unterzeichnet wurde. Bis Ende 2008 sollte der Vertrag durch alle Mitgliedstaaten ratifiziert sein, sodass er am 1. Januar 2009 hätte in Kraft treten können. Jedoch wurde der Reformvertrag von Irland am 12. Juni 2008 in einem Referendum abgelehnt. Während in den übrigen 26 EU-Mitgliedstaaten eine Ratifizierung des Vertrags allein durch eine (zustimmende) Abstimmung ihrer nationalen Parlamente erfolgt, ist Irland der einzige EU-Mitgliedstaat, in dem jegliche Änderung der EU-Verträge einer Abstimmung durch ein Referendum bedarf.

Zum heutigen Zeitpunkt muss zudem kritisch angemerkt werden, dass die im Vertrag von Lissabon vereinbarten Ziele bisher leider nicht erreicht worden sind. Im Jahr 2000 hatte sich die Europäische Union in Lissabon vorgenommen, Europa bis zum Jahr 2010 zum wettbewerbsfähigsten Wirtschaftsraum der Welt zu machen. Gemessen an diesen Zielen fällt die Bilanz aktuell sehr dürftig aus. Die vereinbarten Indikatoren des angestrebten Erfolgs, z. B. den Anschluss an die wirtschaftliche Leistungsfähigkeit der USA, sind bisher verfehlt worden. Auch die im Bereich Forschung und Entwicklung angestrebten Ausgaben in Höhe von 3% des Bruttoinlandsproduktes zeigen innerhalb der gesamten EU aktuell nur eine durchschnittliche Größe von 1,9%. Die Ursachen dieser Misserfolge sind vielfältig. Zum einen war das wirtschaftliche Umfeld mit der sogenannten Dotcom-Krise im Jahr 2000, den Terroranschlägen auf das World Trade Center am 11. September 2001 und später der Finanzmarktkrise ab dem Jahr 2009 nicht so günstig, als dass speziell beim Wirtschaftswachstum große Potenziale freigesetzt werden konnten. Das Beispiel der Griechenland-Krise seit 2010 zeigt zudem, dass eine Reihe EU-Mitgliedsländer es versäumt hat, die Wettbewerbsfähigkeit ihrer Volkswirtschaften zu stärken.

▲ Der optimale Währungsraum

Neben der Diskussion um die wirtschaftliche Leistungsfähigkeit ist die aktuelle Lage auch dadurch gekennzeichnet, dass immer mehr ost- und südosteuropäische Staaten Mitglied in der EU werden wollen. Sie wollen gerne den Euro als gemeinsame Währung einführen.

In diesem Zusammenhang stellt sich auch die Frage nach der optimalen Ausdehnung eines Währungsraums. Dazu gibt es verschiedene theoretische Ansätze:

- **Robert Mundell**[1] kommt in seiner Analyse zum **optimalen Währungsraum** zu dem Ergebnis, dass es einer Volkswirtschaft durch Auf- oder Abwertung der eigenen Währung möglich ist, die Wirkungen exogener Schocks mit der Folge einer stark sinkenden Nachfrage und entsprechend sinkendem Volkseinkommen zu neutralisieren. Bezogen auf einen optimalen Währungsraum mit einer einheitlichen Währung wie dem Euro muss als Grundvoraussetzung gegeben sein, dass die Löhne und die Preise von Gütern und Dienstleistungen hinreichend flexibel sind. Zudem sollten die Arbeitskräfte ausreichend mobil sein. Übertragen auf die EU wären diese Voraussetzungen eher bei einem kleinen Währungsraum zu erfüllen.

- **Ronald McKinnon**[2] bezweifelt die Thesen Mundells. Seiner Meinung nach erhöht eine Abwertung der eigenen Währung zwar die Nachfrage nach Inlandsgütern, gleichzeitig wird diese jedoch aufgrund von Importpreis- und Lohnsteigerungen wieder verringert. Die positive Wirkung der Abwertung auf die Produktion ist umso geringer und die negative Wirkung auf das Preisniveau umso stärker, je offener die Volkswirtschaft ist. McKinnon sieht daher für sehr offene Volkswirtschaften keinen Nachteil in der Eliminierung des Wechselkurses als wirtschaftspolitisches Instrument, weil über eine Abwertung der reale Wechselkurs nicht nachhaltig beeinflusst werden kann. Eine Verbesserung der internationalen Wettbewerbsfähigkeit ist allenfalls kurzfristig möglich. Das heißt, dass ein optimaler Währungsraum eher groß ist.

Insgesamt sind die Kriterien der beiden Autoren allerdings schlecht zu operationalisieren. Ihr Aussagewert bezieht sich auf die Erfolgschancen von Währungszusammenschlüssen und auf theoretisch befriedigende Bestimmungsgrößen für einen „optimalen Währungsraum". Daher kann man abschließend sagen, dass sich fixierte Wechselkurse für Räume anbieten, die durch Faktormobilität und internationalen Handel stark integriert sind. Dafür bietet die EU grundsätzlich die Voraussetzungen. Die Flexibilität von Löhnen nach unten wird aber z. B. in der Bundesrepublik durch die **Tarifautonomie** von den **Tarifpartnern** wesentlich mitbestimmt. Gesetzliche Mindestlöhne verhindern das Sinken der Löhne nach unten.

▲ Die Schuldenkrise in der EU

Der Fall **Griechenland** stellt ein weiteres aktuelles Problemfeld der europäischen Wirtschaftspolitik dar. Schien es bis vor wenigen Jahren noch undenkbar, dass ein Mitglied der Europäischen Währungsunion nicht mehr in der Lage sein würde, seine fälligen Schulden zu begleichen, so ist die **griechische Schuldenkrise** ein Beispiel dafür, dass auch ein bedeutender Währungsraum wie die EU an die Grenzen seiner Belastungsfähigkeit geführt werden kann.

Zu Beginn des Jahres 2010 mehrten sich an den Finanzmärkten die Zweifel an der Zahlungsfähigkeit des griechischen Staates. Ausgangspunkt waren die bis zu diesem Zeitpunkt bereits auf 7 % gestiegenen Renditen griechischer Staatsanleihen. Dieses Zinsniveau, das signifikant über dem anderer EU-Staaten lag, machte es dem griechischen Staat immer schwerer, sich am Kapitalmarkt zu refinanzieren. Auf dem Ratsgipfel in Brüssel beschloss die Europäische Union Ende März 2010 folglich einen Rettungsplan. Das beschlossene **Notpaket** beinhaltete bilaterale Kredite der EU-Staaten und des Internationalen Währungsfonds für den Fall, dass es Griechenland unmöglich würde, sich am Geld- und Kapitalmarkt zu refinanzieren. Dieses Notpaket zeigte aber nur kurzfristig eine Wirkung. Die drohende Zahlungsunfähigkeit Griechenlands hätte weitreichende Konsequenzen für die EU und deren gemeinsame Währung gehabt. Das Vertrauen der Anleger in die Zahlungsfähigkeit Griechenlands sank unterdessen weiter und drohte auch auf andere südeuropäische EU-Staaten wie Portugal und Spanien überzugreifen.

---

[1] *Kanadischer Volkswirt (geb. 24. Oktober 1932 in Kanada), erhielt 1999 den Nobelpreis für Wirtschaftswissenschaften.*
[2] *Professor für Wirtschaftswissenschaften an der Universität Stanford (geb. 10. Juli 1935 in Kanada)*

Letztlich musste die EU in Zusammenarbeit mit dem Internationalen Währungsfond neben einem 110 Milliarden Euro umfassenden Hilfspaket für Griechenland auch ein Euro-Rettungspaket schnüren. Dieser **Europäische Stabilisierungsmechanismus** hat eine Dimension von 750 Milliarden Euro und steht zu günstigen Konditionen drei Jahre lang jenen EU-Staaten zur Verfügung, die sich an den Kapitalmärkten nicht mehr refinanzieren können. Griechenland musste sich für die EU-Hilfe zu einem harten Konsolidierungskurs verpflichten. Darin enthalten sind z. B. Gehaltskürzungen für Staatsbedienstete.

Neue Hilfen für Griechenland

Neben neuen Hilfszahlungen von 43,7 Mrd. Euro wollen die Euroländer Griechenland mit diesen Maßnahmen unterstützen:

Schuldenrückkauf
Griechenland soll mit geliehenem Geld bis zu 10,2 Mrd. Euro eigene Schuldtitel günstig aufkaufen und so die Schuldenquote drücken.

Zinserleichterungen
Kreditzinsen aus dem ersten Hilfspaket sollen um einen Prozenpunkt gesenkt werden.

Längere Laufzeiten für Hilfskredite
Laufzeiten für Kredite sollen um 15 Jahre verlängert werden, für Hilfen aus dem zweiten Rettungspaket soll Griechenland 10 Jahre lang keine Zinsen zahlen.

Notenbank-Gewinne
Bestimmte Zinsgewinne der Notenbanken aus griechischen Staatsanleihen sollen den griechischen Haushalt um rund 10 Mrd. Euro bis 2030 entlasten.

dpa•17835 Quelle: EU-Kommission, Bundestag

Inzwischen wurde der EFS durch den Europäischen Stabilitätsmechanismus (ESM) abgelöst. Mit dieser Banklizenz kann sich der ESM bei der Europäischen Zentralbank (EZB) wie eine Geschäftsbank praktisch unbegrenzt Kredit verschaffen. Er kauft zunächst die Staatsanleihen der betroffenen Länder und hinterlegt die Anleihen dann als Sicherheit bei der EZB, um noch mehr Anleihen zu kaufen und auf diesem Weg die hohen Zinsen zu senken, die die Krisenstaaten auf dem Markt für ihre Staatsanleihen bieten müssen.

Die Grafik auf der folgenden Seite zeigt in kurzer Form die quantitative Lockerung der Geldpolitik der EZB.

Diese Bereitstellung von Liquidität ist notwendig geworden, weil die Banken in der Folge der Finanzkrise nicht mehr in üblichem Maße bereit sind, sich gegenseitig Geld zu leihen. Um einen Geldengpass (Kreditklemme) zu vermeiden, springt die EZB mit einer quantitativen Lockerung ihrer geldpolitischen Mittel ein.

Diese Form der Geldpolitik ist jedoch nicht unbestritten, zumal die EZB das Bankensystem seit geraumer Zeit mit Milliardenbeträgen versorgt, gleichzeitig den Leitzins auf dem historisch niedrigen Stand belässt (Stand Januar 2020: 0%) und bestimmte Einlagen von Kreditinstituten bei der EZB aktuell mit Strafzinsen belegt. Folgen hat diese Niedrigzinspolitik u. a. für institutionelle

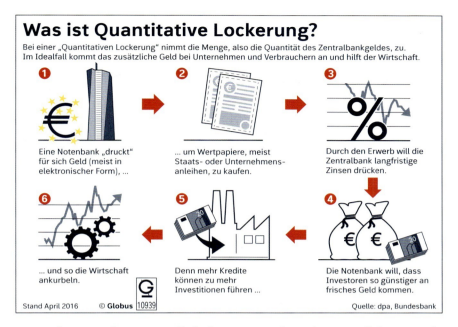

Anleger wie Lebensversicherungsgesellschaften. Die Renditen der Kapitallebensversicherungen sind dadurch in den letzten Jahren deutlich gesunken. Aber auch die Spareinlagen und Tagesgelder von Privatanlegern werfen immer geringere Renditen ab.

▲ Der Austritt Großbritanniens aus der EU

Am 23. Juni 2016 haben sich knapp 52 % der Briten in einem Referendum für einen Austritt ihres Landes aus der EU entschieden (Brexit). Vorausgegangen war dieser Entscheidung eine monatelange hitzige Diskussion zwischen den Befürwortern der EU und ihren Gegnern.

Verbunden ist diese Entscheidung mit einer breiten Kritik an den EU-Institutionen und deren Politik auch aus anderen EU-Mitgliedsländern. Die Zeiten, in denen die stetige Erweiterung der EU in Richtung Osten Europas quasi als Einbahnstraße funktionierte, scheinen aktuell vorbei zu sein, denn in vielen Ländern Europas erringen europaskeptische bzw. nationalpopulistische Parteien Wahlerfolge.

Der Wahlerfolg der EU-Gegner in Großbritannien stellt die EU und auch Großbritannien vor eine Reihe weitreichender Probleme. Der Artikel 50 des Vertrages von Lissabon sieht einen freiwilligen Austritt eines Mitgliedslandes vor. Innerhalb einer Frist von zwei Jahren sind u. a. folgende Problemfelder zu bearbeiten:

- der gegenseitige Marktzugang für Güter und Dienstleistungen
- Regelungen des Personenverkehrs/Aufenthalts (Freizügigkeit)
- Notwendigkeit zur Verhandlung neuer Freihandelsabkommen mit Drittstaaten
- mögliche Unabhängigkeitsreferenden in Schottland und Wales, deren Bürger sich mehrheitlich für einen Verbleib in der EU ausgesprochen haben

Die Bedeutung des Finanzplatzes London wird durch den Brexit ebenso geschwächt wie die gesamtbritische Wirtschaft, denn viele multinationale Unternehmen überprüfen geplante Investitionsvorhaben in Großbritannien vor dem Hintergrund des Brexits.

Beispiel Die Bürodesign GmbH steht seit vielen Monaten mit einem britischen Lieferanten von Massivholz in Verhandlungen. Aus dem Holz soll eine neue Büromöbelkollektion hergestellt werden. Frau Friedrich prüft nun, ob das aus Großbritannien zu importierende Holz nicht auch aus einem anderen EU-Land bezogen werden kann.

Der europäische Binnenmarkt innerhalb der Europäischen Wirtschafts- und Währungsunion (EWWU)

■ Wichtige Stationen des europäischen Einigungsprozesses

1948	Gründung der OEEC (Organisation für europäische wirtschaftliche Zusammenarbeit)
1950	Veröffentlichung des Schuman-Plans
1951	Unterzeichnung des Vertrags zur Gründung der Europäischen Gemeinschaft für Kohle und Stahl (EGKS) in Paris
1957	Gründung der Europäischen Wirtschaftsgemeinschaft EWG („Römische Verträge").
1987	Verabschiedung der Einheitlichen Europäischen Akte (EEA), Schaffung des Binnenmarktes
1989	Delors-Bericht: Vereinbarung über die gemeinsame Währung Euro
1991	Unterzeichnung des Vertrags von Maastricht
1999	Inkrafttreten des Amsterdamer Vertrags
2001	Der Vertrag von Nizza wird unterzeichnet
2004	Beitritt zehn neuer Mitgliedsstaaten
2005	Ablehnung der EU-Verfassung in Frankreich und den Niederlanden
2007	Verabschiedung des Vertrags von Lissabon
2010	Hilfspaket für Griechenland
2010	Hilfspakete für Spanien und Portugal
2013	Hilfspaket für Zypern
2013	Kroatien wird in die EU aufgenommen
2014	Lettland erhält den Euro
2015	Litauen erhält den Euro
2016	Großbritannien stimmt für den Austritt aus der EU (Brexit)

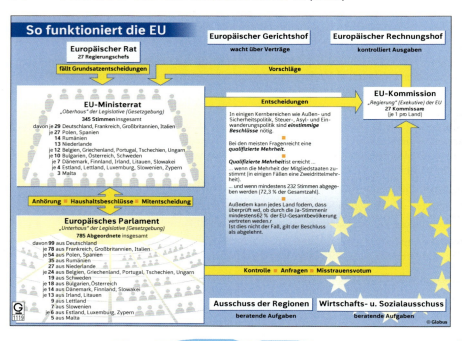

1 Vertrag über die Gründung der Europäischen Wirtschaftsgemeinschaft vom 25. März 1957:

> „Artikel 2: Aufgabe der Gemeinschaft ist es, durch die Errichtung eines gemeinsamen Marktes und die schrittweise Annäherung der Wirtschaftspolitik der Mitgliedsstaaten eine harmonische Entwicklung des Wirtschaftslebens innerhalb der Gemeinschaft, eine beständige und ausgewogene Wirtschaftsausweitung, eine größere Stabilität, eine beschleunigte Hebung der Lebenshaltung und engere Beziehungen zwischen den Staaten zu fördern, die in dieser Gemeinschaft zusammengeschlossen sind."

a) Beschreiben Sie zwei Maßnahmen, welche von den EU-Mitgliedsstaaten ergriffen wurden, um die Ziele, welche in Artikel. 2 des EWG-Vertrages genannt sind, zu verwirklichen.
b) Begründen Sie, warum es von der Gründung der Europäischen Wirtschaftsgemeinschaft im Jahr 1957 bis zur Verwirklichung des EU-Binnenmarktes 1989 nahezu 30 Jahre gedauert hat.
c) Überprüfen und beurteilen Sie, inwieweit das VW-Gesetz die Verwirklichung eines gemeinsamen Binnenmarktes behindert.

2 Der Vertrag von Maastricht sieht für die Teilnehmer an der Gemeinschaftswährung Euro die Einhaltung der sogenannten Konvergenzkriterien vor.
a) Erläutern Sie die drei Konvergenzkriterien des Vertrags von Maastricht.
b) Beurteilen Sie die Probleme für die Stabilität des Euro, wenn die Eurozone zukünftig auch auf die Staaten Osteuropas ausgedehnt werden soll.

3 Die gemeinsame Verfassung von Europa ist in mehreren Mitgliedsstaaten in Referenden von der jeweiligen Bevölkerung abgelehnt worden. Erstellen Sie ein Referat, in dem Sie den Prozess der Ablehnung des Verfassungsentwurfs in Frankreich und Irland nachzeichnen.

4 Informieren Sie sich über den Fortgang der Griechenland-Krise und erstellen Sie zu einer ausgewählten Fragestellung in diesem Zusammenhang ein Plakat.

5 Die Theorie des optimalen Währungsraums von Mundell geht davon aus, dass Löhne hinreichend flexibel sein müssen. Untersuchen Sie die Vor- und Nachteile flexibler Löhne aus Sicht der Gewerkschaften und der Arbeitgeberverbände. In einer Podiumsdiskussion stellen Sie die konträren Positionen einander gegenüber.

1.2 Konsequenzen der Europäisierung für die Wirtschaftssubjekte

Antje und Otto Land verbringen ihren Sommerurlaub auf der holländischen Nordseeinsel Texel. Den Nachmittag haben sie am Strand in einem Café verbracht. Frau Land rechnet nun zusammen, was die beiden dort getrunken und gegessen haben. Plötzlich beginnt sie zu lachen. „Otto, weißt du noch, als wir das erste Mal mit Jörn nach Italien gefahren sind. Er war damals fünf Jahre alt und wollte gleich nach der Ankunft unbedingt ein echtes italienisches Eis essen. Er hat sich auf der Karte über der Theke der Eisdiele die vielen verschiedenen Eissorten angeschaut. Dann fing er plötzlich zu weinen an. Als wir nach dem Grund fragten, hat er geantwortet: ‚Mama hier können wir uns gar kein Eis leisten – eine Kugel kostet 1 100,00 DM!' Er wusste ja nicht, dass der Preis für eine Kugel Eis auf dem Schild in der Eisdiele in italienischen Lire angegeben war." „Da können wir froh sein, dass wir in diesem Jahr nicht nach Schweden gefahren sind, dort müssten wir immer noch mühsam umrechnen, was die einzelnen Getränke und Speisen in Euro gekostet hätten", antwortet Otto. „Den Euro als gemeinsame Währung in der Europäischen Union zu nutzen, ist ja auch nicht der einzige Vorteil, den wir Europäer jetzt haben", antwortet seine Frau Antje.

- Erläutern Sie Beweggründe, die zur Einführung der gemeinsamen Währung Euro geführt haben.
- Erwägen Sie auch die Nachteile einer gemeinsamen Währung.

Vor und nach der Einführung des Euro im Jahr 1999 sind die Vor- und die Nachteile einer gemeinsamen Währung ausführlich und teilweise sehr kontrovers diskutiert worden. Im Folgenden werden wesentliche Argumentationslinien der Vorteile und auch der Nachteile einer gemeinsamen Währung nachgezeichnet.

▲ Vorteile einer gemeinsamen Währung

Bei einer einheitlichen Währung fallen für private Haushalte die **Transaktionskosten** durch den Tausch von Währungen bei den Kreditinstituten im Urlaub und auch die in der Urlaubszeit auftretenden **Kursrisiken** weg. Auch haben Urlauber in einem anderen Land eine **höhere Preistransparenz**.

Beispiel Als Thomas Stein in der 11. Klasse des Gymnasiums einen Schüleraustausch in die USA machte, musste er bei jedem Einkauf die dortigen Preise vom US-Dollar in Euro umrechnen, um ermitteln zu können, was das Produkt kostet.

Für Unternehmen schafft eine einheitliche Währung eine **vergleichbare Kalkulationsbasis** (z.B. bei Kalkulationsangeboten von Unternehmen). Es beteiligen sich infolgedessen mehr Unternehmen an Ausschreibungen über die Ländergrenzen hinweg. Das bringt mehr **Wettbewerb** und kann auch dazu führen, dass mehr **Arbeitsplätze** geschaffen werden. Auch die **Preistransparenz** erhöht den Wettbewerb und trägt zu einer **Reduzierung von Preisdifferenzen** bei, die nach wie vor bei identischen Produkten in verschiedenen Ländern bestehen.

Von der Einführung des Euro erwartete man weiterhin einen **verstärkten Handel** und eine steigende wirtschaftliche Zusammenarbeit zwischen den Mitgliedern der Eurozone, da bisher bestehende innergemeinschaftliche **Wechselkursrisiken** und die dadurch notwendigen **Währungsabsicherungen** (z.B. durch Devisentermingeschäfte) für europäische Unternehmen wegfallen. Für die Verbraucher können daraus **sinkende Güterpreise** und eine **bessere Versorgung** mit Gütern und Diensten erfolgen.

Beispiel Der Kauf von Rohstoffen im außereuropäischen Ausland trägt für die Bürodesign GmbH immer ein Kalkulationsrisiko, wenn der Kaufvertrag in einer ausländischen Währung fakturiert wird. Um dieses Risiko abzuwenden, muss die Bürodesign GmbH nach Abschluss des Kaufvertrages den Gegenwert der ausländischen Währung auf Termin einkaufen, um eine feste Kalkulationsbasis zu haben. Für diese Kurssicherungsgeschäft fallen bei der Hausbank Gebühren an, die den Import der Produkte verteuern.

Auf dem Weltmarkt werden viele Geschäfte in der Leitwährung US-Dollar abgewickelt. Eine einheitliche europäische Währung kann aufgrund der relativ **größeren Bedeutung des Euro** gegenüber einzelnen nationalen Währungen neben dem US-Dollar und dem japanischen Yen als **Handels- und Reservewährung** dienen. In einer globalisierten Welt kann eine Gemeinschaftswährung die **Wettbewerbsfähigkeit** Europas gegenüber den Wettbewerbern (z.B. den USA oder asiatischen Staaten) erhöhen.

Der Euro kann in diesem Zusammenhang auch als **Vollendung des europäischen Binnenmarktes** (freier Verkehr von Waren, Dienstleistungen, Kapital und Personen) gelten, denn ohne eine gemeinsame Währung würde dem Binnenmarkt eine wichtige Komponente fehlen. Damit ergibt sich auf psychologischer Ebene aus einer gemeinsamen Währung ein weiterer Vorteil: Der Euro dient nämlich als **Symbol** eines zusammenwachsenden Europas und gibt Raum für die Bildung einer **europäischen Identität**.

▲ Nachteile einer gemeinsamen Währung

Unter Wirtschaftstheoretikern und Politikern gab es vor der Einführung des Euros Bedenken bezüglich der Gefahren, die sich aus der Größe und der Heterogenität der Wirtschaftszone Europa ergeben könnten. Insbesondere **asynchrone Konjunkturzyklen** zwischen den einzelnen Mitgliedsländern würden eine **gemeinsame Geldpolitik** und damit die **Einhaltung einer niedrigen Inflationsrate** erschweren.

In diesem Zusammenhang stellte insbesondere die angemessene **Festlegung der Wechselkurse** der am Euro beteiligten Währungen eine kontrovers diskutierte Frage dar. Eine Volkswirtschaft, die mit überbewerteter Währung der Einheitswährung beitritt, wird im Vergleich ein höheres Vermögen, jedoch auch höhere Kosten und Preise aufweisen als Staaten, die unterbewertet oder realistisch bewertet der Einheitswährung beitreten. Ein volkswirtschaftlicher Ausgleich der Überbewertung ist in der Folge nur schwer erreichbar.

Politisch war und ist fraglich, ob die Europäische Zentralbank und die Europäische Kommission in der Lage sein würden, die Mitgliedstaaten zu einer dauerhaften hinlänglichen **Haushaltsdisziplin** zu „erziehen". Die Griechenlandkrise zeigt, welche weitreichenden Folgen die mangelnde Haushaltsdisziplin für die gesamte EU haben kann. In diesem Zusammenhang zeigt sich auch, dass kleine Mitgliedsländer einen **Verlust von Souveränität und Einfluss** in der Zusammenarbeit mit großen und mächtigen Ländern in der EU beklagen, denn im Rahmen des Rettungspaktes für Griechenland hat die EU dem griechischen Staat harte Sanktionen auferlegt.

▲ Gefühlte und wirkliche Inflation

Ein weiteres Phänomen, das als Konsequenz der Europäisierung in vielen Mitgliedsländern der EU diskutiert wurde und wird, ist die **gefühlte und wirkliche Inflation.** Nach der Einführung des Euro stellten die Verbraucher eine Verteuerung vieler Waren und Dienstleistungen fest. Zurückgeführt wurde diese gefühlte Inflation darauf, dass die Preise einzelner Waren mit der Einführung des Euro stark angehoben worden waren. Das Satiremagazin „Titanic" kreierte das danach von vielen Medien verwendete Wort **Teuro,** welches im Jahr 2002 sogar zum „Wort des Jahres" gewählt wurde.

Vergleicht man das Gefühl vieler EU-Bürger mit den amtlichen Statistiken in der EU, ist es aber nicht zu einer signifikanten Teuerung gekommen. In Deutschland stieg der Verbraucherpreisindex (Basisjahr 2000) von 81,9 (1991) auf 98,0 (1998) und nach der Euroeinführung auf 104,5 (2003). Rechnerisch zeigt die Entwicklung sogar ein Absinken der durchschnittlichen Inflation von 2,60 % vor der Euroeinführung auf 1,29 % nach der Einführung des Euro.

Erklären lässt sich diese Diskrepanz zwischen der „gefühlten" und der tatsächlichen Inflation in der Zeit der Euroeinführung dadurch, dass die Güter des täglichen Bedarfs wie z. B. Lebensmittel tatsächlich überdurchschnittlich teurer wurden, während andere im **Warenkorb** enthaltene Güter wie beispielsweise Elektrogeräte zwar billiger wurden, diese Verbilligung aber nicht gefühlt wurde, weil die Waren so selten gekauft werden. Die Waren haben nämlich einen unterschiedlich hohen Anteil am Warenkorb.

Auch das bleibt bei der Einschätzung der „gefühlten" Inflation unberücksichtigt. Letztlich treten bei den Überschlagsrechnungen im Kopf der Bürger mit gerundeten Faktoren (in der BRD etwa 1 : 2 statt 1 : 1,95583) Rundungsfehler auf, die sich auf den umgerechneten Preis auswirken. Dies wirkt sich besonders ungünstig aus, wenn sich ein Preis im Kopf nur schwer umrechnen lässt. Dies war z. B. bei den spanischen Peseten (1 : 166) der Fall. Je länger der Gebrauch der alten Währung her ist, desto stärker wirkt dieses Gefühl, da die jetzigen Euro-Preise mit den damaligen Preisen verglichen werden. Dass auch bei Beibehaltung der alten Währung aufgrund der Inflation viele Preise gestiegen wären, bleibt dabei unbeachtet.

▲ Verbraucherschutz

Auf der Ebene des **Verbraucherschutzes** waren nationale Gesetzgebungen und Organe seit der Einführung des gemeinsamen Binnenmarktes nicht mehr ausreichend, weil es durch den grenzüberschreitenden Handel für die Verbraucher zunehmend schwieriger wurde, ihre Rechte durchzusetzen. Um die Effizienz des Binnenmarktes zu gewährleisten, wurde eine Verbraucherpolitik auf der Ebene der gesamten EU notwendig. So führte die EU im Januar 2004 strengere Bestimmungen für den Rückruf mangelhafter Produkte ein. Die Warengruppe mit dem größten Risiko für die Verbraucher ist Spielzeug. In den neuen Vorschriften wurden auch Sicherheitsanforderungen für andere Produkte wie Sport- und Spielplatzgeräte sowie für die meisten Haushaltsprodukte wie etwa Textilien und Möbel festgelegt.

Über die Jahre wurden in den folgenden Bereichen zahlreiche Maßnahmen zur Wahrung der Interessen der Verbraucher getroffen:

- unlautere Geschäftspraktiken
- irreführende und vergleichende Werbung
- missbräuchliche Vertragsklauseln in Kaufverträgen
- Fernabsatz- und Haustürgeschäfte
- Rechte von Reisenden

Angesichts der Zunahme von Finanzdienstleistungen und elektronischem Handel hat die EU-Kommission Leitlinien für vorbildliche Verfahren beim Online-Geschäftsverkehr sowie Regeln für alle Aspekte der Verbraucherkredite und bargeldloser Zahlungsformen vorgeschlagen.

1 a) Stellen Sie die Wechselkursentwicklung des Euro gegenüber dem US-Dollar innerhalb der vergangenen 12 Monate in einer Übersicht zusammen.
b) Recherchieren Sie mögliche Ursachen für wesentliche Wechselkursveränderungen.

2 Erstellen Sie ein Referat über Wechselkursrisiken und beschreiben Sie darin auch mögliche Formen der Kurssicherung.

2 Die Globalisierung – von der europäischen zur Weltwirtschaft

2.1 Merkmale und Ursachen der Globalisierung

Der amerikanische Wissenschaftler George Modelski vertrat im Jahre 1972 die Meinung, die Ursache der Globalisierung läge in der ökonomischen Expansion Europas, „die die Unterwerfung anderer Gesellschaften in der Welt und deren Integration in ein globales Handelsnetz zum Ziel" habe. Somit vertrat er die Meinung, dass es eigentlich eine einzige Zivilisation (nämlich die europäische) sei, die die Globalisierung verursacht habe. Andere Wissenschaftler sind ebenfalls der Meinung, die Ursachen der Globalisierung seien in Europa zu finden.

Doch betonen sie, dass es nicht an den jeweiligen Ländern, sondern am System des Kapitalismus liege, dass es zur Globalisierung gekommen sei. Das Wesen des Kapitalismus sei es schließlich, zu expandieren und andere Teile der Welt von sich abhängig zu machen. Besonders kritische Wissenschaftler hingegen sprechen nicht von „Globalisierung", sondern von „Triadisierung" und meinen damit die drei großen Wirtschaftsregionen der Erde, nämlich den Fernen Osten mit China und Japan, die USA und Europa. Sie sagen, es handele sich bei diesen drei Wirtschaftsregionen um Zivilisationen, die sich allen anderen überlegen fühlten und diese von sich abhängig machen wollten.

- Erläutern Sie diese kritischen Grundhaltungen zu den Ursachen der Globalisierung.
- Diskutieren Sie, ob die Regionen Ostasien, USA und Europa tatsächlich die ganze restliche Welt durch Globalisierung von sich abhängig machen wollen.
- Erläutern Sie, welche weiteren Ursachen für die Globalisierung eine Rolle spielen.

▲ Bereiche der Globalisierung

Das augenfälligste Merkmal der Globalisierung ist die Tatsache, dass es in der Wirtschaft keine Grenzen mehr zu geben scheint. Nie zuvor waren die Märkte so stark miteinander verbunden, wie dies heutzutage der Fall ist. Während die wirtschaftlichen Aktivitäten von Anbietern und Nachfragern sich in der Vergangenheit überwiegend innerhalb von Landesgrenzen oder möglicherweise mit unmittelbaren Nachbarländern abspielten, sind diese Grenzen im weltweiten Handel nahezu abgebaut. Selbstverständlich gab es auch in der Vergangenheit Handel mit anderen Ländern und Kontinenten, doch ist dieser in der heutigen Zeit um ein Vielfaches stärker. Der Prozess internationaler Arbeitsteilung und Vernetzung der Produktion hat sich hinsichtlich seiner **Geschwindigkeit** und **Intensität** in den letzten 30 Jahren deutlich erhöht. Damit wird erkennbar, dass es sich bei Globalisierung nicht um einen aktuellen Zustand ökonomischer Entwicklung handelt, sondern vielmehr um einen **fortschreitenden Prozess,** in dem sich die weltweite Wirtschaft schrittweise einander annähert.

Dabei wäre der Begriff „**Globalisierung**" viel zu eng gefasst, wenn man ihn nur auf ökonomische Aktivitäten anwenden würde. Vielmehr handelt es sich um einen weltweiten Austausch von **kulturellen, religiösen** und auch **sozialen** Gesichtspunkten. Durch **ökonomische Globalisierung** kommen – schlicht und einfach – Menschen aus aller Welt mit ihren bisweilen höchst unterschiedlichen Vorstellungen von Kultur oder Gesetzgebung zueinander und betreiben Handel.

Die Globalisierung – von der europäischen zur Weltwirtschaft

```
                          Globalisierung
    ┌─────────────┬──────────────┬──────────────┐
ökonomische   kulturelle      religiöse       soziale
Globalisierung Globalisierung  Globalisierung  Globalisierung
```

ökonomische Globalisierung
Auf Beschaffungsmärkten, Absatzmärkten oder Finanzmärkten kommt es zu einem Austausch von Gütern, Informationen und Dienstleistungen im internationalen Maßstab. Es besteht eine Tendenz zur Angleichung von Preisen.

kulturelle Globalisierung
Europäische Unternehmen haben z. B. andere Gewohnheiten und Umgangsformen als asiatische Unternehmen, was zu Schwierigkeiten und Herausforderungen führen kann, wenn man diese Gewohnheiten im Umgang miteinander nicht kennt.

religiöse Globalisierung
Wenn europäische Unternehmen beispielsweise mit Unternehmen aus dem Nahen Osten Handel betreiben, können religiöse Grundorientierungen den Umgang beeinflussen, wenn man diese nicht genügend berücksichtigt.

soziale Globalisierung
Im Handel reicher Länder mit armen Ländern kommt es zu einem Aufeinandertreffen unterschiedlich starker sozialer Strukturen und Probleme.

▲ Ökonomische Globalisierung

Für die volkswirtschaftliche Betrachtung ist natürlich die ökonomische Globalisierung von besonderem Interesse. Schließlich stellt sie gleichermaßen den Rahmen, die Bedingung und das Ergebnis des gesamten Globalisierungsprozesses dar. Dabei spielen **zahlreiche Ursachen** eine Rolle für die zunehmende Globalisierung.

▲ Information, Kommunikation und Transport

Bedeutendstes Merkmal der fortschreitenden ökonomischen Globalisierung ist die rasante Entwicklung bei der Verarbeitung von **Informationen,** in der **Kommunikation** sowie im **Transportwesen**. Die heutzutage weitverbreitete Mischung aus Kommunikations- und Computertechnologie (z. B. Internet) hat hierbei die Bedeutung einer **Basistechnologie,** die geeignet ist, einen weltweiten und jahrzehntelangen ökonomischen Aufschwung auszulösen. Auch der seit dem Ende des Zweiten Weltkriegs immer weiter fortgeschrittene Einsatz von Flugzeugen, Containerschiffen oder Supertankern hat es ermöglicht, dass eine immer größere Stückzahl an Gütern mit immer größerer Geschwindigkeit transportiert werden kann. In den letzten 70 Jahren haben sich auch die Kosten für Schiffsfracht und Luftverkehr auf etwa ein Fünftel reduziert und die Kosten für Telekommunikation auf etwa ein Hundertstel. Entscheidend für den Prozess der Globalisierung ist, dass diese Kosten schneller gesunken sind als die Kosten der Produktion.

▲ Finanztransaktionen

Die Globalisierung der Wirtschaft hat in besonders starkem Maße auch die **Finanzmärkte** erfasst. Sie zeigt sich in internationalen Kapitalströmen als Folge der Liberalisierung der Finanzmärkte, der zunehmenden Bedeutung multinationaler Unternehmen und nicht zuletzt der Entwicklung der Informationstechnologie, die diese gewaltigen Transaktionen erst ermöglicht. Nach Angaben der Deutschen Bundesbank beliefen sich die weltweit erfassten Kapitalströme zuletzt auf 4 000 Mrd. US-Dollar. Damit haben sie sich seit 1975 verdreißigfacht, während das Welthandelsvolumen in dieser Zeit um 320 % und das zusammengefasste Bruttoinlandsprodukt aller Länder nur um 14 % angestiegen sind.

▲ Multinationale Unternehmen

Eine bedeutende Rolle spielen bei der Globalisierung **multinationale Unternehmen.** Die Absatzmärkte weltweit operierender Konzerne sind in aller Regel auf zahlreiche Länder verteilt, während sämtliche Aktivitäten von einer Zentrale im Heimatland aus gesteuert werden. Dadurch üben multinationale Unternehmen einen erheblichen ökonomischen Einfluss auf den Welthandel aus, sodass Kritiker ihnen vorwerfen, aus egoistischen Motiven ihre bisweilen marktbeherrschenden Stellungen auszunutzen.

Beispiel Der amerikanische Konzern Walmart ist das größte Handelsunternehmen der Welt und gleichzeitig auch das größte Unternehmen überhaupt. Mit einer Anzahl von rund 2 Millionen Arbeitnehmern ist Walmart der größte Arbeitgeber der Welt.

▲ Liberalisierung des Welthandels

Die weltweite Liberalisierung des Handels macht es im Vergleich zu den 1960er-Jahren immer interessanter, Güter zu exportieren. Seit Beginn der 1960er-Jahre ist die Menge der Exporte größer als die **nationale** Güterproduktion.

Das liegt natürlich daran, dass es seit dem Zweiten Weltkrieg viel besser als zuvor ermöglicht wird, Außenhandel zu betreiben. So wurden nach dem Ende des Zweiten Weltkriegs regelmäßige Verhandlungsrunden zwischen Ländern vereinbart, die unter dem Namen **GATT** eine schrittweise **Liberalisierung des Welthandels** durch Senkung von Schutzzöllen anstrebten.

Weil jedoch auch im internationalen Handel Streitigkeiten zwischen Ländern unvermeidbar erscheinen, wurde im Jahre 1994 beschlossen, die Welthandelsorganisation **WTO (World Trade Organization)** zu gründen, die bei Handelsstreitigkeiten eingreifen soll und gleichzeitig die Macht hat, gegenüber Mitgliedstaaten der Organisation verbindliche Regeln auszusprechen.

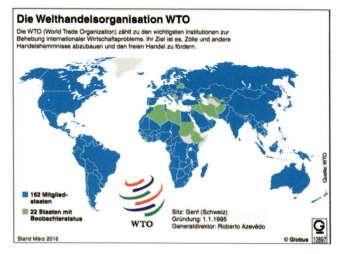

Intraindustrieller Handel

Ein anderes wichtiges Merkmal der Globalisierung wird im „intraindustriellen" Handel **zwischen Industrieländern** gesehen. Das heißt, es werden z. B. in der Automobilindustrie ähnliche Produkte von Deutschland nach Frankreich exportiert, wie in entgegengesetzter Richtung importiert werden. Die Unterschiedlichkeit der

Produkte und sinkende Stückkosten sind hier die treibenden Kräfte. Sie erlauben es, dem Wunsch der Verbraucher nach einem breiten Güterangebot zu attraktiven Preisen zu entsprechen. Der inzwischen in vielen Branchen erreichte Grad der Produktdifferenzierung und Spezialisierung in der Produktion kann als beispiellos bezeichnet werden.

Die **wichtigste ökonomische Triebkraft** bei der Globalisierung ist jedoch – wie bei fast allem unternehmerischen Handeln – das **Gewinnstreben.** Die Verteilung von Absatzmärkten ist für weltweit operierende Unternehmen vor allen Dingen deshalb interessant, weil man in den Konzernzentralen nicht mehr so abhängig von nationalen Konjunkturlagen ist. So sind die konjunkturellen Entwicklungen in den verschiedenen Ländern nur begrenzt voneinander abhängig. Wenn ein Unternehmen also ausschließlich auf nationalen Märkten tätig ist, ist es auch in hohem Maße von der heimischen Konjunktur abhängig. Agiert es hingegen weltweit, ist es von den diversen Konjunkturlagen weniger stark abhängig. Zwar mag sich der eine Unternehmensstandort in einem Land befinden, in welchem gerade eine Konjunkturkrise herrscht, der andere Standort hingegen befindet sich in einem Land, das gerade einen konjunkturellen Aufschwung erlebt. Folglich gelingt es dem **weltweit operierenden Unternehmen** besser, die **Gewinne** nicht nur zu **erhöhen,** sondern sie auch zu **verstetigen.**

Die Rolle von Entwicklungs- und Schwellenländern

So sehr der durch Globalisierung hervorgerufene Wettbewerbsdruck für die etablierten und mächtigsten Volkswirtschaften (z. B. USA, China und die EU) zu bisweilen schmerzhaften Anpassungen führt, so sehr profitieren insbesondere **Schwellenländer** von den Bedeutungsverschiebungen in der Weltwirtschaft.

Dabei handelt es sich um Länder, die eigentlich noch Entwicklungsländer sind, aber schon längst nicht mehr deren typische Merkmale (extrem ungleich verteiltes Einkommen, sehr geringe Spartätigkeit, schlechte Handelsbeziehungen, hohe Arbeitslosigkeit, Armut u. v. m.) aufweisen.

Ehemalige Entwicklungsländer als Schwellenländer erzielen oft überdurchschnittlich hohe Wachstumsraten, was ihnen die Möglichkeit gibt, umfangreiche Investitionen in die materielle und soziale Infrastruktur zu tätigen. Insbesondere die Investitionen in die Bildung verschaffen diesen Ländern (z. B. Brasilien, Mexiko, Indien, Türkei u. v. m.) die Voraussetzungen für Entwicklungssprünge im globalen Wettbewerb und lassen sie zu echten Konkurrenten der reichen Industriestaaten werden.

Entwicklungsländer hingegen (Afrika und Südostasien) verharren aufgrund rückständiger Wirtschaftsbedingungen auf einem dauerhaft niedrigen Wohlstands- und Wohlfahrtsniveau. Fehlende Infrastruktur, vergleichsweise geringe Exporttätigkeit und überwiegende Beschäftigung im primären Sektor sind nur wenige prägnante Beispiele für Probleme, die es Entwicklungsländern nach wie vor erschweren, am globalen Wettbewerb teilzunehmen.

Merkmale und Ursachen der Globalisierung

- **Bereiche der Globalisierung**
  - Der Globalisierungsbegriff ist nicht nur auf die Wirtschaft beschränkt:
    - ökonomische Globalisierung
    - kulturelle Globalisierung
    - religiöse Globalisierung
    - soziale Globalisierung
  - Für die volkswirtschaftliche Betrachtung ist die **ökonomische Globalisierung** von besonderer Bedeutung.

- **Ursachen ökonomischer Globalisierung**
  - **Information, Kommunikation und Transport:** Die rasante Verbreitung von Informationen und die Beschleunigung des Transports sind ein wichtiger Grund für Globalisierung.
  - **Finanztransaktionen:** Nicht zuletzt durch Informationstechnologie werden Kapitalströme heutzutage in großer Menge und Geschwindigkeit übertragen.
  - **Multinationale Unternehmen:** Von Konzernzentralen aus lenken internationale Großkonzerne die Geschicke ihrer Tochter-Unternehmen in zahlreichen Ländern.
  - **Weltweite Liberalisierung:** Durch weltweite Öffnung von Märkten ist der Export heutzutage größer als die nationale Güterproduktion.
  - **Intraindustrieller Handel:** Ähnliche Produkte werden zwischen zwei Ländern gehandelt. Das erhöht die Produktdifferenzierung und Angebotsvielfalt.

1 Erklären Sie (möglichst unter Entwicklung eigener Beispiele), inwiefern kulturelle und religiöse Globalisierung einen Einfluss auf die ökonomische Globalisierung nehmen können. Recherchieren Sie dazu auch im Internet.

2 Beschreiben Sie, wie die rasante Entwicklung bei der Verbreitung von Informationen internationale Finanztransaktionen begünstigt und somit den ökonomischen Globalisierungsprozess beschleunigt.

3 Recherchieren Sie im Internet und erläutern Sie an selbst entwickelten Beispielen, was man unter intraindustriellem Handel versteht.

4 Erläutern Sie, wodurch multinationale Unternehmen zunehmend unabhängig von der nationalen Konjunktur werden und dadurch Gewinne verstetigen.

2.2 Die Rolle multinationaler Unternehmen im Globalisierungsprozess

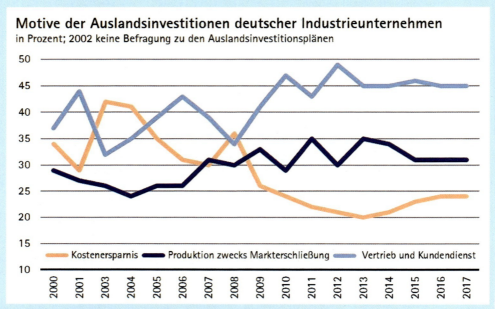

(Quelle: DIHK-Umfrage Auslandsinvestitionen in der Industrie, Frühjahr 2016, S. 8)

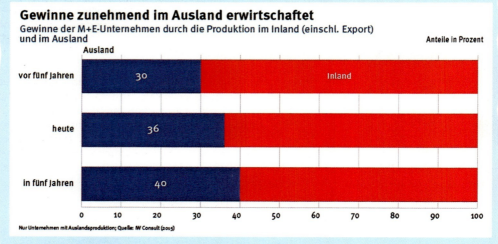

(Quelle: IW Consult 2015)

Die Rolle multinationaler Unternehmen im Globalisierungsprozess

437

- Erläutern Sie den Sachverhalt, der in den beiden Info-Grafiken zum Ausdruck kommt.
- Diskutieren Sie die Widersprüchlichkeit, die in den Aussagen zu den Gründen für Auslandsinvestitionen einerseits und der Erwirtschaftung von Gewinnen in den Unternehmen der Metall- und Elektroindustrie (M+E-Unternehmen) andererseits zum Ausdruck kommt.
- Diskutieren Sie die Gründe, aus welchen Unternehmen sich in Zeiten der Globalisierung in wachsendem Maße in anderen Ländern engagieren. Zeichnen Sie die Diskussionen auf und werten Sie sie aus.
- Recherchieren Sie Beispiele, in welchen sich internationale Großkonzerne im Rahmen ihrer Auslandstätigkeit in Entwicklungsländern verantwortungsvoll engagieren.

▲ Multinationale Unternehmen

Von einem multinationalen Unternehmen spricht man, wenn ein Unternehmen, das seinen Hauptsitz weiterhin in seinem ursprünglichen Heimatland behält, seine wirtschaftlichen Aktivitäten jedoch **über die nationalen Grenzen hinaus auch ins benachbarte Ausland oder sogar in andere Kontinente** ausdehnt.

Aufgrund des dafür erforderlichen Kapitals handelt es sich bei multinationalen Unternehmen häufig um sehr finanzstarke **internationale Großkonzerne,** deren Produkte als Marken weltweite Bekanntheit genießen und von Menschen aus aller Welt gekauft und genutzt werden. Üblicherweise lassen sich multinationale Unternehmen daran erkennen, dass sie erhebliche Investitionen in anderen Ländern tätigen. Dabei misst man den Grad der Internationalisierung häufig anhand von Messgrößen (z. B. Gewinn, Umsatz, Mitarbeiteranzahl usw.).

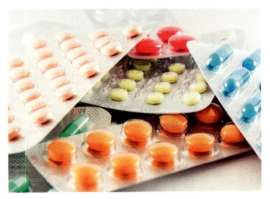

Beispiel Die Trenker AG, internationaler Großkonzern im Bereich der Herstellung von Pharma-Produkten, erzielt rund 35 % ihres weltweiten Umsatzes in Deutschland. Etwa 20 % werden in den Vereinigten Staaten erzielt, noch einmal rund 20 % Umsatzanteil entfallen auf verschiedene Länder Südamerikas, und der Rest des Konzernumsatzes entfällt auf Asien.

Selbstverständlich geht es multinationalen Unternehmen darum, neue Absatzmärkte für ihre Produkte zu suchen, um den eigenen Marktanteil auszubauen und dadurch die eigene Existenz zu sichern. Natürlich gelingt dies nur, wenn das Größenwachstum der Unternehmen auch wirtschaftliche Folgen hat. Ein zusätzlicher Produktionsfaktoreinsatz soll einen umso stärkeren Ertrag mit sich bringen (**economies of scale** = Skalenerträge).

Es sind vor allen Dingen reiche Industrienationen, die die meisten multinationalen Unternehmen stellen, weil nur sie über die entsprechend erforderliche Finanzkraft verfügen. Und so verwundert es auch nicht, dass zahlreiche der größten Unternehmen der Welt in den Vereinigten Staaten, Europa und zunehmend auch in Ostasien zu finden sind. Auch die Bundesrepublik Deutschland beheimatet eine große Zahl international bedeutsamer Unternehmen.

Diese Unternehmen tragen auch eine große Verantwortung für die Entwicklung in den Ländern, in denen sie sich engagieren. Der besondere Anreiz, sich international zu betätigen, resultiert auch daraus, dass in den Heimatländern, die ja bereits einen hohen Wohlstand erreicht haben, nicht mehr so hohe

Wachstumsraten zu erzielen sind wie in den Ländern, in denen diese Großkonzerne ihre Produktionsstandorte eröffnen. Besonders die rasant wachsenden **Schwellenländer** sind für europäische und amerikanische Großkonzerne interessant, um dort Investitionen zu tätigen.

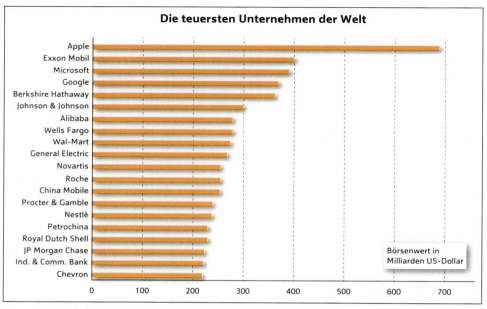

(Quelle: www.boerse.de Finanzportal GmbH, unter: https://static.boerse.de/images/Infografiken/aktien/die-teuersten-unternemen-der-welt-2014.png, abgerufen am 26.04.2017)

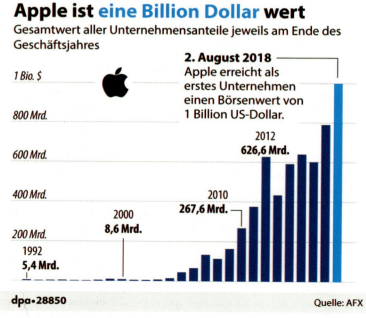

Quelle: Ycharts

▲ Rolle multinationaler Unternehmen

Die Rolle und Bedeutung international agierender Großkonzerne in anderen Ländern sind vielfältig. Zusammengefasst kann ihre Rolle in **fünf Thesen** dargestellt werden:

1. Transfer von Kapital

Multinationale Unternehmen bringen bedeutsame Kapitalmengen in Entwicklungsländer und leisten somit einen außerordentlich wichtigen Beitrag zur finanziellen Gesundung.

2. Schaffung von Arbeitsplätzen

Insbesondere die Großkonzerne exportstarker Länder wie Deutschland schaffen weltweit Arbeitsplätze und damit auch Einkommen. Häufig liegt auch der Lohn, der von multinationalen Unternehmen in den Entwicklungsländern gezahlt wird, über dem inländischen Niveau. Damit steigt auch das Einkommensniveau der Menschen vor Ort.

3. Stärkung der Bildung

Multinationale Unternehmen bilden ihre Mitarbeiter vor Ort aus und leisten dadurch einen wichtigen Beitrag zum Erwerb beruflicher Qualifikationen.

4. Transfer moderner Technologien

Wenn multinationale Unternehmen sich in Entwicklungsländern engagieren, bringen sie naturgemäß auch ihre neue Technologie mit. Umweltschutz- und Energietechnologie werden auf diese Weise transferiert und steigern die effektive Ressourcennutzung.

5. Wettbewerbsförderung

Weil marktmächtige Unternehmen in den Markt der Entwicklungsländer eindringen, stellen sie für die bereits vorhandene heimische Industrie der Entwicklungsländer natürlich ein erhebliches Wettbewerbspotenzial dar. Durch ihre mächtige Konkurrenz wird der Wettbewerbsdruck erhöht, die heimischen Unternehmen werden gezwungen, sich möglichst wirtschaftlich zu verhalten, weil sie ansonsten aus dem Marktgeschehen ausscheiden.

▲ Verantwortung multinationaler Unternehmen

Den in den fünf Thesen genannten Vorteilen stehen erhebliche **Nachteile** gegenüber. So verfolgen internationale Großkonzerne nicht nur selbstlose Motive, die zur Gesundung der Länder beitragen können. Betrachtet man das unternehmerische Gewinnstreben im Weltmaßstab, so geht es nicht selten auch um **ökonomische Macht,** die irgendwann so groß ist, dass daraus sogar **politische Macht** werden kann.

Wenn multinationale Unternehmen ihre ökonomische Macht missbrauchen, um politischen Druck auszuüben, kann sich dies äußerst negativ auf die ökonomische Entwicklung auswirken. Aufgrund ihrer Bedeutung stehen diese Unternehmen unter genauester **Beobachtung durch die Medien.** Und Unternehmen von solcher Größenordnung können sich eine „schlechte Presse" nicht oder kaum erlauben. Von besonderer Brisanz sind dabei Nachrichten, die ein multinationales Unternehmen in den Ruf bringen, Arbeitnehmer in den Entwicklungsländern auszubeuten, während gleichzeitig die Gewinne „sprudeln" und die Marktanteile zunehmen. Allzu schnell kann der Ruf beschädigt werden, sodass bedeutende Absatzmärkte verloren gehen Multinationale Unternehmen, die nur noch einen kleinen Teil ihres Konzernumsatzes im Heimatland erzielen, sind auf diese Weise schnell existenzgefährdet.

Beispiel Die Trenker AG hat Produktionsstandorte in Indien. Zwar werden in den indischen Fabriken viele Tausend Arbeitsplätze in der Produktion geschaffen, doch sind die Arbeitsbedingungen alles andere als gut. Unbelüftete Räume, Lärm, schlechte hygienische Bedingungen und Arbeitsschichten von bis zu 16 Stunden am Tag sind keine Seltenheit. Als ein indischer Fernsehsender über die Missstände in den Fabriken berichtet, kommt es an den indischen Produktionsstandorten zu Streiks. Ein deutsches Politmagazin ist vor Ort und sendet ebenfalls einen Fernsehbericht, der im deutschen Fernsehen ausgestrahlt wird. Schon bald bekommt der Vorstand der Trenker AG die Reaktion der Öffentlichkeit zu spüren. Drastische Umsatzeinbrüche sind die Folge, sodass das Gewinnziel nicht erreicht werden kann. Die Aktien der Trenker AG befinden sich infolgedessen im Sinkflug und stehen bereits nach wenigen Wochen nur noch knapp über dem Ausgabekurs.

Besonders groß ist die soziale Verantwortung multinationaler Unternehmen bei der Bekämpfung von **Kinderarbeit.** Nur wenn sie nicht als Abnehmer von billig produzierter Ware aus Werkstätten in Entwicklungsländern auftreten, kann Kinderarbeit eingedämmt werden.

Trotz des Wissens um ihre Verantwortung für die gesellschaftliche und wirtschaftliche Lage von Entwicklungsländern werden multinationale Unternehmen ihrer Rolle nicht immer gerecht. Aus diesem Grund hat die OECD Leitsätze formuliert, die das Verhalten multinationaler Unternehmen im weltweiten Wettbewerb durch Maßstäbe nach allgemein anerkanntem Recht und Gesetz regeln wollen.

▲ Ziele und Grundsätze der OECD

Satzungsgemäße Ziele der OECD:
Die OECD soll zu einer optimalen Wirtschaftsentwicklung und einem steigenden Lebensstandard in ihren Mitgliedstaaten beitragen, in Mitgliedsländern **und** Entwicklungsländern das Wirtschaftswachstum fördern, die Ausweitung des Welthandels begünstigen.

Die **OECD** (Organisation for Economic Co-operation and Development; Organisation für wirtschaftliche Zusammenarbeit und Entwicklung) ist keine übernationale Organisation wie die UN, sondern hat eher den Charakter **einer permanent tagenden Konferenz.** Alle Entscheidungen und Empfehlungen bedürfen der Einstimmigkeit, jedoch besteht die Möglichkeit der Enthaltung; macht ein Land von dieser Möglichkeit Gebrauch, muss es die betreffende Empfehlung nicht anwenden.

Die praktische Arbeit findet in Fachausschüssen und Arbeitsgruppen statt, in denen neben Regierungsvertretern auch unabhängige Experten vertreten sein können, die jedoch lediglich eine beratende Funktion einnehmen. In diesen Gremien wurden Leitsätze entwickelt, die gemeinsame Empfehlungen der Regierungen an multinationale Unternehmen sind. Die Beachtung der Leitsätze durch die Unternehmen beruht auf dem Prinzip der Freiwilligkeit und hat **keinen rechtlich zwingenden Charakter.**

Allgemeine Grundsätze der OECD

Die Unternehmen sollten der erklärten Politik der Länder, in denen sie tätig sind, voll Rechnung tragen und auch die Meinungen der anderen Unternehmensbeteiligten in Betracht ziehen. Die Unternehmen sollten in dieser Hinsicht

1. einen Beitrag zum wirtschaftlichen, sozialen und ökologischen Fortschritt im Hinblick auf die angestrebte nachhaltige Entwicklung leisten;
2. die Menschenrechte der von ihrer Tätigkeit betroffenen Personen respektieren, im Einklang mit den internationalen Verpflichtungen und Engagements der Regierung des Gastlands;
3. den lokalen Kapazitätsaufbau durch eine enge Zusammenarbeit mit den jeweiligen örtlichen Gemeinwesen einschließlich Vertretern der lokalen Wirtschaft fördern und gleichzeitig die Expansion der Aktivitäten des Unternehmens auf den Inlands- und Auslandsmärkten gemäß dem Prinzip solider Geschäftspraktiken fördern;
4. die Humankapitalbildung fördern, namentlich durch Schaffung von Beschäftigungsmöglichkeiten und Erleichterung von Aus- und Weiterbildung ihrer Arbeitnehmer;

5. davon absehen, sich um Ausnahmeregelungen zu bemühen bzw. Ausnahmen zu akzeptieren, die nicht in den Gesetzen oder Vorschriften über Umwelt, Gesundheit, Sicherheit, Arbeitsmarkt, Besteuerung, finanzielle Anreize oder sonstige Bereiche vorgesehen sind;
6. gute Corporate-Governance-Grundsätze unterstützen und für deren Beachtung sorgen sowie empfehlenswerte Corporate-Governance-Praktiken entwickeln und anwenden;
7. wirksame Selbstregulierungspraktiken und Managementsysteme konzipieren und anwenden, die ein Klima des gegenseitigen Vertrauens zwischen den Unternehmen und der Gesellschaft der Gastländer begünstigen;
8. dafür sorgen, dass ihre Arbeitnehmer umfassend über die jeweilige Unternehmenspolitik unterrichtet sind, und sich daran halten, indem sie sie hinreichend, auch im Rahmen von Schulungsprogrammen, über diese Politik informieren;
9. von diskriminierenden oder Disziplinarmaßnahmen gegenüber Arbeitnehmern absehen, die dem Management oder gegebenenfalls den zuständigen Behörden in gutem Glauben Praktiken melden, die gegen das geltende Recht, die Leitsätze oder die Unternehmenspolitik verstoßen;
10. ihre Geschäftspartner, einschließlich Zulieferfirmen und Unterauftragnehmer, wo praktikabel, zur Anwendung von Grundsätzen der Unternehmensführung ermutigen, die im Einklang mit den OECD-Leitsätzen für multinationale Unternehmen stehen;
11. sich jeder ungebührlichen Einmischung in die Politik des Gaststaats enthalten.

Die Einhaltung der OECD-Leitsätze wird regelmäßig **überprüft**. Durch nationale Kontaktstellen in den jeweiligen Ländern wird festgestellt, ob sich die multinationalen Unternehmen auch wirklich an die Leitsätze halten. Häufig sind diese Kontaktstellen bei den Wirtschaftsministerien der Länder angesiedelt. Da die Einhaltung der Leitsätze allem Anschein nach weitgehend gewährleistet ist, empfehlen auch die wichtigen Arbeitgeberverbände (z.B. BDI), sich im weltweiten Wettbewerb daran zu halten. Wenn nun auch noch die politischen Rahmenbedingungen in den Entwicklungsländern so stabil sind, dass Großkonzerne sich in vollem Bewusstsein für ihre gesellschaftliche Verantwortung frei bewegen können, dann können sie in erheblichem Maße zur Armutsbekämpfung in der sogenannten Dritten Welt beitragen.

Die Rolle multinationaler Unternehmen und internationaler Organisationen im Globalisierungsprozess

- **Multinationale Unternehmen**
  - Multinationale Unternehmen verfügen über weitverzweigte Netze von Filialen und Standorten in zahlreichen Ländern.
  - Durch erhebliche Investitionen in Schwellen- und Entwicklungsländern vergrößern sie ihren bisweilen weltweiten wirtschaftlichen Einfluss.
  - Die meisten multinationalen Unternehmen kommen aus Europa und den USA.
  - Besonders in den Schwellen- und Entwicklungsländern gibt es für Großkonzerne Wachstumspotenzial.

- **Rolle multinationaler Unternehmen**
  - Transfer von Kapital
  - Schaffung von Arbeitsplätzen mit besserer finanzieller Ausstattung
  - Verbesserung der Bildung und Einführung moderner Managementmethoden
  - Transfer von Technologie zur besseren Nutzung von Ressourcen
  - Wettbewerbsförderung durch starken Konkurrenzdruck für heimische Wirtschaft

- **Verantwortung multinationaler Unternehmen**
  - Gefahr von Machtmissbrauch durch Beeinflussung politischer Entscheidungsträger
  - Gefahr der Ausnutzung sozialer Missstände
  - Risiko des Imageverlustes bei verantwortungslosem Geschäftsgebaren

OECD-Leitsätze
- Entwicklung von Verhaltensempfehlungen für multinationale Unternehmen
- Überprüfung von Verhalten durch nationale Kontaktstellen der OECD (häufig in Wirtschaftsministerien der Länder angesiedelt)
- Schaffung stabiler Rahmenbedingungen für multinationale Unternehmen
- durch Einhaltung der OECD-Leitsätze große Verantwortung bei der Armutsbekämpfung

1 Recherchieren Sie im Internet und erstellen Sie eine Liste der größten Unternehmen Europas. Eine Orientierung kann Ihnen dabei der Aktienindex „EuroStoxx 50" bieten. Wählen Sie beispielhafte Unternehmen aus und recherchieren Sie Umsatzgröße, Gewinn, Mitarbeiteranzahl, Auslandsaktivitäten usw.

2 Erläutern Sie die Gefahr, in welche ein multinationales Unternehmen durch negatives Geschäftsgebaren in einem Entwicklungsland selbst im Heimatland geraten kann.

3 Diskutieren Sie die OECD-Leitsätze im Hinblick auf Vollständigkeit und Einhaltung. Entwickeln Sie gegebenenfalls eigene Vorschläge, durch welche der Katalog von Leitsätzen Ihrer Meinung nach erweitert werden müsste. Präsentieren Sie Ihre Ergebnisse softwaregestützt.

4 Diskutieren Sie, welche Thesen hinsichtlich der Rolle multinationaler Unternehmen eine besonders wichtige Rolle in den Entwicklungsländern spielen (z. B. Transfer von Kapital, Schaffung von Arbeitsplätzen, Stärkung der Bildung usw.).

2.3 Auswirkungen der Globalisierung

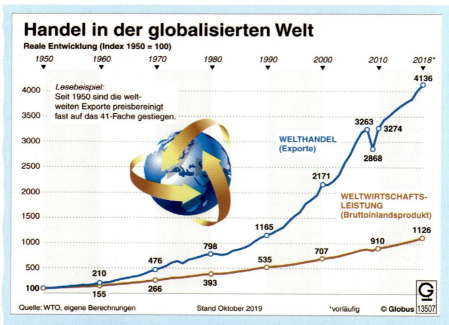

- Diskutieren Sie, welche Ziele durch Globalisierung angestrebt werden.
- Setzen Sie sich mit den möglichen Folgen des fortschreitenden Globalisierungsprozesses auseinander. Beziehen Sie mögliche soziale, politische oder auch juristische Gesichtspunkte in ihre Überlegungen ein. Recherchieren Sie dazu auch im Internet.

▲ Denationalisierung und ihre Folgen

Insbesondere durch die rasante Entwicklung moderner Kommunikationsmedien konnte sich die Globalisierung seit Beginn der 1990er-Jahre stark entfalten. Handelsbarrieren wurden abgebaut und haben das Handelsvolumen zwischen Ländern vervielfacht. Aufgrund geringer Kosten wurden Produktionsstandorte in aufstrebende Schwellenländer verlagert. Inzwischen sind diese Schwellenländer zu den eigentlichen Konkurrenten geworden. Durch die Globalisierung ist die Welt zu einem großen Marktplatz geworden, Markt-

teilnehmer überbrücken trotz bisweilen großer Entfernungen Raum und Zeit durch intensive Nutzung moderner Kommunikationsmedien problemlos und schnell. Geschäfte können – trotz großer Entfernungen – in Echtzeit abgeschlossen werden. Die Tatsache, dass Unternehmen heutzutage weltweit operieren können und dass insbesondere die sogenannten **„Global Player"** übernational organisiert sind, bedeutet, dass sie immer schwieriger nach nationalen Gesichtspunkten zu beurteilen und zu bewerten sind.

Beispiel Ursprünglich war Daimler Benz ein deutsches Unternehmen Mittlerweile hat Daimler Benz seine Absatzmärkte und Produktionsstandorte in vielen Ländern der Welt und ist zu einem Global Player geworden.

Diese Entwicklung wird **Denationalisierung** genannt, und sie stellt die Regierungen in aller Welt vor große Herausforderungen, weil sie sich auf einheitliche Rechtsstandards einigen müssen, um nutzbringenden Außenhandel betreiben zu können. Einzelne Regierungen stellen infolge dieser Entwicklung fest, dass sie immer weniger Einfluss auf die Weltwirtschaft haben.

Globale Wettbewerbsfähigkeit wird immer bedeutsamer, und die nationalen Volkswirtschaften müssen sich diesem Wettbewerb stellen. Wenn sich die „alten" Industrieländer nicht anpassen, so werden sie gegenüber den aufstrebenden Schwellenländern langfristig unterliegen. Das liegt auch daran, dass die Bevölkerungen in alten Industrieländern immer älter werden und dass immer weniger Kinder geboren werden, während das Bevölkerungswachstum in den Schwellenländern rasant fortschreitet.

Beispiele Bis 1995 hat sich weltweit die Zahl der 65-Jährigen und Älteren gegenüber 1950 verdreifacht, und bis 2025 wird sich diese Zahl wiederum verdoppeln. Europa und Japan sind davon besonders betroffen.

In Asien wird die Bevölkerung von 1995 bis 2025 um 28 % zunehmen, in Europa um 4 % abnehmen, d. h., Europas Anteil an der Weltbevölkerung wird von 12,8 % auf 8,7 % zurückgehen; der Asiens von 60,4 % auf 59,5 %.

▲ Globalisierungskritik

Während der Handel zwischen Nationen durch weitergehenden Abbau von Handelsschranken zunehmend liberalisiert wird, **wächst die Kritik an den negativen Auswirkungen** der Globalisierung. Bei weltweiten Demonstrationen gibt es starken Protest gegen eine Liberalisierung des Welthandels, weil man befürchtet, dass eine Liberalisierung des weltweiten Wettbewerbs nur den global tätigen Unternehmen zugute kommt.

Wettbewerb in einer globalisierten Welt führt auf dem Arbeitsmarkt zu Dumping-Löhnen oder zu starkem Preisverfall bei Produkten. Dabei richtet sich die Kritik der Globalisierungsgegner nicht gegen die **Globalisierung an sich.** Vielmehr befürchten sie, dass im internationalen Handel nicht immer auf die Einhaltung von Menschenrechten, Demokratie und ökologischen Standards geachtet wird. Auf diese Weise werden die Rechte und Gesetze einzelner Staaten zunehmend geschwächt, weil Regierungen den ordnenden Einfluss auf die Wirtschaftsweise weltweit operierender Unternehmen verlieren.

> **Globalisierungsprobleme**
> - Schwächung nationaler Regierungen und deren Gesetzgebung zugunsten von Konzernen, die in nahezu allen Ländern engagiert sind
> - Durch weltweite Verbreitung von Großkonzernen kommt es unausweichlich zum Aufeinandertreffen fremder Kulturen und Wertesysteme.
> - Von der Globalisierung profitieren in erster Linie reiche Industrienationen, während Entwicklungsländer in finanzielle Abhängigkeit geraten können.
> - Gewinner und Verlierer der Globalisierung driften zunehmend auseinander.

Kritisiert wird auch, wenn internationale Großkonzerne sich an Herstellung und Handel von **Rüstungsgütern** beteiligen oder wenn bei der Produktion von Gütern nicht auf die Einhaltung von Sicherheitsvorschriften geachtet wird.

Als **Netzwerk der weltweiten Globalisierungskritik** betrachtet sich heutzutage die Organisation **attac**. Mit knapp 30 000 Mitgliedern

Bild: www.attac.de

allein in Deutschland betrachtet sich **attac** als Teil der weltweiten Proteste gegen allzu entfesselte Kräfte des freien Marktes. Ursprünglich wurde die Organisation im Jahre 1998 in Frankreich auf Initiative mehrerer Journalisten ins Leben gerufen, die der Auffassung waren, dass die Kluft zwischen armen und reichen Ländern abgebaut werden müsse. Heutzutage vertritt attac die Auffassung, dass die Ausweitung des weltweiten Handels keineswegs den versprochenen Wohlstand für alle gebracht habe. Deshalb wird die zunehmende Globalisierung kritisiert. Gleichzeitig tritt attac für eine Umverteilung wirtschaftlicher Macht zugunsten ärmerer Länder ein.

Globalisierung stellt möglicherweise auch ein weltweites **Umweltrisiko** dar. Den Schutz natürlicher Ressourcen und der Umwelt im Globalisierungszeitalter mahnt sehr nachdrücklich die Umwelt-

organisation **Greenpeace** an. Seit Jahrzehnten weist Greenpeace auf die ökologischen Folgen ungebremsten Wachstums hin und macht durch bisweilen spektakuläre Aktionen auf die Zerstörung der natürlichen Umwelt aufmerksam.

Genauso weist Greenpeace auf das Ungleichgewicht bei dem Verbrauch von Rohstoffen zwischen reichen Industrienationen und armen Entwicklungsländern hin. So verbrauchen die reichen Länder, in denen lediglich **ein Viertel der Weltbevölkerung** lebt, mehr als **drei Viertel der Rohstoffvorräte** weltweit, während der weitaus größte Teil der Weltbevölkerung nur beschränkten Zugang zu Rohstoffen hat. Auf diese Weise geraten arme Länder in eine wirtschaftliche Abhängigkeit von reichen Ländern, die sich auch in einem vergleichsweise sehr niedrigen Pro-Kopf-Einkommen äußert.

Wenn Organisationen wie Greenpeace eine **Globalisierung „mit menschlichem Antlitz"** anmahnen, so entsteht daraus die Notwendigkeit einer Förderung insbesondere in sehr armen Ländern, die sich in einem Teufelskreis von Bevölkerungswachstum, politischer Instabilität und Verschuldung befinden. Um diesen Prozess aufzuhalten, bedürfte es eines Aufbaus von Handelsstrukturen zwischen verschiedenen Entwicklungsländern, um sich im Globalisierungsprozess gegenseitig zu unterstützen. Dazu müssen jedoch zunächst die finanziellen Abhängigkeiten der Entwicklungsländer gegenüber den reichen Industrienationen abgebaut werden, damit diese sich aus eigener Kraft wirtschaftlich positiv entwickeln können.

▲ Herausforderungen

Problematisch ist nicht die Globalisierung an sich. Vielmehr handelt es sich hierbei um einen Prozess, den es seit langer Zeit gibt. Schon in früheren Jahrhunderten zog es Menschen in andere Länder, um dort Handel zu treiben. Globalisierung ist somit kein Phänomen von heute. Problematisch hingegen ist es, dass die heutige Globalisierung **keine gestaltende Kraft** hat.

Leider handelt es sich häufig um einen Prozess, in welchem allein das Recht des Stärkeren gilt, ganz gleich, zu welchen Bedingungen der „Sieg" erkauft wird. Technologischer Fortschritt und wirtschaftliche Macht bestimmen die Geschwindigkeit dieses Prozesses und erschweren für diejenigen, die nicht mithalten können, die Bedingungen. Würde dieser Prozess unaufhaltsam weitergehen, so wäre der Wohlstand von einem Fünftel der Erdbevölkerung zulasten der restlichen Erdbevölkerung erwirtschaftet worden. Umso notwendiger ist es, dass **regelsetzende Vereinbarungen zwischen Nationen** getroffen werden, die anerkannt und dauerhaft sind. Es ist sinnlos, wenn zwei Länder Vereinbarungen über den grenzüberschreitenden Güterverkehr treffen, sie jedoch schon nach kurzer Zeit nicht mehr einhalten. Um diese Interessenunterschiede zwischen Nationen auszugleichen, bedarf es übergreifender Organisationen, die mahnend und regelnd in den Globalisierungsprozess eingreifen. Man spricht von **„Global Governance"** und meint damit die Schaffung einer Organisation, die von allen Ländern als Autorität anerkannt wird und Regeln für den internationalen Handel setzt, die sich am Wohl der gesamten Menschheit orientiert.

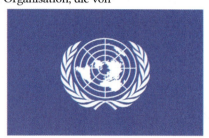

Dies kann jedoch keine Weltregierung sein, sondern möglicherweise eine starke **UN** oder andere übernationale Institutionen (z. B. Weltbank, IWF usw.), die danach streben, dass der durch Globalisierung erworbene Wohlstand auch armen Ländern zugute kommt und dass soziale und ökologische Missstände behoben werden.

Auswirkungen der Globalisierung

- **Denationalisierung und ihre Folgen**
  - Weltweit agierende Großunternehmen agieren immer häufiger, ohne der Kontrolle nationaler Gesetzgebungen zu unterliegen (Denationalisierung).
  - Nationale Gesetzgebung und Politik haben oftmals Schwierigkeiten, mit der Wettbewerbsgeschwindigkeit im internationalen Handel Schritt zu halten.
  - „Alte" Industrienationen laufen Gefahr, im weltweiten Wettbewerb mit aufstrebenden Schwellenländern langfristig zu unterliegen, weil sie Schwierigkeiten haben, sich dem globalen Wettbewerb anzupassen.

- **Globalisierungskritik**
  - Der intensive Wettbewerb kann zu Lohn-Dumping führen.
  - „Alte" Industrienationen sind auf das Zusammentreffen anderer Kulturen nicht genügend vorbereitet.
  - Entwicklungsländer geraten in Abhängigkeit von Globalisierungsgewinnern.
  - Arme und reiche Länder driften immer weiter auseinander.
  - Ausdehnung des weltweiten Rüstungshandels
  - Globalisierung kann zu einem weltweiten Umweltproblem werden.

- **Herausforderungen**
  - Globalisierung muss eine gestaltende Kraft für die Weltordnung haben.
  - Es müssen regelsetzende Vereinbarungen getroffen werden, die von allen Ländern anerkannt werden.
  - Übergreifende Organisationen müssen regelnd in die Globalisierung eingreifen (z. B. UN, IWF, Weltbank usw.).
  - Diesen Prozess nennt man **„Global Governance"**.

1 Betrachten Sie die Karikatur und beschreiben Sie an Beispielen die möglichen Folgen des fortschreitenden Globalisierungsprozesses für Löhne und Gehälter, Sozialleistungen, Qualität von Produkten und den Umweltschutz.

2 Diskutieren Sie anhand der folgenden Meldung den Nutzen eines Schuldenerlasses der für die ärmsten Länder der Welt und zeigen Sie Wege auf, wie arme Länder eigene Wege zur Verbesserung ihrer wirtschaftlichen Situation gehen können, ohne in allzu große Abhängigkeit von reichen Ländern zu kommen. Diskutieren Sie auch, ob sich die Situation in den vergangenen Jahren verändert hat.

Schuldenerlass für ärmste Länder beschlossen

Am Wochenende haben die Finanzminister der sieben führenden Industrienationen und Russland (G8) in London einen umfangreichen Schuldenerlass für einige der ärmsten Länder der Welt vereinbart. Der Umfang beträgt rund 40 Mrd. Dollar. 18 Staaten sollen sofort von der Regelung profitieren, 20 weitere Staaten können sich für den Erlass ihrer Schulden qualifizieren, wenn sie die Bedingungen zur Umsetzung demokratischer Reformen und zur Bekämpfung der Korruption erfüllen. Den begünstigten Staaten werden ihre Schulden bei der Weltbank, dem Internationalen Währungsfond (IWF) und bei der Afrikanischen Entwicklungsbank erlassen.

3 Beschreiben Sie, in welchen Wirtschaftsbereichen bereits heute eine starke Zunahme des Wettbewerbs von aufstrebenden Schwellenländern mit den „alten" Industrienationen Europas zu erkennen ist, und entwickeln Sie konkrete Vorschläge, wie die eigene Volkswirtschaft auf diese Herausforderung reagieren kann, ohne das soziale Gefüge zu gefährden.

4 Recherchieren Sie im Internet Informationen und Standpunkte zur Globalisierungskritik.

5 Entwickeln Sie eigene Standpunkte, die für bzw. gegen Globalisierung sprechen und diskutieren Sie diese im Klassenplenum.

6 Erläutern Sie, was man unter „Global Governance" versteht, und setzen Sie sich mit den Schwierigkeiten übernationaler Organisationen auseinander, den globalen Wettbewerb zu „zähmen".

3 Stabilisierungsaufgaben und Stabilisierungspolitik im globalen Kontext

„Ein zentraler Bereich, in dem sich die Globalisierung in den letzten Jahrzehnten sehr stark bemerkbar gemacht hat, ist die Liberalisierung der Finanzmärkte", sagt die Lehrerin von Caroline Stein im Unterricht. „Ihr habt ja jetzt bereits gelernt, wie eng die reale Wirtschaft heutzutage verflochten ist und wie mächtig multinationale Unternehmen sind." „Und Sie meinen, dass das bei den Finanzmärkten genauso ist?", fragt Caroline. „Zumindest ist die Frage berechtigt", meint die Lehrerin, „denn schließlich sorgen die Finanzmärkte für Geldbewegungen weltweit und finanzieren die gesamten Güterbewegungen." „Stimmt", meint Patrick, „ich habe gelesen, dass dafür stabile Währungen nötig sind. Denn wenn Wechselkurse von Währungen stark schwanken, gibt es keine genügende Sicherheit für Unternehmen zu importieren oder zu exportieren." Die Lehrerin gibt ihm recht. „Aber das ist gar nicht so leicht, denn schließlich sind Währungen frei handelbar und unterliegen starken Schwankungen. Politische und volkswirtschaftliche Einflüsse spielen eine Rolle. Und dann sind da auch noch die Spekulanten..." Die Schüler blicken sich an. „Spekulanten? Aber wer spekuliert denn mit einer Währung?" Die Lehrerin verteilt ein Zeitungsartikel aus dem Handelsblatt.

Devisenspekulation: Das gewagte Spiel der Könige

Währungsspekulationen sind in den vergangenen Jahrzehnten zu einem beliebten Instrument der Investoren geworden. Lange Zeit blieben die Profis unter sich. Privatanleger hielten sich zurück. Galt doch die Spekulation mit Devisen als Königsdisziplin der Geldanlage. Denn wer mit Währungen Geld verdienen will, muss ständig informiert sein und sein Investment umschichten.

FRANKFURT. Die Turbulenzen an den Finanzmärkten wirbeln die Devisenkurse kräftig durcheinander. Der Euro etwa fiel in den vergangenen Wochen von seinem Hoch bei über 1,60 je Dollar zeitweise unter die 1,30-Dollar-Marke. Er erholte sich wieder, als die US-Notenbank den Leitzins drastisch senkte. So starke Schwankungen gab es seit Einführung des Euros noch nie.

Währungsspekulationen sind in den vergangenen Jahrzehnten zu einem beliebten Instrument der Investoren geworden. Tag für Tag schieben Devisenhändler durchschnittlich Währungen im Wert von 3,2 Billionen Dollar um die Welt. Lange Zeit blieben die Profis unter sich. Privatanleger hielten sich zurück. Galt doch die Spekulation mit Devisen als Königsdisziplin der Geldanlage. Das Problem ist, dass die Entwicklung einzelner Währungen nur sehr schwer zu prognostizieren ist. Viele volkswirtschaftliche Kennziffern und politische Entscheidungen spielen dabei eine Rolle. Wer mit Währungen Geld verdienen will, muss ständig informiert sein und sein Investment umschichten. Kaufen und Liegenlassen, eine Strategie, die bei Aktien langfristig zum Erfolg führt, funktioniert auf dem Devisenmarkt nicht. „Kleinanleger werden von der Fülle der Informationen schnell überrollt", sagt Ulrich Leuchtmann, Devisenstratege bei der Commerzbank. [...]

Mittlerweile gibt es mehrere Instrumente, die lange den Profis vorbehalten waren, auch für Privatanleger. So setzen Anleger immer häufiger auf Zertifikate, die sogenannte Carry Trades nachahmen. Dabei werden Kredite in Ländern mit niedrigen Leitzinsen aufgenommen und das Geld in Hochzinsländern angelegt. Anleger profitieren von der Zinsdifferenz. Wenn alles gut läuft, steigt gleichzeitig der Kurs der Hochzinswährung gegenüber der niedrig verzinsten. Zusätzlich zum Zinsgewinn verbuchen Anleger dann noch Wechselkursgewinne. Ebenso schnell kann sich dieser Effekt jedoch gegen den Investor wenden.

Das mussten viele erleben, die zuletzt auf hoch verzinste Rohstoffwährungen gesetzt hatten. Noch bis Mitte des Jahres befanden sich die Währungen aus Australien, Kanada oder Südafrika auf einem Höhenflug. Der Boom basierte auf den kräftig gestiegenen Rohstoffpreisen, gleichzeitig machten hohe Zinsen die Währungen attraktiv. Dann setzte die Abwärtsspirale ein. Aufgrund der abflauenden Weltwirtschaft sank weltweit der Bedarf an Rohstoffen. Der Verfall der Preise schlug direkt auf die Wirtschaft der exportierenden Länder durch. Um den Abschwung abzufedern, reagierten die Notenbanken vor Ort mit massiven Zinssenkungen, was wiederum die heimischen Währungen unter Druck setzte. Anleger, die in die Rohstoffwährungen investiert hatten, wurden doppelt bestraft. [...]

(Quelle: Panster, Christian; Hackhausen, Jörg: Devisenspekulation: Das gewagte Spiel der Könige, 10.01.2009. In: https://www.handelsblatt.com/finanzen/maerkte/anlegerakademie/anleger-akademie-devisenmarkt-devisenspekulation-das-gewagte-spiel-der-koenige/3085708.html [14.01.2020].)

- Beschreiben Sie das Risiko der Währungsspekulation für die Volkswirtschaften und erklären Sie, warum Währungsspekulation insbesondere für Kleinanleger riskant ist.
- Schätzen Sie den Zusammenhang zwischen Währungsspekulation und Preisverfall bei Rohstoffen ein.
- Entwickeln Sie Vorschläge zur Eindämmung der heutzutage ausufernden Währungsspekulation.

▲ Aufhebung der Wechselkursbindung

Schon im 19. Jahrhundert hatten die meisten wichtigen Volkswirtschaften (insbesondere das britische Empire) ein Währungssystem, das auf dem **Goldstandard** beruhte. Dabei musste die gesamte gesetzliche Menge an Zahlungsmitteln in eine fest vorgegebene Menge an Feingold umgetauscht werden können. Dieses Währungssystem beruhte also auf dem Vorhandensein einer bestimmten Goldmenge. Schwankungen in der Geldmenge gab es nur, wenn der Preis auf dem Goldmarkt schwankte. Dieses System nannte man Goldstandard und es wurde zunächst (1816) in Großbritannien eingeführt, um die Handelsgeschäfte des britischen Weltreichs (England, Indien, Australien, Kanada usw.) leichter abwickeln zu können.

z. B. 1 Feinunze Gold (= 31,103 Gramm Gold) Preis am	
21.03.2011	= 1 426,60 US-Dollar
22.03.2011	= 1 424,00 US-Dollar

Später wurde der Goldstandard auch in anderen aufstrebenden Volkswirtschaften (Deutschland: 1873) eingeführt. Das britische Empire verlor durch den Zweiten Weltkrieg seinen Weltmachtstatus an die USA, wo während der Konferenz von **Bretton Woods** (Juli 1944) beschlossen wurde, den globalen Handel sowie den daraus resultierenden Zahlungsverkehr zu ordnen. Man löste sich vom Goldstandard und führte frei austauschbare **(konvertierbare) Währungen** ein, die jedoch festgelegten Wechselkursen unterlagen. Diese Regelungen führten zur Gründung des Internationalen Währungsfonds (IWF). Die Mitgliedsländer des IWF verpflichteten sich, ihre nationalen Währungen mindestens auch in US-Dollar bereitstellen zu können (Parität zum US-Dollar). Somit wurde der US-Dollar zur weltweiten **Leitwährung**. Die meisten großen Volkswirtschaften der Erde waren auf diese Weise an die Entwicklung des US-Dollar gebunden. Als sich die durch den Vietnam-Krieg ausgelöste Inflation in den USA auch auf andere Länder ausbreitete, löste man sich von den vollständig festen Wechselkursen und führte eine „Schwankungsbreite" der Währungen von +/− 1 bis 2,25 % bei Orientierung an den vorherigen festen Wechselkursen ein.

▲ Devisenspekulation (vgl. S. 290 ff.)

Seit 1978 ist die Wechselkursbindung jedoch aufgehoben und ein System **frei handelbarer Wechselkurse** wurde eingeführt. Dadurch wurde jedoch das Tor zur Devisenspekulation geöffnet. Weltweit werden heutzutage unglaubliche Geldbeträge in Devisen gehandelt. Das Volumen der Devisenspekulation übersteigt heutzutage das Volumen des Güteraustauschs durch Import und Export um ein Vielfaches. Dabei verhält es sich bei der Devisenspekulation ganz ähnlich wie auf anderen Märkten. Werden große Summen einer Währung an einer Devisenbörse zum Verkauf angeboten, übersteigt das Angebot die Nachfrage, es kommt zu einem Kursrückgang (Abwertung der Währung). Verliert jedoch die eigene Währung an Wert, so werden Importe aus anderen Ländern teurer, was sich nachteilig auf die Preisgestaltung im Inland auswirken kann.

Es droht also immer dann **Inflation** aus dem Ausland, wenn der Kurs einer Währung durch umfassende Währungsspekulation unsicher wird und es zu einer **Abwertung der Währung** kommt, während gleichzeitig Preisverfall bei heimischen Rohstoffen festzustellen ist. Durch die auch bei Kleinanlegern heutzutage sehr beliebte Devisenspekulation geraten also die weltweiten Märkte durch Preisverfall und daraus resultierenden Umsatzverlust unter Druck mit den bekannten Konsequenzen für den Arbeitsmarkt. Dabei entsteht die Unsicherheit auf den Devisenmärkten nicht durch Devisenspekulation an sich, sondern vielmehr durch kurzfristige, auf schnelle Kursgewinne abzielende Devisenspekulation. Regierungen aller Volkswirtschaften sowie deren

Notenbanken sind folglich bestrebt, die eigenen Währungen möglichst stabil zu halten und eine Abwertung aufgrund von Devisenspekulation zu vermeiden, weil durch Währungsabwertung die eigenen Märkte in Gefahr geraten und **Instabilität in den Volkswirtschaften** die Konsequenz ist.

▲ Stabilisierungsinstrumente

Staaten haben die Möglichkeiten, über Steuern und Abgaben in Finanzmarktgeschäfte regulierend einzugreifen, um den **Finanzsektor** vor allzu starker Spekulation zu bewahren. Die Schwierigkeit der Umsetzung liegt darin, dass der Finanzsektor weltweit agiert und somit den Regelungen nationaler Regierungen entzogen ist. Es müssen folglich **überstaatliche Vereinbarungen** getroffen werden. Das scheitert häufig an den unterschiedlichen Interessen der Länder im globalen Wettbewerb.

▲ Finanztransaktionssteuern

Ein wichtiges Instrument sind Finanztransaktionssteuern. Hierbei handelt es sich um Steuern auf Geschäfte, die an der Börse getätigt werden und die auch außerhalb der Börse erfolgen. Sie gehören zu den **Kapitalverkehrssteuern.** Die Hintergründe sowie deren Grundideen werden durch die **Tobin-Steuer** und die **Börsenumsatzsteuer** verdeutlicht.

Tobin-Steuer

Ein Vorschlag der Wirtschaftswissenschaft, wie man eindämmend auf kurzfristige Devisenspekulation einwirken kann, wurde bereits im Jahr 1972 vom US-amerikanischen Wirtschaftswissenschaftler **James Tobin** entwickelt. Währungsschwankungen sollten nach seinen Vorstellungen durch Finanztransaktionssteuern auf internationale Devisengeschäfte eingedämmt werden. Dabei sollte **weltweit einheitlich** auf alle grenzüberschreitenden Devisengeschäfte **eine Steuer zwischen 0,05% und 1,00%** erhoben werden. Damit sollten insbesondere sogenannte **„Daytrader"** getroffen werden, also diejenigen Devisenhändler, die heute Devisen kaufen und sie morgen verkaufen. „Daytrading" mit Devisen führte nach Auffassung von James Tobin zu Währungsschwankungen, die häufig in einer Abwertung der Währung mündeten, sodass dadurch die Rohstoffe im eigenen Land verfallen und die Importpreise für Rohstoffe steigen. Deshalb sollte die sogenannte Tobin-Steuer **(Tobin tax)** dafür sorgen, dass für jede Devisentransaktion eine Steuer in o.g. Höhe erhoben würde.

Beispiel Für jede Transaktion erhebt die Finanzverwaltung eine Steuer in Höhe von 0,5% pro Transaktion. Würde während eines Jahres mindestens einmal im Monat eine Devisentransaktion durchgeführt, so beliefe sich der Prozentsatz von 0,5% auf das Jahr bezogen bei 12 Monate · 0,5% = 6,0%. Würde der Geldbetrag während eines Jahres regelmäßig einmal pro Woche an- und verkauft, so würde die Belastung entsprechend auf 52 Wochen · 0,5% = 10,4% Jahreszins steigen.

Das Beispiel zeigt, dass allzu schnelle Käufe und Verkäufe von Devisen hohen Zinsbelastungen unterliegen würden, sodass das Interesse am „Daytrading" naturgemäß abnähme. Folglich wären das **Risiko von Währungsabwertung** und die daraus folgenden Ergebnisse auf den Rohstoffmärkten stark gesunken.

Die Tobin-Steuer wurde jedoch bislang **nicht umgesetzt.** Die Parlamente von Frankreich und Belgien haben zwar die Einführung der Steuer beschlossen, jedoch nur, wenn sie von allen EU-Mitgliedsländern eingeführt wird. Da die Steuer in den USA jedoch abgelehnt wird, ist sie weltweit schwer einführbar, weil dies gegen den Widerstand der USA kaum geht. Dies zeigt auch die Hauptkritik an der Tobin-Steuer, weil sie in einer globalisierten Welt nur dann umsetzbar ist, wenn darüber vollständiger internationaler Einklang herrscht. Sollte sich nämlich nur ein einziges Land gegen die Einführung wehren, hätten Devisenspekulanten dieses Landes einen Vorteil gegenüber allen anderen.

Börsenumsatzsteuer

Als weiteres Instrument zur Stabilisierung globalisierter Märkte wird die Börsenumsatzsteuer angesehen. Sie wird in zahlreichen Ländern als **Steuer auf den Umsatz durch Handel mit börslich gehandelten Wertpapieren** erhoben. In Deutschland belief sich die Börsenumsatzsteuer auf 1 bis 2,5 Promille vom Börsenumsatz, jedoch wurde sie im Jahr 1991 abgeschafft. Auch in anderen europäischen Ländern (z. B. Niederlande, Spanien, Luxemburg) wurde die Börsenumsatzsteuer abgeschafft, doch wurde sie wiederum in anderen Ländern (z. B. China, Brasilien) eingeführt. Dass es keine weltweit einheitliche Regelung gibt, zeigt, wie unterschiedlich der **Handel mit Wertpapieren** in den Ländern betrachtet wird. In Europa gibt es die Börsenumsatzsteuer nicht, weil sie zwar generell erlaubt ist, jedoch nicht mit den EU-Richtlinien zur **Freiheit des Kapitalverkehrs** übereinstimmt. Angesichts der auch durch Spekulation verstärkten Finanz- und Wirtschaftskrise seit 2009 wächst jedoch die Forderung nach Wiedereinführung, weil dadurch allein Deutschland Steuereinnahmen von rund 35 Milliarden € entstehen könnten. Doch nicht allein aus Gründen vermehrter Steuereinnahmen wächst die Forderung nach Einführung der Steuer. Auch aufgrund der exorbitant hohen Staatsverschuldung einiger EU-Länder und der daraus resultierenden Euro-Schwäche sprachen sich zahlreiche Verbandsfunktionäre und Wirtschaftswissenschaftler für die Finanztransaktionssteuer aus, weil sie die Spekulation dämpft und in nicht allzu enger Verbindung zur Realwirtschaft steht. Nach kontroversen Diskussionen innerhalb der Europäischen Union verständigten sich zehn Länder darauf, dass eine **Finanztransaktionssteuer** ((Sachwort)) auf Käufe und Verkäufe von Aktien ab 2021 gelten soll. Die Höhe steht noch nicht fest.

▲ Bankenabgabe

Neben dem Instrument der Finanztransaktionssteuern gibt es das wesentlich zurückhaltendere Instrument der **Bankenabgabe.** Während Steuereinnahmen bei steigendem Umfang der Finanztransaktionen steigen, ist die Bankenabgabe nicht umsatzabhängig, sondern sie wird in einem festgelegten Zeitraum einmalig erhoben. Dies kommt den Interessen des Finanzsektors weit mehr entgegen.

Infolge der Finanzkrise von 2008 erkannte man, in welcher Gefahr sich Banken befanden, die hoch spekulative Geschäfte getätigt hatten und nun drohten, aufgrund fehlender Liquidität in ein Insolvenzverfahren zu geraten. Nun haben **Banken** jedoch für eine Marktwirtschaft eine überragende Bedeutung, weil sie sozusagen als **Motor des Wachstums** angesehen werden können. Sie gehören also elementar zum marktwirtschaftlichen Ordnungsmodell und werden deshalb „systemisch" genannt. Um den Bankensektor während der Finanzkrise abzusichern, leistete der Staat Deutschland wie auch alle anderen großen Volkswirtschaften umfangreiche Unterstützung aus Steuermitteln.

An diesem Vorgehen wurde kritisiert, dass der Steuerzahler das finanzielle Risiko für die Spekulationsgeschäfte einiger weniger Banken tragen musste. Deshalb beschloss die Bundesregierung am 31. März 2010 die Einführung einer Bankenabgabe für sämtliche Geschäfte aller Finanzdienstleister. Die **Erträge daraus sollen in einen Stabilitätsfonds** einfließen. Experten rechnen mit zusätzlichen Einnahmen von 1,2 Milliarden €.

Stabilisierungsmaßnahmen und Stabilisierungspolitik im globalen Kontext

- **Aufhebung der Wechselkursbindung**
  - Früher waren die Währungen der Länder durch Goldvorräte gedeckt (Goldstandard, z. B. Großbritannien, Deutsches Reich, Japan).
  - Nachdem die USA infolge des Zweiten Weltkrieges Weltmacht wurden, orientierten sich die Währungen der meisten Länder an der Entwicklung des Dollar.
  - Währungen waren früher in einem festen Wechselkursverhältnis mit einer gewissen Schwankungsbreite frei umtauschbar (konvertierbar).
  - Seit 1978 ist die Wechselkursbindung aufgehoben und Devisen können an den Devisenbörsen frei gehandelt werden.

- **Devisenspekulation**
  - Die Aufhebung der Wechselkurse führte zu einem Anstieg der Devisenspekulation.
  - Heutzutage werden täglich große Geldsummen an Devisenbörsen gehandelt, deren Umsätze die Umsätze der Realwirtschaft um ein Vielfaches übersteigen.
  - Durch Devisenspekulation geraten Währungen in schnelle Wechsel von Aufwertung und Abwertung, wodurch das Preisgefüge auf Rohstoffmärkten unter Druck gerät.
  - Die Realwirtschaft leidet häufig unter Devisenspekulation, weil Devisenspekulanten allzu sehr auf schnelle Erzielung von Kursgewinnen achten, statt Geld langfristig anzulegen und somit stabile Bedingungen für die Realwirtschaft zu schaffen.

- **Stabilisierungsinstrumente**
  - Durch den Einsatz von Stabilisierungsinstrumenten (Steuern und Abgaben) wollen die Regierungen der Länder den Finanzsektor von allzu starker Spekulation abhalten oder diese zumindest eindämmen.

```
                  Finanztransaktionssteuern
                    /                    \
            Tobin-Steuer            Börsenumsatzsteuer
```

  - Die **Tobin-Steuer** soll auf sämtliche An- und Verkäufe von Devisen erhoben werden und dient zur Eindämmung des „Daytrading" bei der Devisenspekulation. Devisenspekulanten sollen angehalten werden, ihre Devisen länger zu halten. Die Tobin-Steuer wurde bisher nicht in geltendes Recht umgesetzt.
  - Die **Börsenumsatzsteuer** soll auf alle Geschäfte mit börslich gehandelten Wertpapieren erhoben werden. Allerdings wurde sie in zahlreichen großen Volkswirtschaften abgeschafft. Durch die Griechenland-Krise angeregt, wollen viele Länder sie wieder einführen.
  - **Bankenabgaben** sind nicht abhängig von der Höhe der getätigten Geschäfte und werden in einem bestimmten Zeitraum einmalig von Kreditinstituten erhoben. Weil Banken „systemisch" sind, lässt der Staat sie in Krisen nicht fallen. Um jedoch das Spekulationsrisiko bei den Banken zu belassen, erhebt der Staat die Bankenabgabe.

---

1. Erklären Sie die Entwicklung vom Goldstandard bis zur Einführung freier Wechselkurse.
2. Recherchieren Sie im Internet und beschreiben Sie das Risiko der Devisenspekulation anhand von Beispielen.
3. Erklären Sie, warum es so schwierig ist, weltweit wirkende Stabilisierungsinstrumente im Finanzsektor einzuführen.
4. Geben Sie die Höhe des jährlichen Steuersatzes bei einer Tobin-Steuer in Höhe von 0,3 % an, wenn der angelegte Devisenbetrag während eines Jahres 40-mal umgeschlagen wurde.
5. Erklären Sie, warum die Tobin-Steuer in manchen Ländern zwar beschlossen wurde, jedoch nicht in geltendes Recht umgesetzt worden ist.
6. Erklären Sie, was mit „systemischen" Banken gemeint ist, und begründen Sie, warum die Bankenabgabe eingeführt wurde.
   Diskutieren Sie, ob die beschriebenen bzw. eingeführten Stabilisierungsinstrumente ausreichen, um den Finanzsektor von allzu starker Spekulation fernzuhalten. Zeichnen Sie die Diskussion auf und werten Sie sie aus.

Bildquellenverzeichnis

Alamy Stock Photo, Abingdon/Oxfordshire: 203.2.
Attac Deutschland, Frankfurt/M.: 444.1.
Bergmoser + Höller Verlag AG, Aachen: Zahlenbilder 238.1, 254.1, 320.1, 320.2.
boerse.de Finanzportal GmbH, Rosenheim: 438.1.
bpk-Bildagentur, Berlin: 210.1.
Deutsche Bundesbank, Frankfurt am Main: 262.1, 339.1, 341.2.
DIHK Deutscher Industrie- und Handelskammertag, Berlin: 436.2.
Foto Stephan - Behrla Nöhrbaß GbR, Köln: 68.1.
fotolia.com, New York: 06photo 106.1; 3darcastudio 13.4; ahadert 59.3; arsdigital 14.2; BabylonDesignz 198.2; Berg, Martina 394.1; Birn, Marco 264.1; Bjrn Wylezich 379.2; Blackosaka 398.1; bluedesign 197.2; Böpic 147.2; Boukaia-Murari, Sonia 419.4; Bratslavsky, Natalia 66.1; Ciopata, Alex 445.1; contrastwerkstatt 49.2; DeVIce 42.1; Doris Heinrichs 353.2; Effner, Jürgen 74.1; Eisenhans 29.1; emily2k 250.1; EvrenKalinbacak 419.3; fhmedien_de 14.1, 385.1; fischer-cg.de 12.2, 13.3; FotoLyriX 256.1; goran 12.1; Hackemann, Jörg 319.2; Hudson, Ronald 139.1; janvier 295.2; jogyx 293.1; Jürgens, Bernd 55.2; Kaulitzki, Sebastian 431.2; KB3 86.1; Kroene, Udo 450.2; Kzenon 165.1; Langer, Markus 141.1; lassedesignen 155.1; leungchopan 55.1; mark yuill 419.1; Markus Mainka 393.1; Marx, Ronny 13.2, 14.3; Menzl, Günter 379.1; monsieurseb 437.2; Nataly Gor 290.3; Oliver-Marc Steffen 346.2; pdesign 419.2; Pfluegl, Franz 10.3, 287.2; Photographee.eu 49.3; Phototom 189.4; Pixelot 23.2; pmphoto 202.1; pressmaster 23.3; Sigtrix 99.1; Smileus 248.1; spyder24 325.1; stockWERK 367.2; styleuneed 12.3, 13.1, 75.2; SyB 382.2; Topchii, Max 32.2; ZAK Designstudio 21.1. Galas, Elisabeth, Schwelm: 9.1, 9.2, 296.1.
Getty Images, München: Portra 269.2.
Greenpeace e.V., Hamburg: 444.2.
Horsch, Wolfgang, Niedernhall: 374.1.
ifo Institut - Leibniz-Institut für Wirtschaftsforschung an der Universität München e.V., München: 263.1.
Infografik Pilavas Heller, Dortmund: 258.1.
iStockphoto.com, Calgary: -M-I-S-H-A- 169.1; chrisp0 387.2; Detailfoto 272.1; EdStock 367.3; fesoj 270.1; groveb 187.2; Lingbeek 434.2; Niloo 138 433.1; ollo 379.3; pixelprof 381.2; portokalis 334.1; vasiliki 96.1.
Jouve Germany GmbH & Co. KG, München: 2.1, 2.2, 2.3, 2.4, 2.5, 10.1, 22.1, 23.1, 26.1, 27.1, 29.2, 31.1, 32.1, 33.1, 36.1, 37.1, 38.1, 39.1, 43.1, 44.1, 46.1, 47.1, 47.2, 47.3, 48.1, 48.2, 50.1, 51.1, 51.2, 52.1, 54.1, 55.3, 57.1, 57.2, 58.1, 59.1, 59.2, 61.1, 62.1, 65.1, 70.1, 71.1, 71.2, 71.3, 73.1, 75.1, 76.1, 76.2, 77.1, 79.1, 81.1, 82.1, 82.2, 88.1, 88.2, 89.1, 93.2, 94.1, 94.2, 95.2, 98.1, 100.1, 100.2, 103.1, 105.2, 105.3, 105.4, 106.2, 106.3, 107.1, 107.2, 108.1, 108.2, 115.1, 118.2, 121.1, 123.1, 127.2, 128.1, 130.1, 130.4, 132.1, 134.1, 137.1, 140.1, 141.2, 142.1, 142.2, 144.1, 145.1, 147.1, 148.1, 149.1, 150.1, 151.1, 153.1, 155.2, 155.3, 156.1, 157.1, 158.1, 159.1, 159.2, 160.1, 162.1, 162.2, 163.1, 165.2, 166.2, 167.1, 168.1, 168.2, 170.1, 170.2, 171.1, 171.2, 172.1, 175.1, 176.1, 177.1, 178.1, 181.1, 181.2, 182.1, 182.2, 183.1, 185.1, 185.2, 186.1, 187.1, 188.1, 188.2, 188.3, 188.4, 188.5, 189.1, 189.2,

189.3, 190.1, 191.1, 193.2, 194.1, 197.1, 198.1, 199.1, 199.2, 199.3, 200.1, 203.1, 205.1, 208.1, 213.1, 215.1, 216.1, 216.2, 216.3, 218.1, 222.1, 222.2, 223.1, 225.1, 228.1, 228.2, 229.1, 229.2, 232.1, 242.2, 243.1, 243.2, 243.3, 245.1, 246.1, 249.1, 249.2, 251.1, 252.1, 257.1, 258.2, 258.3, 259.2, 260.1, 261.1, 265.2, 267.1, 267.2, 267.3, 271.1, 274.1, 276.1, 278.1, 279.1, 281.1, 281.2, 282.1, 283.1, 284.1, 284.2, 286.2, 287.1, 288.1, 290.2, 294.1, 295.1, 298.1, 299.1, 305.1, 309.1, 313.1, 313.2, 314.1, 316.1, 318.1, 319.1, 321.1, 322.1, 322.2, 327.1, 329.2, 331.1, 331.2, 332.1, 338.1, 341.1, 345.1, 345.2, 353.1, 354.1, 356.1, 356.2, 357.1, 359.1, 361.1, 367.1, 370.1, 373.1, 377.1, 380.1, 380.2, 382.3, 383.1, 386.1, 387.1, 392.1, 396.1, 399.2, 400.1, 405.1, 405.2, 406.1, 406.2, 409.1, 409.2, 412.1, 413.1, 414.2, 415.1, 418.1, 427.1, 430.1, 431.1, 432.1, 436.1, 436.3, 437.1, 442.1, 447.1, 451.1.

Mester, Gerhard, Wiesbaden: 446.1.

Meyer, Helge, Ruppichteroth: 11.1.

Picture-Alliance GmbH, Frankfurt/M.: AFP 220.1; akg-images 196.1, 206.1, 209.1, 211.1, 299.2, 354.2; DB Bundesbank 448.1; dieKLEINERT.de/..... Schwarwel 206.2; dpa 219.2; dpa-infografik 22.2, 24.1, 45.1, 49.1, 60.1, 67.1, 69.1, 70.2, 72.1, 77.2, 79.2, 84.1, 85.1, 87.2, 90.1, 90.2, 94.3, 95.1, 101.1, 102.1, 103.2, 105.1, 109.1, 110.1, 112.1, 113.1, 115.2, 117.1, 118.1, 119.1, 119.2, 121.2, 122.1, 122.2, 123.2, 124.1, 129.2, 130.3, 133.1, 138.1, 191.2, 192.1, 192.2, 193.1, 199.4, 200.2, 201.1, 242.1, 251.3, 253.1, 259.1, 261.2, 265.1, 286.1, 286.3, 289.1, 290.1, 310.1, 317.1, 329.1, 332.2, 333.1, 335.1, 344.1, 350.1, 357.2, 358.1, 364.1, 369.1, 373.2, 382.1, 383.2, 389.1, 404.1, 408.1, 411.1, 412.2, 414.1, 415.2, 421.1, 424.1, 425.1, 433.2, 438.2, 442.2; dpa/DB Ringier Bilderdienst 205.2; dpa/Karmann, Daniel 359.2; dpa/Spata, Ole 443.1; Globus Infografik 80.1, 130.2, 131.1, 285.1, 289.2, 426.1; Malte Ossowski/SVEN SIMON 432.3; MP/Leemage 209.2; Sachs, Arnie 219.1; tass 212.2.

Shutterstock.com, New York: Gerhard Roethlinger 417.1; joyfull Titel; Sariyildiz, Yavuz 440.1.

stock.adobe.com, Dublin: A_Bruno 53.2; ah_fotobox 17.1; anoli 18.2; Atkins, Peter 19.2; auremar 145.2; blende11.photo 347.1; bluedesign 399.1; caifas 212.1; Dan Race 450.1; Dietl, Jeanette 17.3; EdNurg 347.2; eyetronic 434.1; Fabio 18.1; Fälchle, Jürgen 19.3; Fiedels 11.2; Gerhard Seybert 143.1; hansenn 8.1; industrieblick 62.2; janvier 194.2; Jargstorff, Wolfgang 53.1; Johannsen, M. 432.2; Karnholz, A. 381.1; kartoxjm; Kleemann, Kurt 449.1; Kneschke, Robert 353.3; Maksim Shebeko 166.1; Monkey Business 25.1, 172.2; Photographee.eu 20.2; Popov, Andrey 10.2, 19.1; pressmaster 346.1; Raths, Alexander 20.1; Rauhut, Hartmut 196.2; Rido 177.2; santosha57 388.1; Stefan Yang 89.2; ungvar 63.1; Vitalij, Goss 195.1; Zahner, Lars 17.2.

YPS - York Publishing Solutions Pvt. Ltd.: 81.2, 83.1, 87.1, 91.1, 93.1, 96.2, 108.3, 120.1, 120.2, 125.1, 127.1, 128.2, 129.1, 135.1, 136.1, 201.2, 251.2, 279.2, 288.2, 309.2, 336.1, 342.1, 343.1, 344.2, 407.1.

© Statistisches Bundesamt (Destatis), Wiesbaden: 410.1; 2020 – Auszug Homepage www.destatis.de 269.1.

Wir arbeiten sehr sorgfältig daran, für alle verwendeten Abbildungen die Rechteinhaberinnen und Rechteinhaber zu ermitteln. Sollte uns dies im Einzelfall nicht vollständig gelungen sein, werden berechtigte Ansprüche selbstverständlich im Rahmen der üblichen Vereinbarungen abgegolten.

Sachwortverzeichnis

1. Gossensches Gesetz 164
2-Säulen-Strategie 321

A
Abbauboden 53
Abschreibung 107
Abschwung 255
Abteilungsbildung 66
Agenda 2010 362, 410
Aggregation 28
allgemeine Betriebswirtschaftslehre 25
Anbieter 177
Angebotsmonopol 144
Angebotsoligopol 144
angebotsorientierte Wirtschaftspolitik 283
Angebotsüberhang 155
Anlageinvestitionen 58, 72
antizyklische Fiskalpolitik 280
Arbeiterbewegung 205
Arbeitnehmerentgelt 107
Arbeitslosengeld 366
Arbeitslosenquote (in Prozent) 349
Arbeitslosigkeit 345
Arbeitsmarktpolitik 345, 356, 373
Arbeitsmarktreform 362
Arbeitsteilung 65
Arbeitszerlegung 66
Aufschwung 254
Ausgabenpolitik 280
ausgabenpolitisches Instrument 337
Ausrüstungsinvestition 106
Außenbeitrag 99
Außenhandel 377
Außenwert 309
Außenwert des Geldes 309
außenwirtschaftliches Gleichgewicht 247
Außenwirtschaftsbeziehung 93
Außenwirtschaftspolitik 377
Austeritätspolitik 410, 411
automatische Stabilisierung 281

B
Bauinvestition 72, 106
Bedarf 34
Bedürfnis 33
Beiträge 82
berufliche Arbeitsteilung 65
Berufsbildung 65
Berufsspaltung 65
Beschäftigungsgrad 180
betriebliche Arbeitsteilung 66
Betriebswirtschaftslehre 22
Boom 254
Break-even-Punkt 186
BRICS 253
Briefkurs 311
Brundtland-Report 132
Bruttoinlandsprodukt 103, 270, 272
Bruttoinvestitionen 58, 72
Bruttokreditaufnahme 86
Bruttonationaleinkommen 273
Bruttoproduktionswert 270
Bruttowertschöpfung 270
Budgetpolitik 337
Bundeshaushalt 191

C
Chicago School 234
Club of Rome 131
Cournot'scher Punkt 150
Crowding-out 88
Crowding-out-Effekt 192

D
Deficit-Spending 280, 336
Deflation 306
Deflationierung 111
degressive Kosten 182
Denationalisierung 443
Depression 255
Deregulierung 286
Dienstleistungsgesellschaft 105
direkte Steuer 83

Direktinvestition 96
Duopol 235

E
Eigenkapital 57
einfacher Wirtschaftskreislauf 28
Einkommen 29
Einkommenselastizität 175
Einkommensentstehung 73
Einkommensverwendung 73
Einnahmenpolitik 281
einnahmenpolitisches Instrument 337
Emissionshandelssystem (EHS) 134
Emissionszertifikat 134
endogene Theorie 255
Energiekonzept 2020 135
Entstehungsrechnung 104
Entwicklungsland 253
Ersatzinvestitionen 58
Erweiterungsinvestition 71
Erwerbsstruktur 66
Eucken, Walter 222
EU Green Deal 135
EU-Klima- und Energiepakete 2020 und 2030 134
EU-Konvergenzkriterium 333
europäischer Binnenmarkt 418
europäisches System volkswirtschaftlicher Gesamtrechnungen (ESVG) 268
Europäische Union 418
Europäische Zentralbank 316
European Stability Mechanism (ESM) 334
EU-Stabilitäts- und Wachstumspakt 334
evolutorischer Wirtschaftskreislauf 71
evolutorische Wirtschaft 71
EWS II 314
EWWU 333
exogener Schock 255
exogene Theorie 255
Expansion 254
Exporterlöse 95
EZB-Rat 319

F
Faktoreinkommen 109
Faktormarkt 30, 140
Faktorstrom 29
Finanz- oder Fiskalpolitik 332
Finanz- und Wirtschaftskrise 2008/2009 334
Fiskalpolitik 331
Fiskus 280
fixe Kosten 181
Fixkostendegression 180
Floating 311
freie Marktwirtschaft 210
Fremdkapital 57
Frühindikator 262
funktionale Einkommensverteilung 107
Fusion 236

G
GATT 433
Gebietskörperschaften 80, 228
Gebühren 82
Geldbegriff 321
Geldkapital 57
Geldkurs 311
Geldmengenkonzept 322
Geldpolitik 255
Geldstrom 29
gemeinsame Währung 428
Gesamtkapital 57
Gesamtkosten 181
gesamtwirtschaftliches Gleichgewicht 337, 412
Gesellschaftsvertrag 16
Gesetz gegen den unlauteren Wettbewerb 242
Gesetz gegen Wettbewerbsbeschränkung 239
Gewinnermittlung 185
Gewinnfunktion 149
Gewinnmaximierung 185
Gewinnquote 108
Gewinnschwelle 186

Giffen-Güter 168
Giralgeldschöpfung 296
Globalisierung 68, 431
Globalisierungskritik 443
Globalsteuerung 246
goldene Regel der Finanzpolitik 86
Grenzerlös 185
Grenzkosten 180
Grenznutzen 164
Güter 35
Gütermarkt 30, 141
Güterstrom 29

H
Hartz-Reform 362
Haushalt 28
Haushaltsdefizit 85
Hochkonjunktur 254
Höchstpreis 197
hoher Beschäftigungsstand 247
Horten 58, 71
Human Development Index (HDI) 125

I
Ifo-Geschäftsklima-Index 263
Importausgabe 95
Index of SustainableEconomicWelfare 120
indirekte Preiselastizität 174
indirekte Steuern 83
Individualismus 208
Industrieland 253
industrielle Revolution 204
Inflation 299
Inflationsrate 301
Inländerkonzept 272
Inlandskonzept 272
Inlandsproduktberechnung 268
Insolvenzgeld 365
internationale Arbeitsteilung 67
internationale Organisation 229
intraindustrieller Handel 434
Investieren 70
Investitionen 58
ISEW 120
Isolierung 28, 30

J
Jean-Baptiste Say 284
John Maynard Keynes 332
Jugendarbeitslosigkeit 376

K
Kapitalexport 96
Kapitalimport 96
Kapitalsammelstelle 71, 74
Kartellbildung 235
Kartellverbot 239
Keynesianismus 279
Keynes, John Maynard 279, 336
Klimaschutzplan 2050 135
Klimawandel 134
Kohl, Helmut 409
Kollektivismus 211
Kondratieff-Zyklus 259
Konjunktur 252
Konjunkturausgleichsrücklage 280, 336
Konjunkturdiagnose 261
konjunkturelle Schwankung 253
Konjunkturforschung 263
Konjunkturforschungsinstitut 264
Konjunkturindikator 261
Konjunkturpolitik 332
Konjunkturprognose 261
Konjunkturschwankung 251
Konjunktursteuerung 337
Konjunkturtheorie 255
Konjunktur- und Wachstumspolitik 406
Konjunkturverlauf 251
Konjunkturzyklus 253
Konsumausgaben 29, 106
Konsumausgaben des Staates 106
Konsumgüterstrom 29
Konsumverzicht 74
Konvergenzkriterium 333
Konzern 236
Kooperation 238
Kostenfunktion 149
Kreuzpreiselastizität 174
Kurzarbeitergeld 365
Kyoto 134
Kyoto-Protokoll 134

L

Lagerinvestition 72, 74, 106
Laisser-faire 211
Laspeyres-Index 301
Lastenteilungsvereinbarung 134
Leistungsbilanz 384
Lenin 212
limitationale Produktionsfunktion 179
limitationaler Produktionsfaktor 63
linearer Kostenverlauf 185
Locke, John 209
Lohnfindung 367
Lohnnebenkosten 286
Lohn-Preis-Spirale 306
Lohnquote 108

M

Maastricht-Kriterien 333
magisches Sechseck 332
magisches Vieleck 412
magisches Viereck 247, 332, 412
Makroökonomie 23
Marktart 140
Marktformen 142
Marktkonformität 224
Markt-Preis-Mechanismus 210
Marktwirtschaft 213
Maximalprinzip 36, 166
Mengentender 324
Mikroökonomie 23, 163
Milton Friedman 284
Mindestpreis 198
Mindestreservepolitik 325
Minimalkostenkombination 180
Minimalprinzip 36, 166
mittelfristige Finanz- und Investitionsplanung 337
Modellbildung 27
Modellfamilie 17
Modellunternehmen 7
monetärer Strom 29
monetäre Theorie 255
Monopol 147
Montanunion 418
Müller-Armack, Alfred 223
multinationale Unternehmen 437
Multiplikatoreffekt 280

Münzgeld 291

N

Nachfrage 34, 167
Nachfrageelastizität 172
nachfrageorientierte Wirtschaftspolitik 278, 282
Nachfrageüberhang 156
Nachhaltigkeit 132
Nachhaltigkeitsziel 413
Nationalen Wohlfahrtsindex (NWI) 120
Nettoinvestition 59, 72
Nettokreditaufnahme 85
Nettonationaleinkommen 274
Neuinvestitionen 58
Neuverschuldung 334
nominale Größe 109
Nutzenkonzept 163
Nutzenmaximierung 163, 164
Nutzentheorie 163

O

OECD 440
Offenmarktgeschäfte 323
öffentliche Güter 80, 190
öffentlicher Haushalt 85
öffentliches Eigentum 215
Ökobilanz 127
ökologisches Prinzip 41
ökonomisches Prinzip 36
Oligopol 145
Opportunitätskosten 37
Ordnungspolitik 194, 246
Ordoliberalismus 205, 222, 225
Organisationsplan 66

P

Parallelpolitik 335
Personal-Service-Agentur (PSA) 362
personelle Einkommensverteilung 109
PIIGS-Länder 335
Policy-Mix 412
politischer Liberalismus 208
Polypol 153
Post-Kyoto-Prozess 133, 134

Prämisse 30
Präsenzindikator 262
Preisbildung 145, 147, 153
Preisdifferenzierung 151
Preiselastizität der Nachfrage 172
primäre Einkommensverteilung 109
primäres Einkommen 81
Privateigentum 214
Produktionsfaktor 46
  Natur 118
  originärer 52
  volkswirtschaftlicher 46
Produktionsfaktorstrom 29
Produktionsfunktion 179
Produktionstheorie 178
Produktivität 40, 124, 126
progressive Kosten 182
Pro-Kopf-Einkommen 117
Protektionismus 397
Prozesspolitik 194, 246
prozyklische Finanzpolitik 279
prozyklischen Parallelpolitik 411
prozyklische Parallelpolitik 410

Q
qualitatives Wachstum 136
quantitatives versus qualitatives Wirtschaftswachstum 136
quantitatives Wirtschaftswachstum 136

R
Rationalisierung 39
Rationalisierungsinvestition 71, 72
Rationierung 38
reale Größe 109
realer Strom 28
Reinvestitionen 58, 71
Rentabilität 41
Rezession 255

S
Sachverständigenrat 265
saisonale Schwankung 252
Samuelson, Paul A. 412

sayschen Theorem 284
Schattenwirtschaft 117
Schiller, Karl 407
schrumpfende Wirtschaft 30
Schuldenberg 192
Schuldenbremse 87, 410, 411
Schuldendienst 339
Schuldenkrise 423
Schwarzarbeit 117
Schwellenland 253
Sektor 28
  primärer 66, 105
  sekundärer 66
  tertiärer 66
sekundäre Einkommensverteilung 109
sekundärer Sektor 66, 105
sekundäres Einkommen 81
Smith, Adam 209
Snob-Effekt 169
soziale Marktwirtschaft 81, 206
Sozialindikator 124
Sozialversicherung 80
Sparen 70
Spätindikator 262
spezielle Betriebswirtschaftslehre 25
sprungfixe Kosten 181
Staat 80
Staatsquote 192
Staatsschulden 334, 338
Staatsschuldenkrise 328
Staatssektor 332
Staatsversagen 285
Stabilisierungsaufgabe 447
Stabilität des Preisniveaus 247
Stabilitätsgesetz 246, 332, 337, 412
Stabilitätspakt 334
ständige Fazilitäten 325
stationäre Wirtschaft 30
Steuern 82
Steuertarif 281
Strukturpolitik 195, 246
Strukturwandel 66, 105
Subsidiaritätsprinzip 223
substitutionale Produktionsfunktion 179
substitutionaler Produktionsfaktor 62
Subvention 280
superiores Gut 175

Sustainable Development 132
System of National Accounts (SNA) 268

T
Tarifvertrag 368
Terms of Trade 401
tertiärer Sektor 66, 105
Tiefstand 255
Timelags 337
Tocqueville, Alexis de 211
Transferzahlung 84
Transformationskurve 37
Treibhauseffekt 133
Treibhausgas 133

U
Überinvestitionstheorie 256
Übertragung 97
Umweltschäden 119
UN-Agenda 2030 126
Unterkonsumptionstheorie 256
Unternehmen 28
Unternehmens- und Vermögenseinkommen 107
unvollkommener Markt 143

V
variable Kosten 181
Veblen-Effekt 169
Vermögensänderungskonto 73
Vermögensverteilung 248
Verstädterung 55
Verteilungsrechnung 106
Vertragsfreiheit 214
Vertrag von Amsterdam 334, 422
Vertrag von Lissabon 422
Vertrag von Maastricht 333, 420
Verwendungsrechnung 105
Volkseinkommen 270, 275
volkswirtschaftliche Arbeitsteilung 66

volkswirtschaftliche Gesamtrechnung 267
volkswirtschaftliche Produktionsfaktoren 46
Volkswirtschaftslehre 22
vollkommener Markt 143
Vorratsinvestitionen 59

W
Wachstumspolitik 195, 405
Wachstumstrend 252
Warenkorb 300
Wechselkurs 311
Welthandelsorganisation 433
Weltklimagipfel 134
Wettbewerbspolitik 232
Wettbewerbsprinzip 224
Wirtschaftskreislauf 27
Wirtschaftsordnung 203
Wirtschaftspolitik 194, 246
Wirtschaftssubjekt 27
Wirtschaftswachstum 71, 74, 248
Wohlfahrtsstaat 226
Wohlstandsindikator 115
Wohlstandsmessung 123
Wohlstandsverlust 118
WTO 433

Z
Zahlungsbilanz 383
Zahlungsbilanzungleichgewicht 387
Zentralverwaltungswirtschaft 213
ZEW-Konjunkturindikator 264
Zielbeziehung 187
Ziele der Wirtschaftspolitik 246, 406
Zielkonflikt 412
Zins 59
Zinstender 324
Zoll 399